HMAT

현대자동차그룹 인적성검사

통합기본서

시대에듀

2026 최신판 시대에듀
HMAT 현대자동차그룹 인적성검사 통합기본서

Always **with you**

사람의 인연은 길에서 우연하게 만나거나 함께 살아가는 것만을 의미하지는 않습니다.
책을 펴내는 출판사와 그 책을 읽는 독자의 만남도 소중한 인연입니다.
시대에듀는 항상 독자의 마음을 헤아리기 위해 노력하고 있습니다. 늘 독자와 함께하겠습니다.

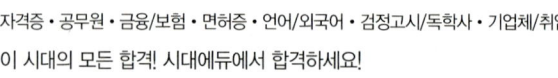

머리말 PREFACE

현대자동차그룹은 창의적 사고와 끝없는 도전을 통해 새로운 미래를 창조함으로써 인류 사회의 꿈을 실현한다는 경영철학을 바탕으로 한다. 현대자동차그룹은 고객의 삶의 동반자로서 만족과 감동을 주는 브랜드로 더욱 성장하기 위해, 브랜드 슬로건 'New Thinking, New Possibilities'를 바탕으로 브랜드 방향성인 'Modern Premium'을 고객에게 전달하고자 한다.

현대자동차그룹은 이러한 비전에 적합한 인재를 창출해 내기 위해 최근 수시 채용으로 전환하였으며, 그중 일부 계열사 및 자회사에서는 HMAT(Hyundai Motor group Aptitude Test)를 실시하여 채용을 진행하기도 한다.

HMAT는 다른 기업의 인적성검사에 비해 난도가 높은 편으로 알려져 있다. 짧은 시간 안에 많은 문제의 해결을 요구하므로 미리 문제의 유형을 익혀 대비하지 않으면 자칫 시간이 부족하여 문제를 다 풀지 못하고 나올 수 있다.

이에 시대에듀는 수험생들의 HMAT 준비에 부족함이 없도록 다음과 같은 특징을 가진 본서를 출간하게 되었다.

도서의 특징

❶ 다년간의 HMAT 기출복원문제와 2025년 주요기업 기출복원문제를 수록하여 최근 출제 경향을 한눈에 파악할 수 있도록 하였다.

❷ HMAT 출제영역별 이론점검과 유형점검을 수록하여 체계적인 학습이 가능하도록 하였다.

❸ 실제 시험과 유사한 최종점검 모의고사 2회분과 온라인 모의고사 2회분을 수록하여 실전과 같이 연습이 가능하도록 하였다.

❹ 인성검사와 면접 유형 및 실전 대책, 실제 면접 기출 질문을 수록하여 한 권으로 채용 전반을 준비하도록 하였다.

끝으로 본서를 통해 HMAT를 준비하는 여러분 모두에게 합격의 기쁨이 있기를 진심으로 기원한다.

SDC(Sidae Data Center) 씀

현대자동차그룹 기업분석 INTRODUCE

◇ 비전

휴머니티를 향한 진보

Progress for Humanity

현대자동차그룹은 진보가 인류에 대한 깊은 배려와 맞닿아 있을 때 비로소 의미를 가진다고 믿는다. 휴머니티는 현대자동차그룹을 하나로 만들고, 관계를 더욱 단단하게 해준다. 그리고 무엇에 힘을 쏟아야 할지 알려주며, 혁신을 향해 나아가야 할 지향점을 제시해준다. 이러한 원칙으로 현대자동차그룹은 관계를 더 강하게 하고, 서로를 공감하게 하여 더 가치 있는 삶을 제공한다. 현대자동차그룹은 인류를 위해 옳은 일을 하고자 존재한다.

◇ 경영철학

Management Philosophy

창의적 사고와 끝없는 도전을 통해
새로운 미래를 창조함으로써 인류 사회의 꿈을 실현한다.

Vision

자동차에서 삶의 동반자로

CORE VALUES

고객 최우선 · 도전적 실행 · 소통과 협력 · 인재 존중 · 글로벌 지향

◇ 핵심가치와 Hyundai Way

현대자동차그룹은 핵심가치를 바탕으로 일하는 방식 Hyundai Way를 정립했다. 현대자동차그룹의 모든 글로벌 임직원들은 Hyundai Way로 일한다. 10가지 Hyundai Way는 Global One Team의 구심점 역할을 수행하는 현대자동차그룹만의 일하는 방식이다. 현대자동차그룹의 모든 구성원들은 Hyundai Way를 실천하여 Progress for Humanity를 만들어 간다.

CUSTOMER 고객 최우선
- 01 최고 수준의 안전과 품질 Safety and Quality
- 02 집요함 Tenacity

CHALLENGE 도전적 실행
- 03 시도와 발전 Progress
- 04 민첩한 실행 Agility

COLLABORATION 소통과 협력
- 05 협업 Alignment
- 06 회복탄력성 Resilience

PEOPLE 인재 존중
- 07 다양성 포용 Diversity and Inclusion
- 08 전문성 Expertise

GLOBALITY 글로벌 지향
- 09 윤리준수 Integrity
- 10 데이터 기반 사고 Data-Driven Thinking

HMAT 기출분석 ANALYSIS

총평

총 5개 영역으로 출제되는 HMAT는 영역별 출제수준은 상이하지만, 문제 수에 비해 응시 시간이 짧다는 공통점을 가진다. 언어이해와 정보추론의 경우, 긴 지문으로 인해 문제를 끝까지 풀어내기 어렵고, 논리판단은 상당한 고난도로 출제되어 수험생들의 오답률을 높인다. 한편, 자료해석은 HMAT의 가장 큰 특징인 퍼즐 유형으로 출제되며, 평이한 수준으로 출제되는 만큼 빠른 시간 안에 풀어내는 것이 관건이다. 마지막으로 공간지각과 도식이해는 기존 유형을 크게 벗어나지 않는 선에서 출제되고 있다. 하지만 공간지각의 경우에는 펜 사용이 불가하고, 도식이해는 기존 유형이 응용되어 출제되고 있으므로 보다 철저한 준비가 필요하다.

◇ 영역별 출제비중

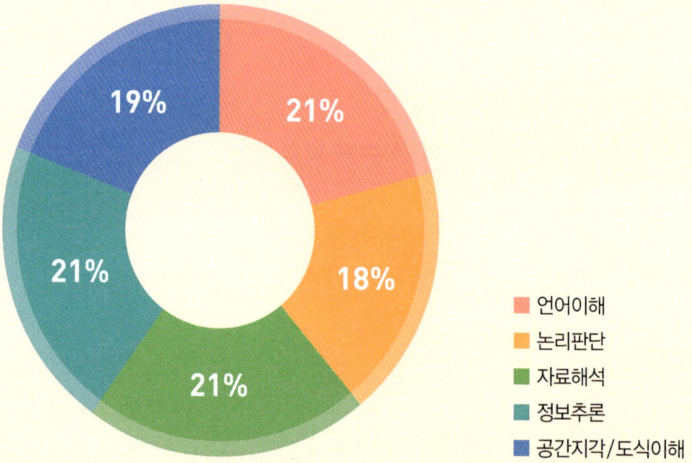

◇ 영역별 출제특징

구분		출제특징
적성검사	언어이해	• 경제 · 철학 · 과학 등 다양한 분야의 제시문을 읽고 중심 내용을 고르는 문제가 출제됨
	논리판단	• 제시문을 읽고 주어진 명제가 참인지, 거짓인지, 알 수 없는지 고르는 문제가 출제됨
	자료해석	• 자료를 이용하여 퍼즐의 빈칸을 채우는 문제가 출제됨
	정보추론	• 자료를 참고하여 작성한 그래프로 옳은 것을 고르는 문제가 출제됨
	공간지각/도식이해	• 두 개 이상의 전개도를 조건에 따라 접은 후 결합한 도형을 고르는 문제가 출제됨 • 각 칸에 숫자가 위치한 도형이 일정한 규칙을 따라 이동하거나 변화한 결과를 찾는 문제가 출제됨

❖ 본 기출분석은 2022, 2019~2018년에 실시한 HMAT를 바탕으로 합니다.

시험장 Tip

TEST TIP

◇ 필수 준비물

❶ **신분증** : 주민등록증, 외국인등록증, 여권, 운전면허증 중 하나
❷ **필기도구** : 컴퓨터용 사인펜, 수정테이프, 연필, 지우개, 볼펜 등
❸ 수험표

◇ 유의사항

❶ 오답감점이 있으므로 모르는 문제는 찍지 말고 놔두는 것이 좋다.
❷ 영역별로 시험이 진행되므로 한 과목이라도 과락이 생기지 않도록 한다.

◇ 시험진행

구분	영역	문항 수	시간
적성검사	언어이해	20문항	25분
	논리판단	15문항	25분
	자료해석	20문항	30분
쉬는 시간(15분)			
적성검사	정보추론	20문항	25분
	공간지각/도식이해	20문항/15문항	25분/25분
쉬는 시간(15분)			
인성검사	인성검사 Ⅰ	112문항	약 40분
	인성검사 Ⅱ	335문항	약 40분

◇ 알아두면 좋은 Tip

❶ 만일을 대비하여 여분의 필기구를 준비한다.
❷ 수험장에 도착해서는 화장실에 사람이 몰릴 수 있으므로 미리미리 간다.
❸ 시험에 집중하는 만큼 빨리 피로해지므로, 초콜릿 등의 간단한 간식을 챙긴다.
❹ 각 교실의 시험 감독관과 방송에 의해 시험이 진행되므로 안내되는 지시 사항을 잘 준수한다.
❺ 정답을 시험지에 표시하고 답안지에 옮겨 적을 만큼 충분한 시간을 주는 시험이 아니므로 답안지에 바로바로 마킹한다.

주요 대기업 적중 문제 TEST CHECK

삼성

수리 ▶ 확률

2025년 적중

01 서로 다른 2개의 주사위 A, B를 동시에 던졌을 때, 나온 눈의 곱이 홀수일 확률은?

① $\frac{1}{4}$
② $\frac{1}{5}$
③ $\frac{1}{6}$
④ $\frac{1}{8}$
⑤ $\frac{1}{10}$

추리 ▶ 명제

2025년 적중

02

전제1. 연예인이 모델이면 매출액이 증가한다.
전제2. ____________________
결론. 연예인이 모델이면 브랜드 인지도가 높아진다.

① 브랜드 인지도가 높아지면 연예인이 모델이다.
② 브랜드 인지도가 높아지면 매출액이 줄어든다.
③ 매출액이 줄어들면 브랜드 인지도가 높아진다.
④ 매출액이 증가하면 브랜드 인지도가 높아진다.
⑤ 매출액이 증가하면 브랜드 인지도가 낮아진다.

추리 ▶ 배열하기 · 묶기 · 연결하기

2025년 적중

01 S사의 기획부 A대리는 회의를 위해 8인용 원탁에 부서원들을 다음 〈조건〉에 따라 배치한다고 할 때, H부장의 오른쪽에 앉는 사람은?

조건

- S사의 기획부는 A대리, B대리, C대리, D과장, E과장, F팀장, G팀장, H부장으로 구성되어 있다.
- 동일 직급끼리는 마주 보거나 이웃하여 앉을 수 없다.
- B대리는 D과장의 오른쪽에 앉는다.
- F팀장은 대리 직급과 마주 보고 앉는다.
- D과장은 F팀장과 이웃하여 앉을 수 없다.
- G팀장은 A대리의 왼쪽에 앉는다.
- E과장은 F팀장과 이웃하여 앉는다.

① A대리
② C대리
③ D과장
④ F팀장
⑤ G팀장

LG

언어이해 ▶ 주제 · 제목 찾기

2025년 적중

※ 다음 글의 주제로 가장 적절한 것을 고르시오. [1~3]

Easy

01

우리 민족은 처마 끝의 곡선, 버선발의 곡선 등 직선보다는 곡선을 좋아했고, 그러한 곡선의 문화가 곳곳에 배어있다. 이것은 민요의 경우도 마찬가지이다. 서양 음악에서 '도'가 한 박이면 한 박, 두 박이면 두 박, 길든 짧든 같은 음이 곧게 지속되는데 우리 음악은 '시김새'에 의해 음을 곧게 내지 않고 흔들어 낸다. 시김새는 어떤 음높이의 주변에서 맴돌며 가락에 멋을 더하는 역할을 하는 장식음이다. 시김새란 '삭다'라는 말에서 나왔다. 그렇기 때문에 시김새라는 단어가 김치 담그는 과정에서 생겨났다고 볼 수 있다. 김치를 담글 때 무나 배추를 소금에 절여 숨을 죽이고 갖은 양념을 해서 일정 기간 숙성시켜 맛을 내듯, 시김새 역시 음악가가 손과 마음으로 삭여냈을 때 맛이 드는 것과 비슷하기 때문이다. 이 때문에 시김새가 '삭다'라는 말에서 나온 것으로 본다. 더욱이 같은 재료를 썼는데도 집집마다 김치 맛이 다르고, 지방에 따라 양념을 고르는 법이 달라 다른 맛을 내듯 시김새는 음악 표현의 질감을 달리하는 핵심 요소이다.

① 민요에서 볼 수 있는 우리 민족의 곡선 문화
② 시김새에 의한 민요의 특징

창의수리 ▶ 거리 · 속력 · 시간

2025년 적중

12 헤어진 두 남녀가 집으로 돌아가다가 마음을 바꾸고 동시에 다시 만나기 위해 달려가고 있다. 두 남녀 간의 거리는 10km이며, 여자는 남자가 있는 곳으로 4km/h의 속도로 달려가고 있고, 남자는 여자가 있는 곳으로 6km/h의 속도로 가고 있다. 여자는 가는 도중 30분을 쉬었다가 달려서 두 남녀가 다시 만났다면, 두 남녀가 다시 만나는 데 걸리는 시간은?

① 1시간
② 1시간 4분
③ 1시간 12분
④ 1시간 18분
⑤ 1시간 22분

창의수리 ▶ 수열

2025년 적중

01 일정한 규칙으로 수를 나열할 때, 빈칸에 들어갈 수로 알맞은 것은?

$100\frac{50}{99}$ $81\frac{49}{88}$ $64\frac{46}{77}$ $49\frac{41}{66}$ ( ) $25\frac{25}{44}$ $16\frac{14}{33}$ $9\frac{1}{22}$

① $36\frac{34}{55}$
② $36\frac{32}{55}$
③ $36\frac{31}{55}$
④ $36\frac{30}{55}$
⑤ $36\frac{29}{55}$

주요 대기업 적중 문제 TEST CHECK

SK

언어이해 ▶ 추론적 독해

2025년 적중

01 다음 글을 읽고 추론한 내용으로 가장 적절한 것은?

EU는 1995년부터 철제 다리 덫으로 잡은 동물 모피의 수입을 금지하기로 했다. 모피가 이런 덫으로 잡은 동물의 것인지, 아니면 상대적으로 덜 잔혹한 방법으로 잡은 동물의 것인지 구별하는 것은 불가능하다. 그렇기 때문에 EU는 철제 다리 덫 사용을 금지하는 나라의 모피만 수입하기로 결정했다. 이런 수입 금지 조치에 대해 미국, 캐나다, 러시아는 WTO에 제소하겠다고 위협했다. 결국 EU는 WTO가 내릴 결정을 예상하여, 철제 다리 덫으로 잡은 동물의 모피를 계속 수입하도록 허용했다.
또한 1998년부터 EU는 화장품 실험에 동물을 이용하는 것을 금지했을 뿐만 아니라, 동물실험을 거친 화장품의 판매조차 금지하는 법령을 채택했다. 그러나 동물실험을 거친 화장품의 판매 금지는 WTO 규정 위반이 될 것이라는 유엔의 권고를 받았다. 결국 EU의 판매 금지는 실행되지 못했다.
한편 그 외에도 EU는 성장 촉진 호르몬이 투여된 쇠고기의 판매 금지 조치를 시행하기도 했다. 동물복지를 옹호하는 단체들이 소의 건강에 미치는 영향을 우려해 호르몬 투여 금지를 요구했지만, EU가 쇠고기 판매를 금지한 것은 주로 사람의 건강에 대한 염려 때문이었다. 미국은 이러한 판매 금지 조치에 반대하며 EU를 WTO에 제소했고, 결국 WTO 분쟁패널로부터 호르몬 사용이 사람의 건강을 위협한다고 믿을 만한 충분한 과학적 근거가 없다는 판정을 이끌어 내는 데 성공했다. EU는

창의수리 ▶ 금액

2025년 적중

03 S사는 원가에 20%의 이윤을 붙인 가격을 정가로 팔던 제품을 정가에서 10% 할인하여 판매하였다. 이후 정산을 하였더니 제품당 2,000원의 이윤이 생겼다. 이 제품의 원가는?

① 14,000원
② 18,000원
③ 22,000원
④ 25,000원
⑤ 30,000원

언어추리 ▶ 진실게임

2025년 적중

02 다음 중 한 명만 거짓말을 할 때 항상 참인 것은?(단, 한 층에 한 명만 내린다)

- A : B는 1층에서 내렸다.
- B : C는 1층에서 내렸다.
- C : D는 적어도 3층에서 내리지 않았다.
- D : A는 4층에서 내렸다.
- E : A는 4층에서 내리고 나는 5층에 내렸다.

① A는 4층에서 내리지 않았다.
② C는 1층에서 내렸다.
③ D는 3층에서 내렸다.
④ A는 D보다 높은 층에서 내렸다.
⑤ C는 B보다 높은 층에서 내렸다.

KT

2025년 적중

언어 ▶ 주제 · 제목 찾기

※ 다음 글을 읽고 글의 주제로 가장 적절한 것을 고르시오. [3~4]

03

오늘날 사회계층 간 의료수혜의 불평등이 심화되어 의료이용도의 소득계층별, 지역별, 성별, 직업별, 연령별 차이가 사회적 불만의 한 원인으로 대두되고, 보건의료서비스가 의 · 식 · 주에 이어 제4의 기본적 수요로 인식됨에 따라 의료보장제도의 필요성이 나날이 높아지고 있다.
의료보장제도란 국민의 건강권을 보호하기 위하여 요구되는 필요 보건의료서비스를 국가나 사회가 제도적으로 제공하는 것을 말하며 건강보험, 의료급여, 산재보험을 포괄한다. 이를 통해 상대적으로 과다한 재정의 부담을 경감시킬 수 있으며, 국민의 주인의식과 참여 의식을 고취할 수 있다.
의료보장제도는 의료수혜의 불평등을 해소하기 위한 사회적 · 국가적 노력이며, 예측할 수 없는 질병의 발생 등에 대한 개인의 부담능력의 한계를 극복하기 위한 제도이다. 또한 개인의 위험을 사회적 · 국가적 위험으로 인식하여 위험의 분산 및 상호부조 인식을 제고하기 위한 제도이기도 하다.
의료보장제도의 의료보험(National Health Insurance) 방식은 일명 비스마르크(Bismarck)형 의료제도라고 하는데, 개인의 기여를 기반으로 한 보험료를 주재원으로 하는 제도이다. 사회보험의 낭비를 줄이기 위하여 진찰 시에 본인 일부 부담금을 부과하는 것이 특징이라 할 수 있다. 반면, 국가보건서비스(National Health Service) 방식은 일명 조세 방식, 베버리지(Beveridge)형 의료제도라고 하며, 국민의 의료문제는 국가가 책임져야 한다는 관점에서 조세를 재원으로 모든 국민에

2025년 적중

언어 · 수추리 ▶ 명제

02

- 영희, 상욱, 수현이는 영어, 수학, 국어 시험을 보았다.
- 영희는 영어 2등, 수학 2등, 국어 2등을 하였다.
- 상욱이는 영어 1등, 수학 3등, 국어 1등을 하였다.
- 수현이는 수학만 1등을 하였다.
- 시험 점수로 전체 평균 1등을 한 사람은 영희이다.

① 총점이 가장 높은 것은 영희이다.
② 수현이의 수학 점수는 상욱이의 영어 점수보다 높다.
③ 상욱이의 영어 점수는 영희의 수학 점수보다 높다.
④ 영어와 수학 점수만을 봤을 때, 상욱이가 1등일 것이다.
⑤ 상욱이의 국어 점수는 수현이의 수학 점수보다 낮다.

2025년 적중

수리 ▶ 거리 · 속력 · 시간

02 영채는 배를 타고 길이가 30km인 강을 배를 타고 이동하고자 한다. 강을 거슬러 올라가는 데 걸린 시간이 5시간이고 강물의 흐르는 방향과 같은 방향으로 내려가는데 걸린 시간이 3시간일 때, 흐르지 않는 물에서의 배의 속력은?(단, 배와 강물의 속력은 일정하다)

① 5km/h
② 6.5km/h
③ 8km/h
④ 10km/h
⑤ 12km/h

도서 200% 활용하기 STRUCTURES

1 기출복원문제로 출제경향 파악

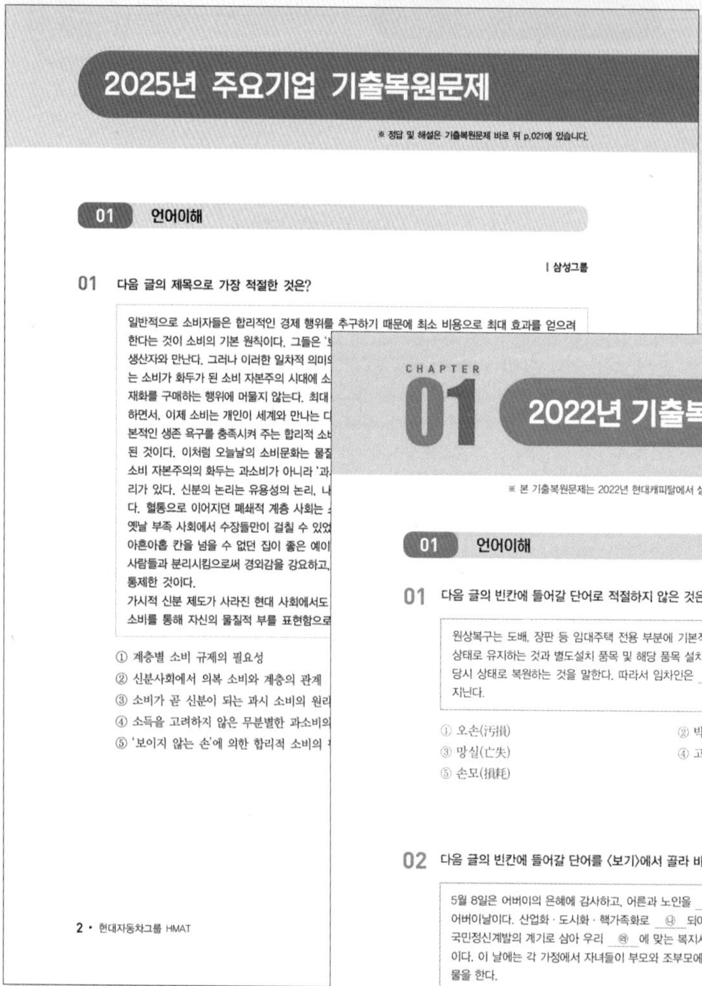

2025년 주요기업 기출복원문제

※ 정답 및 해설은 기출복원문제 바로 뒤 p.021에 있습니다.

01 언어이해

| 삼성그룹

01 다음 글의 제목으로 가장 적절한 것은?

일반적으로 소비자들은 합리적인 경제 행위를 추구하기 때문에 최소 비용으로 최대 효과를 얻으려
한다는 것이 소비의 기본 원칙이다. 그들은 '
생산자와 만난다. 그러나 이러한 일차적 의미
는 소비가 화두가 된 소비 자본주의 시대에 소
재화를 구매하는 행위에 머물지 않는다. 최대
하면서, 이제 소비는 개인이 세계와 만나는 다
본적인 생존 욕구를 충족시켜 주는 합리적 소비
된 것이다. 이처럼 오늘날의 소비문화는 물질
소비 자본주의의 화두는 과소비가 아니라 '과
리가 있다. 신분의 논리는 유용성의 논리, 나
다. 혈통으로 이어지던 폐쇄적 계층 사회는
옛날 부족 사회에서 수장들만이 걸칠 수 있었
아흔아홉 칸을 넘을 수 없던 집이 좋은 예이
사람들과 분리시킴으로써 경외감을 강요하고,
통제한 것이다.
가시적 신분 제도가 사라진 현대 사회에서도
소비를 통해 자신의 물질적 부를 표현함으로

① 계층별 소비 규제의 필요성
② 신분사회에서 의복 소비와 계층의 관계
③ 소비가 곧 신분이 되는 과시 소비의 원리
④ 소득을 고려하지 않은 무분별한 과소비의
⑤ '보이지 않는 손'에 의한 합리적 소비의

2 • 현대자동차그룹 HMAT

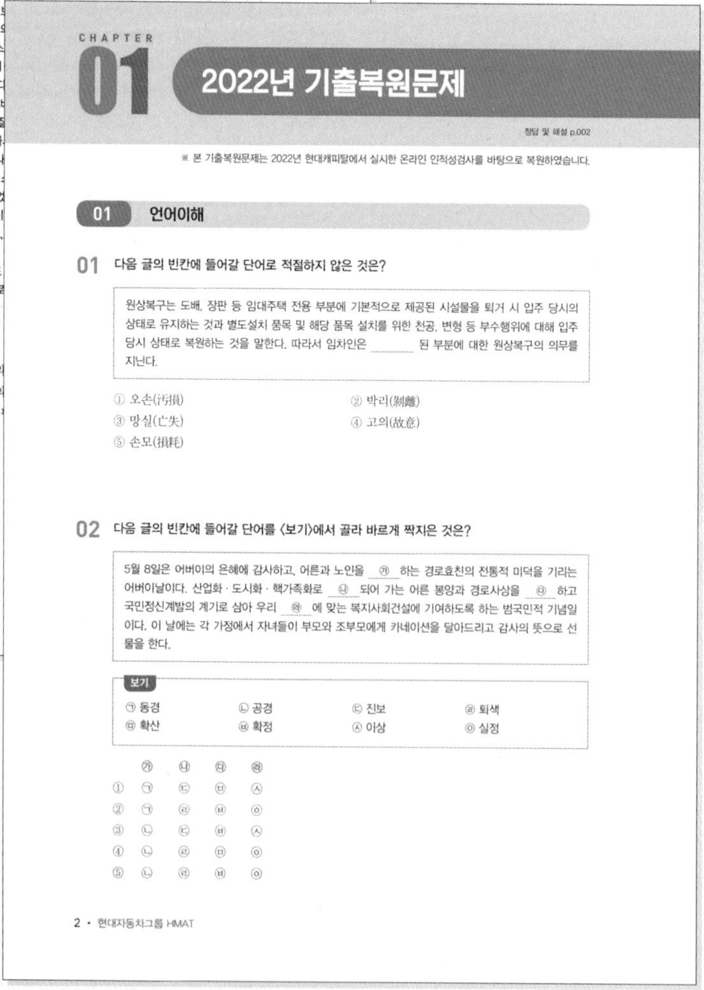

CHAPTER 01

2022년 기출복원문제

정답 및 해설 p.002

※ 본 기출복원문제는 2022년 현대캐피탈에서 실시한 온라인 인적성검사를 바탕으로 복원하였습니다.

01 언어이해

01 다음 글의 빈칸에 들어갈 단어로 적절하지 않은 것은?

원상복구는 도배, 장판 등 임대주택 전용 부분에 기본적으로 제공된 시설물을 퇴거 시 입주 당시의 상태로 유지하는 것과 별도설치 품목 및 해당 품목 설치를 위한 천공, 변형 등 부수행위에 대해 입주 당시 상태로 복원하는 것을 말한다. 따라서 임차인은 ______ 된 부분에 대한 원상복구의 의무를 지닌다.

① 오손(汚損)　② 박리(剝離)
③ 망실(亡失)　④ 고의(故意)
⑤ 손모(損耗)

02 다음 글의 빈칸에 들어갈 단어를 〈보기〉에서 골라 바르게 짝지은 것은?

5월 8일은 어버이의 은혜에 감사하고, 어른과 노인을 ㉮ 하는 경로효친의 전통적 미덕을 기리는 어버이날이다. 산업화 · 도시화 · 핵가족화로 ㉯ 되어 가는 어른 봉양과 경로사상을 ㉰ 하고 국민정신계발의 계기로 삼아 우리 ㉱ 에 맞는 복지사회건설에 기여하도록 하는 범국민적 기념일이다. 이 날에는 각 가정에서 자녀들이 부모와 조부모에게 카네이션을 달아드리고 감사의 뜻으로 선물을 한다.

보기
㉠ 동경　㉡ 공경　㉢ 진보　㉣ 퇴색
㉤ 확산　㉥ 확정　㉦ 아상　㉧ 실정

	㉮	㉯	㉰	㉱
①	㉠	㉢	㉥	㉦
②	㉠	㉣	㉥	㉧
③	㉡	㉢	㉥	㉦
④	㉡	㉣	㉤	㉧
⑤	㉡	㉣	㉥	㉧

2 • 현대자동차그룹 HMAT

▶ 2025년 주요기업 기출복원문제를 수록하여 최근 출제경향을 파악할 수 있도록 하였다.
▶ 3개년 HMAT 기출복원문제를 바탕으로 학습을 시작하기 전에 자신의 실력을 파악할 수 있도록 하였다.

2 이론점검, 유형점검으로 영역별 단계적 학습

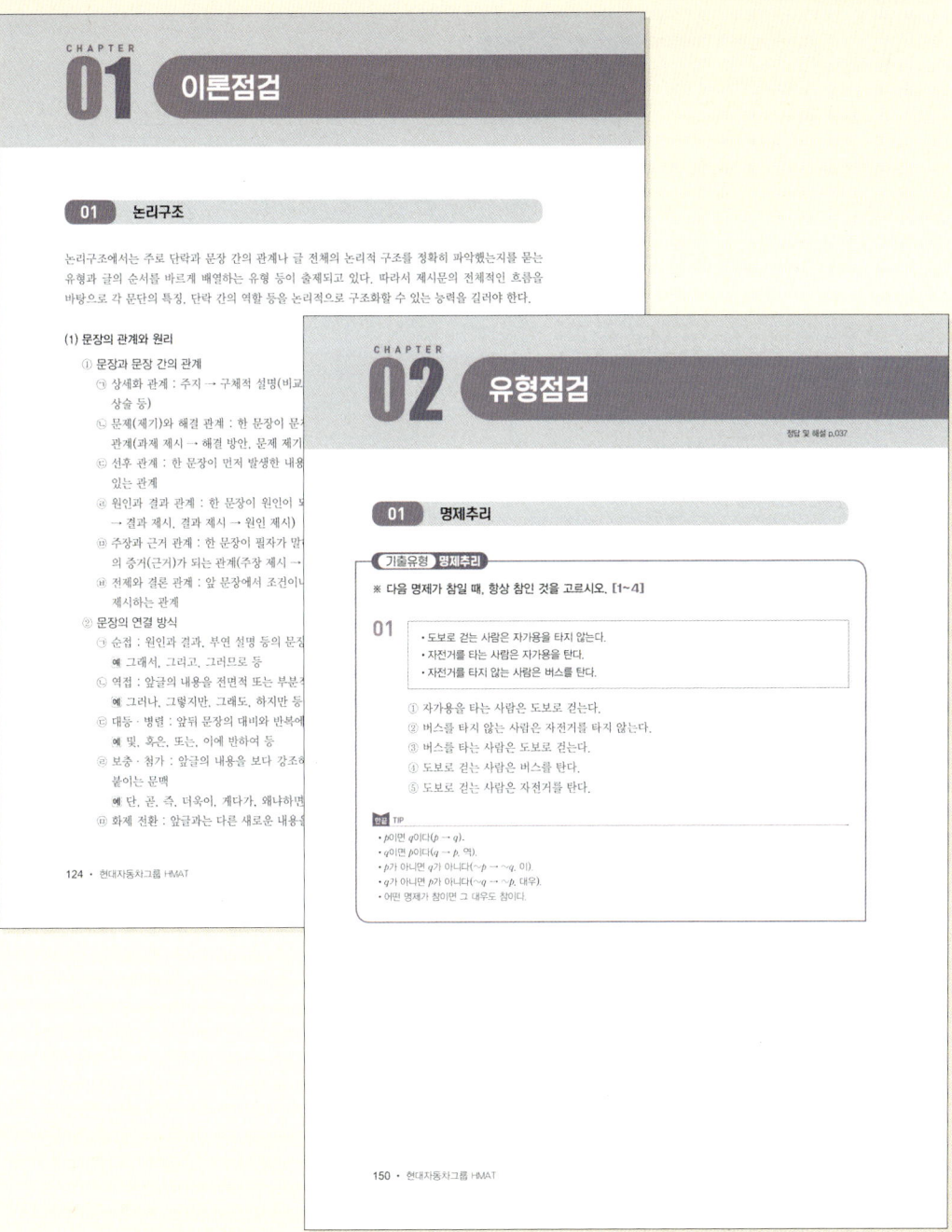

CHAPTER 01 이론점검

01 논리구조

논리구조에서는 주로 단락과 문장 간의 관계나 글 전체의 논리적 구조를 정확히 파악했는지를 묻는 유형과 글의 순서를 바르게 배열하는 유형 등이 출제되고 있다. 따라서 제시문의 전체적인 흐름을 바탕으로 각 문단의 특징, 단락 간의 역할 등을 논리적으로 구조화할 수 있는 능력을 길러야 한다.

(1) 문장의 관계와 원리

① 문장과 문장 간의 관계

㉠ 상세화 관계 : 주지 → 구체적 설명(비교
상술 등)

㉡ 문제(제기)와 해결 관계 : 한 문장이 문
관계(과제 제시 → 해결 방안, 문제 제기

㉢ 선후 관계 : 한 문장이 먼저 발생한 내용
있는 관계

㉣ 원인과 결과 관계 : 한 문장이 원인이 되
→ 결과 제시, 결과 제시 → 원인 제시)

㉤ 주장과 근거 관계 : 한 문장이 필자가 말
의 증거(근거)가 되는 관계(주장 제시 →

㉥ 전제와 결론 관계 : 앞 문장에서 조건이나
제시하는 관계

② 문장의 연결 방식

㉠ 순접 : 원인과 결과, 부연 설명 등의 문장
예 그래서, 그리고, 그러므로 등

㉡ 역접 : 앞글의 내용을 전면적 또는 부분적
예 그러나, 그렇지만, 그래도, 하지만 등

㉢ 대등 · 병렬 : 앞뒤 문장의 대비와 반복에
예 및, 혹은, 또는, 이에 반하여 등

㉣ 보충 · 첨가 : 앞글의 내용을 보다 강조하
붙이는 문맥
예 단, 곧, 즉, 더욱이, 게다가, 왜냐하면

㉤ 화제 전환 : 앞글과는 다른 새로운 내용을

124 · 현대자동차그룹 HMAT

CHAPTER 02 유형점검

정답 및 해설 p.037

01 명제추리

기출유형 명제추리

※ 다음 명제가 참일 때, 항상 참인 것을 고르시오. [1~4]

01

- 도보로 걷는 사람은 자가용을 타지 않는다.
- 자전거를 타는 사람은 자가용을 탄다.
- 자전거를 타지 않는 사람은 버스를 탄다.

① 자가용을 타는 사람은 도보로 걷는다.
② 버스를 타지 않는 사람은 자전거를 타지 않는다.
③ 버스를 타는 사람은 도보로 걷는다.
④ 도보로 걷는 사람은 버스를 탄다.
⑤ 도보로 걷는 사람은 자전거를 탄다.

한끝 TIP

- p이면 q이다($p \rightarrow q$).
- q이면 p이다($q \rightarrow p$, 역).
- p가 아니면 q가 아니다($\sim p \rightarrow \sim q$, 이).
- q가 아니면 p가 아니다($\sim q \rightarrow \sim p$, 대우).
- 어떤 명제가 참이면 그 대우도 참이다.

150 · 현대자동차그룹 HMAT

- 출제되는 영역에 대한 이론점검과 유형점검을 수록하였다.
- 최근 출제되는 유형을 체계적으로 학습하고 점검할 수 있도록 하였다.

도서 200% 활용하기 STRUCTURES

3 최종점검 모의고사 + OMR 답안지로 실전 연습

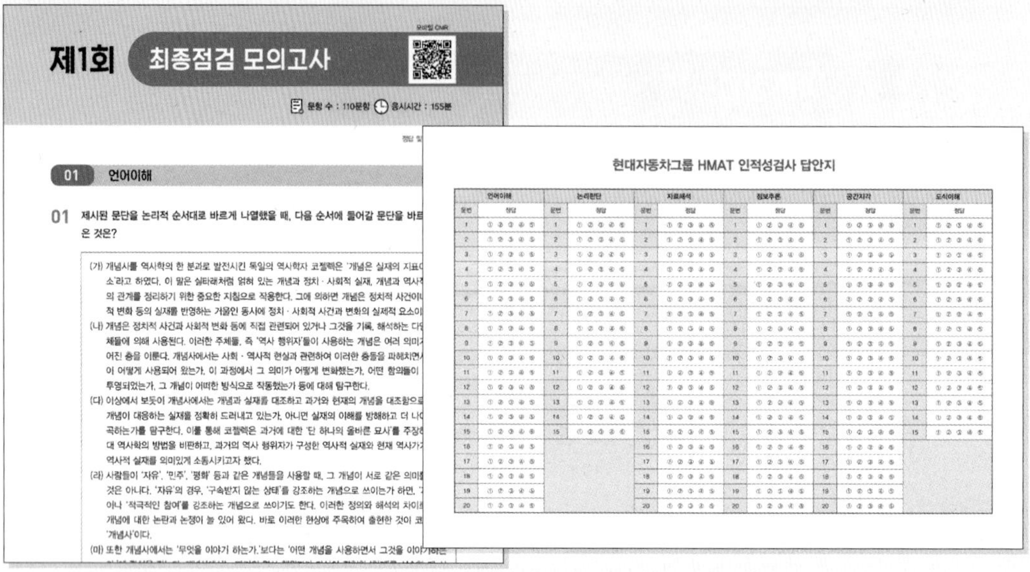

▸ 실제 시험과 유사하게 구성된 최종점검 모의고사 2회분을 통해 마무리를 하도록 하였다.
▸ OMR 답안지를 수록하여 실제 시험처럼 연습할 수 있도록 하였다.

4 인성검사부터 면접까지 한 권으로 최종 마무리

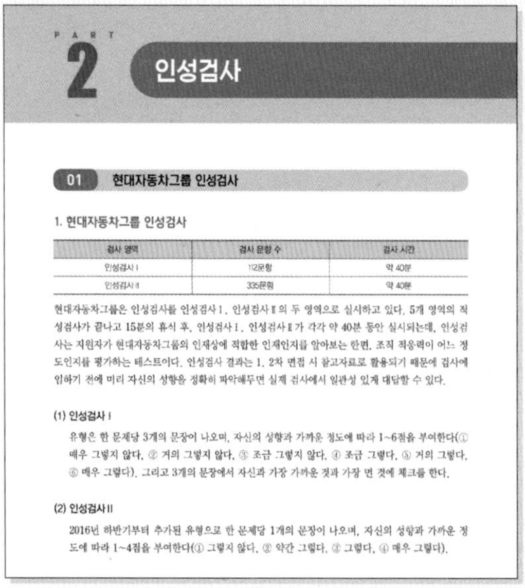

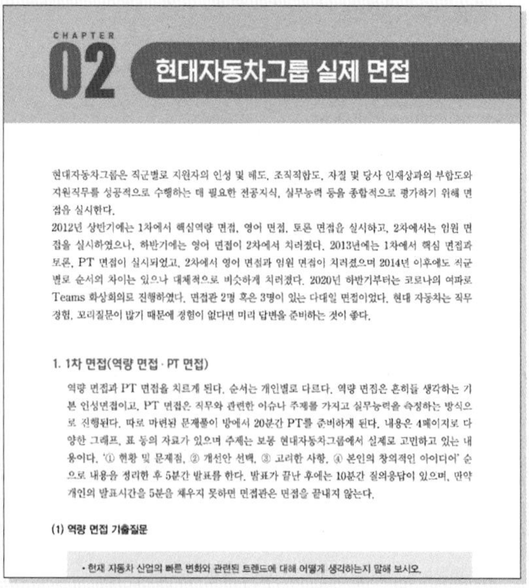

▸ 인성검사 모의연습을 통해 일관성 있는 답안 작성 연습을 할 수 있도록 하였다.
▸ 면접 기출 질문을 통해 실제 면접에서 나오는 질문에 미리 대비할 수 있도록 하였다.

5 Easy&Hard로 난이도별 시간 분배 연습

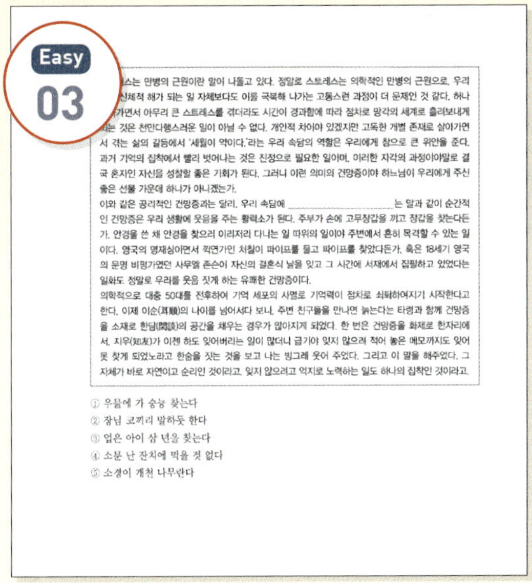

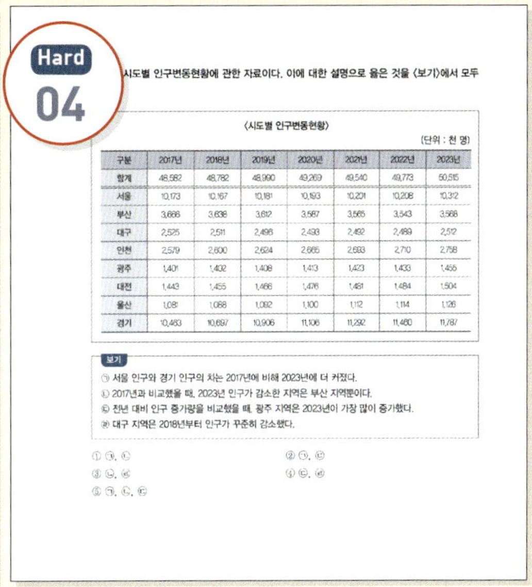

▸ Easy&Hard 표시로 문제별 난이도에 따라 시간을 적절하게 분배하여 풀이하는 연습이 가능하도록 하였다.

6 정답 및 오답분석으로 풀이까지 완벽 마무리

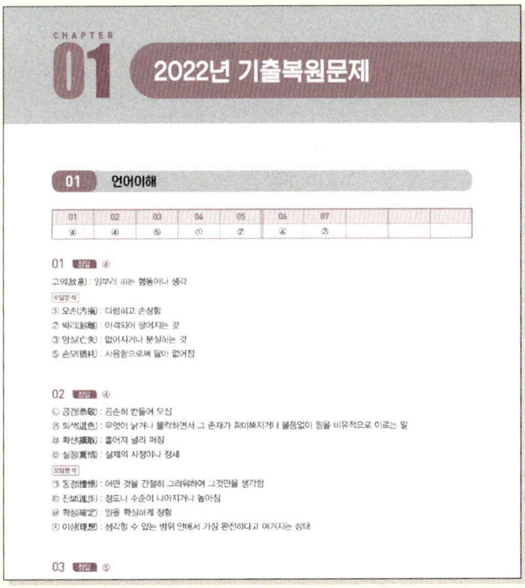

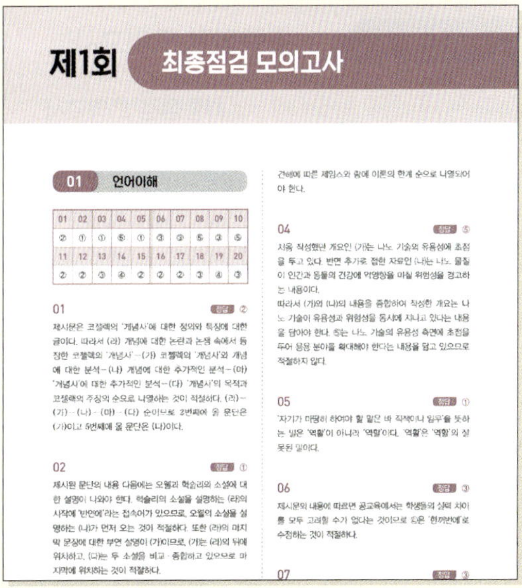

▸ 정답에 대한 상세한 해설과 오답분석을 통해 혼자서도 체계적인 학습이 가능하도록 하였다.

이 책의 차례 CONTENTS

Add+ 2025년 주요기업 기출복원문제 2

PART 1 기출복원문제

CHAPTER 01 2022년 기출복원문제 2
CHAPTER 02 2019년 기출복원문제 16
CHAPTER 03 2018년 기출복원문제 42

PART 2 인성검사 80

PART 3 적성검사

CHAPTER 01 언어이해 124
CHAPTER 02 논리판단 150
CHAPTER 03 자료해석 158
CHAPTER 04 정보추론 178
CHAPTER 05 공간지각 190
CHAPTER 06 도식이해 206

PART 4 최종점검 모의고사

제1회 최종점검 모의고사 226
제2회 최종점검 모의고사 329

PART 5 면접

CHAPTER 01 면접 유형 및 실전 대책 436
CHAPTER 02 현대자동차그룹 실제 면접 461

별 책 정답 및 해설

PART 1 기출복원문제 2
PART 3 적성검사 34
PART 4 최종점검 모의고사 56

Add+

2025년 주요기업 기출복원문제

※ 기출복원문제는 수험생들의 후기를 통해 시대에듀에서 복원한 문제로 실제 문제와 다소 차이가 있을 수 있으며, 본 저작물의 무단전재 및 복제를 금합니다.

2025년 주요기업 기출복원문제

※ 정답 및 해설은 기출복원문제 바로 뒤 p.021에 있습니다.

01 언어이해

| 삼성그룹

01 다음 글의 제목으로 가장 적절한 것은?

일반적으로 소비자들은 합리적인 경제 행위를 추구하기 때문에 최소 비용으로 최대 효과를 얻으려 한다는 것이 소비의 기본 원칙이다. 그들은 '보이지 않는 손'이라고 일컬어지는 시장 원리 아래에서 생산자와 만난다. 그러나 이러한 일차적 의미의 합리적 소비가 언제나 유효한 것은 아니다. 생산보다는 소비가 화두가 된 소비 자본주의 시대에 소비는 단순히 필요한 재화, 그리고 경제학적으로 유리한 재화를 구매하는 행위에 머물지 않는다. 최대 효과 자체에 정서적이고 사회 심리학적인 요인이 개입하면서, 이제 소비는 개인이 세계와 만나는 다분히 심리적인 방법이 되어버린 것이다. 곧 인간의 기본적인 생존 욕구를 충족시켜 주는 합리적 소비 수준에 머물지 않고, 자신을 표현하는 상징적 행위가 된 것이다. 이처럼 오늘날의 소비문화는 물질적 소비 차원이 아닌 심리적 소비 형태를 띤다.

소비 자본주의의 화두는 과소비가 아니라 '과시 소비'로 넘어갔다. 과시 소비의 중심에는 신분의 논리가 있다. 신분의 논리는 유용성의 논리, 나아가 시장의 논리로 설명되지 않는 것들을 설명해 준다. 혈통으로 이어지던 폐쇄적 계층 사회는 소비 행위에 대해 계급에 근거한 제한을 부여했다. 먼 옛날 부족 사회에서 수장들만이 걸칠 수 있었던 장신구에서부터, 제아무리 권문세가의 정승이라도 아흔아홉 칸을 넘을 수 없던 집이 좋은 예이다. 권력을 가진 자는 힘을 통해 자기의 취향을 주위 사람들과 분리시킴으로써 경외감을 강요하고, 그렇게 자기 취향을 과시함으로써 잠재적 경쟁자들을 통제한 것이다.

가시적 신분 제도가 사라진 현대 사회에서도 이러한 신분의 논리는 여전히 유효하다. 이제 개인은 소비를 통해 자신의 물질적 부를 표현함으로써 신분을 과시하려 한다.

① 계층별 소비 규제의 필요성
② 신분사회에서 의복 소비와 계층의 관계
③ 소비가 곧 신분이 되는 과시 소비의 원리
④ 소득을 고려하지 않은 무분별한 과소비의 폐해
⑤ '보이지 않는 손'에 의한 합리적 소비의 필요성

02 다음 글의 중심 내용으로 가장 적절한 것은?

최근에 사이버공동체를 중심으로 한 시민의 자발적 정치 참여 현상이 많은 관심을 끌고 있다. 이러한 현상과 관련하여 A의 연구가 주목받고 있다. A의 연구에 따르면 공동체의 구성원이 됨으로써 얻게 되는 '사회적 자본'은 시민사회의 성숙과 민주주의 발전을 가져오는 원동력이다. 공동체에 대한 자발적 참여를 통해 사회 구성원 간의 상호 의무감과 신뢰, 구성원들이 공유하는 규칙과 관행, 사회적 유대 관계와 같은 사회적 자본이 늘어나면, 사회 구성원 간의 협조적인 행위가 가능하게 된다고 보았다. 더 나아가 자원봉사와 같이 공동체 참여도가 높은 사람이 투표할 가능성이 높고 정부 정책에 대한 의견 개진도 활발해지는 등 정치 참여도가 높아진다고 주장하였다.
몇몇 학자들은 A의 이론을 적용하여 면대면 접촉에 따른 인간관계의 산물인 사회적 자본이 사이버공동체에서도 충분히 형성될 수 있다고 보았다. 그리고 사이버공동체에서 사회적 자본의 증가는 정치 참여 역시 활성화할 것으로 기대했다. 하지만 이러한 기대와 달리 정치 참여가 활성화되지 않았다. 요즘 젊은이들을 보면 각종 사이버공동체에 자발적으로 참여하는 수준은 높지만 투표나 다른 정치 활동에는 무관심하거나 심지어 정치를 혐오하기도 한다. 이런 측면에서 A의 주장은 사이버공동체가 활성화된 오늘날에는 잘 맞지 않는다.
이러한 이유 때문에 오늘날 사이버공동체를 중심으로 한 정치 참여를 더 잘 이해하기 위해서 '정치적 자본' 개념의 도입이 필요하다. 정치적 자본은 사회적 자본의 구성 요소와는 달리 정치 정보의 습득과 이용, 정치적 토론과 대화, 정치적 효능감 등으로 구성된다. 정치적 자본은 사회적 자본과 마찬가지로 공동체 참여를 통해서 획득되지만, 정치 과정에의 관여를 촉진한다는 점에서 사회적 자본과는 구분될 필요가 있다. 사회적 자본만으로 정치 참여를 기대하기 어렵고, 사회적 자본과 정치 참여 사이를 정치적 자본이 매개할 때 비로소 정치 참여가 활성화된다.

① 사이버공동체에의 자발적 참여 증가는 정치 참여를 활성화시킨다.
② 사이버공동체의 특수성으로 인해 시민들의 정치 참여가 어렵게 되었다.
③ 사회적 자본이 많은 사회는 정치 참여가 활발하기 때문에 민주주의가 실현된다.
④ 사회적 자본은 정치적 자본을 포함하기 때문에 그 자체로 정치 참여의 활성화를 가져온다.
⑤ 사이버공동체를 통해 축적된 사회적 자본에 정치적 자본이 더해질 때 정치 참여가 활성화된다.

03 다음 글을 읽고 추론할 수 있는 내용으로 가장 적절한 것은?

한국의 고령화는 세계에서 가장 빠른 속도로 진행되고 있다. 2025년에는 65세 이상 인구 비중이 20%를 넘어서며 본격적인 초고령사회에 진입했다. 이에 따라 과거에는 노년층이 경제의 주변부로 여겨졌지만, 최근에는 '그레이 르네상스'라는 말이 나올 정도로 시니어층이 소비와 사회 변화를 이끄는 주체로 떠오르고 있다. 특히 경제력과 건강을 갖춘 '액티브 시니어', 디지털 환경에 익숙한 '디지털 시니어' 등 다양한 모습의 노년층이 등장하면서 시니어 산업이 새로운 성장 동력으로 주목받고 있다.

시니어 산업은 매우 다양한 분야로 세분화된다. 먼저, 시니어 하우징 분야에서는 전통적인 실버타운을 넘어 자립 생활이 가능한 시니어 레지던스, 커뮤니티형 주거단지 등 다양한 주거형태가 등장하고 있다. 이들의 주거공간은 단순 거주 기능을 넘어 건강관리, 취미활동, 커뮤니티 형성 등 삶의 질을 높이는 서비스를 결합해 제공한다. 자산관리와 금융 분야도 빠르게 성장 중이다. 은퇴설계, 연금, 자산관리 서비스 등 시니어의 경제적 안정과 맞춤형 금융 상품에 대한 수요가 크게 늘고 있다.

건강관리와 요양 · 돌봄 분야 역시 시니어 산업의 핵심이다. 만성질환 관리, 건강식품, 의료기기, 원격진료 등 헬스케어 산업이 빠르게 발전하고 있으며, 방문요양, 돌봄 로봇, 스마트 모니터링 시스템 등 첨단 기술을 접목한 돌봄 서비스도 확산되고 있다. 특히 최근에는 웨어러블 기기를 통해 건강 데이터를 실시간으로 수집 · 분석하고, 이상 징후를 즉시 의료진이나 가족에게 알리는 시스템 등 인공지능과 사물인터넷을 활용한 스마트 헬스케어 서비스가 주목받고 있다.

여가와 문화, 교육 분야도 시니어 산업에서 빠질 수 없다. 여행, 평생교육, 취미활동, 문화예술 프로그램 등 시니어의 자기계발과 사회참여를 지원하는 다양한 서비스가 주목받고 있으며 최근에는 시니어 맞춤형 여행상품, 온라인 강좌, 문화예술 동아리 등이 인기를 끌고 있다. 마지막으로 고령층의 사회 참여와 일자리 창출도 중요한 이슈다. 단순한 생계형 일자리에서 벗어나 전문성과 경험을 살리는 것을 주요 목적으로 멘토링, 사회공헌 등의 활동이 각광받고 있다.

시니어 산업은 앞으로도 시장 규모가 지속적으로 성장할 것으로 전망된다. 고령화가 가져올 사회적 도전과 함께 기술 융합과 서비스 혁신을 통해 새로운 기회가 계속해서 창출될 것이다. 사회적 돌봄 인프라 강화, 디지털 격차 해소 등 해결해야 할 과제도 많지만, 시니어 산업은 결국 한국 사회의 미래를 이끌 중요한 산업이 될 것이다.

① 요양원 운영은 대표적인 시니어 하우징 사업이다.
② 갈수록 심해지는 고령화는 시니어 산업의 성장을 이끌어 낼 것이다.
③ 시니어 사업은 디지털 격차로 인해 전통적인 기술이 선호되는 사업이다.
④ 그레이 르네상스는 첨단 기기를 잘 다루는 노년층이 등장하면서 시작되었다.
⑤ 고령층 일자리 창출 사업의 목적은 노인의 자립을 위한 생계형 일자리 제공이다.

04 다음 글의 내용으로 가장 적절한 것은?

우리가 세계지도를 펼쳐보며 익숙하게 느끼는 경도와 위도 그리고 대륙의 윤곽은 수많은 시행착오와 발견의 역사를 거쳐 완성된 것으로, 그 시작점 중 하나가 바로 2세기 그리스 – 로마 시대에 등장한 프톨레마이오스의 세계지도다. 프톨레마이오스의 세계지도는 단순한 상상이 아니라, 프톨레마이오스가 집필한 『지리학』을 바탕으로 천체 관측과 좌표 계산을 통해 체계적으로 만들어진 고대 과학의 산물이었다. 곡선의 경도와 위도선을 처음으로 도입했다는 점에서 당시 지구가 구형임을 인식했다는 점도 눈여겨볼 수 있다.
프톨레마이오스의 세계지도에서는 카나리아 제도가 경도 0도로 설정되어 있고, 동쪽으로 180도, 남북으로는 적도를 기준으로 80도까지의 세계가 펼쳐진다. 지도에는 지중해와 인도양이라는 두 개의 내해가 뚜렷하게 구분되어 있으며, 유럽, 중동, 인도, 실론 섬(현재의 스리랑카), 인도차이나반도, 중국 등 다양한 지역이 포함되어 있다. 아프리카 대륙의 남쪽은 동쪽으로 길게 뻗어 동남아시아와 연결된 육지로 그려졌고, 실론 섬은 실제보다 훨씬 크게 묘사되었다. 카스피해는 현대와 달리 동서로 길게 표현되었으며, 나일강의 수원지는 '달의 산맥'이라는 이름으로 표기되어 있다. 또한, 인도는 인더스 강과 갠지스 강 사이에 실제보다 작게 나타나고, 말레이반도는 '황금반도'로 그 너머에는 태국 만과 남중국해가 합쳐진 '거대한 만(Magnus Sinus)'이 자리하여 당시의 사람들이 어떤 세계관을 가지고 있었는지 직접적으로 보여준다.
그러나 프톨레마이오스의 세계지도에는 현재와는 다른 부정확한 표현들이 적지 않다. 이러한 오류들은 당시의 과학적 한계와 정보 부족에서 비롯된 것이다. 정밀한 측정 도구가 없어 경도 측정이 부정확했고, 여행자와 상인, 군사 원정대 등으로부터 전해들은 단편적인 지식에 의존하다 보니 실제와 다른 지형이나 크기가 지도에 반영될 수밖에 없었다. 실론 섬이 지나치게 크게 그려진 것, 아프리카가 동남아시아와 연결된 육지로 표현된 것 등은 모두 프톨레마이오스가 얻을 수 있었던 제한된 자료와 관측 기술의 한계를 보여준다. 이러한 점들은 프톨레마이오스의 세계지도가 고대의 세계관과 지리 지식을 반영하는 동시에 그 시대의 한계를 고스란히 담고 있음을 시사한다.
그러나 이 지도의 영향력은 고대에 머물지 않았다. 프톨레마이오스의 『지리학』은 9세기 이슬람 세계에서 아랍어로 번역되어 이슬람 학자들에게 큰 영향을 주었고, 15세기 초에는 라틴어로 번역되어 유럽에 다시 소개되었다. 원본 지도는 남아 있지 않지만 13세기 말 비잔틴 수도사들이 좌표 기록을 바탕으로 재구성한 판본이 전해진다. 이후 15세기 인쇄술이 발달하면서 이 지도는 유럽 각지에 널리 보급되었고, 르네상스와 대항해 시대 탐험가들에게도 새로운 영감과 정보를 제공했다. 프톨레마이오스의 세계지도는 고대의 지리 지식과 세계관을 집대성한 결정체로, 이후 지도 제작과 지리학 발전에 중요한 이정표가 되었다.

① 지도에서 곡선의 경도와 위도선은 이슬람 학자들이 처음으로 사용하였다.
② 프톨레마이오스의 세계지도는 그리스 – 로마 시대의 세계관을 보여주는 지도이다.
③ 프톨레마이오스의 세계지도는 객관적인 실측으로만 제작된 최초의 세계지도이다.
④ 프톨레마이오스의 세계지도는 당대의 발전된 인쇄술을 통해 유럽 각지에 널리 보급되었다.
⑤ 프톨레마이오스의 시대에서는 지구의 모습이 구형임을 인식하지 못하고, 평평하다고 생각하였다.

※ 다음 글의 내용으로 적절하지 않은 것을 고르시오. [5~6]

| SK그룹

05

일상에서 전지는 없어서는 안 될 중요한 역할을 한다. 스마트폰, 리모컨, 시계 등 다양한 기기들이 전지를 통해 작동하며, 덕분에 우리는 언제 어디서나 편리하게 전자기기를 사용할 수 있다. 전지는 화학에너지를 전기에너지로 변환하는 장치로, 크게 1차 전지와 2차 전지로 나눌 수 있다.

1차 전지는 한 번 사용하면 더 이상 충전하거나 재사용할 수 없는 전지로, 알카라인 전지, 망간 전지, 리튬 1차 전지 등이 대표적인 예시이다. 주로 저전력으로 오랜 시간 작동해야 하는 리모컨, 벽시계, 손전등 등에 많이 사용된다. 1차 전지는 에너지 밀도가 높고 장기간 보관해도 성능이 잘 유지된다는 장점이 있지만, 한 번 사용 후 폐기해야 하므로 재사용이 불가능하고, 대량 폐기로 인한 환경오염 문제도 발생할 수 있다.

반면 2차 전지는 충전과 방전을 반복할 수 있는 전지다. 리튬 이온 전지, 납축전지, 니켈 – 수소 전지 등이 대표적이며 주로 스마트폰, 노트북, 전기차 등 반복해서 충전이 필요한 기기에 주로 사용된다. 2차 전지는 여러 번 사용할 수 있어 장기적으로 경제적이고, 자원 낭비를 줄일 수 있다는 장점이 있지만 초기 구입비용이 높고, 일부 소재는 독성이나 폭발 위험 등 안전성 문제가 제기되기도 한다.

1차 전지와 2차 전지의 가장 큰 차이는 재사용 여부다. 1차 전지는 한 번 쓰고 버려야 하지만, 2차 전지는 여러 번 충전해 쓸 수 있다. 화학 반응 면에서도 1차 전지는 비가역적이지만, 2차 전지는 가역적인 반응을 이용한다. 그러므로 용도와 예시, 장단점도 서로 다르다. 하지만 두 전지 모두 화학에너지를 전기에너지로 바꾸는 기본 원리는 같으며 모두 양극, 음극, 전해질로 구성되어 있고, 내부에서 일어나는 화학 반응을 통해 전류가 흐른다.

최근에는 2차 전지 기술이 빠르게 발전하고 있다. 특히 전기차와 재생에너지 저장장치 등 다양한 첨단 산업에서 2차 전지의 중요성이 크게 부각되고 있으며, 친환경 소재 개발과 효율 향상도 활발히 이루어지고 있다. 이러한 흐름에 맞춰 전 세계적으로 2차 전지 기술을 선점하기 위한 경쟁이 치열하게 전개되고 있으며, 각국은 미래 시장을 주도하기 위해 연구개발과 투자를 아끼지 않고 있다.

① 일반적으로 1차 전지보다 2차 전지의 구입비용이 높다.
② 1차 전지와 2차 전지의 가장 큰 차이점은 재사용의 가능 여부이다.
③ 미래 산업에서는 1차 전지보다 2차 전지의 가치가 더욱 높을 것이다.
④ 1차 전지는 주로 간단한 장비에 쓰이며, 2차 전지는 주로 첨단 장비에 쓰인다.
⑤ 1차 전지는 전지 내부의 물리적 반응으로 전류가 흐르고, 2차 전지는 화학적 반응을 통해 전류가 흐른다.

06

> 대상포진은 일상에서 흔히 접할 수 있는 질환 중 하나로, 특히 면역력이 약해진 사람들에게서 자주 발생한다. 대상포진에 걸리게 되면 평소 건강하다고 느끼던 사람도 어느 날 갑자기 극심한 통증과 함께 피부에 띠 모양의 발진이 나타나면서 일상생활에 큰 불편을 겪게 된다. 대상포진은 한 번쯤 들어봤을 법한 이름이지만, 실제로 어떤 질환인지, 왜 생기는지 그리고 어떻게 치료할 수 있는지에 대해 제대로 아는 경우는 많지 않다.
> 대상포진은 수두 – 대상포진 바이러스에 의해 발생한다. 과거에 수두에 걸린 적이 있다면 대상포진 바이러스가 몸속 신경절에 잠복해 있다가 면역력이 약해지는 시기에 다시 활성화되는데, 이때 신경을 따라 피부로 퍼지면서 띠 모양의 발진과 수포, 심한 통증을 유발한다. 주로 몸통이나 얼굴 한쪽에 국한되어 나타나는 것이 특징이며, 통증이 매우 심해 잠을 이루기 힘들 정도로 일상생활에 악영향을 준다. 대상포진은 60세 이상의 고령자, 만성질환자, 과로 또는 스트레스로 인해 면역력이 저하된 사람들에게서 더 흔하게 발생한다.
> 대상포진이 생기면 가능한 한 빨리 항바이러스제 투여 등의 치료를 시작해야 한다. 항바이러스제를 발진이 생긴 뒤 3일 이내에 복용하는 것은 바이러스가 더 퍼지는 것을 막고, 증상을 빨리 가라앉히는 데 큰 도움이 된다. 대상포진의 치료가 어려운 것은 특유의 신경통 때문인데, 적절하고 빠른 조치는 이러한 신경통도 줄여주는 효과가 있다. 그러나 통증이 심한 경우에는 진통제를 함께 써야 하며, 필요한 경우 마취와 같은 신경차단술을 병행하기도 한다. 특히 치료를 받는 동안에는 충분한 휴식과 영양 섭취, 감염된 부위의 청결 유지가 필수적이다.
> 대상포진은 예방이 무엇보다 중요하다. 50세 이상 성인이나 면역력이 약한 사람은 대상포진 예방접종을 통해 발병 위험을 크게 줄일 수 있다. 한 번의 접종으로 상당 기간 대상포진에 대한 면역력을 유지할 수 있기 때문에 예방접종은 고령층이나 만성질환자에게 적극 권장된다. 또한 평소 규칙적인 운동과 균형 잡힌 식사, 충분한 휴식 등 생활습관 개선을 통해 면역력을 강화하는 것도 대상포진 예방에 도움이 된다. 이처럼 대상포진은 누구에게나 찾아올 수 있지만, 예방과 관리로 충분히 극복할 수 있는 질환이다.

① 60세 이하인 사람도 대상포진에 쉽게 감염될 수 있다.
② 이전에 수두에 걸리지 않으면 대상포진에 걸리지 않는다.
③ 생활습관 개선을 통해 면역력을 강화하는 것은 대상포진 예방에 큰 도움이 된다.
④ 당뇨 등의 만성질환으로 인해 면역력이 저하된 사람일 경우 대상포진 예방접종이 필요하다.
⑤ 대상포진은 눈에 띄지 않지만 오랜 기간 진행될 경우 통증을 유발하므로 사전에 검진이 필요하다.

※ 다음 제시된 문단 또는 문장을 논리적 순서대로 바르게 나열한 것을 고르시오. [7~8]

| 삼성그룹

07

서울에 사는 주부 김모 씨는 세탁기나 청소기 등의 가전기기를 사용하기 전에 집안에 설치된 원격검침을 꼭 확인한다. 하루 중 전기료가 가장 저렴한 시간에 가전기기를 사용해 비용을 조금이라도 줄이고자 함이다.

(가) 이를 활용하여 전력 공급자는 전력 사용 현황을 실시간으로 파악하여 공급량을 탄력적으로 조절할 수 있고, 전력 소비자는 전력 사용 현황을 실시간으로 파악함으로써 이에 맞게 요금이 비싼 시간대를 피하여 사용 시간과 사용량을 조절할 수 있게 되는 것이다.

(나) 비현실적으로 들리는 이 사례들은 이제 우리의 일상이 될 수 있다. 이미 스마트폰을 이용해 외부에서 원격으로 집 안의 가전기기를 조작하고, 사물인터넷을 이용해 어떤 가전기기가 언제 전기를 가장 많이 쓰는지도 스마트폰 하나로 파악할 수 있는 시대이기 때문이다.

(다) 비슷한 사례로 직업상 컴퓨터 사용이 많은 웹디자이너 강모 씨 역시 전기료가 가장 저렴한 심야 시간을 활용해 작업을 하다 보니 어느새 낮과 밤이 바뀌는 지경에 이르렀다.

(라) 이러한 사물인터넷과 스마트그리드가 정착이 되면 미래의 전기 사용 패턴은 지금과 완전히 달라질 것이다. 기존에 발전 – 송전 – 배전 – 판매의 단계로 이루어지던 단방향 전력망이 전력 공급자와 소비자의 양방향 실시간 정보교환이 가능해지는 지능형 전력망으로 변화되기 때문이다.

① (가) – (나) – (다) – (라)
② (가) – (다) – (나) – (라)
③ (다) – (가) – (나) – (라)
④ (다) – (나) – (가) – (라)
⑤ (다) – (나) – (라) – (가)

| CJ그룹

08

(가) 또 그는 현대 건축 이론 중 하나인 ‘도미노 이론’을 만들었는데, 도미노란 집을 뜻하는 라틴어 ‘도무스(Domus)’와 혁신을 뜻하는 ‘이노베이션(Innovation)’을 결합한 단어다.

(나) 그는 이 이론의 원칙을 통해 인간이 효율적으로 살 수 있는 집을 꾸준히 연구해 왔으며, 그가 제안한 건축 방식 중 필로티와 옥상정원 등이 최근 우리나라 주택에 많이 쓰이고 있다.

(다) 최소한의 철근콘크리트 기둥들이 모서리를 지지하고 평면의 한쪽에서 각 층으로 갈 수 있게 계단을 만든 개방적 구조가 이 이론의 핵심이다. 건물을 돌이나 벽돌을 쌓아 올리는 조적식 공법으로만 지었던 당시에 이와 같은 구조는 많은 이들에게 적지 않은 충격을 주었다.

(라) 스위스 출신의 프랑스 건축가 르 코르뷔지에(Le Corbusier)는 근대주택의 기본형을 추구했다는 점에서 현대 건축의 거장으로 불린다. 그는 현대 건축에서의 집의 개념을 ‘거주 공간’에서 ‘더 많은 사람이 효율적으로 살 수 있는 공간’으로 바꿨다.

① (다) – (라) – (가) – (나)
② (다) – (라) – (나) – (가)
③ (라) – (가) – (나) – (다)
④ (라) – (가) – (다) – (나)
⑤ (라) – (나) – (가) – (다)

09 다음 글의 빈칸에 들어갈 내용으로 가장 적절한 것은?

> 힐링(Healing)은 사회적 압박과 스트레스 등으로 손상된 몸과 마음을 치유하는 방법을 일컫는 말이다. 우리나라보다 먼저 힐링이 정착된 서구에서는 힐링을 질병 치유의 대체 요법 또는 영적·심리적 치료 요법 등으로 지칭하고 있다. 국내에서도 최근 힐링과 관련된 갖가지 상품이 유행하고 있다. 간단한 인터넷 검색을 통해 수천 가지의 상품을 확인할 수 있을 정도다. 종교적 명상, 자연 요법, 운동 요법 등 다양한 형태의 힐링 상품이 존재한다. 심지어 고가의 힐링 여행이나 힐링 주택 등의 상품도 나오고 있다. 그러나 ____________________ 우선 명상이나 기도 등을 통해 내면에 눈뜨고, 필라테스나 요가를 통해 육체적 건강을 회복하여 자신감을 얻는 것부터 출발할 수 있다.

① 힐링이 먼저 정착된 서구의 힐링 상품들을 참고해야 할 것이다.
② 많은 돈을 들이지 않고서도 쉽게 할 수 있는 일부터 찾는 것이 좋을 것이다.
③ 이러한 상품들의 값이 터무니없이 비싸다고 느껴지지는 않을 것이다.
④ 자신을 진정으로 사랑하는 법을 알아야 할 것이다.
⑤ 혼자만 할 수 있는 힐링 상품을 찾는 것보다는 다른 사람과 함께 하는 힐링 상품을 찾는 것이 좋을 것이다.

10 다음 중 밑줄 친 ㉠~㉢에 대한 사례로 적절하지 않은 것은?

4차 산업혁명의 주제는 무엇일까? 제조업의 입장에서 4차 산업혁명은 ICT와 제조업의 결합을 의미하며, 여기에서 발생하는 제조업의 변화 양상은 크게 제조업의 서비스화, 제조업의 디지털화, 제조업의 스마트화 등으로 정리할 수 있다.
먼저 ㉠ 제조업의 서비스화에서의 핵심은 '아이디어를 구체화하는 시스템'이다. 제조업체는 제품과 서비스를 통합적으로 제공하고, 이를 통해 제품의 부가가치와 경쟁력을 높여 수익을 증대하고자 한다.
다음으로 ㉡ 제조업의 디지털화는 '디지털 인프라 혁명'이라고도 하며, 가상과 현실, 사람과 사물이 연결되는 초연결(Hyper-connected) 네트워크 통해 언제 어디서나 접속 가능한 환경을 조성하여 재화를 생산하는 것을 의미한다. 제조업체는 맞춤형 생산이 가능한 3D프린팅, 스마트 공장, 증강현실·가상현실 기반 콘텐츠, 클라우드 기반 정보 시스템 등을 생산과정에 활용한다.
마지막으로 ㉢ 제조업의 스마트화는 인공지능(AI), 로봇, 사물인터넷(IoT), 빅데이터, 클라우드, AR, VR, 홀로그램 등 지능 기술의 발달에 따른 '기술적 혁명'을 말한다. 이는 생산성 향상, 생산공정 최적화 등을 달성하는 데 기여할 것으로 예상된다. 이러한 제조업의 스마트화는 생산인구 감소, 고임금, 자원 고갈(에너지, 인력, 장비, 설비 등) 등에 대비해 노동 생산성과 자원 효율성 제고를 위한 새로운 전략적 대응으로 등장하였다.

① ㉠ – 애플은 하드웨어와 소프트웨어뿐만 아니라 콘텐츠 생산자와 소비자를 연결하는 플랫폼인 애플 스토어 서비스를 구축하였다.
② ㉠ – 롤스로이스는 항공기 엔진과 관련 부품의 판매뿐만 아니라 ICT를 이용한 실시간 모니터링을 통해 엔진의 유지·보수 및 관리가 가능한 엔진 점검 서비스를 제공한다.
③ ㉡ – 포드는 'TechShop' 프로젝트를 통해 2,000여 명의 회원들이 자유롭게 자사의 3D프린터 제작 설비를 활용하여 아이디어를 시제품으로 구체화할 수 있도록 지원했다.
④ ㉡ – GE의 제조 공장에서는 제조 주기의 단축을 위한 기술을 축적하고 있으며, 하나의 공장에서 항공, 에너지, 발전 관련 등 다양한 제품군을 제조하는 설비를 갖추고자 노력하고 있다.
⑤ ㉢ – 지멘스의 제조 공장에서는 제품 개발 및 제조·기획을 관장하는 '가상생산' 시스템과 제품 수명 주기 관리를 통한 '공장생산' 시스템을 통합해 생산 효율성의 극대화를 추구한다.

02 논리판단

※ 제시된 명제가 모두 참일 때, 다음 중 빈칸에 들어갈 명제로 가장 적절한 것을 고르시오. [1~2]

| 삼성그룹

01

> 전제1. S사의 메신저는 모두 보안 네트워크를 사용한다.
> 전제2. S사의 신입은 모두 S사의 메신저만 사용한다.
> 결론. ____________________

① S사의 신입이 아니면 보안 네트워크를 사용하지 않는다.
② 메신저가 보안 네트워크를 사용하면 모두 S사의 메신저이다.
③ S사의 신입이 사용하는 메신저는 모두 보안 네트워크를 사용한다.
④ 메신저가 보안 네트워크를 사용하지 않으면 모두 S사의 메신저이다.
⑤ S사의 메신저를 사용하지 않는 직원은 모두 보안 네트워크를 사용한다.

| 삼성그룹

02

> 전제1. S대학의 어떤 신입생은 기숙사에 거주한다.
> 전제2. 기숙사에 거주하는 사람은 모두 도보로 등교한다.
> 결론. ____________________

① S대학의 어떤 신입생은 도보로 등교한다.
② 도보로 등교하는 사람은 모두 신입생이다.
③ S대학의 신입생이 아니면 도보로 등교하지 않는다.
④ S대학의 기숙사에 거주하는 사람은 모두 신입생이다.
⑤ 어떤 사람이 도보로 등교하면 기숙사에 거주하는 것이다.

03 2인조 도난 사건에 대한 용의자로 A～E 5명이 지목되었다. 이 중 거짓을 말하는 사람이 단 1명일 때, 범인 2명은?

> • A : B가 범인이면, D도 범인이다.
> • B : 범인 중 1명은 진실을 말하고 있다.
> • C : E는 범인이다.
> • D : C의 진술이 참이라면, B는 범인이다.
> • E : 나는 범인이 아니고, A가 범인이다.

① A, B
② A, C
③ B, D
④ B, E
⑤ D, E

04 5층인 S빌라에 A～E 5명이 살고 있다. 다음 대화에서 1명이 거짓을 말하고 있다면, 거짓을 말하는 사람은?(단, 5명 모두 다른 층에 살고 있다)

> • A : C는 가장 위에 살고 있어.
> • B : D의 바로 위층에는 C가 살고 있어.
> • C : E보다 위에 사는 사람은 총 4명이야.
> • D : C의 바로 아래층에는 B가 살고 있어.
> • E : 내 바로 위층에는 A가 살고, 나는 D와 2층 차이가 나.

① A
② B
③ C
④ D
⑤ E

05 다음 〈조건〉에 따라 A ~ E 5명이 일렬로 나란히 자리에 앉는다고 할 때, 바르게 추론한 것은?(단, 자리의 순서는 왼쪽부터 첫 번째 자리로 한다)

조건

- D는 A의 바로 왼쪽에 앉는다.
- B와 D 사이에 C가 있다.
- A는 마지막 자리가 아니다.
- A와 B 사이에 C가 있다.
- B는 E의 바로 오른쪽에 앉는다.

① C는 A의 왼쪽에 앉을 수 있다.
② C는 E의 오른쪽에 앉을 수 있다.
③ C는 두 번째 자리에 앉을 수 있다.
④ E는 네 번째 자리에 앉을 수 있다.
⑤ D는 두 번째 자리에 앉을 수 있다.

06 S사의 세탁기는 〈조건〉과 같이 A ~ D 4개의 세탁 과정과 X, Y 2개의 건조 과정을 거쳐 작동한다. 다음 중 S사 세탁기의 세탁 및 건조 과정이 순서대로 바르게 나열된 것은?

조건

- A, B, C, D는 세탁 과정이고, X, Y는 건조 과정이다.
- 건조 과정은 세탁 과정이 모두 끝난 뒤에 진행한다.
- A는 세탁의 가장 마지막에 진행하는 마무리 과정이다.
- C는 B보다 늦게 진행한다.
- D와 Y사이에는 2개의 과정이 있다.
- D과정 직후에는 세탁의 마무리 과정을 할 수 없다.

① B－C－D－A－X－Y
② B－D－C－A－X－Y
③ B－D－C－A－Y－X
④ D－B－C－A－X－Y
⑤ D－C－B－A－Y－X

※ 다음 도식에서 기호들은 일정한 규칙에 따라 문자를 변화시킨다. 물음표에 들어갈 문자로 알맞은 것을 고르시오(단, 규칙은 가로와 세로 중 한 방향으로만 적용된다). **[7~10]**

		BU63		OYG7		P8S3		
		↓		↓		↓		
47AT	→	◎	→	♡	→	♠	→	45QB
		↓		↓		↓		
		DS81		◇		◎		
				↓		↓		
				7GYO		Q5T0		

| 삼성그룹

07

STOP → ◎ → ♡ → ?

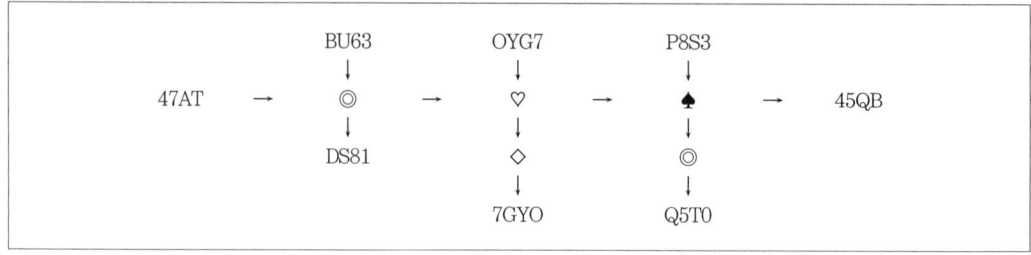

① NQUR ② QURN
③ RNQU ④ RUNQ
⑤ URQN

| 삼성그룹

08

18AB → ♡ → ♠ → ?

① AZ70 ② A7Z0
③ ZA07 ④ Z0A7
⑤ 70AZ

09

E5D8 → ♠ → ◇ → ?

① CD47
② D4C7
③ C7D4
④ D7C4
⑤ DC74

10

H476 → ◇ → ♠ → ◎ → ?

① 83I1
② 813I
③ 318I
④ 3I81
⑤ I138

| 삼성그룹

01 다음은 A ~ D사의 연간 매출액에 대한 자료이다. 연간 매출액이 일정한 증감률을 보인다고 할 때, 빈칸에 들어갈 수는?

〈A ~ D사의 연간 매출액〉

(단위 : 백억 원)

구분		2019년	2020년	2021년	2022년	2023년	2024년
A사	매출액	300	350	400	450	500	550
	순이익	9	10.5	12	13.5	15	16.5
B사	매출액	200	250	200	250	200	250
	순이익	4	7.5	4	7.5	4	7.5
C사	매출액	250	350	300	400	350	450
	순이익	5	10.5	12	20		31.5
D사	매출액	350	300	250	200	150	100
	순이익	7	6	5	4	3	2

※ (순이익)=(매출액)×(이익률)

① 21
② 23
③ 25
④ 27
⑤ 29

| KT그룹

02 K회사의 2024년 하반기 신입사원 지원자 수는 7,750명이다. 채용절차는 서류전형 → 면접전형 → 최종 합격 순이며 합격자 조건이 다음과 같을 때 서류 합격자의 비율은?

〈신입사원 채용절차별 결과〉

서류 합격자 비율	면접 합격자 비율	최종 합격
	30%	93명

① 40%
② 30%
③ 15%
④ 4%
⑤ 3%

03 다음은 S인터넷쇼핑몰의 1 ~ 4월 판매내역에 대한 자료이다. 이의 일부는 잉크가 번져 보이지 않는 상황이다. 이때 1 ~ 4월까지의 총반품금액에 대한 4월 반품금액의 비율에서 1 ~ 4월까지의 총배송비에 대한 1월 배송비의 비율을 뺀 값은?

〈S인터넷쇼핑몰 판매내역〉

(단위 : 원)

구분	판매금액	반품금액	취소금액	배송비	매출
1월	2,400,000	300,000			1,870,000
2월	1,700,000		160,000	30,000	1,360,000
3월	2,200,000	180,000	140,000		1,840,000
4월			180,000	60,000	1,990,000
합계	8,800,000	900,000		160,000	7,040,000

※ (매출)=(판매금액)−(반품금액)−(취소금액)−(배송비)

① 11.25%p
② 11.5%p
③ 11.75%p
④ 12%p
⑤ 12.25%p

04 다음은 S업체의 총예산 및 인건비에 대한 자료이다. S업체가 하루 동안 고용할 수 있는 최대 인원은?

〈S업체 총예산 및 인건비〉

(단위 : 원)

구분	항목	금액
총예산	본예산	500,000
	예비비	100,000
1인당 인건비	수당	50,000
	산재보험료	(수당)×0.504%
	고용보험료	(수당)×1.3%

① 10명
② 11명
③ 12명
④ 13명
⑤ 14명

| KT그룹

05 다음은 2016 ~ 2024년 공연예술의 연도별 행사 추이를 나타낸 자료이다. 이에 대한 설명으로 옳은 것은?

〈공연예술의 연도별 행사 추이〉

(단위 : 건)

구분	2016년	2017년	2018년	2019년	2020년	2021년	2022년	2023년	2024년
양악	2,658	2,658	2,696	3,047	3,193	3,832	3,934	4,168	4,628
국악	617	1,079	1,002	1,146	1,380	1,440	1,884	1,801	2,192
무용	660	626	778	1,080	1,492	1,323	미집계	1,480	1,521
연극	610	482	593	717	1,406	1,113	1,300	1,929	1,794

① 2016 ~ 2024년 동안 매년 국악 공연 건수가 연극 공연 건수보다 더 많았다.
② 2016 ~ 2024년 동안 매년 양악 공연 건수가 국악, 무용, 연극 공연 건수의 합보다 더 많았다.
③ 2016년에 비해 2024년 공연 건수의 증가율이 가장 높은 장르는 국악이다.
④ 연극 공연 건수가 무용 공연 건수보다 많아진 것은 2023년부터였다.
⑤ 2023년에 비해 2024년에 공연 건수가 가장 많이 증가한 장르는 국악이다.

| 삼성그룹

06 다음은 A ~ C사의 2024년 1분기 매출액 및 전분기 대비 변동률을 나타낸 자료이다. 이에 대한 설명으로 옳은 것은?(단, 모든 계산은 소수점 셋째 자리에서 반올림하고, 단위는 억 원으로 한다)

〈2024년 1분기 매출액 및 전분기 대비 매출액 변동률〉

구분	1분기 매출액	2분기 변동률	3분기 변동률	4분기 변동률
A사	16억 원	+12%	−11%	−20%
B사	11억 원	−8%	+9%	+8%
C사	9억 원	+6%	−5%	+30%

① 3사의 분기별 매출액 순위는 4분기에 변한다.
② A사의 2분기 매출액은 같은 분기 C사의 1.5배 이상이다.
③ B사의 4분기 매출액은 같은 분기 A사의 매출액을 초과하였다.
④ B사의 4분기 매출액은 1분기 매출액보다 10% 이상 증가하였다.
⑤ 4분기에 감소한 A사 매출액의 절댓값은 4분기에 증가한 C사 매출액의 절댓값보다 작다.

07 다음은 연도별 국내 은행대출 현황을 나타낸 표이다. 이에 대한 설명으로 옳지 않은 것은?

〈국내 은행대출 현황〉

(단위 : 조 원)

구분	2016년	2017년	2018년	2019년	2020년	2021년	2022년	2023년	2024년
가계대출	437.1	447.5	459.0	496.4	535.7	583.6	620.0	647.6	655.7
주택담보대출	279.7	300.9	309.3	343.7	382.6	411.5	437.2	448.0	460.1
기업대출	432.7	449.2	462.0	490.1	537.6	546.4	568.4	587.3	610.4
부동산담보대출	156.7	170.9	192.7	211.7	232.8	255.4	284.4	302.4	341.2

※ (은행대출)=(가계대출)+(기업대출)

① 2020년 대비 2024년 부동산담보대출 증가율이 가계대출 증가율보다 높다.

② 주택담보대출이 세 번째로 높은 연도에서 부동산담보대출이 기업대출의 50% 이상이다.

③ 2021 ~ 2024년 동안 가계대출의 전년 대비 증가액은 기업대출의 경우보다 매년 높다.

④ 2018년 은행대출은 2021년 은행대출의 80% 이상을 차지한다.

⑤ 2017 ~ 2024년 동안 전년 대비 주택담보대출이 가장 많이 증가한 해는 2020년이다.

08 다음은 분기별 모바일 뱅킹 서비스 이용 실적에 대한 자료이다. 이에 대한 설명으로 옳지 않은 것은?

〈모바일 뱅킹 서비스 이용 실적〉

(단위 : 천 건, %)

구분	2023년				2024년
	1/4분기	2/4분기	3/4분기	4/4분기	1/4분기
조회 서비스	817	849	886	1,081	1,100
자금 이체 서비스	25	16	13	14	25
합계	842(18.6)	865(2.7)	899(3.9)	1,095(21.8)	1,125(2.7)

※ (　)는 전 분기 대비 증가율임

① 조회 서비스 이용 실적은 매 분기 계속 증가하였다.

② 2023년 2/4분기의 조회 서비스 이용 실적은 전 분기보다 3만 2천 건 증가하였다.

③ 자금 이체 서비스 이용 실적은 2023년 2/4분기에 감소하였다가 다시 증가하였다.

④ 모바일 뱅킹 서비스 이용 실적의 전 분기 대비 증가율이 가장 높은 분기는 2023년 4/4분기이다.

⑤ 2024년 1/4분기의 조회 서비스 이용 실적은 자금 이체 서비스 이용 실적의 40배 이상이다.

09 다음은 갑국의 총인구 및 인구성장률 추이에 대한 자료이다. 이에 대한 설명으로 옳은 것은?

〈갑국의 총인구 및 인구성장률 추이〉

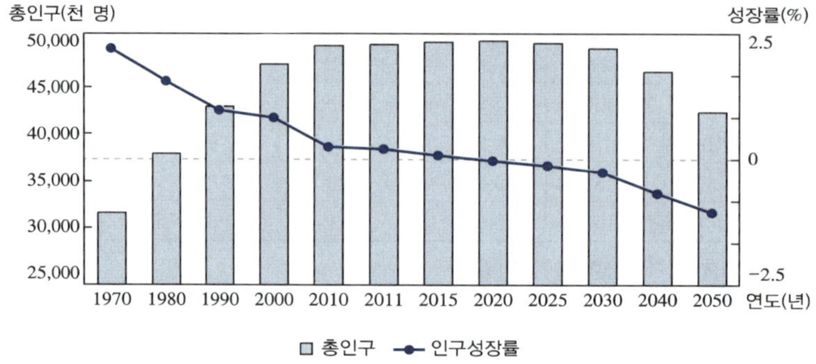

※ 2025년 수치부터는 예상치임

① 인구성장률은 2025년에 잠시 증가하다가 다시 감소할 것이다.
② 2011년부터 총인구는 감소할 것이다.
③ 2000 ~ 2010년 기간보다 2025 ~ 2030년 기간의 인구증가가 덜할 것이다.
④ 2040년의 총인구는 1990년 총인구보다 적을 것이다.
⑤ 총인구는 2000년부터 감소세를 보이고 있다.

10 다음은 연도별 축산물 수입 추이를 나타낸 자료이다. 이에 대한 설명으로 옳지 않은 것은?

〈축산물 수입 추이〉

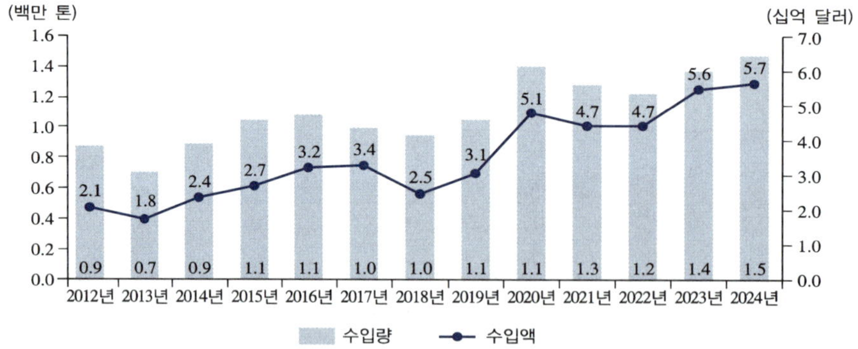

① 2024년 축산물 수입량은 2014년 대비 약 67% 증가하였다.
② 처음으로 2012년 축산물 수입액의 두 배 이상 수입한 해는 2020년이다.
③ 전년 대비 축산물 수입액의 증가율이 가장 높았던 해는 2020년이다.
④ 축산물 수입량과 수입액의 변화 추이는 동일하다.
⑤ 2014 ~ 2017년까지 축산물 수입액은 전년 대비 증가했다.

2025년 주요기업 기출복원문제 정답 및 해설

01 언어이해

01	02	03	04	05	06	07	08	09	10
③	⑤	②	②	⑤	⑤	⑤	④	②	④

01

정답 ③

제시문에서는 현대 사회의 소비 패턴이 '보이지 않는 손' 아래의 합리적 소비에서 벗어나 과시 소비가 중심이 되었으며, 그 이면에는 소비를 통해 자신의 물질적 부를 표현함으로써 신분을 과시하려는 욕구가 있다고 설명하고 있으므로 글의 제목으로 가장 적절한 것은 ③이다. 설명하고 있다. 따라서 ③이 글의 제목으로 가장 적절하다.

02

정답 ⑤

제시문의 첫 번째 문단에서는 '사회적 자본'이 늘어나면 정치 참여도가 높아진다는 주장을 하였고, 두 번째 문단에서는 사회적 자본의 개념을 사이버공동체에 도입하였으나 현실과 잘 맞지 않는다고 하면서 사회적 자본의 한계를 서술했다. 그리고 마지막 문단에서는 이 같은 사회적 자본만으로는 정치 참여가 늘어나기 어렵고 이른바 '정치적 자본'의 매개를 통해서만이 가능하다는 주장을 하고 있다. 따라서 ⑤가 글의 중심 내용으로 가장 적절하다.

03

정답 ②

시니어 산업의 성장은 사회가 고령화됨에 따라 경제력을 갖추고 디지털 환경에 익숙한 구매력을 가진 노년층이 많아지면서 일어난 현상이다. 따라서 고령화사회가 심해질수록 시니어 산업은 오히려 성장할 것으로 전망할 수 있다.

오답분석

① 시니어 하우징은 전통적인 노년층의 단순 거주 기능을 넘어 건강관리, 취미활동, 커뮤니티 형성 등 삶의 질을 높이는 주거 서비스를 의미한다. 따라서 요양원 운영은 시니어 하우징 사업으로 보기 어렵다.
③ 최근에는 인공지능과 사물인터넷 등 첨단 기술이 시니어 사업과 결합하고 있으며, 디지털 환경에 익숙한 디지털 시니어가 등장하고 있으므로 전통적인 기술이 선호되는 사업으로는 볼 수 없다.
④ 그레이 르네상스는 노년층이 소비와 사회 변화를 이끄는 주체로 떠오르면서 생긴 현상이다. 첨단 기기를 잘 다루는 노년층의 등장은 디지털 시니어에 더 가까운 개념이다.
⑤ 고령층 일자리 창출 사업의 주요 목적은 단순한 생계형 일자리에서 벗어나 전문성과 경험을 살리는 것이다.

04

정답 ②

프톨레마이오스의 세계지도는 2세기 그리스 – 로마 시대에 제작된 지도이다. 두 번째 문단의 마지막 문장에서 프톨레마이오스의 세계지도가 당시의 사람들이 가지고 있었던 세계관을 직접적으로 보여준다고 서술하고 있으며, 세 번째 문단의 마지막 문장에서도 프톨레마이오스의 세계지도가 고대의 세계관과 지리 지식을 반영하는 동시에 그 시대의 한계를 고스란히 담고 있다고 하였다.

오답분석

① 첫 번째 문단에서 프톨레마이오스의 『지리학』을 바탕으로 제작된 프톨레마이오스 세계지도에서 곡선의 경도와 위도선을 처음으로 도입했다고 서술하고 있다.
③ 프톨레마이오스의 세계지도는 당시 정밀한 측정 도구의 부재 및 여행자와 상인, 군사 원정대 등으로부터 전해들은 단편적인 지식에 의존해 제작되어 실제와 다른 지형이나 크기가 지도에 반영되었다.
④ 프톨레마이오스 세계지도의 제작 시기는 2세기 무렵이며, 인쇄술의 발달은 한참 뒤인 15세기에 이루어졌고, 이때 유럽 각지에 널리 보급되었다.
⑤ 첫 번째 문단에서 곡선의 경도와 위도선을 처음으로 도입하여 프톨레마이오스의 시대에 지구가 이미 구형이었음을 인식했다고 서술하고 있다.

05

정답 ⑤

네 번째 문단 마지막 문장에서 '두 전지 모두 화학에너지를 전기에너지로 바꾸는 기본 원리는 같으며', '내부에서 일어나는 화학 반응을 통해 전류가 흐른다.'라고 언급하고 있다.

오답분석

① 세 번째 문단의 마지막 문장에서 2차 전지의 단점으로 초기 구입비용이 높다고 하였다.
② 네 번째 문단 첫 번째 문장에서 '1차 전지와 2차 전지의 가장 큰 차이는 재사용 여부'라고 언급하고 있다.
③ 전기차, 재생에너지 저장장치 등 첨단 산업에서 2차 전지의 중요성이 부각되고 있으므로 미래 산업에서는 2차 전지의 가치가 더욱 높을 것이다.
④ 1차 전지는 리모컨, 벽시계, 손전등과 같이 저전력으로 장기간 사용하는 간단한 장비에 쓰이며, 2차 전지는 스마트폰, 노트북, 전기차 등 첨단 장비에 주로 쓰인다.

06

정답 ⑤

대상포진은 수두 – 대상포진 바이러스에 감염된 경우 띠 모양의 발진과 수포 등 눈에 띄는 증상이 나타나는 질병이다. 또한 제시문에서는 사전에 검진을 받는 것보다 면역력 강화, 예방접종 실시 등의 예방책이 중요함을 강조하고 있다.

오답분석

① 60세 이하의 사람도 면역력이 약해지면 잠복해 있던 대상포진 바이러스가 활성화되어 감염될 수 있다.
② 대상포진은 수두 – 대상포진 바이러스에 의해 발생하는 질병으로, 과거에 수두에 걸렸을 때 대상포진 바이러스가 신경절에 잠복해 있다가 면역력이 저하되면 활성화되어 발병하는 것이다. 따라서 수두에 걸리지 않으면 대상포진에 걸리지 않는다는 것을 알 수 있다.
③ 대상포진의 주요 발병 원인은 면역력의 저하이므로 생활습관 개선을 통해 면역력을 강화하는 것은 대상포진 예방에 큰 도움이 된다.
④ 만성질환으로 인해 면역력이 저하된 경우 예방접종을 통해 발병 위험을 크게 줄일 수 있다. 특히 한 번의 접종으로 상당 기간 대상포진에 대한 면역력을 유지할 수 있기 때문에 예방접종은 고령층이나 만성질환자에게 적극 권장된다.

07

정답 ⑤

먼저 하나의 사례를 제시하면서 글의 서두가 전개되고 있으므로 이와 비슷한 사례를 제시하고 있는 (다)가 이어지는 것이 적절하다. 이어서 (다) 사례의 내용이 비현실적이라고 언급하고 있는 (나)가 오는 것이 적절하며, 다음으로 (나)에서 언급한 사물인터넷과 관련된 설명의 (라)로 이어지는 것이 적절하다. 마지막으로 (가)는 (라)에서 언급한 지능형 전력망을 활용함으로써 얻게 되는 효과를 설명하는 내용이므로 (다) – (나) – (라) – (가) 순으로 나열하는 것이 적절하다.

08

정답 ④

제시문은 현대 건축가 르 코르뷔지에의 업적에 대해 설명하고 있다. 먼저, 현대 건축의 거장으로 불리는 르 코르뷔지에를 소개하는 (라) 문단이 나오고, 르 코르뷔지에가 만든 도미노 이론의 정의를 설명하는 (가) 문단이 나와야 한다. 다음으로 도미노 이론을 설명하는 (다) 문단이 나오고 마지막으로 도미노 이론의 연구와 적용되고 있는 다양한 건물을 설명하는 (나) 문단이 나오는 것이 적절하다.

09

정답 ②

빈칸의 전후 문장을 통해 내용을 파악해야 한다. 우선 '그러나'를 통해 빈칸에는 앞의 내용에 상반되는 내용이 오는 것임을 알 수 있다. 따라서 수천 가지의 힐링 상품이나, 고가의 상품들을 참고하는 것과는 상반된 내용을 찾으면 된다. 또한 빈칸 뒤는 주위에서 쉽게 할 수 있는 힐링 방법을 통해 자신감을 얻는 것부터 출발할 수 있다는 내용이므로, 빈칸에는 많은 돈을 들이지 않고도 쉽게 할 수 있는 일부터 찾아야 한다는 내용인 ②가 오는 것이 가장 적절하다.

10

정답 ④

기술을 통한 제조 주기의 단축과 하나의 공장에서 다양한 제품군을 생산하는 것은 '기술적 혁명'을 통한 생산성 향상, 생산 공정 최적화 등과 관련이 있다. 따라서 GE의 제조 공장은 ⓒ '제조업의 스마트화 사례'에 해당한다.

02 논리판단

01	02	03	04	05	06	07	08	09	10
③	①	②	②	④	③	④	⑤	③	①

01

정답 ③

전제2에 따라 S사의 신입이 사용하는 메신저가 모두 S사의 메신저고, 전제1에 따라 S사의 메신저는 모두 보안 네트워크를 사용한다. 따라서 빈칸에 들어갈 명제는 'S사의 신입이 사용하는 메신저는 모두 보안 네트워크를 사용한다.'이다.

오답분석

① 'S사의 신입이 아니면'이라는 조건은 전제에서 언급되지 않은 범위까지 포함하는 것이다. 또한 S사의 신입이 아닌 사람이 어떤 메신저를 사용하는지, 또는 보안 네트워크를 사용하는지 언급하지 않는다. 따라서 주어진 전제에서 도출되는 결론이 아니다.

② 전제1(S사의 메신저 → 보안 네트워크 사용)의 역에 해당하는 것으로 참인 명제의 역이 항상 참이 아닌 '역의 오류'에 해당한다. 따라서 주어진 전제에서 도출되는 결론이 아니다.

④ 보안 네트워크를 사용하지 않는 메신저에 대한 정보가 전제에 없고, 오히려 전제1에 따라 S사의 메신저는 모두 보안 네트워크를 사용하므로 주어진 전제에서 도출되는 결론이 아니다.

⑤ S사의 메신저를 사용하지 않는 사람이 어떤 메신저를 사용하는지, 그리고 그 메신저가 보안 네트워크를 사용하는지에 대한 정보는 전제에 없으므로 주어진 전제에서 도출되는 결론이 아니다.

02

정답 ①

전제2에 따라 기숙사에 거주하는 사람은 모두 도보로 등교하므로 전제1에 따라 빈칸에 들어갈 명제는 'S대학의 어떤 신입생은 모두 도보로 등교한다.'이다.

오답분석

② 도보로 등교하는 학생 중 기숙사에 거주하는 사람은 모두 도보로 등교하지만, 도보로 등교한다고 모두 기숙사에 살고 있는 신입생인 것은 아니므로 주어진 전제에서 도출되는 결론이 아니다.

③ 신입생이 아닌 경우에 대한 전제가 없으므로 주어진 전제에서 도출되는 결론이 아니다.

④ 기숙사의 거주자가 모두 신입생으로 구성되어 있다는 전제가 없으므로 주어진 전제에서 도출되는 결론이 아니다.

⑤ 전제2의 역에 해당하는 것으로 전제2가 참이어도 그 역이 항상 참은 아니다. 따라서 주어진 전제에서 도출되는 결론이 아니다.

03

정답 ②

C와 E의 진술이 서로 모순이므로 둘 중 1명은 거짓을 말하고 있다.

i) C의 진술이 참일 경우
A, B, C, D는 참을 말하고 있고, E만 거짓을 말하고 있다. 그러므로 E는 범인이며, A는 범인이 아니다. C의 진술이 참이므로 D의 진술에 따라 B는 범인이지만, A의 진술에 따라 D도 범인이 된다. 이 경우 범인이 B, D, E 3명이므로 모순이다.

ii) E의 진술이 참일 경우
A, B, D, E는 참을 말하고 있고, C만 거짓을 말하고 있다. 그러므로 E는 범인이 아니고, E의 진술에 따라 A가 범인이다. 또한 C의 진술이 거짓이므로 D의 진술에 따라 B는 범인이 아니고, A의 진술에 따라 D도 범인이 아니다. 그러므로 나머지 C는 범인이 되고, 이 경우 B의 진술도 참이 된다.

따라서 거짓을 말하는 사람은 C이며, 범인은 A와 C이다.

04

정답 ②

B와 D의 진술이 모순되므로 2명 중 1명이 거짓을 말하고 있다. 이 경우 A, C, E는 모두 참을 말하고 있으므로 1층은 E, 2층은 A, 5층은 C가 산다.

i) B의 진술이 참일 경우
이때 D의 진술은 거짓이다. 4층에는 D가 살고, 3층에는 B가 산다. 이 경우 D는 1층에 사는 E와 3층 차이가 나므로 E의 진술도 거짓이 된다. 거짓말을 하는 사람은 1명뿐이므로 이는 모순이다.

ii) D의 진술이 참일 경우
이때 B의 진술은 거짓이다. 4층에는 B가 살고, 3층에는 D가 산다. 이 경우 D는 1층에 사는 E와 2층 차이가 나므로 B만 거짓을 진술하게 된다.

따라서 거짓을 말한 사람은 B이다.

05

정답 ④

첫 번째 조건에서 D는 A의 바로 왼쪽에 앉으며, 마지막 조건에서 B는 E의 바로 오른쪽에 앉으므로 'D－A', 'E－B'를 각각 한 묶음으로 생각할 수 있다. 두 번째 조건에서 C는 세 번째 자리에 앉아야 하며, 세 번째 조건에 의해 'D－A'는 각각 첫 번째, 두 번째 자리에 앉아야 한다.

이를 표로 정리하면 다음과 같다.

첫째 자리	둘째 자리	셋째 자리	넷째 자리	다섯째 자리
D	A	C	E	B

따라서 E는 네 번째 자리에 앉을 수 있다.

06

정답 ③

세 번째 조건에 따라 세탁의 가장 마지막 과정은 A과정이다. 또한 다섯 번째 조건에 따라 D과정과 Y과정 사이에 2개의 과정이 있으므로 건조 과정의 순서에 따라 경우가 달라진다.

i) X과정을 Y과정보다 먼저 진행할 경우
Y과정은 건조의 마지막 과정이며, Y과정 앞에 A과정과 X과정이 있으므로 A과정 직전에는 D과정을 진행하게 된다. 그러나 이 경우 세탁의 마무리 과정인 A과정 직전에 D과정을 진행하므로 여섯 번째 조건에 부합하지 않는다.

ii) Y과정을 X과정보다 먼저 진행할 경우
Y과정은 건조의 첫 번째 과정이며, D과정은 세탁의 두 번째 과정이 된다. 이 경우 네 번째 조건에 따라 B과정이 C과정보다 더 먼저 시작되므로 세탁 과정은 B－D－C－A이다.

따라서 올바른 세탁 및 건조 과정은 B－D－C－A－Y－X이다.

[7~10]

- ◎ : 각 자릿수 +2, −2, +2, −2
- ♡ : 1234 → 2143
- ♠ : 각 자릿수 −1
- ◇ : 1234 → 3412

07

정답 ④

STOP	→	URQN	→	RUNQ
	◎		♡	

09

정답 ⑤

18AB	→	81BA	→	70AZ
	♡		♠	

10

정답 ③

E5D8	→	D4C7	→	C7D4
	♠		◇	

11

정답 ①

H476	→	76H4	→	65G3	→	83I1
	◇		♠		◎	

03 자료해석 & 정보추론

01	02	03	04	05	06	07	08	09	10
①	④	①	②	③	②	③	③	③	④

01

정답 ①

C사의 이익률이 2%, 3%, 4%, …, 즉 1%p씩 증가하고 있다. 따라서 빈칸에 들어갈 수는 $350\times0.06=21$이다.

02

정답 ④

서류 합격자 비율을 x%라고 하면 최종 합격자를 구하는 식은 다음과 같다.

$7,750\times\frac{x}{100}\times0.3=93$

$\rightarrow 7,750\times\frac{x}{100}=310$

$\therefore x=4$

따라서 서류 합격자 비율은 4%이다.

03

정답 ①

- 1 ~ 4월까지의 총반품금액에 대한 4월 반품금액의 비율
  - 2월 반품금액 : 1,700,000－(2월 반품금액)－160,000－30,000＝1,360,000원
    ∴ (2월 반품금액)＝150,000원
  - 4월 반품금액 : 300,000＋150,000＋180,000＋(4월 반품금액)＝900,000원
    ∴ (4월 반품금액)＝270,000원

  그러므로 1 ~ 4월까지의 총반품금액에 대한 4월 반품금액의 비율은 $\frac{270,000}{900,000}\times100=30\%$이다.
- 1 ~ 4월까지의 총배송비에 대한 1월 배송비의 비율
  - 3월 배송비 : 2,200,000－180,000－140,000－(3월 배송비)＝1,840,000원
    ∴ (3월 배송비)＝40,000원
  - 1월 배송비 : (1월 배송비)＋30,000＋40,000＋60,000＝160,000원
    ∴ (1월 배송비)＝30,000원

  그러므로 1 ~ 4월까지의 총배송비에 대한 1월 배송비의 비율은 $\frac{30,000}{160,000}\times100=18.75\%$이다.

따라서 구하고자 하는 값은 $30-18.75=11.25\%$p이다.

04

정답 ②

하루 동안 고용할 수 있는 인원을 구하기 위해서는 먼저 1인당 하루 인건비를 구해야 한다.

- (1인당 하루 인건비)=(수당)+(산재보험료)+(고용보험료)
  =50,000+50,000×0.504%+50,000×1.3%
  =50,000+252+650=50,902원
- (하루 동안 고용할 수 있는 인원수)=[(본예산)+(예비비)]÷(1인당 하루 인건비)
  =600,000÷50,902≒11.8명

따라서 하루 동안 고용할 수 있는 최대 인원은 11명이다.

05

정답 ③

2016년 대비 2024년 장르별 공연 건수의 증가율은 다음과 같다.

- 양악 : $\frac{4,628-2,658}{2,658}\times100≒74\%$
- 국악 : $\frac{2,192-617}{617}\times100≒255\%$
- 무용 : $\frac{1,521-660}{660}\times100≒130\%$
- 연극 : $\frac{1,794-610}{610}\times100≒194\%$

따라서 2016년 대비 2024년 공연 건수의 증가율이 가장 높은 장르는 국악이다.

오답분석

① 2020년과 2023년에는 연극 공연 건수가 국악 공연 건수보다 더 많았다.
② 2019년까지는 양악 공연 건수가 국악, 무용, 연극 공연 건수의 합보다 더 많았지만, 2020년 이후에는 국악, 무용, 연극 공연 건수의 합이 더 크다. 또한, 2022년에는 무용 공연 건수 자료가 집계되지 않아 양악의 공연 건수가 다른 공연 건수의 합보다 많은지 적은지 판단할 수 없으므로 옳지 않은 설명이다.
④ 2022년의 무용 공연 건수가 제시되어 있지 않으므로 연극 공연 건수가 무용 공연 건수보다 많아진 것이 2023년부터인지 알 수 없으므로 옳지 않은 설명이다.
⑤ 2023년에 비해 2024년에 공연 건수가 가장 많이 증가한 장르는 양악이다.

06

정답 ②

제시된 자료를 바탕으로 분기별 매출액을 구하면 다음과 같다.

(단위 : 억 원)

구분	1분기	2분기	3분기	4분기
A	16	16 ×(1+0.12) =17.92	17.92 ×(1−0.11) ≒15.95	15.95 ×(1−0.2)= 12.76
B	11	11 ×(1−0.08) =10.12	10.12 ×(1+0.09) ≒11.03	11.03 ×(1+0.08) ≒11.91
C	9	9 ×(1+0.06) =9.54	9.54 ×(1−0.05) ≒9.06	9.06 ×(1+0.3) ≒11.78

A사의 2분기 매출액은 17.92억 원이고, C사의 2분기 매출액은 9.54억 원이다.

따라서 17.92÷9.54≒1.88배이므로 1.5배 이상이다.

오답분석

① A～C사의 매출액 순위는 모든 분기에서 A사가 1등, B사가 2등, C사가 3등으로 변하지 않는다.
③ B사의 4분기 매출액은 11.91억 원이고, A사의 4분기 매출액은 12.76억 원으로 B사의 매출액은 A사의 매출액을 초과하지 않았다.
④ B사의 1분기 매출액보다 10% 이상 증가하려면 11×1.1=12.1억 원 이상이어야 한다. 그러나 4분기 매출액은 11.91억 원이므로 10% 미만 증가하였다.
⑤ 4분기에 감소한 A사 매출액의 절댓값은 |12.76−15.95|=3.19억 원, 4분기에 증가한 C사 매출액의 절댓값은 |11.78−9.06|=2.72억 원으로 A사의 절댓값이 C사보다 크다.

07

정답 ③

2021 ~ 2024년 가계대출과 기업대출의 전년 대비 증가액은 다음 표와 같다.

(단위 : 조 원)

구분	2021년	2022년	2023년	2024년
가계대출	583.6 −535.7 =47.9	620 −583.6 =36.4	647.6 −620 =27.6	655.7 −647.6 =8.1
기업대출	546.4 −537.6 =8.8	568.4 −546.4 =22	587.3 −568.4 =18.9	610.4 −587.3 =23.1

따라서 2024년 기업대출의 전년 대비 증가액은 가계대출 증가액보다 높다.

오답분석

① 2020년 대비 2024년 부동산담보대출 증가율은 $\frac{341.2-232.8}{232.8}\times100≒46.6\%$이며, 가계대출 증가율은 $\frac{655.7-535.7}{535.7}\times100≒22.4\%$이므로 부동산담보대출 증가율이 가계대출 증가율보다 높다.

② 주택담보대출이 세 번째로 높은 연도는 2022년이며, 이때 부동산담보대출(284.4조 원)이 기업대출의 50%인 $\frac{568.4}{2}=284.2$조 원보다 많다.

④ 2018년 은행대출은 459+462=921조 원이며, 2021년 은행대출은 583.6+546.4=1,130조 원이므로 2018년의 은행대출은 2021년 은행대출의 $\frac{921}{1,130}\times100≒$ 81.5%를 차지한다.

⑤ 전년 대비 2017 ~ 2024년 주택담보대출 증가액은 다음과 같다.

- 2017년 : 300.9−279.7=21.2조 원
- 2018년 : 309.3−300.9=8.4조 원
- 2019년 : 343.7−309.3=34.4조 원
- 2020년 : 382.6−343.7=38.9조 원
- 2021년 : 411.5−382.6=28.9조 원
- 2022년 : 437.2−411.5=25.7조 원
- 2023년 : 448−437.2=10.8조 원
- 2024년 : 460.1−448=12.1조 원

따라서 전년 대비 증가액이 가장 많은 해는 2020년이다.

08

정답 ③

자금 이체 서비스 이용 실적은 2023년 3/4분기에도 감소하였다.

오답분석

① 조회 서비스 이용 실적은 817 → 849 → 886 → 1,081 → 1,100으로 매 분기 계속 증가하였다.

② 2023년 2/4분기 조회 서비스 이용 실적은 849천 건이고, 전 분기의 이용 실적은 817천 건이므로 849−817=32, 즉 3만 2천 건 증가하였다.

④ 모바일 뱅킹 서비스 이용 실적의 전 분기 대비 증가율이 가장 높은 분기는 21.8%인 2023년 4/4분기이다.

⑤ 2024년 1/4분기의 조회 서비스 이용 실적은 자금 이체 서비스 이용 실적의 $\frac{1,100}{25}=44$배로 40배 이상이다.

09

정답 ③

인구성장률 그래프의 경사가 완만할수록 인구수 변동이 적다.

오답분석

① 인구성장률은 1970년 이후 계속 감소하고 있다.

② 총인구가 감소하려면 인구성장률 그래프가 (−)값을 가져야 하는데 2011년과 2015년에는 (+)값을 갖는다.

④ 1990년 총인구가 더 적다.

⑤ 2025년부터 총인구가 감소하고 있다.

10

정답 ④

2015 ~ 2016년 사이 축산물 수입량은 변함이 없지만 수입액은 증가하였다. 2016 ~ 2017년 사이 축산물 수입량은 약 10만 톤 감소했으나, 수입액은 약 2억 달러 증가하였다. 또한 2021 ~ 2022년 사이 축산물 수입량은 약 10만 톤 감소했으나, 수입액은 변함이 없다.

따라서 축산물 수입량과 수입액의 변화 추이는 동일하지 않다.

PART 1

기출복원문제

CHAPTER 01 2022년 기출복원문제

CHAPTER 02 2019년 기출복원문제

CHAPTER 03 2018년 기출복원문제

CHAPTER 01

2022년 기출복원문제

정답 및 해설 p.002

※ 본 기출복원문제는 2022년 현대캐피탈에서 실시한 온라인 인적성검사를 바탕으로 복원하였습니다.

01 언어이해

01 다음 글의 빈칸에 들어갈 단어로 적절하지 않은 것은?

원상복구는 도배, 장판 등 임대주택 전용 부분에 기본적으로 제공된 시설물을 퇴거 시 입주 당시의 상태로 유지하는 것과 별도설치 품목 및 해당 품목 설치를 위한 천공, 변형 등 부수행위에 대해 입주 당시 상태로 복원하는 것을 말한다. 따라서 임차인은 ______ 된 부분에 대한 원상복구의 의무를 지닌다.

① 오손(汚損)
② 박리(剝離)
③ 망실(亡失)
④ 고의(故意)
⑤ 손모(損耗)

02 다음 글의 빈칸에 들어갈 단어를 〈보기〉에서 골라 바르게 짝지은 것은?

5월 8일은 어버이의 은혜에 감사하고, 어른과 노인을 ㉮ 하는 경로효친의 전통적 미덕을 기리는 어버이날이다. 산업화 · 도시화 · 핵가족화로 ㉯ 되어 가는 어른 봉양과 경로사상을 ㉰ 하고 국민정신계발의 계기로 삼아 우리 ㉱ 에 맞는 복지사회건설에 기여하도록 하는 범국민적 기념일이다. 이 날에는 각 가정에서 자녀들이 부모와 조부모에게 카네이션을 달아드리고 감사의 뜻으로 선물을 한다.

보기

㉠ 동경	㉡ 공경	㉢ 진보	㉣ 퇴색
㉤ 확산	㉥ 확정	㉦ 이상	㉧ 실정

	㉮	㉯	㉰	㉱
①	㉠	㉢	㉤	㉦
②	㉠	㉣	㉥	㉧
③	㉡	㉢	㉥	㉦
④	㉡	㉣	㉤	㉧
⑤	㉡	㉣	㉥	㉧

03 다음 글의 빈칸에 들어갈 말로 가장 적절한 것은?

> 준식은 앉았던 자리에서 머뭇거리지도 아니하고 벌떡 일어나 바깥으로 나왔다. 이때에 방안에서는
> "얘, 그렇게 경거망동을 하지 말고 깊이 생각해서 마음을 고쳐먹어라."
> 밖에서는
> "나더러 깊이 생각하라지 말고 형님이나 깊이 생각해서 말하시오."
> "에이, 그런 미친 소리는 두 번도 하지 말아라."
> "어디 형님은 미치지 않은 소리를 며칠이나 하고 들어 앉으셨나 두고 봅시다."
> 준석은 아내와 마지막 담판을 하려고 안으로 활발스럽게 기어들어 가고, 그의 형은 방안에 질서 없이 벌려있는 주판과 치부책을 열심히 정리하고 있다.
> 준식은 앞마당을 지나 자기의 방이 있는 뒤채로 쏜살같이 걸어갔다. 사면이 ________. 다만 자기 방에서 희미한 광선이 뒷마당을 비출 뿐이다. 방문을 열었다. 방안에는 아내 홀로 앉았다가 벌떡 일어나 미소를 띠며 반가이 맞아들인다. 준식은 모자만 벗고 두루마기는 입은 채 그대로 한구석에 기대앉았다.
>
> — 윤기정 『딴 길을 걷는 사람들』 중에서 —

① 해사하다
② 탐탐하다
③ 서름하다
④ 대근하다
⑤ 컴컴하다

04 다음 글의 빈칸에 들어갈 접속어를 순서대로 바르게 나열한 것은?

> 각 시대에는 그 시대의 특징을 나타내는 문학이 있다고 한다. 우리나라도 무릇 사천 살이 넘는 생활의 역사를 가진 만큼 그 발전 시기마다 각각 특색을 가진 문학이 없을 수 없고, 문학이 있었다면 그 중추가 되는 것은 아무래도 시가문학이라고 볼 수밖에 없다. ________ 대개 어느 민족을 막론하고 인간 사회가 성립하는 동시에 벌써 각자의 감정과 의사를 표시하려는 욕망이 생겼을 것이며, 삼라만상의 대자연은 자연 그 자체가 율동적이고 음악적이라고 할 수 있기 때문이다. 다시 말하면 인간이 생활하는 곳에는 자연적으로 시가가 발생하였다고 할 수 있다. ________ 사람의 지혜가 트이고 비교적 언어의 사용이 능란해짐에 따라 종합 예술체의 한 부분으로 있었던 서정문학적 요소가 분화 · 독립되어 제요나 노동요 따위의 시가의 원형을 이루고, 다시 이 집단적 가요는 개인적 서정시로 발전하여 갔으리라 추측된다. ________ 다른 나라도 마찬가지이겠지만, 우리 문학사상에서 시가의 지위는 상당히 중요한 몫을 지니고 있다.

① 왜냐하면 — 그리고 — 그러므로
② 그리고 — 왜냐하면 — 그러므로
③ 그러므로 — 그리고 — 왜냐하면
④ 왜냐하면 — 그러나 — 그럼에도 불구하고
⑤ 그러나 — 왜냐하면 — 그러므로

05 다음 글의 빈칸에 들어가지 않는 접속어는?

> 3,900원으로 냉면을 즐길 수 있는 집이 화제가 되었다. ____ 이곳은 수제 메밀면으로 유명하다. 이곳은 냉면집에서 흔히 볼 수 있는 가위가 없다. ____ 메밀면은 일반면보다 덜 쫄깃하기 때문에 구태여 자를 필요가 없기 때문이다. ____ 어떻게 이 가격이 가능할까? 알아본 결과, 인근 농가와 선도매 방식으로 메밀을 구입하기 때문에 제작 단가를 낮출 수 있었다고 한다. ____ 사시사철 3,900원 냉면을 맛볼 수는 없다. 여름 메밀의 수확 기간인 7 ~ 8월에만 맛볼 수 있으니 방문을 서두르자.

① 특히
② 또한
③ 그런데
④ 그러나
⑤ 왜냐하면

06 다음 글의 내용에 해당하는 사자성어는?

> 도의에 근거하여 굽히지 않고 흔들리지 않는 바르고 큰마음

① 소탐대실
② 일장춘몽
③ 선견지명
④ 호연지기
⑤ 어불성설

07 다음 글의 내용에 가장 어울리는 사자성어는?

> TV 드라마에는 주인공이 어릴 적 헤어졌던 가족 혹은 연인을 바로 눈앞에 두고도 알아보지 못하는 안타까운 상황이 자주 등장한다.

① 누란지위
② 등하불명
③ 수구초심
④ 조족지혈
⑤ 지란지교

02 명제추리

※ [제시문 A]를 읽고 [제시문 B]가 참인지, 거짓인지, 혹은 알 수 없는지 고르시오. [1~4]

01

[제시문 A]
- 테니스를 치는 사람은 마라톤을 한다.
- 마라톤을 하는 사람은 축구를 하지 않는다.
- 축구를 하는 사람은 등산을 한다.

[제시문 B]
축구를 하는 사람은 테니스를 치지 않는다.

① 참 ② 거짓 ③ 알 수 없음

02

[제시문 A]
- 피로가 쌓이면 휴식을 취한다.
- 마음이 안정되지 않으면 휴식을 취하지 않는다.
- 피로가 쌓이지 않으면 모든 연락을 끊지 않는다.

[제시문 B]
모든 연락을 끊으면 마음이 안정된다.

① 참 ② 거짓 ③ 알 수 없음

03

[제시문 A]
- 산을 정복하고자 하는 사람은 항상 도전정신과 끈기가 있다.
- 도전정신과 끈기가 있는 사람은 공부를 잘한다.

[제시문 B]
공부를 잘하는 사람은 산을 정복하고자 한다.

① 참 ② 거짓 ③ 알 수 없음

04

> [제시문 A]
> • 독서실에 가면 영어공부를 할 것이다.
> • 도서관에 가면 과제를 할 것이다.
> • 영어공부를 하면 과제를 하지 않을 것이다.
>
> [제시문 B]
> 독서실에 가면 도서관에 가지 않을 것이다.

① 참　　② 거짓　　③ 알 수 없음

※ 다음 제시문을 읽고 각 문제가 항상 참이면 ①, 거짓이면 ②, 알 수 없으면 ③을 고르시오. [5~7]

> • 학교 앞 카페에서는 커피, 주스, 샌드위치, 와플을 판매한다.
> • 가장 많이 팔리는 것은 커피이다.
> • 총 매출액이 가장 높은 것은 샌드위치인데, 팔리는 개수는 제일 적다.
> • 커피와 주스의 가격은 같다.
> • 와플은 가격이 가장 낮고, 팔리는 개수는 두 번째로 적다.

05 **주스는 네 가지 품목 중 매출액이 세 번째로 많을 것이다.**

① 참　　② 거짓　　③ 알 수 없음

06 **커피와 와플은 매출액이 같다.**

① 참　　② 거짓　　③ 알 수 없음

07 **커피 가격이 두 배로 오르면 커피의 카페 총 매출액이 가장 높아질 수 있다.**

① 참　　② 거짓　　③ 알 수 없음

03 응용수리

01 순수한 물 100g에 36%의 설탕물 50g과 20%의 설탕물 50g을 모두 섞으면, 몇 %의 설탕물이 되는가?

① 10%　　② 12%
③ 14%　　④ 16%
⑤ 18%

02 소금 120g에 물을 더 넣었더니 농도 24%의 소금물이 되었다. 더 넣은 물은 몇 g인가?

① 260g　　② 300g
③ 340g　　④ 380g
⑤ 420g

03 20% 식염수 400g에 농도가 다른 식염수 100g을 섞었더니 17% 식염수가 되었다. 더 넣은 식염수의 농도는 몇 %인가?

① 4%　　② 5%
③ 6%　　④ 7%
⑤ 8%

04 4%의 소금물 150g에 소금을 더 넣었더니 10%의 소금물이 되었다. 더 넣은 소금은 몇 g인가?

① 10g　　② 12g
③ 14g　　④ 16g
⑤ 18g

※ 일정한 규칙으로 수를 나열할 때, 빈칸에 들어갈 수로 적절한 것을 고르시오. [5~7]

05

10	3	7	−4	11	−15	( )

① 22
② 24
③ 26
④ 28
⑤ 30

06

1	4	13	40	121	( )	1,093

① 351
② 363
③ 364
④ 370
⑤ 372

07

$\frac{3}{17}$ $\frac{9}{21}$ $\frac{27}{29}$ $\frac{81}{41}$ $\frac{243}{57}$ ( )

① $\frac{727}{79}$
② $\frac{729}{77}$
③ $\frac{741}{79}$
④ $\frac{741}{77}$
③ $\frac{755}{79}$

04 공간추리

※ 주어진 전개도로 정육면체를 만들 때, 만들어질 수 없는 것을 고르시오. [1~3]

01

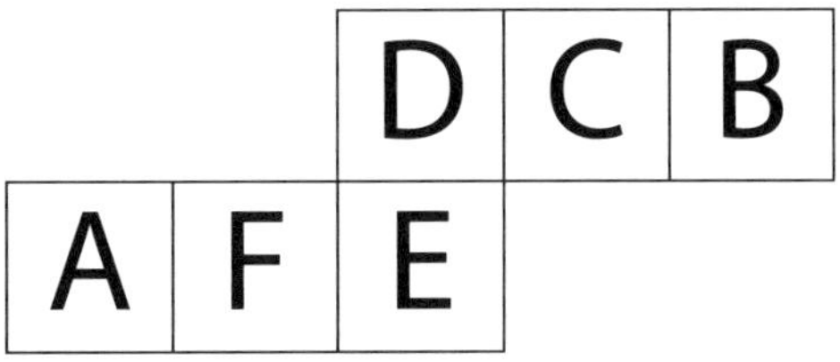

①

②
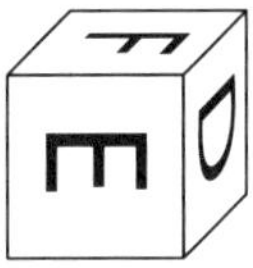

③
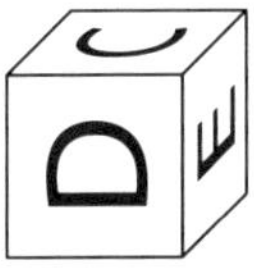

④

⑤

02

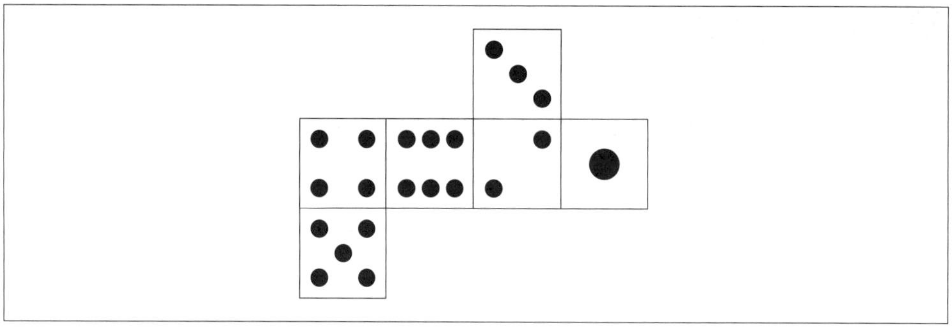

① 

② 

③ 

④ 

⑤ 

03

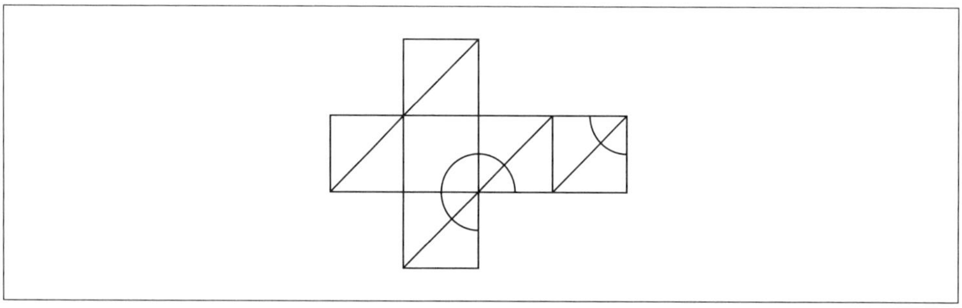

① 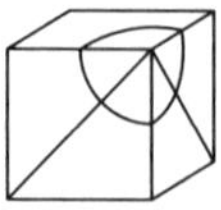

② 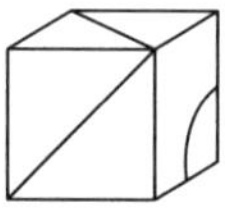

③ 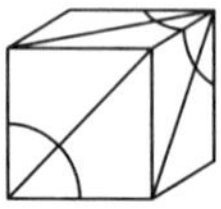

④ 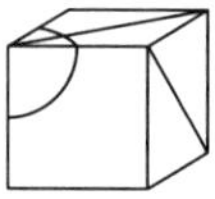

⑤ 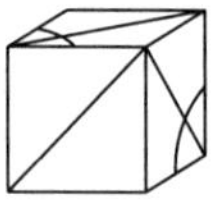

※ 주어진 전개도로 입체도형을 만들 때, 만들어질 수 있는 것을 고르시오. **[4~5]**

04

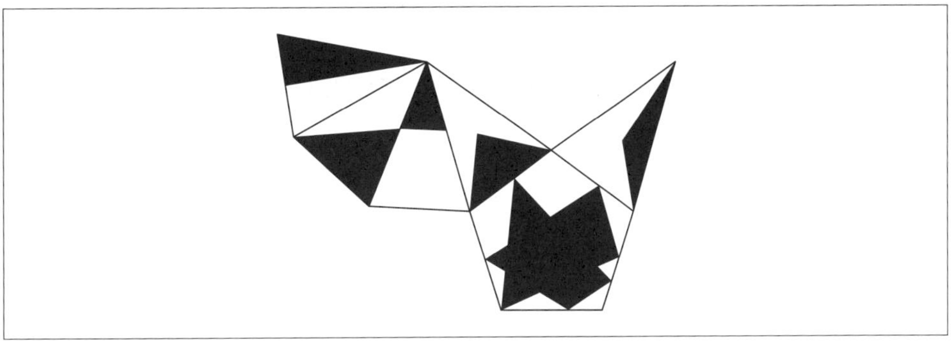

①

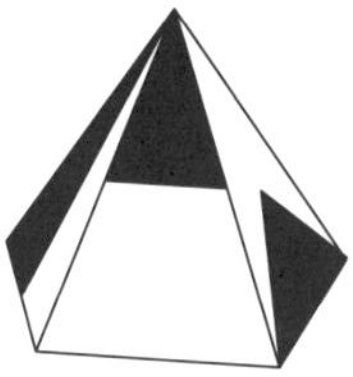

②

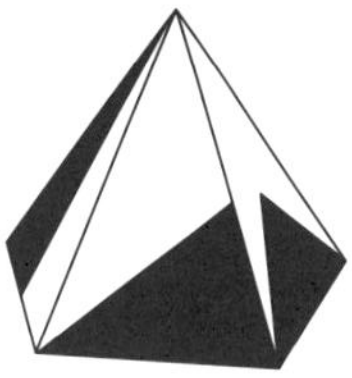

③

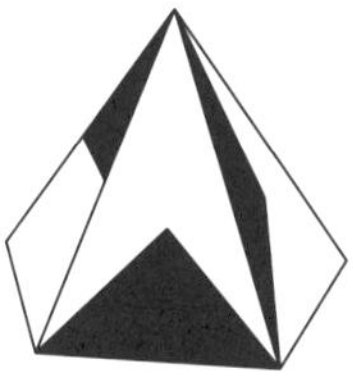

④

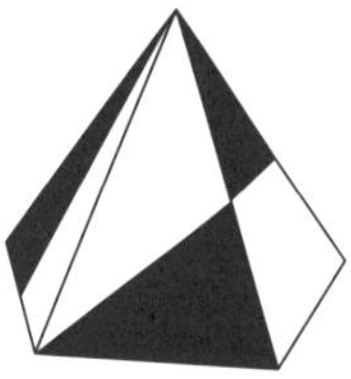

⑤

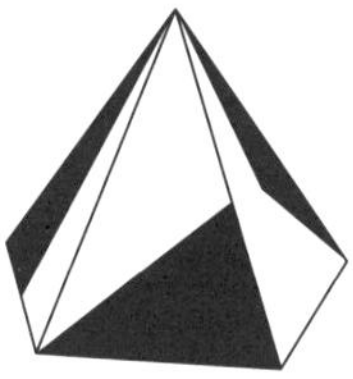

PART 1

05

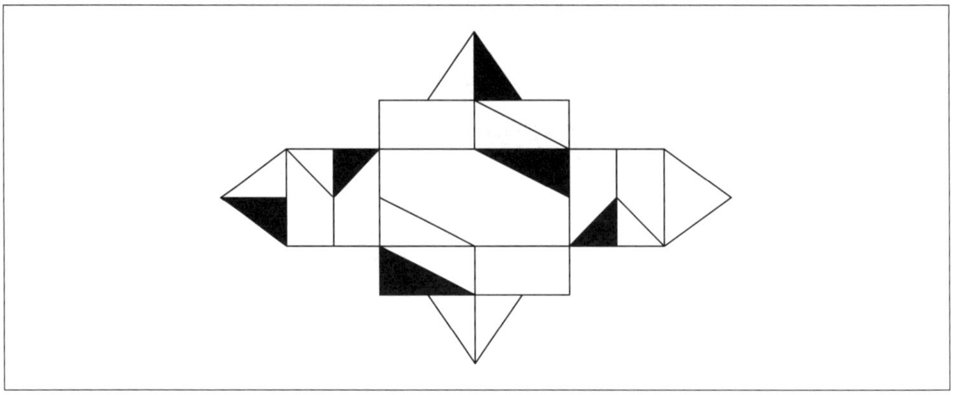

①
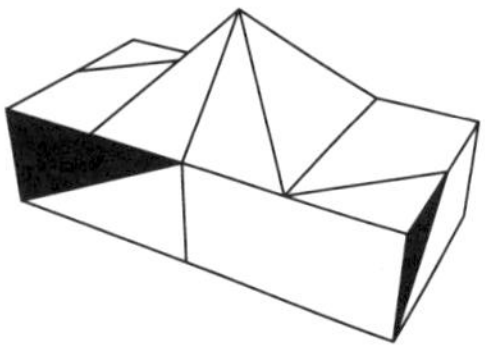

②
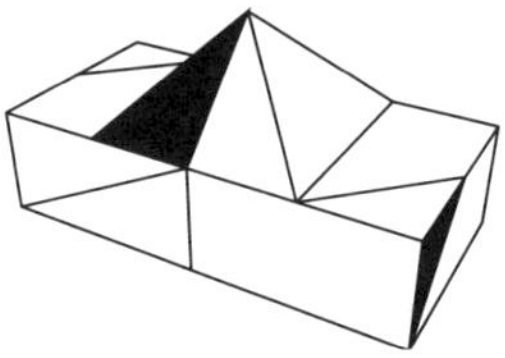

③
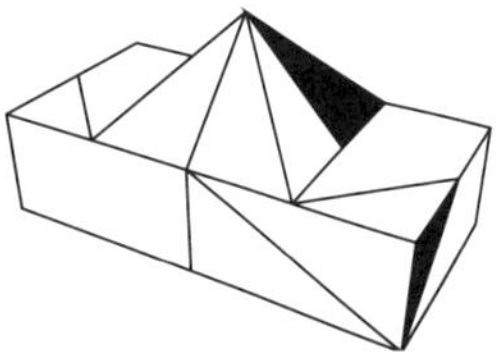

④
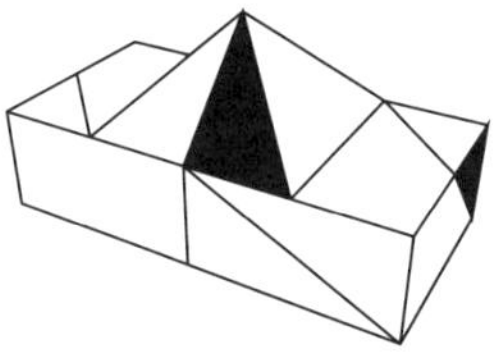

⑤
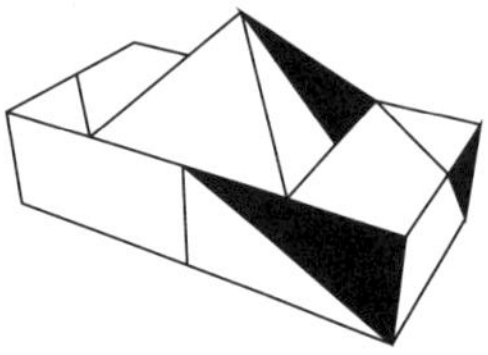

※ 다음 그림과 같이 화살표 방향으로 종이를 접은 후, 펀치로 구멍을 뚫거나 잘라내어 다시 펼쳤을 때의 그림으로 옳은 것을 고르시오. [6~7]

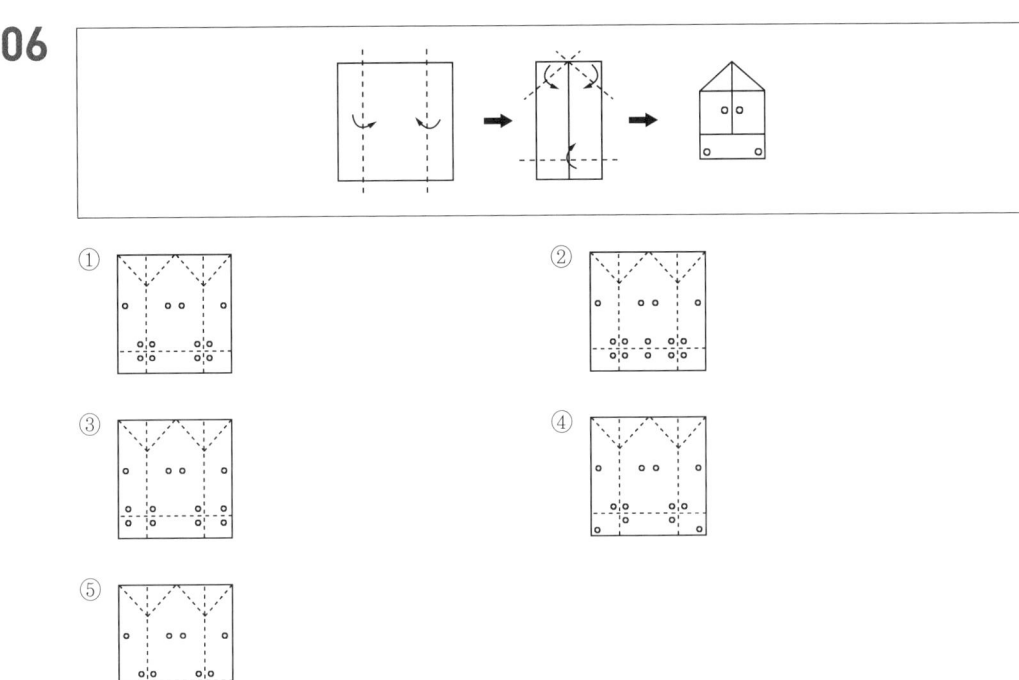

06

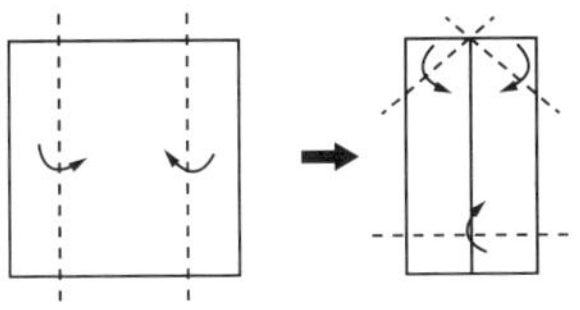

①

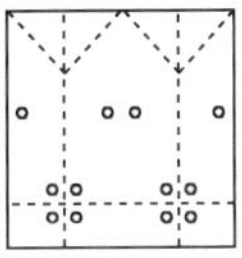

②

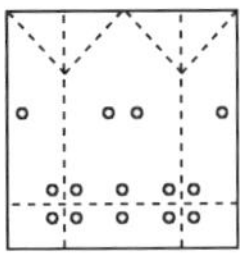

③

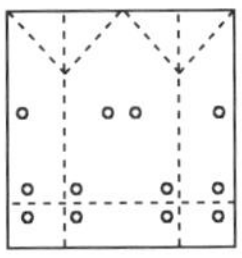

④

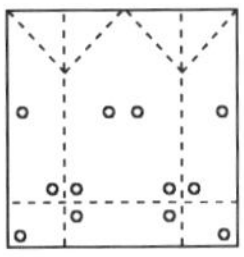

⑤

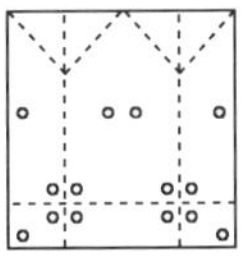

07

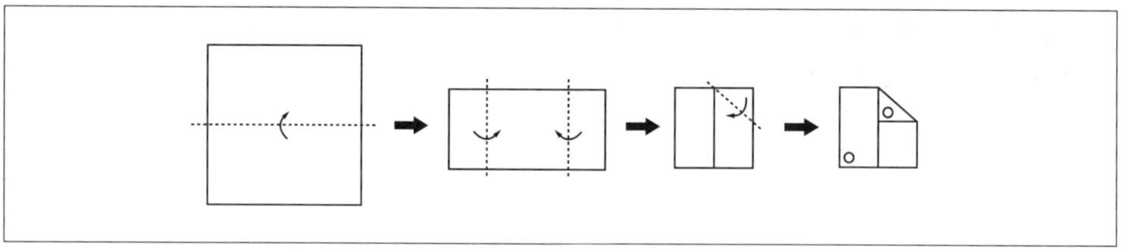

①
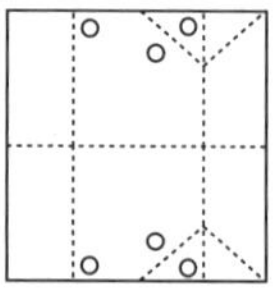

②
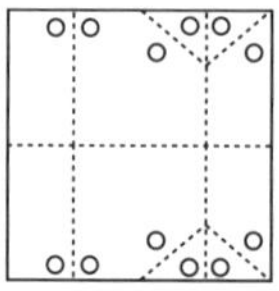

③
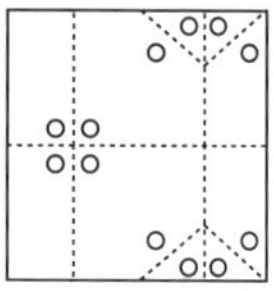

④
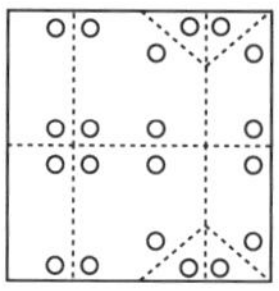

⑤
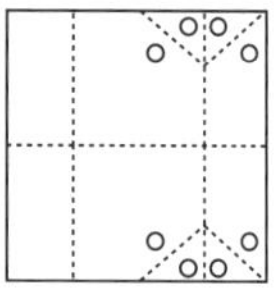

※ 다음 주어진 입체도형 중 나머지와 다른 하나를 고르시오. **[8~9]**

08

①
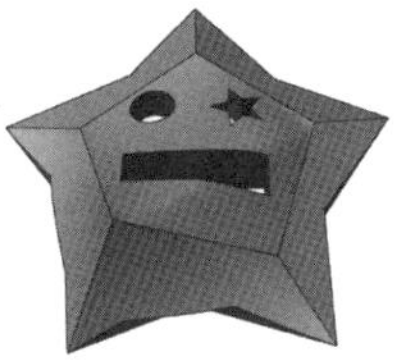

②
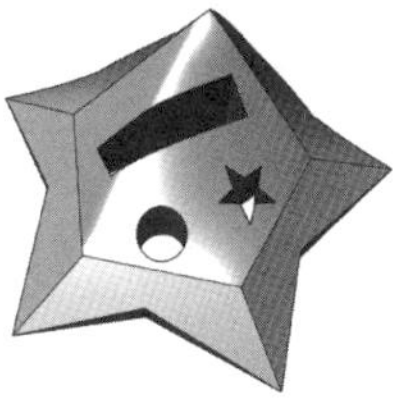

③

④

⑤
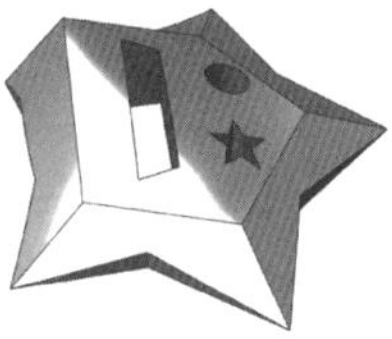

09

①

②

③

④
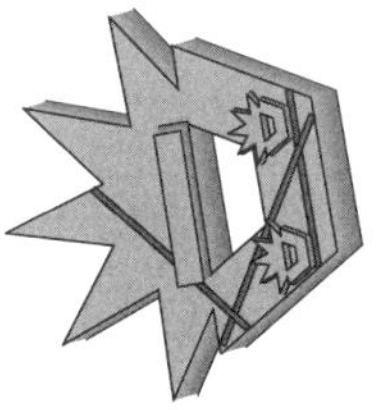

⑤

CHAPTER

02 2019년 기출복원문제

정답 및 해설 p.009

01 언어이해

01 다음 글을 읽은 독자의 반응으로 적절하지 않은 것은?

> 후기자본주의에서 유흥은 일의 연장이다. 유흥을 찾는 사람들은 기계화된 노동과정을 다시금 감당할 수 있기 위해 그로부터 벗어나려는 사람들이다. 그렇지만 후기자본주의에서는 유흥상품의 제조도 여가를 즐기는 방식도 철저히 기계적인 방식으로 바뀌었다. 결과적으로 그는 유흥 속에서도 노동과정의 심리적 잔상 외에는 어떤 것도 더 이상 경험할 수 없게 된 것이다. 소위 '내용'이라는 것은 다만 이미 빛이 바랜, 전면에 나타나는 이야기일 뿐이며 뒤에 남는 인상은 오직 표준화된 업무가 자동적으로 흘러간다는 것이다.
> 공장이나 사무실에서의 노동과정에서 해방되는 것은 단지 여가시간에도 그러한 노동과정에 동화됨으로써만 가능하다. 모든 유흥을 괴로워하는 불치병은 이러한 상황에서 비롯된 것이다. 즐거움은 딱딱한 지루함이 되고 만다. 왜냐하면 즐거움은 즐거움으로 계속 남기 위해 어떤 괴로운 노력도 더 이상 지불하지 않으려 하며, 이로 인해 닳아빠진 연상궤도 속에 갇혀서는 그로부터 한 발자국도 못 나간 채 다람쥐 쳇바퀴를 돌고 있기 때문이다.
> 구경꾼은 자신의 고유한 생각을 가지려 해서는 안 된다. 제작물은 모든 반응을 미리 지시해준다. 그러한 지시는 작품의 자연스러운 연관구조가 아닌 – 그러한 구조는 사고를 필요로 하기 때문에 붕괴되므로 – '신호'를 통해 이루어진다. 정신적인 긴장을 요구하는 모든 논리적 연관은 교묘하게 기피된다. 작품의 전개는 가능한 한 바로 앞선 장면으로부터 따라 나와야지, 전체라는 이념으로부터 나와서는 안 된다. 관람객의 주의력은 개별 장면이 어떻게 될지를 미리 짐작하며, 이러한 주의력을 거스르는 플롯은 없다. 또한 심지어는 아무런 의미도 만들어내서는 안 되는 곳에서 털끝만한 의미연관이라도 지지해주는 것처럼 보이는 장치마저 위험시된다. 예전의 관례에 따라 극중의 등장인물이나 사물이 요구하는 줄거리의 발전 또한 종종 악의에 찬 거부를 당한다. 그 대신에 다음 장면을 만드는 것은 시나리오 작가가 상황에 맞게 선택한 기발해 보이는 착상이다.

① 현대사회에서 노동자들은 노동 여부에 관계없이 기계적인 과정이 주는 피로로부터 벗어나기 어렵겠군.
② 최근에 비슷비슷한 내용의 드라마가 많이 생겨나는 이유는 유흥상품의 제조까지도 기계적인 방식으로 이루어지기 때문이야.
③ 퇴근 후에 운동을 하기 힘들어서 운동을 관두고 싶은 건 내가 여가시간에 '괴로운 노력'을 지불하려고 하지 않기 때문이구나.
④ 예능 프로그램에서 특정 장면에 관객의 웃음소리를 넣는 것은 '신호를 통한 지시'로 볼 수 있어.
⑤ 최근 유명한 추리영화의 반전을 맞추고는 내가 참 창의적이라고 생각했는데, 시나리오 작가가 제시한 상황에 맞추어 주의를 기울인 것뿐이었나봐.

02 다음 글의 빈칸에 들어갈 내용으로 가장 적절한 것은?

> 사람들의 '필요'는 사람들의 '선호'와 같은 것은 아니다. 어떤 사람이 "포도주를 한번 마셔 보면 지금 죽어도 한이 없겠다."고 절규한다고 해서 빵이나 밥도 아닌 사치스러운 선호에 속하는 포도주에 대한 열망을 필요라고 규정할 수는 없다. 혹은 "일주일에 한 번은 꼭 외식을 하고 싶다."는 소망을 표출하고 "오토바이를 가지고 싶다."는 간절한 소원을 빌었다고 해서 그것이 필요가 되는 것은 아니다. 이와 같은 통찰들은 우리가 '필요'라는 용어를 사용할 때 그것이 가지고 있는 객관적인 특성이나 간주관적인 특성에 주목하는 것이지, 지극히 주관적이며 개인적인 특성에 주목하는 것이 아님이 분명하다. 하지만 이러한 지적은 논의의 시작일 뿐 논의의 종결은 아니다. 객관적 · 주관적 특성과 주관적 · 개인적인 특성과의 차이가 늘 선명한 것은 아니기 때문이다. 객관적으로 인정된 필요라고 할 경우, 사람들은 무엇을 꼽는가. 음식, 의복, 주거를 의미하는 의식주, 또한 그들을 넘어서서 의료, 직업, 여가 등을 꼽을 것이다. 이러한 품목과 재화에는 단순히 인간의 생존만을 보장하는 것이 아니라 품위있는 인간의 삶의 질을 보장해야 한다는 발상이 들어 있다. 그러나 품위있는 삶의 질이란 쟁점이 될 수밖에 없다.
>
> 여기서 우리는 '생필품'과 '사치품'의 구분이 어느 정도로 가능한 것인가 하는 질문에 관심을 가질 수밖에 없다. 휴대전화는 사치품인가 생필품인가. 또 컴퓨터는 어떤가. 자동차는 생필품인가. 이와 같은 질문에 쉽게 대답하기 어려운 이유는 ______________________ 휴대전화가 없다고 하여 사람이 심각한 결핍상태에 직면하는 것은 아니다. 삶이 약간 불편해지는 것에 불과하다. 그러나 그렇다고 해도 휴대전화를 가지고 있는 친구들 사이에서 휴대전화가 없는 친구가 겪어야 하는 것은 물질적인 불편함 정도가 아니라 정신적 소외, 따돌림의 느낌, 외계인이 된 듯한 느낌이 아니겠는가. 그렇다면 휴대전화를 필요의 영역으로 편입시켜야 할 근거를 확보한 셈이다. 같은 맥락에서 오늘날 우리가 생필품으로 생각하고 있는 것들은 수십 년 전만 하더라도 사치품으로 분류되어 왔던 것들이다. 오늘날 냉장고, TV 등을 가지고 있다고 하여 부자나 중산층으로 보는 사람은 없다. 이처럼 변화의 가능성을 인정하게 되면 생필품과 사치품 사이의 범주적 구분은 더욱 더 모호해질 수밖에 없다.

① 현대사회에서 인간의 생존을 위해 필요한 것이 더 많아지고 있기 때문이다.
② 그 구분에는 물질적 요소뿐 아니라 문화적 요소가 담겨있기 때문이다.
③ 사람마다 생필품과 사치품을 분류하는 기준이 다르기 때문이다.
④ 사물을 판단할 때 객관적 · 주관적인 특성이 배제되기 때문이다.
⑤ 시간의 흐름에 따라 사치품은 생필품으로 편입될 확률이 높기 때문이다.

03 다음 글의 내용과 일치하지 않는 것은?

배아줄기세포는 현재 인간을 구성하는 모든 조직의 세포로 분화가 가능한 세포이다. 배아줄기세포를 원하는 조직이나 세포로 분화시켜 세포 치료가 가능해진다면, 루게릭병, 알츠하이머병, 파킨슨병 등의 난치병뿐 아니라 척추부상 환자의 치료에도 획기적인 전기를 마련할 것으로 기대되고 있다.

수정란이 세포 분열을 시작하여 4~5일이 지나면 포배(배반포) 단계에 이르게 된다. 시험관에서 수정하여 배양한 배반포를 모체의 자궁에 착상시키면 온전한 한 사람으로 발생이 진행된다. 배아줄기세포는 포배 내부에 존재하는 세포덩어리에서 추출한다. 문제는 이 과정에서 자궁에 착상시키면 한 인간으로 발생할 잠재력이 있는 배아가 파괴된다는 것이다. 배아줄기세포와 관련된 일차적인 논쟁은 인간 배아의 도덕적 지위를 어떻게 보는가에서 출발한다.

어떤 이들은 배아는 수정되는 순간부터 하나의 인간으로 간주해야 한다고 생각한다. 이들의 견해에 따르면 배아를 파괴하고 그로부터 줄기세포를 얻는 것은 살인과 다름없다. 따라서 그 목적이 아무리 선한 데 있더라도 무고한 인간의 죽음을 수단으로 삼을 수는 없으므로 배아줄기세포 연구를 허용할 수 없다는 입장이다. 그 반대편에는 초기의 배아는 인간으로서의 특징을 전혀 나타내지 못하는 세포덩어리일 뿐이어서 특별히 취급할 이유가 없다는 입장이 있다.

배아줄기세포를 얻는 방법에는 두 가지가 있다. 첫 번째 방법은 인공수정 과정에서 생성된 잔여배아에서 배아줄기세포를 추출하는 방법이다. 인공수정 과정에서 한두 번의 착상시도에서 성공하여 아기가 태어나면 나머지 배아는 부모의 동의를 받아 폐기할 수 있는데, 이를 잔여배아라 부른다. 우리나라를 포함한 대부분의 나라에서는 잔여배아를 이용하는 경우에 한해서 배아줄기세포의 연구를 허용하고 있다. 만일 배아를 제공하는 부모가 상황을 충분히 이해하고 폐기될 배아를 연구용으로 기증하는 것에 동의하였다면 버려지는 쪽보다 다른 사람들을 위하여 사용되는 것이 더 바람직하다는 것이 그 이유이다.

배아줄기세포의 연구가 궁극적으로 줄기세포를 원하는 종류의 조직으로 분화시켜 환자에게 이식하는 것을 목적으로 하는 한, 이식하였을 때 면역거부반응이 나타나지 않는 조직을 만들 수 있어야 할 것이다. 이러한 경우에는 핵이 제거된 미수정란에 환자에서 얻은 체세포의 핵을 치환한 다음 이를 배아상태로 다시 분화시켜 여기에서 줄기세포를 얻는 방법이 대안이 될 수 있다. 그러나 인간 세포를 이용한 핵치환 기술이 인간 개체복제로 이어질 가능성 및 수단으로서 인간으로 성장할 잠재력을 지니는 배아를 창출할 때 발생하는 윤리적 파장 때문에, 배아줄기세포를 얻기 위한 배아의 창출은 허용하지 않아야 한다는 의견이 아직은 지배적이다. 우리나라에서도 잔여배아를 사용하는 경우보다 더 엄격한 사전심사와 승인을 거친 후에만 가능하도록 규제하고 있다.

① 배아줄기세포에 대한 논란의 쟁점은 수정된 배아를 생명으로 보느냐 아니냐이다.
② 잔여배아에서 배아줄기세포를 추출하는 방법이 가장 효과적으로 알려져 있기 때문에 대부분의 국가에서 이 방법만 허용하고 있다.
③ 배아줄기세포의 연구는 아직 완성된 단계에 이르지는 않았다.
④ 배아줄기세포는 인간을 구성하는 모든 조직의 세포로 분화될 수 있다.
⑤ 미수정란과 환자의 체세포를 이용하는 방법은 생명을 수단으로 이용하는 문제 외에도 또 다른 윤리적 문제를 야기시킬 수 있다.

04 제시된 문단을 논리적 순서대로 바르게 나열했을 때, 다음 순서에 들어갈 문단을 바르게 짝지은 것은?

(가) 왜냐하면 일반적으로 외부에서 작용하는 힘이 없다면 운동량은 보존되기 때문이다. 이렇게 하여 결국 달의 공전 궤도는 점점 늘어나고, 달은 지구로부터 점점 멀어지는 것이다.

(나) 실제로 지구의 자전 주기는 매년 100만 분의 17초 정도 느려지고 달은 매년 38mm씩 지구에서 멀어지고 있다. 이처럼 지구의 자전 주기가 점점 느려지기 때문에 지구의 1년의 날수는 점차 줄어들 수밖에 없다.

(다) 한편 지구보다 작고 가벼운 달의 경우에는 지구보다 더 큰 방해를 받아 자전 속도가 더 빨리 줄게 된다.

(라) 그러나 이렇게 느려지더라도 하루가 25시간이 되려면 2억 년은 넘게 시간이 흘러야 한다.

(마) 그리고 이 힘은 지구와 달 사이의 거리에 따라 다르게 작용하여 달과 가까운 쪽에는 크게, 그 반대쪽에는 작게 영향을 미치게 된다.

(바) 이렇게 지구와 달은 서로의 인력 때문에 자전 속도가 줄게 되는데, 이 자전 속도와 관련된 운동량은 '지구 – 달 계' 내에서 달의 공전 궤도가 늘어나는 것으로 보존된다.

(사) 결국 지구 표면은 달의 인력과 지구 – 달의 원운동에 의한 원심력의 영향을 받아 양쪽이 부풀어 오르게 된다. 이때 달과 가까운 쪽 지구의 '부풀어 오른 면'은 지구와 달을 잇는 직선에서 벗어나 지구 자전 방향으로 앞서게 되는데, 그 이유는 지구가 하루 만에 자전을 마치는데 비해 달은 한 달 동안 공전 궤도를 돌기 때문이다. 달의 인력은 이렇게 지구 자전 방향으로 앞서가는 부풀어 오른 면을 반대 방향으로 다시 당기고, 그로 인해 지구의 자전은 방해를 받아 속도가 느려진다.

(아) 지구의 하루는 왜 길어지는 것일까? 그것은 바로 지구의 자전이 느려지기 때문이다. 지구의 자전은 달과 밀접한 관련을 맺고 있다. 지구가 달을 끌어당기는 힘이 있듯이 달 또한 지구를 끌어당기는 힘이 있다. 달은 태양보다 크기는 작지만 지구와의 거리는 태양보다 훨씬 가깝기 때문에 지구의 자전에 미치는 영향은 달이 더 크다. 달의 인력은 지구의 표면을 부풀어 오르게 한다.

	3번째	6번째
①	(가)	(사)
②	(사)	(가)
③	(나)	(다)
④	(아)	(라)
⑤	(다)	(바)

PART 1

05 다음 글에서 밑줄 친 ㉠~㉤의 수정 방안으로 적절하지 않은 것은?

심폐소생술은 심장과 폐의 활동이 갑자기 멈췄을 때 실시하는 응급조치를 말합니다. 심폐소생술은 크게 '의식 확인 및 119 신고 단계', '가슴 압박 단계', '인공호흡 단계'로 나눌 수 있습니다. 먼저 '의식 확인 및 119 신고 단계'에서는 환자를 바로 ㉠ 누운 후 어깨를 가볍게 치면서 상태를 확인합니다. 만약 의식이나 호흡이 없거나 자발적인 움직임이 없고 헐떡이는 등의 상태가 ㉡ 나타나지 않는다면, 즉시 주변 사람들 중 한 명을 지목해서 119에 신고하도록 하고 주변에 자동제세동기가 있다면 가져올 것을 요청합니다.

다음은 '가슴 압박 단계'입니다. 이 단계에서는 환자의 양쪽 젖꼭지 부위를 잇는 선의 정중앙 부분을 깍지 낀 손의 손바닥으로 힘껏 누릅니다. 이때, 팔꿈치는 ㉢ 펴고 팔은 환자의 가슴과 수직이 되어야 합니다. 가슴 압박 깊이는 적어도 5cm 이상으로 하고, 압박 속도는 분당 100회 이상 실시해야 합니다.

마지막으로 '인공호흡 단계'에서는 한 손으로는 환자의 이마를 뒤로 젖히고 다른 한 손으로는 턱을 들어 올려 ㉣ 열어줍니다. 그리고 이마를 젖힌 손의 엄지와 검지로 코를 막은 뒤 환자의 입에 숨을 2회 불어 넣습니다. 이때 곁눈질로 환자의 가슴이 상승하는지를 잘 살펴보아야 합니다. ㉤ 119 구급대나 자동제세동기가 도착할 때까지 가슴 압박과 인공호흡을 30 : 2의 비율로 반복합니다. 이후 환자가 스스로 숨을 쉬거나 움직임이 명확하게 나타난다면 심폐소생술을 중단할 수 있습니다.

① ㉠ : 목적어와 서술어의 호응 관계를 고려하여 '눕힌'으로 고친다.
② ㉡ : 문맥의 흐름을 고려하여 '나타나면'으로 고친다.
③ ㉢ : 맞춤법에 어긋나므로 '피고'로 고친다.
④ ㉣ : 필요한 문장 성분이 생략되었으므로 목적어 '기도를'을 앞에 추가한다.
⑤ ㉤ : 문장을 자연스럽게 연결하기 위해 문장 앞에 '그리고'를 추가한다.

06 다음은 '친환경 자동차'에 관한 글을 쓰기 위해 작성한 개요이다. 다음 개요의 수정 방안으로 적절하지 않은 것은?

Ⅰ. 서론 …… ㉠
Ⅱ. 본론
  1. 친환경 자동차 보급의 필요성
    가. 환경 개선 효과
    나. 자동차 산업 활성화 효과
  2. 친환경 자동차 보급 실태와 문제점 …… ㉡
    가. 친환경 자동차의 비싼 가격
    나. 기업의 적극적인 투자와 기술 개발
  3. 친환경 자동차 보급 확대 방안
    가. 정부의 구매 지원 제도 …… ㉢
    나. 관련 기반 시설 구축 미흡 …… ㉣
    다. 소비자의 친환경 자동차에 대한 인식 전환
Ⅲ. 결론 : 소비자들의 친환경 자동차 구매 활성화를 위한 노력 …… ㉤

① ㉠ : 독자의 이해를 돕기 위해 '친환경 자동차의 개념 소개'를 하위 항목으로 추가한다.
② ㉡ : 'Ⅱ－3－다'의 내용을 고려하여 '소비자의 친환경 자동차에 대한 부정적 인식'을 하위 항목으로 추가한다.
③ ㉢ : 글의 주제를 고려하여 삭제한다.
④ ㉣ : 상위 항목과의 연관성을 고려하여 'Ⅱ－2－나'와 위치를 바꾼다.
⑤ ㉤ : 'Ⅱ－3'의 내용을 고려하여 '친환경 자동차 보급 확대를 위한 정부, 기업, 소비자의 노력 촉구'로 고친다.

PART 1

07 다음 글의 내용으로 적절하지 않은 것은?

> 물에 녹아 단맛이 나는 물질을 일반적으로 '당(糖)'이라 한다. 각종 당은 신체의 에너지원으로 쓰이는 탄수화물의 기초가 된다. 인류는 주로 과일을 통해 당을 섭취해 왔는데, 사탕수수에서 추출한 설탕이 보급된 후에는 설탕을 통한 당 섭취가 일반화되었다. 그런데 최근 수십 년 사이에 설탕의 과다 섭취로 인한 유해성이 부각되면서 식품업계는 설탕의 대체재로 액상과당에 관심을 갖기 시작했다.
>
> 포도당이 주성분인 옥수수 시럽에 효소를 넣으면 포도당 중 일부가 과당으로 전환된다. 이때 만들어진 혼합액을 정제한 것이 액상과당(HFCS)이다. 액상과당 중 가장 널리 쓰이는 것은 과당의 비율이 55%인 'HFCS55'이다. 설탕의 단맛을 1.0이라 할 때 포도당의 단맛은 0.6, 과당의 단맛은 1.7이다. 따라서 액상과당은 적은 양으로도 강한 단맛을 낼 수 있다. 그런데 액상과당은 많이 섭취해도 문제가 없는 것일까? 이에 대한 답을 찾기 위해서는 포도당과 과당의 대사를 살펴볼 필요가 있다.
>
> 먼저 포도당의 대사를 살펴보자. 음식의 당분이 포도당으로 분해되면 인슐린과 함께 포만감을 느끼게 하는 호르몬인 렙틴(Leptin)이 분비된다. 렙틴이 분비되면 식욕을 촉진하는 호르몬인 그렐린(Ghrelin)의 분비는 억제된다. 그렐린의 분비량은 식사 전에는 증가했다가 식사를 하고 나면 렙틴이 분비되면서 자연스럽게 감소하게 된다. 한편 과당의 대사는 포도당과는 다르다. 과당은 인슐린과 렙틴의 분비를 촉진하지 않으며, 그 결과 그렐린의 분비량이 줄어들지 않는다. 게다가 과당은 세포에서 포도당보다 더 쉽게 지방으로 축적된다. 이런 이유로 사람들은 과당의 비율이 높은 액상과당을 달갑잖게 생각한다.

① 최근에는 과일을 통한 당 섭취가 일반화되었다.
② 액상과당인 HFCS55는 과당의 비율이 55%이다.
③ 과당은 포도당보다 적은 양으로 단맛을 낼 수 있다.
④ 음식의 당분이 포도당으로 분해되면 그렐린(Ghrelin)의 분비는 억제된다.
⑤ 사람들이 과당의 비율이 높은 액상과당을 달갑잖게 생각하는 이유는 지방 축적이 포도당보다 더 쉽기 때문이다.

02 논리판단

01 **제시된 명제가 모두 참일 때, 다음 중 반드시 참인 것은?**

- 곰이 줄넘기를 하면 사자가 춤을 추지 않는다.
- 곰이 줄넘기를 하지 않으면 토끼가 노래를 하거나 하마가 양치질을 한다.
- 하마가 양치질을 하지 않으면 고양이가 옆돌기를 한다.

① 고양이가 옆돌기를 하지 않으면 곰이 줄넘기를 한다.
② 토끼가 노래를 하거나 하마가 양치질을 하면 사자가 춤을 춘다.
③ 토끼가 노래를 하거나 하마가 양치질을 하면 곰이 줄넘기를 하지 않는다.
④ 곰이 줄넘기를 하면 고양이가 옆돌기를 한다.
⑤ 토끼가 노래를 하지 않고 하마가 양치질을 하지 않으면 사자가 춤을 추지 않는다.

02 **마케팅부 사원 A~H 8명은 다음 〈조건〉에 따라 총 3개의 팀을 결성하여 업무를 진행하기로 했다. 다음 중 반드시 같은 팀인 사원끼리 묶인 것을 고르면?**

조건

- 8명의 사원이 모두 팀에 참여하며, 각 팀은 최소 2명 이상으로 구성된다.
- F와 G는 같은 팀이고, B와 D는 서로 다른 팀이다.
- A의 팀보다 G의 팀 인원수가 더 많다.
- B의 팀보다 E의 팀 인원수가 더 많다.
- C의 팀 인원수는 2명이 아니다.
- H가 속한 팀보다 인원수가 더 적은 팀은 없다.

① A, B
② A, C
③ D, G
④ C, E
⑤ G, H

03 H사 개발팀에서는 야유회를 가면서 각자 한 가지씩 음식을 싸 오기로 했다. 갑~무 다섯 명의 직원은 김밥, 샌드위치, 치킨, 피자, 과일을 싸 와서 다음과 같이 이야기를 나누었다. 김밥이나 샌드위치를 싸 온 사람은 진실을, 치킨이나 피자, 과일을 싸 온 사람은 거짓을 말한다고 할 때, 다음 중 음식과 음식을 싸 온 사람이 바르게 짝지어진 것은?

> 갑 : 나는 치킨도 과일도 안 좋아해서 둘 다 싸 오지 않았어.
> 을 : 무가 요리 솜씨가 좋아서 김밥을 싸 왔잖아. 나는 피자를 싸왔고.
> 병 : 확실한 건 피자는 정이나 무가 싸 온 건 아니야. 나는 채식주의자라 치킨을 싸 오지 않았어.
> 정 : 나는 우리집만의 비법으로 샌드위치를 싸 왔어.
> 무 : 흠, 내가 알기로 정은 거짓말쟁이야. 그런데 내가 싸 온 과일 맛있지 않아?

① 갑 – 샌드위치
② 을 – 과일
③ 병 – 김밥
④ 정 – 피자
⑤ 무 – 치킨

04 다음은 회계팀의 A~E 다섯 명이 근무하는 사무실 배치도와 이들의 대화 내용이다. 이들 중 두 명은 거짓만 말하고 나머지는 진실만 말할 때, 거짓을 말하는 사람끼리 바르게 짝지어진 것은?

〈회계팀 자리배치도〉

자리1	자리2	자리5
자리3	자리4	

※ 팀장은 자리5에 앉으며 팀원 모두를 바라보며 앉는다.
※ 자리1과 자리3에 앉은 사람은 서로 마주 보며 앉고, 자리2와 자리4에 앉은 사람도 서로 마주 보며 앉는다.

> A : 나는 모두가 보이는 자리에 앉아 있는데 사실 난 자리3에 앉아 있는 B가 부러워.
> B : 나는 양옆에 팀원이 있어서 불편해.
> C : 난 내 바로 왼쪽에 팀장님이 계셔서 오히려 편한 것 같고, A가 내 오른쪽 옆자리여서 좋아.
> D : 팀장인 내가 할 소리는 아닌 것 같지만 내 자리가 제일 좋은 것 같아.
> E : 내 앞에 B가 보이는데 옆자리 팀원도 한 명뿐이잖아? 오히려 내 옆에 앉은 D가 불편해보여.

① A, B
② A, E
③ B, C
④ B, D
⑤ D, E

05 제시된 명제가 모두 참일 때, 다음 중 옳게 추론한 것은?

- 전날 야근을 하면 다음 날 피곤하다.
- 피곤한 날에는 아침에 늦잠을 잔다.
- 늦잠을 자면 아침 조회에 늦는다.
- 목요일에만 아침 조회를 한다.

① 전날 야근을 하지 않으면 다음 날 피곤하지 않다.
② 아침 조회에 늦지 않으려면 수요일에 야근을 하면 안 된다.
③ 목요일에는 피곤하면 안 된다.
④ 피곤한 날에는 아침 조회를 하지 않는다.
⑤ 아침에 늦잠을 자지 않으면 다음 날 아침 조회를 한다.

PART 1

06 H사는 다음 〈조건〉과 같이 통근버스를 운행하고 있다. H사 직원과 해당 직원이 이용하는 통근버스가 바르게 짝지어진 것은?

조건

- 본사에 근무하는 A과장, B대리와 본사 근처 지사에 근무하는 C주임, D사원은 통근버스를 이용한다.
- 본사와 본사 근처 지사에서 운행하는 통근버스는 빨간색 버스, 노란색 버스, 파란색 버스 총 3대이다.
- 빨간색 버스는 본사와 본사 근처 지사의 직원이 모두 이용할 수 있고, 노란색 버스는 본사 직원만, 파란색 버스는 본사 근처 지사의 직원만 이용할 수 있다.
- 빨간색 버스는 본사의 직원들을 먼저 내려준다.
- 빨간색 버스와 노란색 버스가 본사에 도착하는 시각과 파란색 버스가 본사 근처 지사에 도착하는 시각은 같다.
- A과장과 B대리는 서로 다른 통근버스를 이용한다.
- B대리가 이용하는 통근버스는 D사원의 이용이 불가능한 버스이다.
- A과장이 C주임보다 회사에 빨리 도착한다.
- 각 통근버스는 A과장, B대리, C주임, D사원 중 최소 한 명씩은 이용한다.

① A과장 – 빨간색 버스
② A과장 – 노란색 버스
③ B대리 – 빨간색 버스
④ C주임 – 파란색 버스
⑤ D사원 – 빨간색 버스

03 자료해석

01 주어진 도표를 이용해 빈칸을 완성한 후 모든 짝수를 더하면?(단, 소수점 셋째 자리에서 반올림한다)

〈업종별 외국인근로자 고용현황〉

(단위 : 명)

구분	2014년	2015년	2016년	2017년	2018년
제조업	31,114	31,804	48,967	40,874	40,223
건설업	84	2,412	1,606	2,299	2,228
농축산업	419	3,079	5,641	6,047	5,949
서비스업	41	56	70	91	71
어업	0	1,130	2,227	2,245	2,548
합계	31,658	38,481	58,511	51,556	51,019

※ 소수점은 생략하고 기입함

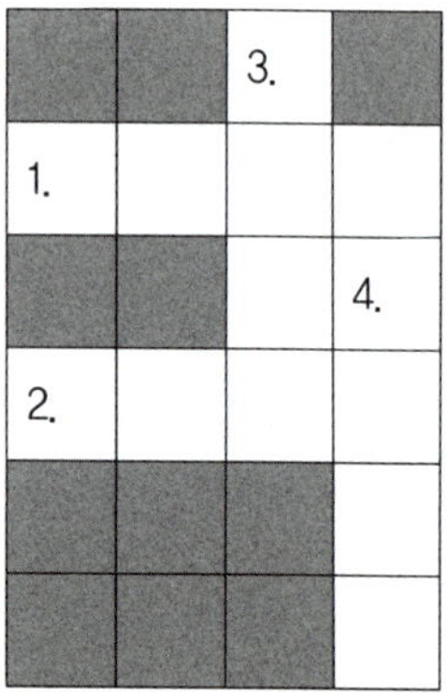

〈가로〉

1. 전년 대비 2017년의 건설업과 서비스업의 외국인근로자 수 증감률의 차 □□.□□%p는?
2. 농축산업의 경우 2015년 대비 2018년에 몇 명의 외국인근로자가 더 고용되었는가?

〈세로〉

3. 2015년 전체에서 건설업의 외국인근로자 수가 차지하는 비중과 2018년 전체에서 어업의 외국인근로자 수가 차지하는 비중의 합 □□.□□%는?
4. 2015년에 외국인근로자를 4번째로 많이 고용한 업종과 2018년에 2번째로 많이 고용한 업종의 외국인근로자 수의 합은?

① 6 ② 8
③ 10 ④ 12
⑤ 14

02 주어진 도표를 이용해 빈칸을 완성한 후 빈칸의 모든 수를 더하면?(단, 소수점 둘째 자리에서 반올림한다)

〈시도별 화재발생건수 및 피해자 수 현황〉

(단위 : 건, 명)

구분	2018년			2019년		
	화재건수	사망자	부상자	화재건수	사망자	부상자
전국	43,413	306	1,718	44,178	345	1,852
서울특별시	6,443	40	236	5,978	37	246
부산광역시	2,199	17	128	2,609	19	102
대구광역시	1,739	11	83	1,612	8	61
인천광역시	1,790	10	94	1,608	7	90
광주광역시	956	7	23	923	9	27
대전광역시	974	7	40	1,059	9	46
울산광역시	928	16	53	959	2	39
세종특별자치시	300	2	12	316	2	8
경기도	10,147	70	510	9,799	78	573
강원도	2,315	20	99	2,364	24	123
충청북도	1,379	12	38	1,554	41	107
충청남도	2,825	12	46	2,775	19	30
전라북도	1,983	17	39	1,974	15	69
전라남도	2,454	21	89	2,963	19	99
경상북도	2,651	14	113	2,817	27	127
경상남도	3,756	29	101	4,117	24	86
제주도	574	1	14	751	5	19

※ 소수점은 생략하고 기입함

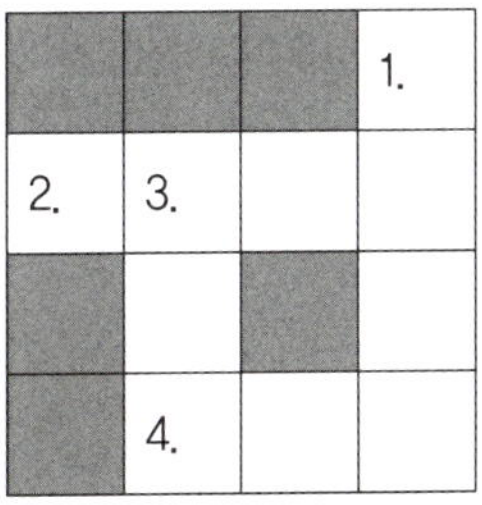

〈가로〉

2. 2018년에 전국에서 경기도가 차지하는 화재건수의 비중과 2019년에 전국에서 경상남도가 차지하는 화재건수 비중의 합 □□.□%는?

4. 전년 대비 2019년의 화재건수의 감소율이 가장 큰 지역의 감소율 □□.□%는?

〈세로〉

1. 2019년의 사망자 수가 두 번째로 많았던 지역의 화재건수와 2018년의 부상자 수가 세 번째로 적었던 지역의 화재건수의 차이는?

3. 전년 대비 2019년의 화재로 인한 사망자 수가 증가한 지역의 사망자 수의 합은?

① 40　② 42　③ 45　④ 47　⑤ 51

03 주어진 도표를 이용해 빈칸을 완성한 후 모든 숫자를 더하면?(단, 소수점 셋째 자리에서 반올림한다)

〈기관유형별 정규직 과학기술연구개발인력 신규채용 인원의 직전경력〉

(단위 : 명)

구분		합계	공공 부문	민간 부문	국내 타대학	해외 대학	비영리 단체	기타	경력 없음
합계	여성	3,017	160	835	339	47	18	138	1,480
	남성	10,575	488	3,625	1,157	216	16	502	4,571
이공계 대학	여성	336	23	64	129	18	1	48	53
	남성	1,056	119	341	281	93	2	86	134
공공 연구 기관	여성	430	116	74	60	20	3	23	134
	남성	1,290	308	192	154	114	2	81	439
민간 기업 연구 기관	여성	2,251	21	697	150	9	14	67	1,293
	남성	8,229	61	3,092	722	9	12	335	3,998

※ 소수점은 생략하고 기입함

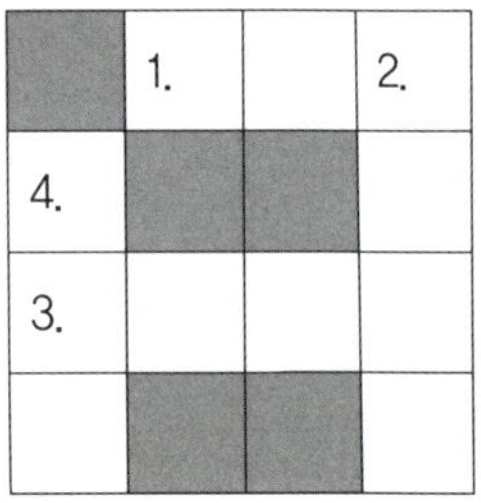

〈가로〉

1. 이공계 대학에서 신규 채용한 인원 중 직전경력이 공공부문, 민간부문, 국내 타대학 그리고 비영리단체인 남성은 여성보다 몇 명 더 많은가?
3. 남녀 전체 신규 채용한 인원 중 이공계 대학과 공공연구기관에 채용된 여성 인원이 차지하는 비중(%)과 신규 채용된 남성 전체 인원 대비 경력없음인 남성 전체 인원이 차지하는 비중(%)의 합 □□.□□%는?

〈세로〉

2. 공공연구기관 신규채용 남성 전체 인원 대비 여성 전체 인원 비율과 민간기업 연구기관 신규채용 인원 중 직전경력이 없는 남성 대비 여성 인원 비율(%)의 합 □□.□□%는?
4. 신규 채용된 전체 여성 중 직전경력에서 인원이 두 번째로 낮은 부문의 공공연구기관과 민간기업 연구기관에 신규 채용된 남성 인원 차와 민간기업 연구기관에 채용된 여성 인원과의 곱은?

① 64　② 65
③ 66　④ 67
⑤ 68

04 주어진 도표를 이용해 빈칸을 완성한 후 짝수의 개수를 구하면?(단, 소수점 첫째 자리에서 버림한다)

〈주요국의 자동차 수출 · 수입〉

(단위 : 천 대)

국가별		2014년		2015년		2016년	
		수출	수입	수출	수입	수출	수입
아시아	한국	2,920	239	2,822	325	2,507	294
	중국	507	1,411	423	1,091	528	1,062
	일본	3,836	337	3,970	320	4,118	331
북아메리카	미국	1,785	6,715	2,207	7,297	2,115	7,376
유럽	독일	4,303	1,736	4,406	1,833	4,411	2,016

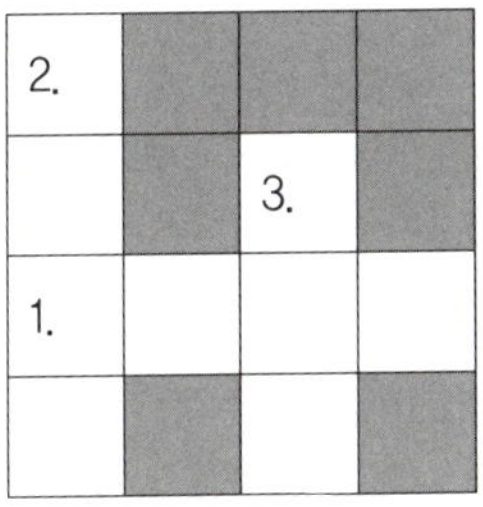

〈가로〉

1. 아시아 세 국가가 수출한 자동차 대수가 가장 많은 해에 세 국가에서 수출한 자동차는 몇 천 대인가?

〈세로〉

2. 제시된 자료에서 자동차 수입 대수가 가장 많은 국가가 그 해에 수입한 자동차는 몇 천 대인가?
3. 제시된 자료에서 자동차 수출 대수가 가장 적은 국가가 수출한 자동차 대수와 자동차 수입 대수가 가장 적은 국가가 수입한 자동차 대수 합은 몇 천 대인가?

① 3개
② 4개
③ 5개
④ 6개
⑤ 7개

05 다음은 H공장의 원자재 재고량을 매일 표시한 자료이다. H공장에서 매월 1일부터 원자재가 소모되는 양은 일정한 규칙을 따른다고 할 때, 10일에 H공장에 남은 원자재량은?

〈날짜별 원자재 재고량〉

(단위 : 개)

날짜	1일	2일	3일	4일	5일	6일
수량	5,600	5,515	5,410	5,285	5,140	4,975

① 4,035개
② 4,115개
③ 4,175개
④ 4,250개
⑤ 4,560개

06 다음은 블로그 이용자와 트위터 이용자를 대상으로 설문조사한 자료이다. 〈보기〉에서 이를 정리한 그래프 중 옳은 것을 모두 고르면?

〈블로그 이용자와 트위터 이용자 대상 설문조사 결과〉

(단위 : %)

구분		블로그 이용자	트위터 이용자
성별	남자	53.4	53.2
	여자	46.6	46.8
연령	15~19세	11.6	13.1
	20~29세	23.3	47.9
	30~39세	27.4	29.5
	40~49세	25.0	8.4
	50~59세	12.7	1.1
교육수준	중졸 이하	2.0	1.6
	고졸	23.4	14.7
	대졸	66.1	74.4
	대학원 이상	8.5	9.3
소득수준	상	5.5	3.6
	중	74.2	75.0
	하	20.3	21.4

※ 15세 이상 60세 미만의 1,000명의 블로그 이용자와 2,000명의 트위터 이용자를 대상으로 하여 동일 시점에 각각 독립적으로 조사하였으며 무응답과 응답자의 중복은 없음

보기

㉠ 트위터와 블로그의 성별 이용자 수

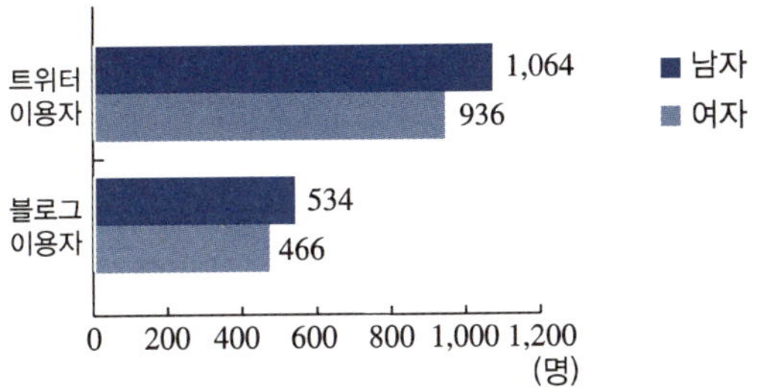

㉡ 블로그 이용자와 트위터 이용자의 소득수준별 구성비

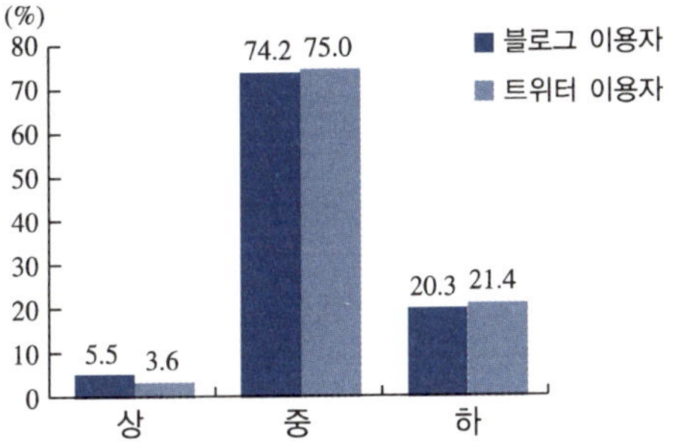

㉢ 연령별 블로그 이용자의 구성비

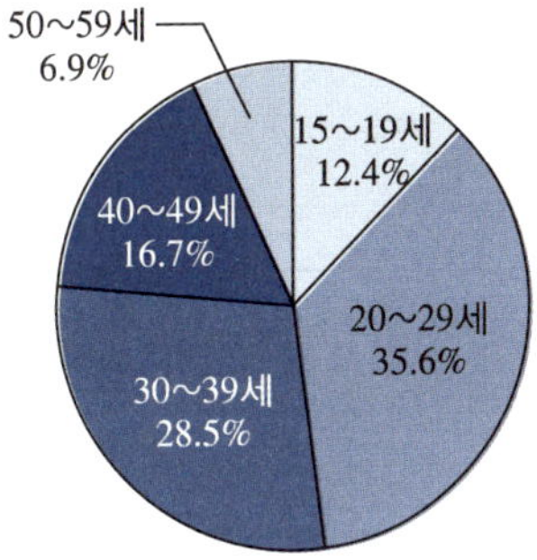

① ㉠
② ㉠, ㉡
③ ㉡
④ ㉠, ㉢
⑤ ㉡, ㉢

01 다음은 A국의 광물자원 수출입 교역액을 연도별로 나타낸 자료이다. 다음 자료를 변형했을 때, 적절하지 않은 그래프는?(단, 그래프의 단위는 '천 달러'이다)

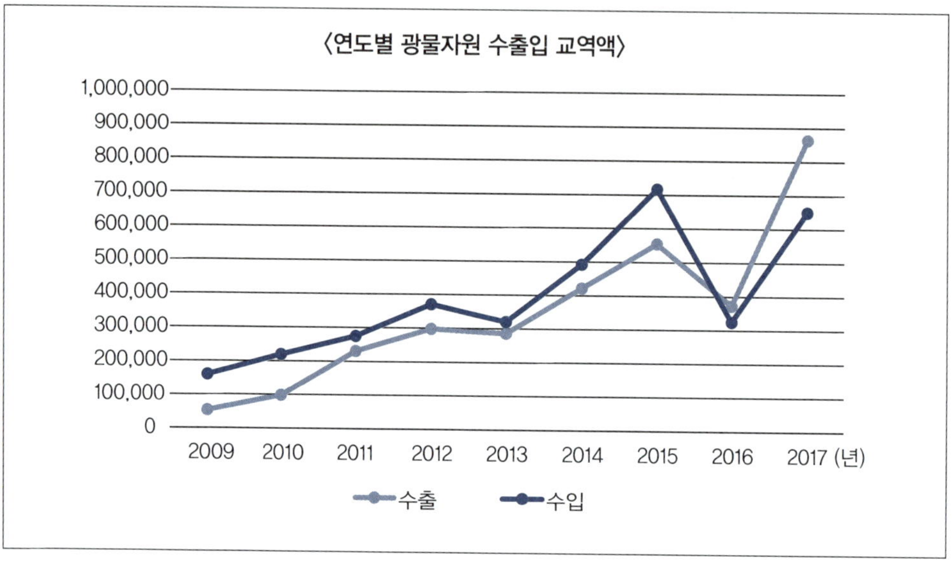

① 연도별 광물자원 수출입 교역액

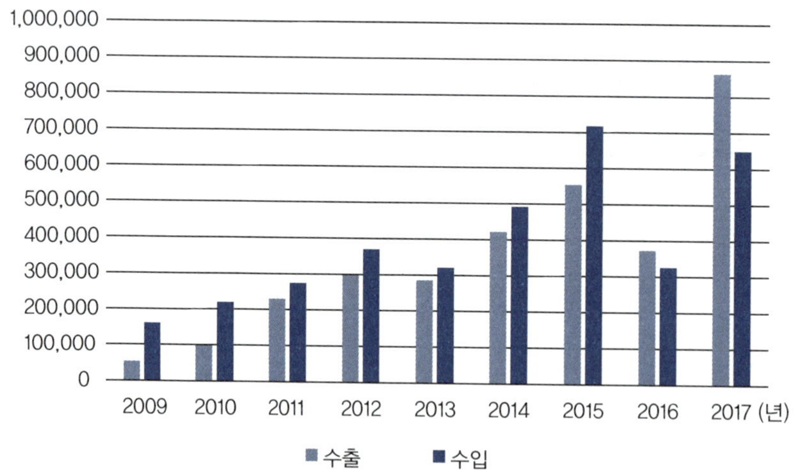

② 연도별 광물자원 수출 교역액

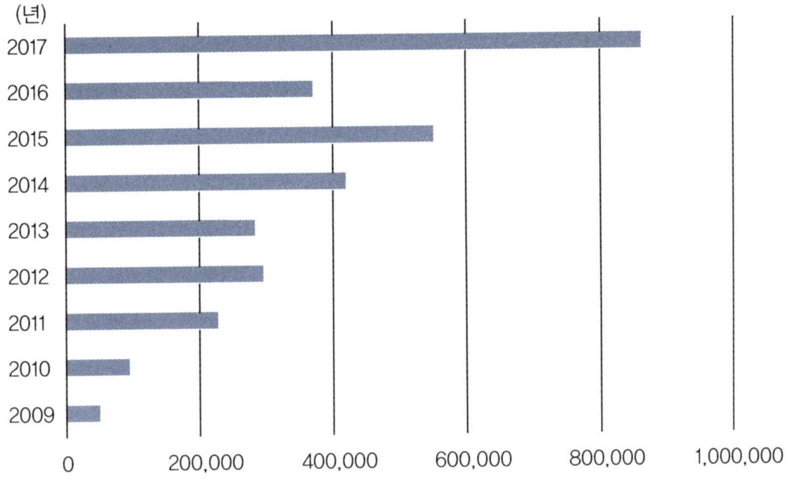

③ 연도별 광물자원 수입 교역액

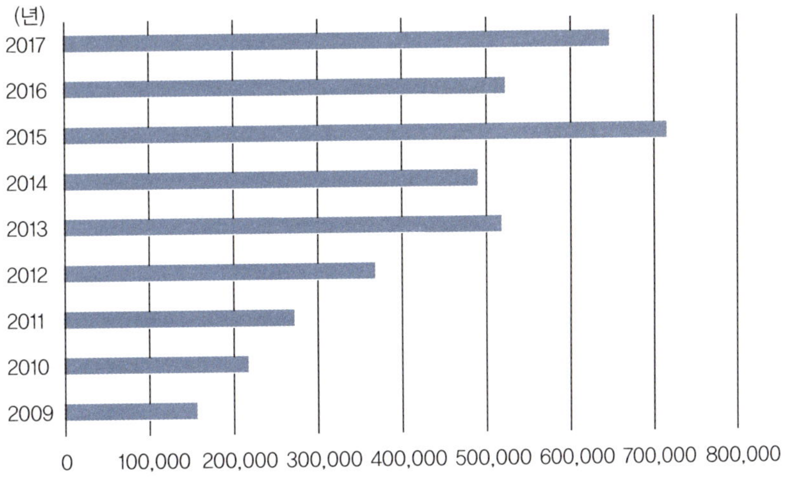

④ 2013~2017년 수출입 총 교역액

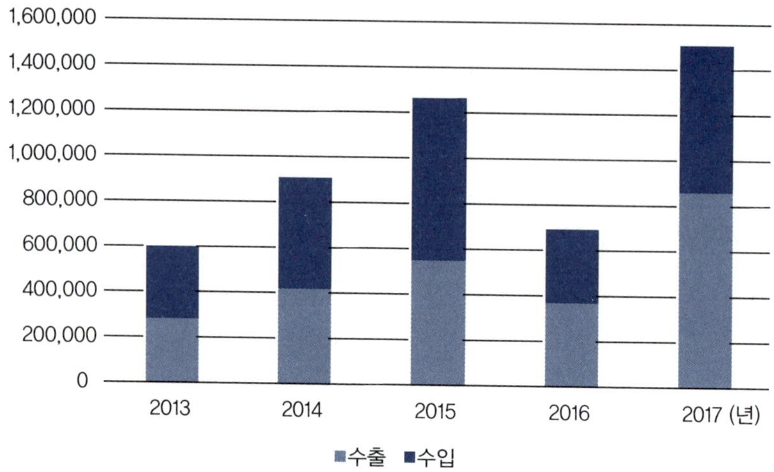

⑤ 2009~2012년 수출입 교역액

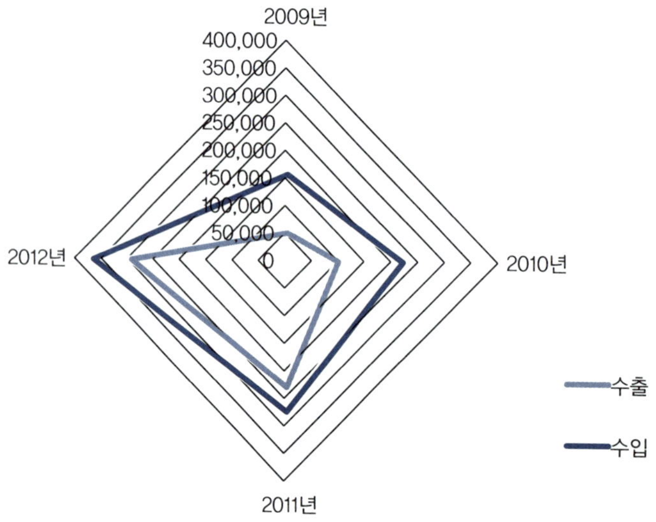

02 다음 자료에 나타난 일본의 H사 A제품 구매율의 증감 추이가 앞으로 10년 동안 지속된다고 할 때, 2019년을 기준으로 10년 뒤 일본의 H사 A제품 구매율은?

〈H사 A제품 구매 현황〉

(단위 : %)

구분	2013년	2014년	2015년	2016년	2017년	2018년	2019년
한국	45.7	47.6	50.7	44.7	44.0	45.2	45.8
중국	31.9	30.3	26.9	29.3	28.8	24.6	20.8
일본	15.8	15.8	14.6	14.6	13.4	13.4	12.2
독일	6.4	7.0	7.0	10.2	12.9	16.2	20.2
기타	0.2	0.4	0.8	1.2	0.9	0.6	1.0

① 6.8%
② 6.6%
③ 6.4%
④ 6.2%
⑤ 6.0%

PART 1

03 다음 글의 내용을 그래프로 바르게 옮긴 것은?

> 2019년을 기준으로 신규투자 금액은 평균 43.48백만 원으로 나타났으며, 유지보수 금액으로는 평균 32.29백만 원을 사용한 것으로 나타났다. 반면, 2020년 예상 투자액의 경우 신규투자 금액은 10.93백만 원 감소한 X원으로 예상하였으며, 유지보수 금액의 경우 0.11백만 원 증가한 Y원으로 예상하고 있다.

①

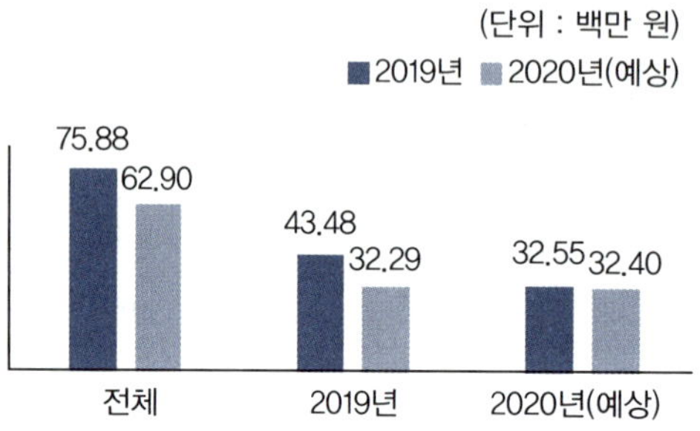

②

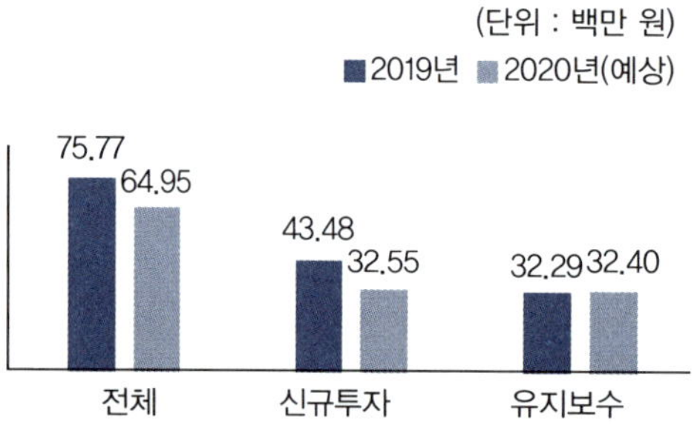

③

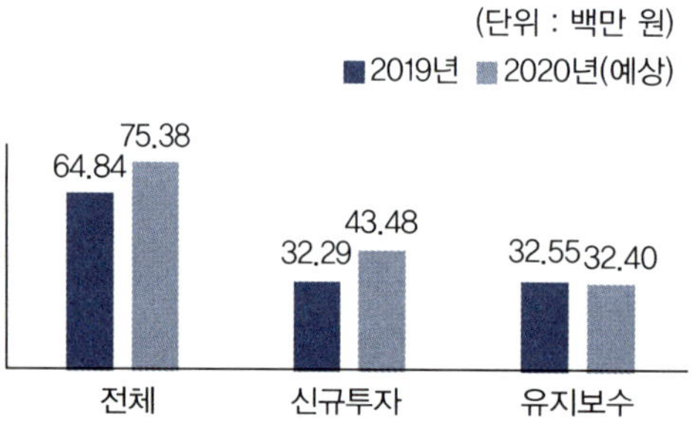

④

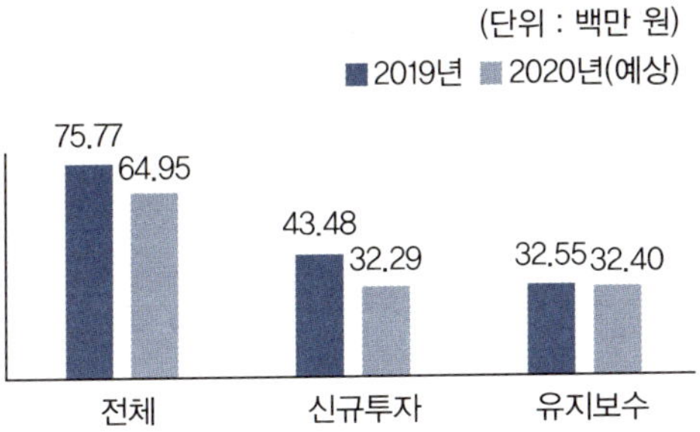
(단위 : 백만 원)
2019년
2020년(예상)
75.77
64.95
43.48
32.29
32.55
32.40
전체
신규투자
유지보수

⑤

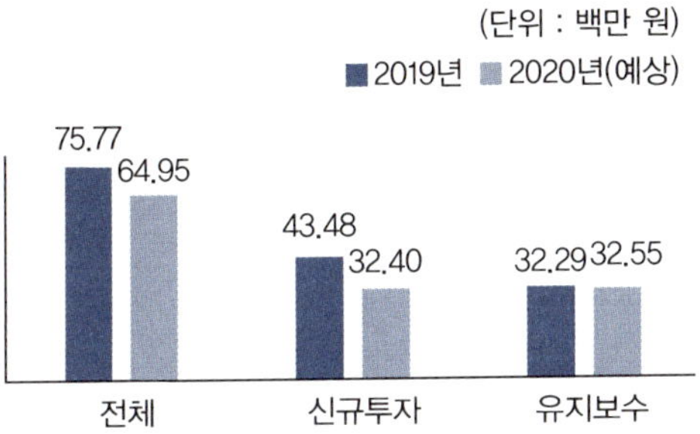
(단위 : 백만 원)
2019년
2020년(예상)
75.77
64.95
43.48
32.40
32.29
32.55
전체
신규투자
유지보수

※ 제시된 도형과 일치하는 입체도형을 고르시오. [1~2]

01

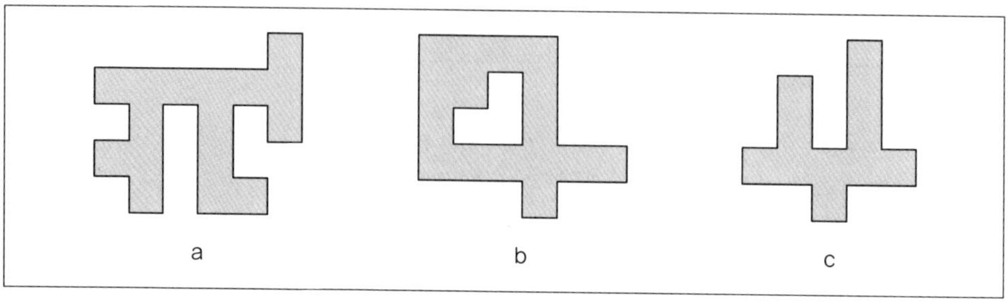

①

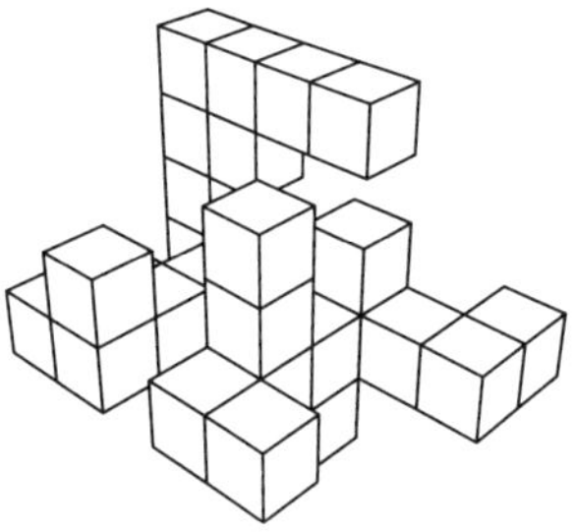

②

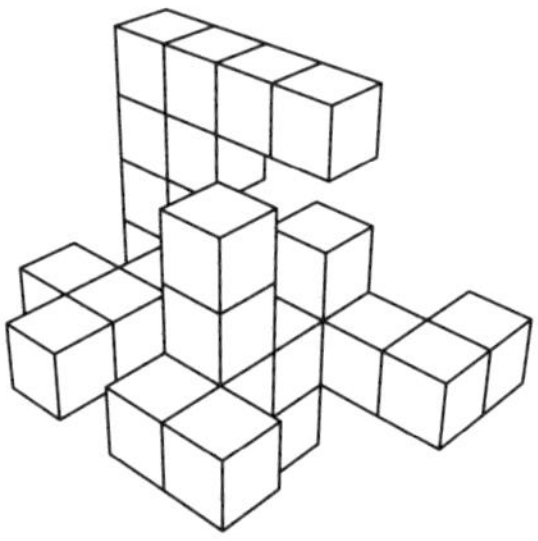

③

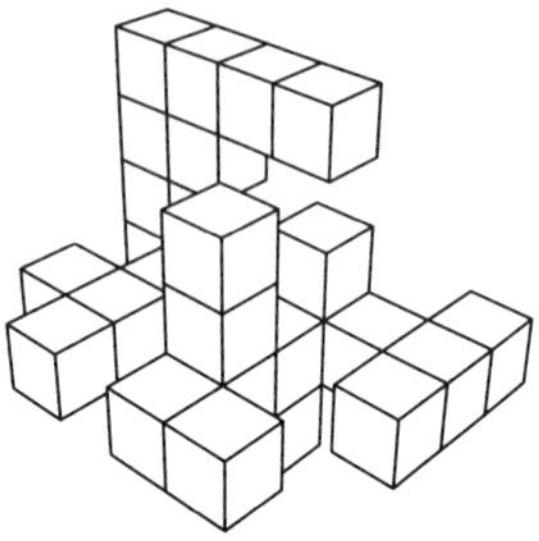

④

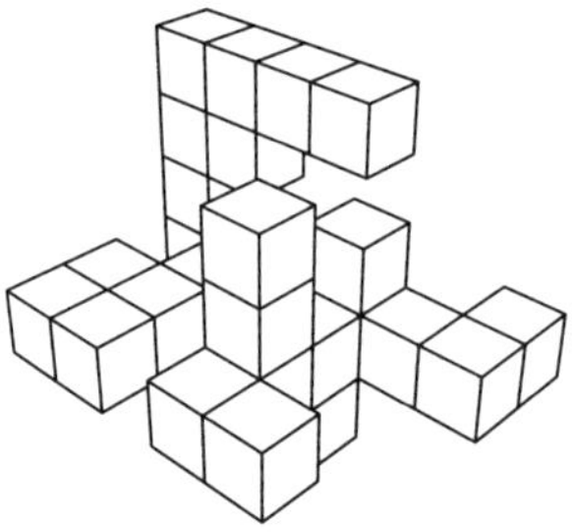

⑤

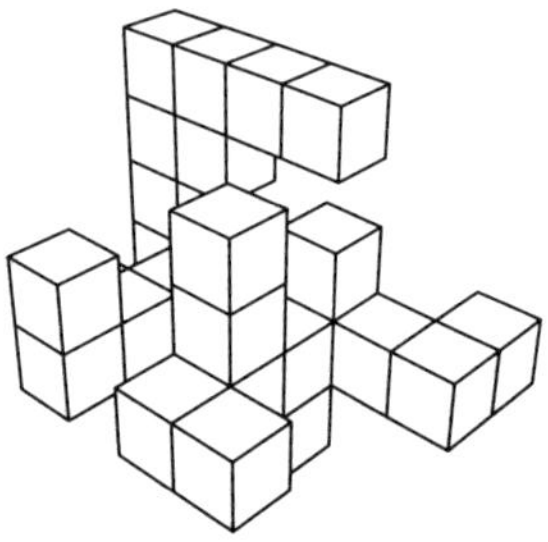

02

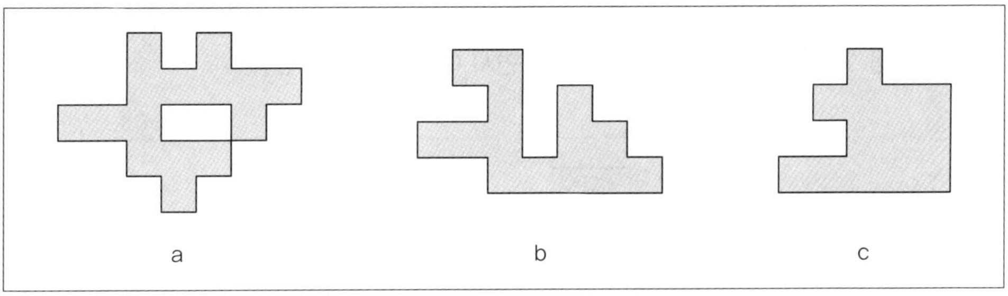

①
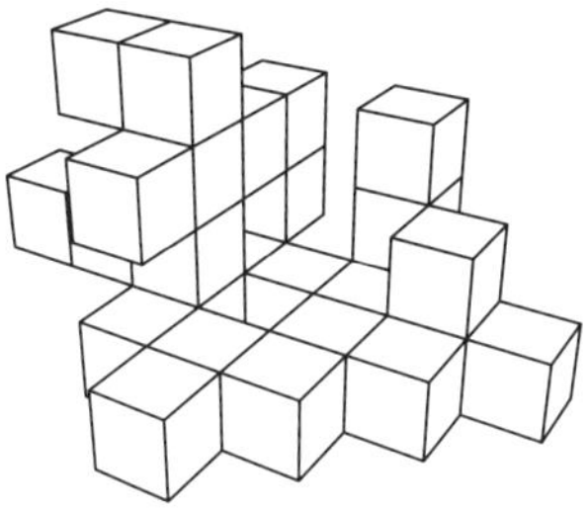

②
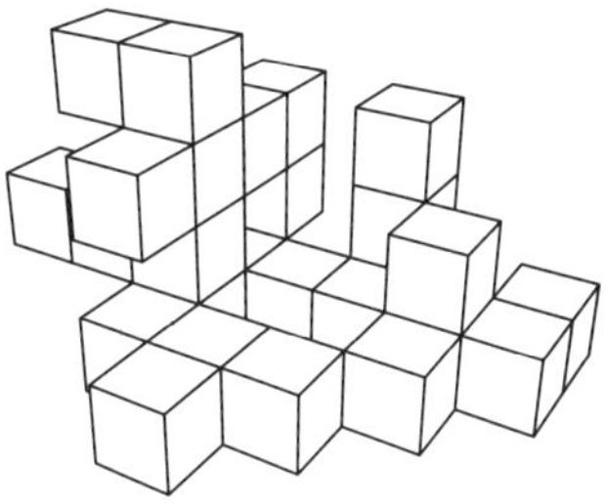

③
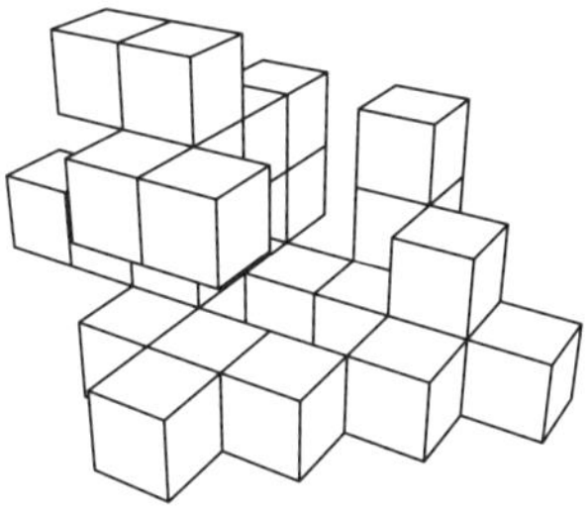

④
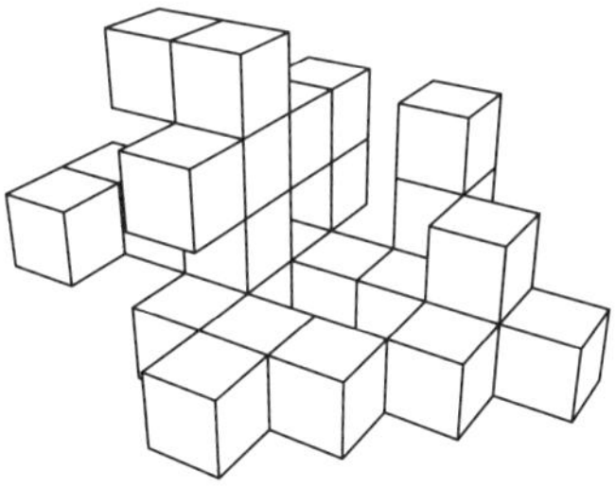

⑤
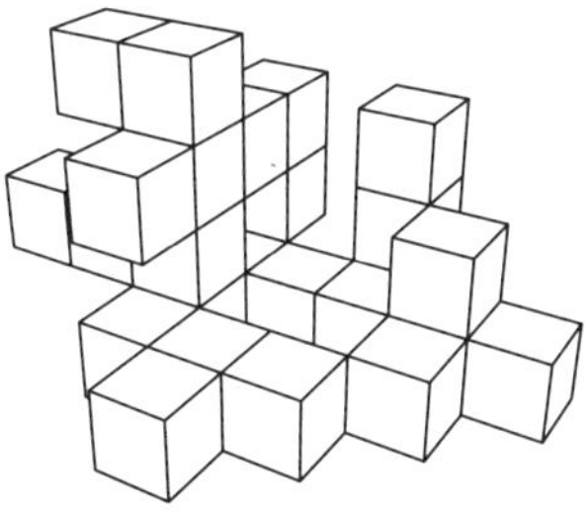

※ 다음 전개도를 접어 3차원 공간에서 이동시켰을 때, 처음과 끝이 다음과 같았다. 이동한 방향으로 옳은 것을 고르시오(단, 정육면체는 회전하면서 이동한다). [3~6]

03

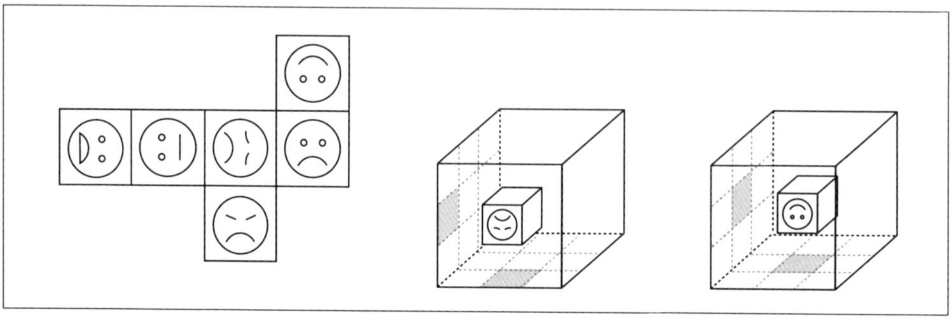

① 후좌후
② 후좌우
③ 우후좌
④ 후우좌
⑤ 좌좌후

04

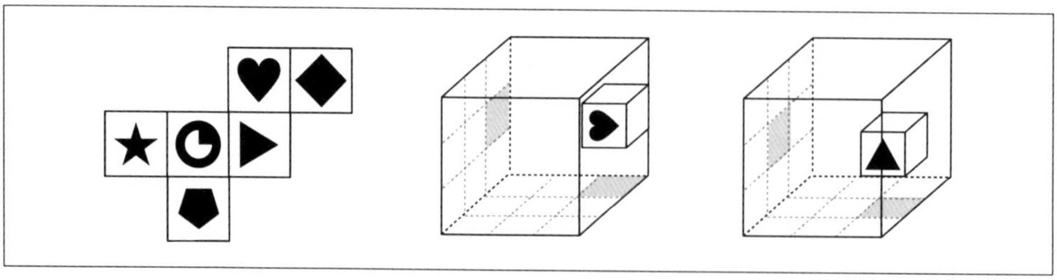

① 좌전우
② 좌우전
③ 전우좌
④ 전좌우
⑤ 전전후

05

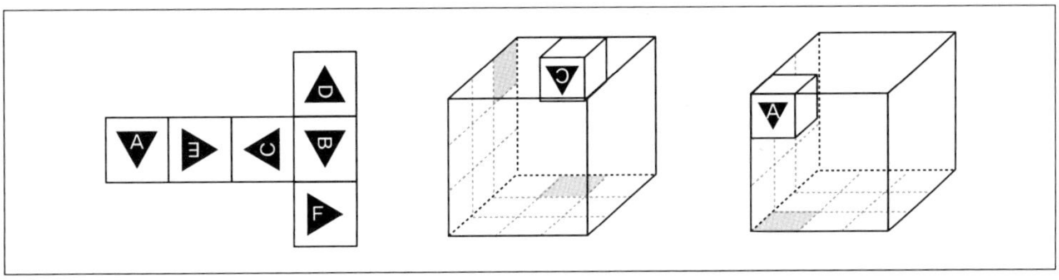

① 전전전
② 좌우전
③ 전좌전
④ 전전좌
⑤ 좌전전

06

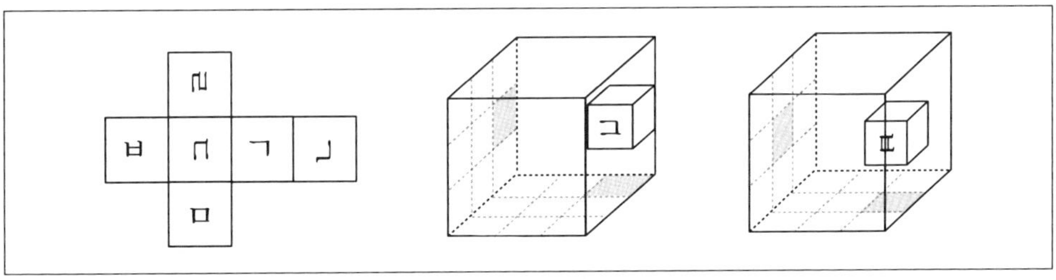

① 좌좌우
② 좌우전
③ 전후우
④ 우좌좌
⑤ 전좌좌

CHAPTER 03

2018년 기출복원문제

정답 및 해설 p.018

01 언어이해

※ 제시된 문단을 논리적 순서대로 바르게 나열했을 때, 다음 순서에 들어갈 문단을 바르게 짝지은 것을 고르시오. [1~2]

01

(가) 다음으로 온건한 도덕주의는 오직 일부 예술작품만이 도덕적 판단의 대상이 된다고 보는 입장이다. 따라서 일부의 예술작품들에 대해서만 긍정적인 또는 부정적인 도덕적 가치판단이 가능하다고 본다.

(나) 또한 도덕적 가치는 미적 가치를 비롯한 다른 가치들보다 우선한다. 이러한 도덕주의 입장을 대표하는 사람이 바로 톨스토이이다. 그는 인간의 형제애에 관한 정서를 전달함으로써 인류의 심정적 통합을 이루는 것이 예술의 핵심적 가치라고 보았다.

(다) 그 관계에 대한 입장들로는 '극단적 도덕주의', '온건한 도덕주의', '자율성주의'가 있다. 이 입장들은 예술작품이 도덕적 가치판단의 대상이 될 수 있느냐는 물음에 각기 다른 대답을 한다.

(라) 마지막으로 자율성주의는 어떠한 예술작품도 도덕적 가치판단의 대상이 될 수 없다고 보는 입장이다. 이 입장에 따르면, 도덕적 가치와 미적 가치는 서로 자율성을 유지한다.

(마) 예술과 도덕의 관계, 더 구체적으로는 예술작품의 미적 가치와 도덕적 가치의 관계는 동서양을 막론하고 사상사의 중요한 주제들 중 하나이다.

(바) 온건한 도덕주의 입장에 따르면, 도덕적 판단의 대상이 되는 예술작품의 도덕적 가치와 미적 가치는 서로 독립적으로 성립하는 것이 아니다. 그것들은 서로 내적으로 연결되어 있기 때문에 어떤 예술작품이 가지는 도덕적 장점이 그 예술작품의 미적 장점이 된다.

(사) 즉, 도덕적 가치와 미적 가치는 각각 독립적인 영역에서 구현되고 서로 다른 기준에 의해 평가된다는 것이다. 결국 자율성주의는 예술작품에 대한 도덕적 가치판단을 범주착오에 해당하는 것으로 본다.

(아) 극단적 도덕주의 입장은 모든 예술작품을 도덕적 가치판단의 대상으로 본다. 이 입장은 도덕적 가치를 가장 우선적인 가치이자 가장 포괄적인 가치로 본다. 따라서 모든 예술작품은 도덕적 가치에 의해서 긍정적으로 또는 부정적으로 평가된다.

	5번째	8번째
①	(아)	(다)
②	(가)	(바)
③	(가)	(사)
④	(나)	(다)
⑤	(나)	(사)

02

> (가) 이러한 과정에서 문제는 압축 정도가 제한된다는 것이다. 만일 기화된 가솔린에 너무 큰 압력을 가하면 멋대로 점화되어 버리는데 이것이 엔진의 노킹 현상이다.
> (나) 이전에 오토가 발명한 가솔린 엔진의 효율은 당시에 무척 떨어졌으며, 널리 사용된 증기 기관의 효율 역시 10%에 불과했고 가동 비용도 많이 드는 단점이 있었다.
> (다) 이처럼 디젤 기관은 연료의 품질에 민감하지 않고, 연료의 소비 면에서도 경제성이 뛰어나 오늘날 자동차 엔진용으로 확고한 자리를 잡았다.
> (라) 환경론자들이 걱정하는 디젤 엔진의 분진 배출 역시 필터 기술이 발전하면서 점차 극복되고 있다.
> (마) 이와 달리 디젤 엔진의 기본 원리는 실린더 안으로 공기만을 흡입하여 피스톤으로 강하게 압축시킨 다음 그 압축 공기에 연료를 분사시켜 저절로 점화되도록 하는 것이다.
> (바) 독일의 발명가 루돌프 디젤이 새로운 엔진에 대한 아이디어를 내고 특허를 얻은 것은 1892년의 일이었다.
> (사) 또 디젤 엔진은 압축 과정에서 연료가 혼합되지 않았기 때문에 가솔린 엔진보다 훨씬 더 높은 25 : 1 정도의 압축 비율을 사용할 수 있다. 압축 비율이 높다는 것은 그만큼 효율이 높다는 것을 의미한다.
> (아) 보통의 가솔린 엔진은 기화기에서 공기와 연료를 먼저 혼합하고, 그 혼합 기체를 실린더 속으로 흡입하여 압축한 후, 점화 플러그로 스파크를 일으켜 동력을 얻는다.

	2번째	4번째
①	(아)	(다)
②	(바)	(가)
③	(가)	(다)
④	(나)	(마)
⑤	(나)	(가)

03 다음 글에 이어질 내용을 논리적 순서대로 바르게 나열한 것은?

'포스트휴먼'은 그 기본적인 능력이 근본적으로 현재의 인간을 넘어서기 때문에 현재의 기준으로는 더 이상 인간이라 부를 수 없는 존재를 가리키는 표현이다. 스웨덴 출신의 철학자 보스트롬은 건강과 수명, 인지, 감정이라는, 인간의 세 가지 주요 능력 중 최소한 하나 이상의 능력에서 현재의 인간이 도달할 수 있는 최대한의 한계를 엄청나게 넘어설 경우 이를 '포스트휴먼'으로 부르자고 제안하였다.

(가) 이 존재는 스스로의 심리 상태에 대한 조절도 자유롭게 할 수 있어서 피곤함이나 지루함을 거의 느끼지 않으며, 미움과 같은 감정을 피하고, 즐거움, 사랑, 미적 감수성, 평정 등의 태도를 유지한다. 이러한 존재가 어떤 존재일지 지금은 정확하게 상상하기 어렵지만 현재 인간의 상태로 접근할 수 없는 새로운 신체나 의식 상태로 놓여 있을 것임은 분명하다.

(나) 만약 생물학적 인간이 포스트휴먼이 되고자 한다면 유전공학, 신경약리학, 항노화술, 뇌 – 컴퓨터 인터페이스, 기억 향상 약물, 웨어러블 컴퓨터, 인지 기술과 같은 다양한 과학 기술을 이용해 우리의 두뇌나 신체에 근본적인 기술적 변형을 가해야만 할 것이다.

(다) 현재 가장 뛰어난 인간이 가질 수 있는 지능보다 훨씬 더 뛰어난 지능을 가지며, 더 이상 질병에 시달리지 않고, 노화가 완전히 제거되어서 젊음과 활력을 계속 유지하는 어떤 존재를 가정해 보자.

(라) 이러한 포스트휴먼은 완전히 인위적으로 만들어진 인공지능일 수도 있고, 신체를 버리고 슈퍼컴퓨터 안의 정보 패턴으로 살기를 선택한 업로드의 형태일 수도 있으며, 또는 생물학적 인간에 대한 개선들이 축적된 결과일 수도 있다.

① (가) – (나) – (다) – (라)
② (나) – (가) – (다) – (라)
③ (나) – (다) – (라) – (가)
④ (다) – (가) – (라) – (나)
⑤ (라) – (다) – (가) – (나)

※ 다음 글의 내용으로 가장 적절한 것을 고르시오. [4~5]

04

인류가 남긴 수많은 미술 작품을 살펴보다 보면 다양한 동물들이 등장하고 있음을 알 수 있다. 미술 작품 속에 등장하는 동물에는 일상에서 흔히 접할 수 있는 개나 고양이, 꾀꼬리 등도 있지만 해태나 봉황 등 인간의 상상에서 나온 동물도 적지 않음을 알 수 있다.
미술 작품에 등장하는 동물은 그 성격에 따라 나누어 보면 종교적 · 주술적인 동물, 신을 위한 동물, 인간을 위한 동물로 구분할 수 있다. 물론 이 구분은 엄격한 것이 아니므로 서로의 개념을 넘나들기도 하며, 여러 뜻을 동시에 갖기도 한다.
종교적 · 주술적인 성격의 동물은 가장 오랜 연원을 가진 것으로, 사냥 미술가들의 미술에 등장하거나 신앙을 목적으로 형성된 토템 등에서 확인할 수 있다. 여기에 등장하는 동물들은 대개 초자연적인 강대한 힘을 가지고 인간 세계를 지배하거나 수호하는 신적인 존재이다. 인간의 이지가 발달함에 따라 이들의 신적인 기능은 점차 감소되어, 결국 이들은 인간에게 봉사하는 존재로 전락하고 만다.
동물은 절대적인 힘을 가진 신의 위엄을 뒷받침하고 신을 도와 치세(治世)의 일부를 분담하기 위해 이용되기도 한다. 이 동물들 역시 현실 이상의 힘을 가지며 신성시되는 것이 보통이지만, 이는 어디까지나 신의 권위를 강조하기 위한 것에 지나지 않는다. 이들은 신에게 봉사하기 위해서 많은 동물 중에서 특별히 선택된 것들이다. 그리하여 그 신분에 알맞은 모습으로 조형화되었다.

① 미술 작품 속에는 일상에서 흔히 접할 수 있는 개나 고양이, 꾀꼬리 등이 주로 등장하고, 해태나 봉황 등은 찾아보기 어렵다.
② 미술 작품에 등장하는 동물은 성격에 따라 종교적 · 주술적인 동물, 신을 위한 동물, 인간을 위한 동물로 엄격하게 구분한다.
③ 종교적 · 주술적 성격의 동물은 초자연적인 강대한 힘으로 인간 세계를 지배하거나 수호하는 신적인 존재로 나타난다.
④ 인간의 이지가 발달함에 따라 신적인 기능이 감소한 종교적 · 주술적 동물은 신에게 봉사하는 존재로 전락한다.
⑤ 신의 위엄을 뒷받침하고 신을 도와 치세의 일부를 분담하기 위해 이용되는 동물은 별다른 힘을 지니지 않는다.

05

논리는 증명하지 않고도 참이라고 인정하는 명제 즉, 공리를 내세우면서 출발한다. 따라서 모든 공리는 그로부터 파생되는 수많은 논리체계의 기초를 이루고, 이들로부터 이끌어낸 정리는 논리체계의 상부구조를 이룬다. 이때, 각각의 공리들은 서로 모순이 없어야만 존재할 수 있다.
공리라는 개념은 고대 그리스의 수학자 유클리드로부터 출발한다. 유클리드는 그의 저서 『원론』에서 다음과 같은 5개의 공리를 세웠다. 첫째, 동일한 것의 같은 것은 서로 같다(A=B, B=C이면 A=C). 둘째, 서로 같은 것에 같은 것을 각각 더하면 그 결과는 같다(A=B이면 A+C=B+C). 셋째, 서로 같은 것에서 같은 것을 각각 빼면 그 결과는 같다(A=B이면 A−C=B−C). 넷째, 서로 일치하는 것은 서로 같다. 다섯째, 전체는 부분보다 더 크다. 수학이란 진실만을 다루는 가장 논리적인 학문이라고 생각했던 유클리드는 공리를 기반으로 명제들이 왜 성립될 수 있는가를 증명하였다.
공리를 정하고 이로부터 이끌어낸 명제가 참이라는 믿음은 이후로도 2천 년이 넘게 이어졌다. 19세기 말 수학자 힐베르트는 유클리드의 이론을 보완하여 기하학의 5개 공리를 재구성하고 현대 유클리드 기하학의 체계를 완성하였다. 나아가, 힐베르트는 모든 수학적 명제는 모순이 없고 독립적인 공리 위에 세워진 논리체계 안에 있으며, 이러한 공리의 무모순성과 독립성을 실제로 증명할 수 있다고 예상했다. 직관을 버리고 오로지 연역 논리에 의한 체계의 완성을 추구했던 것이다.
그러나 그로부터 30여 년 후, 괴델은 '수학은 자신의 무모순성을 스스로 증명할 수 없다.'라는 사실을 수학적으로 증명하기에 이르렀다. 그는 '참이지만 증명할 수 없는 명제가 존재한다.'와 '주어진 공리와 규칙만으로 일관성과 무모순성을 증명할 수 없다.'라는 형식체계를 명시하였다. 괴델의 이러한 주장은 힐베르트의 무모순성과 완전성의 공리주의를 부정하는 것이었기에 수학계를 발칵 뒤집어놓았다. 기계적인 방식으로는 수학의 모든 사실을 만들어낼 수 없다는 괴델의 불완전성의 정리는 가장 객관적인 학문으로 인식되어왔던 수학의 체면을 구기는 오점처럼 보이기도 하는 것이 사실이다. 그러나 한편으로 수학의 응용이 가능해지면서 다른 학문과의 융합이 이루어졌고, 이후 물리학, 논리학을 포함한 각계의 수많은 학자들에게 영감을 주었다.

① 유클리드와 힐베르트는 공리의 증명 가능성을 인정하였다는 점에서 공통점을 가진다.
② 힐베르트는 유클리드와 달리 공리체계의 불완전성을 인정하였으나, 이를 증명하지는 못했다.
③ 유클리드가 정리한 명제들은 괴델에 의해 참이 아닌 것으로 판명되었다.
④ 괴델은 공리의 존재를 인정했지만, 자체 체계만으로는 무모순성을 증명할 수 없다고 주장하였다.
⑤ 괴델 이후로 증명할 수 없는 수학적 공리는 참이 아닌 것으로 간주되었다.

06 다음 글의 '정원'에 대한 설명으로 적절하지 않은 것은?

야생의 자연이라는 이상을 고집하는 자연 애호가들은 인류가 자연과 내밀하면서도 창조적인 관계를 맺었던 반(反)야생의 자연, 즉 정원을 간과한다. 정원은 울타리를 통해 농경지보다 야생의 자연과 분명한 경계를 긋는다. 집약적인 토지 이용이라는 전통은 정원에서 시작되었다. 정원은 대규모의 농경지 경작이 행해지지 않은 원시적인 문화에서도 발견된다. 만여 종의 경작용 식물들은 모두 대량 생산에 들어가기 전에 정원에서 자라는 단계를 거쳐 온 것으로 보인다.
농업경제의 역사에서 정원이 갖는 의미는 시대와 지역에 따라 매우 달랐다. 좁은 공간에서 집약적인 농사를 짓는 지역에서는 농부가 곧 정원사였다. 반면 예전의 독일 농부들은 정원이 곡물 경작에 사용될 퇴비를 앗아가므로 정원을 악으로 여기기도 했다. 하지만 여성들의 입장은 지역적인 편차가 없었다. 아메리카의 푸에블로 인디언부터 근대 독일의 농부 집안까지 정원은 농업 혁신에 주도적인 역할을 해온 여성들에게는 자신들의 제국이자 자존심이었다. 그곳에는 여성들이 경험을 통해 쌓은 지식 전통이 살아 있었다. 환경사에서 여성이 갖는 특별한 역할의 물질적 근간은 대부분 정원에서 발견된다. 지난 세기들의 경우 이는 특히 여성 제후들과 관련되어 있으며 자료가 풍부하다. 작센의 여성 제후인 안나는 식물에 관한 지식을 늘 공유했던 긴밀하고도 광범위한 사회적 네트워크를 가지고 있었는데, 그중에는 식물 경제학에 관심이 깊은 고귀한 신분의 여성들도 많았으며 수도원 소속의 여성들도 있었다.
여성들이 정원에서 쌓은 경험의 특징은 무엇일까? 정원에서는 땅을 면밀히 살피고 손으로 흙을 부스러뜨리는 습관이 생겨났을 것이다. 정원에서 즐겨 이용되는 삽도 다양한 토질의 층을 자세히 연구하도록 부추겼을 것이 분명하다. 넓은 경작지보다는 정원에서 땅을 다룰 때 더 아끼고 보호했을 것이다. 정원이라는 매우 제한된 공간에는 옛날에도 충분한 퇴비를 줄 수 있었다. 경작지보다도 다양한 종류의 퇴비로 실험할 수 있었고 새로운 작물을 키우며 경험을 수집할 수 있었다. 정원에서는 좁은 공간에서 다양한 식물이 자라기 때문에 모든 종류의 식물들이 서로 잘 지내지는 않는다는 사실에도 주의를 기울였다. 이는 식물 생태학의 근간을 이루는 통찰이었다.
결론적으로 정원은 여성들이 주도가 되어 토양과 식물을 이해하고, 농경지 경작에 유용한 지식과 경험을 배양할 수 있는 좋은 장소였다.

① 울타리를 통해 야생의 자연과 분명한 경계를 긋는다.
② 집약적 토지 이용의 전통이 시작된 곳으로 원시적인 문화에서도 발견된다.
③ 시대와 지역에 따라 정원에 대한 여성들의 입장이 달랐다.
④ 정원에서는 모든 종류의 식물들이 서로 잘 지내지는 않는다.
⑤ 여성이 갖는 특별한 역할의 물질적 근간이 대부분 발견되는 곳이다.

07 다음 글의 수정 방안으로 옳은 것은?

우울증을 초래하는 성향은 창조성과 결부되어 있기 때문에 생존에 유리한 측면이 있었다. 따라서 우울증과 관련이 있는 유전자는 오랜 역사를 거쳐 오면서도 사멸하지 않고 살아남아 오늘날 현대인에게도 그 유전자가 상당수 존재할 가능성이 있다. 베토벤, 뉴턴, 헤밍웨이 등 위대한 음악가, 과학자, 작가들의 상당수가 우울한 성향을 갖고 있었다. ㉠ 천재와 우울증은 어찌 보면 동전의 양면으로, 인류 문명의 진보를 이끈 하나의 동력이자 그 부산물이라 할 수 있을지도 모른다.
우울증은 일반적으로 자기 파괴적인 질환으로 인식되어 왔지만 실은 자신을 보호하고 미래를 준비하기 위한 보호 기제일 수도 있다. 달성할 수 없거나 달성하기 매우 어려운 목표에 도달하기 위해 엄청난 에너지를 소모하는 것은 에너지와 자원을 낭비할 뿐만 아니라, 정신과 신체를 소진시킴으로써 사회적 기능을 수행할 수 없게 하고 주위의 도움이 없으면 생명을 유지하기 어려운 상태에 ㉡ 이르게도 할 수 있다. 이를 막기 위한 기제가 스스로의 자존감을 낮추고 그 목표를 포기하게 만드는 것이다. 이를 통해 고갈된 에너지를 보충하고 다시 도전할 수 있는 기회를 모색할 수 있다. ㉢ 또한 지금과 같은 경쟁 사회는 새로운 기술이나 생각에 대한 사회적 요구가 커지기 때문에 정신적 소진 상태를 초래하기 쉬운 환경이 되고 있다.
오늘날 우울증은 왜 이렇게 급격하게 늘어나는 것일까? 창조성이란 그 사회에 존재하고 있는 기술이나 생각에 대한 도전이자 대안 제시이며, 기존의 기술이나 생각을 엮어서 새로운 조합을 만들어 내는 것이다. 과거에 비해 현대 사회는 경쟁이 심화되고 혁신들이 더 가치를 인정받기 때문에 창조성이 있는 사람은 상당히 큰 선택적 이익을 갖게 된다. ㉣ 그렇지만 현대 사회처럼 기존에 존재하는 기술이나 생각이 엄청나게 많아 우리의 뇌가 그것을 담기에도 벅찬 경우에는 새로운 조합을 만들어 내는 일은 무척이나 많은 에너지를 요한다. 결국 경쟁은 창조성을 ㉤ 발휘하게 하지만 지나친 경쟁은 정신적 소진을 초래하기 때문에 우울증이 많이 발생할 수 있다.

① ㉠ : 문단과 관련 없는 내용이므로 삭제한다.
② ㉡ : 문장의 주어와 호응되지 않으므로 '이른다'로 수정한다.
③ ㉢ : 두 번째 문단의 내용과 어울리지 않으므로 세 번째 문단으로 옮긴다.
④ ㉣ : 뒤 문장이 앞 문장의 결과이므로 '그리하여'로 수정한다.
⑤ ㉤ : 문맥상의 내용과 반대되는 내용이므로 '억제하지만'으로 수정한다.

08 다음 빈칸에 들어갈 단어로 가장 적절한 것은?

현대사회에는 외모가 곧 경쟁력이라는 인식이 만연해 있다. 어느 조사에 따르면 한국 여성의 53%가 성형을 받기를 원하며, 성형외과 고객 중 3분의 1은 남성이라고 한다. 한국의 거식증 환자 수는 이미 1만 명을 넘었으며, 지금도 그 수는 증가하고 있다. 평범한 외모를 가졌고 정상 체중인 사람도 불안감에 시달리게 하는 외모 강박의 시대가 된 셈이다. 우리는 왜 외모 욕망에서 자유로울 수 없는 것일까? 우리는 스스로 멋지거나 바람직하게 생각하는 모습, 즉 이상자아를 자신에게서 발견할 때 만족감을 느끼는데, 이것을 자아감을 느낀다고 표현한다. 그런데 이상자아는 주체의 참된 본질이 아니라 자신을 둘러싼 환경 즉, 자신에 대한 주변인들의 평가, 학교 교육, 대중매체, 광고, 문화 이데올로기 등의 담론과 자신을 동일시함으로써 형성된다. 이렇게 탄생한 이상자아는 자아를 이끌어가는 바람직한 자아의 모습으로 주체의 무의식에 깊게 자리잡는다.

그리하여 우리가 이상적인 자아에 못 미치는 모습을 자신에게서 발견할 때, 예를 들어 날씬한 몸매가 이상적인 자아인데 현실의 몸매는 뚱뚱할 때, 우리의 자아는 고통을 받는다. 이러한 고통으로부터 벗어나기 위해서는 이상자아에 맞추어 자신의 모습을 날씬하게 바꾸거나, 자신의 이상자아를 뚱뚱한 몸매로 바꾸어 만족감을 얻어야 한다. 그러나 전자는 체중감량과 유지가 어렵기 때문에, 후자는 자아의 무의식 구성을 급진적으로 바꾸는 것이기 때문에 쉽지 않다.

또한, 외모는 단순히 '보기 좋음'을 넘어 다양한 의미를 표상한다. 외모 문화에는 미의 기준을 제시하는 대중매체의 담론과, 여성의 외모를 중시하는 가부장적인 이데올로기가 뿌리 깊게 작용하고 있다. 더 깊게 들어가서는 관상을 중시하는 시각문화, 외모에서조차 경쟁과 서열화를 만드는 자본주의 문화, 성공을 부추기는 유교적 출세주의, 서구의 미적 기준의 식민화, 개인의 개성을 인정하지 않는 집단획일주의 등 수많은 문화적 · 사회구조적 이데올로기가 개개인의 외모 욕망을 부추겨 외모 문화를 구축한다.

외모지상주의의 문제점을 단편적으로 제시하며 이를 거부할 것을 주장하는 사람들이 있다. 그러나 외모에 대한 욕망은 한두 가지 관점에서 비판함으로써 제거될 수 있는 것이 아니다. 하나의 단순한 현상처럼 보이지만, 그 기저에는 ________ 담론 코드가 끊임없이 작용하고 있는 것이다.

① 심층적인
② 다층적인
③ 획일적인
④ 주관적인
⑤ 일반적인

02 논리판단

01 어젯밤에 탕비실 냉장고에 보관되어 있던 행사용 케이크가 없어졌다. 어제 야근을 한 갑, 을, 병, 정, 무를 조사했더니 다음과 같이 진술했다. 케이크를 먹은 범인은 2명이고, 단 2명만 진실을 말한다고 할 때, 범인이 될 수 있는 사람끼리 짝지어진 것은?(단, 모든 사람은 진실만 말하거나 거짓만 말한다)

> 갑 : 을이나 병 중에서 1명만 케이크를 먹었어요.
> 을 : 무는 확실히 케이크를 먹었어요.
> 병 : 정이 케이크를 훔쳐먹었어요. 그리고 무가 케이크를 훔쳐먹는 것도 봤어요.
> 정 : 저는 절대 범인이 아니에요.
> 무 : 사실대로 말하자면 제가 범인이에요.

① 갑, 을
② 을, 정
③ 을, 무
④ 갑, 정
⑤ 병, 무

02 H기업은 인사팀, 영업팀, 홍보팀, 기획팀, 개발팀, 디자인팀의 신입사원 20명을 대상으로 보고서 작성 교육과 사내 예절 교육을 실시하였다. 주어진 〈조건〉이 다음과 같을 때, 교육에 참석한 홍보팀 신입사원의 수는?

> **조건**
> - 신입사원이 없는 팀은 없으며, 각 팀은 신입사원이 교육에 모두 함께 참석했거나 모두 함께 참석하지 않았다.
> - 보고서 작성 교육에 참석한 신입사원의 수는 총 14명이다.
> - 영업팀 신입사원은 중요한 팀 회의로 인해 모든 교육에 참석하지 못했다.
> - 인사팀 신입사원은 사내 예절 교육에만 참석하였다.
> - 디자인팀 신입사원 수는 인사팀 신입사원 수의 2배로, 모든 교육에 참석하였다.
> - 사내 예절 교육에 최다 인원 참석 팀은 개발팀으로, 인사팀과 홍보팀의 참석인원 수를 더한 수와 동일하다.
> - 기획팀 신입사원 수와 인사팀 신입사원 수는 같다.
> - 사내 예절 교육에 참석한 팀은 총 5팀으로 16명이 참석했다.

① 1명
② 2명
③ 3명
④ 4명
⑤ 5명

03 8개의 칸이 일렬로 늘어서 있는 화단에 장미, 튤립, 백합을 심기로 했다. 다음과 같은 <조건>에 따라 꽃을 심으려고 할 때, 다음 중 반드시 참이 아닌 것은?

조건

- 장미는 빨간색, 분홍색, 튤립은 빨간색, 분홍색, 노란색, 흰색, 백합은 주황색과 흰색이고, 각각 1칸씩 심기로 했다.
- 같은 색상이나 같은 종류의 꽃을 연속해서 심지 않는다.
- 양 가장자리는 빨간색 꽃을 심는다.
- 주황색 꽃은 노란색 꽃 옆에 심을 수 없다.
- 분홍색 꽃은 2칸을 사이에 두고 심는다.
- 화단을 절반으로 나누었을 때, 화단의 오른쪽편에는 백합을 심지 않는다.

① 왼쪽에서 1번째 칸에는 빨간색 튤립을 심는다.
② 분홍색 튤립의 양옆은 모두 백합이다.
③ 노란색 튤립의 양옆은 모두 장미이다.
④ 노란색 튤립은 분홍색 장미 바로 옆에 심는다.
⑤ 장미는 1칸을 사이에 두고 심는다.

04 체육교사 H는 학생들을 키 순서에 따라 한 줄로 세우려고 한다. A~F 6명이 다음과 같은 <조건>에 따라 줄을 섰을 때, 다음 중 참이 아닌 것은?(단, 같은 키의 학생은 없으며, 키가 작은 학생이 큰 학생보다 앞에 선다)

조건

- C는 A보다 키가 크고, F보다는 키가 작다.
- D는 E보다 키가 크지만 E 바로 뒤에 서지는 않다.
- B는 D보다 키가 크다.
- A는 맨 앞에 서지 않는다.
- F는 D보다 키가 크지만 맨 끝에 서지 않는다.
- E와 C는 한 명을 사이에 두고 선다.

① E는 맨 앞에 선다.
② 키가 제일 큰 학생은 B이다.
③ F는 B 바로 앞에 선다.
④ C는 6명 중 3번째로 키가 크다.
⑤ A와 D는 1명을 사이에 두고 선다.

05 A~E 5명은 늑대 인간과 드라큘라 중 하나의 캐릭터를 선택한 후 팀을 이루어 총싸움을 하는 온라인 게임에 한 팀으로 참전하였다. 주어진 〈조건〉이 다음과 같을 때, 항상 참인 것은?

조건

- A, B, C는 상대팀을 향해 총을 쏘고 있다.
- D, E는 상대팀에게 총을 맞은 상태로 관전만 가능하다.
- 늑대 인간은 2명만이 살아남아 총을 쏘고 있다.
- A는 늑대 인간 캐릭터를 선택하였다.
- D와 E의 캐릭터는 서로 같지 않다.

① 3명은 늑대 인간 캐릭터를, 2명은 드라큘라 캐릭터를 선택했다.
② B는 드라큘라 캐릭터를 선택했다.
③ C는 늑대 인간 캐릭터를 선택했다.
④ 드라큘라의 수가 늑대 인간의 수보다 많다.
⑤ D는 드라큘라, E는 늑대 인간 캐릭터를 선택했다.

06 주어진 명제가 참일 때, 다음 중 반드시 참인 것은?

- 샌드위치에 추가 토핑으로 아보카도를 넣지 않는 손님은 추가 토핑으로 페퍼로니도 넣지 않는다.
- 샌드위치에 추가 토핑으로 더블치즈를 넣지 않는 손님은 추가 토핑으로 베이컨도 넣지 않는다.
- 샌드위치에 추가 토핑으로 아보카도를 넣는 손님은 추가 토핑으로 베이컨도 넣는다.

① 샌드위치에 추가 토핑으로 더블치즈를 넣지 않는 손님은 추가 토핑으로 페퍼로니를 넣지 않는다.
② 샌드위치에 추가 토핑으로 베이컨을 넣지 않는 손님은 추가 토핑으로 더블치즈를 넣지 않는다.
③ 샌드위치에 추가 토핑으로 페퍼로니를 넣지 않는 손님은 추가 토핑으로 베이컨을 넣지 않는다.
④ 샌드위치에 추가 토핑으로 아보카도를 넣는 손님은 추가 토핑으로 페퍼로니도 넣는다.
⑤ 샌드위치에 추가 토핑으로 더블치즈를 넣는 손님은 추가 토핑으로 베이컨도 넣는다.

07 어느 목장에 얼룩송아지 3마리, 검정송아지 3마리, 누렁송아지 2마리가 있다. 다음 제시된 〈조건〉이 모두 참일 때, 다음 중 참이 아닌 것은?(단, 모든 송아지의 무게는 각각 다르다)

> **조건**
> - 어떤 얼룩송아지보다 무거운 송아지는 3마리이다.
> - 어떤 누렁송아지는 모든 얼룩송아지보다 무겁다.
> - 어떤 검정송아지는 모든 얼룩송아지와 누렁송아지보다 가볍다.
> - 무거운 순서대로 줄을 세웠더니, 같은 종류의 송아지끼리는 서로 붙어있지 않았다.

① 두 번째로 무거운 송아지는 얼룩송아지이다.
② 세 번째로 무거운 송아지는 검정송아지이다.
③ 모든 얼룩송아지는 어떤 누렁송아지보다 가볍다.
④ 가장 가벼운 송아지는 검정송아지 중에 있다.
⑤ 가장 무거운 송아지는 검정송아지 중에 있다.

08 김과장은 월요일에서 금요일까지 A~J 10개 지점에 출장을 다녀와야 한다. 다음 〈조건〉에 따라 일정을 짠다고 할 때, 항상 참인 것은?

> **조건**
> - 월요일부터 금요일까지 오전과 오후에 각각 한 개의 지점에 한 번씩 방문한다.
> - A, B, C, J지점은 오전에, F, G, H지점은 오후에 방문한다.
> - G지점은 A지점보다는 먼저 방문하지만 D지점보다는 나중인 날에 방문한다.
> - B지점과 H지점은 이틀 간격을 두고 방문한다.
> - 화요일에 J지점, 금요일에 C지점을 방문한다.
> - C지점과 H지점은 같은 날 방문하지 않는다.
> - 모음 알파벳이 이니셜인 지점(A, E, I)끼리는 같은 날 방문하지 않는다.

① 월요일에는 I지점과 H지점에 방문한다.
② 화요일에는 J지점과 D지점에 방문한다.
③ 수요일에는 B지점과 I지점에 방문한다.
④ 목요일에는 A지점과 F지점에 방문한다.
⑤ 금요일에는 C지점과 I지점에 방문한다.

09 영업팀 A, B, C와 기획팀 D, E, 혁신팀 F, G가 원탁에 둘러앉아 회의를 진행하려고 한다. 다음과 같은 〈조건〉에 따라 좌석을 배치한다고 할 때, 다음 중 참인 것은?

조건

- 좌석은 총 여덟 개이고 좌석 사이의 간격은 모두 같다.
- 같은 팀끼리는 붙어서 앉지 않는다.
- A는 F의 맞은편에, D는 G의 맞은편에 앉는다.
- E는 B와 붙어서 앉는다.
- A와 G의 양 옆자리는 비어있지 않는다.

① 기획팀끼리는 서로 마주보고 앉는다.
② 혁신팀끼리는 사람을 사이에 두고 앉는다.
③ G는 B의 옆에 앉는다.
④ D의 한쪽 옆자리는 비어있다.
⑤ 영업팀 사이에 E가 앉는다.

03 자료해석

01 주어진 도표를 이용해 빈칸을 완성한 후 빈칸의 모든 숫자를 더하면?(단, 소수점 첫째 자리에서 반올림한다)

〈아시아 국가별 취업자 수〉

(단위 : 만 명)

구분	2013년		2014년		2015년		2016년		2017년	
	남자	여자	남자	여자	남자	여자	남자	여자	남자	여자
한국	1,498	1,056	1,518	1,115	1,517	1,102	1,524	1,117	1,537	1,136
이스라엘	191	169	193	171	193	172	197	177	202	181
일본	3,599	2,734	3,614	2,736	3,622	2,754	3,639	2,801	3,672	2,859
터키	1,826	793	1,849	802	1,858	804	1,890	832	1,946	873

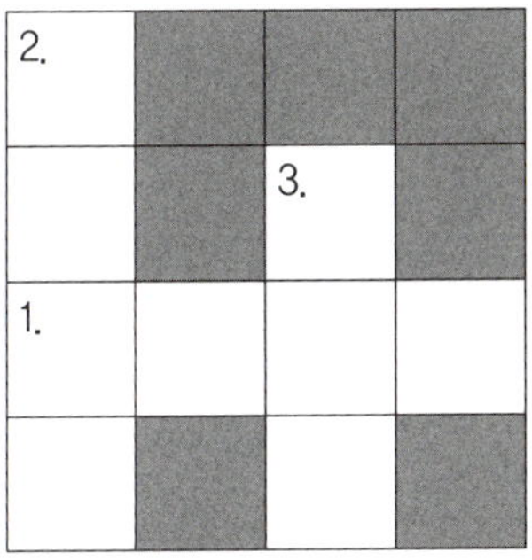

〈가로〉

1. 터키의 2013년도 남자와 여자의 취업자 수 차이와 2017년도 이스라엘 전체 취업자 수를 합하면 몇 만 명인가?

〈세로〉

2. 2014년도 남자 취업자 수가 두 번째로 적은 국가의 인원과 2016년도 여자 취업자 수가 가장 많은 국가의 인원을 합하면 몇 만 명인가?
3. 2015년도 한국 남자 취업자 수 대비 터키 여자 취업자 수 비율(%)과 2014년도 일본 남자 취업자 수 대비 이스라엘 남자 취업자 수 비율(%)을 합한 값의 2배는?

① 31
② 32
③ 33
④ 34
⑤ 35

02 주어진 도표를 이용해 빈칸을 완성한 후 빈칸의 모든 숫자를 더하면?(단, 소수점 첫째 자리에서 반올림한다)

〈연도별 공연시설 및 공연 단체 수 추이〉

(단위 : 개)

구분		2012년	2013년	2014년	2015년	2016년	2017년	2018년
공연시설	시설 수	732	772	820	868	944	984	1,034
	공연장 수	927	967	1,021	1,093	1,188	1,227	1,280
공연 단체		2,440	2,351	2,214	2,206	2,108	2,195	2,284

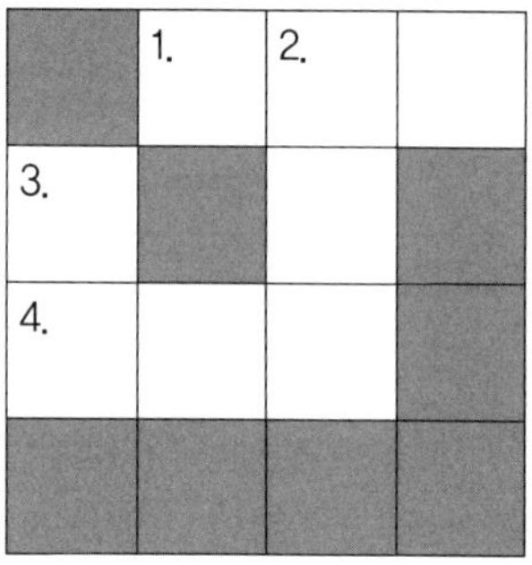

〈가로〉

1. 2016년 공연장 수와 2012년 시설 수 합의 $\frac{1}{2}$은?
4. 2012～2018년까지 공연 단체 수가 세 번째로 많은 연도의 공연 단체 수 대비 같은 연도 시설 수 비율과 공연장 수 비율의 합은?

〈세로〉

2. 2013～2015년까지 시설 총수와 공연장 총수의 차이는?
3. 2014～2016년까지 공연장 평균 수의 공연 단체 평균 수에 대한 비율(%)은?

① 24
② 25
③ 26
④ 27
⑤ 28

03 주어진 도표를 이용해 빈칸을 완성한 후 빈칸의 모든 숫자를 더하면?

〈연도별 전국 대비 서울지역 석유류 소비량〉

(단위 : 천 kL)

구분		휘발유	등유	경유
2013년	전국	10,473	4,132	21,035
	서울	1,682	167	1,515
2014년	전국	10,959	4,667	21,407
	서울	1,698	181	1,411
2015년	전국	11,061	4,043	32,329
	서울	1,655	153	1,471
2016년	전국	11,409	3,499	21,737
	서울	1,628	128	1,353
2017년	전국	11,672	2,992	22,738
	서울	1,607	106	1,544
2018년	전국	11,755	2,678	23,682
	서울	1,624	99	1,769

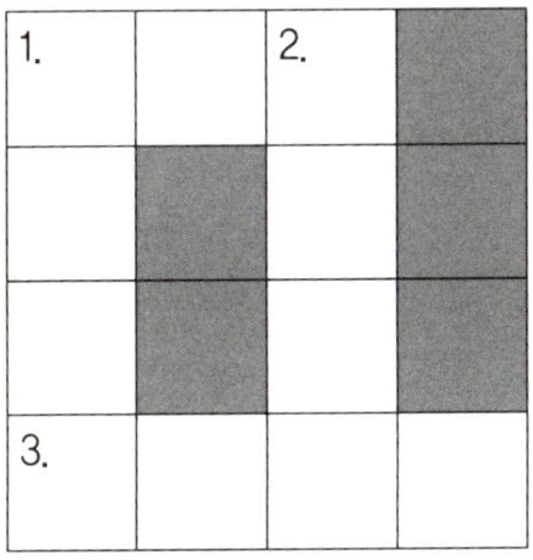

〈가로〉

1. 2013~2018년까지 전국 휘발유 사용량이 가장 적은 해의 서울지역 등유 사용량과 경유 사용량 차의 50%는 몇 천 kL인가?
3. 2013~2018년까지 서울지역 등유 사용량이 가장 많은 해의 서울지역 등유 사용량과 휘발유 사용량의 합은 몇 천 kL인가?

〈세로〉

1. 2013~2016년까지 서울지역 휘발유 사용량의 총합과 같은 기간 동안 서울지역 휘발유 사용량이 가장 많은 해의 서울지역 등유 사용량의 2배 값의 차는 몇 천 kL인가?
2. 2013~2015년까지 서울지역 경유 사용량의 총합은 몇 천 kL인가?

① 54
② 55
③ 56
④ 57
⑤ 58

04 주어진 도표를 이용해 빈칸을 완성한 후 ㉠－㉡＋㉢×㉣의 값을 구하면?(단, 비율은 소수점 첫째 자리에서 반올림하고, 비용은 천만 자리에서 반올림한다)

〈연도별 전국 대비 서울지역 지출비용〉

(단위 : 억 원)

구분		휘발유	등유	경유
2013년	전국	167,637	40,339	293,956
	서울	26,925	1,635	21,169
2014년	전국	187,442	50,215	321,701
	서울	29,035	1,950	21,215
2015년	전국	213,397	53,417	372,339
	서울	31,923	2,033	25,676
2016년	전국	226,564	48,780	392,645
	서울	32,337	1,791	24,431
2017년	전국	224,624	40,884	393,277
	서울	30,919	1,444	26,709
2018년	전국	226,221	34,593	409,604
	서울	31,246	1,349	30,601

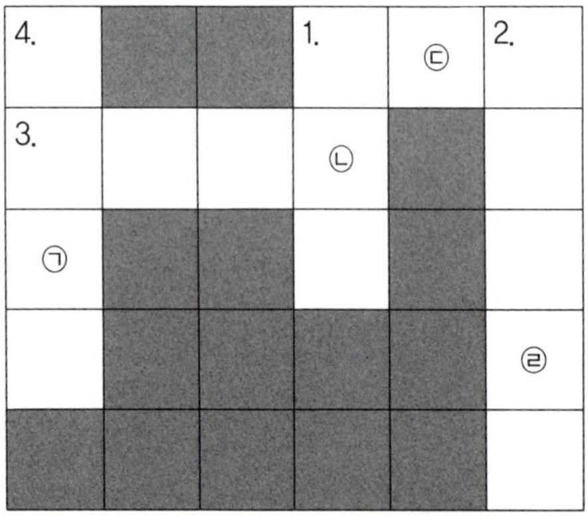

〈가로〉

1. 2013년 · 2014년 서울지역 등유 지출비용 차이와 2017년 · 2018년 서울지역 휘발유 지출비용 차이의 합은 몇 억 원인가?
3. 2013~2016년까지 서울지역 등유 지출비용의 총합은 몇 억 원인가?

〈세로〉

1. 서울지역 2017년 경유 지출비용이 2018년 경유 지출비용에서 차지하는 비율 x%와 2013년 서울지역 등유 지출비용이 경유 지출비용에 차지하는 비율 y%를 구했을 때 $x \times y$의 값은?
2. 조사기간 동안 전국 등유 지출비용이 두 번째로 높은 해와 전국 경유 지출비용이 가장 높은 해의 전국 휘발유 지출비용 합의 5%는 몇 억 원인가?
4. 2015~2017년까지 서울지역 등유 지출비용의 평균은 몇 억 원인가?

① 27
② 28
③ 29
④ 30
⑤ 31

05 주어진 도표를 이용해 빈칸을 완성한 후 (㉠×㉡×㉢)－㉣의 값을 구하면?

〈출산 및 육아휴직 현황〉

(단위 : 명, 백만 원)

구분		2012년	2013년	2014년	2015년	2016년	2017년
출산전후 휴가자 수		93,394	90,507	88,756	94,590	89,834	81,093
출산전후 휴가 지원금액		241,900	235,105	236,845	258,139	247,331	242,598
육아휴직자 수	합계	64,069	69,616	76,833	87,339	89,895	90,123
	여성	62,279	67,323	73,412	82,467	82,279	78,080
	남성	1,790	2,293	3,421	4,872	7,616	12,043
육아휴직 지원금액	합계	357,797	420,248	500,663	619,663	625,243	680,430
	여성	348,644	408,557	482,743	592,238	585,186	625,270
	남성	9,153	11,691	17,920	27,425	40,057	55,160

※ 소수점은 생략하고 기입함

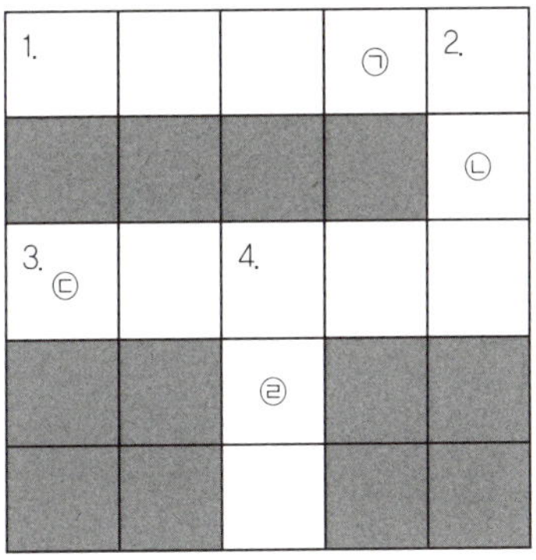

〈가로〉

1. 2012～2017년 출산전후 휴가 지원금액 중 가장 큰 금액과 가장 작은 금액의 차는 ㅇㅇ,ㅇㅇㅇ백만 원이다. 빈칸에 들어갈 숫자는?
3. 2012～2017년 여성 육아휴직자 수가 가장 많았던 해와 가장 적었던 해의 차는?

〈세로〉

2. 전년 대비 남성 육아휴직자 수의 증가율이 가장 컸던 해의 남성 휴직자 1인당 평균 육아휴직 지원금액은 ㅇㅇㅇ만 원이다. 빈칸에 들어갈 숫자는?(단, 천의 자리에서 반올림한다)
4. 육아휴직자 수가 두 번째로 많은 해의 여성 육아휴직자 수는 남성 육아휴직자 수의 ㅇㅇ.ㅇ배이다. 빈칸에 들어갈 숫자는?(단, 소수점 둘째 자리에서 반올림한다)

① 24
② 30
③ 36
④ 48
⑤ 60

06 다음은 어느 화물/여객 운송 사업회사의 대리점 간 특정시점의 운전사들의 실적을 나타낸 자료이다. 이에 대한 〈보기〉의 설명 중 옳은 것을 모두 고르면?(단, 소수점 둘째 자리에서 반올림한다)

〈화물/여객 운송 실적〉

구분	운전사	여객운송횟수	화물운송횟수
대리점 1호	A	350	350
	B	400	200
	C	55	55
	D	30	20
	E	110	110
	F	50	30
대리점 2호	G	12	3
	H	3	2
	I	0	31
	J	75	1
	K	7	0

※ (운송횟수)=(여객운송횟수)+(화물운송횟수)

※ (여객지수)=$\frac{(\text{여객운송횟수})}{(\text{운송횟수})}$=1−(화물지수)

※ 횟수당 취급하는 여객과 화물의 무게는 모두 동일함

보기

㉠ 화물지수가 1인 운전사의 수가 여객지수 1인 운전사의 수보다 많다.
㉡ 여객지수가 B운전사보다 낮은 대리점 2호의 운전사의 수는 3명 이하이다.
㉢ 대리점 1호에서 여객지수가 가장 높은 운전사의 운송횟수가 회사 전체 운송횟수에서 차지하는 비율은 30%를 넘는다.
㉣ 대리점 1호 운전사의 화물지수는 대리점 2호 운전사의 화물지수보다 모두 작다.

① ㉠
② ㉠, ㉡
③ ㉡
④ ㉡, ㉢
⑤ ㉣

07 다음은 소매 업태별 판매액을 나타낸 자료이다. 2015년 대비 2017년 판매액의 증가율이 두 번째로 높은 업태의 2015년 대비 2017년 판매액의 증가율은?(단, 소수점 첫째 자리에서 반올림한다)

〈소매 업태별 판매액〉

(단위 : 십억 원)

구분	2015년	2016년	2017년
합계	408,312	424,342	440,107
백화점	29,028	29,911	29,324
대형마트	32,777	33,234	33,798
면세점	9,198	12,275	14,465
슈퍼마켓 및 잡화점	43,481	44,361	45,415
편의점	16,455	19,481	22,237
승용차 및 연료 소매점	91,303	90,137	94,508
전문소매점	139,282	140,897	139,120
무점포 소매	46,788	54,046	61,240

① 31%
② 35%
③ 42%
④ 55%
⑤ 57%

01 다음은 2013년부터 2017년까지 우리나라의 출생아 수 및 사망자 수에 대한 자료이다. 이에 대한 설명으로 옳지 않은 것은?

〈우리나라 출생아 수 및 사망자 수 현황〉

(단위 : 명)

구분	2013년	2014년	2015년	2016년	2017년
출생아 수	436,455	435,435	438,420	406,243	357,771
사망자 수	266,257	267,692	275,895	280,827	285,534

① 출생아 수가 가장 많았던 해는 2015년이다.
② 사망자 수는 2014년부터 2017년까지 매년 전년 대비 증가하고 있다.
③ 2013년부터 2017년까지 사망자 수가 가장 많은 해와 가장 적은 해의 사망자 수 차이는 15,000명 이상이다.
④ 2015년 출생아 수는 같은 해 사망자 수의 1.7배 이상이다.
⑤ 2014년 출생아 수는 2017년 출생아 수보다 15% 이상 많다.

02 다음은 2017년 우리나라 시 · 도별 연평균 문화예술 및 스포츠 관람횟수에 대해 조사한 자료이다. 이에 대한 설명으로 옳지 않은 것은?

〈2017년 시 · 도별 연평균 문화예술 및 스포츠 관람횟수〉

(단위 : 회)

구분	음악 · 연주회	연극 · 마당극 · 뮤지컬	무용	영화	박물관	미술관	스포츠
전국	2.5	2.4	2.7	6.6	2.6	2.5	3.5
서울특별시	2.9	2.5	2.7	7.2	2.8	2.9	3.9
부산광역시	2.0	2.0	2.0	6.6	2.7	2.0	3.2
대구광역시	2.7	2.2	3.4	6.3	2.5	1.9	2.9
인천광역시	2.2	2.4	2.8	6.3	2.5	2.5	3.6
광주광역시	2.4	2.1	2.7	6.8	2.6	2.3	3.5
대전광역시	2.9	2.1	3.2	6.9	3.1	2.2	3.1
울산광역시	2.2	2.0	2.3	6.2	2.4	2.3	2.9
세종특별자치시	2.7	2.2	3.0	6.8	2.9	2.4	3.2
경기도	2.3	2.5	2.4	6.6	2.4	2.5	3.5
강원도	2.7	2.0	4.9	6.9	2.7	2.5	3.5
충청북도	2.3	2.2	2.3	6.5	2.4	1.9	2.8
충청남도	2.1	2.3	2.2	6.1	2.7	2.0	2.8
전라북도	2.1	2.6	2.6	6.2	2.5	2.1	2.9
전라남도	2.2	2.0	3.5	5.7	2.5	2.5	3.2
경상북도	2.4	2.1	2.9	6.1	2.7	2.1	2.9
경상남도	2.3	2.1	3.4	6.9	2.6	2.4	3.8
제주특별자치도	2.5	2.0	2.1	6.2	2.9	2.7	3.2

① 모든 시 · 도는 연평균 무용 관람횟수보다 연평균 영화 관람횟수가 더 높다.

② 경상남도에서 영화 다음으로 연평균 관람횟수가 많은 항목은 스포츠 관람이다.

③ 연평균 무용 관람횟수가 가장 많은 시 · 도는 연평균 스포츠 관람횟수도 가장 높다.

④ 대구광역시의 연평균 박물관 관람횟수는 제주특별자치도의 연평균 박물관 관람횟수의 80% 이상이다.

⑤ 대전광역시는 연극 · 마당극 · 뮤지컬을 제외한 모든 항목에서 충청북도보다 연평균 관람횟수가 높다.

03 다음은 A방송사의 매출액 추이를 나타낸 자료이다. 이에 대해 바르게 분석한 사람을 모두 고르면?

〈A방송사의 매출액 추이〉

(단위 : 천만 원)

구분		2013년	2014년	2015년	2016년	2017년
방송사업 매출액	방송수신료	5,645	5,717	5,452	5,325	5,487
	광고	21,990	21,437	23,825	22,785	22,186
	협찬	3,154	3,085	3,306	3,142	3,145
	프로그램 판매	1,202	1,195	1,294	1,322	1,299
	기타 방송사업	1,961	2,145	2,097	2,018	2,012
기타 사업		4,204	4,219	4,275	4,224	4,281
합계		38,156	37,798	40,249	38,816	38,410

지환 : 방송수신료 매출액의 증감추이와 반대되는 추이를 보이는 항목이 존재해.
소영 : 5년 동안 모든 항목의 매출액이 10억 원 이상의 변동폭을 보였어.
동현 : 5년간 각 항목의 매출액 순위는 한 번도 변동 없이 동일했구나.
세미 : 2013년과 비교했을 때 2017년에 매출액이 상승하지 않은 항목은 2개뿐이군.

① 지환, 소영
② 소영, 세미
③ 지환, 동현
④ 동현, 세미
⑤ 지환, 동현, 세미

04 다음은 A시 가구주의 연령 및 가구유형별 가구 추계를 나타낸 자료이다. 이를 토대로 2035년의 가구 추계를 예측할 때, 각 가구 수를 바르게 짝지은 것은?(단, 가구 수는 소수점 첫째 자리에서, 증가율은 소수점 둘째 자리에서 반올림한다)

〈A시의 가구 추계〉

(단위 : 가구)

구분	2005년			2015년			2025년		
	소계	1인 가구	2인 가구	소계	1인 가구	2인 가구	소계	1인 가구	2인 가구
19세 이하	794	498	223	649	596	45	588	563	22
20~29세	13,550	6,962	3,935	12,962	8,915	2,410	13,761	10,401	2,200
30~39세	36,925	6,480	5,451	32,975	9,581	6,528	26,921	9,886	6,466
40~49세	44,368	4,814	5,083	45,559	8,505	7,149	38,467	9,327	7,378
50~59세	30,065	3,692	6,841	45,539	8,673	11,752	47,191	11,046	13,409
60~69세	21,024	4,278	8,171	27,943	6,606	11,485	44,445	11,185	18,909
70~79세	11,097	3,931	4,623	18,000	5,879	7,889	24,874	8,564	10,633
80세 이상	2,566	1,201	909	6,501	3,041	2,281	13,889	6,032	5,048
합계	160,389	31,856	35,236	190,128	51,796	49,539	210,136	67,004	64,065

〈2035년 A시의 가구 추계 예측〉

- 2025년 대비 전체 가구 수의 증가율은 2015년 대비 2025년 전체 가구 수 증가율의 $\frac{2}{3}$이다.
- 2025년 대비 1인 가구 수 증가량은 2005년 대비 2015년과 2015년 대비 2025년의 1인 가구 수 증가량의 평균과 같다.
- 3인 이상 가구 수는 2005년 3인 이상 가구 수의 80%로 감소한다.
- 2025년 이후부터는 가구주 연령이 70세 이상인 가구의 전입이나 전출은 없을 것이며, 2025년을 기준으로 가구주 연령이 80세 이상이었던 가구 중 40%, 70~79세였던 가구 중 30%가 2035년 이전에 사망할 것이다.

	1인 가구	2인 가구	가구주 연령이 80세 이상인 가구
①	79,210	64,243	25,745
②	84,578	69,289	23,597
③	84,578	65,630	25,745
④	79,210	65,630	23,597
⑤	84,578	69,289	25,745

05 다음은 2018년 지역별 국내 백미 생산면적 및 생산량을 나타낸 자료이다. 이를 그래프로 나타낸 것으로 적절하지 않은 것은?

〈2018년 지역별 국내 백미 생산면적 및 생산량〉

(단위 : ha, 톤)

구분	논벼		밭벼	
	생산면적	생산량	생산면적	생산량
서울 · 인천 · 경기	91,557	468,506	2	4
강원	30,714	166,396	0	0
충북	37,111	201,670	3	5
세종 · 대전 · 충남	142,722	803,806	11	21
전북	121,016	687,367	10	31
광주 · 전남	170,930	871,005	705	1,662
대구 · 경북	105,894	591,981	3	7
부산 · 울산 · 경남	77,918	403,845	11	26
제주	10	41	117	317

① 지역별 논벼 생산면적의 구성비

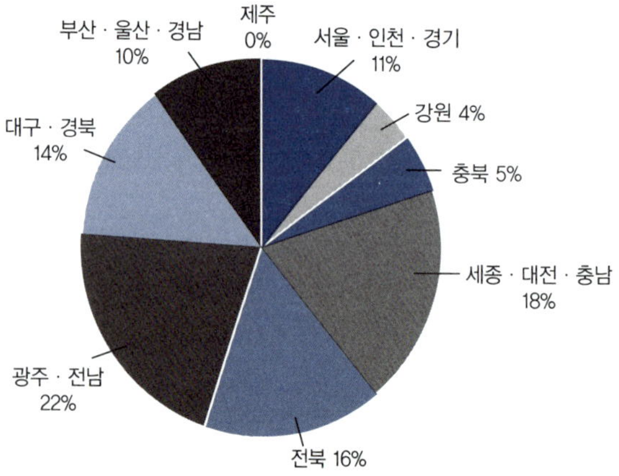

② 제주지역 백미 생산면적 구성비

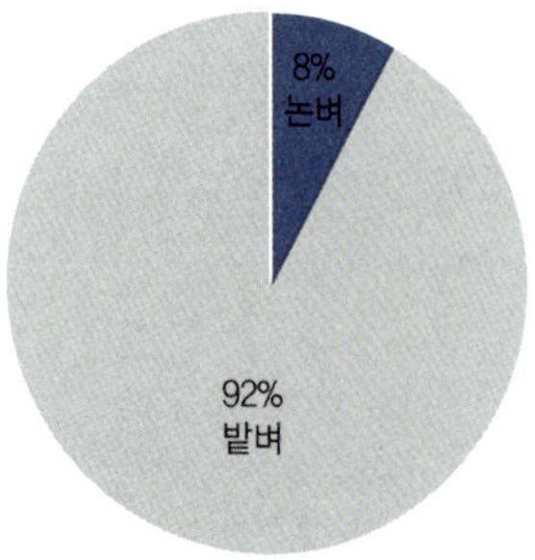

③ 제주지역을 제외한 지역별 1ha당 백미 생산량

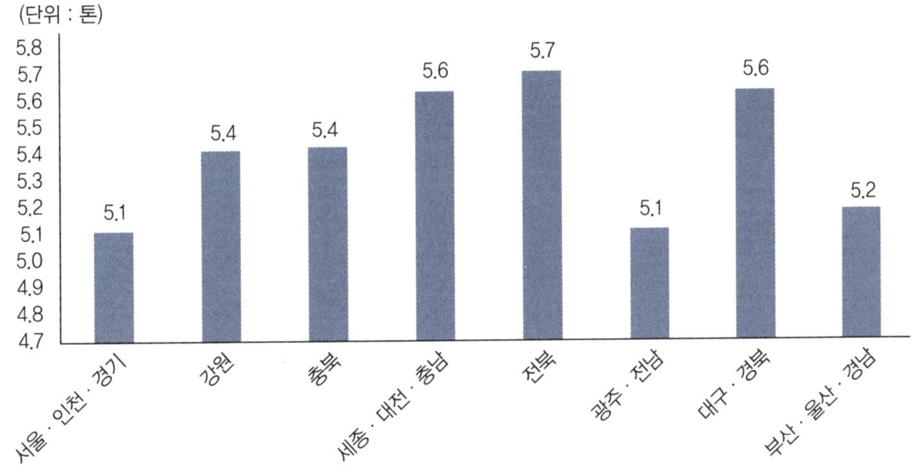

④ 논벼와 밭벼의 생산량 비교

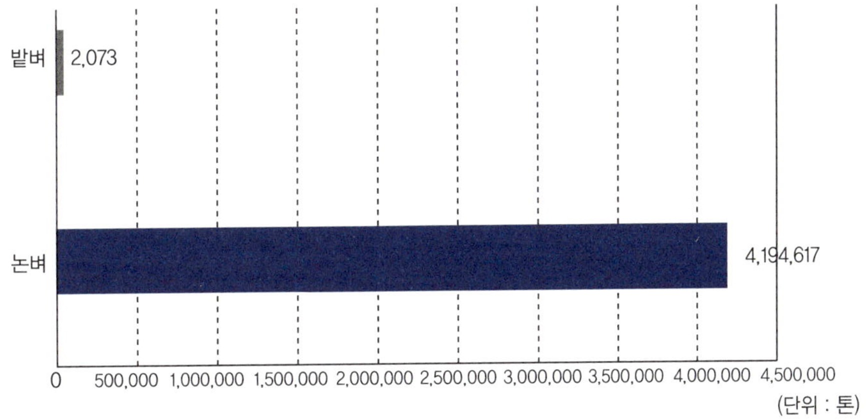

⑤ 지역별 밭벼의 생산비

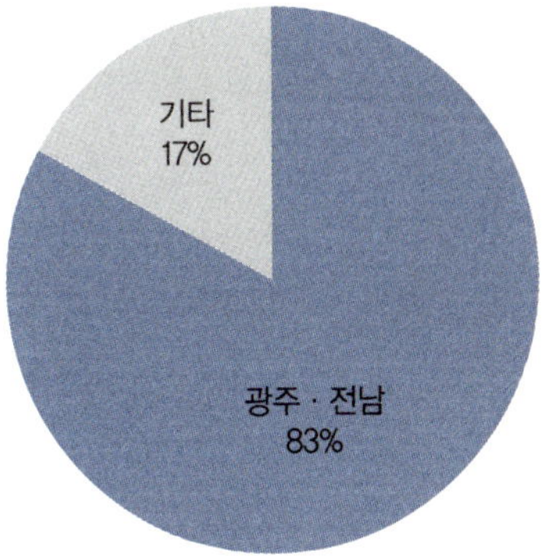

06 다음은 우리나라의 산업재해 현황에 대한 자료이다. 이를 바탕으로 작성한 그래프로 옳지 않은 것은?

〈유형별 산업재해자 수 및 산재사망률〉

(단위 : 명)

구분		2012년	2013년	2014년	2015년	2016년
산업재해자	사망자	2,165	2,233	2,134	2,066	2,040
	부상자	83,349	82,803	81,955	80,999	81,548
	업무상 질병 요양자	6,742	6,788	6,820	7,064	7,068
산재사망률(근로자 1만 명당)		1.39	1.45	1.25	1.15	1.11

〈산업별 재해자 수 변화 추이〉

(단위 : 명)

연도	광업	제조업	건설업	전기 · 가스 · 수도업	운수 · 창고 · 통신업	기타 산업
2012년	911	31,666	23,349	96	4,201	32,033
2013년	921	29,432	23,600	77	4,240	33,554
2014년	1,235	28,649	23,669	98	4,188	33,070
2015년	1,469	27,011	25,132	98	4,059	32,360
2016년	1,534	26,142	26,570	103	4,114	32,193

① 연도별 산업재해자 수

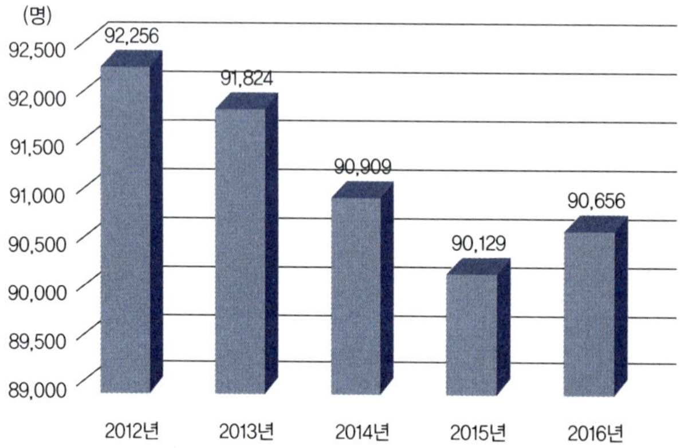

② 산업재해자 중 사망자의 비율

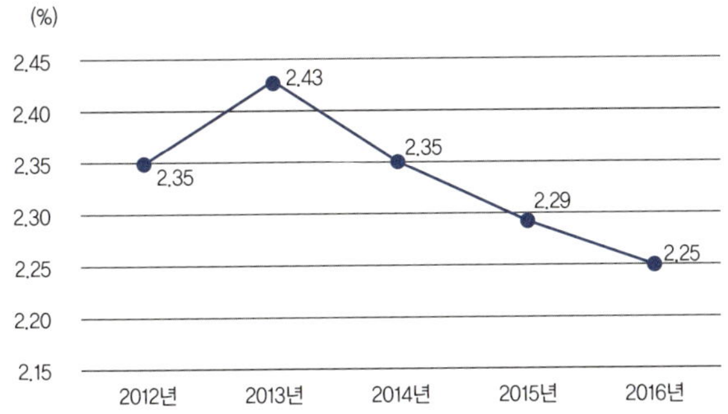

③ 산업재해자 수 상위 3개 업종의 전년 대비 증감률

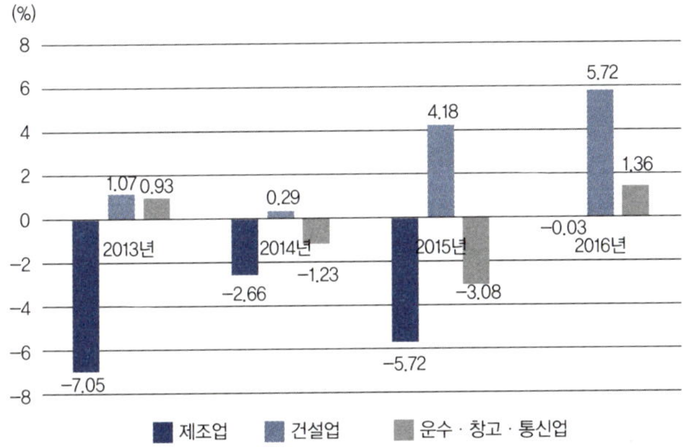

④ 2012~2016년 산업재해자 누적 구성비

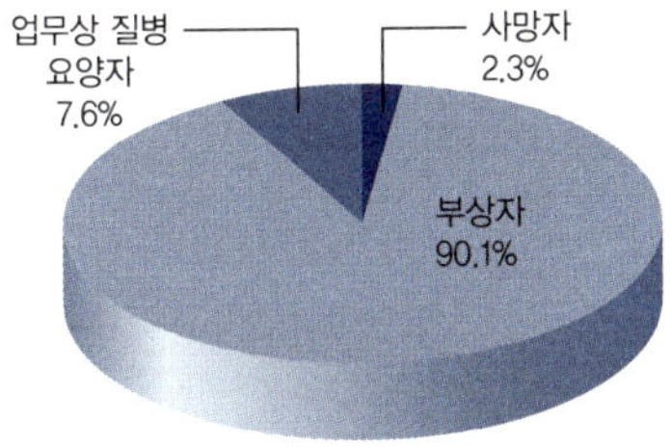

⑤ 2016년 산업별 재해자 업종별 구성비

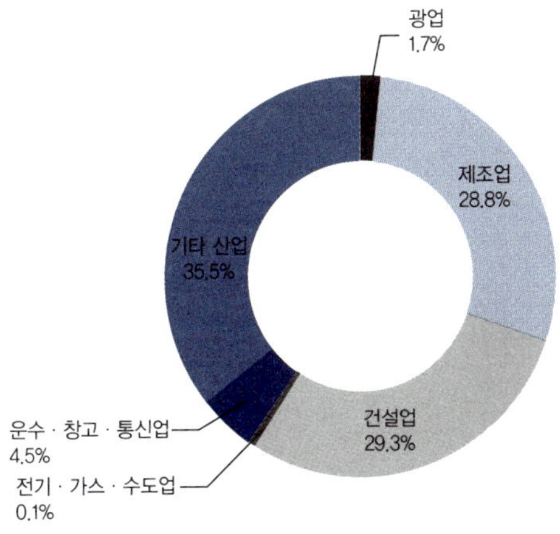

01 다음 Ⓐ, Ⓑ, Ⓒ의 전개도를 [⬆]면이 전면에 오도록 접은 후 주어진 방향으로 회전하여 아래의 결합 모양과 같이 붙인 그림으로 알맞은 것을 고르면?

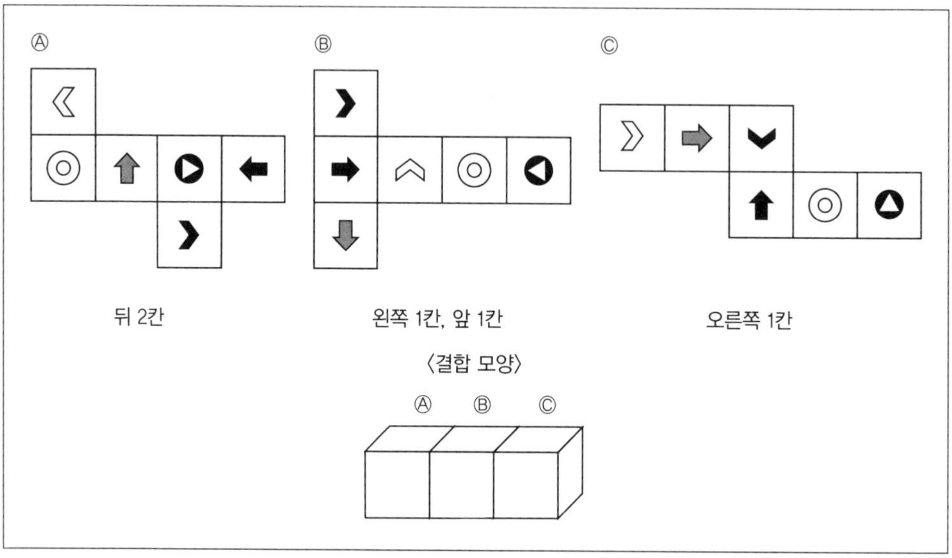

①
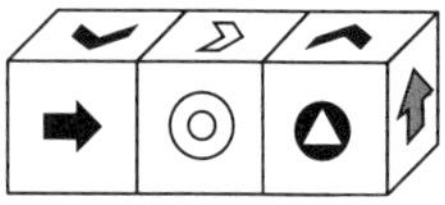

②
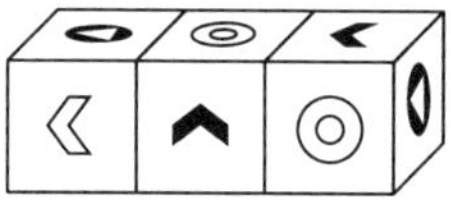

③
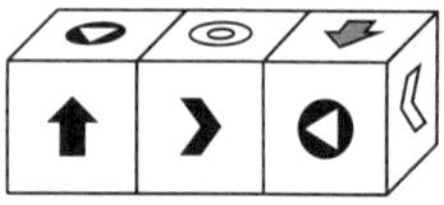

④
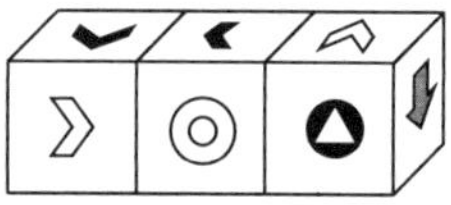

⑤
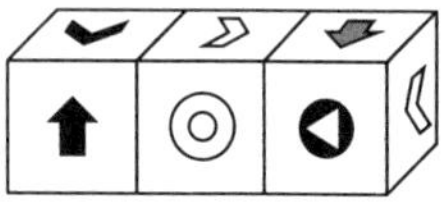

02 다음 Ⓐ, Ⓑ, Ⓒ의 전개도를  면이 전면에 오도록 접은 후 주어진 방향으로 회전하여 아래의 결합 모양과 같이 붙인 그림으로 알맞은 것을 고르면?

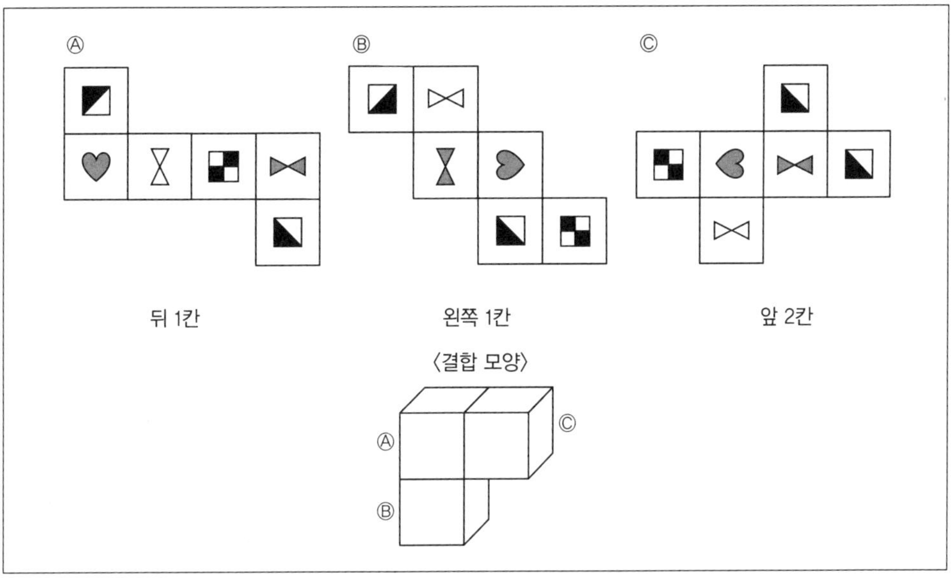

① 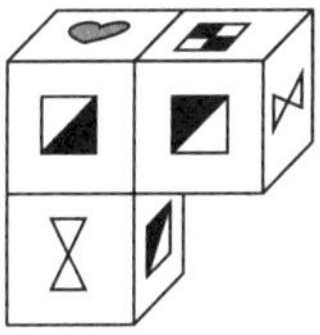

② 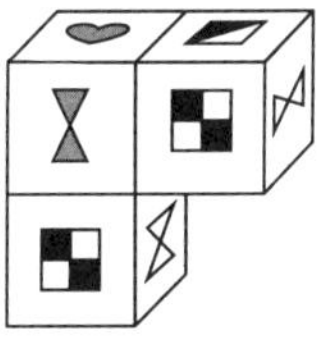

③ 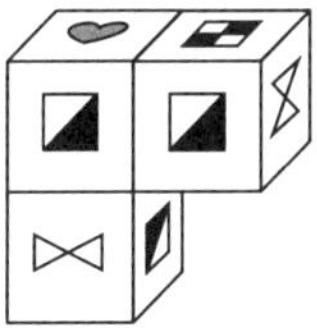

④ 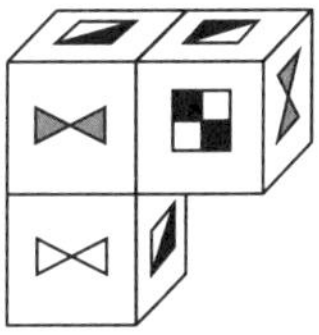

⑤ 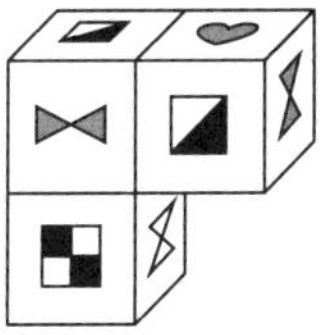

03 다음 Ⓐ, Ⓑ, Ⓒ의 전개도를 [ㄴ]면이 전면에 오도록 접은 후 주어진 방향으로 회전하여 아래의 결합 모양과 같이 붙인 그림으로 알맞은 것을 고르면?

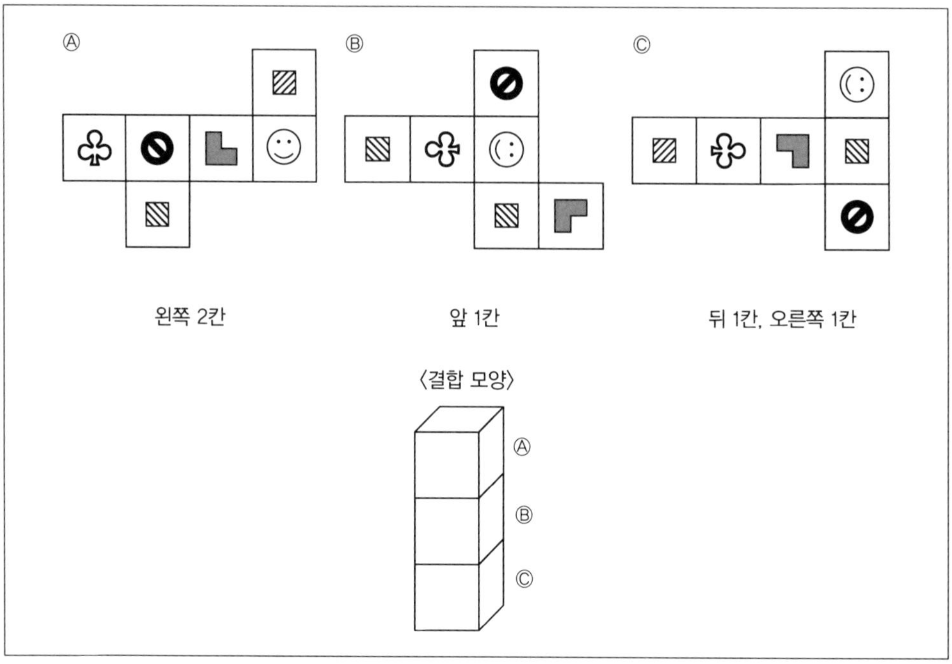

① 

② 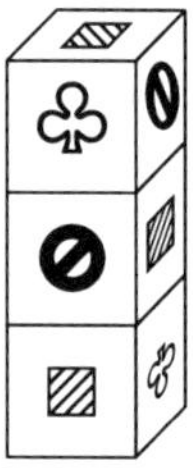

③ 

④ 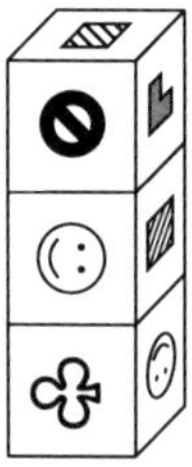

⑤ 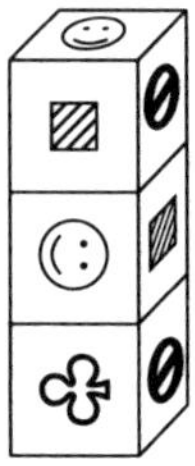

06 도식이해

※ 다음 기호들은 일정한 규칙에 따라 도형을 변화시킨다. 주어진 도형을 도식에 따라 변화시켰을 때 결과로 알맞은 것을 고르시오(단, 주어진 조건이 두 가지 이상일 때, 모두 일치해야 Yes로 이동한다). **[1~4]**

〈규칙〉

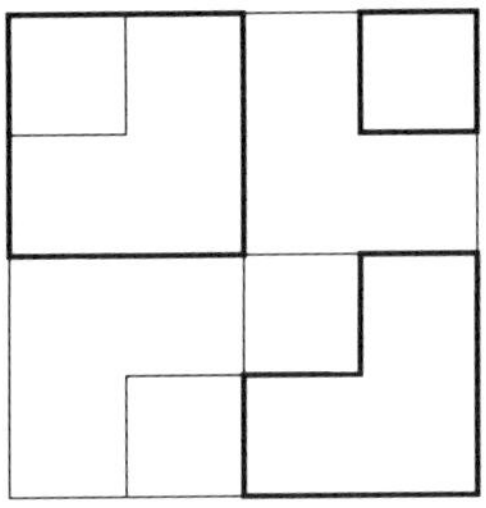

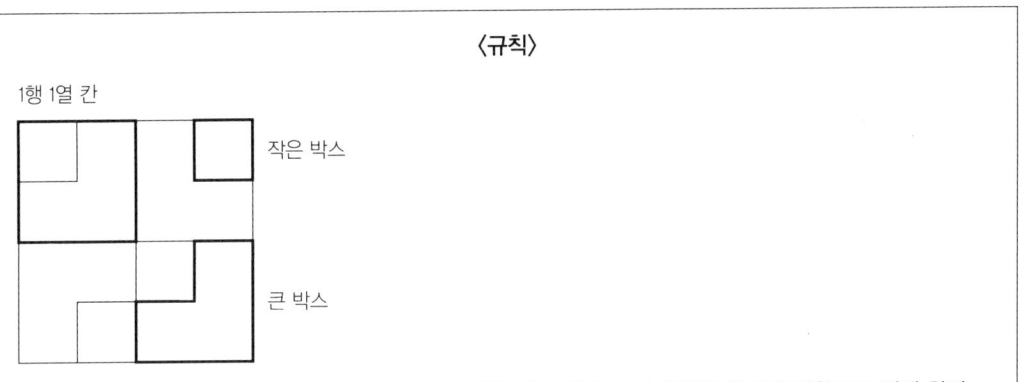

- Ⓐ : 작은 박스 안의 숫자 합의 일의 자릿수만큼 작은 박스 안의 숫자 위치만 반시계 방향으로 전체 회전
- Ⓑ : 각 칸의 작은 박스 안의 숫자와 큰 박스 안의 숫자를 곱한 값의 십의 자릿수는 큰 박스, 일의 자리 수는 작은 박스 안에 수로 교체
- Ⓒ : 각 칸을 시계 방향으로 1칸씩 이동(각 칸의 작은 박스, 큰 박스 위치 및 각 박스 안의 위치 고정하여 각 칸 단위로 이동)
- Ⓓ : 각 칸의 작은 박스와 큰 박스 크기 교체
- Ⓧ : 작은 박스 안의 숫자 합(□)과 큰 박스 안의 숫자 합(▭)을 비교하여 맞으면 YES, 틀리면 NO
- Ⓨ : 각 칸의 위에 위치한 작은 박스의 수(x)를 비교하여 맞으면 YES, 틀리면 NO
- 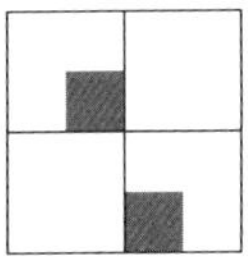 : 색칠된 위치의 작은 박스 안의 숫자(□)와 큰 박스 안의 숫자(▭)를 비교하여 맞으면 YES, 틀리면 NO

01

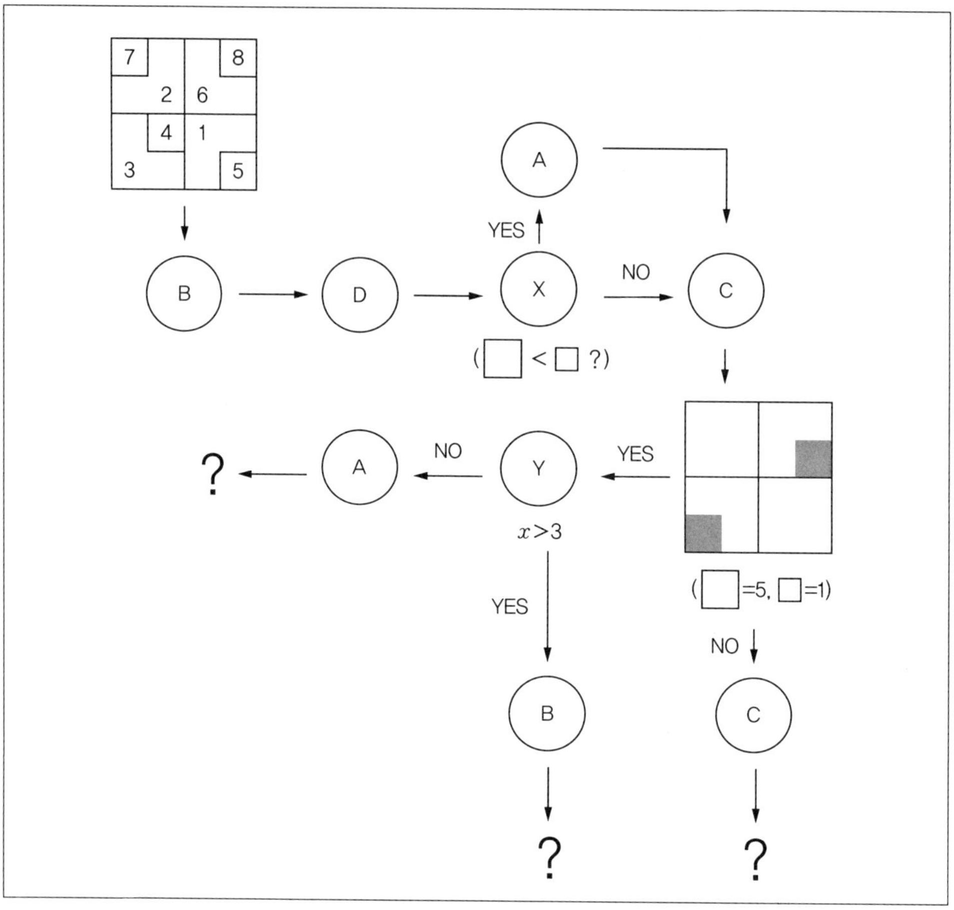

7
8
2
6
4
1
3
5
A
YES
B
D
X
NO
C
(□ < □ ?)
?
A
NO
Y
YES
x>3
(□ =5, □ =1)
YES
NO
B
C
?
?

①

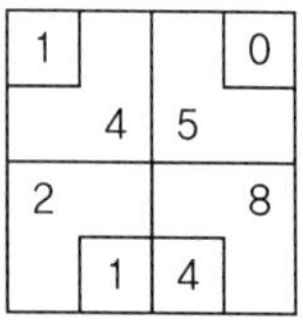

1
0
4
5
2
8
1
4

②

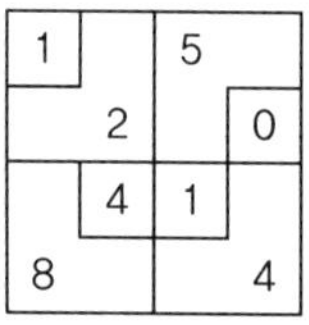

1
5
2
0
4
1
8
4

③

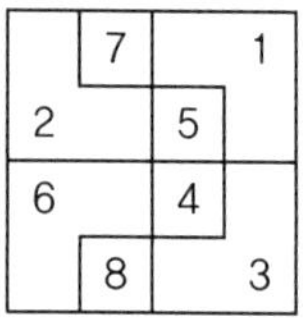

7
1
2
5
6
4
8
3

④

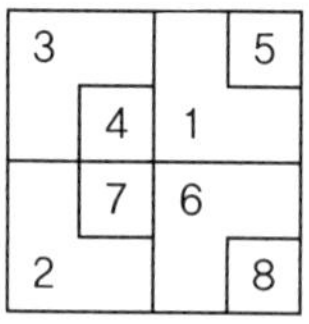

3
5
4
1
7
6
2
8

⑤

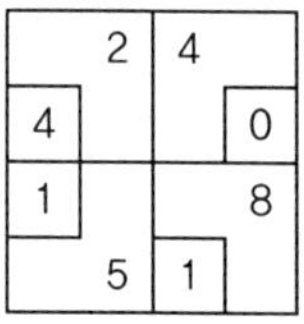

2
4
4
0
1
8
5
1

02

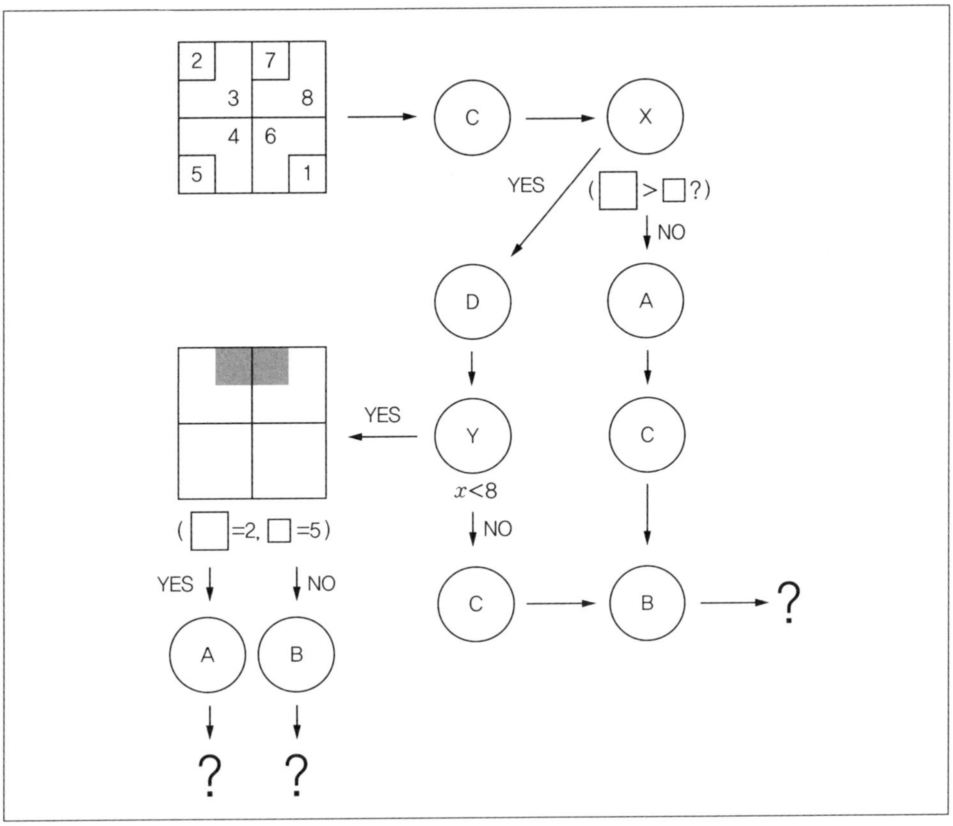
2 7
3 8
4 6
5 1
C
X
YES
(□ > □ ?)
NO
D
A
YES
Y
C
x<8
NO
(□ =2, □ =5)
YES
NO
C
B
?
A
B
? ?

①
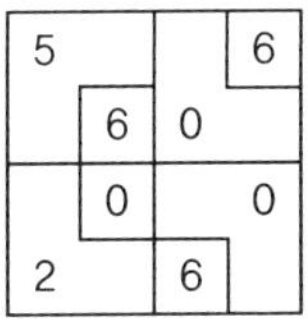
5 6
6 0
0 0
2 6

②
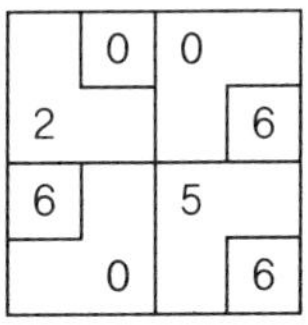
0 0
2 6
6 5
0 6

③
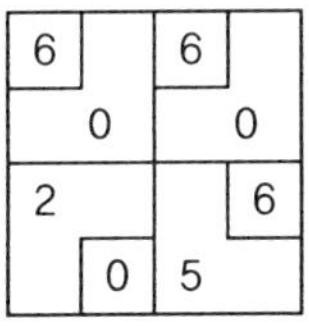
6 6
0 0
2 6
0 5

④
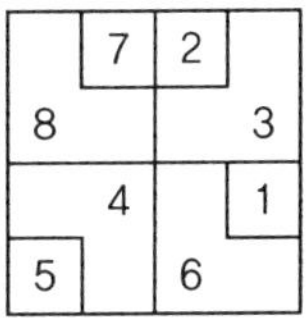
7 2
8 3
4 1
5 6

⑤
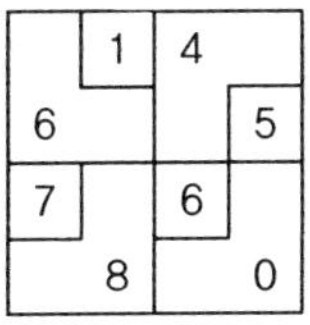
1 4
6 5
7 6
8 0

03

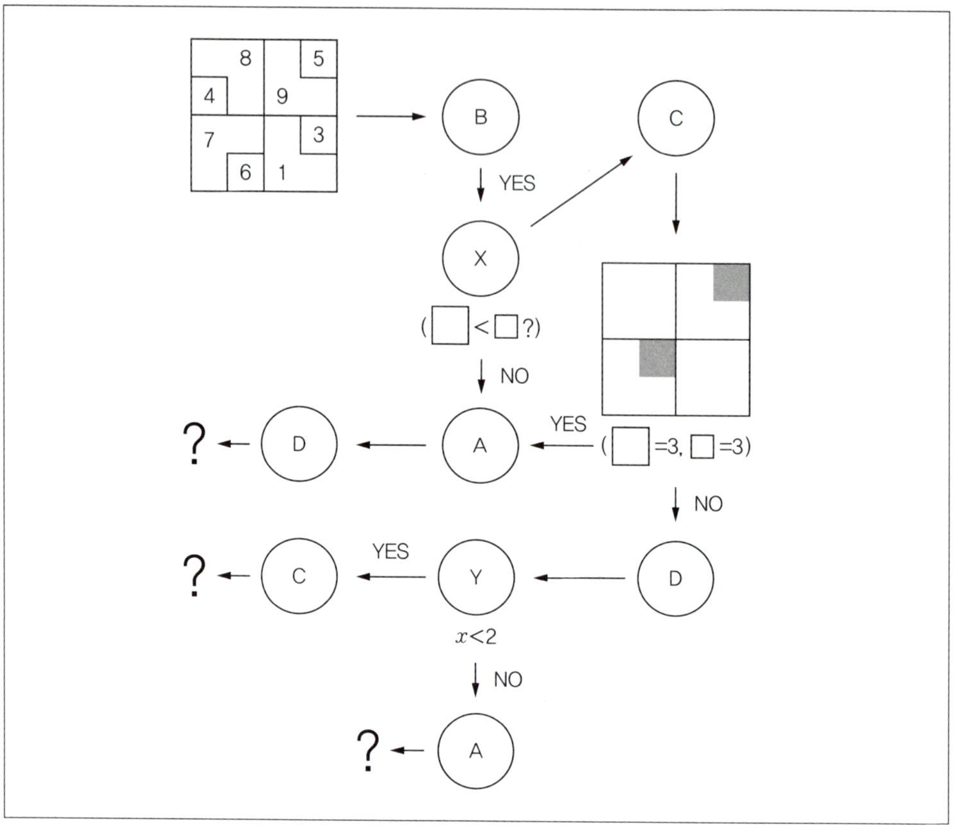
8
5
4
9
7
3
6
1
B
C
YES
X
(□<□?)
NO
YES
(□=3, □=3)
?
D
A
NO
YES
?
C
Y
D
x<2
NO
?
A

①
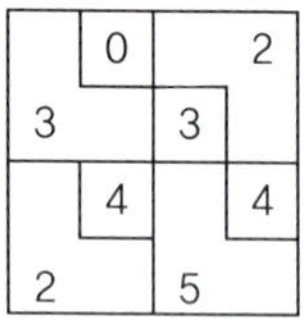
0
2
3
3
4
4
2
5

②
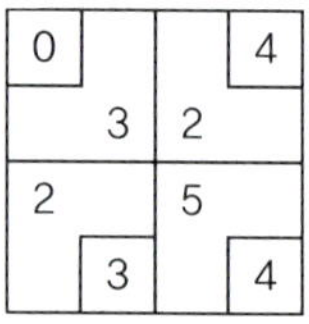
0
4
3
2
2
5
3
4

③
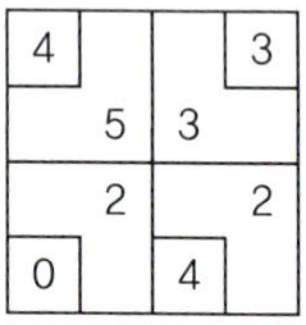
4
3
5
3
2
2
0
4

④
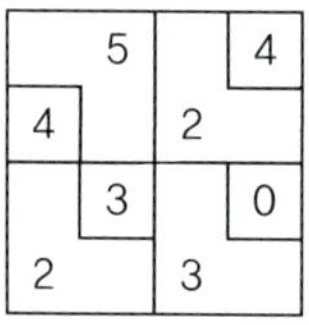
5
4
4
2
3
0
2
3

⑤
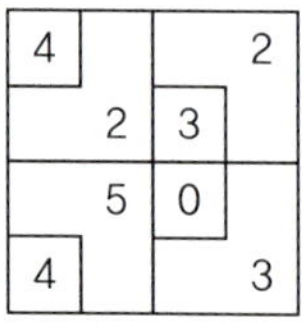
4
2
2
3
5
0
4
3

04

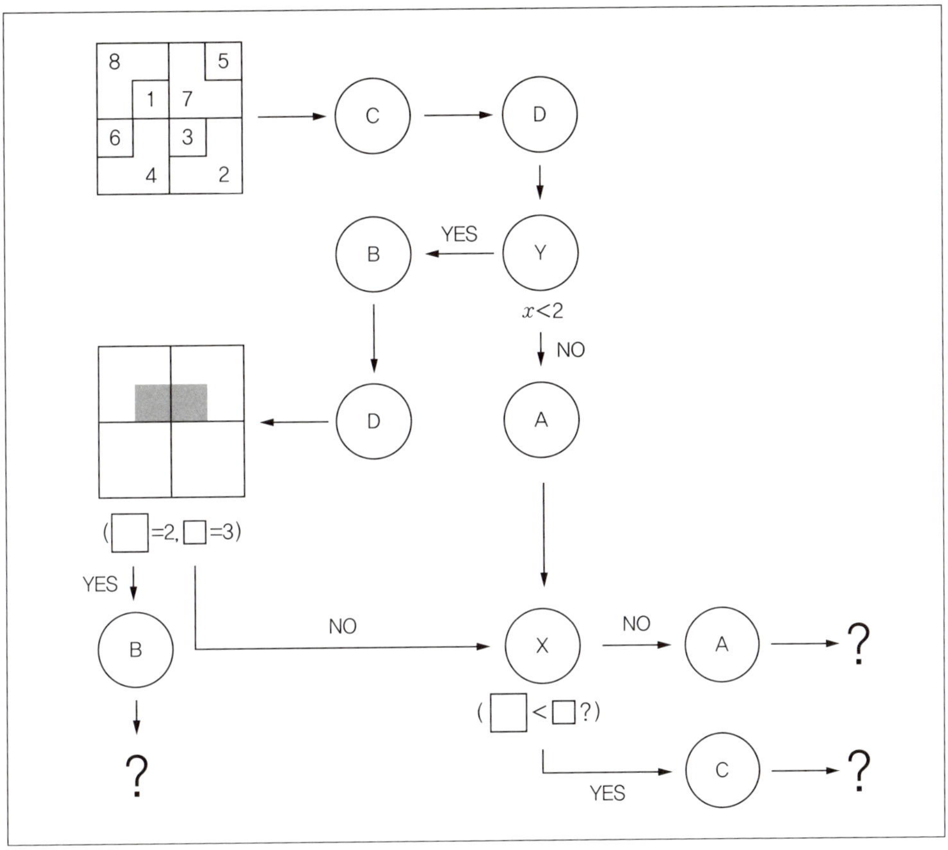
8
5
1
7
6
3
4
2
C
D
YES
B
Y
x<2
NO
D
A
(□=2, □=3)
YES
NO
B
X
NO
A
?
(□<□?)
YES
C
?
?

①

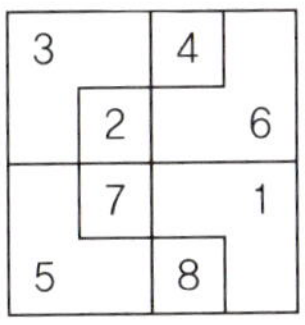
3
4
2
6
7
1
5
8

②

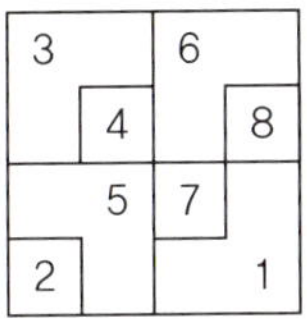
3
6
4
8
5
7
2
1

③

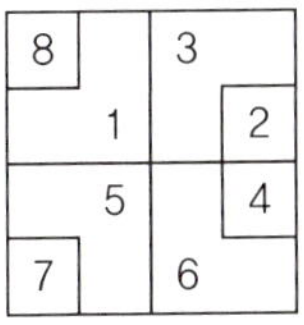
8
3
1
2
5
4
7
6

④

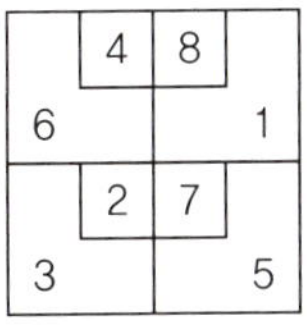
4
8
6
1
2
7
3
5

⑤

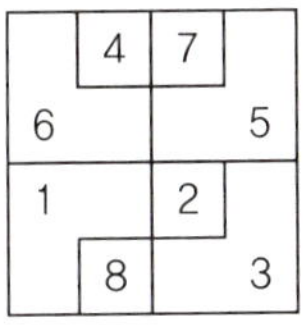
4
7
6
5
1
2
8
3

M E M O

PART 2

인성검사

PART 2

인성검사

01 현대자동차그룹 인성검사

1. 현대자동차그룹 인성검사

검사 영역	검사 문항 수	검사 시간
인성검사 I	112문항	약 40분
인성검사 II	335문항	약 40분

현대자동차그룹은 인성검사를 인성검사Ⅰ, 인성검사Ⅱ의 두 영역으로 실시하고 있다. 5개 영역의 적성검사가 끝나고 15분의 휴식 후, 인성검사Ⅰ, 인성검사Ⅱ가 각각 약 40분 동안 실시되는데, 인성검사는 지원자가 현대자동차그룹의 인재상에 적합한 인재인지를 알아보는 한편, 조직 적응력이 어느 정도인지를 평가하는 테스트이다. 인성검사 결과는 1, 2차 면접 시 참고자료로 활용되기 때문에 검사에 임하기 전에 미리 자신의 성향을 정확히 파악해두면 실제 검사에서 일관성 있게 대답할 수 있다.

(1) 인성검사 I

유형은 한 문제당 3개의 문장이 나오며, 자신의 성향과 가까운 정도에 따라 1~6점을 부여한다(① 매우 그렇지 않다, ② 거의 그렇지 않다, ③ 조금 그렇지 않다, ④ 조금 그렇다, ⑤ 거의 그렇다, ⑥ 매우 그렇다). 그리고 3개의 문장에서 자신과 가장 가까운 것과 가장 먼 것에 체크를 한다.

(2) 인성검사 II

2016년 하반기부터 추가된 유형으로 한 문제당 1개의 문장이 나오며, 자신의 성향과 가까운 정도에 따라 1~4점을 부여한다(① 그렇지 않다, ② 약간 그렇다, ③ 그렇다, ④ 매우 그렇다).

2. 인성검사 수검요령

인성검사는 특별한 수검요령이 없다. 다시 말하면 모범답안이 없고, 정답이 없다는 이야기이다. 국어 문제처럼 말의 뜻을 풀이하는 것도 아니다. 굳이 수검요령을 말하자면, 진실하고 솔직한 자신의 생각이 최고의 답변이라고 할 수 있을 것이다.

인성검사에서 가장 중요한 것은 첫째, 솔직한 답변이다. 지금까지의 경험을 통해서 축적되어온 자신의 생각과 행동을 거짓 없이 솔직하게 기재하는 것이다. 예를 들어, '나는 타인의 물건을 훔치고 싶은 충동을 느껴본 적이 있다.'란 질문에 지원자들은 많은 생각을 하게 된다. 생각해 보라. 유년기에 또는 성인이 되어서도 타인의 물건을 훔치는 일을 저지른 적은 없더라도, 훔치고 싶은 충동은 누구나 조금이라도 느껴보았을 것이다. 그런데 이 질문에 고민을 하는 사람이 간혹 있다. 이 질문에 '예'라고 대답하면 담당 검사관들이 나를 사회적으로 문제가 있는 사람으로 여기지는 않을까 하는 생각에 '아니요'라는 답을 기재하게 된다. 이런 솔직하지 않은 답변이 답변의 신뢰와 솔직함을 나타내는 타당성 척도에 좋지 않은 점수를 주게 된다.

둘째, 일관성 있는 답변이다. 인성검사의 수많은 질문 문항 중에는 비슷한 뜻의 질문이 여러 개 숨어있는 경우가 많이 있다. 그 질문들은 지원자의 솔직한 답변과 심리적인 상태를 알아보기 위해 내포되어 있는 문항들이다. 예컨대 '나는 유년시절 타인의 물건을 훔친 적이 있다.'라는 질문에 '예'라고 대답했는데, '나는 유년시절 타인의 물건을 훔쳐보고 싶은 충동을 느껴본 적이 있다.'라는 질문에는 '아니요'라는 답을 기재한다면 어떻겠는가. 일관성 없이 '대충 기재하자.'라는 식의 심리적 무성의성 답변이 되거나, 거짓말을 하고 있는 사람으로 보일 수 있다.

인성검사는 많은 문항수를 풀어야하므로 지원자들은 지루함과 따분함, 반복된 뜻의 질문에 의한 인내력 상실 등이 나타날 수 있다. 인내를 가지고 솔직하게 내 생각을 대답하는 것이 무엇보다 중요한 요령이 될 것이다.

3. 인성검사 시 유의사항

(1) 충분한 휴식으로 불안을 없애고 정서적인 안정을 취한다. 심신이 안정되어야 자신의 마음을 표현할 수 있다.

(2) 생각나는 대로 솔직하게 응답한다. 자신을 너무 과대포장하지도, 너무 비하하지도 마라. 답변을 꾸며서 하면 앞뒤가 맞지 않게끔 구성돼 있어 불리한 평가를 받게 된다. 무엇보다 제일 중요한 것은 솔직하게 답하는 것이다.

(3) 검사문항에 대해 지나치게 생각해서는 안 된다. 지나치게 몰두하면 엉뚱한 답변이 나올 수 있으므로 불필요한 생각은 삼간다.

(4) 검사시간에 너무 신경 쓸 필요는 없다. 인성검사는 시간제한이 없는 경우가 많으며 시간제한이 있다 해도 충분한 시간이다.

(5) 인성검사는 대개 문항수가 많기에 자칫 건너뛰는 경우가 있는데, 가능한 모든 문항에 답해야 한다. 응답하지 않은 문항이 많을 경우 평가자가 정확한 평가를 내리지 못해 불리한 평가를 내릴 수 있기 때문이다.

02 인성검사 | 모의연습

※ 다음 문항을 읽고, 자신의 성향과 가까운 정도에 따라 1~6점을 부여한다(① 매우 그렇지 않다, ② 거의 그렇지 않다, ③ 조금 그렇지 않다, ④ 조금 그렇다, ⑤ 거의 그렇다, ⑥ 매우 그렇다). 그리고 3개의 문장에서 자신과 가장 가까운 것과 가장 먼 것에 체크하시오.

질문	답안 1						답안 2	
	①	②	③	④	⑤	⑥	멀	가
1. 나는 처음 보는 사람과 금방 친해진다.	□	■	□	□	□	□	■	□
2. 나는 일상에서 늘 새로운 것을 시도한다.	□	□	□	□	■	□	□	■
3. 나는 여러 사람과 토론 중에 내 주장을 확실히 밝힌다.	□	□	□	□	□	■	□	■

※ 인성검사는 정답이 따로 없는 유형의 검사이므로 결과지를 제공하지 않습니다.

※ 다음 문항을 읽고, 자신의 성향과 가까운 정도에 따라 1~6점을 부여한다(① 매우 그렇지 않다, ② 거의 그렇지 않다, ③ 조금 그렇지 않다, ④ 조금 그렇다, ⑤ 거의 그렇다, ⑥ 매우 그렇다). 그리고 3개의 문장에서 자신과 가장 가까운 것과 가장 먼 것에 체크하시오. **[1~81]**

01

질문	답안 1						답안 2	
	①	②	③	④	⑤	⑥	멀	가
1. 사물을 신중하게 생각하는 편이라고 생각한다.	□	□	□	□	□	□	□	□
2. 포기하지 않고 노력하는 것이 중요하다.	□	□	□	□	□	□	□	□
3. 자신의 권리를 주장하는 편이다.	□	□	□	□	□	□	□	□

02

질문	답안 1	답안 2
	① ② ③ ④ ⑤ ⑥	멀 가
1. 노력의 여하보다 결과가 중요하다.	□ □ □ □ □ □	□ □
2. 자기주장이 강하다.	□ □ □ □ □ □	□ □
3. 어떠한 일이 있어도 출세하고 싶다.	□ □ □ □ □ □	□ □

03

질문	답안 1	답안 2
	① ② ③ ④ ⑤ ⑥	멀 가
1. 다른 사람의 일에 관심이 없다.	□ □ □ □ □ □	□ □
2. 때로는 후회할 때도 있다.	□ □ □ □ □ □	□ □
3. 진정으로 마음을 허락할 수 있는 사람은 없다.	□ □ □ □ □ □	□ □

04

질문	답안 1	답안 2
	① ② ③ ④ ⑤ ⑥	멀 가
1. 한번 시작한 일은 끝을 맺는다.	□ □ □ □ □ □	□ □
2. 다른 사람들이 하지 못하는 일을 하고 싶다.	□ □ □ □ □ □	□ □
3. 좋은 생각이 떠올라도 실행하기 전에 여러모로 검토한다.	□ □ □ □ □ □	□ □

05

질문	답안 1						답안 2	
	①	②	③	④	⑤	⑥	멀	가
1. 다른 사람에게 항상 움직이고 있다는 말을 듣는다.	□	□	□	□	□	□	□	□
2. 옆에 사람이 있으면 싫다.	□	□	□	□	□	□	□	□
3. 친구들과 남의 이야기를 하는 것을 좋아한다.	□	□	□	□	□	□	□	□

06

질문	답안 1						답안 2	
	①	②	③	④	⑤	⑥	멀	가
1. 모두가 싫증을 내는 일에도 혼자서 열심히 한다.	□	□	□	□	□	□	□	□
2. 완성된 것보다 미완성인 것에 흥미가 있다.	□	□	□	□	□	□	□	□
3. 능력을 살릴 수 있는 일을 하고 싶다.	□	□	□	□	□	□	□	□

07

질문	답안 1						답안 2	
	①	②	③	④	⑤	⑥	멀	가
1. 번화한 곳에 외출하는 것을 좋아한다.	□	□	□	□	□	□	□	□
2. 다른 사람에게 자신이 소개되는 것을 좋아한다.	□	□	□	□	□	□	□	□
3. 다른 사람보다 쉽게 우쭐해진다.	□	□	□	□	□	□	□	□

08

질문	답안 1						답안 2	
	①	②	③	④	⑤	⑥	멀	가
1. 다른 사람의 감정에 민감하다.	□	□	□	□	□	□	□	□
2. 다른 사람들에게 남을 배려하는 마음씨가 있다는 말을 듣는다.	□	□	□	□	□	□	□	□
3. 사소한 일로 우는 일이 많다.	□	□	□	□	□	□	□	□

09

질문	답안 1						답안 2	
	①	②	③	④	⑤	⑥	멀	가
1. 통찰력이 있다고 생각한다.	□	□	□	□	□	□	□	□
2. 몸으로 부딪쳐 도전하는 편이다.	□	□	□	□	□	□	□	□
3. 감정적으로 될 때가 많다.	□	□	□	□	□	□	□	□

10

질문	답안 1						답안 2	
	①	②	③	④	⑤	⑥	멀	가
1. 타인에게 간섭받는 것은 싫다.	□	□	□	□	□	□	□	□
2. 신경이 예민한 편이라고 생각한다.	□	□	□	□	□	□	□	□
3. 난관에 봉착해도 포기하지 않고 열심히 해본다.	□	□	□	□	□	□	□	□

11

질문	답안 1						답안 2	
	①	②	③	④	⑤	⑥	멀	가
1. 해야 할 일은 신속하게 처리한다.	□	□	□	□	□	□	□	□
2. 매사에 느긋하고 차분하게 매달린다.	□	□	□	□	□	□	□	□
3. 끙끙거리며 생각할 때가 있다.	□	□	□	□	□	□	□	□

12

질문	답안 1						답안 2	
	①	②	③	④	⑤	⑥	멀	가
1. 하나의 취미를 오래 지속하는 편이다.	□	□	□	□	□	□	□	□
2. 매사에 얽매인다.	□	□	□	□	□	□	□	□
3. 일주일의 계획을 만드는 것을 좋아한다.	□	□	□	□	□	□	□	□

13

질문	답안 1						답안 2	
	①	②	③	④	⑤	⑥	멀	가
1. 자신의 의견을 상대에게 잘 주장하지 못한다.	□	□	□	□	□	□	□	□
2. 좀처럼 결단하지 못하는 경우가 있다.	□	□	□	□	□	□	□	□
3. 행동으로 옮기기까지 시간이 걸린다.	□	□	□	□	□	□	□	□

14

질문	답안 1	답안 2
	① ② ③ ④ ⑤ ⑥	멀 가
1. 돌다리도 두드리며 건너는 타입이라고 생각한다.	□ □ □ □ □ □	□ □
2. 굳이 말하자면 시원시원한 성격이라고 생각한다.	□ □ □ □ □ □	□ □
3. 토론에서 이길 자신이 있다.	□ □ □ □ □ □	□ □

PART 2

15

질문	답안 1	답안 2
	① ② ③ ④ ⑤ ⑥	멀 가
1. 쉽게 침울해진다.	□ □ □ □ □ □	□ □
2. 쉽게 싫증을 내는 편이다.	□ □ □ □ □ □	□ □
3. 낙천가라고 생각한다.	□ □ □ □ □ □	□ □

16

질문	답안 1	답안 2
	① ② ③ ④ ⑤ ⑥	멀 가
1. 매사에 신중한 편이라고 생각한다.	□ □ □ □ □ □	□ □
2. 실행하기 전에 재확인할 때가 많다.	□ □ □ □ □ □	□ □
3. 반대에 부딪혀도 자신의 의견을 바꾸는 일은 없다.	□ □ □ □ □ □	□ □

17

질문	답안 1						답안 2	
	①	②	③	④	⑤	⑥	멀	가
1. 전망을 세우고 행동할 때가 많다.	□	□	□	□	□	□	□	□
2. 일에는 결과가 중요하다고 생각한다.	□	□	□	□	□	□	□	□
3. 다른 사람으로부터 지적받는 것은 싫다.	□	□	□	□	□	□	□	□

18

질문	답안 1						답안 2	
	①	②	③	④	⑤	⑥	멀	가
1. 다른 사람에게 위해를 가할 것 같은 기분이 든 때가 있다.	□	□	□	□	□	□	□	□
2. 인간관계가 폐쇄적이라는 말을 듣는다.	□	□	□	□	□	□	□	□
3. 친구들로부터 줏대 없는 사람이라는 말을 듣는다.	□	□	□	□	□	□	□	□

19

질문	답안 1						답안 2	
	①	②	③	④	⑤	⑥	멀	가
1. 누구와도 편하게 이야기할 수 있다.	□	□	□	□	□	□	□	□
2. 다른 사람을 싫어한 적은 한 번도 없다.	□	□	□	□	□	□	□	□
3. 리더로서 인정을 받고 싶다.	□	□	□	□	□	□	□	□

20

질문	답안 1						답안 2	
	①	②	③	④	⑤	⑥	멀	가
1. 기다리는 것에 쉽게 짜증을 내는 편이다.	□	□	□	□	□	□	□	□
2. 지루하면 마구 떠들고 싶어진다.	□	□	□	□	□	□	□	□
3. 남과 친해지려면 용기가 필요하다.	□	□	□	□	□	□	□	□

21

질문	답안 1						답안 2	
	①	②	③	④	⑤	⑥	멀	가
1. 사물을 과장해서 말한 적은 없다.	□	□	□	□	□	□	□	□
2. 항상 천재지변을 당하지 않을까 걱정하고 있다.	□	□	□	□	□	□	□	□
3. 어떤 일이 있어도 의욕을 가지고 열심히 하는 편이다.	□	□	□	□	□	□	□	□

22

질문	답안 1						답안 2	
	①	②	③	④	⑤	⑥	멀	가
1. 그룹 내에서는 누군가의 주도하에 따라가는 경우가 많다.	□	□	□	□	□	□	□	□
2. 내성적이라고 생각한다.	□	□	□	□	□	□	□	□
3. 모르는 사람과 이야기하는 것은 용기가 필요하다.	□	□	□	□	□	□	□	□

23

질문	답안 1						답안 2	
	①	②	③	④	⑤	⑥	멀	가
1. 집에서 가만히 있으면 기분이 우울해진다.	□	□	□	□	□	□	□	□
2. 당황하면 갑자기 땀이 나서 신경 쓰일 때가 있다.	□	□	□	□	□	□	□	□
3. 차분하다는 말을 듣는다.	□	□	□	□	□	□	□	□

24

질문	답안 1						답안 2	
	①	②	③	④	⑤	⑥	멀	가
1. 어색해지면 입을 다무는 경우가 많다.	□	□	□	□	□	□	□	□
2. 융통성이 없는 편이다.	□	□	□	□	□	□	□	□
3. 이유 없이 화가 치밀 때가 있다.	□	□	□	□	□	□	□	□

25

질문	답안 1						답안 2	
	①	②	③	④	⑤	⑥	멀	가
1. 자질구레한 걱정이 많다.	□	□	□	□	□	□	□	□
2. 다른 사람을 의심한 적이 한 번도 없다.	□	□	□	□	□	□	□	□
3. 지금까지 후회를 한 적이 없다.	□	□	□	□	□	□	□	□

26

질문	답안 1						답안 2	
	①	②	③	④	⑤	⑥	멀	가
1. 무슨 일이든 자신을 가지고 행동한다.	□	□	□	□	□	□	□	□
2. 자주 깊은 생각에 잠긴다.	□	□	□	□	□	□	□	□
3. 가만히 있지 못할 정도로 불안해질 때가 있다.	□	□	□	□	□	□	□	□

PART 2

27

질문	답안 1						답안 2	
	①	②	③	④	⑤	⑥	멀	가
1. 스포츠 선수가 되고 싶다고 생각한 적이 있다.	□	□	□	□	□	□	□	□
2. 유명인과 서로 아는 사람이 되고 싶다.	□	□	□	□	□	□	□	□
3. 연예인에 대해 동경한 적이 없다.	□	□	□	□	□	□	□	□

28

질문	답안 1						답안 2	
	①	②	③	④	⑤	⑥	멀	가
1. 휴일은 세부적인 예정을 세우고 보낸다.	□	□	□	□	□	□	□	□
2. 잘하지 못하는 것이라도 자진해서 한다.	□	□	□	□	□	□	□	□
3. 이유도 없이 다른 사람과 부딪힐 때가 있다.	□	□	□	□	□	□	□	□

29

질문	답안 1						답안 2	
	①	②	③	④	⑤	⑥	멀	가
1. 타인의 일에는 별로 관여하고 싶지 않다고 생각한다.	□	□	□	□	□	□	□	□
2. 의견이 다른 사람과는 어울리지 않는다.	□	□	□	□	□	□	□	□
3. 주위의 영향을 쉽게 받는다.	□	□	□	□	□	□	□	□

30

질문	답안 1						답안 2	
	①	②	③	④	⑤	⑥	멀	가
1. 지인을 발견해도 만나고 싶지 않을 때가 많다.	□	□	□	□	□	□	□	□
2. 굳이 말하자면 자의식 과잉이다.	□	□	□	□	□	□	□	□
3. 몸을 움직이는 것을 좋아한다.	□	□	□	□	□	□	□	□

31

질문	답안 1						답안 2	
	①	②	③	④	⑤	⑥	멀	가
1. 무슨 일이든 생각해보지 않으면 만족하지 못한다.	□	□	□	□	□	□	□	□
2. 다수의 반대가 있더라도 자신의 생각대로 행동한다.	□	□	□	□	□	□	□	□
3. 지금까지 다른 사람의 마음에 상처준 일이 없다.	□	□	□	□	□	□	□	□

32

질문	답안 1						답안 2	
	①	②	③	④	⑤	⑥	멀	가
1. 실행하기 전에 재고하는 경우가 많다.	□	□	□	□	□	□	□	□
2. 완고한 편이라고 생각한다.	□	□	□	□	□	□	□	□
3. 작은 소리도 신경 쓰인다.	□	□	□	□	□	□	□	□

33

질문	답안 1						답안 2	
	①	②	③	④	⑤	⑥	멀	가
1. 다소 무리를 하더라도 피로해지지 않는다.	□	□	□	□	□	□	□	□
2. 다른 사람보다 기가 세다.	□	□	□	□	□	□	□	□
3. 성격이 밝다는 말을 듣는다.	□	□	□	□	□	□	□	□

34

질문	답안 1						답안 2	
	①	②	③	④	⑤	⑥	멀	가
1. 다른 사람이 부럽다고 생각한 적이 한 번도 없다.	□	□	□	□	□	□	□	□
2. 자신의 페이스를 잃지 않는다.	□	□	□	□	□	□	□	□
3. 굳이 말하자면 이상주의자다.	□	□	□	□	□	□	□	□

35

질문	답안 1						답안 2	
	①	②	③	④	⑤	⑥	멀	가
1. 가능성에 눈을 돌린다.	□	□	□	□	□	□	□	□
2. 튀는 것을 싫어한다.	□	□	□	□	□	□	□	□
3. 방법이 정해진 일은 안심할 수 있다.	□	□	□	□	□	□	□	□

36

질문	답안 1						답안 2	
	①	②	③	④	⑤	⑥	멀	가
1. 매사에 감정적으로 생각한다.	□	□	□	□	□	□	□	□
2. 스케줄을 짜고 행동하는 편이다.	□	□	□	□	□	□	□	□
3. 지나치게 합리적으로 결론짓는 것은 좋지 않다.	□	□	□	□	□	□	□	□

37

질문	답안 1						답안 2	
	①	②	③	④	⑤	⑥	멀	가
1. 다른 사람의 의견에 귀를 기울인다.	□	□	□	□	□	□	□	□
2. 사람들 앞에 잘 나서지 못한다.	□	□	□	□	□	□	□	□
3. 임기응변에 능하다.	□	□	□	□	□	□	□	□

38

질문	답안 1						답안 2	
	①	②	③	④	⑤	⑥	멀	가
1. 꿈을 가진 사람에게 끌린다.	□	□	□	□	□	□	□	□
2. 직감적으로 판단한다.	□	□	□	□	□	□	□	□
3. 틀에 박힌 일은 싫다.	□	□	□	□	□	□	□	□

39

질문	답안 1						답안 2	
	①	②	③	④	⑤	⑥	멀	가
1. 친구가 돈을 빌려달라고 하면 거절하지 못한다.	□	□	□	□	□	□	□	□
2. 어려움에 처한 사람을 보면 원인을 생각한다.	□	□	□	□	□	□	□	□
3. 매사에 이론적으로 생각한다.	□	□	□	□	□	□	□	□

40

질문	답안 1						답안 2	
	①	②	③	④	⑤	⑥	멀	가
1. 혼자 꾸준히 하는 것을 좋아한다.	□	□	□	□	□	□	□	□
2. 튀는 것을 좋아한다.	□	□	□	□	□	□	□	□
3. 굳이 말하자면 보수적인 편이다.	□	□	□	□	□	□	□	□

41

질문	답안 1						답안 2	
	①	②	③	④	⑤	⑥	멀	가
1. 다른 사람과 만났을 때 화제에 부족함이 없다.	□	□	□	□	□	□	□	□
2. 그때그때의 기분으로 행동하는 경우가 많다.	□	□	□	□	□	□	□	□
3. 현실적인 사람에게 끌린다.	□	□	□	□	□	□	□	□

42

질문	답안 1						답안 2	
	①	②	③	④	⑤	⑥	멀	가
1. 병이 아닌지 걱정이 들 때가 있다.	□	□	□	□	□	□	□	□
2. 자의식 과잉이라는 생각이 들 때가 있다.	□	□	□	□	□	□	□	□
3. 막무가내라는 말을 들을 때가 많다.	□	□	□	□	□	□	□	□

43

질문	답안 1						답안 2	
	①	②	③	④	⑤	⑥	멀	가
1. 푸념을 한 적이 없다.	□	□	□	□	□	□	□	□
2. 수다를 좋아한다.	□	□	□	□	□	□	□	□
3. 부모에게 불평을 한 적이 한 번도 없다.	□	□	□	□	□	□	□	□

44

질문	답안 1						답안 2	
	①	②	③	④	⑤	⑥	멀	가
1. 친구들이 진지한 사람으로 생각하고 있다.	□	□	□	□	□	□	□	□
2. 엉뚱한 생각을 잘한다.	□	□	□	□	□	□	□	□
3. 냉정한 사람이라는 말을 듣고 싶다.	□	□	□	□	□	□	□	□

PART 2

45

질문	답안 1						답안 2	
	①	②	③	④	⑤	⑥	멀	가
1. 예정에 얽매이는 것을 싫어한다.	□	□	□	□	□	□	□	□
2. 굳이 말하자면 장거리 주자에 어울린다고 생각한다.	□	□	□	□	□	□	□	□
3. 여행을 가기 전에는 세세한 계획을 세운다.	□	□	□	□	□	□	□	□

46

질문	답안 1						답안 2	
	①	②	③	④	⑤	⑥	멀	가
1. 굳이 말하자면 기가 센 편이다.	□	□	□	□	□	□	□	□
2. 신중하게 생각하는 편이다.	□	□	□	□	□	□	□	□
3. 계획을 생각하기보다는 빨리 실행하고 싶어한다.	□	□	□	□	□	□	□	□

47

질문	답안 1						답안 2	
	①	②	③	④	⑤	⑥	멀	가
1. 자신을 쓸모없는 인간이라고 생각할 때가 있다.	☐	☐	☐	☐	☐	☐	☐	☐
2. 아는 사람을 발견해도 피해버릴 때가 있다.	☐	☐	☐	☐	☐	☐	☐	☐
3. 앞으로의 일을 생각하지 않으면 진정이 되지 않는다.	☐	☐	☐	☐	☐	☐	☐	☐

48

질문	답안 1						답안 2	
	①	②	③	④	⑤	⑥	멀	가
1. 격렬한 운동도 그다지 힘들어하지 않는다.	☐	☐	☐	☐	☐	☐	☐	☐
2. 무슨 일이든 선수를 쳐야 이긴다고 생각한다.	☐	☐	☐	☐	☐	☐	☐	☐
3. 예정이 없는 상태를 싫어한다.	☐	☐	☐	☐	☐	☐	☐	☐

49

질문	답안 1						답안 2	
	①	②	③	④	⑤	⑥	멀	가
1. 잘하지 못하는 게임은 하지 않으려고 한다.	☐	☐	☐	☐	☐	☐	☐	☐
2. 다른 사람에게 의존적이 될 때가 많다.	☐	☐	☐	☐	☐	☐	☐	☐
3. 대인관계가 귀찮다고 느낄 때가 있다.	☐	☐	☐	☐	☐	☐	☐	☐

50

질문	답안 1						답안 2	
	①	②	③	④	⑤	⑥	멀	가
1. 장래의 일을 생각하면 불안해질 때가 있다.	□	□	□	□	□	□	□	□
2. 가만히 있지 못할 정도로 침착하지 못할 때가 있다.	□	□	□	□	□	□	□	□
3. 침울해지면서 아무것도 손에 잡히지 않을 때가 있다.	□	□	□	□	□	□	□	□

PART 2

51

질문	답안 1						답안 2	
	①	②	③	④	⑤	⑥	멀	가
1. 새로운 일에 처음 한 발을 좀처럼 떼지 못한다.	□	□	□	□	□	□	□	□
2. 다른 사람이 나를 어떻게 생각하는지 궁금할 때가 많다.	□	□	□	□	□	□	□	□
3. 미리 행동을 정해두는 경우가 많다.	□	□	□	□	□	□	□	□

52

질문	답안 1						답안 2	
	①	②	③	④	⑤	⑥	멀	가
1. 혼자 생각하는 것을 좋아한다.	□	□	□	□	□	□	□	□
2. 다른 사람과 이야기하는 것을 좋아한다.	□	□	□	□	□	□	□	□
3. 하루의 행동을 반성하는 경우가 많다.	□	□	□	□	□	□	□	□

53

질문	답안 1						답안 2	
	①	②	③	④	⑤	⑥	멀	가
1. 어린 시절로 돌아가고 싶을 때가 있다.	□	□	□	□	□	□	□	□
2. 인생에서 중요한 것은 높은 목표를 갖는 것이다.	□	□	□	□	□	□	□	□
3. 커다란 일을 해보고 싶다.	□	□	□	□	□	□	□	□

54

질문	답안 1						답안 2	
	①	②	③	④	⑤	⑥	멀	가
1. 시원시원하다고 생각한다.	□	□	□	□	□	□	□	□
2. 동작이 기민한 편이다.	□	□	□	□	□	□	□	□
3. 소외감을 느낄 때가 있다.	□	□	□	□	□	□	□	□

55

질문	답안 1						답안 2	
	①	②	③	④	⑤	⑥	멀	가
1. 혼자 여행을 떠나고 싶을 때가 자주 있다.	□	□	□	□	□	□	□	□
2. 눈을 뜨면 바로 일어난다.	□	□	□	□	□	□	□	□
3. 활력이 있다.	□	□	□	□	□	□	□	□

56

질문	답안 1						답안 2	
	①	②	③	④	⑤	⑥	멀	가
1. 싸움을 한 적이 없다.	□	□	□	□	□	□	□	□
2. 끈기가 강하다.	□	□	□	□	□	□	□	□
3. 변화가 있는 것을 좋아한다.	□	□	□	□	□	□	□	□

57

질문	답안 1						답안 2	
	①	②	③	④	⑤	⑥	멀	가
1. 굳이 말하자면 혁신적인 편이라고 생각한다.	□	□	□	□	□	□	□	□
2. 사람들 앞에 나서는 데 어려움이 없다.	□	□	□	□	□	□	□	□
3. 스케줄을 짜지 않고 행동하는 편이다.	□	□	□	□	□	□	□	□

58

질문	답안 1						답안 2	
	①	②	③	④	⑤	⑥	멀	가
1. 학구적이라는 인상을 주고 싶다.	□	□	□	□	□	□	□	□
2. 조직 안에서는 우등생 타입이라고 생각한다.	□	□	□	□	□	□	□	□
3. 이성적인 사람 밑에서 일하고 싶다.	□	□	□	□	□	□	□	□

59

질문	답안 1						답안 2	
	①	②	③	④	⑤	⑥	멀	가
1. 정해진 절차에 따르는 것을 싫어한다.	□	□	□	□	□	□	□	□
2. 경험으로 판단한다.	□	□	□	□	□	□	□	□
3. 틀에 박힌 일은 싫다.	□	□	□	□	□	□	□	□

60

질문	답안 1						답안 2	
	①	②	③	④	⑤	⑥	멀	가
1. 그때그때의 기분에 영향을 받는 편이다.	□	□	□	□	□	□	□	□
2. 시간에 정확한 편이다.	□	□	□	□	□	□	□	□
3. 융통성이 있다.	□	□	□	□	□	□	□	□

61

질문	답안 1						답안 2	
	①	②	③	④	⑤	⑥	멀	가
1. 이야기하는 것을 좋아한다.	□	□	□	□	□	□	□	□
2. 모임에서는 소개를 받는 편이다.	□	□	□	□	□	□	□	□
3. 자신의 의견을 밀어붙인다.	□	□	□	□	□	□	□	□

62

질문	답안 1						답안 2	
	①	②	③	④	⑤	⑥	멀	가
1. 현실적이라는 이야기를 듣는다.	□	□	□	□	□	□	□	□
2. 계획적인 행동을 중요하게 여긴다.	□	□	□	□	□	□	□	□
3. 현실성에 눈을 돌린다.	□	□	□	□	□	□	□	□

63

질문	답안 1						답안 2	
	①	②	③	④	⑤	⑥	멀	가
1. 모임에서는 소개를 하는 편이다.	□	□	□	□	□	□	□	□
2. 조직 안에서는 독자적으로 움직이는 타입이다.	□	□	□	□	□	□	□	□
3. 정해진 절차가 바뀌는 것을 싫어한다.	□	□	□	□	□	□	□	□

64

질문	답안 1						답안 2	
	①	②	③	④	⑤	⑥	멀	가
1. 일을 선택할 때에는 인간관계를 중시하고 싶다.	□	□	□	□	□	□	□	□
2. 굳이 말하자면 현실주의자이다.	□	□	□	□	□	□	□	□
3. 지나치게 온정을 표시하는 것은 좋지 않다.	□	□	□	□	□	□	□	□

65

질문	답안 1						답안 2	
	①	②	③	④	⑤	⑥	멀	가
1. 상상력이 있다는 말을 듣는다.	□	□	□	□	□	□	□	□
2. 틀에 박힌 일은 너무 딱딱해서 싫다.	□	□	□	□	□	□	□	□
3. 다른 사람이 어떻게 생각하는지 신경 쓰인다.	□	□	□	□	□	□	□	□

66

질문	답안 1						답안 2	
	①	②	③	④	⑤	⑥	멀	가
1. 사람들 앞에서 잘 이야기하지 못한다.	□	□	□	□	□	□	□	□
2. 친절한 사람이라는 말을 듣고 싶다.	□	□	□	□	□	□	□	□
3. 일을 선택할 때에는 일의 보람을 중시하고 싶다.	□	□	□	□	□	□	□	□

67

질문	답안 1						답안 2	
	①	②	③	④	⑤	⑥	멀	가
1. 고치고 싶은 일이 많다.	□	□	□	□	□	□	□	□
2. 늘 피곤해 하는 편이다.	□	□	□	□	□	□	□	□
3. 남의 눈을 의식한다.	□	□	□	□	□	□	□	□

68

질문	답안 1						답안 2	
	①	②	③	④	⑤	⑥	멀	가
1. 장래의 목표가 있다.	□	□	□	□	□	□	□	□
2. 누구하고나 허물없이 지낸다.	□	□	□	□	□	□	□	□
3. 매일의 생활이 즐거워 만족하고 있다.	□	□	□	□	□	□	□	□

69

질문	답안 1						답안 2	
	①	②	③	④	⑤	⑥	멀	가
1. 신중하게 생각하지 않고 행동으로 옮긴다.	□	□	□	□	□	□	□	□
2. 원상회복이 불가능한 일을 잘 한다.	□	□	□	□	□	□	□	□
3. 잠깐 사이에 생각이 자주 바뀐다.	□	□	□	□	□	□	□	□

70

질문	답안 1						답안 2	
	①	②	③	④	⑤	⑥	멀	가
1. 다른 사람들에게 느긋하다는 말을 자주 듣는다.	□	□	□	□	□	□	□	□
2. 좋다고 느끼면서도 금방 달려들지 못한다.	□	□	□	□	□	□	□	□
3. 꼼짝 않고 가만히 있어도 견딜 수 있다.	□	□	□	□	□	□	□	□

71

질문	답안 1						답안 2	
	①	②	③	④	⑤	⑥	멀	가
1. 즐거운 일만 기억하고 있다.	□	□	□	□	□	□	□	□
2. 싫은 사람과도 협력할 수 있다.	□	□	□	□	□	□	□	□
3. 새로운 환경에 처하면 피곤해진다.	□	□	□	□	□	□	□	□

72

질문	답안 1						답안 2	
	①	②	③	④	⑤	⑥	멀	가
1. 남과 같이 있어도 주눅이 들지 않는다.	□	□	□	□	□	□	□	□
2. 자신이 무엇을 해야 되는지 알고 있다.	□	□	□	□	□	□	□	□
3. 나쁜 일은 금세 잊어버린다.	□	□	□	□	□	□	□	□

73

질문	답안 1						답안 2	
	①	②	③	④	⑤	⑥	멀	가
1. 남과 이야기하는 것이 좋다고 생각한다.	□	□	□	□	□	□	□	□
2. 누군가와 다투어도 식사 도중에 말을 꺼낼 수 있다.	□	□	□	□	□	□	□	□
3. 무슨 일이나 자신을 가지고 할 수 있다.	□	□	□	□	□	□	□	□

74

질문	답안 1						답안 2	
	①	②	③	④	⑤	⑥	멀	가
1. 놀림을 당해도 정색하면서 화를 내는 경우는 없다.	□	□	□	□	□	□	□	□
2. 동요되더라도 금세 침착해진다.	□	□	□	□	□	□	□	□
3. 윗사람하고도 주눅 들지 않고 이야기할 수 있다.	□	□	□	□	□	□	□	□

75

질문	답안 1						답안 2	
	①	②	③	④	⑤	⑥	멀	가
1. 신경이 곤두서면 감정을 터뜨려 발산한다.	□	□	□	□	□	□	□	□
2. 전화를 거칠게 끊는 경우가 있다.	□	□	□	□	□	□	□	□
3. 나쁜 일들만 기억에 남는다.	□	□	□	□	□	□	□	□

76

질문	답안 1						답안 2	
	①	②	③	④	⑤	⑥	멀	가
1. 궂은 일도 피하지 않는다.	□	□	□	□	□	□	□	□
2. 시간이 지나면 대부분 즐거운 추억으로 남는다.	□	□	□	□	□	□	□	□
3. 화가 나도 물건을 집어던지지 않는다.	□	□	□	□	□	□	□	□

77

질문	답안 1						답안 2	
	①	②	③	④	⑤	⑥	멀	가
1. 걱정거리가 생기면 공부를 할 수가 없다.	□	□	□	□	□	□	□	□
2. 사는 것이 힘겹다고 자주 느낀다.	□	□	□	□	□	□	□	□
3. 감정이 즉시 얼굴에 나타나는 편이다.	□	□	□	□	□	□	□	□

78

질문	답안 1						답안 2	
	①	②	③	④	⑤	⑥	멀	가
1. 다른 사람들을 잘 믿는다.	□	□	□	□	□	□	□	□
2. 다른 사람들 일을 잘 돌봐 주는 편이다.	□	□	□	□	□	□	□	□
3. 나의 행동은 절도가 있고 명쾌한 편이다.	□	□	□	□	□	□	□	□

79

질문	답안 1						답안 2	
	①	②	③	④	⑤	⑥	멀	가
1. 낯선 곳에 혼자 심부름 가기를 주저한다.	□	□	□	□	□	□	□	□
2. 자기표현이 재빠르지 않다.	□	□	□	□	□	□	□	□
3. 부끄러움을 쉽게 탄다.	□	□	□	□	□	□	□	□

80

질문	답안 1						답안 2	
	①	②	③	④	⑤	⑥	멀	가
1. 신기한 것에 호기심이 많다.	□	□	□	□	□	□	□	□
2. 사물을 분해하고 탐색한다.	□	□	□	□	□	□	□	□
3. '하고 싶다', '되고 싶다'라는 꿈이 많다.	□	□	□	□	□	□	□	□

PART 2

81

질문	답안 1						답안 2	
	①	②	③	④	⑤	⑥	멀	가
1. 먼저 신중히 생각한 후 행동하는 편이다.	□	□	□	□	□	□	□	□
2. 침착하고 조용하다는 말을 많이 듣는다.	□	□	□	□	□	□	□	□
3. 혼자 놀거나 조용히 책 읽는 것을 좋아한다.	□	□	□	□	□	□	□	□

03 인성검사 II 모의연습

※ 인성검사는 정답이 따로 없는 유형의 검사이므로 결과지를 제공하지 않습니다.

※ 다음 질문을 읽고, ①~④ 중 자신에게 해당하는 것을 고르시오(① 그렇지 않다, ② 약간 그렇다, ③ 대체로 그렇다, ④ 그렇다). [1~335]

번호	질문	응답
1	취미로 독서와 헬스 중 헬스를 하고 싶다.	① ② ③ ④
2	보고 들은 것을 문장으로 옮기기를 좋아한다.	① ② ③ ④
3	남에게 뭔가 가르쳐주는 일이 좋다.	① ② ③ ④
4	많은 사람과 장시간 함께 있으면 피곤하다.	① ② ③ ④
5	엉뚱한 일을 하기 좋아하고 발상도 개성적이다.	① ② ③ ④
6	전표 계산 또는 장부 기입 같은 일을 싫증내지 않고 할 수 있다.	① ② ③ ④
7	책이나 신문을 열심히 읽는 편이다.	① ② ③ ④
8	신경이 예민한 편이며, 감수성도 예민하다.	① ② ③ ④
9	연회석에서 망설임 없이 노래를 부르거나 장기를 보이는 편이다.	① ② ③ ④
10	즐거운 캠프를 위해 계획 세우기를 좋아한다.	① ② ③ ④
11	데이터를 분류하거나 통계내는 일을 싫어하지는 않는다.	① ② ③ ④
12	드라마나 소설 속의 등장인물의 생활과 사고방식에 흥미가 있다.	① ② ③ ④
13	자신의 미적 표현력을 살리면 상당히 좋은 작품이 나올 것 같다.	① ② ③ ④
14	화려한 것을 좋아하며 주위의 평판에 신경을 쓰는 편이다.	① ② ③ ④
15	여럿이서 여행할 기회가 있다면 즐겁게 참가한다.	① ② ③ ④
16	여행 소감 쓰기를 좋아한다.	① ② ③ ④
17	상품전시회에서 상품 설명을 한다면 잘 할 수 있을 것 같다.	① ② ③ ④
18	변화가 적고 손이 많이 가는 일도 꾸준히 하는 편이다.	① ② ③ ④
19	신제품 홍보에 흥미가 있다.	① ② ③ ④
20	열차시간표 한 페이지 정도라면 정확하게 옮겨 쓸 자신이 있다.	① ② ③ ④
21	자신의 장래에 대해 자주 생각해본다.	① ② ③ ④
22	혼자 있는 것에 익숙하다.	① ② ③ ④
23	별 근심이 없다.	① ② ③ ④
24	나의 환경에 아주 만족한다.	① ② ③ ④
25	상품을 고를 때 디자인과 색에 신경을 많이 쓴다.	① ② ③ ④
26	극단이나 엔터테인먼트에서 일해보고 싶다는 생각을 한 적 있다.	① ② ③ ④
27	외출할 때 날씨가 좋지 않아도 그다지 신경을 쓰지 않는다.	① ② ③ ④
28	손님을 불러들이는 호객행위도 마음만 먹으면 할 수 있을 것 같다.	① ② ③ ④
29	신중하고 주의 깊은 편이다.	① ② ③ ④
30	잘못된 부분을 보면 그냥 지나치지 못한다.	① ② ③ ④

번호	질문	응답			
31	사놓고 쓰지 않는 물건이 많이 있다.	①	②	③	④
32	마음에 들지 않는 사람은 만나지 않으려고 노력한다.	①	②	③	④
33	스트레스 관리를 잘한다.	①	②	③	④
34	악의 없이 한 말에도 화를 낸다.	①	②	③	④
35	자신을 비난하는 사람은 피하는 편이다.	①	②	③	④
36	깨끗이 정돈된 상태를 좋아한다.	①	②	③	④
37	기분에 따라 목적지를 바꾼다.	①	②	③	④
38	다른 사람들의 주목을 받는 것을 좋아한다.	①	②	③	④
39	타인의 충고를 받아들이는 편이다.	①	②	③	④
40	이유없이 기분이 우울해질 때가 있다.	①	②	③	④
41	하루 종일 책상 앞에 앉아 있어도 지루해하지 않는 편이다.	①	②	③	④
42	알기 쉽게 요점을 정리한 다음 남에게 잘 설명하는 편이다.	①	②	③	④
43	생물 시간보다는 미술 시간에 흥미가 있다.	①	②	③	④
44	남이 자신에게 상담을 해오는 경우가 많다.	①	②	③	④
45	친목회나 송년회 등의 총무역할을 좋아하는 편이다.	①	②	③	④
46	실패하든 성공하든 그 원인은 꼭 분석한다.	①	②	③	④
47	실내장식품이나 액세서리 등에 관심이 많다.	①	②	③	④
48	남에게 보이기 좋아하고 지기 싫어하는 편이다.	①	②	③	④
49	대자연 속에서 마음대로 몸을 움직이는 일이 좋다.	①	②	③	④
50	파티나 모임에서 자연스럽게 돌아다니며 인사하는 성격이다.	①	②	③	④
51	무슨 일에 쉽게 구애받는 편이며 장인의식도 강하다.	①	②	③	④
52	우리나라 분재를 파리에서 파는 방법 따위를 생각하기 좋아한다.	①	②	③	④
53	하루 종일 돌아다녀도 그다지 피곤을 느끼지 않는다.	①	②	③	④
54	컴퓨터의 키보드 조작도 연습하면 잘 할 수 있을 것 같다.	①	②	③	④
55	자동차나 모터보트 등의 운전에 흥미를 갖고 있다.	①	②	③	④
56	인기탤런트의 인기비결을 곧잘 생각해본다.	①	②	③	④
57	과자나 빵을 판매하는 일보다 만드는 일이 나에게 맞을 것 같다.	①	②	③	④
58	대체로 걱정하거나 고민하지 않는다.	①	②	③	④
59	비판적인 말을 들어도 쉽게 상처받지 않았다.	①	②	③	④
60	초등학교 선생님보다는 등대지기가 더 재미있을 것 같았다.	①	②	③	④
61	남의 생일이나 명절 때 선물을 사러 다니는 일이 귀찮게 느껴진다.	①	②	③	④
62	조심스러운 성격이라고 생각한다.	①	②	③	④
63	사물을 신중하게 생각하는 편이다.	①	②	③	④
64	동작이 기민한 편이다.	①	②	③	④
65	포기하지 않고 노력하는 것이 중요하다.	①	②	③	④

번호	질문	응답
66	일주일의 예정을 만드는 것을 좋아한다.	① ② ③ ④
67	노력의 여하보다 결과가 중요하다.	① ② ③ ④
68	자기주장이 강하다.	① ② ③ ④
69	장래의 일을 생각하면 불안해질 때가 있다.	① ② ③ ④
70	소외감을 느낄 때가 있다.	① ② ③ ④
71	훌쩍 여행을 떠나고 싶을 때가 자주 있다.	① ② ③ ④
72	대인관계가 귀찮다고 느낄 때가 있다.	① ② ③ ④
73	자신의 권리를 주장하는 편이다.	① ② ③ ④
74	낙천가라고 생각한다.	① ② ③ ④
75	싸움을 한 적이 없다.	① ② ③ ④
76	자신의 의견을 상대에게 잘 주장하지 못한다.	① ② ③ ④
77	좀처럼 결단하지 못하는 경우가 있다.	① ② ③ ④
78	하나의 취미를 오래 지속하는 편이다.	① ② ③ ④
79	한번 시작한 일은 반드시 마무리한다.	① ② ③ ④
80	내 방식대로 일하는 편이 좋다.	① ② ③ ④
81	부끄러움을 잘 탄다.	① ② ③ ④
82	상상력이 풍부하다.	① ② ③ ④
83	자신을 자신감 있게 표현할 수 있다.	① ② ③ ④
84	열등감은 좋지 않다고 생각한다.	① ② ③ ④
85	후회하는 일이 전혀 없다.	① ② ③ ④
86	매사를 태평하게 보는 편이다.	① ② ③ ④
87	한번 시작한 일은 끝을 맺는다.	① ② ③ ④
88	행동으로 옮기기까지 시간이 걸린다.	① ② ③ ④
89	다른 사람들이 하지 못하는 일을 하고 싶다.	① ② ③ ④
90	해야 할 일은 신속하게 처리한다.	① ② ③ ④
91	병이 아닌지 걱정이 들 때가 있다.	① ② ③ ④
92	다른 사람의 충고를 기분 좋게 듣는 편이다.	① ② ③ ④
93	다른 사람에게 의존적이 될 때가 많다.	① ② ③ ④
94	타인에게 간섭받는 것은 싫다.	① ② ③ ④
95	자의식 과잉이라는 생각이 들 때가 있다.	① ② ③ ④
96	수다를 좋아한다.	① ② ③ ④
97	잘못된 일을 한 적이 한 번도 없다.	① ② ③ ④
98	모르는 사람과 이야기하는 것은 용기가 필요하다.	① ② ③ ④
99	끙끙거리며 생각할 때가 있다.	① ② ③ ④
100	다른 사람에게 항상 움직이고 있다는 말을 듣는다.	① ② ③ ④

번호	질문	응답			
101	매사에 얽매인다.	①	②	③	④
102	잘하지 못하는 게임은 하지 않으려고 한다.	①	②	③	④
103	어떠한 일이 있어도 출세하고 싶다.	①	②	③	④
104	막무가내라는 말을 들을 때가 많다.	①	②	③	④
105	신경이 예민한 편이라고 생각한다.	①	②	③	④
106	쉽게 침울해한다.	①	②	③	④
107	쉽게 싫증을 내는 편이다.	①	②	③	④
108	옆에 사람이 있으면 싫다.	①	②	③	④
109	토론에서 이길 자신이 있다.	①	②	③	④
110	친구들과 남의 이야기를 하는 것을 좋아한다.	①	②	③	④
111	푸념을 한 적이 없다.	①	②	③	④
112	남과 친해지려면 용기가 필요하다.	①	②	③	④
113	통찰력이 있다고 생각한다.	①	②	③	④
114	집에서 가만히 있으면 기분이 우울해진다.	①	②	③	④
115	매사에 느긋하고 차분하게 대처한다.	①	②	③	④
116	좋은 생각이 떠올라도 실행하기 전에 여러모로 검토한다.	①	②	③	④
117	누구나 권력자를 동경하고 있다고 생각한다.	①	②	③	④
118	몸으로 부딪쳐 도전하는 편이다.	①	②	③	④
119	당황하면 갑자기 땀이 나서 신경 쓰일 때가 있다.	①	②	③	④
120	친구들은 나를 진지한 사람으로 생각하고 있다.	①	②	③	④
121	감정적으로 될 때가 많다.	①	②	③	④
122	다른 사람의 일에 관심이 없다.	①	②	③	④
123	다른 사람으로부터 지적받는 것은 싫다.	①	②	③	④
124	지루하면 마구 떠들고 싶어진다.	①	②	③	④
125	남들이 침착하다고 한다.	①	②	③	④
126	혼자 있는 것을 좋아한다.	①	②	③	④
127	한 자리에 가만히 있는 것을 싫어한다.	①	②	③	④
128	시간이 나면 주로 자는 편이다.	①	②	③	④
129	조용한 것보다는 활동적인 것이 좋다.	①	②	③	④
130	맡은 분야에서 항상 최고가 되려고 한다.	①	②	③	④
131	모임에서 책임 있는 일을 맡고 싶어 한다.	①	②	③	④
132	영화를 보고 운 적이 많다.	①	②	③	④
133	남을 도와주다가 내 일을 끝내지 못한 적이 있다.	①	②	③	④
134	누가 시키지 않아도 스스로 일을 찾아서 한다.	①	②	③	④
135	다른 사람이 바보라고 생각되는 경우가 있다.	①	②	③	④

번호	질문	응답
136	부모에게 불평을 한 적이 한 번도 없다.	① ② ③ ④
137	내성적이라고 생각한다.	① ② ③ ④
138	돌다리도 두들기고 건너는 타입이라고 생각한다.	① ② ③ ④
139	굳이 말하자면 시원시원하다.	① ② ③ ④
140	나는 끈기가 강하다.	① ② ③ ④
141	전망을 세우고 행동할 때가 많다.	① ② ③ ④
142	일에는 결과가 중요하다고 생각한다.	① ② ③ ④
143	활력이 있다.	① ② ③ ④
144	항상 천재지변을 당하지 않을까 걱정하고 있다.	① ② ③ ④
145	때로는 후회할 때도 있다.	① ② ③ ④
146	다른 사람에게 위해를 가할 것 같은 기분이 든 때가 있다.	① ② ③ ④
147	진정으로 마음을 허락할 수 있는 사람은 없다.	① ② ③ ④
148	기다리는 것에 짜증내는 편이다.	① ② ③ ④
149	친구들로부터 줏대 없는 사람이라는 말을 듣는다.	① ② ③ ④
150	사물을 과장해서 말한 적은 없다.	① ② ③ ④
151	인간관계가 폐쇄적이라는 말을 듣는다.	① ② ③ ④
152	매사에 신중한 편이라고 생각한다.	① ② ③ ④
153	눈을 뜨면 바로 일어난다.	① ② ③ ④
154	난관에 봉착해도 포기하지 않고 열심히 해본다.	① ② ③ ④
155	실행하기 전에 재확인할 때가 많다.	① ② ③ ④
156	리더로서 인정을 받고 싶다.	① ② ③ ④
157	어떤 일이 있어도 의욕을 가지고 열심히 하는 편이다.	① ② ③ ④
158	다른 사람의 감정에 민감하다.	① ② ③ ④
159	타인의 문제에 대해 격려하고 돕는 편이다.	① ② ③ ④
160	사소한 일로 우는 일이 많다.	① ② ③ ④
161	반대에 부딪혀도 자신의 의견을 바꾸는 일은 없다.	① ② ③ ④
162	누구와도 편하게 이야기할 수 있다.	① ② ③ ④
163	가만히 있지 못할 정도로 침착하지 못할 때가 있다.	① ② ③ ④
164	다른 사람을 싫어한 적은 한 번도 없다.	① ② ③ ④
165	그룹 내에서는 누군가의 주도하에 따라가는 경우가 많다.	① ② ③ ④
166	차분하다는 말을 듣는다.	① ② ③ ④
167	스포츠 선수가 되고 싶다고 생각한 적이 있다.	① ② ③ ④
168	모두가 싫증을 내는 일에도 혼자서 열심히 한다.	① ② ③ ④
169	휴일은 세부적인 계획을 세우고 보낸다.	① ② ③ ④
170	완성된 것보다 미완성인 것에 흥미가 있다.	① ② ③ ④

번호	질문	응답			
171	이성적인 사람 밑에서 일하고 싶다.	①	②	③	④
172	작은 소리에도 신경이 쓰인다.	①	②	③	④
173	끙끙거리며 생각할 때가 많다.	①	②	③	④
174	컨디션에 따라 행동한다.	①	②	③	④
175	항상 규칙적으로 생활한다.	①	②	③	④
176	다소 감정적이라고 생각한다.	①	②	③	④
177	다른 사람의 의견을 잘 수긍하는 편이다.	①	②	③	④
178	결심을 하더라도 생각을 바꾸는 일이 많다.	①	②	③	④
179	다시는 떠올리고 싶지 않은 기억이 있다.	①	②	③	④
180	과거를 잘 생각하는 편이다.	①	②	③	④
181	평소 감정이 메마른 것 같다는 생각을 한다.	①	②	③	④
182	가끔 하늘을 올려다 본다.	①	②	③	④
183	생각조차 하기 싫은 사람이 있다.	①	②	③	④
184	멍하니 있는 경우가 많다.	①	②	③	④
185	잘하지 못하는 것이라도 자진해서 한다.	①	②	③	④
186	가만히 있지 못할 정도로 불안해질 때가 많다.	①	②	③	④
187	자주 깊은 생각에 잠긴다.	①	②	③	④
188	이유도 없이 다른 사람과 부딪힐 때가 있다.	①	②	③	④
189	타인의 일에는 별로 관여하고 싶지 않다고 생각한다.	①	②	③	④
190	무슨 일이든 자신을 가지고 행동한다.	①	②	③	④
191	유명인과 서로 아는 사람이 되고 싶다.	①	②	③	④
192	지금까지 후회를 한 적이 없다.	①	②	③	④
193	의견이 다른 사람과는 어울리지 않는다.	①	②	③	④
194	무슨 일이든 생각해 보지 않으면 만족하지 못한다.	①	②	③	④
195	다소 무리를 하더라도 피로해지지 않는다.	①	②	③	④
196	굳이 말하자면 장거리주자에 어울린다고 생각한다.	①	②	③	④
197	여행을 가기 전에는 세세한 계획을 세운다.	①	②	③	④
198	능력을 살릴 수 있는 일을 하고 싶다.	①	②	③	④
199	스스로가 소심하다고 생각한다.	①	②	③	④
200	굳이 말하자면 자의식과잉이다.	①	②	③	④
201	자신을 쓸모없는 인간이라고 생각할 때가 있다.	①	②	③	④
202	주위의 영향을 쉽게 받는다.	①	②	③	④
203	지인을 발견해도 인사하고 싶지 않을 때가 많다.	①	②	③	④
204	다수의 반대가 있더라도 자신의 생각대로 행동한다.	①	②	③	④
205	번화한 곳에 외출하는 것을 좋아한다.	①	②	③	④

번호	질문	응답
206	지금까지 다른 사람의 마음에 상처준 일이 없다.	① ② ③ ④
207	다른 사람에게 자신이 소개되는 것을 좋아한다.	① ② ③ ④
208	실행하기 전에 재고하는 경우가 많다.	① ② ③ ④
209	몸을 움직이는 것을 좋아한다.	① ② ③ ④
210	나는 완고한 편이라고 생각한다.	① ② ③ ④
211	신중하게 생각하는 편이다.	① ② ③ ④
212	커다란 일을 해보고 싶다.	① ② ③ ④
213	계획을 생각하기보다 빨리 실행하고 싶어 한다.	① ② ③ ④
214	작은 소리도 신경 쓰인다.	① ② ③ ④
215	나는 자질구레한 걱정이 많다.	① ② ③ ④
216	이유도 없이 화가 치밀 때가 있다.	① ② ③ ④
217	융통성이 없는 편이다.	① ② ③ ④
218	나는 다른 사람보다 기가 세다.	① ② ③ ④
219	다른 사람보다 쉽게 우쭐해진다.	① ② ③ ④
220	신중하고 주의가 깊다.	① ② ③ ④
221	아는 사람에게 과도하게 친절하게 구는 편이다.	① ② ③ ④
222	사과를 잘하지 못한다.	① ② ③ ④
223	웃음이 많은 편이다.	① ② ③ ④
224	감수성이 예민한 편이다.	① ② ③ ④
225	후회하는 일이 많다.	① ② ③ ④
226	난관에 봉착해도 포기하지 않고 열심히 한다.	① ② ③ ④
227	잘못한 일이 있으면 먼저 인정하고 사과한다.	① ② ③ ④
228	관심 분야가 자주 바뀐다.	① ② ③ ④
229	좋아하는 연예인이 있다.	① ② ③ ④
230	어떤 일이 있어도 화를 내지 않는다.	① ② ③ ④
231	병이 아닌지 걱정이 많다.	① ② ③ ④
232	집에 가만히 있을 때 더 우울하다.	① ② ③ ④
233	자신이 쓸모없다고 생각한 적이 있다.	① ② ③ ④
234	다른 사람을 의심한 적이 한 번도 없다.	① ② ③ ④
235	어색해지면 입을 다무는 경우가 많다.	① ② ③ ④
236	하루의 행동을 반성하는 경우가 많다.	① ② ③ ④
237	격렬한 운동도 그다지 힘들어하지 않는다.	① ② ③ ④
238	새로운 일에 첫발을 좀처럼 떼지 못한다.	① ② ③ ④
239	앞으로의 일을 생각하지 않으면 진정이 되지 않는다.	① ② ③ ④
240	인생에서 중요한 것은 높은 목표를 갖는 것이다.	① ② ③ ④

번호	질문	응답			
241	무슨 일이든 선수를 쳐야 이긴다고 생각한다.	①	②	③	④
242	다른 사람이 나를 어떻게 생각하는지 궁금할 때가 많다.	①	②	③	④
243	침울해지면서 아무것도 손에 잡히지 않을 때가 있다.	①	②	③	④
244	어린 시절로 돌아가고 싶을 때가 있다.	①	②	③	④
245	아는 사람을 발견해도 피해버릴 때가 있다.	①	②	③	④
246	굳이 말하자면 기가 센 편이다.	①	②	③	④
247	성격이 밝다는 말을 듣는다.	①	②	③	④
248	다른 사람이 부럽다고 생각한 적이 한 번도 없다.	①	②	③	④
249	결점을 지적 받아도 아무렇지 않다.	①	②	③	④
250	피곤하더라도 밝게 행동한다.	①	②	③	④
251	실패했던 경험을 생각하면서 고민하는 편이다.	①	②	③	④
252	언제나 생기가 있다.	①	②	③	④
253	선배의 지적을 순수하게 받아들일 수 있다.	①	②	③	④
254	매일 목표가 있는 생활을 하고 있다.	①	②	③	④
255	열등감으로 자주 고민한다.	①	②	③	④
256	남에게 무시당하면 화가 난다.	①	②	③	④
257	무엇이든지 하면 된다고 생각하는 편이다.	①	②	③	④
258	자신의 존재를 과시하고 싶다.	①	②	③	④
259	사람을 많이 만나는 것을 좋아한다.	①	②	③	④
260	사람들이 당신에게 말수가 적다고 하는 편이다.	①	②	③	④
261	특정한 사람과 교제를 하는 타입이다.	①	②	③	④
262	친구에게 먼저 말을 하는 편이다.	①	②	③	④
263	친구만 있으면 된다고 생각한다.	①	②	③	④
264	많은 사람 앞에서 말하는 것이 서툴다.	①	②	③	④
265	반 편성과 교실 이동을 싫어한다.	①	②	③	④
266	다과회 등에서 자주 책임을 맡는다.	①	②	③	④
267	새 팀 분위기에 쉽게 적응하지 못하는 편이다.	①	②	③	④
268	누구하고나 친하게 교제한다.	①	②	③	④
269	남에게 뭔가를 가르치는 걸 좋아한다.	①	②	③	④
270	사람과 대화하는 것이 피곤하다.	①	②	③	④
271	신경이 예민한 편이라는 말을 듣는다.	①	②	③	④
272	모임에서 리더가 되는 것이 불편하다.	①	②	③	④
273	친구들에게 줏대 없다는 말을 듣는다.	①	②	③	④
274	불쌍한 사람을 보면 그냥 지나치지 못한다.	①	②	③	④
275	눈물이 많은 편이다.	①	②	③	④

번호	질문	응답
276	사람과 오래도록 알고 지내는 편이다.	① ② ③ ④
277	어디서든지 씩씩하게 행동할 수 있다.	① ② ③ ④
278	사람에 대한 정이 많은 편이다.	① ② ③ ④
279	연락하는 친구가 열 명 이상이다.	① ② ③ ④
280	사랑보다는 우정이라고 생각한다.	① ② ③ ④
281	다른 사람의 감정에 예민하다.	① ② ③ ④
282	주변 환경에 영향을 많이 받는다.	① ② ③ ④
283	충동구매는 절대 하지 않는다.	① ② ③ ④
284	컨디션에 따라 기분이 잘 변한다.	① ② ③ ④
285	옷 입는 취향이 오랫동안 바뀌지 않고 그대로이다.	① ② ③ ④
286	남의 물건이 좋아 보인다.	① ② ③ ④
287	광고를 보면 그 물건을 사고 싶다.	① ② ③ ④
288	자신이 낙천주의자라고 생각한다.	① ② ③ ④
289	에스컬레이터에서도 걷지 않는다.	① ② ③ ④
290	꾸물대는 것을 싫어한다.	① ② ③ ④
291	고민이 생겨도 심각하게 생각하지 않는다.	① ② ③ ④
292	반성하는 일이 거의 없다.	① ② ③ ④
293	남의 말을 호의적으로 받아들인다.	① ② ③ ④
294	혼자 있을 때가 편안하다.	① ② ③ ④
295	친구에게 불만이 있다.	① ② ③ ④
296	남의 말을 좋은 쪽으로 해석한다.	① ② ③ ④
297	남의 의견을 절대 참고하지 않는다.	① ② ③ ④
298	일을 시작할 때 계획을 세우는 편이다.	① ② ③ ④
299	경험으로 판단한다.	① ② ③ ④
300	부모님과 여행을 자주 간다.	① ② ③ ④
301	쉽게 짜증을 내는 편이다.	① ② ③ ④
302	사람을 상대하는 것을 좋아한다.	① ② ③ ④
303	컴퓨터로 일을 하는 것을 좋아한다.	① ② ③ ④
304	하루 종일 말하지 않고 지낼 수 있다.	① ② ③ ④
305	감정조절이 잘 되지 않는 편이다.	① ② ③ ④
306	혼자 사는 편이 편한다.	① ② ③ ④
307	승부욕이 강하여 게임에서 반드시 이겨야 한다.	① ② ③ ④
308	카리스마가 있다는 말을 들은 적이 있다.	① ② ③ ④
309	평소 꼼꼼한 편이다.	① ② ③ ④
310	다시 태어나고 싶은 순간이 있다.	① ② ③ ④

번호	질문	응답
311	운동을 하다가 다친 적이 있다.	① ② ③ ④
312	다른 사람의 말보다는 자신의 믿음을 믿는다.	① ② ③ ④
313	귀찮은 일이 있으면 먼저 해치운다.	① ② ③ ④
314	정리 정돈하는 것을 좋아한다.	① ② ③ ④
315	다른 사람의 대화에 끼고 싶다.	① ② ③ ④
316	카리스마가 있다는 말을 들어본 적이 있다.	① ② ③ ④
317	미래에 대한 고민이 많다.	① ② ③ ④
318	친구들의 성공 소식에 씁쓸한 적이 있다.	① ② ③ ④
319	내가 못하는 것이 있으면 참지 못한다.	① ② ③ ④
320	계획에 없는 일을 시키면 짜증이 난다.	① ② ③ ④
321	화가 나면 물건을 집어 던지는 버릇이 있다.	① ② ③ ④
322	매일 아침 일찍 일어난다.	① ② ③ ④
323	다른 사람보다 잘하는 것이 있다.	① ② ③ ④
324	눈치를 보는 일이 많다.	① ② ③ ④
325	사람을 상대하는 것에 부담을 느끼는 경우가 많다.	① ② ③ ④
326	혼자 하는 일이 더 편하다.	① ② ③ ④
327	걱정되는 일이 있으면 다른 일을 할 수 없다.	① ② ③ ④
328	주변 일에 호기심이 많다.	① ② ③ ④
329	새로운 것이 있으면 꼭 경험해 봐야 한다.	① ② ③ ④
330	인정이 많다는 말을 듣는다.	① ② ③ ④
331	사람보다는 동물이 더 낫다는 생각을 한다.	① ② ③ ④
332	바보 같은 소리를 할 때가 있다.	① ② ③ ④
333	인생에 친구는 한 명이어도 괜찮다고 생각한다.	① ② ③ ④
334	윗사람의 명령은 반드시 들어야 한다.	① ② ③ ④
335	하고 싶은 것은 반드시 하고 만다.	① ② ③ ④

M E M O

PART 3

적성검사

CHAPTER 01 언어이해

CHAPTER 02 논리판단

CHAPTER 03 자료해석

CHAPTER 04 정보추론

CHAPTER 05 공간지각

CHAPTER 06 도식이해

CHAPTER 01 언어이해

합격 CHEAT KEY

언어이해 영역은 크게는 ‘나열하기’, ‘개요 및 글의 수정’, ‘빈칸추론’, ‘독해’로 나눌 수 있다. ‘나열하기’와 ‘개요 및 글의 수정’에서는 전체적인 글의 구조에 대한 분석력과 논리력을 평가하고, ‘빈칸추론’과 ‘독해’에서는 전반적인 글의 흐름에 대한 이해력과 이를 토대로 한 추론 능력을 평가한다.

01 나열하기

문장과 문장, 또는 문단과 문단 사이의 관계를 통해 글의 논리적 구조를 파악할 수 있는지를 평가하는 유형으로, 문장을 논리적 순서대로 배열하는 유형과 비교적 길이가 긴 문단을 배열하는 유형이 있다.

02 개요 및 글의 수정

글의 개요나 한 편의 글에서 적절하지 못한 부분을 찾아 올바르게 수정할 수 있는지를 평가하기 위한 유형으로, 각 개요의 서론 · 본론 · 결론 및 각각의 하위 항목을 수정하거나 항목을 추가 · 제거하는 유형과 글의 어휘 · 문장호응을 수정하거나 특정 문장을 추가 · 제거하는 유형이 출제되고 있다.

03 빈칸추론

빈칸추론은 지문 안의 빈칸에 들어갈 알맞은 문장을 찾는 유형으로, 없는 내용을 유추해야 하기 때문에 이 유형에 어려움을 느끼는 수험생들도 있으나, 글의 전체적인 흐름과 핵심내용을 파악하는 능력을 평가한다는 점에서 독해 유형과 맥을 같이한다.

04 독해

독해 유형은 내용일치, 주제/제목찾기, 추론하기 등 다양한 유형의 문제가 출제되며, 타 기업의 적성검사와 달리 다소 어려운 주제나 개념이 지문으로 등장하는 경우가 많아 쉽게 답을 고르기가 어려운 것이 특징이다.

CHAPTER 01

이론점검

01 논리구조

논리구조에서는 주로 단락과 문장 간의 관계나 글 전체의 논리적 구조를 정확히 파악했는지를 묻는 유형과 글의 순서를 바르게 배열하는 유형 등이 출제되고 있다. 따라서 제시문의 전체적인 흐름을 바탕으로 각 문단의 특징, 단락 간의 역할 등을 논리적으로 구조화할 수 있는 능력을 길러야 한다.

(1) 문장의 관계와 원리

① 문장과 문장 간의 관계

㉠ 상세화 관계 : 주지 → 구체적 설명(비교, 대조, 유추, 분류, 분석, 인용, 예시, 비유, 부연, 상술 등)

㉡ 문제(제기)와 해결 관계 : 한 문장이 문제를 제기하고, 다른 문장이 그 해결책을 제시하는 관계(과제 제시 → 해결 방안, 문제 제기 → 해답 제시)

㉢ 선후 관계 : 한 문장이 먼저 발생한 내용을 담고, 다음 문장이 나중에 발생한 내용을 담고 있는 관계

㉣ 원인과 결과 관계 : 한 문장이 원인이 되고, 다른 문장이 그 결과가 되는 관계(원인 제시 → 결과 제시, 결과 제시 → 원인 제시)

㉤ 주장과 근거 관계 : 한 문장이 필자가 말하고자 하는 바(주지)가 되고, 다른 문장이 그 문장의 증거(근거)가 되는 관계(주장 제시 → 근거 제시, 의견 제안 → 의견 설명)

㉥ 전제와 결론 관계 : 앞 문장에서 조건이나 가정을 제시하고, 뒤 문장에서 이에 따른 결론을 제시하는 관계

② 문장의 연결 방식

㉠ 순접 : 원인과 결과, 부연 설명 등의 문장 연결에 쓰임

예 그래서, 그리고, 그러므로 등

㉡ 역접 : 앞글의 내용을 전면적 또는 부분적으로 부정

예 그러나, 그렇지만, 그래도, 하지만 등

㉢ 대등 · 병렬 : 앞뒤 문장의 대비와 반복에 의한 접속

예 및, 혹은, 또는, 이에 반하여 등

㉣ 보충 · 첨가 : 앞글의 내용을 보다 강조하거나 부족한 부분을 보충하기 위해 다른 말을 덧붙이는 문맥

예 단, 곧, 즉, 더욱이, 게다가, 왜냐하면 등

㉤ 화제 전환 : 앞글과는 다른 새로운 내용을 이야기하기 위한 문맥

예 그런데, 그러면, 다음에는, 이제, 각설하고 등

ⓑ 비유 · 예시 : 앞글에 대해 비유적으로 다시 말하거나 구체적인 예를 보임

예 예를 들면, 예컨대, 마치 등

③ 원리 접근법

앞뒤 문장의 중심 의미 파악	⇨	앞뒤 문장의 중심 내용이 어떤 관계인지 파악	⇨	문장 간의 접속어, 지시어의 의미와 기능	⇨	문장의 의미와 관계성 파악
각 문장의 의미를 어떤 관계로 연결해서 글을 전개하는지 파악해야 한다.		지문 안의 모든 문장은 서로 논리적 관계성이 있다.		접속어와 지시어를 음미하는 것은 독해의 길잡이 역할을 한다.		문단의 중심 내용을 알기 위한 기본 분석 과정이다.

PART 3

02 논리적 이해

(1) 전제의 추론

전제의 추론은 원칙적으로 주어진 내용의 이면에 내포되어 있는 이미 옳다고 인정된 사실을 유추하는 유형이다.

① 먼저 주장이 무엇인지 명확하게 파악해야 한다.

② 주장이 성립하기 위해서 논리적으로 필요한 요건이 무엇인지 생각해 본다.

③ 선택지 중 주장과 논리적으로 인과 관계를 형성할 수 있는 조건을 찾아낸다.

(2) 결론의 추론

주어진 내용을 명확히 이해한 다음, 이를 근거로 이끌어 낼 수 있는 올바른 결론이나 관련 사항을 논리적인 관점에서 찾는 문제 유형이다. 이와 같은 문제는 평상시 비판적이고 논리적인 관점으로 글을 읽는 연습을 충분히 해 두어야 유리하다고 볼 수 있다.

자주 출제되는 유형

- 정의가 바르게 된 것
- 문맥상 삭제해도 되는 부분
- 빈칸에 들어갈 적절한 것
- 다음 글에 이어 나올 수 있는 것
- 글의 내용을 통해 알 수 없는 것
- 가장 타당한 논증
- 다음 내용이 들어가기에 가장 적절한 위치

이와 같은 유형의 문제를 풀 때는 먼저 제시문을 읽고, 그 글을 통해 타당성 여부를 검증해 가는 방법을 취하는 것이 좋다. 물론 통독(通讀)을 통해 각 문단에서 다루고 있는 내용이 무엇인지 미리 확인해 두어야만 선택지와 관련된 내용을 이끌어 낼 근거가 언급된 부분을 쉽게 찾을 수 있다.

(3) 주제의 추론

주제와 관련된 추론 문제는 적성검사에서 자주 출제되는 유형으로서, 글의 표제, 부제, 주제, 주장, 의도를 파악하는 형태의 문제와 같은 유형이다. 이러한 유형의 문제는 주제를 글의 첫 문단이나 마지막 문단을 통해서 찾을 수 있으며, 그렇지 않으면 문단의 병렬 · 대등 관계를 파악하면 쉽게 찾을 수 있다.

여러 문단에서 공통된 주제를 추론할 때는, 각각의 제시문을 먼저 요약한 뒤, 핵심 키워드를 찾은 다음, 이를 토대로 주제문을 가려내어 하나의 주제를 유추하면 된다. 평소에 제시문을 읽고, 핵심 키워드를 찾아 문장을 구성하는 연습을 많이 해두어야 한다. 또한 겉으로 드러난 주제나 정보를 찾는 데 그치지 않고 글 속에 숨겨진 의도나 정보를 찾기 위해 꼼꼼히 관찰하는 태도가 필요하다.

CHAPTER

01 유형점검

정답 및 해설 p.034

01 나열하기

기출유형 **문장·문단 고르기**

01 **제시된 문단을 논리적 순서대로 바르게 나열했을 때, 다음 순서에 들어갈 문단을 바르게 짝지은 것은?**

(가) 초연결사회란 사람, 사물, 공간 등 모든 것들이 인터넷으로 서로 연결돼, 모든 것에 대한 정보가 생성 및 수집되고 공유 · 활용되는 것을 말한다. 즉, 모든 사물과 공간에 새로운 생명이 부여되고 이들의 소통으로 새로운 사회가 열리고 있는 것이다.

(나) 최근 '초연결사회(Hyper Connected Society)'란 말을 주위에서 심심치 않게 들을 수 있다. 인터넷을 통해 사람 간의 연결은 물론 사람과 사물, 심지어 사물 간의 연결 등 말 그대로 '연결의 영역 초월'이 이뤄지고 있다.

(다) 나아가 초연결사회는 단지 기존의 인터넷과 모바일 발전의 맥락이 아닌 우리가 살아가는 방식 전체, 즉 사회의 관점에서 미래사회의 새로운 패러다임으로 큰 변화를 가져올 전망이다.

(라) 초연결사회에서는 인간 대 인간은 물론, 기기와 사물 같은 무생물 객체끼리도 네트워크를 바탕으로 상호 유기적인 소통이 가능해진다. 컴퓨터, 스마트폰으로 소통하던 과거와 달리 초연결 네트워크로 긴밀히 연결되어 오프라인과 온라인이 융합되고, 이를 통해 새로운 성장과 가치 창출의 기회가 증가할 것이다.

	2번째	4번째		2번째	4번째
①	(가)	(나)	②	(가)	(다)
③	(가)	(라)	④	(나)	(가)
⑤	(나)	(다)			

한끝 TIP

접속어와 지시어를 찾아 순서를 유추하고, 접속어나 지시어가 없는 경우 각 문장이나 문단의 핵심어를 찾아 글의 흐름을 파악한다.

PART 3

기출유형 문장·문단 배열

※ 다음 제시된 단락을 읽고, 이어질 내용을 논리적 순서대로 바르게 나열한 것을 고르시오. [2~3]

02

우리는 '방사능'이라는 단어를 뉴스든 신문이든 쉽게 접할 수 있다. 현대 사회에서는 방사성 물질을 통해서 전력을 생산하거나 무기를 만드는 등 그 활용도가 다양하기 때문이다. 그러나 방사능의 위험성에 대해서는 크게 모르는 경우가 많다.

(가) 방사능 물질과의 접촉으로 인한 피폭은 남의 이야기가 아니라, 체르노빌 원자력 발전소 사태처럼 언제나 우리에게 일어날 수 있는 것이며, 그 피해는 매우 크다. 따라서 방사능 물질을 통한 산업 등에서는 크나큰 주의를 기울여야 할 것이다.

(나) 그 이름의 정의가 어떻든 간에, 인간이 방사능 물질과 접촉하는 것은 심대한 육체적 문제를 불러온다. 방사능 물질과 접촉하여 방사선을 쐬게 되는 것을 '피폭'이라 하는데, 과다한 피폭은 곧바로 죽음으로 직결될 수도 있을 정도로 위험하다.

(다) 방사능이라는 말은 원소의 원자핵이 붕괴하면서 고에너지 전자기파 혹은 입자를 방출하는 능력을 말한다. 방사능이라는 말은 물질을 대상으로 하는 것이 아니므로, '방사능 유출'이라는 말은 적합하지 않고 방사능 물질 혹은 방사성 물질로 불러야 할 것이다.

(라) 실례를 들자면, 체르노빌 원자력 발전소 사고에서 사고 처리를 맡던 당시 소련 사람들이 사고 처리 작업 후 갖게 된 여러 가지 병마, 체르노빌 원자력 발전소가 있던 우크라이나의 프리피야트가 아직도 접근에 제한을 받고 있는 점이 있을 것이다.

① (나) – (다) – (가) – (라)
② (나) – (다) – (라) – (가)
③ (라) – (나) – (가) – (다)
④ (다) – (나) – (가) – (라)
⑤ (다) – (나) – (라) – (가)

03

AIDS(Acquired Immune Deficiency Syndrome)는 HIV(Human Immunodeficiency Virus)의 감염으로 인해 일어나는 증후군으로서, HIV에 의해 면역세포가 파괴되어 정상적인 면역력을 갖지 못하게 되는 상태를 말한다. HIV 감염 몇 년 후에 면역세포가 일정량 이상 파괴된 상태를 AIDS라 부르며, 따라서 대부분의 감염자는 AIDS라기보다는 HIV 감염으로 부르는 것이 정확하다.

(가) HIV에 감염되면 몇 주 내에 감염 초기증상이 발생할 수 있으나, 이는 HIV 감염에서만 일어나는 특이한 증상이 아니므로 증상을 가지고 HIV 감염을 논하기는 어렵다. 많은 의사들의 의견 또한 이러하며, 검사만이 HIV 감염 여부에 대해 알 수 있는 통로라고 한다.

(나) 그럼에도 불구하고 HIV는 현재 완치될 수 없는 병이며 감염자에게 심대한 정신적 고통을 주게 되므로, HIV를 예방하기 위해서 불건전한 성행위를 하지 않는 것이 가장 중요하다 할 것이다.

(다) HIV의 감염은 일반적으로 체액과 체액의 교환으로 이루어지는데, 일반적으로 생각하는 성행위에 의한 감염은 이러한 경로로 일어난다. 대부분의 체액에는 HIV가 충분히 있지 않아, 실제로는 성행위 중 상처가 나는 경우의 감염확률이 높다고 한다.

(라) 이와 같은 경로를 거쳐 HIV에 감염되었음이 확인돼도 모든 사람이 AIDS로 진행하는 것은 아니다. 현재 HIV는 완치는 불가능하나 당뇨병과 같이 악화를 최대한 늦출 수 있는 질병으로서, 의학기술의 발전으로 약을 잘 복용한다면 일반인과 같이 생활할 수 있다고 한다.

① (다) – (가) – (라) – (나)
② (다) – (가) – (나) – (라)
③ (나) – (가) – (라) – (다)
④ (다) – (라) – (나) – (가)
⑤ (나) – (가) – (다) – (라)

※ 다음 제시된 문단을 논리적 순서대로 바르게 나열한 것을 고르시오. [4~5]

Easy

04

(가) 하지만 영화를 볼 때 소리를 없앤다면 어떤 느낌이 들까? 아마 내용이나 분위기, 인물의 심리 등을 파악하기 힘들 것이다. 이런 점을 고려할 때 영화 속 소리는 영상과 분리해서 생각할 수 없는 필수 요소라고 할 수 있다. 소리는 영상 못지않게 다양한 기능이 있기 때문에 현대 영화감독들은 영화 속 소리를 적극적으로 활용하고 있다.

(나) 이와 같이 영화 속 소리는 다양한 기능을 수행하기 때문에 영화의 예술적 상상력을 빼앗는 것이 아니라 오히려 더 풍부하게 해 준다. 그래서 현대 영화에서 소리를 빼고 작품을 완성한다는 것은 생각하기 어려운 일이 되었다.

(다) 영화의 소리에는 대사, 음향 효과, 음악 등이 있으며, 이러한 소리들은 영화에서 다양한 기능을 수행한다. 우선, 영화 속 소리는 다른 예술 장르의 표현 수단보다 더 구체적이고 분명하게 내용을 전달하는 데 도움을 줄 수 있다. 그리고 줄거리 전개에 도움을 주거나 작품의 상징적 의미를 전달할 뿐만 아니라 주제 의식을 강조하는 역할을 하기도 한다. 또 영상에 현실감을 줄 수 있으며, 영상의 시공간적 배경을 확인시켜 주는 역할도 한다. 또한 영화 속 소리는 영화의 분위기를 조성하고 인물의 내면 심리도 표현할 수 있다.

(라) 유성영화가 등장했던 1920년대 후반에 유럽의 표현주의나 형식주의 감독들은 영화 속의 소리에 대한 부정적인 견해가 컸다. 그들은 가장 영화다운 장면은 소리 없이 움직이는 그림으로만 이루어진 장면이라고 믿었다. 그래서 그들은 영화 속 소리가 시각 매체인 영화의 예술적 효과와 영화적 상상력을 빼앗을 것이라고 내다보았다.

① (라) – (가) – (다) – (나)
② (라) – (나) – (다) – (가)
③ (라) – (다) – (가) – (나)
④ (다) – (라) – (가) – (나)
⑤ (다) – (라) – (나) – (가)

Hard

05

(가) 킬러 T세포는 혈액이나 림프액을 타고 몸속 곳곳을 순찰하는 일을 담당하는 림프 세포의 일종이다. 킬러 T세포는 감염된 세포를 직접 공격한다. 킬러 T세포는 세포 하나하나를 점검하여 바이러스에 감염된 세포를 찾아낸다. 이 과정에서 바이러스에 감염된 세포가 킬러 T세포에게 발각이 되면 죽게 된다. 그렇다면 킬러 T세포는 어떤 방법으로 바이러스에 감염된 세포를 파괴할까?

(나) 지금도 우리 몸의 이곳저곳에서는 비정상적인 세포분열이나 바이러스 감염이 계속되고 있다. 하지만 우리 몸에 있는 킬러 T세포가 병든 세포를 찾아내 파괴하는 메커니즘이 정상적으로 작동하고 있는 한 건강한 상태를 유지할 수 있다. 이렇듯 면역 시스템은 우리 몸을 지켜주는 수호신이다. 또한 우리 몸이 유기적으로 잘 짜인 구조임을 보여주는 좋은 예라고 할 수 있다.

(다) 이번에는 킬러 T세포가 활동한다. 킬러 T세포는 자기 표면에 있는 'TCR(T세포 수용체)'을 통해 세포의 밖으로 나온 MHC와 펩티드 조각이 결합해 이루어진 구조를 인식함으로써 바이러스 감염 여부를 판단한다. 만약 MHC와 결합된 펩티드가 바이러스 단백질의 것이라면 T세포는 활성화되면서 세포를 공격하는 단백질을 감염된 세포 속으로 보낸다. 이렇게 T세포의 공격을 받은 세포는 곧 죽게 되며, 그 안의 바이러스 역시 죽음을 맞이하게 된다.

(라) 우리 몸은 '자연적 치유'의 기능을 가지고 있다. '자연적 치유'라는 것은 우리 몸에 바이러스(항원)가 침투하더라도 외부의 도움 없이 이겨낼 수 있는 면역 시스템을 가지고 있다는 것을 의미한다. 그런데 이러한 면역 시스템에 관여하는 세포 중에서 매우 중요한 역할을 하는 세포가 있다. 그것은 바로 바이러스에 감염된 세포를 직접 찾아내 제거하는 '킬러 T세포(Killer T Cells)'이다.

(마) 면역 시스템에서 먼저 활동을 시작하는 것은 세포 표면에 있는 'MHC(주요 조직 적합성 유전자 복합체)'이다. MHC는 꽃게 집게발 모양의 단백질 분자로 세포 안에 있는 단백질 조각을 세포표면으로 끌고 나오는 역할을 한다. 본래 세포 속에는 자기 단백질이 대부분이지만, 바이러스에 감염되면 원래 없던 바이러스 단백질이 세포 안에 만들어진다. 이렇게 만들어진 자기 단백질과 바이러스 단백질은 단백질 분해 효소에 의해 펩티드 조각으로 분해되어 세포 속을 떠돌아다니다가 MHC와 결합해 세포 표면으로 배달되는 것이다.

① (라) – (가) – (마) – (다) – (나)
② (가) – (나) – (마) – (라) – (다)
③ (다) – (가) – (마) – (나) – (라)
④ (라) – (나) – (가) – (다) – (마)
⑤ (나) – (다) – (가) – (라) – (마)

02 개요 및 글의 수정

기출유형 **개요 수정**

01 다음은 '과소비의 문제점과 대책'이라는 제목으로 글을 쓰기 위해 작성한 개요이다. 빈칸에 들어갈 내용으로 적절하지 않은 것은?

> Ⅰ. 서론 : 현재의 과소비 실태 소개
> - 유명 상표 선호 현상
> - 고가 외제 물건 구매 현상
>
> Ⅱ. 본론 : 과소비의 문제점과 억제 방안 제시
> 가. 과소비의 문제점
> ______________________
> 나. 과소비의 억제 방안
> - 근검절약의 사회 기풍 진작
> - 과소비에 대한 무거운 세금 부과
> - 건전한 소비 생활 운동 전개
>
> Ⅲ. 결론 : 건전한 소비 문화의 정착 강조

① 소비재 산업의 기형적 발전
② 개방화에 따른 외국 상품의 범람
③ 충동구매로 인한 가계 부담의 가중
④ 외화 낭비 및 계층 간의 위화감 증가
⑤ 저축률 하락으로 인한 투자 재원의 부족

한끝 TIP

각 항목이 전체 주제 및 소주제의 하위 항목으로 적절한지, 또는 소주제가 전체 주제의 하위 항목과 하위 항목을 포괄하는 내용으로 적절한지 확인해야 한다. 주어진 보기 중 통일성에 위배되지 않는 내용은 수정할 필요가 없다는 점에 유의한다.

02 다음과 같이 '독서 심리 치료'와 관련한 개요를 작성하였다. 이에 대한 수정 방안으로 적절하지 않은 것은?

주제문 : ______㉠______
Ⅰ. 처음 : 독서 심리 치료에 대한 관심의 증대
Ⅱ. 중간
  1. 독서 심리 치료의 방법
    (1) 독서 심리 치료의 유래
    (2) 독서 심리 치료의 개념
  2. 독서 심리 치료의 이론적 기초
    (1) 정신분석 이론
    (2) 사회학습 이론
  3. 독서 심리 치료의 과정
    (1) ______㉡______
    (2) 참여자에게 필요한 정보를 제공
    (3) 참여자의 자발적인 해결을 유도
  4. 독서 심리 치료의 효과
    (1) 단기적 효과
    (2) 장기적 효과
Ⅲ. 끝 : 독서 심리 치료의 활성화

① ㉠은 '독서 심리 치료를 바르게 이해하고 활성화하자.'로 한다.
② Ⅰ에서 관련 신문 기사를 인용하여 흥미를 불러일으킨다.
③ 'Ⅱ－1'은 '독서 심리 치료의 정의'로 바꾼다.
④ 'Ⅱ－2'의 하위 항목으로 '독서 심리 치료의 성공 사례'를 추가한다.
⑤ ㉡은 '참여자의 심리 상태를 진단'으로 한다.

기출유형 **글의 수정**

※ 다음 글의 수정 방안으로 적절하지 않은 것을 고르시오. [3~4]

03

시간을 잘 관리하는 사람은 서두르지 않으면서 늦는 법이 없다. 시간의 주인으로 살기 때문이다. 반면, 시간을 잘 관리하지 못하는 사람은 잡다한 일로 늘 바쁘지만 놓치는 것이 많다. 시간에 묶이기 때문이다. 당신은 어떤 사람인가.

㉠ 하지만 이 말이 일분일초의 여유도 없이 빡빡하게 살라는 말은 아니다. 주어진 순간순간을 밀도 있게 사는 것은 중요하다. 우리는 목표를 정하고 부수적인 것들을 정리하면서 삶의 곳곳에 비는 시간을 ㉡ 만들어져야 한다. 자동차와 빌딩으로 가득한 도시에 공원이 필요하듯 우리의 시간에도 여백이 필요한 것이다. 조금은 비워 두고 무엇이든 자유롭게 할 수 있는 여백은 우리 삶에서 꼭 필요하다. ㉢ 인생의 기쁨은 자존감에 바탕을 둔 배려심에서 나온다. 목표를 향해 가면서 우리는 예상치 못한 일에 맞닥뜨릴 수 있다. 그러한 뜻밖의 상황에서 시간의 여백이 없다면 우리는 문제를 해결하지 못해 목표와 방향을 잃어버릴지도 모른다. ㉣ 그러므로 시간의 여백의 만드는 것은 현명한 삶을 위한 최고의 시간 관리라 할 수 있다. ㉤ 따라서 우리는 시간을 체계적이고 확실한 방법으로 1분 1초의 여유도 남기지 않고 빡빡하게 일정을 계획해야 한다.

① ㉠ : 문맥을 고려하여 뒷문장과 순서를 바꾼다.
② ㉡ : 문장 성분 간의 호응을 고려하여 '만들어야'로 수정한다.
③ ㉢ : 글의 통일성을 고려하여 삭제한다.
④ ㉣ : 문장의 연결 관계를 고려하여 '또한'으로 수정한다.
⑤ ㉤ : 문장이 전체 글의 흐름과 상반되는 내용이므로 삭제한다.

04

수험생이 실제로 하고 있는 건강관리는 전문가들이 추천한 건강관리 활동과 차이가 있다. 수험생들은 건강이 나빠지면 가장 먼저 보양 음식을 챙겨 먹는 것으로 ㉠ 건강을 되찾으려고 한다. ㉡ 수면 시간을 늘리는 것으로 건강관리를 시도한다. 이러한 시도는 대부분의 사람들이 신체에 적신호가 일어났을 때 컨디션 관리를 통해 그것을 해결하려고 하는 자연스러운 활동으로 볼 수 있다. ㉢ 그래서 수험생은 다른 사람들보다 학업에 대한 부담감과 미래에 대한 불안감, 시험에서 오는 스트레스가 높다는 점을 생각해 본다면 신체적 건강과 정신적 건강의 연결 고리에 대해 생각해 봐야 한다. 실제로 ㉣ 전문가들이 수험생 건강관리를 위한 조언을 보면 정신적 스트레스를 다스리는 것이 중요하다는 점을 알 수 있다. 수험생의 건강에 가장 악영향을 끼치는 것은 자신감과 긍정적인 생각의 부족이다. 시험에 떨어지거나 낮은 성적을 받는 것에 대한 심리적 압박감이 건강을 크게 위협한다는 것이다. ㉤ 성적에 대한 부담감은 누구에게나 있지만 성적을 통해서 인생이 좌우되는 것은 아니다. 전문가들은 수험생에게 명상을 하면서 마음을 진정하는 것과, 취미 활동을 통해 긴장을 완화하는 것이 스트레스의 해소에 도움이 된다고 조언한다.

① ㉠ : 의미를 분명히 하기 위해 '건강을 찾으려고 한다'로 수정한다.
② ㉡ : 자연스러운 연결을 위해 '그다음으로'를 앞에 넣는다.
③ ㉢ : 앞뒤 내용이 전환되므로 '하지만'으로 수정한다.
④ ㉣ : 호응 관계를 고려하여 '전문가들의 수험생 건강관리를 위한 조언'으로 수정한다.
⑤ ㉤ : 글의 전개상 불필요한 내용이므로 삭제한다.

03 빈칸추론

기출유형 빈칸추론

※ 다음 글의 빈칸에 들어갈 내용으로 가장 적절한 것을 고르시오. [1~3]

01

MZ세대 직장인을 중심으로 '조용한 사직'이 유행하고 있다. 조용한 사직이라는 신조어는 2022년 7월 한 미국인이 SNS에 소개하면서 큰 호응을 얻은 것으로 실제로 퇴사하진 않지만 최소한의 일만 하는 업무 태도를 말한다. 실제로 MZ세대 직장인은 '적당히 하자'라는 생각으로 주어진 업무는 하되 더 찾아서 하거나 스트레스 받을 수준으로 많은 일을 맡지 않고, 사내 행사도 꼭 필요할 때만 참여해 일과 삶을 철저히 분리하고 있다.
한 채용플랫폼의 설문조사 결과에 따르면 직장인 10명 중 7명이 '월급 받는 만큼만 일하면 끝'이라고 답했고, 20대 응답자 중 78.5%, 30대 응답자 중 77.1%가 '받은 만큼만 일한다.'라고 답했다.
설문조사 결과 연령대가 높아질수록 그 비율은 감소해 젊은 층을 중심으로 이 같은 인식이 확산하고 있음을 짐작할 수 있다.
이러한 인식이 확산하는 데는 인플레이션으로 인한 임금 감소, '돈을 많이 모아도 집 한 채를 살 수 있을까?' 등 전반적인 경제적 불만이 기저에 있다고 전문가들은 말했다. 또 MZ세대가 '노력에 상응하는 보상을 받고 있는지'에 민감하게 반응하는 특성을 가지고 있는 것도 한몫하고 있다.
문제점은 이러한 조용한 사직 분위기가 기업의 전반적인 생산성 저하로 이어지고 있는 것이다. 이에 맞서 기업도 조용한 사직으로 대응해 게으른 직원에게 업무를 주지 않는 '조용한 해고'를 하는 상황이 발생하고 있다. 이에 전문가들은 MZ세대 직장인을 나태하다고 구분 짓는 사고방식은 잘못되었다고 지적하며, 기업 차원에서는 '____________________'이, 개인 차원에서는 '스스로 일과 삶을 잘 조율하는 현명함을 만드는 것'이 필요하다고 언급했다.

① 젊은 세대의 채용을 신중히 하는 것
② 직원이 일한 만큼 급여를 올려주는 것
③ 젊은 세대가 함께할 수 있도록 분위기를 만드는 것
④ 젊은 세대의 특성을 이해하고 온전히 받아들이는 것
⑤ 직원이 스트레스를 받지 않게 적당량의 업무를 배당하는 것

02

스마트팩토리는 인공지능(AI), 사물인터넷(IoT) 등 다양한 기술이 융합된 자율화 공장으로, 제품 설계와 제조, 유통, 물류 등의 산업 현장에서 생산성 향상에 초점을 맞췄다. 이곳에서는 기계, 로봇, 부품 등의 상호 간 정보 교환을 통해 제조 활동을 하고, 모든 공정 이력이 기록되며, 빅데이터 분석으로 사고나 불량을 예측할 수 있다. 스마트팩토리에서는 컨베이어 생산 활동으로 대표되는 산업 현장의 모듈형 생산이 컨베이어를 대체하고 IoT가 신경망 역할을 한다. 센서와 기기 간 다양한 데이터를 수집하고, 이를 서버에 전송하면 서버는 데이터를 분석해 결과를 도출한다. 서버는 AI 기계학습 기술이 적용돼 빅데이터를 분석하고 생산성 향상을 위한 최적의 방법을 제시한다.

스마트팩토리의 대표 사례로는 고도화된 시뮬레이션 '디지털 트윈'을 들 수 있다. 디지털 트윈은 데이터를 기반으로 가상공간에서 미리 시뮬레이션하는 기술이다. 시뮬레이션을 위해 빅데이터를 수집하고 분석과 예측을 위한 통신 · 분석 기술에 가상현실(VR), 증강현실(AR)과 같은 기술을 더한다. 이를 통해 산업 현장에서 작업 프로세스를 미리 시뮬레이션하고, VR · AR로 검증함으로써 실제 시행에 따른 손실을 줄이고, 작업 효율성을 높일 수 있다.

한편 '에지 컴퓨팅'도 스마트팩토리의 주요 기술 중 하나이다. 에지 컴퓨팅은 산업 현장에서 발생하는 방대한 데이터를 클라우드로 한 번에 전송하지 않고, 에지에서 사전 처리한 후 데이터를 선별해서 전송한다. 서버와 에지가 연동해 데이터 분석 및 실시간 제어를 수행하여 산업 현장에서 생산되는 데이터가 기하급수로 늘어도 서버에 부하를 주지 않는다. 현재 클라우드 컴퓨팅이 중앙 데이터센터와 직접 소통하는 방식이라면 에지 컴퓨팅은 기기 가까이에 위치한 일명 '에지 데이터 센터'와 소통하며, 저장을 중앙 클라우드에 맡기는 형식이다. 이를 통해 데이터 처리 지연 시간을 줄이고 즉각적인 현장 대처를 가능하게 한다.

이러한 스마트팩토리의 발전은 ____________________ 최근 선진국에서 나타나는 주요 현상 중의 하나는 바로 '리쇼어링'의 가속화이다. 리쇼어링이란 인건비 등 각종 비용 절감을 이유로 해외에 나간 자국 기업들이 다시 본국으로 돌아오는 현상을 의미하는 용어이다. 2000년대 초반까지는 국가적 차원에서 세제 혜택 등의 회유책을 통해 추진되어왔지만, 스마트팩토리의 등장으로 인해 자국 내 스마트팩토리에서의 제조 비용과 중국이나 멕시코와 같은 제3국에서 제조 후 수출 비용에 큰 차이가 없어 리쇼어링 현상은 더욱 가속화되고 있다.

① 공장의 제조 비용을 절감시키고 있다.
② 공장의 세제 혜택을 사라지게 하고 있다.
③ 공장의 위치를 변화시키고 있다.
④ 수출 비용을 줄이는 데 도움이 된다.
⑤ 공장의 생산성을 높이고 있다.

PART 3

Easy

03

스트레스는 만병의 근원이란 말이 나돌고 있다. 정말로 스트레스는 의학적인 만병의 근원으로, 우리에게 신체적 해가 되는 일 자체보다도 이를 극복해 나가는 고통스런 과정이 더 문제인 것 같다. 허나 살아가면서 아무리 큰 스트레스를 겪더라도 시간이 경과함에 따라 점차로 망각의 세계로 흘려보내게 되는 것은 천만다행스러운 일이 아닐 수 없다. 개인적 차이야 있겠지만 고독한 개별 존재로 살아가면서 겪는 삶의 갈등에서 '세월이 약이다.'라는 우리 속담의 역할은 우리에게 참으로 큰 위안을 준다. 과거 기억의 집착에서 빨리 벗어나는 것은 진정으로 필요한 일이며, 이러한 자각의 과정이야말로 결국 혼자인 자신을 성찰할 좋은 기회가 된다. 그러니 이런 의미의 건망증이야 하느님이 우리에게 주신 좋은 선물 가운데 하나가 아니겠는가.
이와 같은 공리적인 건망증과는 달리, 우리 속담에 ______________________는 말과 같이 순간적인 건망증은 우리 생활에 웃음을 주는 활력소가 된다. 주부가 손에 고무장갑을 끼고 장갑을 찾는다든가, 안경을 쓴 채 안경을 찾으러 이리저리 다니는 일 따위의 일이야 주변에서 흔히 목격할 수 있는 일이다. 영국의 명재상이면서 끽연가인 처칠이 파이프를 물고 파이프를 찾았다든가, 혹은 18세기 영국의 문명 비평가였던 사무엘 존슨이 자신의 결혼식 날을 잊고 그 시간에 서재에서 집필하고 있었다는 일화도 정말로 우리를 웃음 짓게 하는 유쾌한 건망증이다.
의학적으로 대충 50대를 전후하여 기억 세포의 사멸로 기억력이 점차로 쇠퇴하여지기 시작한다고 한다. 이제 이순(耳順)의 나이를 넘어서다 보니, 주변 친구들을 만나면 늙는다는 타령과 함께 건망증을 소재로 한담(閑談)의 공간을 채우는 경우가 많아지게 되었다. 한 번은 건망증을 화제로 한자리에서, 지우(知友)가 이젠 하도 잊어버리는 일이 많더니 급기야 잊지 않으려 적어 놓은 메모까지도 잊어 못 찾게 되었노라고 한숨을 짓는 것을 보고 나는 빙그레 웃어 주었다. 그리고 이 말을 해주었다. 그 자체가 바로 자연이고 순리인 것이라고. 잊지 않으려고 억지로 노력하는 일도 하나의 집착인 것이라고.

① 우물에 가 숭늉 찾는다
② 장님 코끼리 말하듯 한다
③ 업은 아이 삼 년을 찾는다
④ 소문 난 잔치에 먹을 것 없다
⑤ 소경이 개천 나무란다

Hard

04 다음 글의 빈칸에 들어갈 문장을 〈보기〉에서 골라 순서대로 나열한 것은?

사람들은 커뮤니케이션에 대한 관점이 다르기 때문에 메시지 내용의 구성에 있어서도 매우 차이가 나는 것을 볼 수 있다. 메시지 구성논리(Message Design Logic)는 사람들이 자신의 생각과 메시지의 구성을 연결하는 커뮤니케이션에 대하여 가지는 믿음 체계라고 볼 수 있다. 다시 말해 커뮤니케이션의 기능이나 특성에 대한 사람들의 차별적인 관점이 메시지 구성에서 차별화를 보여 준다는 것이다. 이러한 차별적 메시지 구성은 사람들이 갈등적 관계에 있을 때 특히 명확하게 드러난다. 오키프는 다음과 같은 세 가지 종류의 메시지 구성논리를 주장하고 있다.

첫 번째, 표현적 메시지 구성논리(Expressive Message Design Logic)는 송신자 중심의 패턴이라고 볼 수 있다. 이러한 패턴을 사용하는 사람들은 기본적으로 자신의 표현(Self-expression)을 가장 중요하게 생각한다. ______________ 표현적 메시지 구성논리를 사용하는 사람들은 자신의 생각의 표현을 억제하는 것이 힘들며, 생각하는 것을 곧바로 입으로 표현하고자 한다. 이러한 사람들은 커뮤니케이션에서 솔직함이나 개방성, 명쾌함 등을 중요한 가치로 생각하며, 의도적이고 전략적으로 말을 하는 사람들을 신뢰하지 않는다. 마음에 있는 것들을 곧바로 말하고 싶은 충동을 갖고 있는 것이다. 메시지 내용의 대부분은 송신자가 무엇을 느끼고 있는가에 초점이 맞춰져 있는 것이다.

두 번째는 인습적 메시지 구성논리(Conventional Message Design Logic)이다. 두 번째 메시지 구성논리를 사용하는 사람들은 커뮤니케이션을 협동적으로 이뤄지는 게임으로 간주한다. 따라서 이러한 사람들은 커뮤니케이션에서 적절함에 관심을 가지며, 대화의 맥락, 역할, 관계 등을 중요하게 생각한다. ______________ 그들은 공손하려고 애쓰며, 사회적 규칙 등을 암시적으로 언급하는 사람들이다. 다른 사람이 사회적으로 잘못했을 경우 그 사람의 행동이 부적절했음을 지적할 뿐만 아니라 상대방의 사회적 위치가 무엇인지를 지적하는 사람인 것이다.

마지막으로 세 번째 구성논리는 수사적 메시지 구성논리(Rhetorical Message Design Logic)이다. ______________ 이러한 사고방식은 커뮤니케이션의 기술적 능력과 세심함과 함께 유연성을 특히 강조하고 있다. 수사적 메시지 구성논리를 중심으로 하는 사람들은 상대방의 관점을 이해하기 위하여 상대방과의 커뮤니케이션의 내용에 주목한다. 서로 간에 이익이 되는 상황으로 기존의 상황을 재정의함으로써 문제를 예방하려고 한다.

보기

㉠ 이러한 구성논리를 사용하는 사람들은 커뮤니케이션을 상황을 만들고 복수(자신과 상대방)의 목표를 타협하는 도구로 간주한다.
㉡ 커뮤니케이션이란 송신자의 생각이나 감정을 전달하는 수단으로 간주되는 것이다.
㉢ 주어진 상황에서 올바른 것을 말하고 행하는 것에 관심을 갖는 것이다.

① ㉠, ㉡, ㉢
② ㉠, ㉢, ㉡
③ ㉡, ㉠, ㉢
④ ㉢, ㉡, ㉠
⑤ ㉡, ㉢, ㉠

04 독해

기출유형 **내용 일치**

01 다음 글의 내용으로 가장 적절한 것은?

극의 진행과 등장인물의 대사 및 감정 등을 관객에게 설명했던 변사가 등장한 것은 1900년대이다. 미국이나 유럽에서도 변사가 있었지만, 그 역할은 미미했을 뿐더러 그마저도 자막과 반주 음악이 등장하면서 점차 소멸하였다. 하지만 주로 동양권, 특히 한국과 일본에서는 변사의 존재가 두드러졌다. 한국에서 변사가 본격적으로 등장한 것은 극장가가 형성된 1910년부터인데, 한국 최초의 변사는 우정식으로, 단성사를 운영하던 박승필이 내세운 인물이었다. 그 후 김덕경, 서상호, 김영환, 박응면, 성동호 등이 변사로 활약했으며 당시 영화 흥행의 성패를 좌우할 정도로 그 비중이 컸었다. 단성사, 우미관, 조선 극장 등의 극장은 대개 5명 정도의 변사를 전속으로 두었으며 2명 또는 3명이 교대로 무대에 올라, 한 영화를 담당하였다. 4명 또는 8명의 변사가 한 무대에 등장하여 영화의 대사를 교환하는 일본과는 달리, 한국에서는 한 명의 변사가 영화를 설명하는 방식을 취하였으며, 영화가 점점 장편화 되면서부터는 2명 또는 4명이 번갈아 무대에 등장하는 방식으로 바뀌었다. 변사는 악단의 행진곡을 신호로 무대에 등장하였으며, 소위 전설(前說)을 하였는데 전설이란 활동사진을 상영하기 전에 그 개요를 앞서 설명하는 것이었다. 전설이 끝나면 활동사진을 상영하고 해설을 시작하였다. 변사는 전설과 해설 이외에도 막간극을 공연하기도 했는데 당시 영화관에는 영사기가 대체로 한 대밖에 없었기 때문에 필름을 교체하는 시간을 이용하여 코믹한 내용을 공연하였다.

① 한국 최초의 변사는 단성사를 운영하던 박승필이다.
② 한국과는 달리 일본에서는 변사가 막간극을 공연했다.
③ 한국에 극장가가 형성되기 시작한 것은 1900년경이었다.
④ 한국은 영화의 장편화로 무대에 서는 변사의 수가 늘어났다.
⑤ 자막과 반주 음악의 등장으로 변사의 중요성이 더욱 높아졌다.

한끝 TIP

보기를 먼저 읽고 지문에서 확인해야 할 내용을 체크한 후, 지문을 읽으며 오답을 지워나가면 문제를 푸는 시간을 단축할 수 있다.

※ 다음 글의 내용으로 적절하지 않은 것을 고르시오. [2~3]

02

일그러진 달항아리와 휘어진 대들보. 물론 달항아리와 대들보가 언제나 그랬던 것은 아니다. 사실인즉슨 일그러지지 않은 달항아리와 휘어지지 않은 대들보가 더 많았을 것이다. 하지만 주목해야 할 것은 한국인들은 달항아리가 일그러졌다고 해서 깨뜨려 버리거나, 대들보감이 구부러졌다고 해서 고쳐서 쓰거나 하지는 않았다는 것이다. 나아가 그들은 살짝 일그러진 달항아리나 그럴싸하게 휘어진 대들보, 입술이 약간 휘어져 삐뚜름 능청거리는 사발이 오히려 멋있다는 생각을 했던 것 같다. 일그러진 달항아리와 휘어진 대들보에서 '형(形)의 어눌함'과 함께 '상(象)의 세련됨'을 볼 수 있다. 즉, '상의 세련됨'을 머금은 '형의 어눌함'을 발견하게 된다. 대체로 평균치를 넘어서는 우아함을 갖춘 상은 어느 정도 형의 어눌함을 수반한다. 이런 형상을 가리켜 아졸하거나 고졸하다고 하는데, 한국 문화는 이렇게 상의 세련됨과 형의 어눌함이 어우러진 아졸함이나 고졸함의 형상으로 넘쳐난다. 분청이나 철화, 달항아리 같은 도자기 역시 예상과는 달리 균제적이거나 대칭적이지 않은 경우가 많다. 이 같은 비균제성이나 비대칭성은 무의식(無意識)의 산물이 아니라 '형의 어눌함을 수반하는 상의 세련됨'을 추구하는 미의식(美意識)의 산물이다. 이러한 미의식은 하늘과 땅과 인간을 하나의 커다란 유기체로 파악하는 우리 민족이 자신의 삶을 통해 천지인의 조화를 이룩하기 위해 의식적으로 노력한 결과이다.

① 달항아리는 일그러진 모습, 대들보는 휘어진 모습을 한 것들이 많다.
② 한국인들은 곧은 대들보와 완벽한 모양의 달항아리를 좋아하지 않았다.
③ '상(象)의 세련됨'은 '형(形)의 어눌함' 안에서도 발견할 수 있다.
④ 분청, 철화, 달항아리 같은 도자기에서는 비대칭적인 요소가 종종 발견된다.
⑤ 비대칭적 미의식은 천지인을 유기체로 파악하는 우리 민족의 의식적인 노력의 결과이다.

03

저작권은 저자의 권익을 보호함으로써 활발한 저작 활동을 촉진하여 인류의 문화 발전에 기여하기 위한 것이다. 그러나 이렇게 공적 이익을 추구하기 위한 저작권이 현실에서는 일반적으로 지나치게 사적 재산권을 행사하는 도구로 인식되고 있다. 저작물 이용자들의 권리를 보호하기 위해 마련한, 공익적 성격의 법조항도 법적 분쟁에서는 항상 사적 재산권의 논리에 밀려 왔다. 저작권 소유자 중심의 저작권 논리는 실제로 저작권이 담당해야 할 사회적 공유를 통한 문화 발전을 방해한다.
'애국가 저작권'에 대한 논란은 이러한 문제를 단적으로 보여준다. 저자 사후 50년 동안 적용되는 국내 저작권법에 따라, 애국가가 포함된 〈한국 환상곡〉의 저작권이 작곡가 안익태의 유족들에게 2015년까지 주어졌다는 사실이 언론을 통해 알려진 것이다. 누구나 자유롭게 이용할 수 있는 국가(國歌)마저 공공재가 아닌 개인 소유라는 사실에 많은 사람들이 놀랐다. 창작은 백지 상태에서 완전히 새로운 것을 만드는 것이 아니라 저작자와 인류가 쌓은 지식 간의 상호 작용을 통해 이루어진다. '내가 남들보다 조금 더 멀리보고 있다면, 이는 내가 거인의 어깨 위에 올라서 있는 난쟁이이기 때문'이라는 뉴턴의 겸손은 바로 이를 말한다.
이렇듯 창작자의 저작물은 인류의 지적 자원에서 영감을 얻은 결과이다. 그러한 저작물을 다시 인류에게 되돌려주는 데 저작권의 의의가 있다. 이러한 생각은 이미 1960년대 프랑스 철학자들에 의해 형성되었다. 예컨대 기호학자인 바르트는 '저자의 죽음'을 거론하면서 저자가 만들어 내는 텍스트는 단지 인용의 조합일 뿐 어디에도 '오리지널'은 존재하지 않는다고 단언한다. 전자 복제 기술의 발전과 디지털 혁명은 정보나 자료의 공유가 지니는 의의를 잘 보여주고 있다. 인터넷과 같은 매체 환경의 변화는 원본을 무한히 복제하고 자유롭게 이용함으로써 누구나 창작의 주체로서 새로운 문화 창조에 기여할 수 있도록 돕는다. 인터넷 환경에서 이용자는 저작물을 자유롭게 교환할 뿐 아니라 수많은 사람들과 생각을 나눔으로써 새로운 창작물을 생산하고 있다. 이러한 상황은 저작권을 사적 재산권의 측면에서보다는 공익적 측면에서 바라볼 필요가 있음을 보여준다.

① 저작권 보호기간인 사후 50년이 지난 저작물에 대한 저자의 권익은 보호받지 못한다.
② 공적 이익 추구를 위한 저작권이 사적 재산권보호를 위한 도구로 전락하였다.
③ 창작은 이미 존재하는 지적 자원의 영향을 받아 이루어진다.
④ 매체 환경의 변화로 누구나 새로운 문화를 창조할 수 있게 되었다.
⑤ 저작권의 의의는 전혀 새로운 문화를 창작한다는 데 있다.

기출유형 **주제/제목 찾기**

04 다음 글의 주제로 가장 적절한 것은?

> 동양 사상이라 해서 언어와 개념을 무조건 무시하는 것은 결코 아니다. 만약 그렇다면 동양 사상은 경전이나 저술을 통해 언어화되지 않고 순전히 침묵 속에서 전수되어 왔을 것이다. 물론 이것은 사실이 아니다. 동양 사상도 끊임없이 언어적으로 다듬어져 왔으며 논리적으로 전개되어 왔다. 흔히 동양 사상은 신비주의적이라고 말하지만, 이것은 동양 사상의 한 면만을 특정 지우는 것이지 결코 동양의 철인(哲人)들이 사상을 전개함에 있어 논리를 무시했다거나 항시 어떤 신비적인 체험에 호소해서 자신의 주장들을 폈다는 것을 뜻하지는 않는다. 그러나 역시 동양 사상은 신비주의적임에 틀림없다. 거기서는 지고(至高)의 진리란 언제나 언어화될 수 없는 어떤 신비한 체험의 경지임이 늘 강조되어 왔기 때문이다. 최고의 진리는 언어 이전, 혹은 언어 이후의 무언(無言)의 진리이다. 엉뚱하게 들리겠지만, 동양 사상의 정수(精髓)는 말로써 말이 필요 없는 경지를 가리키려는 데에 있다고 해도 과언이 아니다. 말이 스스로를 부정하고 초월하는 경지를 나타내도록 사용된 것이다. 언어로써 언어를 초월하는 경지를 나타내고자 하는 것이야말로 동양 철학이 지닌 가장 특징적인 정신이다. 동양에서는 인식의 주체를 심(心)이라는 매우 애매하면서도 포괄적인 말로 이해해 왔다. 심(心)은 물(物)과 항시 자연스러운 교류를 하고 있으며, 이성은 단지 심(心)의 일면일 뿐인 것이다. 동양은 이성의 오만이라는 것을 모른다. 지고의 진리, 인간을 살리고 자유롭게 하는 생동적 진리는 언어적 지성을 넘어선다는 의식이 있었기 때문일 것이다. 언어는 언제나 마음을 못 따르며 둘 사이에는 항시 괴리가 있다는 생각이 동양인들의 의식의 저변에 깔려 있는 것이다.

① 동양 사상은 신비주의적인 요소가 많다.
② 언어와 개념을 무시하면 동양 사상을 이해할 수 없다.
③ 동양 사상은 언어적 지식을 초월하는 진리를 추구한다.
④ 인식의 주체를 심(心)으로 표현하는 동양 사상은 이성적이라 할 수 없다.
⑤ 동양 사상에서는 언어는 마음을 따르므로 진리는 마음속에 있다고 주장한다.

한끝 TIP

부분적인 내용만 포함하는 보기가 함께 제시되는 경우가 있어 헷갈리기 쉽다. 지문을 전체적으로 읽고 전체 내용을 아우르는 보기를 골라야 한다.

PART 3

05 다음 글의 제목으로 가장 적절한 것은?

사전적 정의에 의하면 재즈는 20세기 초반 미국 뉴올리언스의 흑인 문화 속에서 발아한 후 미국을 대표하는 음악 스타일이자 문화가 된 음악 장르이다. 서아프리카의 흑인 민속음악이 18세기 후반과 19세기 초반의 대중적이고 가벼운 유럽의 클래식 음악과 만나서 탄생한 것이 재즈다. 그러나 이 정도의 정의로 재즈의 전모를 밝히기에는 역부족이다. 이미 재즈가 미국을 넘어 전 세계에서 즐겨 연주되고 있으며 그 기법 역시 트레이드 마크였던 스윙(Swing)에서 많이 벗어났기 때문이다.

한편 재즈 역사가들은 재즈를 음악을 넘어선 하나의 이상이라고 이야기한다. 그 이상이란 삶 속에서 우러나온 경험과 감정을 담고자 하는 인간의 열정적인 마음이다. 여기에서 영감을 얻은 재즈 작곡가나 연주자는 즉자적으로 곡을 작곡하고 연주해 왔으며, 그러한 그들의 의지가 바로 다사다난한 인생을 관통하여 재즈에 담겨 있다. 초기의 재즈가 미국 흑인들의 한과 고통을 담아낸 흔적이자 역사 그 자체인 점이 이를 증명한다.

억압된 자유를 되찾으려는 그들의 저항 의식은 아름답게 정제된 기존의 클래식 음악의 틀 안에서는 온전하게 표출될 수 없었다. 불규칙적으로 전개되는 과감한 불협화음, 줄곧 어긋나는 듯한 리듬, 정제되지 않은 멜로디, 이들의 총합으로 유발되는 긴장감과 카타르시스……. 당시 재즈 사운드는 충격 그 자체였다. 그렇지만 현 시점에서 이러한 기법과 형식을 담은 장르는 넘쳐날 정도로 많아졌고, 클래식 역시 아방가르드(Avantgarde)라는 새로운 영역을 개척한 지 오래이다. 그러므로 앞에서 언급한 스타일과 이를 가능하게 했던 이상은 더 이상 재즈만의 전유물이라 할 수 없다.

켄 번스(Ken Burns)의 영화 '재즈(Jazz)'에서 윈턴 마살리스(Wynton Marsalis)는 "재즈의 진정한 힘은 사람들이 모여서 즉흥적인 예술을 만들고 자신들의 예술적 주장을 타협해 나가는 것에서 나온다. 이러한 과정 자체가 곧 재즈라는 예술 행위이다."라고 말한다. 그렇다면 우리의 일상은 곧 재즈 연주와 견줄 수 있다. 출생과 동시에 우리는 다른 사람들과 관계를 맺으며 살아간다. 물론 자신과 타인은 호불호나 삶의 가치관이 제각각일 수밖에 없다. 따라서 자신과 타인의 차이가 옳고 그름의 차원이 아닌 '다름'이라는 것을 알아가는 것, 그리고 그러한 차이를 인정하고 그 속에서 서로 이해하고 배려하려는 노력이 필요하다. 이렇듯 자신과 다른 사람과 함께 '공통의 행복'이라는 것을 만들어 간다면 우리 역시 바로 '재즈'라는 위대한 예술을 구현하고 있는 것이다.

① 재즈의 기원과 본질
② 재즈와 클래식의 차이
③ 재즈의 장르적 우월성
④ 재즈와 인생의 유사성과 차이점
⑤ 재즈를 감상하는 이유

기출유형 추론하기

06 다음 글을 읽고 추론한 내용으로 적절한 것은?

휴대전화를 새 것으로 바꾸기 위해 대리점에 간 소비자가 있다. 대리점에 가면서 휴대전화 가격으로 30만 원을 예상했다. 그런데 마음에 드는 것을 선택하니 가격이 25만 원이라고 하였다. 소비자는 흔쾌히 구입을 결정했다. 그러면서 뜻밖의 이익이 생겼음에 좋아할지도 모른다. 처음 예상했던 휴대전화의 가격과 실제 지불한 금액의 차이, 즉 5만 원의 이익을 얻었다고 보는 것이다.
경제학에서는 이것을 '소비자 잉여'라고 부른다. 어떤 상품에 대해 소비자가 최대한 지불해도 좋다고 생각하는 가격에서 실제로 지불한 가격을 뺀 차액이 소비자 잉여인 셈이다. 결국 같은 가격으로 상품을 구입하면 할수록 소비자 잉여는 커질 수밖에 없다. 휴대전화를 구입하고 나니, 대리점 직원은 휴대전화의 요금제를 바꾸라고 권유했다. 현재 이용하고 있는 휴대전화 서비스보다 기본요금이 조금 더 비싼 대신 분당 이용료가 싼 요금제로 바꾸는 것이 더 이익이라는 설명도 덧붙였다. 소비자는 지금까지 휴대전화의 요금이 기본요금과 분당 이용료로 나누어져 있는 것을 당연하게 생각해 왔다. 그런데 곰곰이 생각해보니, 이건 정말 특이한 가격체계였다. 다른 제품이나 서비스는 보통 한 번만 값을 지불하면 되는데, 왜 휴대전화 요금은 기본요금과 분당 이용료의 이원 체제로 이루어져 있는 것일까? 휴대전화 회사는 기본요금과 분당 이용료의 이원 체제 전략, 즉 '이부가격제(二部價格制)'를 채택하고 있다. 이부가격제는 소비자가 어떤 상품을 사려고 할 때, 우선적으로 그 권리에 상응하는 가치를 값으로 지불하고, 실제 상품을 구입할 때 그 사용량에 비례하여 또 값을 지불해야 하는 체제를 말한다. 이부가격제를 적용하면 휴대전화 회사는 소비자의 통화량과 관계없이 기본 이윤을 확보할 수 있다.
이부가격제를 적용하는 또 다른 예로 놀이공원을 들 수 있다. 이전에는 놀이공원에 갈 때 저렴한 입장료를 지불했고, 놀이기구를 이용할 때마다 표를 구입했다. 그렇기 때문에 놀이기구를 골라서 이용하여 사용료를 절약할 수 있었고, 구경만 하고 사용료를 지불하지 않는 것도 가능했다. 그러나 요즘의 놀이공원은 입장료를 이전보다 엄청나게 비싸게 하고 놀이기구의 사용료를 상대적으로 낮게 했다. 게다가 '빅3'니, '빅5'니 하는 묶음표를 만들어 놀이기구이용자로 하여금 가격의 부담이 적은 것처럼 느끼게 만들었다. 결국 놀이공원의 가격 전략은 사용료를 낮추고 입장료를 높게 받는 이부가격제로 굳어지고 있는 것이다. 여기서 놀이공원의 입장료는 상품을 살 수 있는 권리를 얻기 위해 지불해야 하는 금액에 해당한다. 그리고 입장료를 내고 들어간 사람들이 놀이기구를 이용할 때마다 내는 요금은 상품의 가격에 해당하는 부분이다. 우리가 모르는 가운데 기업의 이윤 극대화를 위한 모색은 계속되고 있다.

① 놀이공원의 '빅3'나 '빅5' 등의 묶음표는 이용자를 위한 가격제이다.
② 이부가격제는 이윤 극대화를 위해 기업이 채택할 수 있는 가격 제도이다.
③ 소비자 잉여의 크기는 구입한 상품에 대한 소비자의 만족감과 반비례한다.
④ 휴대전화 요금제는 기본요금과 분당 이용료가 비쌀수록 소비자에게 유리하다.
⑤ 가정으로 배달되는 우유를 한 달 동안 먹고 지불하는 값에는 이부가격제가 적용됐다.

한끝 TIP

HMAT에서 비중 있게 다뤄지는 유형인 동시에 많은 수험생들이 까다롭게 느끼는 유형이다. 모든 단서는 글 안에 있다는 것을 생각하며 글의 핵심이 되는 내용을 체크하고, 이를 통해 추론할 수 있는지를 판단해야 한다.

07 다음 글의 '브레히트'가 〈보기〉의 입장을 가진 '아리스토텔레스'에게 제기할 만한 의문으로 가장 적절한 것은?

오페라는 이른바 수준 있는 사람들이 즐기는 고상한 예술이라고 생각하는 사람들이 많다. 그런데 오페라 앞에 '거지'라든가 '서 푼짜리' 같은 단어를 붙인 '거지 오페라', '서 푼짜리 오페라'라는 것이 있다. 이렇게 어울리지 않는 단어들로 제목을 억지로 조합해 놓은 의도는 무엇일까?
영국 작가 존 게이는 당시 런던 오페라 무대를 점령했던 이탈리아 오페라에 반기를 들고, 1782년 이와는 완전히 대조적인 성격의 거지 오페라를 만들었다. 그는 이탈리아 오페라가 일반인의 삶과 거리가 먼 신화나 왕, 귀족들의 이야기를 소재로 한데다가 영국 관객들이 이해하지 못하는 이탈리아어로 불린다는 점에 불만을 품었다. 그는 등장인물의 신분을 과감히 낮추고 음악 형식도 당시의 민요와 유행가를 곁들여 사회의 부패상을 통렬하게 풍자하였다.
이렇게 만들어진 거지 오페라는 이탈리아 오페라에 대항하는 서민 오페라로 런던에서 선풍적인 인기를 끌었다. 1928년에 독일의 극작가 브레히트는 작곡가 쿠르트 바일과 손잡고 거지 오페라를 번안한 서 푼짜리 오페라를 만들었다. 그는 형식과 내용 면에서 훨씬 적극적이고 노골적으로 당시 사회를 비판한다. 이 극은 밑바닥 사람들의 삶을 통해 위정자들의 부패와 위선을 그려 계급적 갈등과 사회적 모순을 드러내고 있다. 브레히트는 감정이입과 동일시에 근거를 둔 종래의 연극에 반기를 들고 낯선 기법의 서사극을 만들었다. 등장인물이 극에서 빠져나와 갑자기 해설자의 역할을 하게 함으로써 관객들이 극에 몰입하지 않고 지금 연극을 보고 있다는 사실을 자각하도록 한 것이다.
이처럼 존 게이와 브레히트는 종전의 극과는 다른 형식과 내용의 극을 지향했다. 제목을 서로 어울리지 않는 단어들로 조합하고 새로운 형식을 도입한 이유는 기존의 관점을 뒤집어 보게 하려는 의도였다. 그 이면에는 사회의 부조리를 풍자하고자 하는 의도가 깔려 있었다.

보기

아리스토텔레스는 예술을 통한 관객과 극중 인물과의 감정 교류와 공감을 강조했다. 그는 관객들이 연극을 통해 타인의 경험과 감정, 상황을 받아들이고 나아가 극에 이입하고 몰두함으로써 쌓여있던 감정을 분출하며 느끼는, 이른바 카타르시스를 경험하게 된다고 주장하였다.

① 극과 거리를 두고 보아야 오히려 카타르시스를 경험할 수 있지 않나요?
② 관객이 몰입하게 되면 사건을 객관적으로 바라보기 어려운 것 아닌가요?
③ 해설자 역할을 하는 인물이 있어야 관객의 몰입을 유도할 수 있지 않나요?
④ 낯선 기법을 쓰면 관객들이 극중 인물과 더 쉽게 공감할 수 있지 않을까요?
⑤ 동일시를 통해야만 풍자하고 있는 사회의 모습을 더 잘 알 수 있지 않을까요?

CHAPTER 02
논리판단

합격 CHEAT KEY

논리판단 영역은 크게 명제추리와 논리추리로 나눌 수 있으며, 주어진 명제나 조건을 이용하여 문제를 해결해야 한다는 공통점을 갖고 있다. 명제추리는 명제의 역 · 이 · 대우 및 주어지는 조건들을 활용하여 결론 또는 빈칸의 내용을 도출하는 문제이며, 논리추리는 주어진 요소들을 묶거나 연결 · 배열하는 등의 문제와 참/거짓을 판별하는 진실게임 유형의 문제들이다.

01 명제추리

명제에 대한 올바른 이해와 논리적 사고력을 평가하기 위한 유형으로 주어진 명제들을 통해 결론을 도출하기, 옳거나 옳지 않은 명제 고르기, 빈칸에 들어갈 명제 고르기 등의 유형이 출제되고 있다.

02 논리추리

상당히 방대한 범위에서 출제되고 있으나, 한마디로 정리하자면 문제에 여러 가지 조건이 주어지고, 그 조건을 충족시켰을 때 옳거나 옳지 않은 유형을 찾는 문제들이라고 할 수 있다. 다양한 조건을 고려하며 문제를 풀어나가야 하기 때문에 그만큼 복합적인 사고력이 요구되며, 많은 수험생들이 어려워하는 유형이다.

CHAPTER 02

유형점검

정답 및 해설 p.037

01 명제추리

기출유형 명제추리

※ 다음 명제가 참일 때, 항상 참인 것을 고르시오. [1~4]

01

- 도보로 걷는 사람은 자가용을 타지 않는다.
- 자전거를 타는 사람은 자가용을 탄다.
- 자전거를 타지 않는 사람은 버스를 탄다.

① 자가용을 타는 사람은 도보로 걷는다.
② 버스를 타지 않는 사람은 자전거를 타지 않는다.
③ 버스를 타는 사람은 도보로 걷는다.
④ 도보로 걷는 사람은 버스를 탄다.
⑤ 도보로 걷는 사람은 자전거를 탄다.

한끝 TIP

- p이면 q이다($p \rightarrow q$).
- q이면 p이다($q \rightarrow p$, 역).
- p가 아니면 q가 아니다($\sim p \rightarrow \sim q$, 이).
- q가 아니면 p가 아니다($\sim q \rightarrow \sim p$, 대우).
- 어떤 명제가 참이면 그 대우도 참이다.

Easy

02

• 철수의 성적은 영희보다 낮고, 수연이보다 높다.
• 영희의 성적은 90점이고, 수연이의 성적은 85점이다.
• 수연이와 윤수의 성적은 같다.

① 철수의 성적은 윤수보다 낮다.
② 철수의 성적은 90점 이상이다.
③ 철수의 성적은 85점 이하이다.
④ 철수의 성적은 86점 이상 89점 이하이다.
⑤ 영희의 성적은 수연이보다 낮다.

PART 3

03

• 진달래를 좋아하는 사람은 감성적이다.
• 백합을 좋아하는 사람은 보라색을 좋아하지 않는다.
• 감성적인 사람은 보라색을 좋아한다.

① 감성적인 사람은 백합을 좋아한다.
② 백합을 좋아하는 사람은 감성적이다.
③ 진달래를 좋아하는 사람은 보라색을 좋아한다.
④ 보라색을 좋아하는 사람은 감성적이다.
⑤ 백합을 좋아하는 사람은 진달래를 좋아한다.

04

• 정직한 사람은 이웃이 많을 것이다.
• 성실한 사람은 외롭지 않을 것이다.
• 이웃이 많은 사람은 외롭지 않을 것이다.

① 이웃이 많은 사람은 성실할 것이다.
② 성실한 사람은 정직할 것이다.
③ 정직한 사람은 외롭지 않을 것이다.
④ 외롭지 않은 사람은 정직할 것이다.
⑤ 이웃이 적은 사람은 외로울 것이다.

기출유형 명제추리

※ 제시된 명제가 모두 참일 때, 다음 빈칸에 들어갈 알맞은 명제를 고르시오. [5~6]

Easy

05

- 과학자들 가운데 미신을 따르는 사람은 아무도 없다.
- 돼지꿈을 꾼 다음날 복권을 사는 사람들은 모두가 미신을 따르는 사람들이다.
- 그러므로 ____________________

① 미신을 따르는 사람들은 모두 돼지꿈을 꾼 다음날 복권을 산다.
② 미신을 따르지 않는 사람 중 돼지꿈을 꾼 다음날 복권을 사는 사람이 있다.
③ 과학자가 아닌 사람들은 모두 미신을 따른다.
④ 돼지꿈을 꾼 다음날 복권을 사는 사람이라면 과학자가 아니다.
⑤ 돼지꿈을 꾼 다음날 복권을 사지 않는다면 미신을 따르는 사람이 아니다.

한끝 TIP

전제를 추가하는 유형인지, 결론을 도출하는 유형인지 먼저 파악 후, 유형에 따라 접근법을 달리한다.
1. 전제를 추가하는 유형 : 결론과 주어진 전제의 연결 고리를 찾아서 빈칸의 전제를 유추한다.
2. 결론을 도출하는 유형 : 두 가지 전제로 도출할 수 있는 결론들을 정리한다.

06

- 아이스크림을 좋아하면 피자를 좋아하지 않는다.
- 갈비탕을 좋아하지 않으면 피자를 좋아한다.
- ____________________
- 그러므로 아이스크림을 좋아하면 짜장면을 좋아한다.

① 피자를 좋아하면 짜장면을 좋아한다.
② 짜장면을 좋아하면 갈비탕을 좋아한다.
③ 갈비탕을 좋아하면 짜장면을 좋아한다.
④ 짜장면을 좋아하지 않으면 피자를 좋아하지 않는다.
⑤ 피자와 갈비탕을 좋아하면 짜장면을 좋아한다.

02 논리추리

기출유형 **연결하기·묶기·배열하기**

01 회사원 H씨는 건강을 위해 평일에 요일별로 비타민 B, 비타민 C, 비타민 D, 칼슘, 마그네슘을 하나씩 먹는다. 다음 〈조건〉이 참일 때, 항상 참인 것은?

조건

- 비타민 C는 월요일에 먹지 않으며, 수요일에도 먹지 않는다.
- 비타민 D는 월요일에 먹지 않으며, 화요일에도 먹지 않는다.
- 비타민 B는 수요일에 먹지 않으며, 목요일에도 먹지 않는다.
- 칼슘은 비타민 C와 비타민 D보다 먼저 먹는다.
- 마그네슘은 비타민 D보다 늦게 먹고, 비타민 B보다는 먼저 먹는다.

① 비타민 C는 금요일에 먹는다.
② 마그네슘은 수요일에 먹는다.
③ 칼슘은 비타민 C보다 먼저 먹지만, 마그네슘보다는 늦게 먹는다.
④ 마그네슘은 비타민 C보다 먼저 먹는다.
⑤ 월요일에는 칼슘, 금요일에는 비타민 B를 먹는다.

02 3개의 상자 A~C에 금화 13개가 나뉘어 들어 있다. 금화는 상자 A에 가장 적게 있고, 상자 C에 가장 많이 있다. 또, 각 상자에는 금화가 하나 이상 있으며, 개수는 서로 다르다. 이 사실을 알고 있는 갑, 을, 병이 아래와 같은 순서로 각 상자를 열어 본 후 다음과 같이 말하였다. 이들의 말이 모두 참일 때, 상자 A와 C에 있는 금화의 총 개수는?

- 갑이 상자 A를 열어 본 후 말하였다. "B와 C에 금화가 각각 몇 개 있는지 알 수 없어."
- 을은 갑의 말을 듣고 상자 C를 열어 본 후 말하였다. "A와 B에 금화가 각각 몇 개 있는지 알 수 없어."
- 병은 갑과 을의 말을 듣고 상자 B를 열어 본 후 말하였다. "A와 C에 금화가 각각 몇 개 있는지 알 수 없어."

① 6개
② 7개
③ 8개
④ 9개
⑤ 10개

Hard

03 취업준비생 A~E 다섯 명이 지원한 회사는 가~마 다섯 개의 회사 중 한 곳이며, 회사는 모두 서로 다른 곳에 위치하고 있다. 다섯 사람은 모두 서류에 합격해 지하철, 버스, 택시 중 한 가지를 타고 직무적성검사를 보러 가려고 한다. 〈조건〉이 다음과 같을 때, 옳지 않은 것은?(단, 한 가지 교통수단은 최대 두 명까지 이용할 수 있으며, 한 사람도 이용하지 않은 교통수단은 없다)

조건

- 택시를 타면 가, 나, 마 회사에 갈 수 있다.
- A는 다 회사를 지원했다.
- E는 어떤 교통수단을 선택해도 지원한 회사에 갈 수 있다.
- 지하철에는 D를 포함한 두 사람이 타며, 둘 중 한 사람은 라 회사에 지원했다.
- B가 탈 수 있는 교통수단은 지하철뿐이다.
- 버스와 택시로 갈 수 있는 회사는 가 회사를 제외하면 서로 겹치지 않는다.

① B와 D는 함께 지하철을 이용한다.
② C는 택시를 이용한다.
③ A는 버스를 이용한다.
④ E는 라 회사에 지원했다.
⑤ C는 나 또는 마 회사에 지원했다.

04 A대학교 보건소에서는 4월 1일(월)부터 한 달 동안 재학생을 대상으로 금연교육 4회, 금주교육 3회, 성교육 2회를 실시하려는 계획을 가지고 있다. 〈조건〉이 다음과 같을 때, 옳은 것은?

조건

- 금연교육은 정해진 같은 요일에만 주 1회 실시하고, 화, 수, 목요일 중에 해야 한다.
- 금주교육은 월요일과 금요일을 제외한 다른 요일에 시행하며, 주 2회 이상은 실시하지 않는다.
- 성교육은 4월 10일 이전, 같은 주에 이틀 연속으로 실시한다.
- 4월 22일부터 26일까지 중간고사 기간이고, 이 기간에 보건소는 어떠한 교육도 실시할 수 없다.
- 보건소의 교육은 하루에 하나만 실시할 수 있고, 토요일과 일요일에는 교육을 실시할 수 없다.
- 보건소는 계획한 모든 교육을 반드시 4월에 완료하여야 한다.

① 금연교육이 가능한 요일은 화요일과 수요일이다.
② 금주교육은 같은 요일에 실시되어야 한다.
③ 금주교육은 4월 마지막 주에도 실시된다.
④ 성교육이 가능한 일정 조합은 두 가지 이상이다.
⑤ 4월 30일에도 교육이 있다.

기출유형 **진실게임**

05 **H사 직원들끼리 이번 달 성과급에 대해 이야기를 나누고 있다. 성과급은 반드시 늘거나 줄어들었고, 직원 중 1명만 거짓말을 하고 있을 때, 항상 참인 것은?**

> • 직원 A : 나는 이번에 성과급이 늘어났어. 그래도 B만큼은 오르지 않았네.
> • 직원 B : 맞아 난 성과급이 좀 늘어났지. D보다 조금 더 늘었어.
> • 직원 C : 좋겠다. 오 ~ E도 성과급이 늘어났네.
> • 직원 D : 무슨 소리야! E는 C와 같이 성과급이 줄어들었는데.
> • 직원 E : 그런 것보다 D가 A보다 성과급이 조금 올랐는데?

① 직원 A의 성과급이 오른 사람 중 가장 적다.
② 직원 B의 성과급이 가장 많이 올랐다.
③ 직원 C는 성과급이 줄어들었다.
④ 직원 D의 성과급이 가장 많이 올랐다.
⑤ 직원 E의 성과급 순위를 알 수 없다.

한끝 TIP

전체 조건 중 서로 모순되는 진술을 찾으면 문제풀이 시간을 줄일 수 있다.
1. 제시된 진술 중 서로 연결된 진술 혹은 모순 관계를 파악하여 나올 수 있는 경우의 수를 정리한다(하나가 참이면 반드시 다른 하나가 거짓인 경우, 하나의 진술에 직접 부정하는 것 등).
2. 제각각 진술을 하는 경우라면, 각각의 진술을 빠르게 검토하여 정리한다.

PART 3

06 **어느 날 사무실에 도둑이 들어 CCTV를 확인해 보니 흐릿해서 잘 보이지는 않았지만 도둑이 2명이라는 것을 확인했고, 사무실 직원들의 알리바이와 해당 시간대에 사무실에 드나든 사람들을 조사한 결과 피의자는 A~E 5명으로 좁혀졌다. 거짓을 말하는 사람이 1명이라고 할 때, 다음의 진술을 통해 거짓을 말한 사람을 고르면?(단, 모든 사람은 진실 또는 거짓만을 말한다)**

> • A : B는 확실히 범인이에요. 제가 봤어요.
> • B : 저는 범인이 아니구요, E는 무조건 범인입니다.
> • C : A가 말하는 건 거짓이니 믿지 마세요.
> • D : C가 말하는 건 진실이에요.
> • E : 저와 C가 범인입니다.

① A
② B
③ C
④ D
⑤ E

CHAPTER 03

자료해석

합격 CHEAT KEY

자료해석 영역은 표나 그래프 등의 자료를 활용하여 수치를 비교하거나 계산하는 능력을 평가한다. 크게는 자료분석, 자료계산, 퍼즐의 세 가지 유형으로 나눌 수 있으며, 이 중 특히 퍼즐은 HMAT만의 독특한 유형이다. 주어진 표나 그래프를 분석하여 옳거나 옳지 않은 보기를 찾아내는 유형, 주어진 자료와 공식을 이용하여 계산 후 일정한 값을 도출하는 유형, 일정한 값을 계산하여 가로세로 빈칸을 채우는 유형 등의 문제가 출제되고 있다.

01 자료분석

표나 그림 등의 통계자료를 해석하는 능력을 평가하기 위한 유형으로, 주어진 자료를 보고 수치를 비교하거나 간단한 계산을 통해 수치를 도출한 후, 옳거나 옳지 않은 보기를 고르는 문제가 출제되고 있다. HMAT뿐 아니라 타 기업 인적성에서도 흔히 출제되는 유형이다.

02 자료계산

자료를 이해하고 간단한 공식을 활용할 수 있는지 평가하는 유형으로, 자료만 단독으로 제시되거나, 경우에 따라 필요한 공식이 함께 제시되고, 이를 이용하여 일정한 값을 도출해내는 문제가 출제되고 있다.

03 퍼즐

HMAT에서만 출제되는 독특한 유형으로, 본질은 자료계산 유형과 같으나 가로와 세로의 빈칸을 채워넣은 후 이를 통해 제3의 값을 도출해야 한다는 점에서 차이가 있다.

CHAPTER 03

이론점검

(1) 꺾은선(절선)그래프

① 시간적 추이(시계열 변화)를 표시하는 데 적합하다.

예 연도별 매출액 추이 변화 등

② 경과 · 비교 · 분포를 비롯하여 상관관계 등을 나타날 때 사용한다.

〈중학교 장학금, 학비감면 수혜현황〉

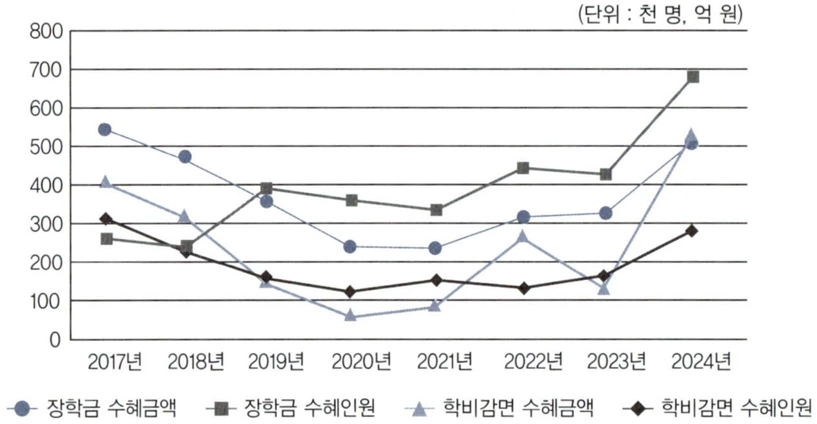

(2) 막대그래프

① 비교하고자 하는 수량을 막대 길이로 표시하고, 그 길이를 비교하여 각 수량 간의 대소 관계를 나타내는 데 적합하다.

예 영업소별 매출액, 성적별 인원분포 등

② 가장 간단한 형태로 내역 · 비교 · 경과 · 도수 등을 표시하는 용도로 사용한다.

〈연도별 암 발생 추이〉

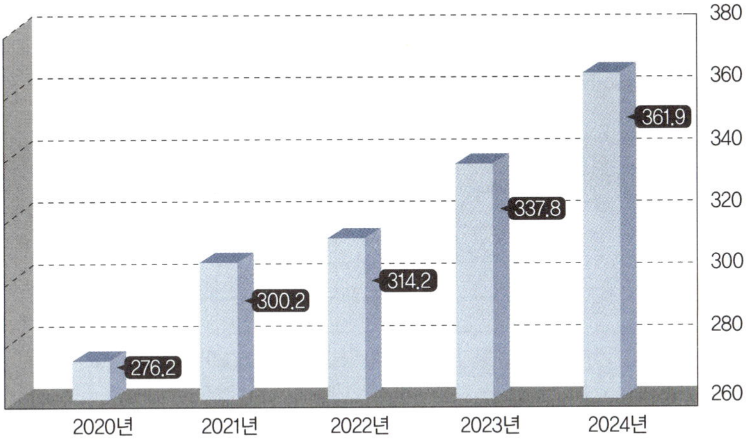

(3) 원그래프

① 내역이나 내용의 구성비를 분할하여 나타내는 데 적합하다.

예 제품별 매출액 구성비 등

② 원그래프를 정교하게 작성할 때는 수치를 각도로 환산해야 한다.

〈H국의 가계 금융자산 구성비〉

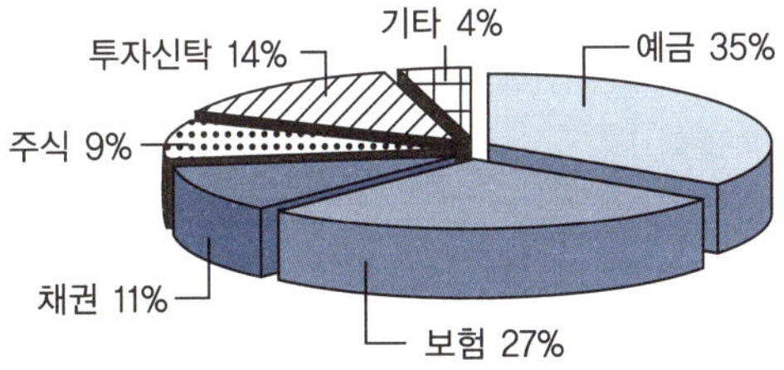

(4) 점그래프

① 지역분포를 비롯하여 도시, 지방, 기업, 상품 등의 평가나 위치, 성격을 표시하는 데 적합하다.
   예 광고비율과 이익률의 관계 등

② 종축과 횡축에 두 요소를 두고, 보고자 하는 것이 어떤 위치에 있는가를 알고자 할 때 사용한다.

〈OECD 국가의 대학졸업자 취업률 및 경제활동인구 비중〉

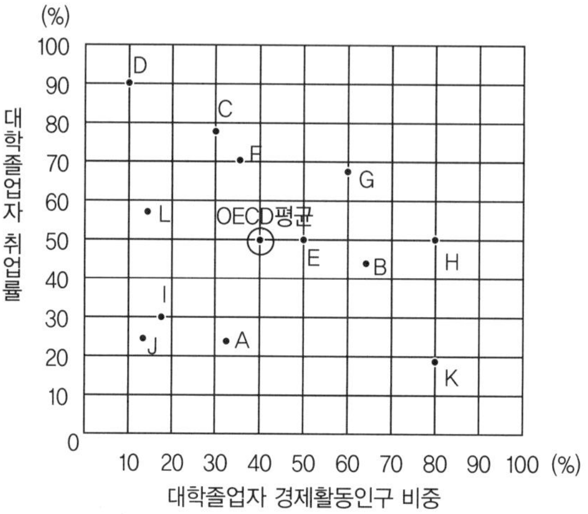

(5) 층별그래프

① 합계와 각 부분의 크기를 백분율로 나타내고 시간적 변화를 보는 데 적합하다.

② 합계와 각 부분의 크기를 실수로 나타내고 시간적 변화를 보는 데 적합하다.
   예 상품별 매출액 추이 등

③ 선의 움직임보다는 선과 선 사이의 크기로써 데이터 변화를 나타내는 그래프이다.

〈우리나라 세계유산 현황〉

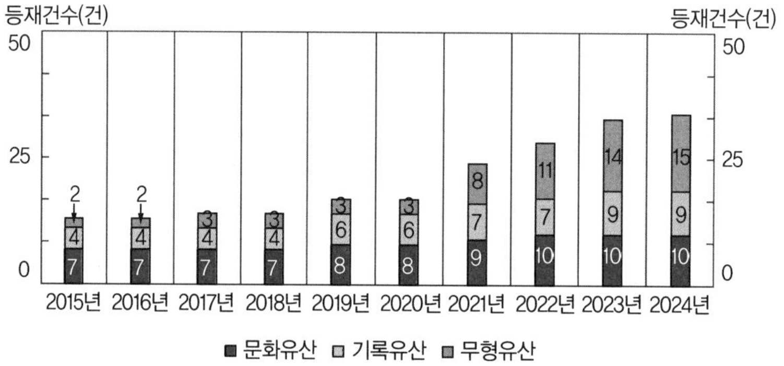

(6) 레이더 차트(거미줄그래프)

① 다양한 요소를 비교할 때, 경과를 나타내는 데 적합하다.

예 매출액의 계절변동 등

② 비교하는 수량을 직경, 또는 반경으로 나누어 원의 중심에서의 거리에 따라 각 수량의 관계를 나타내는 그래프이다.

〈외환위기 전후 한국의 경제상황〉

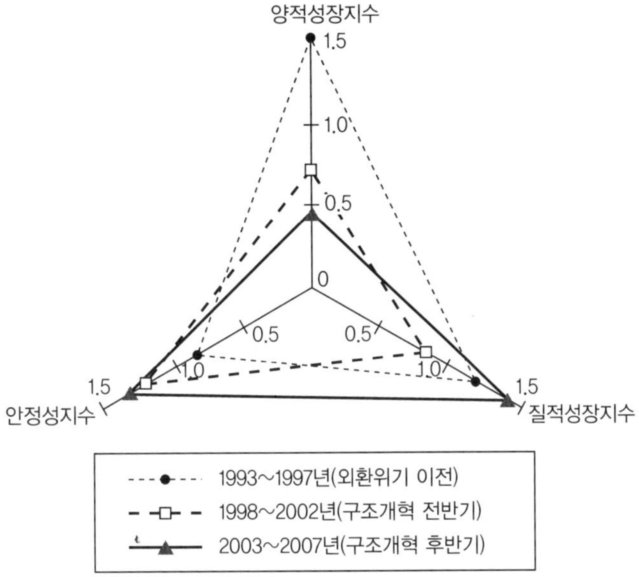

PART 3

CHAPTER 03

유형점검

정답 및 해설 p.039

01 자료분석

기출유형 자료분석

01 다음은 품목별 한우의 2024년 10월 평균가격, 전월, 전년 동월, 직전 3개년 동월 평균가격에 관한 자료이다. 이에 대한 설명으로 옳은 것은?

〈2024년 10월 기준 품목별 한우 평균가격〉

(단위 : 원/kg)

구분	등급	2024년 10월 평균가격	전월 평균가격	전년 동월 평균가격	직전 3개년 동월 평균가격
거세우	1등급	17,895	18,922	14,683	14,199
	2등급	16,534	17,369	13,612	12,647
	3등급	14,166	14,205	12,034	10,350
비거세우	1등급	18,022	18,917	15,059	15,022
	2등급	16,957	16,990	13,222	12,879
	3등급	14,560	14,344	11,693	10,528

※ 거세우, 비거세우의 등급은 1등급, 2등급, 3등급만 있음

① 거세우 각 등급에서의 2024년 10월 평균가격이 비거세우 같은 등급의 2024년 10월 평균가격보다 모두 높다.

② 모든 품목에서 전월 평균가격은 2024년 10월 평균가격보다 높다.

③ 2024년 10월 평균가격, 전월 평균가격, 전년 동월 평균가격, 직전 3개년 동월 평균가격은 비거세우 1등급이 다른 모든 품목에 비해 높다.

④ 직전 3개년 동월 평균가격 대비 전년 동월 평균가격의 증가폭이 가장 큰 품목은 거세우 2등급이다.

⑤ 전년 동월 평균가격 대비 2024년 10월 평균가격 증감률이 가장 큰 품목은 비거세우 2등급이다.

02 다음은 국제우편 접수 매출액 현황에 관한 자료이다. 이에 대한 설명으로 옳지 않은 것은?

〈국제우편 접수 매출액 현황〉

(단위 : 백만 원)

구분	2020년	2021년	2022년	2023년	2024년				
					소계	1/4분기	2/4분기	3/4분기	4/4분기
국제통상	16,595	17,002	19,717	26,397	34,012	7,677	7,552	8,000	10,783
국제소포	17,397	17,629	19,794	20,239	21,124	5,125	4,551	5,283	6,165
국제특급	163,767	192,377	229,012	243,416	269,674	62,784	60,288	61,668	84,934
합계	197,759	227,008	268,523	290,052	324,810	75,586	72,391	74,951	101,882

① 2024년 4/4분기 매출액은 2024년 다른 분기에 비해 가장 많다.
② 2021년 대비 2024년 국제소포 분야의 매출액 증가율은 10% 미만이다.
③ 2020년 대비 2024년 매출액 증가율이 가장 큰 분야는 국제통상 분야이다.
④ 2024년 총매출액에서 2/4분기 매출액이 차지하고 있는 비율은 20% 이상이다.
⑤ 2023년 총매출액에서 국제통상 분야의 매출액이 차지하고 있는 비율은 10% 미만이다.

03 다음은 인천광역시 내의 각 자치단체 홈페이지에 게재된 글의 성격에 관한 자료이다. 이에 대한 설명으로 옳은 것은?

〈지역별 게시글의 성격〉

(단위 : 건, %)

구분	게시글의 성격										합계	
	문의		청원		문제 지적		정책 제안		기타			
	건수	비율	건수	비율	건수	비율	건수	비율	건수	비율	건수	비율
시 본청	123	36.1	87	25.5	114	33.4	10	2.9	7	2.1	341	33.1
중구	20	37.7	17	32.1	13	24.5	1	1.9	2	3.8	53	5.1
동구	14	43.8	9	28.1	7	21.9	–	–	2	6.3	32	3.1
남구	22	24.7	25	28.1	32	36.0	7	7.9	3	3.4	89	8.6
연수구	6	16.7	15	41.7	14	38.9	1	2.8	–	–	36	3.5
남동구	21	22.8	31	33.7	39	42.4	–	–	1	1.1	92	8.9
부평구	29	28.7	28	27.7	41	40.6	1	1.0	2	2.0	101	9.8
계양구	13	15.3	40	47.1	30	35.3	2	2.4	–	–	85	8.2
서구	50	32.5	34	22.1	65	42.2	–	–	5	3.2	154	14.9
강화군	17	44.7	8	21.1	8	21.1	3	7.8	2	5.3	38	3.7
옹진군	6	60.0	–	–	3	30.0	1	10.0	–	–	10	1.0
합계	321	31.1	294	28.5	366	35.5	26	2.5	24	2.3	1,031	100

① 전체 게시글의 빈도는 문의, 문제 지적, 청원, 정책 제안, 기타의 순서로 많다.
② 전체에서 문의의 비중이 가장 높은 지역은 강화군이다.
③ 시 본청을 제외하고 정책 제안이 가장 많은 곳은 남구이다.
④ 게시글 중 청원이 차지하는 비중이 제일 높은 지역은 연수구이다.
⑤ 문제 지적의 비중이 두 번째로 높은 지역은 부평구이다.

Hard

04 다음은 시도별 인구변동현황에 관한 자료이다. 이에 대한 설명으로 옳은 것을 〈보기〉에서 모두 고르면?

〈시도별 인구변동현황〉

(단위 : 천 명)

구분	2017년	2018년	2019년	2020년	2021년	2022년	2023년
합계	48,582	48,782	48,990	49,269	49,540	49,773	50,515
서울	10,173	10,167	10,181	10,193	10,201	10,208	10,312
부산	3,666	3,638	3,612	3,587	3,565	3,543	3,568
대구	2,525	2,511	2,496	2,493	2,492	2,489	2,512
인천	2,579	2,600	2,624	2,665	2,693	2,710	2,758
광주	1,401	1,402	1,408	1,413	1,423	1,433	1,455
대전	1,443	1,455	1,466	1,476	1,481	1,484	1,504
울산	1,081	1,088	1,092	1,100	1,112	1,114	1,126
경기	10,463	10,697	10,906	11,106	11,292	11,460	11,787

보기

㉠ 서울 인구와 경기 인구의 차는 2017년에 비해 2023년에 더 커졌다.
㉡ 2017년과 비교했을 때, 2023년 인구가 감소한 지역은 부산 지역뿐이다.
㉢ 전년 대비 인구 증가량을 비교했을 때, 광주 지역은 2023년이 가장 많이 증가했다.
㉣ 대구 지역은 2018년부터 인구가 꾸준히 감소했다.

① ㉠, ㉡
② ㉠, ㉢
③ ㉡, ㉣
④ ㉢, ㉣
⑤ ㉠, ㉡, ㉢

02 자료계산

기출유형 자료계산

01 다음은 어느 기업의 팀별 성과급 지급 기준 및 영업팀의 성과평가 결과에 관한 자료이다. 영업팀에게 지급되는 성과급의 1년 총액은?(단, 성과평가 등급이 A이면 직전 분기 차감액의 50%를 가산하여 지급한다)

〈성과급 지급 기준〉

성과평가 점수	성과평가 등급	분기별 성과급 지급액
9.0 이상	A	100만 원
8.0 이상 8.9 이하	B	90만 원 (10만 원 차감)
7.0 이상 7.9 이하	C	80만 원 (20만 원 차감)
6.9 이하	D	40만 원 (60만 원 차감)

〈영업팀 평가표〉

구분	1/4분기	2/4분기	3/4분기	4/4분기
유용성	8	8	10	8
안전성	8	6	8	8
서비스 만족도	6	8	10	8

※ (성과평가 점수)=(유용성)×0.4+(안정성)×0.4+(서비스 만족도)×0.2

① 350만 원
② 360만 원
③ 370만 원
④ 380만 원
⑤ 390만 원

Easy

02 다음은 행정구역별 인구에 관한 자료이다. 전년 대비 2023년 대구 지역의 인구 증가율은?(단, 소수점 둘째 자리에서 반올림한다)

〈행정구역별 인구〉

(단위 : 천 명)

구분	2021년	2022년	2023년
전국	20,726	21,012	21,291
서울	4,194	4,190	4,189
부산	1,423	1,438	1,451
대구	971	982	994
인천	1,136	1,154	1,171
광주	573	580	586
대전	592	597	606
울산	442	452	455
세종	63	82	94
경기	4,787	4,885	5,003
강원	674	685	692
충북	656	670	681
충남	871	886	902
전북	775	783	790
전남	824	834	843
경북	1,154	1,170	1,181
경남	1,344	1,367	1,386
제주	247	257	267

① 1.1%
② 1.2%
③ 1.3%
④ 1.4%
⑤ 1.5%

03 다음은 국내 각 금융기관의 개인대출 현황에 관한 자료이다. 은행을 통한 30대의 개인대출 총액은?

〈금융기관별 개인대출 취급 현황〉

(단위 : 조 원, %)

구분	은행	상호저축은행	할부금융	신용카드	보험	새마을금고	신협	상호금융	기타	전체
개인대출	234.8	6.3	10.6	5.4	12.2	17.8	12.4	80.2	1.1	380.8
구성비	61.7	1.7	2.8	1.4	3.2	4.7	3.2	21.1	0.2	100.0

〈금융기관의 연령대별 개인대출 비중(금액 기준)〉

(단위 : %)

구분	30세 미만	30~39세	40~49세	50~59세	60세 이상	합계
은행	5.7	29.9	37.2	18.5	8.7	100.0
상호저축은행	5.8	23.8	39.3	19.3	11.8	100.0
상호금융	2.3	16.3	35.8	25.6	20.0	100.0
할부금융	19.4	37.6	29.8	9.7	3.5	100.0
신용카드	27.3	37.9	24.9	7.6	2.3	100.0
보험	5.3	34.4	38.9	15.6	5.8	100.0
전체	5.6	26.8	36.4	19.8	11.4	100.0

① 약 65조 원
② 약 70조 원
③ 약 75조 원
④ 약 80조 원
⑤ 약 85조 원

04 다음은 민간분야 사이버 침해 사고 발생 현황에 관한 자료이다. 기타 해킹 사고가 가장 많았던 해의 전체 사이버 침해 사고 건수의 전년 대비 증감률은?

〈민간분야 사이버 침해 사고 발생 현황〉

(단위 : 건)

구분	2020년	2021년	2022년	2023년
홈페이지 변조	6,490	10,148	5,216	3,727
스팸릴레이	1,163	988	731	365
기타 해킹	3,175	2,743	4,126	2,961
단순 침입 시도	2,908	3,031	3,019	2,783
피싱 경유지	2,204	4,320	3,043	1,854
합계	15,940	21,230	16,135	11,690

① 약 −26%
② 약 −25%
③ 약 −24%
④ 약 −23%
⑤ 약 −22%

기출유형 퍼즐

01 주어진 표를 이용해 빈칸을 완성한 후 (㉠+㉡)×㉢−㉣+㉤의 값을 구하면?(단, 소수점 둘째 자리에서 반올림하며 소수점은 빈칸에 포함되지 않는다)

〈연도별 학교 식중독 발생건수 및 환자 현황〉

(단위 : 건, 명)

구분	합계		초등학교		중학교		고등학교	
	건수	환자 수	건수	환자 수	건수	환자 수	건수	환자 수
2020년	30	2,061	11	507	7	288	12	1,266
2021년	54	3,185	12	586	8	638	34	1,961
2022년	44	2,247	9	414	11	848	24	985
2023년	51	4,135	12	783	13	842	26	2,510
2024년	38	1,980	8	278	7	222	23	1,480

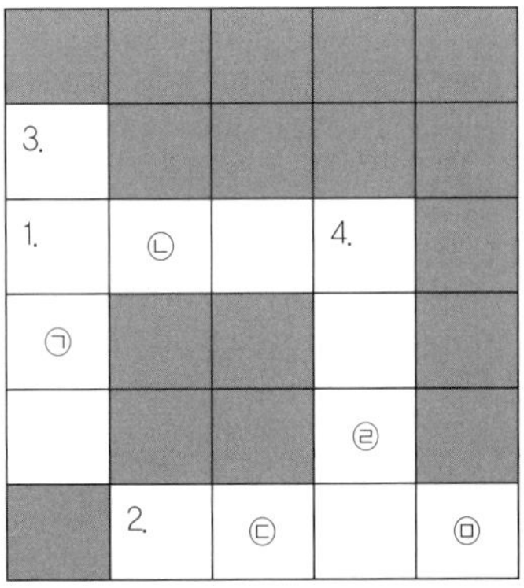

〈가로〉

1. 2020년과 2021년 초등학교 환자 수의 합과 2023년과 2024년 중학교 환자 수의 합 중 더 큰 숫자
2. 2020년 대비 2021년 초등학교 환자 수의 증가율

〈세로〉

3. 2020년과 2021년 총 환자 수의 차
4. 2022년과 2023년 고등학교 환자 수의 합

① 0
② 1
③ 5
④ 9
⑤ 10

한끝 TIP

각 계산식의 난이도는 높지 않으나, 한꺼번에 3~5개의 계산을 해야 하므로 계산 속도를 높여야 한다. 또한, 숫자가 하나라도 틀리면 오답이 될 수 있으므로 정확한 계산이 필요하다.

02 주어진 표를 이용해 빈칸을 완성한 후 6×(㉠＋㉡＋㉢)의 값을 구하면?(단, 결괏값은 소수점 둘째 자리에서 반올림하며 소수점도 빈칸에 포함된다)

〈노인복지시설 현황〉

(단위 : 개소, 명)

구분		2021년		2022년		2023년		2024년	
		시설 수	입소 정원	시설 수	입소 정원	시설 수	입소 정원	시설 수	입소 정원
노인주거 복지시설	양로시설	285	12,782	272	13,903	265	13,446	265	13,283
	노인공동 생활가정	125	1,049	142	1,173	131	1,087	128	1,062
	노인복지 주택	25	4,761	29	5,034	31	5,376	32	5,648
노인의료 복지시설	노인요양 시설	2,497	121,774	2,707	132,387	2,933	141,479	3,136	150,025
	노인요양 공동생활 가정	2,088	18,165	2,134	18,813	2,130	18,636	2,027	17,874
노인여가 복지시설	노인 복지관	319	0	344	0	347	0	350	0
	경로당	63,251	0	63,960	0	64,568	0	65,044	0
	노인교실	1,413	0	1,361	0	1,377	0	1,393	0

1.	㉠	2.	3.
(음영)	(음영)	㉡	
(음영)	(음영)		
(음영)	(음영)		㉢

〈가로〉

1. 노인요양시설 입소정원의 2023년 대비 2024년의 증가량은?

〈세로〉

2. 양로시설 수가 가장 많았던 해의 노인복지주택 입소정원 수는?
3. 2024년 전체 노인주거복지시설 수 중 양로시설 수가 차지하는 비중(%)은?

① 96　② 102　③ 108　④ 114　⑤ 120

03 주어진 표를 이용해 빈칸을 완성한 후 1,000×㉠＋100×㉡＋10×㉢＋㉣의 값을 구하면?

〈연령계층별 취업자 수〉

(단위 : 천 명, %, 전년 동월 대비)

구분	2023년 3월		2024년 2월				2024년 3월			
	취업자 수	구성비	취업자 수	구성비	증감	증감률	취업자 수	구성비	증감	증감률
〈전체〉	23,110	100.0	22,867	100.0	125	0.5	23,377	100.0	267	1.2
15~19세	140	0.6	212	0.9	27	14.7	164	0.7	23	16.7
20~29세	3,723	16.1	3,688	16.1	−43	−1.1	3,667	15.7	−56	−1.5
30~39세	5,827	25.2	5,774	25.3	−37	−0.6	5,819	24.9	−8	−0.1
40~49세	6,468	28.0	6,389	27.9	−39	−0.6	6,500	27.8	32	0.5
50~59세	4,395	19.0	4,525	19.8	255	6.0	4,659	19.9	264	6.0
60세 이상	2,557	11.1	2,279	10.0	−39	−1.7	2,569	11.0	12	0.5
〈남성〉	13,542	58.6	13,483	59.0	116	0.9	13,687	58.5	145	1.1
15~19세	53	0.2	75	0.3	5	7.2	58	0.2	5	10.1
20~29세	1,744	7.5	1,756	7.7	9	0.5	1,720	7.4	−24	−1.4
30~39세	3,740	16.2	3,696	16.2	−55	−1.5	3,713	15.9	−27	−0.7
40~49세	3,833	16.6	3,810	16.7	−6	−0.2	3,868	16.5	35	0.9
50~59세	2,652	11.5	2,726	11.9	141	5.5	2,792	11.9	141	5.3
60세 이상	1,521	6.6	1,419	6.2	21	1.5	1,535	6.6	15	1.0
〈여성〉	9,568	41.4	9,384	41.0	9	0.1	9,691	41.5	123	1.3
15~19세	88	0.4	137	0.6	22	19.3	106	0.5	18	20.6
20~29세	1,979	8.6	1,931	8.4	−52	−2.6	1,946	8.3	−33	−1.6
30~39세	2,088	9.0	2,078	9.1	19	0.9	2,107	9.0	19	0.9
40~49세	2,635	11.4	2,579	11.3	−34	−1.3	2,632	11.3	−3	−0.1
50~59세	1,743	7.5	1,799	7.9	114	6.8	1,866	8.0	124	7.1
60세 이상	1,036	4.5	859	3.8	−61	−6.6	1,034	4.4	−3	−0.2

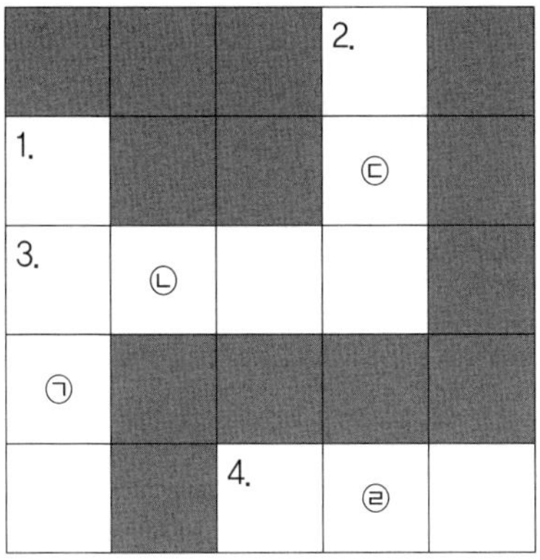

〈가로〉

3. 2023년 3월 여성 취업자 중에서 수가 가장 많은 연령대의 취업자 수는 몇 명인가?(단위 : 천 명)
4. 2024년 3월 남성 취업자 중에서 구성비가 가장 낮은 연령대의 증감률에 10을 곱한 값은?

〈세로〉

1. 2024년 3월 전체 취업자 중에서 구성비가 가장 높은 연령대의 취업자 수와 그 증감률의 곱은?(단위 : 천 명)
2. 2024년 3월의 남성 전체 취업자 수는 2023년 3월 남성 전체 취업자 수에 비해 몇 명이나 증가하였는가?(단위 : 천 명)

① 6,540　　② 5,640
③ 4,560　　④ 3,250
⑤ 2,640

PART 3

04 주어진 표를 이용해 빈칸을 완성한 후 빈칸의 숫자를 모두 더하면?

〈서울특별시 구인 · 구직 · 취업 통계〉

(단위 : 명)

직업 중분류	구인자	구직자	취업자
관리직	996	2,951	614
경영, 회계, 사무 관련 전문직	6,283	14,350	3,400
금융보험 관련직	637	607	131
교육 및 자연과학, 사회과학 연구 관련직	177	1,425	127
법률, 경찰, 소방, 교도 관련직	37	226	59
보건, 의료 관련직	688	2,061	497
사회복지 및 종교 관련직	371	1,680	292
문화, 예술, 디자인, 방송 관련직	1,033	3,348	741
운전 및 운송 관련직	793	2,369	634
영업원 및 판매 관련직	2,886	3,083	733
경비 및 청소 관련직	3,574	9,752	1,798
미용, 숙박, 여행, 오락, 스포츠 관련직	259	1,283	289
음식서비스 관련직	1,696	2,936	458
건설 관련직	3,659	4,825	656
기계 관련직	742	1,110	345

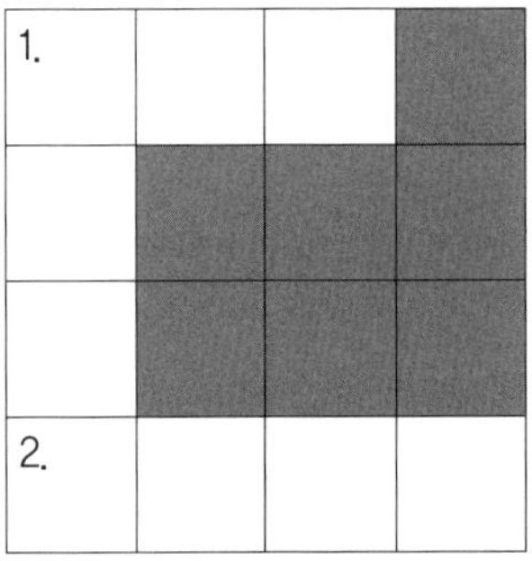

〈가로〉

1. 직업 분류 중 취업자가 세 번째로 적은 직업의 취업자 수는?
2. 구인을 네 번째로 많이 한 직업의 구직자 수와 취업을 두 번째로 많이 한 직업의 취업자 수의 합은?

〈세로〉

1. 문화, 예술, 디자인, 방송 관련직의 구인자 수와 취업자 수의 합은?

① 40
② 39
③ 38
④ 37
⑤ 36

CHAPTER 04
정보추론

합격 CHEAT KEY

정보추론 영역은 주어진 표를 통해 필요한 정보를 찾고 이를 활용하는 능력을 평가한다. 자료해석이 주로 완성된 자료를 대상으로 한 수치의 비교나 계산 위주라면, 정보추론은 표, 그래프, 보고서 등 비교적 다양한 자료들이 주어지며, 이를 통해 추가적인 정보를 도출하거나 다른 형태의 자료로 변형하는 영역이라고 할 수 있다. 정보추론은 자료이해, 자료변환, 자료예측 세 가지 유형으로 나눌 수 있다. 자료이해는 주어진 자료에 대한 해석의 옳거나 옳지 않음을 판단하는 유형이며, 자료변환은 주어진 자료를 다른 종류의 표나 그래프로 변형하는 유형, 자료예측은 제시된 자료를 통해 문제에서 요구하는 값을 계산하거나 예측하는 유형이다.

01 자료이해

주어진 자료를 해석하여 필요한 정보를 얻는 능력을 평가하기 위한 유형으로, 자료해석 영역의 자료분석 유형과 일부 유사한 면이 있으나, 자료분석이 세부적인 수치의 증감이나 비율 등을 계산하고 따지는 데 더 초점을 맞춘다면, 자료이해 유형은 전체적인 흐름과 추이를 읽고 그 안에서 주어진 자료를 해석하는 유형이라고 할 수 있다. 제시된 표 · 그래프 등의 자료를 바탕으로 한 해석을 보고, 옳거나 옳지 않음을 판단하는 문제가 출제되고 있다.

02 자료변환

제시된 자료 중 필요한 정보를 선별하여 다른 형태의 자료로 변환하는 능력을 평가하는 유형으로, 제시된 표, 그래프, 보고서 등에 나타난 정보를 표, 원그래프, 막대그래프, 꺾은선그래프 등 다양한 형태로 변형하는 문제가 출제되고 있다.

03 자료예측

제시된 자료를 통해 추가적인 정보를 유추하는 능력을 평가하는 유형으로, 계산을 필요로 한다는 점에서 자료해석 영역의 '자료계산'과 비슷하다. 그러나 자료계산 유형은 주어진 자료와 공식을 활용하여 간단한 계산을 하는 유형이었다면, 자료예측은 표의 빈칸 또는 자료상 명시적으로 드러나지 않은 수치를 추론해야 하는 유형이다.

CHAPTER

04 유형점검

정답 및 해설 p.043

01 자료이해

기출유형 자료이해

01 다음은 2024년 노인의 연간 총소득의 항목별 비율에 관한 자료이다. 이에 대한 설명으로 옳은 것을 〈보기〉에서 모두 고르면?

〈2024년 노인 연간 총소득 항목별 비율〉

(단위 : %)

구분		근로소득	사업소득	재산소득	기타소득
결혼상태별	배우자 있음	30.3	14.8	10.0	44.9
	배우자 없음	43.4	9.1	5.4	42.1
가구형태별	노인독거	10.5	4.6	8.6	76.3
	노인부부	15.6	15.3	12.3	56.8
	자녀동거	60.8	12.0	5.4	21.8
	기타	33.5	20.0	3.0	43.5
교육수준별	무학(글자모름)	39.5	11.6	2.2	46.7
	무학(글자해독)	38.2	12.4	4.4	45
	초등학교	35.7	14.9	6.6	42.8
	중학교	34.9	15.7	9.1	40.3
	고등학교	33.4	11.6	11.0	44
	전문대학 이상	23.9	8.4	16.9	50.8
현 취업상태	취업 중	34.7	27.6	4.4	33.3
	미취업	34.0	6.1	10.7	49.2

〈2024년 노인 기타소득 세부항목 비율〉

(단위 : %)

구분		사적이득소득	공적이전소득	사적연금소득
결혼상태별	배우자 있음	14.2	29.1	1.6
	배우자 없음	17.3	23.5	1.3
가구형태별	노인독거	34.3	39.9	2.1
	노인부부	18.5	36.4	1.9
	자녀동거	6.4	14.5	0.9
	기타	15.6	26.7	1.2
교육수준별	무학(글자모름)	20.0	24.8	1.9
	무학(글자해독)	18.5	24.8	1.7
	초등학교	16.2	25.5	1.1
	중학교	13.3	25.8	1.2
	고등학교	13.7	28.7	1.6
	전문대학 이상	11.7	36.7	2.4
현 취업상태	취업 중	10.7	21.5	1.1
	미취업	17.3	30.3	1.6

보기

㉠ 자녀와 동거하는 노인의 공적이전소득이 기타소득에서 차지하는 비중은 65% 이상이다.
㉡ 교육수준이 중학교인 노인의 사업소득은 전문대학 이상인 노인의 재산소득보다 많다.
㉢ 노인독거의 근로소득 비율은 노인독거 재산소득과 기타소득 비율 합의 20% 미만이다.
㉣ 취업 중인 노인의 기타소득 중 사적이득소득과 사적연금소득의 차액은 배우자가 있는 노인의 공적이전소득과 사적연금소득의 차액보다 적다.

① ㉠, ㉢ ② ㉡, ㉢
③ ㉡, ㉣ ④ ㉠, ㉡, ㉣
⑤ ㉡, ㉢, ㉣

02 다음은 다섯 가지 커피에 대한 소비자 선호도 조사를 정리한 자료이다. 조사는 541명의 동일한 소비자를 대상으로 1차와 2차 구매를 통해 이루어졌다. 자료에 대해 옳은 설명을 한 사람을 모두 고르면?

〈커피별 1차 및 2차 구매 인원〉

(단위 : 명)

1차 구매	2차 구매					합계
	A	B	C	D	E	
A	93	17	44	7	10	171
B	9	46	11	0	9	75
C	17	11	155	9	12	204
D	6	4	9	15	2	36
E	10	4	12	2	27	55
합계	135	82	231	33	60	541

경서 : 대부분의 소비자들이 취향에 맞는 커피를 꾸준히 선택하고 있구나.
현정 : 1차 구매에서 A를 선택한 소비자가 2차 구매에서 C를 선택하는 경우가 그 반대의 경우보다 더 적어.
미림 : 전체적으로 C를 선택하는 소비자가 제일 많아.

① 경서　② 현정, 미림
③ 미림　④ 경서, 미림
⑤ 경서, 현정

Easy

03 다음은 자동차 산업 동향에 관한 자료이다. 이에 대한 〈보기〉의 설명 중 옳지 않은 것을 고르면?

〈자동차 산업 동향〉

(단위 : 천 대, 억 달러)

구분	생산 대수	내수 대수	수출액	수입액
2017년	3,513	1,394	371	58.7
2018년	4,272	1,465	544	84.9
2019년	4,657	1,475	684	101.1
2020년	4,562	1,411	718	101.6
2021년	4,521	1,383	747	112.2
2022년	4,524	1,463	756	140
2023년	4,556	1,589	713	155
2024년	4,229	1,600	650	157

보기

㉠ 2018~2024년 사이 전년 대비 자동차 생산량의 증가량이 가장 큰 해는 2018년이다.
㉡ 2023년 대비 2024년의 자동차 수출액은 약 9% 이상 감소했다.
㉢ 자동차 수입액은 조사기간 동안 지속적으로 증가했다.
㉣ 2024년의 자동차 생산 대수 대비 내수 대수의 비율은 약 37.8%이다.

① ㉡
② ㉠, ㉡
③ ㉠, ㉣
④ ㉡, ㉢
⑤ ㉠, ㉡, ㉣

PART 3

02 자료변환

기출유형 **자료변환**

01 다음은 신재생에너지 산업통계에 대한 자료이다. 이를 참고하여 작성한 그래프로 적절하지 않은 것은?

〈신재생에너지원별 산업 현황〉

(단위 : 억 원)

구분	기업체 수(개)	고용인원(명)	매출액	내수	수출액	해외공장 매출	투자액
태양광	127	8,698	75,637	22,975	33,892	18,770	5,324
태양열	21	228	290	290	0	0	1
풍력	37	2,369	14,571	5,123	5,639	3,809	583
연료전지	15	802	2,837	2,143	693	0	47
지열	26	541	1,430	1,430	0	0	251
수열	3	46	29	29	0	0	0
수력	4	83	129	116	13	0	0
바이오	128	1,511	12,390	11,884	506	0	221
폐기물	132	1,899	5,763	5,763	0	0	1,539
합계	493	16,177	113,076	49,753	40,743	22,579	7,966

① 신재생에너지원별 기업체 수(단위 : 개)

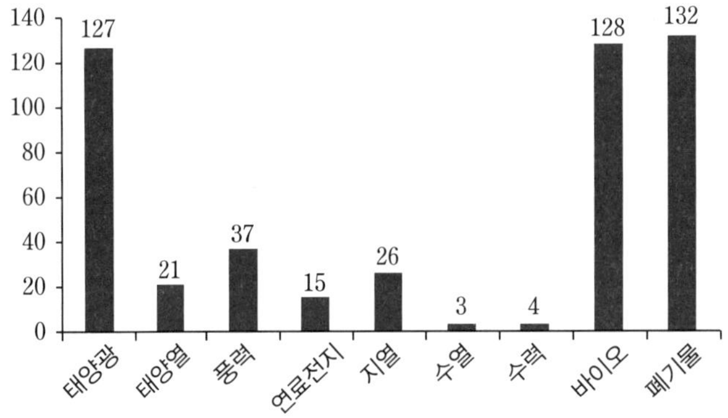

② 신재생에너지원별 고용인원(단위 : 명)

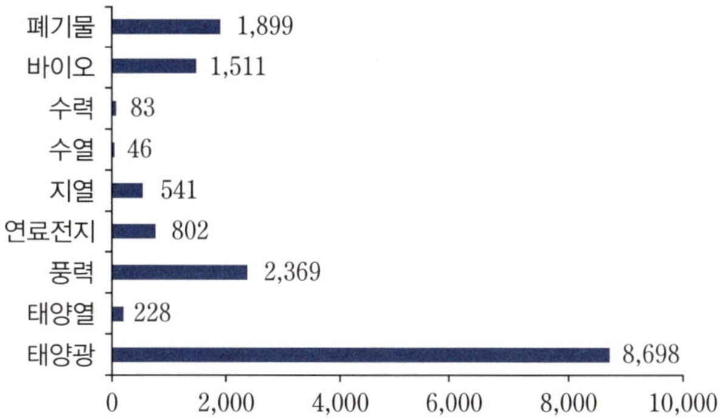

③ 신재생에너지원별 고용인원 비율(단위 : %)

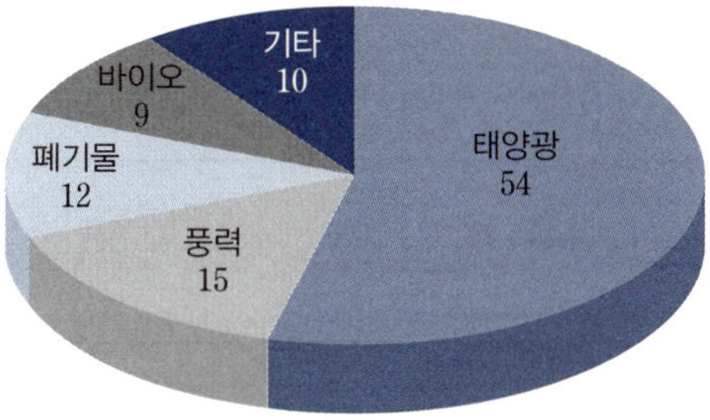

④ 신재생에너지원별 내수 현황(단위 : 억 원)

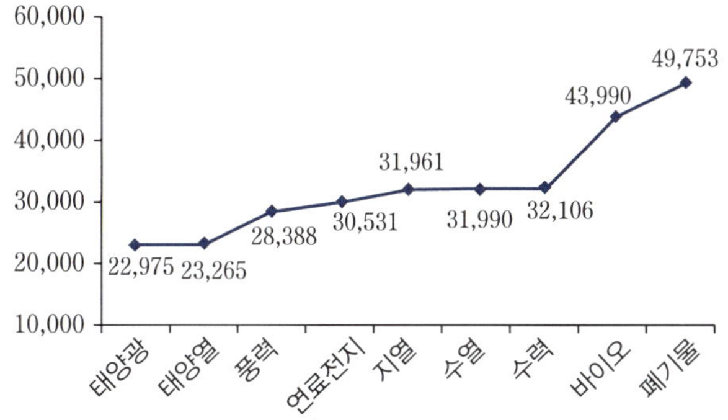

⑤ 신재생에너지원별 해외공장매출 비율(단위 : %)

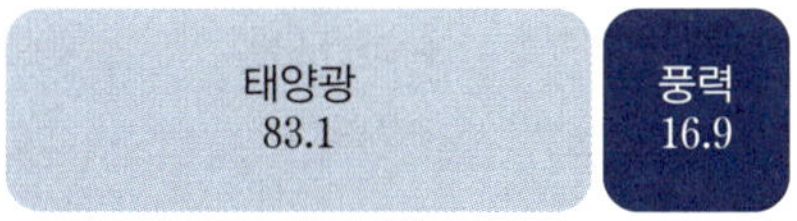

한끝 TIP

그래프의 단위나 수치의 증감 등, 단서는 의외로 사소한 곳에 있을 가능성이 많으므로 꼼꼼히 살펴보아야 한다.

02 다음은 난민 통계 현황에 관한 자료이다. 이를 참고하여 작성한 그래프로 적절하지 않은 것은?

〈난민 신청자 현황〉

(단위 : 명)

구분		2020년	2021년	2022년	2023년
성별	남성	1,039	1,366	2,403	4,814
	여성	104	208	493	897
국적	파키스탄	242	275	396	1,143
	나이지리아	102	207	201	264
	이집트	43	97	568	812
	시리아	146	295	204	404
	중국	3	45	360	401
	기타	178	471	784	2,687

〈난민 인정자 현황〉

(단위 : 명)

구분		2020년	2021년	2022년	2023년
성별	남성	39	35	62	54
	여성	21	22	32	51
국적	미얀마	18	19	4	32
	방글라데시	16	10	2	12
	콩고DR	4	1	3	1
	에티오피아	4	3	43	11
	기타	18	24	42	49

① 난민 신청자 연도 · 국적별 현황

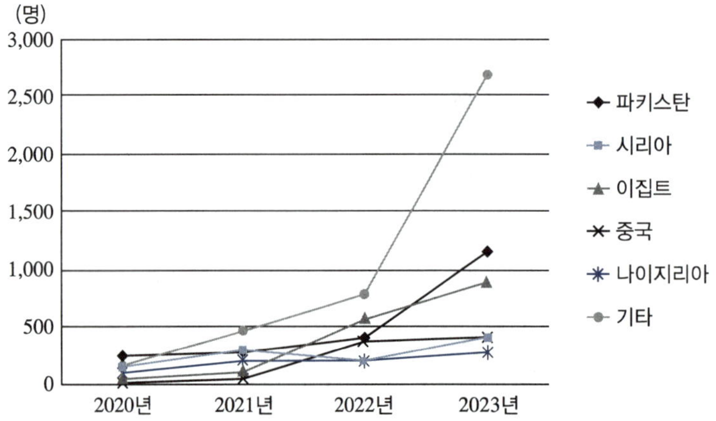

② 전년 대비 난민 인정자 증감률(2021~2023년)

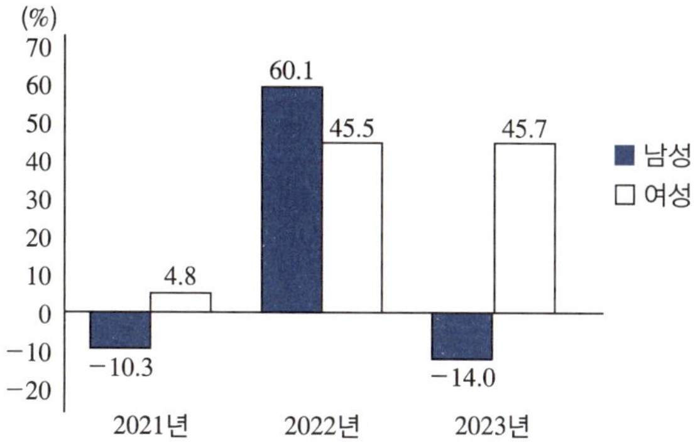

③ 난민 신청자 현황

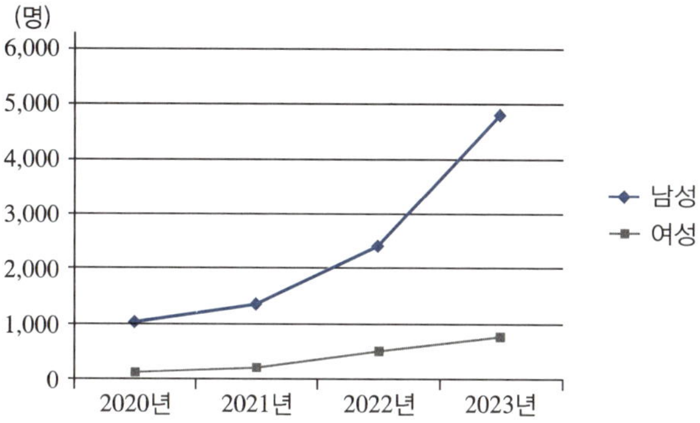

④ 난민 인정자 성별 비율

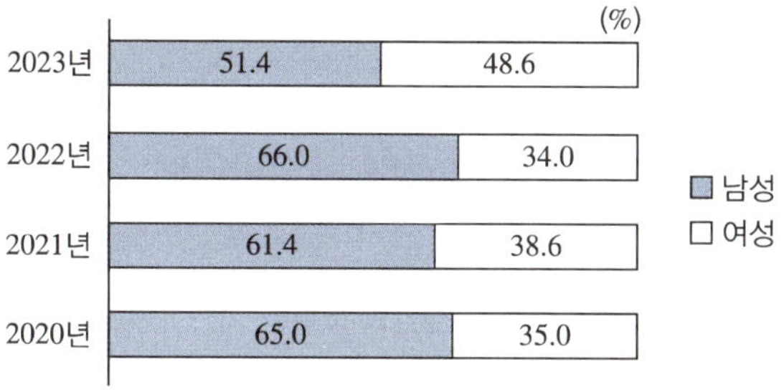

⑤ 2023년 국가별 난민 신청자 비율

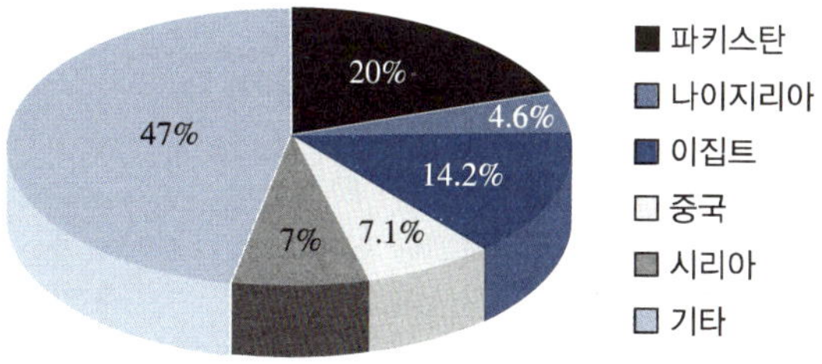

기출유형 자료예측

01 다음은 세계 음악 시장의 규모에 관한 자료이다. 이 자료와 〈조건〉을 보고 2025년의 자료를 예측하였을 때, 가장 알맞은 값은?(단, 소수점 둘째 자리에서 반올림한다)

〈세계 음악 시장 규모〉

(단위 : 백만 달러)

구분		2020년	2021년	2022년	2023년	2024년
공연음악	후원	5,930	6,008	6,097	6,197	6,305
	티켓 판매	20,240	20,688	21,165	21,703	22,324
	소계	26,170	26,696	27,262	27,900	28,630
음반	디지털	8,719	9,432	10,180	10,905	11,544
	다운로드	5,743	5,986	6,258	6,520	6,755
	스트리밍	1,530	2,148	2,692	3,174	3,557
	모바일	1,447	1,298	1,230	1,212	1,233
	오프라인 음반	12,716	11,287	10,171	9,270	8,551
	소계	21,435	20,720	20,351	20,175	20,095
합계		47,605	47,415	47,613	48,075	48,725

조건

- 2025년 후원금은 2024년보다 1억 1천 8백만 달러, 티켓 판매는 2024년보다 7억 4천만 달러가 증가할 것으로 예상된다.
- 스트리밍 시장의 경우 빠르게 성장하는 추세로 2025년 스트리밍 시장 규모는 2020년 스트리밍 시장 규모의 2.5배가 될 것으로 예상된다.
- 오프라인 음반 시장은 점점 감소하는 추세로 2025년 오프라인 음반 시장의 규모는 2024년 대비 6%의 감소율을 보일 것으로 예상된다.

	공연음악	스트리밍	오프라인 음반
①	29,487백만 달러	3,711백만 달러	8,037.9백만 달러
②	29,487백만 달러	3,825백만 달러	8,037.9백만 달러
③	29,685백만 달러	3,825백만 달러	7,998.4백만 달러
④	29,685백만 달러	4,371백만 달러	7,998.4백만 달러
⑤	30,298백만 달러	4,371백만 달러	7,598.2백만 달러

02 다음 표는 유년인구 구성비 추이를 나타낸 것이다. 이 자료를 보고 (가), (나)에 들어갈 적절한 숫자를 순서대로 나열한 것은?(단, 구성비는 일정한 규칙을 갖고 있다)

〈유년인구 구성비 추이〉

(단위 : %)

구분	1970년	1980년	1990년	2000년	2005년	2010년	2015년	2020년	2030년
서울	36.3	33.3	29.6	24.6	(가)	20.7	15.4	13.4	10.5
인천	39.8	31.9	27.1	23.4	22.7	16.5	13.8	12.7	11.4
울산	40.2	36.2	30.1	25.1	21.0	17.4	13.9	12.4	11.2
경기	42.9	32.7	26.8	24.1	20.6	18.1	15.4	13.9	12.2
충남	45.9	35.6	24.3	20.1	18.9	16.3	13.8	12.4	11.5
전남	46.9	38.8	26.7	20.6	18.5	15.4	13.3	11.2	(나)

① 20.7, 10.1
② 20.7, 8.8
③ 21.8, 9.0
④ 23.1, 10.1
⑤ 22.8, 10.5

03 다음 자료는 한국은행에서 조사한 2024년 하반기 소비자 동향조사 자료이다. (A)+(B)+(C)−(D)의 값으로 알맞은 것은?(단, 소수점 첫째 자리에서 반올림한다)

〈2024년 하반기 소비자 동향조사〉

[단위 : CSI(소비자 동향지수)]

구분	7월	8월	9월	10월	11월	12월	평균
생활형편전망	98	98	98	98	93	93	96
향후경기전망	80	85	83	80	64	(B)	76
가계수입전망	100	100	100	101	98	98	100
소비자지출전망	106	(A)	107	107	106	103	(C)
평균	96	97	97	97	90	(D)	

① 175
② 185
③ 195
④ 205
⑤ 215

PART 3

CHAPTER 05

공간지각

합격 CHEAT KEY

공간지각 영역은 입체도형의 형태변화에 대한 지각능력을 평가하기 위한 영역으로, 크게 전개도와 투상도 두 유형으로 나눌 수 있다. 매번 새로운 유형이 출제되며, 20문항 전체가 단일 유형으로 출제되고 있다. 실제 시험 시에는 시험지를 돌리거나 펜을 사용할 수 없고, 전개도나 투상도의 모습을 머릿속으로만 추측하며 문제를 해결해야 하므로 충분한 연습이 필요하다. 지금까지의 출제경향을 살펴보면 공간지각, 도식이해 영역이 번갈아가며 출제되고 있으므로 공간지각과 도식이해 영역을 모두 학습해두는 것이 좋다.

01 전개도

2018년 상반기와 2015년 상반기에는 전개도를 조건에 적용한 후 결합한 최종 모양을 유추하는 유형이 출제되었으며, 2016년 상반기에는 주어진 전개도를 접어서 3차원 공간에서 이동시켰을 때 경로를 찾는 유형이 출제되었다.

02 투상도

2017년 상반기와 2014년 상반기 2번에 걸쳐 출제되었으나, 출제형태는 서로 조금 달랐다. 2014년 상반기에는 정면도, 평면도, 측면도에 부합되거나 부합되지 않는 입체도형을 찾는 유형으로 비교적 단순하게 출제되었으나, 2017년 상반기에는 정면도, 평면도, 측면도로 제시된 입체도형이 X, Y, Z축으로 회전한 최종 모습을 찾는 유형으로 심화되었다.

유형점검

정답 및 해설 p.046

01 전개도

기출유형 **전개도**

※ 아래의 전개도를 접어 3차원 공간에서 이동시켰을 때, 처음과 끝이 다음과 같았다. 이동한 방향으로 옳은 것을 고르시오(단, 정육면체는 회전하면서 이동한다). **[1~2]**

01

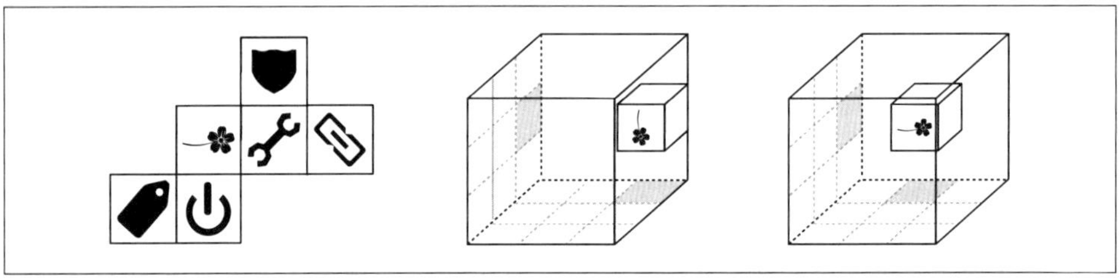

① 전좌후
② 좌전후
③ 전전후
④ 좌전전
⑤ 전우전

한끝 TIP

처음의 위치에서 마지막의 위치까지 총 세 번을 이동하므로, 먼저 ①~⑤ 중 마지막 위치로 이동하는 방법이 될 수 없는 보기를 제거한다. 다음으로 남은 보기를 처음 모습에 대입하여 마지막 모습이 나오는지 확인하면 답을 찾기가 한결 수월하다.

02

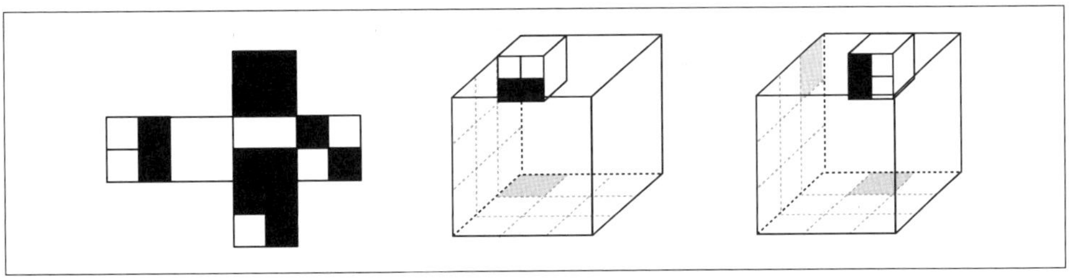

① 전우우
② 전우후
③ 전전우
④ 우좌우
⑤ 우우전

PART 3

03 다음 Ⓐ, Ⓑ, Ⓒ의 전개도를 ↳ 면이 전면에 오도록 접은 후 주어진 방향으로 회전하여 아래의 결합 모양과 같이 붙인 그림으로 알맞은 것을 고르면?

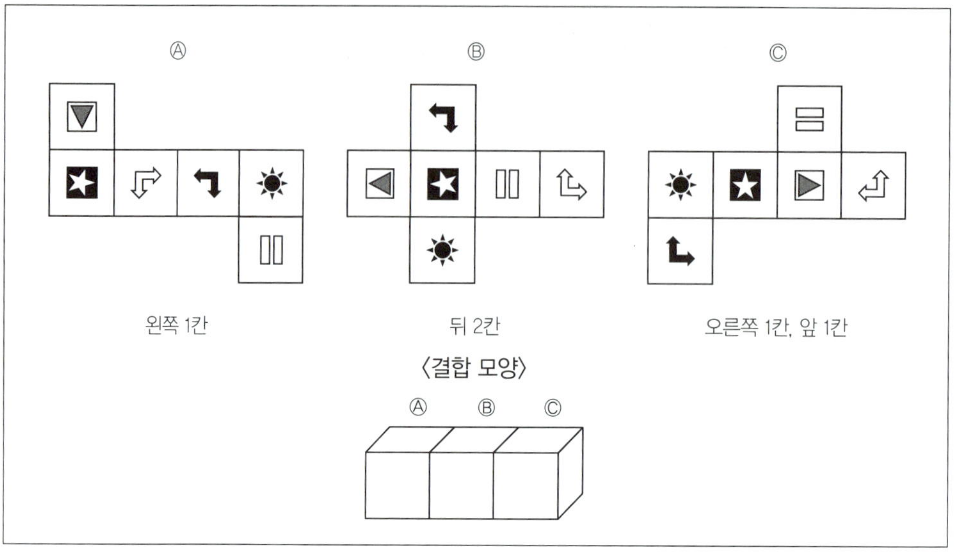

①
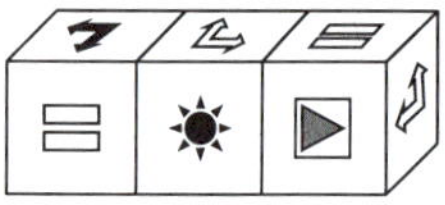

②
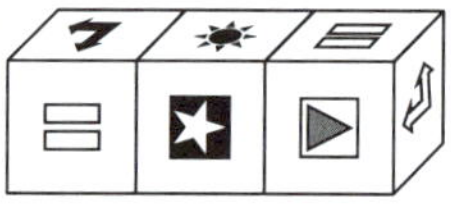

③
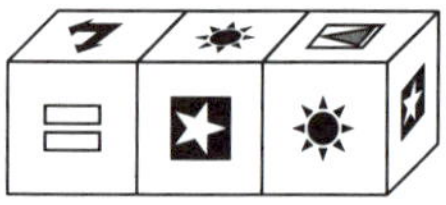

④
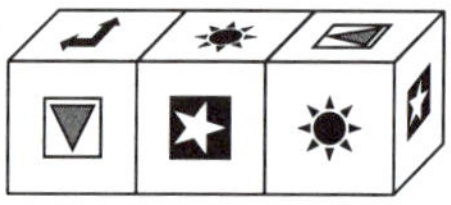

⑤
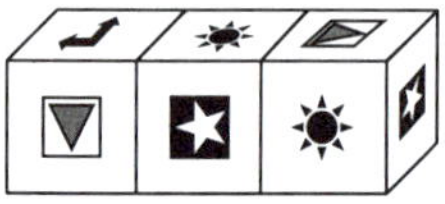

한끝 TIP

정육면체 

에서 보이는 면은 ⓐ, ⓑ, ⓒ 세 면이다. 이것을 펼치면 전면 ⓐ를 기준으로 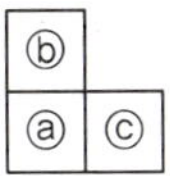

와 같이 나타남을 기억한다.

회전하는 경우를 전개도에서 바로 확인할 수 있도록 다음과 같이 정리할 수 있다.

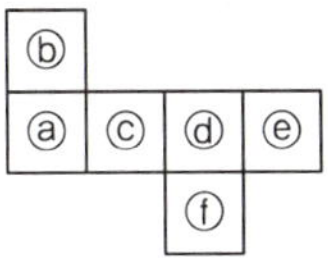

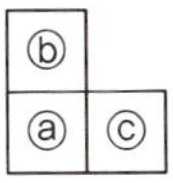

회전		전면 ⓐ	윗면 ⓑ	오른면 ⓒ(시계 방향)
뒤	1칸	ⓐ의 아랫면(ⓕ)	ⓐ면	ⓒ면 90° 회전
	2칸	ⓐ면과 마주보는 면(ⓓ)	ⓑ면과 마주보는 면(ⓕ)	ⓒ면 180° 회전
	3칸	ⓐ의 윗면(ⓑ)	ⓐ면과 마주보는 면(ⓓ)	ⓒ면 270° 회전

회전		전면 ⓐ	윗면 ⓑ	오른면 ⓒ(반시계 방향)
앞	1칸	ⓐ의 윗면(ⓑ)	ⓐ면과 마주보는 면(ⓓ)	ⓒ면 90° 회전
	2칸	ⓐ면과 마주보는 면(ⓓ)	ⓑ면과 마주보는 면(ⓕ)	ⓒ면 180° 회전
	3칸	ⓐ의 아랫면(ⓕ)	ⓐ면	ⓒ면 270° 회전

회전		전면 ⓐ	윗면 ⓑ(반시계 방향)	오른면 ⓒ
오른쪽	1칸	ⓒ면과 마주보는 면(ⓔ)	ⓑ면 90° 회전	ⓐ면
	2칸	ⓐ면과 마주보는 면(ⓓ)	ⓑ면 180° 회전	ⓒ면과 마주보는 면(ⓔ)
	3칸	ⓒ면	ⓑ면 270° 회전	ⓐ면과 마주보는 면(ⓓ)

회전		전면 ⓐ	윗면 ⓑ(시계 방향)	오른면 ⓒ
왼쪽	1칸	ⓒ면	ⓑ면 90° 회전	ⓐ면과 마주보는 면(ⓓ)
	2칸	ⓐ면과 마주보는 면(ⓓ)	ⓑ면 180° 회전	ⓒ면과 마주보는 면(ⓔ)
	3칸	ⓒ면과 마주보는 면(ⓔ)	ⓑ면 270° 회전	ⓐ면

04 다음 Ⓐ, Ⓑ, Ⓒ의 전개도를  면이 전면에 오도록 접은 후 주어진 방향으로 회전하여 아래의 결합 모양과 같이 붙인 그림으로 알맞은 것을 고르면?

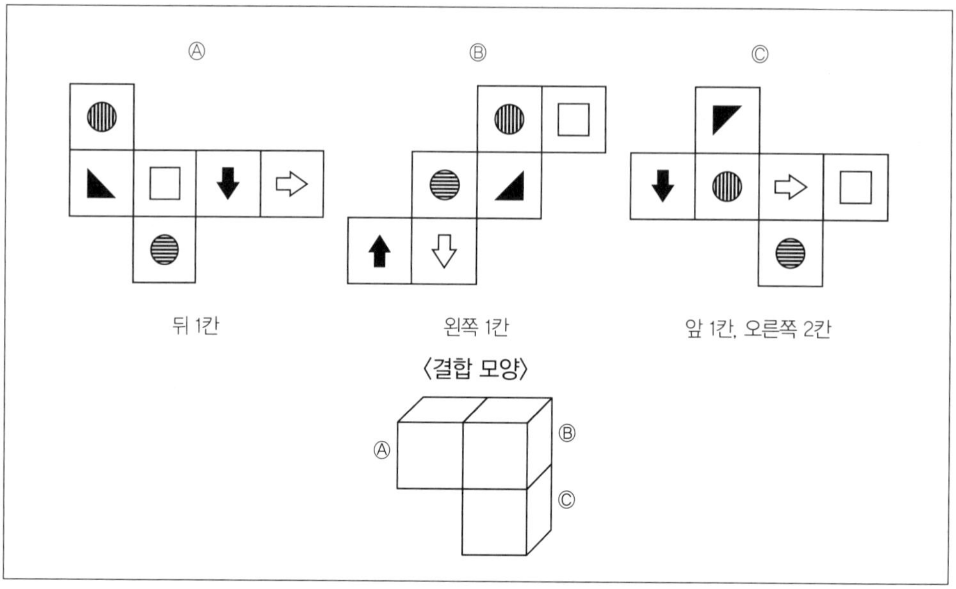

①
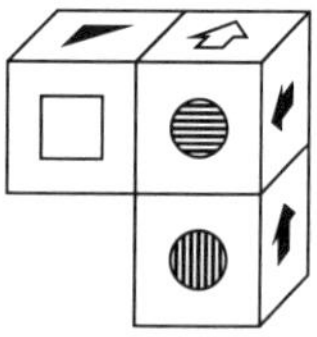

②
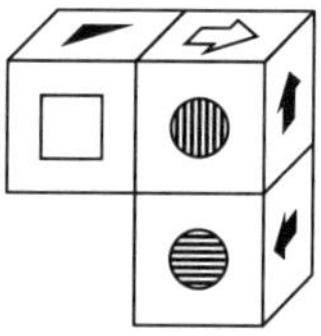

③
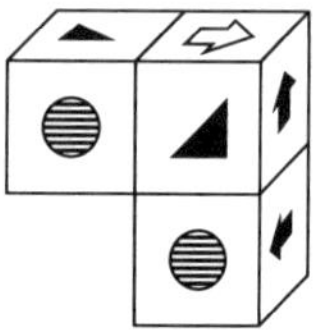

④
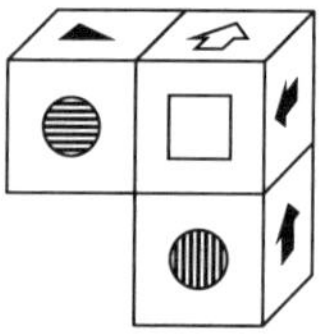

⑤
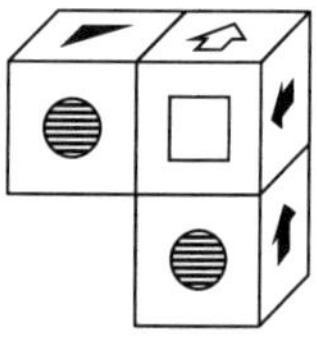

05 다음 ㉠, ㉡, ㉢의 전개도를 △ 면이 전면에 오도록 접은 후 주어진 방향으로 회전하여 붙인 그림으로 올바른 것은?

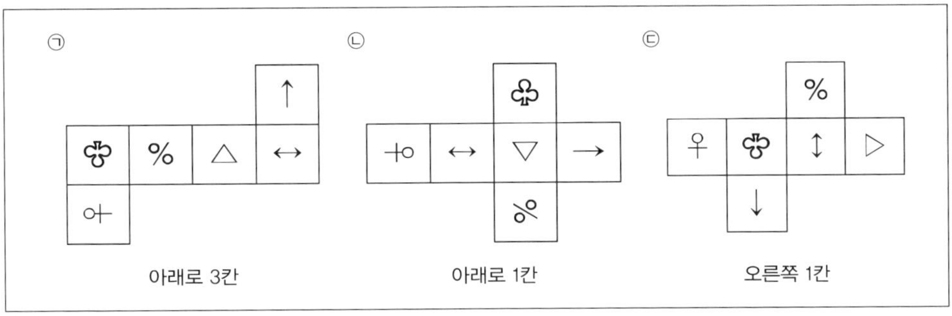

①
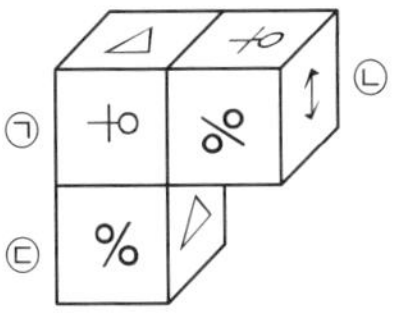

②
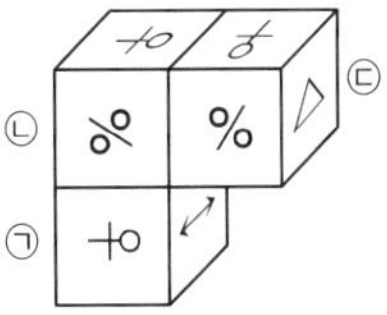

③
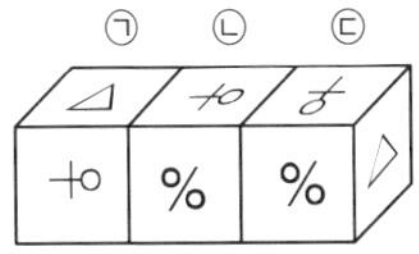

④
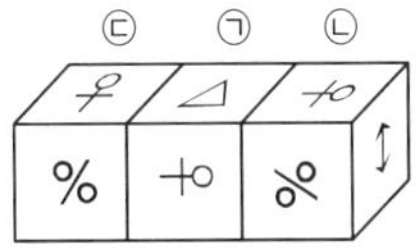

⑤
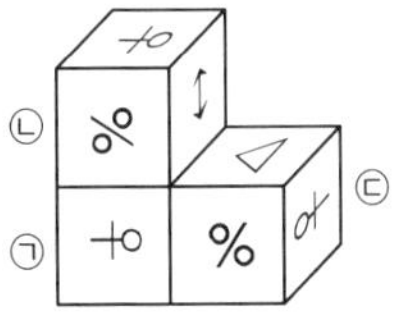

Hard

06 다음 ㉠, ㉡, ㉢의 전개도를 [♣] 면이 전면에 오도록 접은 후 주어진 방향으로 회전하여 붙인 그림으로 올바른 것은?

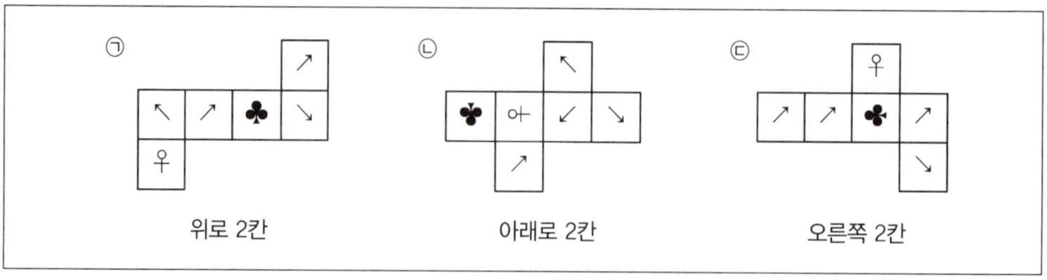

① 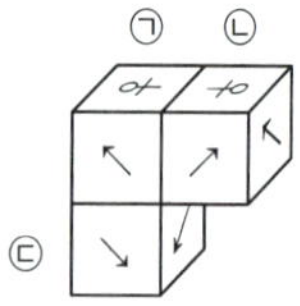

② 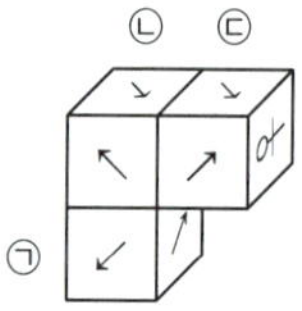

③ 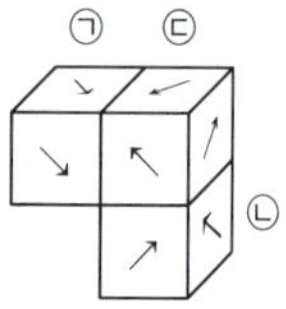

④ 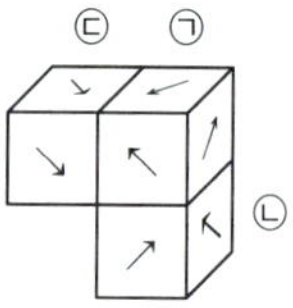

⑤ 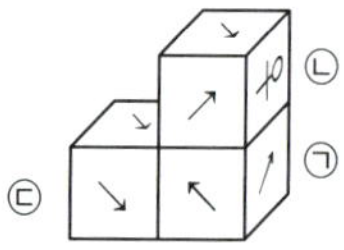

02 투상도

※ 입체도형의 회전규칙이 다음과 같이 정의된다고 할 때, 제시된 단면과 일치하는 입체도형을 주어진 방향으로 회전한 것을 고르시오(단, 1회전은 90°이다). **[1~3]**

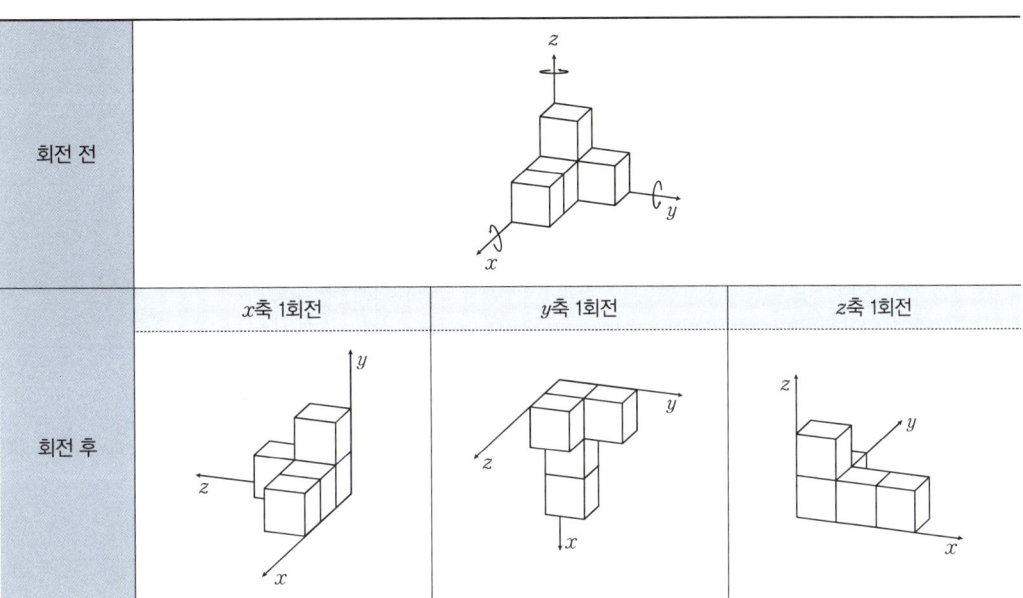

<table>
<tr><td>회전 전</td><td colspan="3">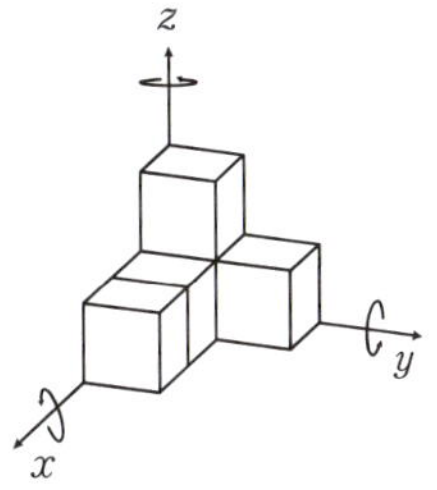
</td></tr>
<tr><td rowspan="2">회전 후</td><td>x축 1회전</td><td>y축 1회전</td><td>z축 1회전</td></tr>
<tr><td>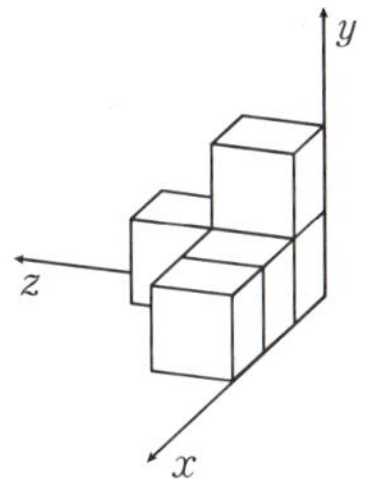
</td><td>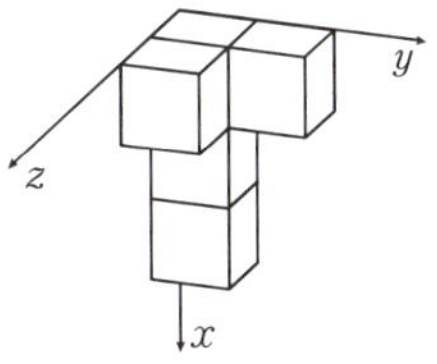
</td><td>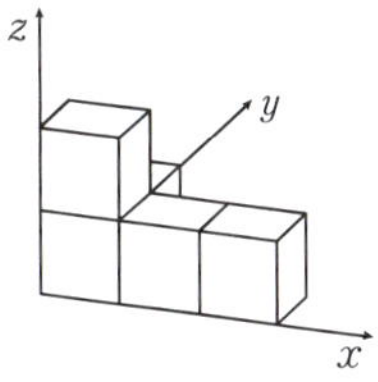
</td></tr>
</table>

기출유형 투상도

01

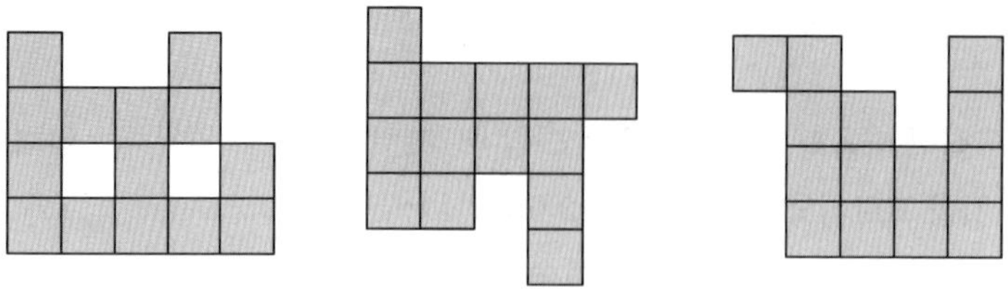

정면도　　평면도　　우측면도

x축 3회전

①

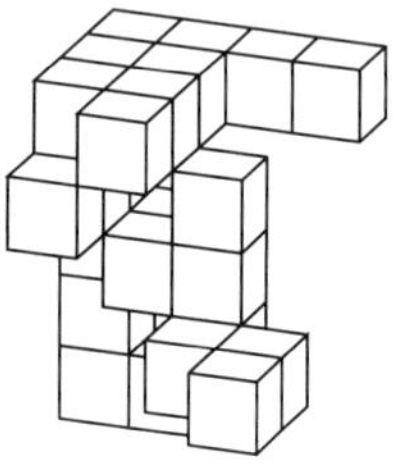

②

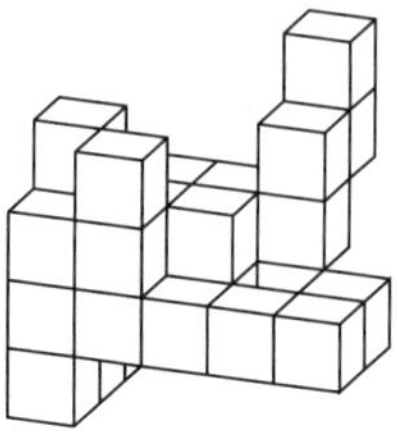

③

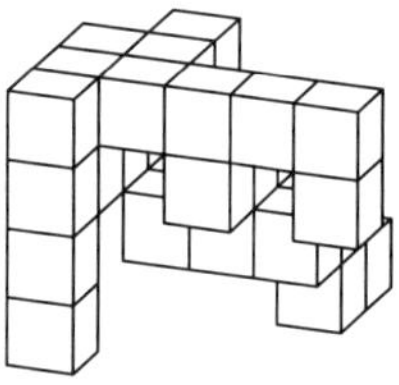

④

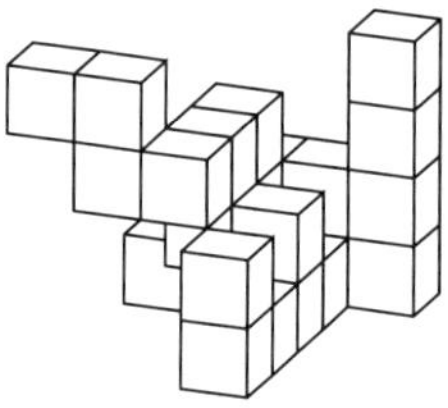

⑤

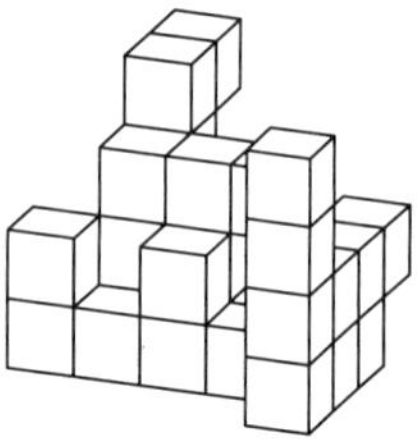

한끝 TIP

정면도, 평면도, 우측면도가 회전했을 때의 위치를 확인한 후 선택지의 해당 위치와 비교하면 빠르게 답을 찾을 수 있다. 이렇게 비교했을 때 모양이 다른 선택지부터 제거해나가는 것도 하나의 방법이다.

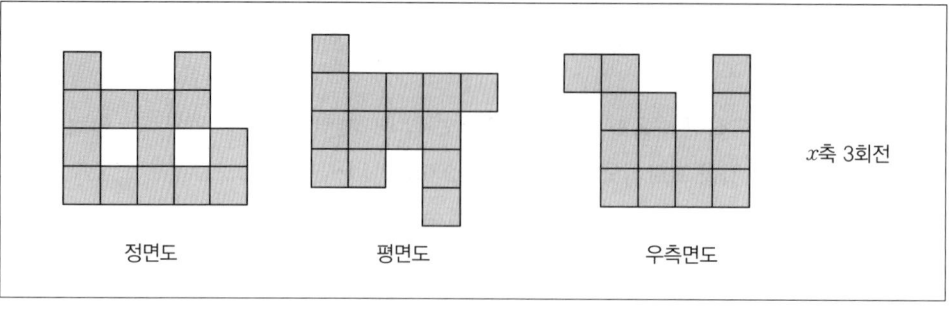

02

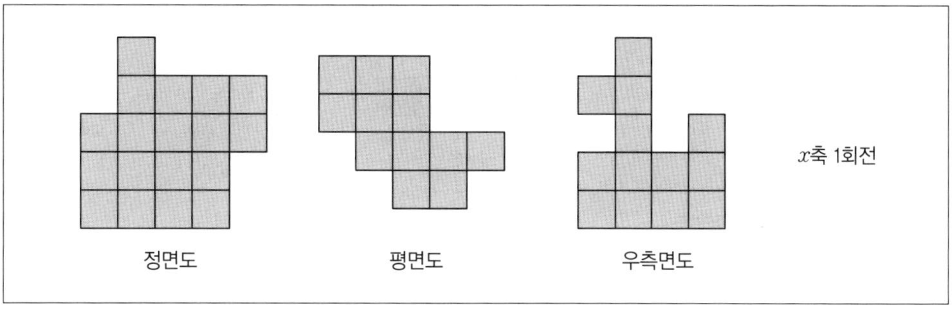

①

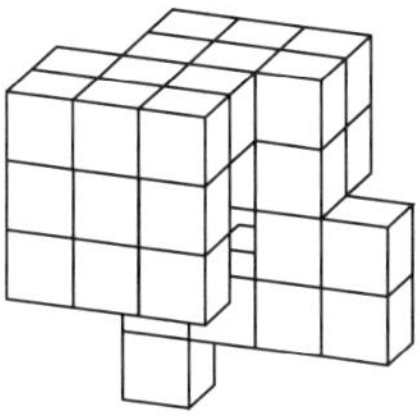

②

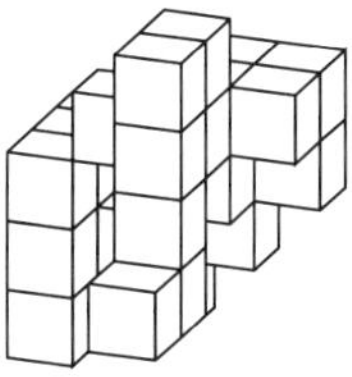

③

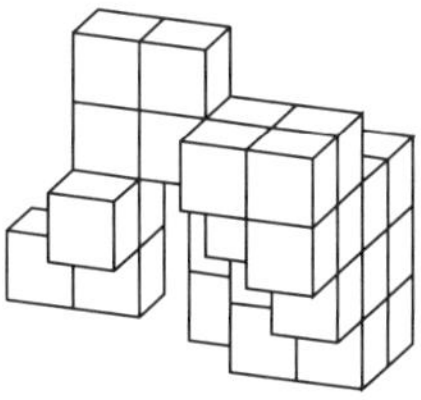

④

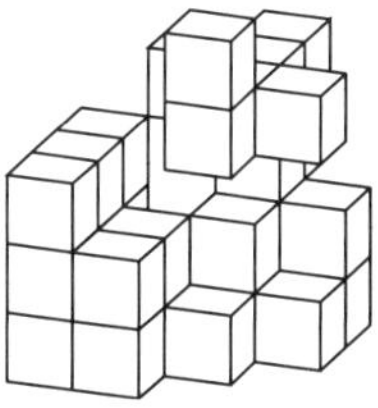

⑤

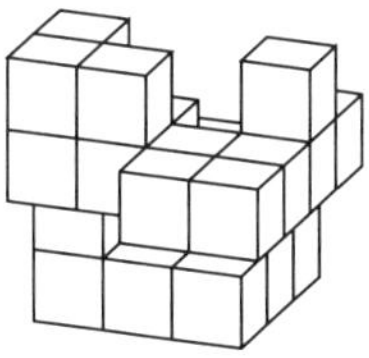

03

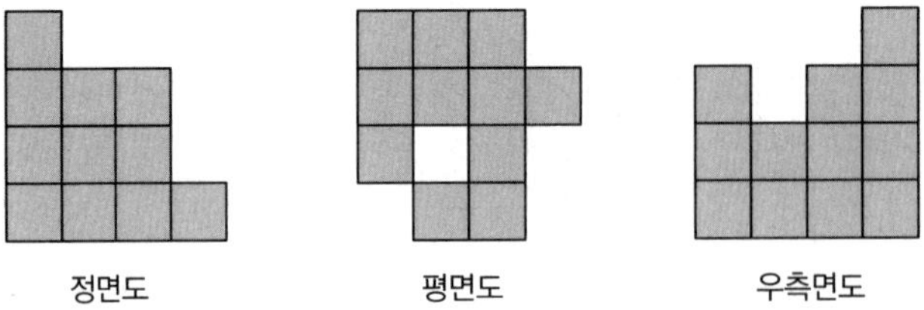

y축 1회전

①

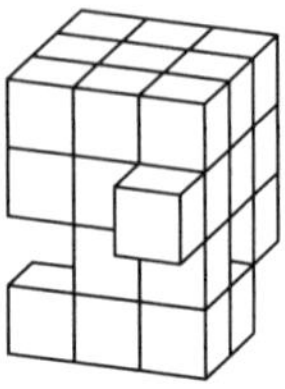

②

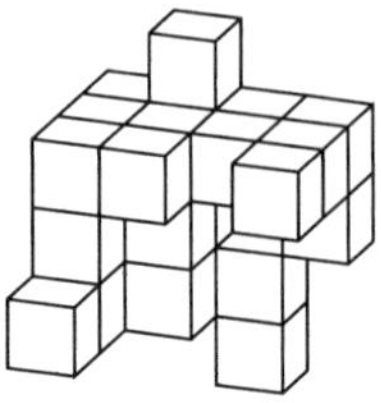

③

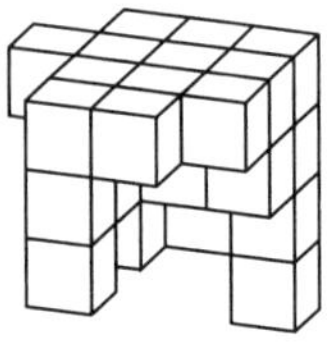

④

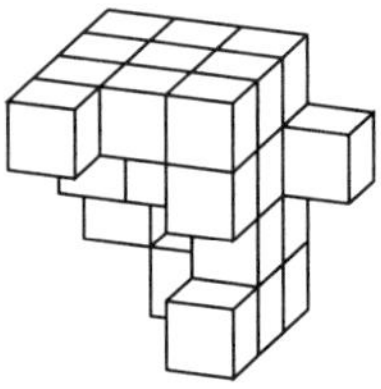

⑤

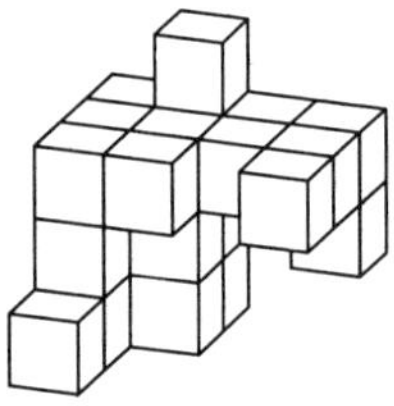

기출유형 단면도

※ 다음 제시된 단면과 일치하는 입체도형을 고르시오. [4~5]

04

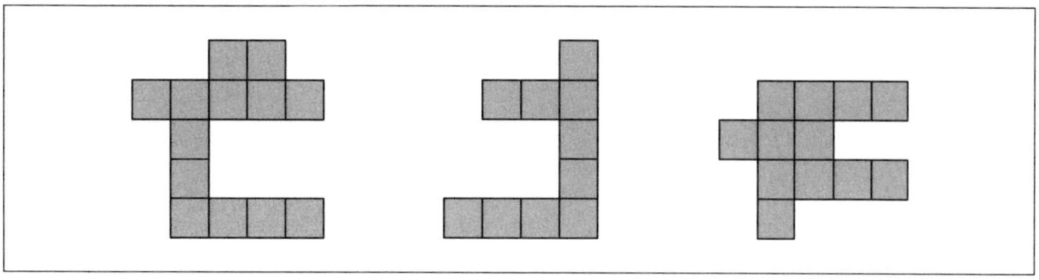

①

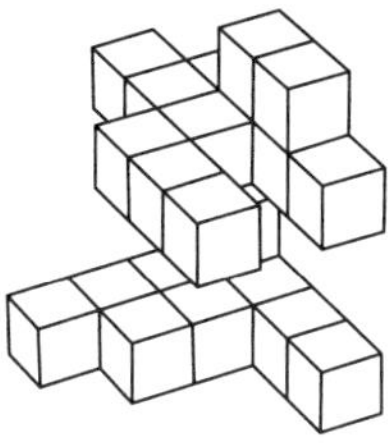

②

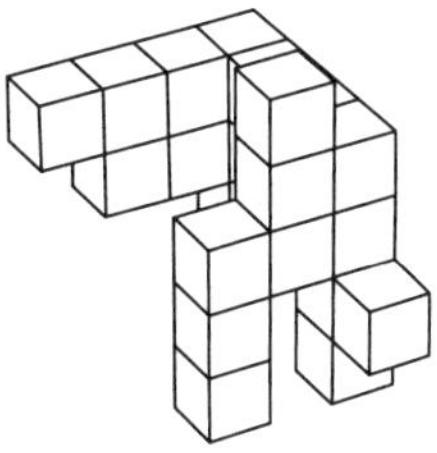

③

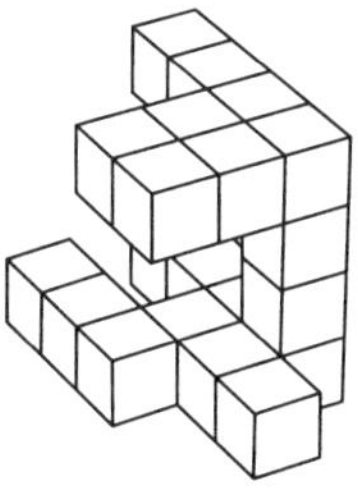

④

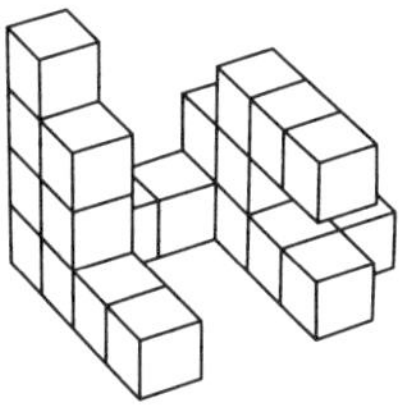

⑤

05

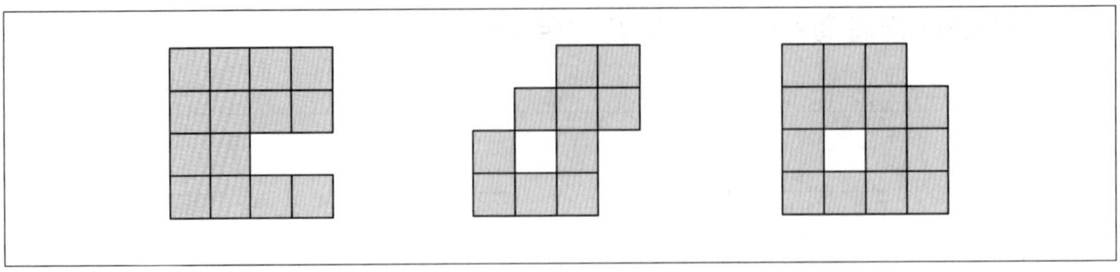

①

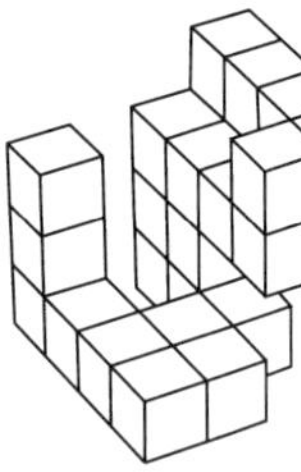

②

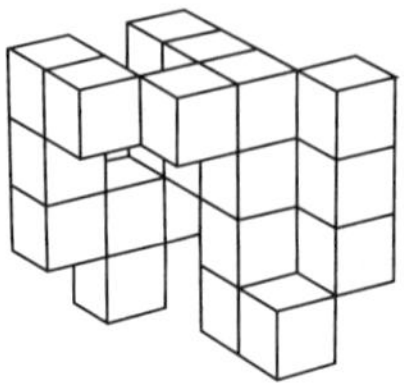

③

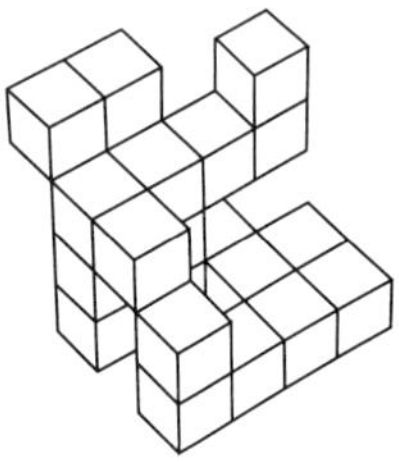

④

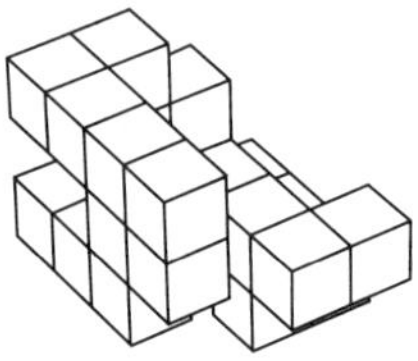

⑤

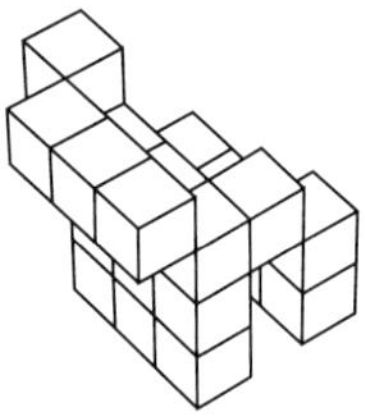

Hard

06 제시된 도형과 일치하지 않는 입체도형을 고르면?

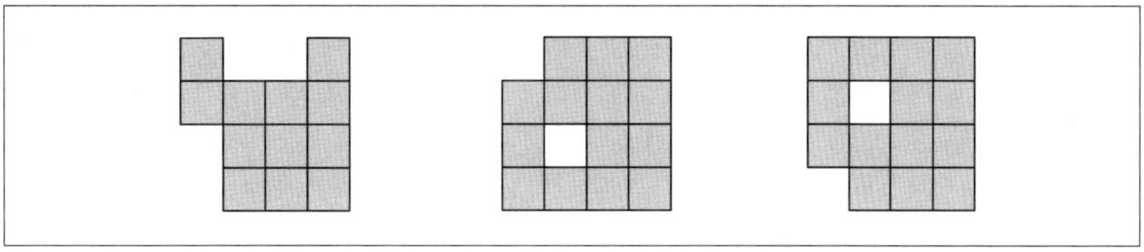

①

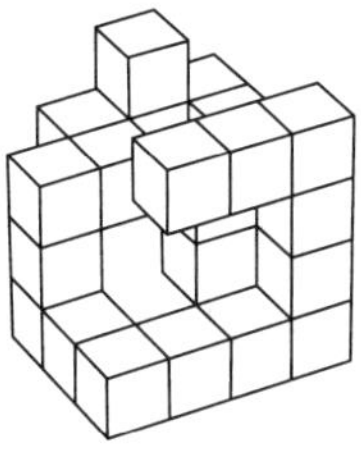

②

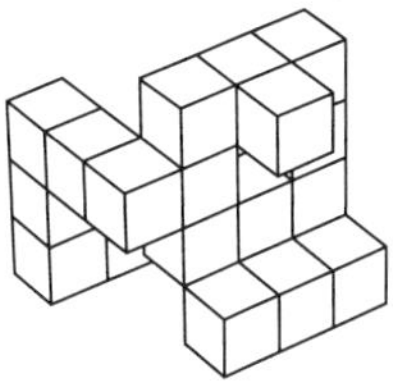

③

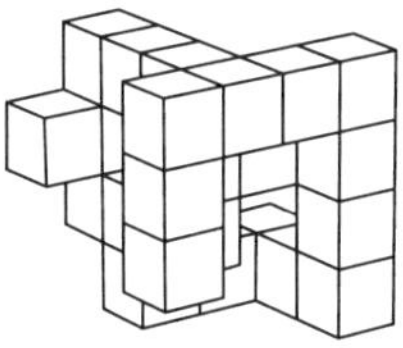

④

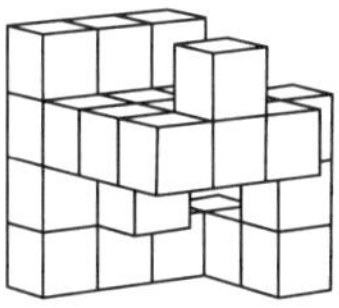

⑤

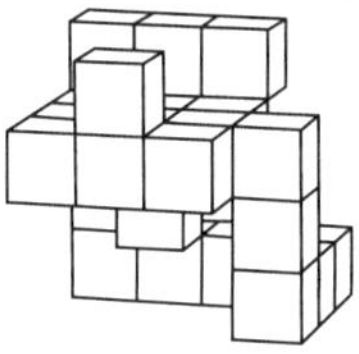

CHAPTER 06

도식이해

합격 CHEAT KEY

도식이해 영역은 규칙 흐름에 따른 형태 변화를 예측하는 능력을 평가하기 위한 영역이다. 연도별로 매번 완전히 새로운 유형이나 규칙이 나오기보다는 기존에 출제되었던 유형을 벗어나지 않는 선에서 변형·응용되어 출제되고 있는 편이다.

01 수

2018년 하반기에는 각 칸에 숫자가 위치하여 규칙에 따라 이동하는 유형이 출제되었는데 규칙에 따라 숫자만 이동하거나 숫자와 칸의 모양이 함께 이동하여 최종적으로 나오는 모양을 고르는 유형이다. 2015년 하반기에 출제된 유형은 3×3칸에 제시된 9개의 숫자를 Enter, Space, Shift 등의 규칙에 따라 변환했을 때 최종적으로 나오는 숫자의 위치를 고르는 유형이다.

02 문자·그림

2017년 하반기와 2014년 하반기에 출제된 유형으로, 3×3칸 안에 기호들이 일정한 규칙에 따라 단계별로 이동하였을 때의 최종 모습을 찾는 유형이다. 2014년 하반기에는 각 칸에 한 개의 문자 · 그림이 위치해 있고 규칙에 따라 총 9개의 기호가 변형된 마지막 모습을 찾는 유형이 출제되었다. 2017년 하반기에는 각 칸에 알파벳과 한글자음 한 쌍이 위치하여 규칙에 따라 이동하는 유형이 출제되었는데, 규칙에 따라 알파벳이나 한글자음만 이동하거나 한글자음이 각 칸의 위에 위치한 개수만큼 회전하는 등, 난이도가 상당히 증가하였다.

03 선

2016년 하반기와 2013년 하반기에 출제된 유형으로, 문자 · 그림 유형과 유사하게 3×3개의 도형에 규칙을 적용한 후 마지막 모습을 추론하는 문제이나, 추가적인 변수로 일부 도형을 연결하는 선이 존재한다는 점이 다르다. 2013년 하반기에는 선과 관련해서는 단순히 선 반전 규칙만 존재했던 반면, 2016년 하반기에는 선의 회전규칙과 선의 위치를 기준으로 한 판별규칙이 추가되었다.

정답 및 해설 p.049

01 수

※ 다음 기호들은 일정한 규칙에 따라 도형을 변화시킨다. 주어진 도형을 도식에 따라 변화시켰을 때, 결과로 알맞은 것을 고르시오(단, 주어진 조건이 두 가지 이상일 때, 모두 일치해야 Yes로 이동한다). **[1~2]**

〈규칙〉

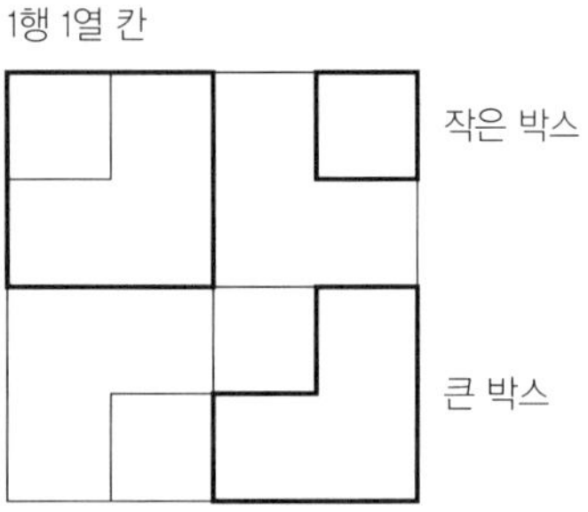

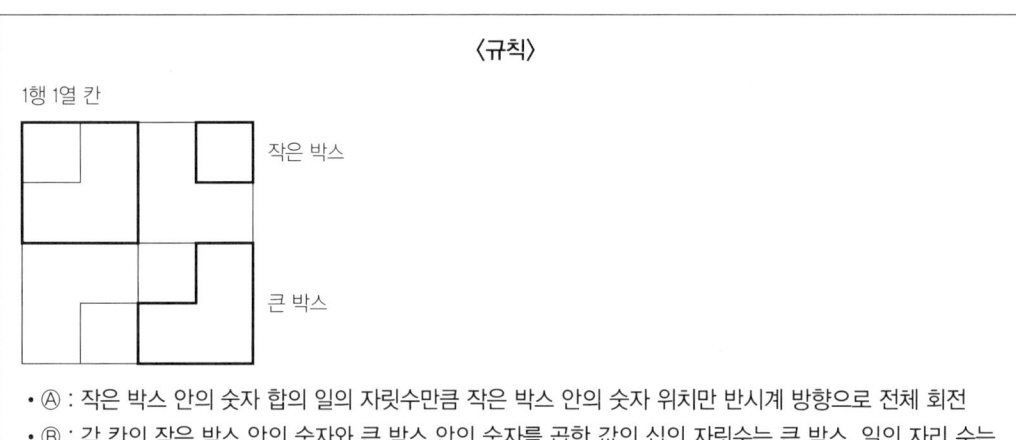

- Ⓐ : 작은 박스 안의 숫자 합의 일의 자릿수만큼 작은 박스 안의 숫자 위치만 반시계 방향으로 전체 회전
- Ⓑ : 각 칸의 작은 박스 안의 숫자와 큰 박스 안의 숫자를 곱한 값의 십의 자릿수는 큰 박스, 일의 자리 수는 작은 박스 안에 수로 교체
- Ⓒ : 각 칸을 시계 방향으로 1칸씩 이동(각 칸의 작은 박스, 큰 박스 위치 및 각 박스 안의 위치 고정하여 각 칸 단위로 이동)
- Ⓓ : 각 칸의 작은 박스와 큰 박스 크기 교체
- Ⓧ : 작은 박스 안의 숫자 합(□)과 큰 박스 안의 숫자 합(▭)을 비교하여 맞으면 YES, 틀리면 NO
- Ⓨ : 각 칸의 위에 위치한 작은 박스의 수(x)를 비교하여 맞으면 YES, 틀리면 NO
- 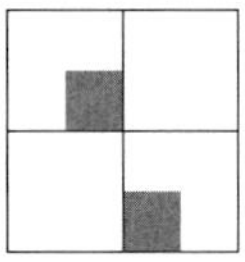 : 색칠된 위치의 작은 박스 안의 숫자(□)와 큰 박스 안의 숫자(▭)를 비교하여 맞으면 YES, 틀리면 NO

기출유형 수

01

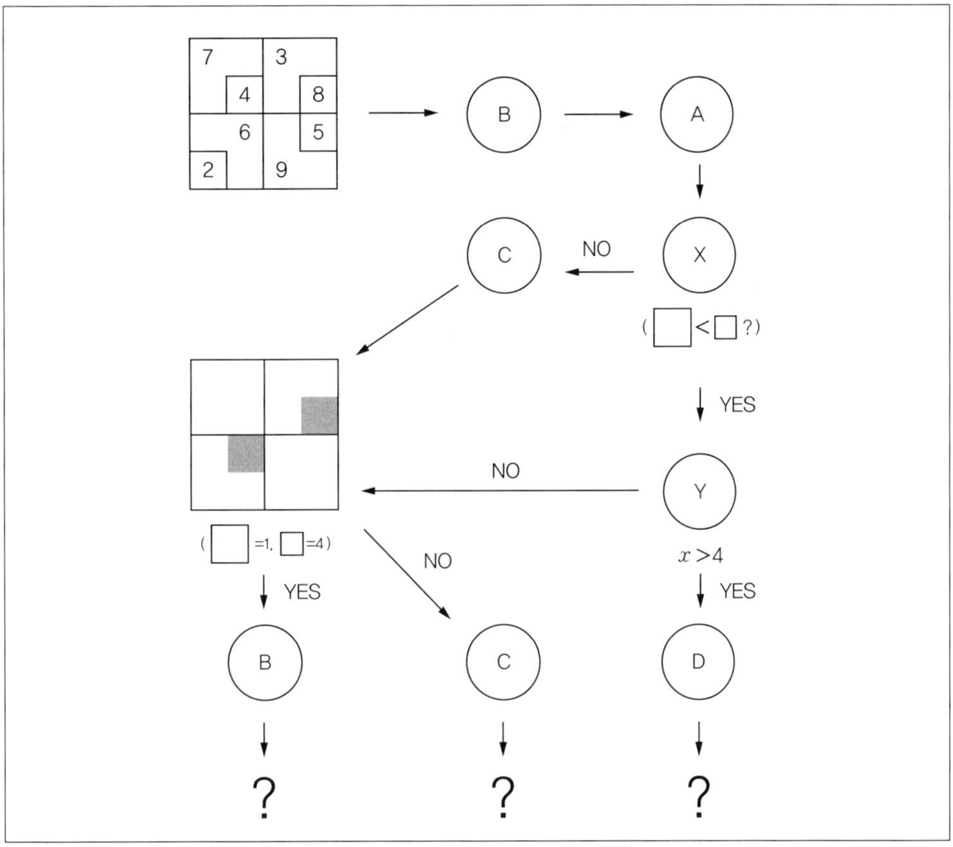

①

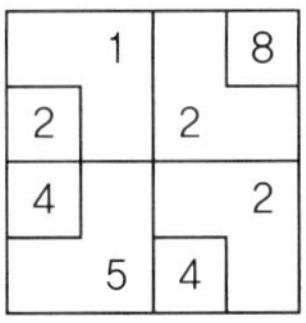

②

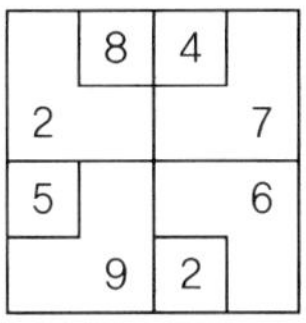

③

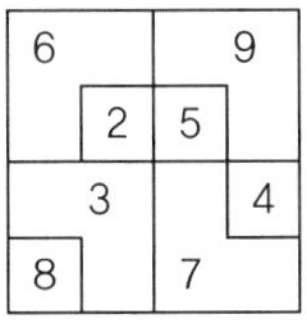

④

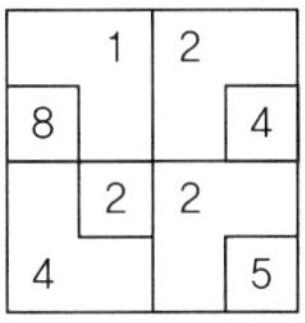

⑤

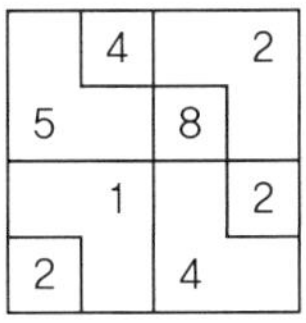

Hard

02

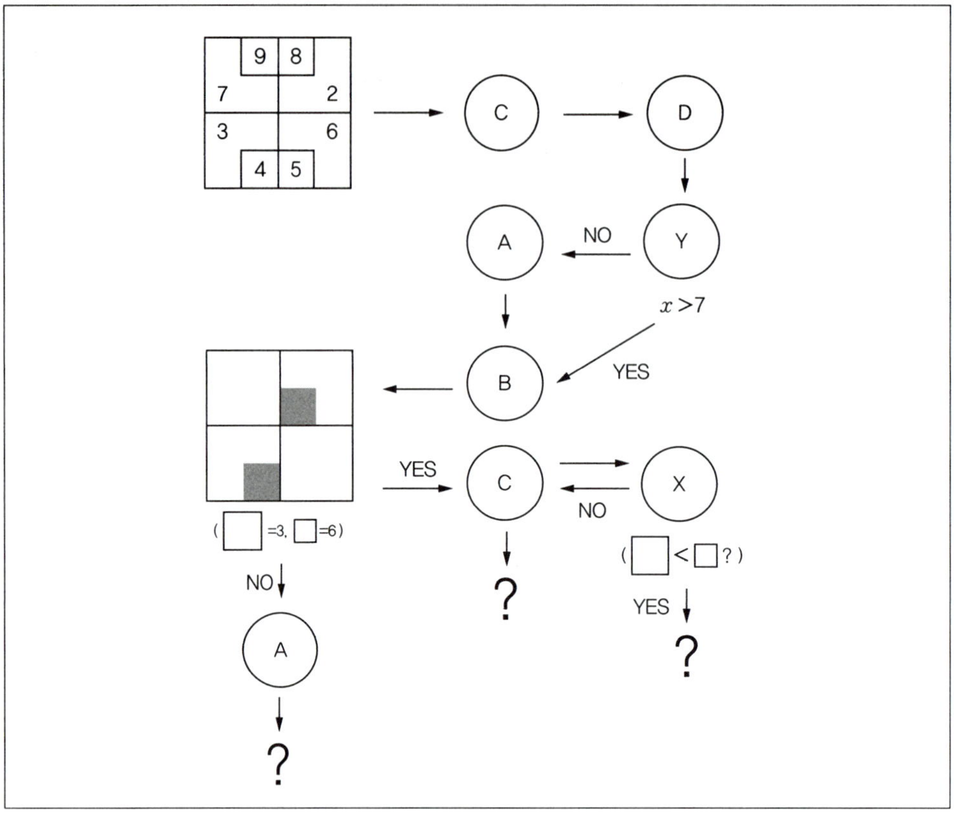

①
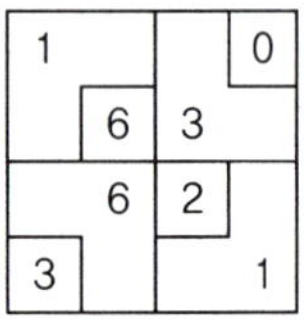

②
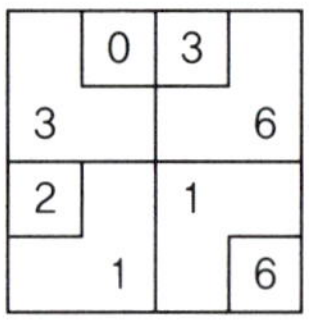

③
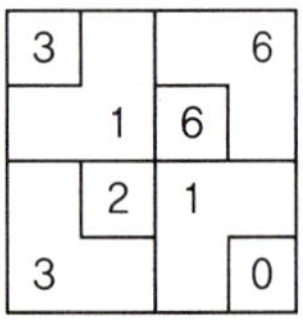

④
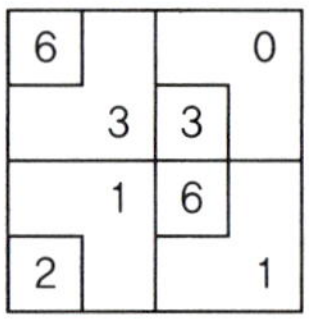

⑤
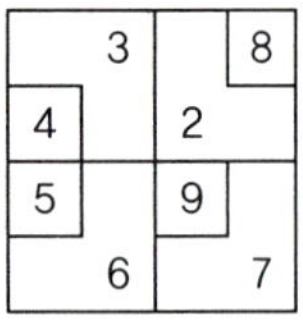

※ 다음 제시된 명령어의 규칙에 따라 숫자를 변환시킬 때, 규칙에 따라 도식을 해결하여 마지막에 나오는 형태를 구하시오(단, 주어진 조건이 두 가지 이상일 때, 모두 일치해야 Yes로 이동한다). [3~4]

Enter : 숫자와 색을 한 행씩 아래로 이동
Space : 숫자와 색을 한 열씩 오른쪽으로 이동
Tab : 숫자만 시계 방향으로 90° 회전
Shift : 색 반전
◇ : 해당 칸의 숫자가 초기 숫자보다 큰가?
□ : 해당 칸의 배경이 흰색인가?
■ : 해당 칸의 배경이 검은색인가?
사각형 안에 −(빼기) 2개 : 2개 칸 숫자의 차 X가 조건에 맞는지 확인
사각형 안에 +(더하기) 2개 : 2개 칸 숫자의 합 X가 조건에 맞는지 확인

기출유형 수

03

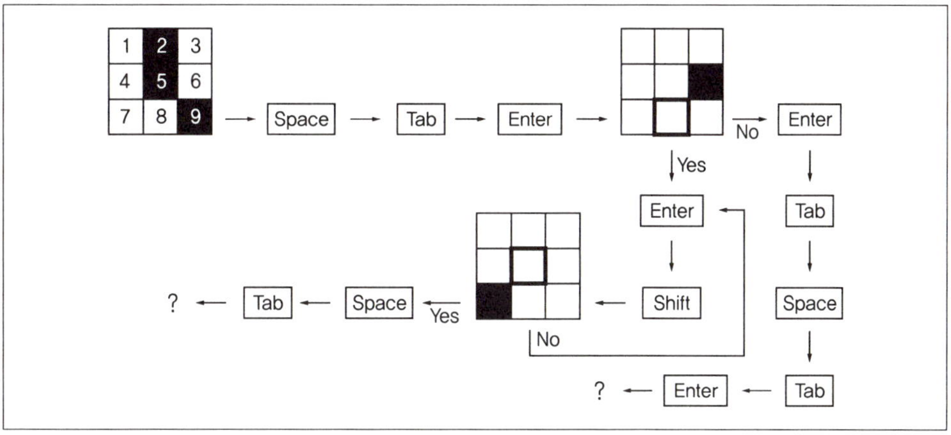

①

②
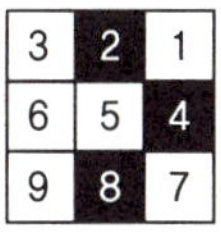

③
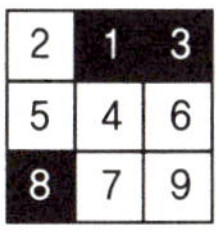

④

⑤

TIP

제시된 표의 배경이 검은색일 경우 숫자에 동그라미를 표시하여 풀면 시간을 단축할 수 있다.

1	2	3
4	5	6
7	8	9

을 바꿔 표현하면

①	2	3
④	5	⑥
7	8	⑨

이다.

- Enter 는 숫자와 색을 동시에 한 행씩 아래로 이동한다.

①	2	3
④	5	⑥
7	8	⑨

Enter

7	8	⑨
①	2	3
④	5	⑥

- Space 는 숫자와 색을 동시에 한 열씩 오른쪽으로 이동한다.

①	2	3
④	5	⑥
7	8	⑨

Space

3	①	2
⑥	④	5
⑨	7	8

- Tab 은 숫자만 시계 방향으로 90° 회전한다(단, 색은 회전하지 않음).

①	2	3
④	5	⑥
7	8	⑨

Tab

⑦	4	1
⑧	5	②
9	6	③

- Shift 는 색을 반전한다.

①	2	3
④	5	⑥
7	8	⑨

Shift

1	②	③
4	⑤	6
⑦	⑧	9

Easy

04

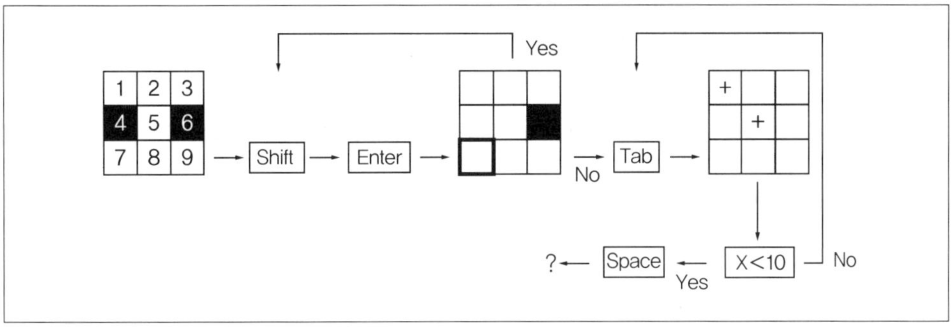

① 

② 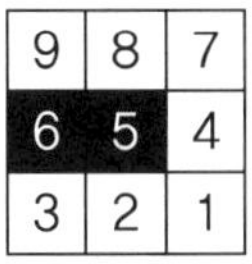

③ 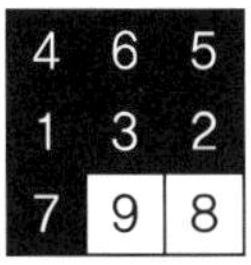

④ 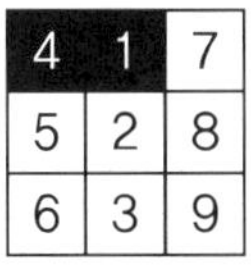

⑤ 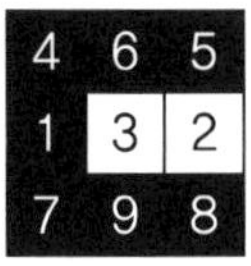

02 문자 · 그림

※ 다음 도식의 기호들은 일정한 규칙에 따라 도형을 변화시킨다. 물음표에 들어갈 알맞은 형태를 고르시오. [1~2]

[변환규칙]

⬆ : 알파벳이 한 칸씩 위로 이동한다.

➡ : 한글이 한 칸씩 우측으로 이동한다.

↷ : 한글이 알파벳 위에 있는 칸의 개수를 a라고 할 때, 가운데 칸을 제외한 8개의 칸이 시계 방향으로 a칸 이동한다.

⇕ (m, n) : m행과 n열의 각 칸에서 알파벳과 한글의 상하 위치를 서로 바꾼다.

[조건규칙]

A, A : 알파벳이 한글의 위에 위치한 개수

ㄱ, ㄱ : 한글의 상하 위치가 처음과 동일한 개수

A, ㄱ : 한 칸에 들어있는 알파벳과 한글의 짝이 처음과 동일한 개수

기출유형 문자 · 그림

01

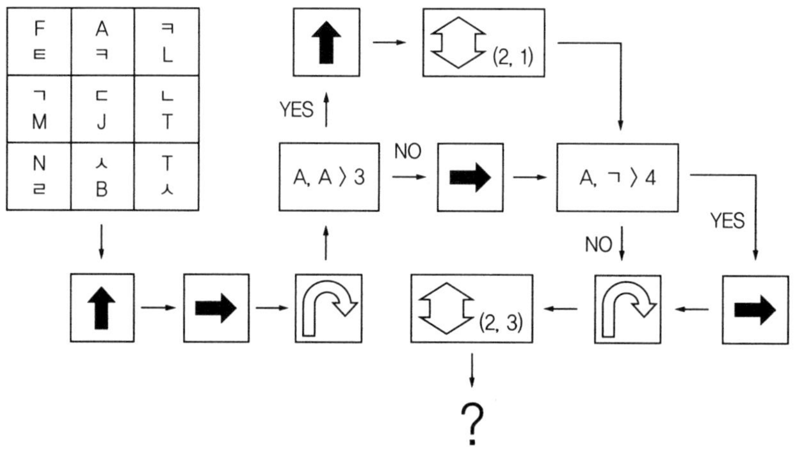

①

ㅅ N	ㄴ A	ㅋ L
F ㄹ	ㄱ M	ㅌ T
B ㅅ	T ㄷ	J ㅋ

②

ㅋ N	ㅅ A	ㄴ L
F ㄷ	ㄹ M	ㄱ T
B ㅋ	T ㅅ	J ㄷ

③

F ㅅ	M ㄷ	T ㄱ
ㅅ B	ㄴ T	ㅋ J
N ㄹ	ㄱ A	ㅌ L

④

F ㅋ	A ㅅ	T ㄷ
ㅋ B	ㅅ T	ㄴ J
N ㅌ	ㄹ A	ㅋ L

⑤

ㅋ L	ㄴ A	ㅅ N
ㅌ T	ㄱ M	F ㄹ
J ㅋ	T ㄷ	B ㅅ

한끝 TIP

한 칸 안에 들어있는 문자가 2가지이고, 이들이 상하 위치만 바뀌거나 각자 따로 이동하기도 하므로 타 유형과 같이 숫자로 치환해서 풀기는 어렵다. 그러나 한 행이나 한 열을 기준으로 잡고 나머지는 상하 위치의 변화만 파악하며 풀이과정을 거치면 문제풀이 시간을 다소 줄일 수 있다.

• ⬆는 각 칸의 알파벳만 1칸씩 위로 이동한다.

Q ㄹ	ㅎ Z	X ㅎ
D ㄷ	ㅁ X	ㅁ P
ㅈ H	Y ㅈ	S ㅍ

→ ⬆ →

D ㄹ	ㅎ X	P ㅎ
H ㄷ	ㅁ Y	ㅁ S
ㅈ Q	Z ㅈ	X ㅍ

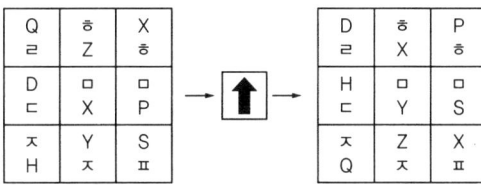

• ➡는 한글자음만 1칸씩 우측으로 이동한다.

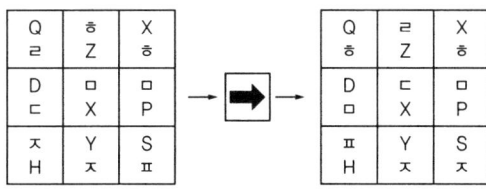

Q ㄹ	ㅎ Z	X ㅎ
D ㄷ	ㅁ X	ㅁ P
ㅈ H	Y ㅈ	S ㅍ

→ ➡ →

Q ㅎ	ㄹ Z	X ㅎ
D ㅁ	ㄷ X	ㅁ P
ㅍ H	Y ㅈ	S ㅈ

• 는 한글자음이 알파벳 위에 있는 칸의 개수를 a라고 할 때, 가운데 칸을 제외한 8개의 칸이 시계 방향으로 a칸 이동한다.

Q ㄹ	ㅎ Z	X ㅎ
D ㄷ	ㅁ X	ㅁ P
ㅈ H	Y ㅈ	S ㅍ

→  4칸 →

S ㅍ	Y ㅈ	ㅈ H
ㅁ P	ㅁ X	D ㄷ
X ㅎ	ㅎ Z	Q ㄹ

• (m, n)는 m행과 n열의 각 칸에서 알파벳과 한글의 상하 위치를 서로 바꾼다. 단, m행 n열은 규칙이 2번 적용되므로 상하 위치가 다시 제자리로 돌아온다.

Q ㄹ	ㅎ Z	X ㅎ
D ㄷ	ㅁ X	ㅁ P
ㅈ H	Y ㅈ	S ㅍ

→ 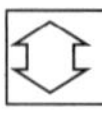(1, 2) →

ㄹ Q	ㅎ Z	ㅎ X
D ㄷ	X ㅁ	ㅁ P
ㅈ H	ㅈ Y	S ㅍ

• A, A는 알파벳이 한글의 위에 위치한 개수에 따라 YES나 NO로 이동한다.

Q ㄹ	ㅎ Z	X ㅎ
D ㄷ	ㅁ X	ㅁ P
ㅈ H	Y ㅈ	S ㅍ

→ [A, A < 5] —NO→ ……

• ㄱ, ㄱ은 한글의 상하 위치가 처음과 동일한 개수에 따라 YES나 NO로 이동한다(즉, 아래의 경우 처음과 같이 ㅎ이 상/하 위치에 각각 한 개씩, ㅁ이 위에 두 개 위치하고 있는지 확인한다)

Q ㄹ	ㅎ Z	X ㅎ
D ㄷ	ㅁ X	ㅁ P
ㅈ H	Y ㅈ	S ㅍ

→ 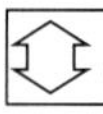(1, 2) →

ㄹ Q	ㅎ Z	ㅎ X
D ㄷ	X ㅁ	ㅁ P
ㅈ H	ㅈ Y	S ㅍ

→ [ㄱ, ㄱ > 4] —YES→ ……

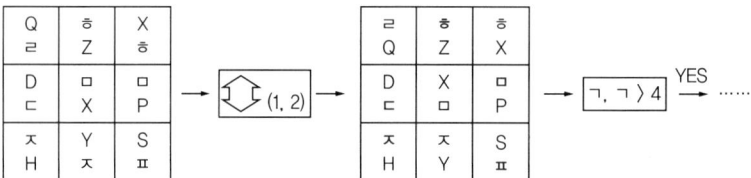

• A, ㄱ은 한 칸에 들어있는 알파벳과 한글의 짝이 처음과 동일한 개수에 따라 YES나 NO로 이동한다.

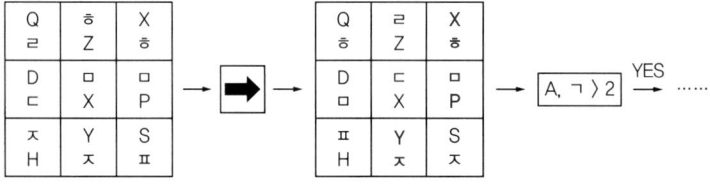

Q ㄹ	ㅎ Z	X ㅎ
D ㄷ	ㅁ X	ㅁ P
ㅈ H	Y ㅈ	S ㅍ

→  →

Q ㅎ	ㄹ Z	X ㅎ
D ㅁ	ㄷ X	ㅁ P
ㅍ H	Y ㅈ	S ㅈ

→ [A, ㄱ > 2] —YES→ ……

02

ㅊ L	V ㅂ	ㅁ P
ㄷ P	X ㄷ	A ㄴ
C ㅎ	X ㄹ	ㄴ G

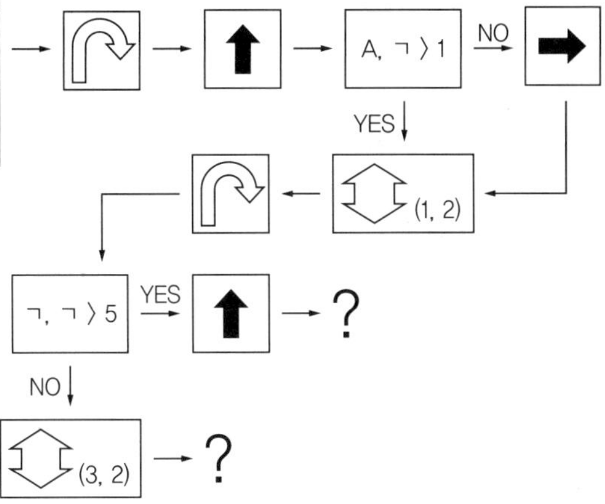

①

ㅂ P	ㄷ V	ㅊ G
ㅁ X	ㅎ A	ㄷ P
L ㄴ	C ㄹ	X ㄴ

②

ㅎ P	L ㄷ	ㅊ C
X ㄹ	V ㄷ	ㅂ X
ㄴ A	P ㄴ	G ㅁ

③

ㄷ P	ㅂ P	ㅎ A
ㄷ V	ㅊ G	L ㄴ
ㅁ X	C ㄹ	X ㄴ

④

L ㄴ	C ㄹ	X ㄴ
ㅁ X	ㅎ A	ㄷ P
ㅂ P	ㄷ V	ㅊ G

⑤

ㅊ X	ㅂ L	C ㄷ
ㄷ G	ㅁ P	V ㅎ
ㄴ P	ㄴ X	A ㄹ

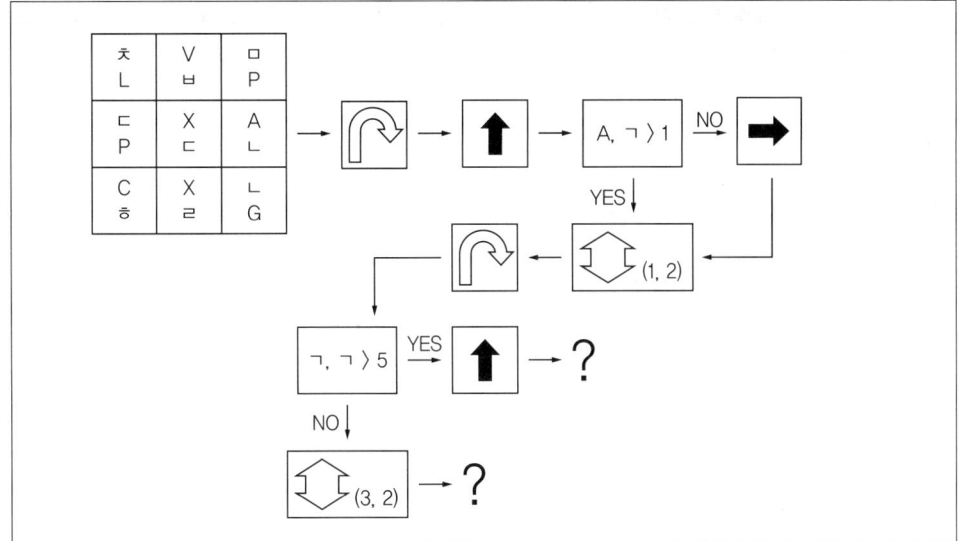

※ 다음 도식의 기호들은 일정한 규칙에 따라 도형을 변화시킨다. 물음표에 들어갈 알맞은 도형을 고르시오. [3~4]

▶▶ : 1열을 3열로 복제 ▼▼ : 1행을 3행으로 복제 ◎ : 가운데 도형을 기준으로 시계 반대 방향 1칸씩 이동 ◁▷ : 1열과 3열을 교환 ◉ : 해당 칸 '모양' 비교 → 가장 처음 제시된 도형과 같으면 한 열씩 오른쪽 / 다르면 한 행씩 아래로 이동 ▣ : 해당 칸 '색깔' 비교 → 가장 처음 제시된 도형과 같으면 해당 열 색 반전 / 다르면 해당 행 색 반전

기출유형 **문자 · 그림**

03

⬆	□	●
⇩	▲	○
□	▽	□

→ ◎ → ▶▶ →

		⊙

→ ▼▼ → ◁▷ → ?

①

⇧	○	⇧
○	▲	○
⇧	○	⇧

②

▽	○	▽
○	▲	○
▽	○	▽

③

▽	○	▽
○	●	○
▽	○	▽

④

⇩	○	⇩
○	●	○
⇩	○	⇩

⑤

⇩	□	⇩
□	●	□
⇩	□	⇩

한끝 TIP

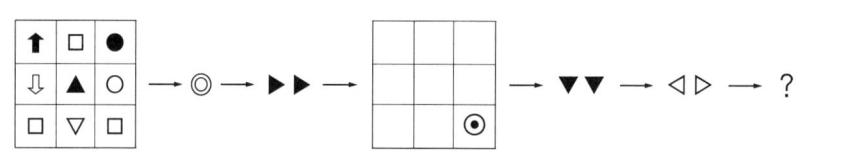

제시된 문자/그림을 조건에 따라 그리면서 문제를 해결할 수도 있으나 도형을 숫자로 바꾸어 풀면 시간을 단축할 수 있다. 단, 도형에 색이 칠해져 있는 것은 동그라미도 함께 표시한다.

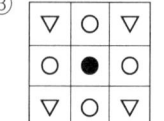

△	■	◇
☆	♤	♧
♠	♡	◁

을 숫자로 표현하면

1	②	3
4	5	6
⑦	8	9

이다.

• ▶▶는 1열인 1, 4, ⑦을 3열로 복제하여 1열과 3열이 1, 4, ⑦로 같아진다.

1	②	3
4	5	6
⑦	8	9

▶▶ →

1	②	1
4	5	4
⑦	8	⑦

• ▼▼는 1행인 1, ②, 3을 3행으로 복제하여 1행과 3행이 1, ②, 3으로 같아진다.

1	②	3
4	5	6
⑦	8	9

▼▼ →

1	②	3
4	5	6
1	②	3

• ◎는 가운데 도형인 5를 기준으로 1, ②, 3, 4, 6, ⑦, 8, 9가 시계 방향으로 1칸씩 이동한다.

1	②	3
4	5	6
⑦	8	9

◎ →

4	1	②
⑦	5	3
8	9	6

• ◁▷는 1열인 1, 4, ⑦과 3열인 3, 6, 9를 교환한다.

1	②	3
4	5	6
⑦	8	9

◁▷ →

3	②	1
6	5	4
9	8	⑦

• ◉는 해당 칸 '모양'을 가장 처음 제시된 도형과 비교하여 같으면 한 열씩 오른쪽으로 이동한다.

1	②	3
4	5	6
⑦	8	9

▶▶ →

1	②	1
4	5	4
⑦	8	⑦

→

	◉	

같음 →

1	1	②
4	4	5
⑦	⑦	8

• ◉는 해당 칸 '모양'을 가장 처음 제시된 도형과 비교하여 다르면 한 행씩 아래로 이동한다.

1	②	3
4	5	6
⑦	8	9

▶▶ →

1	②	1
4	5	4
⑦	8	⑦

→

		◉

다름 →

⑦	8	⑦
1	②	1
4	5	4

• ▣는 해당 칸 '색깔'을 가장 처음 제시된 도형과 비교하여 같으면 해당 열의 도형을 색 반전한다.

1	②	3
4	5	6
⑦	8	9

▶▶ →

1	②	1
4	5	4
⑦	8	⑦

→

▣		

같음 →

①	②	1
④	5	4
7	8	⑦

• ▣는 해당 칸 '색깔'을 가장 처음 제시된 도형과 비교하여 다르면 해당 행의 도형을 색 반전한다.

1	②	3
4	5	6
⑦	8	9

▶▶ →

1	②	1
4	5	4
⑦	8	⑦

→

		▣

다름 →

1	②	1
4	5	4
7	⑧	7

Hard

04

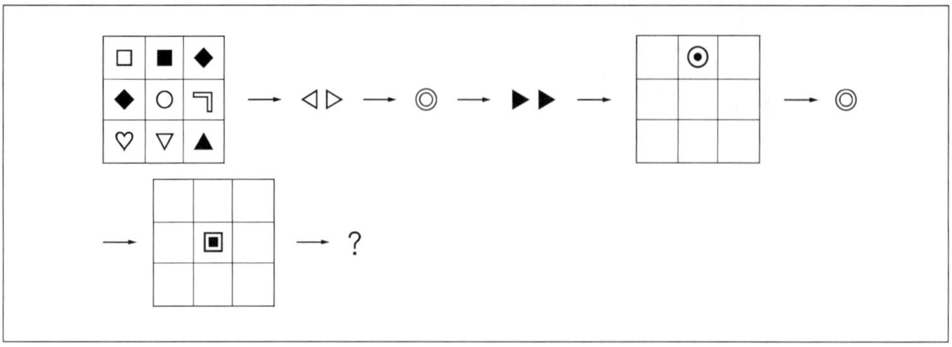

①

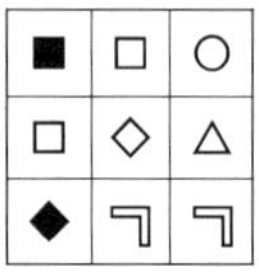

②

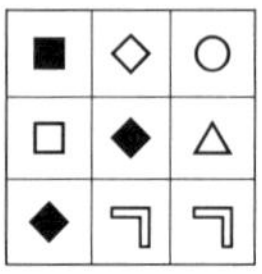

③

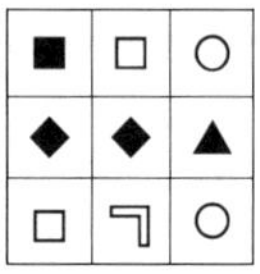

④

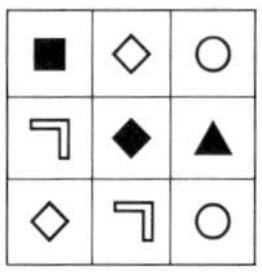

⑤

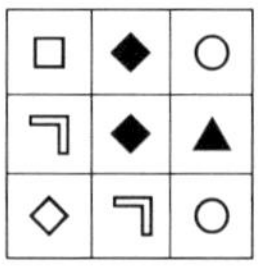

03 선

※ 다음 도식의 기호들은 일정한 규칙에 따라 도형을 변화시킨다. 물음표에 들어갈 알맞은 도형을 고르시오. [1~2]

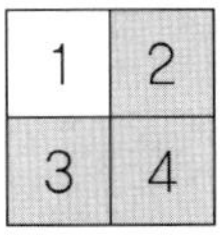
: 선, 도형 모두 1행과 3행 교환

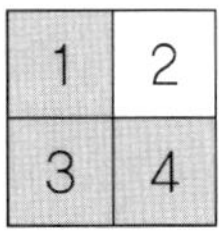
: 시계 방향으로 선만 90° 회전

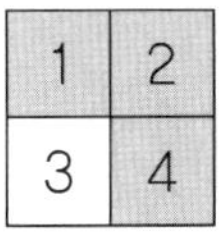
: 선 반전

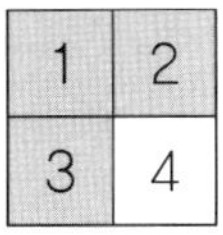
: 도형 색 반전

◉ : 이 위치의 도형이 색칠되어 있는가?
▣ : 이 위치의 도형이 색칠되어 있지 않은가?

기출유형 선

01

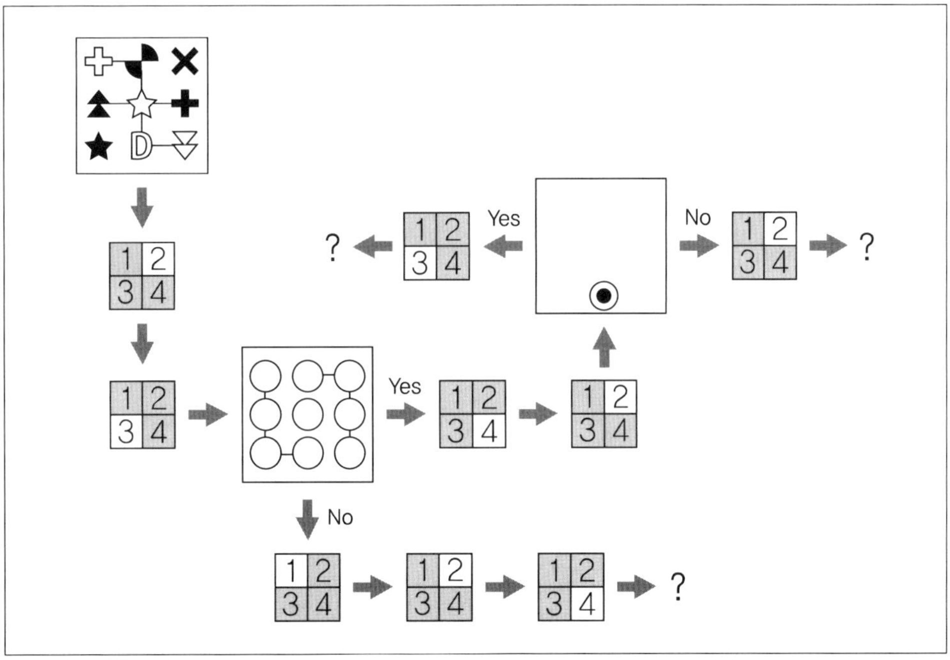

① 

② 

③ 

④ 

⑤ 

한끝 TIP

제시된 도형을 조건에 따라 그리면서 문제를 해결할 수도 있으나 도형을 숫자로 바꾸어 풀면 시간을 단축할 수 있다. 따라서 각 칸의 도형은 숫자로, 음영은 원으로 변경하여 문제를 푸는 것이 유리하다.

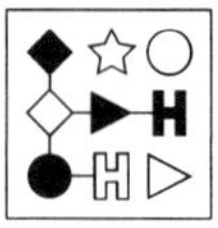

을 숫자와 선으로 표현하면 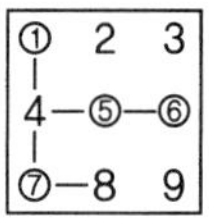

이다.

- 

는 1열에 있는 ①, 4, ⑦과 3열에 있는 3, ⑥, 9를 열에 있는 선과 함께 교환한다.

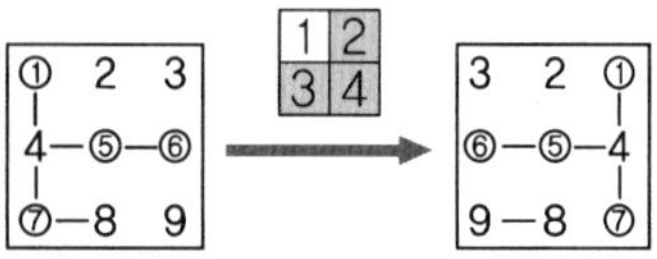

- 

는 시계 방향으로 선만 90°로 회전시킨다.

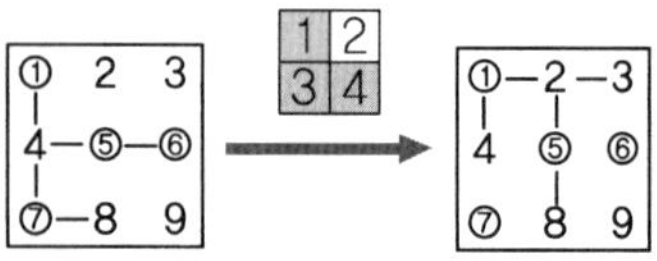

- 

는 기존에 그려진 선을 지우고 선이 없었던 부분에 선을 그린다.

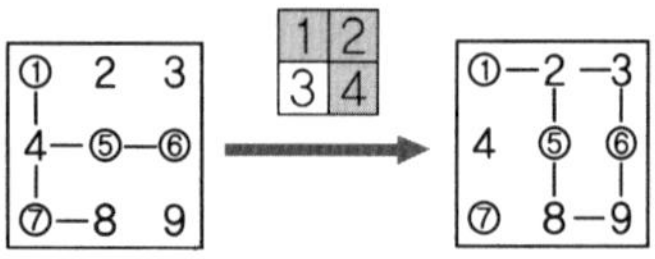

- 

는 전체 도형의 색을 반전시킨다.

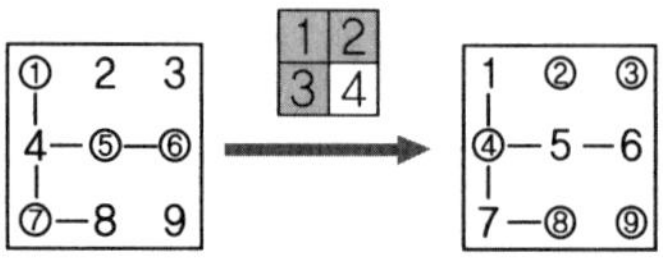

Hard

02

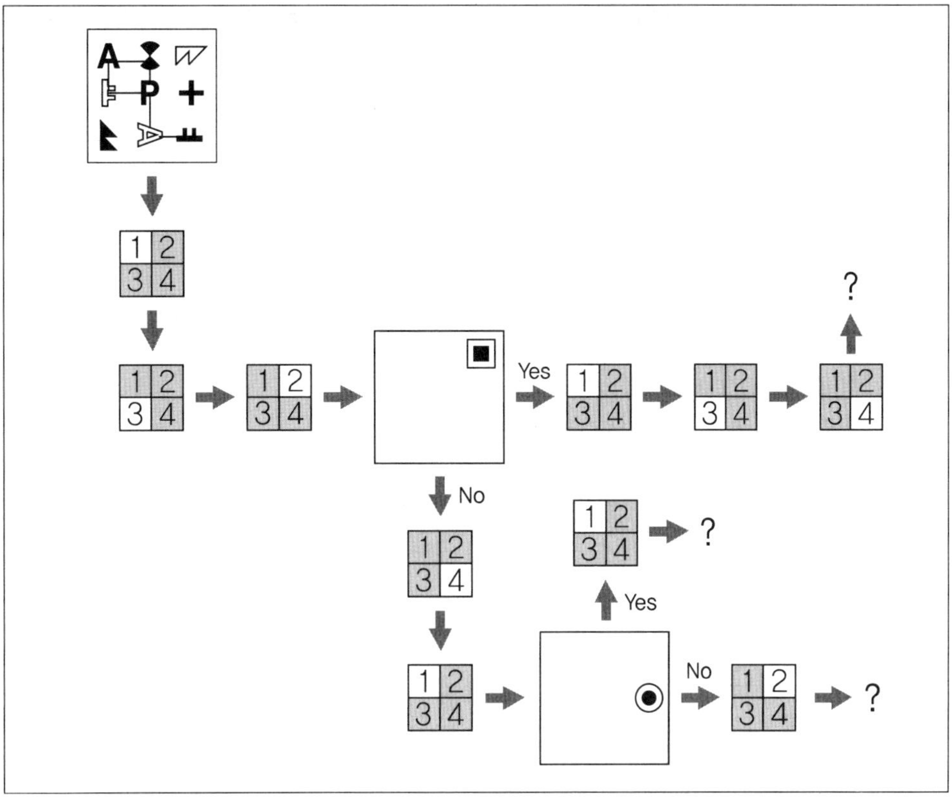

①

②

③

④

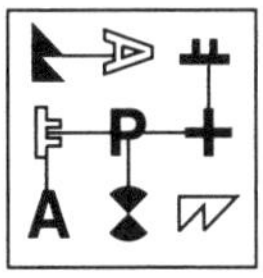

⑤

PART 3

※ 다음 도식의 기호들은 일정한 규칙에 따라 도형을 변화시킨다. 물음표에 들어갈 알맞은 도형을 고르시오. [3~4]

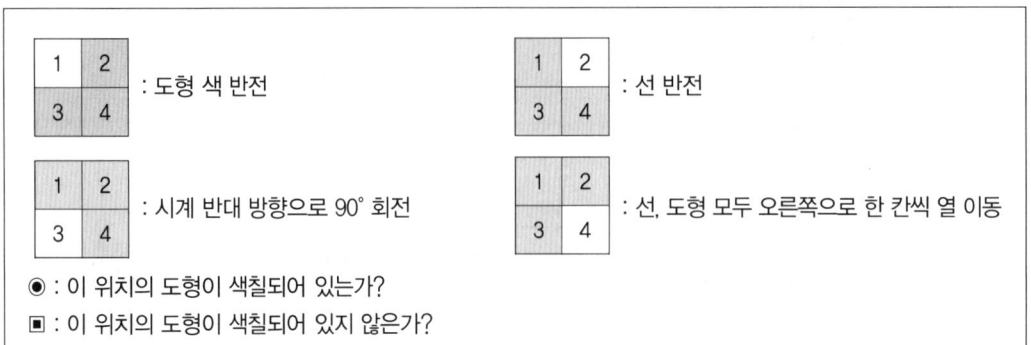

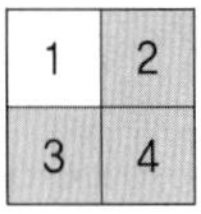

: 도형 색 반전

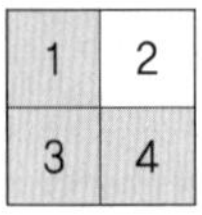

: 선 반전

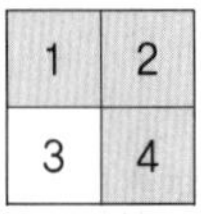

: 시계 반대 방향으로 90° 회전

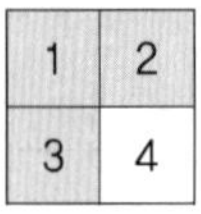

: 선, 도형 모두 오른쪽으로 한 칸씩 열 이동

◉ : 이 위치의 도형이 색칠되어 있는가?

▣ : 이 위치의 도형이 색칠되어 있지 않은가?

03

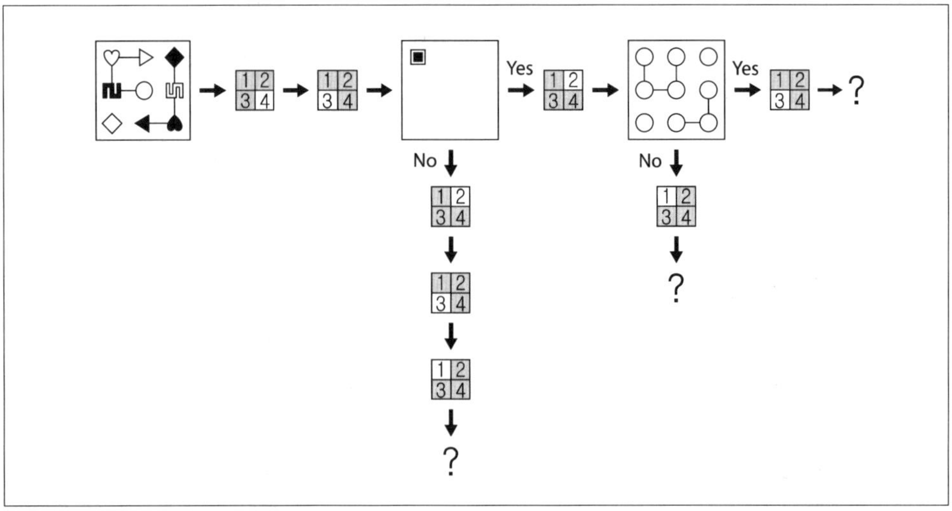

① 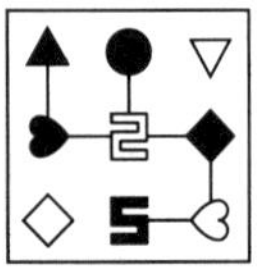

② 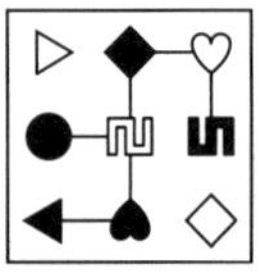

③ 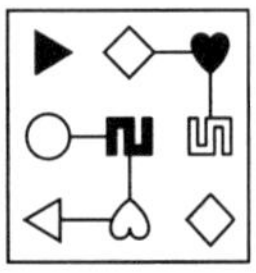

④ 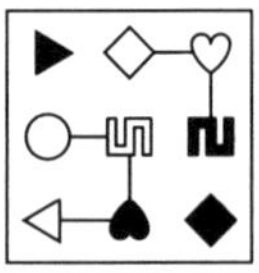

⑤ 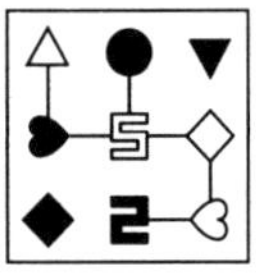

기출유형 문자·그림

04

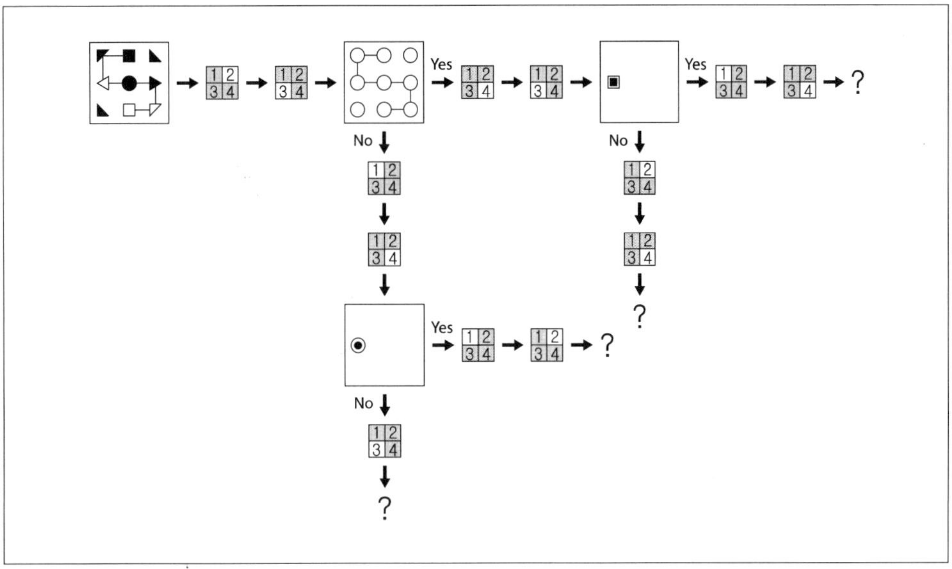

①

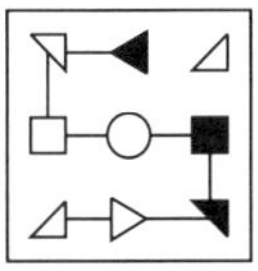

②

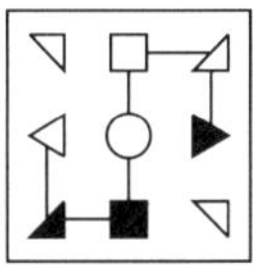

③

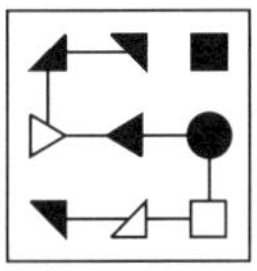

④

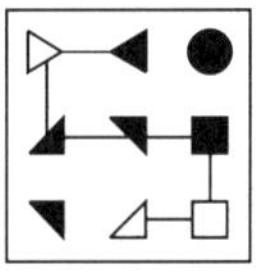

⑤

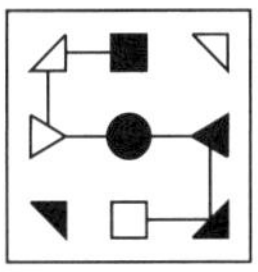

한끝 TIP

조건을 적용할 때마다 변수의 모양이 어떻게 변하는지 그려보면서 확인한다. 그 이후 머릿속으로만 변수를 계산하거나, 필요한 조건만 추려서 적용하는 등 문제 푸는 시간을 단축시키는 훈련을 하는 것이 좋다.

M E M O

PART 4

최종점검 모의고사

제1회 최종점검 모의고사

제2회 최종점검 모의고사

현대자동차그룹 HMAT		
영역	문항 수	제한시간
언어이해	20문항	25분
논리판단	15문항	25분
자료해석	20문항	30분
정보추론	20문항	25분
공간지각	20문항	25분
도식이해	15문항	25분

※ 모의고사는 수험생들의 후기를 통해 시대에듀에서 임의로 구성한 문제로, 실제 시험과 상이할 수 있습니다.

모바일 OMR

제1회 최종점검 모의고사

문항 수 : 110문항 응시시간 : 155분

정답 및 해설 p.056

01 언어이해

01 **제시된 문단을 논리적 순서대로 바르게 나열했을 때, 다음 순서에 들어갈 문단을 바르게 짝지은 것은?**

(가) 개념사를 역사학의 한 분과로 발전시킨 독일의 역사학자 코젤렉은 ‘개념은 실재의 지표이자 요소’라고 하였다. 이 말은 실타래처럼 얽혀 있는 개념과 정치 · 사회적 실재, 개념과 역사적 실재의 관계를 정리하기 위한 중요한 지침으로 작용한다. 그에 의하면 개념은 정치적 사건이나 사회적 변화 등의 실재를 반영하는 거울인 동시에 정치 · 사회적 사건과 변화의 실제적 요소이다.

(나) 개념은 정치적 사건과 사회적 변화 등에 직접 관련되어 있거나 그것을 기록, 해석하는 다양한 주체들에 의해 사용된다. 이러한 주체들, 즉 ‘역사 행위자’들이 사용하는 개념은 여러 의미가 포개어진 층을 이룬다. 개념사에서는 사회 · 역사적 현실과 관련하여 이러한 층들을 파헤치면서 개념이 어떻게 사용되어 왔는가, 이 과정에서 그 의미가 어떻게 변화했는가, 어떤 함의들이 거기에 투영되었는가, 그 개념이 어떠한 방식으로 작동했는가 등에 대해 탐구한다.

(다) 이상에서 보듯이 개념사에서는 개념과 실재를 대조하고 과거와 현재의 개념을 대조함으로써, 그 개념이 대응하는 실재를 정확히 드러내고 있는가, 아니면 실재의 이해를 방해하고 더 나아가 왜곡하는가를 탐구한다. 이를 통해 코젤렉은 과거에 대한 ‘단 하나의 올바른 묘사’를 주장하는 근대 역사학의 방법을 비판하고, 과거의 역사 행위자가 구성한 역사적 실재와 현재 역사가가 만든 역사적 실재를 의미있게 소통시키고자 했다.

(라) 사람들이 ‘자유’, ‘민주’, ‘평화’ 등과 같은 개념들을 사용할 때, 그 개념이 서로 같은 의미를 갖는 것은 아니다. ‘자유’의 경우, ‘구속받지 않는 상태’를 강조하는 개념으로 쓰이는가 하면, ‘자발성’이나 ‘적극적인 참여’를 강조하는 개념으로 쓰이기도 한다. 이러한 정의와 해석의 차이로 인해 개념에 대한 논란과 논쟁이 늘 있어 왔다. 바로 이러한 현상에 주목하여 출현한 것이 코젤렉의 ‘개념사’이다.

(마) 또한 개념사에서는 ‘무엇을 이야기 하는가.’보다는 ‘어떤 개념을 사용하면서 그것을 이야기하는가.’에 관심을 갖는다. 개념사에서는 과거의 역사 행위자가 자신이 경험한 ‘현재’를 서술할 때 사용한 개념과 오늘날의 입장에서 ‘과거’의 역사 서술을 이해하기 위해 사용한 개념의 차이를 밝힌다. 그리고 과거의 역사를 현재의 역사로 번역하면서 양자가 어떻게 수렴될 수 있는가를 밝히는 절차를 밟는다.

	2번째	5번째
①	(가)	(나)
②	(가)	(다)
③	(나)	(가)
④	(나)	(라)
⑤	(나)	(마)

02 다음 제시된 문단을 읽고, 이어질 내용을 논리적 순서대로 알맞게 나열한 것은?

과거에 우리 사회의 미래가 어떻게 될 것인가를 고민하던 소설가가 두 명 있었다. 한 명은 '조지 오웰(George Orwell)'이고, 한 명은 '올더스 헉슬리(Aldous Huxley)'이다. 둘 다 미래 세계에 대해 비관적이었지만 그들이 그린 미래 세계는 각각 달랐다.

(가) 모든 성적인 활동은 자유롭고, 아이들은 인공수정으로 태어나며, 모든 아이의 양육은 국가가 책임진다. 그러나 사랑의 방식은 성애로 한정되고, 시나 음악과 같은 방법을 통한 낭만적인 사랑, 혹은 결혼이나 부모라는 개념은 비문명적인 것으로 인식된다. 그리고 태어나기 전의 지능에 따라서 사회적 계급은 이미 결정되어 있는 상태이다.

(나) '조지 오웰'은 그의 소설 『1984』에서 국가권력에 감시당하는 개인과 사회를 설정했다. 이제는 신문에서도 자주 볼 수 있는, 감시적 국가권력의 상징인 '빅브라더'가 바로 『1984』에서 가공의 나라 오세아니아의 최고 권력자를 일컫는 명칭이다.

(다) 『1984』와 『멋진 신세계』 중 어느 쪽이 미래의 암울한 면을 잘 그려냈는지 우열을 가려내기는 어렵다. 현재 산업 발전의 이면에 있는 사회의 어두운 면은 『1984』와 『멋진 신세계』에 나타난 모든 부분을 조금씩 포함하고 있다. 즉, 우리가 두려워해야 할 것은, 두 작품이 예상한 단점 중 한쪽만 나타나지 않고 중첩되어 나타나고 있다는 점이다.

(라) 반면에 '올더스 헉슬리'는 그의 소설 『멋진 신세계』에서 다른 미래를 생각해냈다. 『1984』가 '빅 브라더'에게 지배받고 감시당함으로써 시민들의 개인적 자유와 권리가 보장받지 못하는, 우리가 생각하는 전형적인 디스토피아였다면, 『멋진 신세계』가 그려내는 미래는 그와는 정반대에 있다.

① (나) – (라) – (가) – (다)
② (나) – (가) – (라) – (다)
③ (나) – (라) – (다) – (가)
④ (라) – (가) – (나) – (다)
⑤ (라) – (다) – (나) – (가)

03 다음 제시된 문단을 논리적 순서대로 바르게 나열한 것은?

(가) 그러나 캐넌과 바드는 신체 반응 이후 정서가 나타난다는 제임스와 랑에의 이론에 대해 다른 의견을 제시한다. 첫째, 그들은 정서와 신체 반응은 거의 동시에 나타난다고 주장한다. 즉, 정서를 일으키는 외부 자극이 대뇌에 입력되는 것과 동시에 우리 몸의 신경계가 자극받으므로 정서와 신체 반응은 거의 동시에 발생한다는 것이다.

(나) 둘째, 특정한 신체 반응에 하나의 정서가 일대일로 대응되어 연결되는 것이 아니라고 주장한다. 즉, 특정한 신체 반응이 여러 가지 정서들에 대응되기도 한다는 것이다. 따라서 특정한 신체 반응 이후에 특정한 정서가 유발된다고 한 제임스와 랑에의 이론은 한계가 있다고 본 것이다.

(다) 이 이론에 따르면 외부 자극은 인간의 신체 내부에서 자율신경계의 반응을 일으키고, 정서는 이러한 신체 반응의 결과로 나타난다는 것이다. 이는 만약 우리가 인위적으로 신체 반응을 유발할 수 있다면 정서를 바꿀 수도 있다는 것을 시사해 주기도 한다.

(라) 인간의 신체 반응은 정서에 의해 유발되는 것일까? 이에 대해 제임스와 랑에는 정서에 의해 신체 반응이 유발되는 것이 아니라 신체 반응이 오히려 정서보다 앞서 나타난다고 주장한다. 즉, 웃으니까 기쁜 감정이 생기고, 우니까 슬픈 감정이 생긴다는 것이다.

① (라) – (다) – (가) – (나)
② (나) – (가) – (다) – (라)
③ (라) – (다) – (나) – (가)
④ (다) – (가) – (라) – (나)
⑤ (다) – (라) – (가) – (나)

04 〈보기〉의 (가)와 같은 개요를 작성했다가 (나)의 자료를 추가로 접하였다. (가)와 (나)를 종합하여 작성한 개요의 내용으로 적절하지 않은 것은?

보기

(가) 제목 : 나노 기술의 유용성

Ⅰ. 나노 기술과 나노 물질 소개

Ⅱ. 나노 기술의 다양한 이용 사례

1. 주방용품
2. 건축 재료
3. 화장품

Ⅲ. 나노 기술의 무한한 발전 가능성

(나) 나노 물질의 위험성 : 우리 몸의 여과 장치 그대로 통과

인간을 비롯한 지구상 동물들의 코 점막이나 폐의 여과 장치 등은 나노 입자보다 천 배나 더 큰 마이크로 입자를 걸러내기에 적당하게 발달해 왔기 때문에, 나노 크기의 물질은 우리 몸의 여과 장치를 그대로 통과하여 건강에 악영향을 끼칠 가능성이 높다는 경고가 나왔다. 쥐를 대상으로 한 실험을 통해 쥐의 폐에 주입된 탄소나노튜브가 폐 조직을 손상시킨다는 사실을 확인했을 뿐만 아니라, 다양한 크기의 입자를 쥐에게 흡입시켰을 때 오직 나노 수준의 미세한 입자만이 치명적인 피해를 입힌다는 사실도 확인했다는 것이다.

〈개요〉

제목 : 나노 기술의 양면성 …… ①

Ⅰ. 나노 기술과 나노 물질 소개 …… ②

Ⅱ. 나노 기술의 양면성

1. 나노 기술의 유용성 …… ③
   인간생활의 다양한 분야에서 활용
2. 나노 기술의 위험성 …… ④
   인간과 동물의 건강에 악영향

Ⅲ. 요구되는 태도

나노 기술의 응용 분야 확대 …… ⑤

※ 다음 글의 수정 방안으로 적절하지 않은 것을 고르시오. [5~6]

Easy

05

문화 융성 시대가 도래함에 따라 공공도서관의 ㉠ 역할이 증대되고 있다. 지식 정보 인프라 구축의 중요성, ㉡ 지역주민 문화 복지 관심 증가 및 정부의 공공도서관 건립 지원 확대로 최근 4~5년간 공공도서관 건립이 꾸준하게 증가하고 있다. ㉢ 그래서 국가도서관통계시스템에 따르면 우리나라 공공도서관의 1관당 인구는 64,547명으로 주요 국가들의 공공도서관 1관당 인구보다 적은 인구를 서비스 대상으로 하고 있다. 이는 우리나라 도서관 인프라가 여전히 열악한 상황이라는 것을 알려준다. ㉣ 이런 상황을 개선되기 위해 정부는 '도서관 발전 종합 계획'을 마련하여 진행 중에 있다. 종합 계획에 따르면 도서관 접근성 향상과 서비스 환경 개선을 위해 1인당 장서 보유량을 1.6권으로 높여 국제 기준에 맞도록 장서를 확충할 계획이다. 또한 도서관을 통한 창의적인 인재 양성을 위해 ㉤ 정보 활용 교육과 도서관 활용 수업과 학교 도서관 전담 인력을 학생 1,500명당 1명으로 증원할 계획이다. 이와 함께 지식 정도 격차 해소를 위해 병영 도서관, 교도소 도서관 환경을 전면적으로 개선하고 장애인, 고령자, 다문화 가정을 위한 도서관 프로그램도 확대할 계획이다. 한편 국가 지식 정보 활용을 위해 세계의 최신 정보를 집약한 과학 기술 · 농학 · 의학 · 국립도서관 설립을 추진하고 국가 대표 도서관인 국립중앙도서관은 장서를 1,100만 권으로 확충할 예정이다. 이를 통해 국립중앙박물관이 세계 8위 수준의 장서 소장 국가 도서관이 될 것을 기대하고 있다고 도서관정보정책위원회는 밝혔다.

① ㉠ : '자기가 마땅히 하여야 할 맡은 바 직책이나 임무'를 의미하는 '역활'로 수정한다.

② ㉡ : 지나친 명사의 나열이 어색하므로 '지역주민의 문화 복지에 대한 관심 증가'로 수정한다.

③ ㉢ : 앞뒤 문장 간의 관계로 볼 때 뒤 문장이 앞 문장의 결과가 아니므로 '그럼에도 불구하고'로 수정한다.

④ ㉣ : 피동 표현이 잘못 사용되었으므로 '이런 상황을 개선하기 위해'로 수정한다.

⑤ ㉤ : 서술어가 잘못 생략되었으므로 '정보 활용 교육과 도서관 활용 수업을 제도화하고 학교 도서관 전담 인력을 학생 1,500명당 1명으로 증원할 계획이다.'로 수정한다.

06

학부모들을 상대로 설문조사를 한 결과, 사교육비 절감에 가장 큰 도움을 준 제도는 바로 교과교실제(영어, 수학 교실 등 과목전용교실 운영)였다. 사교육비 중에서도 가장 ㉠ 많은 비용이 차지하는 과목이 영어와 수학이라는 점을 고려해보면 공교육에서 영어, 수학을 집중적으로 가르쳐주는 것이 사교육비 절감에 큰 도움이 되었다는 점을 이해할 수 있다. 한때 사교육비 절감을 기대하며 도입했던 '방과 후 학교'는 사교육비를 절감하지 못했는데, 이는 학생들을 학교에 묶어놓는 것만으로는 사교육을 막을 수 없다는 점을 시사한다. 학생과 학부모가 적지 않은 비용을 지불하면서도 사교육을 찾게 되는 이유는 ㉡ 입시에 도움이 된다. 공교육에서는 정해진 교과 과정에 맞추어 수업을 해야 하고 실력 차이가 나는 학생들을 ㉢ 개별적으로 가르쳐야 하기 때문에 입시에 초점을 맞추기가 쉽지 않다. 따라서 공교육만으로는 입시에 뒤처진다고 생각하는 사람들이 많은 것이다. ㉣ 그래서 교과교실제에 이어 사교육비 절감에 도움이 되었다고 생각하는 요인이 '다양하고 좋은 학교의 확산'이라는 점을 보면 공교육에도 희망이 있다고 할 수 있다. 인문계, 예체능계, 실업계, 특목고 정도로만 학교가 나눠졌던 과거에 비해 지금은 학생의 특기와 적성에 맞는 다양하고 좋은 학교가 많이 생겨났다. 좋은 대학에 입학하려는 이유가 대학의 서열화와 그에 따른 취업경쟁 때문이라는 것을 생각해 보면 고등학교 때부터 ㉤ 미래를 위해 공부할 수 있는 학교는 사교육비 절감과 더불어 공교육의 강화, 과도한 입시 경쟁 완화에 도움이 될 것이다.

① ㉠ : 조사가 잘못 쓰였으므로 '많은 비용을 차지하는'으로 수정한다.
② ㉡ : 호응 관계를 고려하여 '입시에 도움이 되기 때문이다'로 수정한다.
③ ㉢ : 문맥을 고려하여 '집중적으로'로 수정한다.
④ ㉣ : 앞 내용과 상반된 내용이 이어지므로 '하지만'으로 수정한다.
⑤ ㉤ : 앞 내용을 고려하여 '미래를 위해 공부할 수 있는 학교의 확산은'으로 수정한다.

PART 4

※ 다음 빈칸에 들어갈 내용으로 가장 적절한 것을 고르시오. [7~8]

07

> 질병(疾病)이란 유기체의 신체적, 정신적 기능이 비정상으로 된 상태를 일컫는다. 인간에게 있어 질병이란 넓은 의미에서는 극도의 고통을 비롯하여 스트레스, 사회적인 문제, 신체기관의 기능 장애와 죽음까지를 포괄하며, 넓게는 개인에서 벗어나 사회적으로 큰 맥락에서 이해되기도 한다. 하지만 다분히 진화생물학적 관점에서, 질병은 인간의 몸 안에서 일어나는 정교하고도 합리적인 자기조절 과정이다. 질병은 정상적인 기능을 할 수 없는 상태임과 동시에, 진화의 역사 속에서 획득한 자기 치료 과정이 ____________________이기도 하다. 가령, 기침을 하고, 열이 나고, 통증을 느끼고, 염증이 생기는 것 따위는 자기 조절과 방어 시스템이 작동하는 과정인 것이다.

① 문제를 일으킨 상태
② 비일상적인 특이 상태
③ 정상적으로 가동하고 있는 상태
④ 인구의 개체 변이를 도모하는 상태
⑤ 보다 새로운 정보를 습득하려는 상태 자리 부족할 경우 선택지 2단으로

Hard

08

> 민주주의의 목적은 다수가 폭군이나 소수의 자의적인 권력행사를 통제하는 데 있다. 민주주의의 이상은 모든 자의적인 권력을 억제하는 것으로 이해되었는데 이것이 오늘날에는 자의적 권력을 정당화하기 위한 장치로 변화되었다. 이렇게 변화된 민주주의는 민주주의 그 자체를 목적으로 만들려는 이념이다. 이것은 법의 원천과 국가권력의 원천이 주권자 다수의 의지에 있기 때문에 국민의 참여와 표결 절차를 통하여 다수가 결정한 법과 정부의 활동이라면 그 자체로 정당성을 갖는다는 것이다. 즉, 유권자 다수가 원하는 것이면 무엇이든 실현할 수 있다는 말이다.
>
> 이런 민주주의는 '무제한적 민주주의'이다. 어떤 제약도 없는 민주주의라는 의미이다. 이런 민주주의는 자유주의와 부합할 수가 없다. 그것은 다수의 독재이고 이런 점에서 전체주의와 유사하다. 폭군의 권력이든, 다수의 권력이든, 군주의 권력이든, 위험한 것은 권력 행사의 무제한성이다. 중요한 것은 이러한 권력을 제한하는 일이다.
>
> 민주주의 그 자체를 수단이 아니라 목적으로 여기고 다수의 의지를 중시한다면, 그것은 다수의 독재를 초래하고, 그것은 전체주의만큼이나 위험하다. 민주주의 존재 그 자체가 언제나 개인의 자유에 대한 전망을 밝게 해 준다는 보장은 없다. 개인의 자유와 권리를 보장하지 못하는 민주주의는 본래의 민주주의가 아니다. 본래의 민주주의는 ____________________

① 다수의 의견을 수렴하여 이를 그대로 정책에 반영해야 한다.
② 서로 다른 목적의 충돌로 인한 사회적 불안을 해소할 수 있어야 한다.
③ 다수 의견보다는 소수 의견을 채택하면서 진정한 자유주의의 실현에 기여해야 한다.
④ 무제한적 민주주의를 과도기적으로 거치며 개인의 자유와 권리 보장에 기여해야 한다.
⑤ 민주적 절차 준수에 그치지 않고 과도한 권력을 실질적으로 견제할 수 있어야 한다.

※ 다음 글의 내용으로 적절하지 않은 것을 고르시오. [9~10]

09

흔히 우리 춤을 손으로 추는 선(線)의 예술이라 한다. 서양 춤은 몸의 선이 잘 드러나는 옷을 입고 추는 데 반해 우리 춤은 옷으로 몸을 가린 채 손만 드러내놓고 추는 경우가 많기 때문이다. 한마디로 말해서 손이 춤을 구성하는 중심축이 되고, 손 이외의 얼굴과 목과 발 등은 손을 보조하며 춤을 완성하는 역할을 한다.

손이 중심이 되어 만들어 내는 우리 춤의 선은 내내 곡선을 유지한다. 예컨대 승무에서 장삼을 휘저으며 그에 맞추어 발을 내딛는 역동적인 움직임도 곡선이요, 살풀이춤에서 수건의 간드러진 선이 만들어 내는 것도 곡선이다. 해서 지방의 탈춤과 처용무에서도 S자형의 곡선이 연속적으로 이어지면서 춤을 완성해 낸다.

호흡의 조절을 통해 다양하게 구현되는 곡선들 사이에는 우리 춤의 빼놓을 수 없는 구성요소인 '정지'가 숨어있다. 정지는 곡선의 흐름과 어울리며 우리 춤을 더욱 아름답고 의미 있게 만들어 주는 역할을 한다. 그러나 이때의 정지는 말 그대로의 정지라기보다 '움직임의 없음'이며, 그런 점에서 동작의 연장선상에서 이해해야 한다.

우리 춤에서 정지를 동작의 연장으로 보는 것, 이것은 바로 우리 춤에 담겨 있는 '마음의 몰입'이 발현된 결과이다. 춤추는 이가 호흡을 가다듬으며 다양한 곡선들을 연출하는 과정을 보면 한 순간 움직임을 통해 선을 만들어 내지 않고 멈춰 있는 듯한 장면이 있다. 이런 동작의 정지 상태에서도 멈춤 그 자체로 머무는 것이 아니며, 여백의 그 순간에도 상상의 선을 만들어 춤을 이어가는 것이 몰입 현상이다. 이것이 바로 우리 춤을 가장 우리 춤답게 만들어 주는 특성이라고 할 수 있다.

① 우리 춤의 복장 중 대다수는 몸의 선을 가리는 구조로 되어 있다.
② 승무, 살풀이춤, 탈춤, 처용무 등은 손동작을 중심으로 한 춤의 대표적인 예이다.
③ 우리 춤의 동작은 처음부터 끝까지 쉬지 않고 곡선을 만들어 낸다.
④ 우리 춤에서 정지는 하나의 동작과 동등한 것으로 볼 수 있다.
⑤ 몰입 현상이란 춤을 멈추고 상상을 통해 춤을 이어가는 과정을 말한다.

10

1930년대 대공황 상황에서 케인스는 당시 영국과 미국에 만연한 실업의 원인을 총수요의 부족이라고 보았다. 그는 총수요가 증가하면 기업의 생산과 고용이 촉진되고 가계의 소득이 늘어 경기를 부양할 수 있다고 주장했다. 따라서 정부의 재정정책을 통해 총수요를 증가시킬 필요성을 제기하였다.
케인스는 총수요를 늘리기 위해서 총수요 중 많은 부분을 차지하는 가계의 소비에 주목하였고, 소비는 소득과 밀접한 관련이 있다고 생각하였다. 케인스는 절대소득가설을 내세워, 소비를 결정하는 요인들 중에서 가장 중요한 것은 현재의 소득이라고 하였다. 그리고 소득이 없더라도 생존을 위해 꼭 필요한 소비인 기초소비가 존재하며, 소득이 증가함에 따라 일정 비율로 소비도 증가한다고 주장하였다. 이러한 절대소득가설은 1950년대까지 대표적인 소비결정이론으로 사용되었다.
그러나 쿠즈네츠는 절대소득가설로는 설명하기 어려운 소비 행위가 이루어지고 있음에 주목하였다. 쿠즈네츠는 미국에서 장기간에 걸쳐 일어난 각 가계의 실제 소비 행위를 분석한 결과는 절대소득가설로는 명확히 설명하기 어려운 것이었다.
이러한 현상을 설명하기 위해 프리드먼은 장기적인 기대소득으로서의 항상소득에 의존하다는 항상소득가설을 내세웠다. 프리드먼은 실제로 측정되는 소득을 실제소득이라 하고, 실제소득은 항상소득과 임시소득으로 구성된다고 보았다. 항상소득이란 평생 동안 벌어들일 것으로 기대되는 소득의 매기 평균 또는 장기적 평균 소득이다. 임시소득은 장기적으로 예견되지 않은 일시적인 소득으로서 양(+)일 수도, 음(−)일 수도 있다. 프리드먼은 소비가 임시소득과는 아무런 상관관계가 없고 오직 항상소득에만 의존한다고 보았으며, 임시소득의 대부분은 저축된다고 설명했다. 사람들은 월급과 같이 자신이 평균적으로 벌어들이는 돈을 고려하여 소비를 하지, 예상치 못한 복권 당첨이나 주가 하락에 의한 손실을 고려하여 소비하지는 않는다는 것이다.
항상소득가설을 바탕으로 프리드먼은 쿠즈네츠가 발견한 현상을, 단기적인 소득의 증가는 임시소득이 증가한 것에 해당하므로 소비가 늘어나지 않은 것이라고 설명하였다. 항상소득가설에 따른다면 소비를 늘리기 위해서는 단기적인 재정정책보다 장기적인 재정정책을 펴는 것이 바람직하다. 가령 정부가 일시적으로 세금을 줄여 가계의 소득을 증가시키고 그에 따른 소비 진작을 기대한다 해도 가계는 일시적인 소득의 증가를 항상소득의 증가로 받아들이지 않아 소비를 늘리지 않기 때문이다.

① 케인스는 소득이 없어도 기초소비가 발생한다고 보았다.
② 케인스는 대공황 상황에서 총수요를 늘릴 것을 제안했다.
③ 쿠즈네츠는 미국에서 실제로 일어난 소비 행위를 분석하였다.
④ 프리드먼은 쿠즈네츠의 연구 결과를 설명하는 가설을 내놓았다.
⑤ 케인스는 가계가 미래의 소득을 예측하여 소비를 결정한다고 주장했다.

※ 다음 글의 내용으로 가장 적절한 것을 고르시오. [11~12]

Hard

11

온갖 사물이 뒤섞여 등장하는 사진들에서 고양이를 틀림없이 알아보는 인공지능이 있다고 해보자. 그러한 식별 능력은 고양이 개념을 이해하는 능력과 어떤 관계가 있을까? 고양이를 실수 없이 가려내는 능력이 고양이 개념을 이해하는 능력의 필요충분조건이라고 할 수 있을까?
먼저, 인공지능이든 사람이든 고양이 개념에 대해 이해하면서도 영상 속의 짐승이나 사물이 고양이인지 정확히 판단하지 못하는 경우는 있을 수 있다. 예를 들어, 누군가가 전형적인 고양이와 거리가 먼 희귀한 외양의 고양이를 보고 "좀 이상하게 생긴 족제비로군요."라고 말했다고 해보자. 이것은 틀린 판단이지만, 그렇다고 그가 고양이 개념을 이해하지 못하고 있다고 평가하는 것은 부적절한 일일 것이다.
이번에는 다른 예로 누군가가 영상자료에서 가을에 해당하는 장면들을 실수 없이 가려낸다고 해보자. 그는 가을이라는 개념을 이해하고 있다고 보아야 할까? 그 장면들을 실수 없이 가려낸다고 해도 그가 가을이 적잖은 사람들을 왠지 쓸쓸하게 하는 계절이라든가, 농경문화의 전통에서 수확의 결실이 있는 계절이라는 것 혹은 가을이 지구 자전축의 기울기와 유관하다는 것 등을 반드시 알고 있는 것은 아니다. 심지어 가을이 지구의 1년을 넷으로 나눈 시간 중 하나를 가리킨다는 사실을 모르고 있을 수도 있다. 만일 가을이 여름과 겨울 사이에 오는 계절이라는 사실조차 모르는 사람이 있다면, 우리는 그가 가을이라는 개념을 이해하고 있다고 인정할 수 있을까? 그것은 불합리한 일일 것이다.
가을이든 고양이든 인공지능이 그런 개념들을 충분히 이해하는 것은 영원히 불가능하다고 단언할 이유는 없다. 하지만 우리가 여기서 확인한 점은 개념의 사례를 식별하는 능력이 개념을 이해하는 능력을 함축하는 것은 아니고, 그 역도 마찬가지라는 것이다.

① 인간과 동물의 개념을 명확하게 이해하고 있다면, 동물과 인간을 실수 없이 구별해야 한다.
② 날아가는 비둘기를 참새로 오인했다고 해서 비둘기 개념을 이해하지 못하고 있다고 평가할 수는 없다.
③ 인공지능이 자동차와 사람의 개념을 제대로 이해했다면, 영상 속의 자동차를 사람으로 착각할 리 없다.
④ 영상자료에서 가을의 장면을 제대로 가려내지 못한 사람은 가을의 개념을 명확히 이해하지 못한 사람이다.
⑤ 다양한 형태의 크고 작은 상자들 가운데 정확하게 정사각형의 상자를 찾아낸다면, 정사각형의 개념을 이해한 것이라고 볼 수 있다.

12

> 근대적 공론장의 형성을 중시하는 연구자들은 아렌트와 하버마스의 공론장 이론을 적용하여 한국적 근대 공론장의 원형을 찾는다. 이들은 유럽에서 18~19세기에 신문, 잡지 등이 시민들의 대화와 토론에 의거한 부르주아 공론장을 형성하였다는 사실에 착안하여 『독립신문』이 근대적 공론장의 역할을 하였다고 주장한다. 또한 만민공동회라는 새로운 정치 권력이 만들어낸 근대적 공론장을 통해, 공화정의 근간인 의회와 한국 최초의 근대적 헌법이 등장하는 결정적 계기가 마련되었다고 인식한다.
> 그런데 공론장의 형성을 근대 이행의 절대적 특징으로 이해하는 태도는 근대 이행의 다른 길들에 대한 불신과 과소평가로 이어지기도 한다. 당시 사회의 개혁을 위해서는 갑신정변과 같은 소수 엘리트 주도의 혁명이나 동학농민운동과 같은 민중봉기가 아니라, 만민공동회와 같은 다수 인민에 의한 합리적인 토론과 공론에 의거한 민주적 개혁이 올바른 길이라고 주장하는 것이 대표적 예이다. 나아가 이러한 태도는 당시 고종이 만민공동회의 주장을 수용하여 입헌군주제나 공화제를 채택했더라면 국권박탈이라는 비극만은 면할 수 있었으리라는 비약으로 이어진다.
> 이러한 생각의 배경에는 개인의 자각에 근거한 공론장과 평화적 토론을 통한 공론의 형성, 그리고 공론을 정치에 실현시킬 제도적 장치가 마련되어 있는 체제가 바로 '근대'라는 확고한 인식이 자리 잡고 있다. 그들은 시민세력으로 성장할 가능성을 지닌 인민들의 행위가 근대적 정치를 표현하고 있었다는 점만 중시하고, 공론 형성의 주체인 시민이 아직 형성되지 못한 시대 상황은 특수한 것으로 평가한다. 또한 근대적 정치행위가 실패한 것은 인민들의 한계가 아니라, 전제황실 권력의 탄압이나 개혁파 지도자 내부의 권력투쟁 때문이라고 설명한다.
> 이러한 인식으로는 농민들을 중심으로 한 반봉건 민중운동의 지향점, 그리고 토지문제 해결을 통한 근대 이행이라는 고전적 과제에 답할 수가 없다. 또한 근대적 공론장에 기반한 근대국가가 수립되었을지라도 제국주의 열강들의 위협을 극복할 수 있었겠는지, 그 극복이 농민들의 지지 없이 가능했을지에 대한 문제의식은 들어설 여지가 없게 된다. 더 큰 문제는 이런 인식이 농민운동을 근대 이행을 방해하는 역사의 반역으로 왜곡할 소지가 있다는 것이다. 이러한 의문들이 적극적으로 해명되지 않는다면 근대 공론장 이론은 설득력을 갖기 어려울 것이다.

① 『독립신문』은 근대적 공론장의 역할을 하지 못했다.
② 농민운동이 한국의 근대 이행을 방해했다고 볼 수 없다.
③ 제국주의 열강의 위협이 한국의 근대 공론장 형성을 가속화하였다.
④ 고종이 만민공동회의 주장을 채택하였다면 국권박탈의 비극은 없었을 것이다.
⑤ 근대 공론장 이론의 한국적 적용은 몇 가지 한계가 있지만 근대 이행의 문제를 효과적으로 설명하였다.

Hard

13 다음 글을 읽고 〈보기〉의 설명 중 옳은 것을 모두 고르면?

한자로 우리말을 표기하는 방법에는 두 가지가 있었다. 하나는 한자의 음을 우리말 단어의 발음기호로 활용하는 것으로서, '길동'이라는 지명을 적기 위하여 '吉[길]'과 '同[동]'을 끌어와 '吉同'으로 적고 [길동]으로 읽도록 하는 것이다. 이 방법은 한자의 음을 빌려와 쓴다는 점에서 '음차 표기'라 한다. 다른 하나는 한자의 뜻, 다시 말해서 훈(訓)을 빌려와 우리말의 음을 표기하는 방법이다. '栗(밤 율)'의 훈으로 [밤]을 나타내고, '峴(고개 현)'의 훈으로 [고개]를 나타내어, '栗峴'으로써 우리말의 [밤고개]를 표기하는 것이다. '栗峴'을 [율현]이라 읽지 않고 [밤고개]로 읽는 이 방법은 한자의 뜻, 즉 훈(訓)을 빌려와 쓴다는 점에서 '훈차 표기'라 한다.

이러한 단어 중심의 한자 차용 표기는 점차 두 단계에 걸쳐 문장을 표기하는 방향으로 확대되었다. 문장 표기의 1단계는 '我愛汝'([아애여], 나 사랑 너)와 같이 '주어－서술어－목적어'의 중국어식 어순을, '我汝愛'(나 너 사랑)와 같이 '주어－목적어－서술어'의 우리말 어순으로 바꾸는 단계였다. 1단계는 점차 명사와 용언 어간에 각각 조사와 어미를 첨가하는 2단계로 이어졌다. 2단계에 속하는 향가 표기, 즉 향찰은 '我愛汝'에 조사나 어미를 붙여 '我隱汝乙愛爲隱如'([아은 여을 애위은여], 나는 너를 사랑한다)와 같이 상당히 체계화된 문장 표기 모습을 보여준다. 향찰에서는 어절을 단위로 하여 대체로 뜻이 중요한 명사나 용언 어간은 '훈차'를 하고, 문법적 기능이 중요한 조사나 어미는 '음차'를 함으로써, 한 어절의 표기가 '훈차+음차'라는 일반적인 원칙을 갖게 되었던 것이다.

이러한 한자 차용 표기의 역사는 일본의 경우에도 우리와 크게 다르지 않았다. 그런데 일본은 이러한 한자 차용 표기를 오늘날까지 계승하여 문자 생활을 하고 있지만, 우리의 경우에는 새 문자를 만들어 사용하고 있다. 그렇다면 한자 차용 표기를 알고 있던 세종대왕은 왜 일본과 달리 훈민정음을 창제하였는가? 이에 대해서는 일반적으로 일본어와 우리말이 갖는 음절의 특징에 주목하여 그 이유를 찾는다. 일본어는 음절이 간단하여 한자로 표기하는 데에 문제가 없었을 뿐 아니라 그 수도 50개 정도면 충분하였다.

이에 비해, 우리말은 [곳], [닫]과 같이 한자로 나타낼 수 없는 음절이 많았을 뿐 아니라 그 수도 2,000개 이상이 필요하였다. 세종대왕은 이러한 한자 차용 표기의 문제점을 해결하기 위하여 훈민정음을 창제한 것으로 보인다.

보기

㉠ 고대에 우리말과 중국어의 발음은 달랐으나 어순은 비슷했다.
㉡ 어떤 언어 공동체의 문자와 표기는 그 공동체의 언어 특징과 밀접하게 관련된다.
㉢ 한자 차용 표기에서 '훈차+음차' 표기의 단위는 현대 국어 맞춤법의 띄어쓰기 단위와 관련이 깊다.
㉣ 현대 일본의 문자와 표기는 그들의 한자 차용 표기를 계승한 것이므로 향찰과는 공통점을 거의 찾을 수 없다.

① ㉠, ㉡
② ㉠, ㉢
③ ㉡, ㉢
④ ㉡, ㉣
⑤ ㉢, ㉣

14 다음 글의 제목으로 가장 적절한 것은?

> 우리는 처음 만난 사람의 외모를 보고, 그를 어떤 방식으로 대우해야 할지를 결정할 때가 많다. 그가 여자인지 남자인지, 얼굴색이 흰지 검은지, 나이가 많은지 적은지 혹은 그의 스타일이 조금은 상류층의 모습을 띠고 있는지 아니면 너무나 흔해서 별 특징이 드러나 보이지 않는 외모를 하고 있는지 등을 통해 그들과 나의 차이를 재빨리 감지한다. 일단 감지가 되면 우리는 둘 사이의 지위 차이를 인식하고 우리가 알고 있는 방식으로 그를 대하게 된다. 한 개인이 특정 집단에 속한다는 것은 단순히 다른 집단의 사람과 다르다는 것뿐만 아니라, 그 집단이 다른 집단보다는 지위가 높거나 우월하다는 믿음을 갖게 한다. 모든 인간은 평등하다는 우리의 신념에도 불구하고 왜 인간들 사이의 이러한 위계화(位階化)를 당연한 것으로 받아들일까? 위계화란 특정 부류의 사람들은 자원과 권력을 소유하고 다른 부류의 사람들은 낮은 사회적 지위를 갖게 되는 사회적이며 문화적인 체계이다.
>
> 다음에서 우리는 이러한 불평등이 어떠한 방식으로 경험되고 조직화되는지를 살펴보기로 하자. 인간이 불평등을 경험하게 되는 방식은 여러 측면으로 나눌 수 있다. 산업 사회에서의 불평등은 계층과 계급의 차이를 통해서 정당화되는데, 이는 재산, 생산 수단의 소유 여부, 학력, 집안 배경 등등의 요소들의 결합에 의해 사람들 사이의 위계를 만들어 낸다. 또한 모든 사회에서 인간은 태어날 때부터 얻게 되는 인종, 성, 종족 등의 생득적 특성과 나이를 통해 불평등을 경험한다. 이러한 특성들은 단순히 생물학적인 차이를 지칭하는 것이 아니라, 개인의 열등성과 우등성을 가늠하게 만드는 사회적 개념이 되곤 한다.
>
> 한편 불평등이 재생산되는 다양한 사회적 기제들이 때로는 관습이나 전통이라는 이름하에 특정 사회의 본질적인 문화적 특성으로 간주되고 당연시되는 경우가 많다. 불평등은 체계적으로 조직되고 개인에 의해 경험됨으로써 문화의 주요 부분이 되었고, 그 결과 같은 문화권 내의 구성원들 사이에 권력 차이와 그에 따른 폭력이나 비인간적인 행위들이 자연스럽게 수용될 때가 많다.
>
> 문화 인류학자들은 사회 집단의 차이와 불평등, 사회의 관습 또는 전통이라고 얘기되는 문화 현상에 대해 어떤 입장을 취해야 할지 고민을 한다. 문화 인류학자가 이러한 문화 현상은 고유한 역사적 산물이므로 나름대로 가치를 지닌다는 입장만을 반복하거나 단순히 관찰자로서의 입장에 안주한다면, 이러한 차별의 형태를 제거하는 데 도움을 줄 수 없다. 실제로 문화 인류학 연구는 기존의 권력 관계를 유지시켜주는 다양한 문화적 이데올로기를 분석하고, 인간 간의 차이가 우등성과 열등성을 구분하는 지표가 아니라 동등한 다름일 뿐이라는 것을 일깨우는 데 기여해 왔다.

① 차이와 불평등
② 차이의 감지 능력
③ 문화 인류학의 역사
④ 위계화의 개념과 구조
⑤ 관습과 전통의 계승과 창조

Easy

15 다음 글의 주제로 가장 적절한 것은?

유전학자들의 최종 목표는 결함이 있는 유전자를 정상적인 유전자로 대체하는 것이다. 이렇게 가장 기본적인 세포 내 차원에서 유전병을 치료하는 것을 '유전자 치료'라 일컫는다. 유전자 치료를 하기 위해서는 이상이 있는 유전자를 찾아야 한다. 이를 위해 과학자들은 DNA의 특성을 이용한다.
DNA는 두 가닥이 나선형으로 꼬여 있는 이중 나선 구조로 이루어진 분자이다. 그런데 이 두 가닥에 늘어서 있는 염기들은 임의적으로 배열되어 있는 것이 아니다. 한쪽에 늘어선 염기에 따라 다른 쪽 가닥에 늘어선 염기들의 배열이 결정되는 것이다. 즉, 한쪽에 A염기가 존재하면 거기에 연결되는 반대쪽에는 반드시 T염기가 존재한다. 그리고 C염기에 대응해서는 반드시 G염기가 존재한다. 염기들이 짝을 지을 때 나타나는 이러한 선택적 특성을 이용하여 유전병을 일으키는 유전자를 찾아낼 수 있다.
유전자를 찾기 위해 사용하는 첫 번째 도구는 DNA 한 가닥 중 극히 일부이다. '프로브(Probe)'라 불리는 이 DNA 조각은 염색체상의 위치가 알려져 있는 이십여 개의 염기들로 이루어진다. 한 가닥으로 이루어져 있는 특성으로 인해 프로브는 자신의 염기 배열에 대응하는 다른 쪽 가닥의 DNA 부분에 가서 결합할 것이다. 대응하는 두 가닥의 DNA가 이렇게 결합하는 것을 '교잡'이라고 일컫는다. 조사 대상인 염색체로부터 추출한 많은 한 가닥의 염색체 조각들과 프로브를 섞어 놓았을 때 프로브는 신비스러울 정도로 자신의 짝을 정확하게 찾아 교잡한다. 두 번째 도구는 '겔 전기영동'이라는 방법이다. 생물을 구성하고 있는 단백질 · 핵산 등 많은 분자들은 전하를 띠고 있어서 전기장 속에서 각 분자마다 독특하게 이동을 한다. 이러한 성질을 이용해 생물을 구성하고 있는 물질의 분자량, 각 물질의 전하량이나 형태의 차이를 이용하여 물질을 분리하는 것이 전기영동법이다. 이를 활용하여 DNA를 분리하려면 우선 DNA 조각들을 전기장에서 이동시키고, 이것을 젤라틴 판을 통과하게 함으로써 분리하면 된다.
이러한 조사 도구들을 갖추고서, 유전학자들은 유전병을 일으키는 유전자를 추적하는 데 나섰다. 유전학자들은 먼저 겔 전기영동법으로 유전병을 일으키는 유전자로 의심되는 부분과 동일한 부분에 존재하는 프로브를 건강한 사람에게서 떼어내었다. 그리고 건강한 사람에게서 떼어낸 프로브에 방사성이나 형광성을 띠게 하였다. 그 후에 유전병 환자들에게서 채취한 DNA 조각들과 함께 교잡 실험을 반복하였다. 유전병과 관련된 유전 정보가 담긴 부분의 염기 서열이 정상인과 다르므로 이 부분은 프로브와 교잡하지 않는다는 점을 이용하는 것이다. 교잡이 일어난 후 프로브가 위치하는 곳은 X선 필름을 통해 쉽게 찾아낼 수 있고, 이로써 DNA의 특정 조각은 염색체상에서 프로브와 같은 위치에 존재한다는 것을 알 수 있다.
언뜻 보기에는 대단한 진보를 이룬 것 같지 않지만, 유전자 치료는 최근 들어 공상 과학을 방불케 하는 첨단 의료 기술의 대표적인 주자로 부각되고 있다. DNA 연구 결과로 인해 우리는 지금까지 절망적이라고 여겨 온 질병들을 치료할 수 있다는 희망을 갖게 되었다.

① 유전자의 종류와 기능
② 유전자 추적의 도구와 방법
③ 유전자 치료의 의의와 한계
④ 유전자 치료의 상업적 가치
⑤ 유전 질환의 종류와 발병 원인

Hard

16 다음 글로부터 〈보기〉와 같이 추론했을 때, 빈칸에 들어갈 적절한 문장은?

사람은 이상(理想)을 위하여 산다고 말한 바 있다. 그와 거의 같은 내용으로 사람은 문화(文化)를 위하여 산다고 다시 말하고 싶다. 문화를 위한다는 것은 새로운 문화를 창조(創造)하기 위함이란 뜻이다. 그리고 문화를 창조한다는 것은 이상을 추구(追求)한다는 의미(意味)가 된다. 즉, 새 문화를 생산(生産)한다는 것은 자기의 이상을 실현(實現)하기 위하여 하는 일이기 때문이다. 그리하여 어떤 사람은, 인생의 목적은 기성 문화(旣成文化)에 얼마만큼 새 문화(文化)를 더하기 위하여 사는 것이라고 논술(論述)했다. 이상(理想)이나 문화나 다 같이 사람이 추구하는 대상(對象)이 되는 것이요, 또 인생의 목적이 거기에 있다는 점에서는 동일하다. 그러나 이 두 가지가 완전히 일치되는 것은 아니니, 그 차이점은 여기에 있다. 즉, 문화는 인간의 이상이 이미 현실화된 것이요, 이상은 현실 이전의 문화라 할 수 있을 것이다. 어쨌든, 문화와 이상을 추구하여 현실화시키는 데에는 지식이 필요하고, 이러한 지식의 공급원(供給源)으로는 다시 서적이란 것으로 돌아오지 않을 수가 없다. 문화인이면 문화인일수록 서적 이용의 비율이 높아지고, 이상이 높으면 높을수록 서적 의존도 또한 높아지는 것이다.

보기

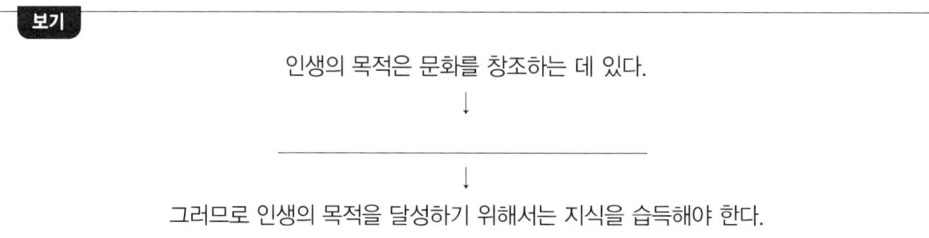

인생의 목적은 문화를 창조하는 데 있다.

↓

____

↓

그러므로 인생의 목적을 달성하기 위해서는 지식을 습득해야 한다.

① 인생의 목적은 이상을 실현하는 데 있다.
② 문화를 창조하기 위해서는 지식이 필요하다.
③ 문화 창조란 이상을 실현하는 것이다.
④ 인간만이 유일하게 문화를 창조할 수 있다.
⑤ 지식을 습득하기 위해서는 문화와 이상을 현실화시켜야 한다.

17 다음 글을 통해 추론할 수 있는 내용으로 적절하지 않은 것은?

> 뉴턴 역학은 갈릴레오나 뉴턴의 근대과학 이전 중세를 지배했던 아리스토텔레스의 역학관에 정면으로 도전한다. 아리스토텔레스에 의하면 물체가 똑같은 운동 상태를 유지하기 위해서는 외부에서 끊임없이 힘이 제공되어야만 한다. 이렇게 물체에 힘을 제공하는 기동자가 물체에 직접적으로 접촉해야 운동이 일어난다. 기동자가 없어지거나 물체와의 접촉이 중단되면 물체는 자신의 운동 상태를 유지할 수 없다. 그러나 관성의 법칙에 의하면 외력이 없는 한 물체는 자신의 원래 운동 상태를 유지한다. 아리스토텔레스는 기본적으로 물체의 운동을 하나의 정지 상태에서 다른 정지 상태로의 변화로 이해했다. 즉, 아리스토텔레스에게는 물체의 정지 상태가 물체의 운동 상태와는 아무런 상관이 없었다. 그러나 뉴턴이나 혹은 근대 과학의 시대를 열었던 갈릴레오에 의하면 물체가 정지한 상태는 운동하는 상태의 특수한 경우이다. 운동 상태가 바뀌는 것은 물체의 외부에서 힘이 가해지는 경우이다. 즉, 힘은 운동의 상태를 바꾸는 요인이다. 지금 우리는 뉴턴 역학이 옳다고 쉽게 생각하고 있지만, 이론적인 선입견을 배제하고 일상적인 경험만 떠올리면 언뜻 아리스토텔레스의 논리가 더 그럴 듯하게 보일 수도 있다.

① 보통 뉴턴 역학이 옳다고 생각하지만, 일상적인 경험만 떠올린다면 아리스토텔레스의 논리도 그럴 듯하게 보일 수 있다.

② 아리스토텔레스는 "외부에서 힘이 작용하지 않으면 운동하는 물체는 계속 그 상태로 운동하려 하고, 정지한 물체는 계속 정지해 있으려고 한다."고 주장했다.

③ 뉴턴 역학은 아리스토텔레스의 역학관이 지배했던 시대배경에서는 잘 통하지 않았을 수도 있다.

④ 아리스토텔레스에게는 물체의 정지 상태는 물체의 운동 상태와는 아무런 상관이 없었다.

⑤ 아리스토텔레스는 물체에 힘을 제공하는 기동자가 물체에 직접적으로 접촉해야 운동이 일어난다고 했다.

18 다음 밑줄 친 ㉠이 의미하는 바는?

> 미술가가 얻어내려고 하는 효과가 어떤 것인지는 결코 예견할 수 없기 때문에 이러한 종류의 규칙을 설정하기는 불가능하며, 또한 이것이 진리이다. 미술가는 일단 옳다는 생각이 들면 전혀 조화되지 않는 것까지 시도하기를 원할지 모른다. 하나의 그림이나 조각이 어떻게 되어 있어야 제대로 된 것인지 말해 줄 수 있는 규칙이 없기 때문에 우리가 어떤 작품을 걸작이라고 느끼더라도 그 이유를 정확한 말로 표현한다는 것은 거의 불가능하다. 그러나 그렇다고 어느 작품이나 다 마찬가지라거나, 사람들이 취미에 대해 논할 수 없다는 뜻은 아니다. 만일 그러한 논의가 별 의미가 없는 것이라 하더라도 그러한 논의들은 우리에게 그림을 더 보도록 만들고, 우리가 그림을 더 많이 볼수록 전에는 발견하지 못했던 점들을 깨달을 수 있게 된다. 그림을 보면서 각 시대의 미술가들이 이룩하려 했던 조화에 대한 감각을 발전시키고, 이러한 조화들에 의해 우리의 느낌이 풍부해질수록 우리는 더욱 그림 감상을 즐기게 될 것이다. 취미에 관한 문제는 논의의 여지가 없다는 오래된 경구는 진실이겠지만, 이로 인해 '취미는 개발될 수 있다'는 사실이 숨겨져서는 안 된다. 예컨대 ㉠ 차를 마셔 버릇하지 않은 사람들은 여러 가지 차를 혼합해서 만드는 차와 다른 종류의 차가 똑같은 맛을 낸다고 느낄지 모른다. 그러나 만일 그들이 여가(餘暇)와 기회가 있어 그러한 맛의 차이를 찾아내려 한다면 그들은 자기가 좋아하는 혼합된 차의 종류를 정확하게 식별해 낼 수 있는 진정한 감식가가 될 수 있을 것이다. 분명히 미술 작품에 대한 취미는 음식이나 술에 대한 취미보다 매우 복잡하다. 그것은 여러 가지 미묘한 풍미(風味)를 발견하는 문제일 뿐 아니라 훨씬 진지하고 중요한 것이다. 요컨대 위대한 미술가들은 작품에 그들의 모든 것을 바치고 그 작품들로 인해 고통을 받고 그들 작품에 심혈을 기울였으므로, 그들은 우리에게 최소한 그들이 원하는 방식으로 미술 작품을 이해하도록 우리가 노력해야 한다고 요구할 권리가 있다.

① 미술에 대해 편견을 갖고 있는 사람
② 미술 작품을 소장하고 있지 않은 사람
③ 미술 작품을 자주 접할 기회가 없는 사람
④ 그림을 그리는 방법을 잘 알지 못하는 사람
⑤ 미술 작품 감상을 시간 낭비라고 생각하는 사람

Hard

19 다음 글을 읽고 밑줄 친 ㉠과 같은 현상이 나타나게 된 이유를 추론해 볼 때, 적절하지 않은 것은?

> 고려와 조선은 국가적으로 금속화폐의 통용을 추진한 적이 있다. 화폐 주조권을 장악하여 세금을 효과적으로 징수하고 효율적으로 저장하려는 것이 그 목적이었다. 그러나 물품화폐에 익숙한 농민들은 금속화폐를 불편하게 여겼으므로 금속화폐의 유통 범위는 한정되고 끝내는 삼베를 비롯한 물품화폐에 압도당하고 말았다. ㉠ 조선 태종 때와 세종 때에도 동전의 유통을 시도하였지만 실패하였다. 조선 전기 은화(銀貨)는 서울을 중심으로 유통되었는데, 주로 왕실과 관청, 지배층과 상인, 역관(譯官) 등이 이용한 '돈'이었다. 그러나 은화(銀貨)는 고액 화폐였다. 그 때문에 서민의 경제생활에서는 여전히 무명 옷감이 화폐의 기능을 담당하였다.
> 그러한 가운데서도 농업생산력의 발전과 인구의 증가, 17세기 이후 지방시장의 성장은 금속화폐 통용을 위한 여건이 마련되었음을 뜻하였다. 17세기 전반 이미 개성에서는 모든 거래가 동전으로 이루어지고 있었다. 이러한 여건 아래에서 1678년(숙종 4년)부터 강력한 통용책이 추진되면서 금속화폐가 널리 보급될 수 있었다. 동전인 상평통보 1개는 1푼(分)이었다. 10푼이 1전(錢), 10전이 1냥(兩), 10냥이 1관(貫)이다. 대원군이 집권할 때 주조된 당백전(當百錢)과 1883년 주조된 당오전(當五錢)은 1개가 각각 100푼과 5푼의 가치를 가지는 동전이었다. 동전 주조가 늘면서 그 유통 범위가 경기, 충청지방으로부터 점차 확산되어 18세기 초에는 전국에 미칠 정도였다. 동전을 시전(市廛)에 무이자로 대출하고, 관리의 녹봉을 동전으로 지급하고, 일부 세금을 동전으로 거두어들이는 등의 국가 정책도 동전의 통용을 촉진하였다. 화폐경제의 성장은 상업적 동기를 촉진시키고 경제생활, 나아가 사회생활에 변화를 주었다.
> 이러한 가운데 일부 위정자들은 화폐경제로 인한 부작용을 우려했는데 특히 농촌 고리대금업(高利貸金業)의 성행을 가장 심각한 문제로 생각했다. 그래서 동전의 폐지를 주장하는 이도 있었다. 1724년 등극한 영조는 이 주장을 받아들여 동전 주조를 정지하였다. 그런데 당시에 동전은 이미 일상생활로 퍼졌기 때문에 동전의 수요에 비해 공급이 부족한 현상이 일어나 동전주조의 정지는 화폐 유통질서와 상품경제에 타격을 가하였다. 돈이 매우 귀하여 농민과 상인의 교역에 불편을 가져다준 것이다. 또한, 소수의 부유한 상인이 동전을 집중적으로 소유하여 고리대금업(高利貸金業) 활동을 강화함에 따라서 오히려 농민 몰락이 조장되었다. 결국 영조 7년 이후 동전은 다시 주조되기 시작했다.

① 화폐가 통용될 시장이 발달하지 않았다.
② 화폐가 주로 일부계층 위주로 통용되었다.
③ 백성들이 화폐보다 물품화폐를 선호하였다.
④ 국가가 화폐수요량에 맞추어 원활하게 공급하지 못했다.
⑤ 화폐가 필요할 만큼 농업생산력이 발전하지 못했다.

20 다음 글을 읽고 (가)와 (나)의 관계와 가장 유사한 관계를 지니고 있는 것을 고르면?

> 과학과 미술은 본질적으로 인간이 주위 사물이나 세계를 인식하는 방식이라는 점에서는 공통적이지만, 그 영역이 달라 서로 전혀 다른 차원에서 행해진다는 차이점을 지닌다. 다시 말해 이 둘은 서로 모순되거나 상대를 방해할 수 있는 관계에 놓여 있지 않다. 따라서 (가) 과학의 개념적 해석은 (나) 미술의 직관적 해석을 배제하지 않는다. 각자는 자체의 시각, 이를테면 자체의 굴절 각도를 지니고 있다. 그러나 그렇다고 해서 이 둘은 엄격히 분리되어서 상호 간에 전연 영향을 끼칠 수 없는 것일까? 과학과 미술이 각각 의지하고 있는 사물의 개념적 · 추상적 이해와 직관적 · 구체적 파악은 밀접하게 연관되어 있는 인간의 인식 작용의 두 측면이다. 따라서 우리는 이 둘이 밀접하게 연관되면서도 독립적인 영역을 갖고 서로 방해하지 않기 때문에 오히려 서로 영향을 끼칠 수 있다고 본다. 또한 더 나아가 상호보완적으로 작용함으로써 인간의 인식을 더욱 풍요롭고 충실하게 한다고 생각할 수 있다. 실제로 우리가 서양 회화를 고찰의 대상으로 삼고 과학에 대한 미술의 관련성을 추적해 볼 때 이러한 가정은 사실로 확인된다.

① 언어의 순화는 곧 그것을 사용하는 사람의 의식의 정화로 이어지고, 이것은 또다시 언어의 순화로 이행되며, 이는 한층 강화된 의식의 정화로 나타나게 된다.

② 서양의 사상이 자연을 정복과 투쟁의 대상으로 보고 있는 데 비하여, 동양의 사상은 자연을 함께 공존해야 할 존재, 서로 조화를 이루어야 할 존재로 보고 있다.

③ 법이 강제에 의해서 우리의 행위를 규제한다면 관습은 양심을 통해 우리의 행동을 규제한다. 이 둘에 의해서 우리는 자신의 행동을 보다 바람직한 방향으로 이끌어나갈 수가 있는 것이다.

④ 흔히 물질적 풍요와 행복을 동일시하는 착각에 빠지기 쉬우나 물질적 풍요가 행복을 보장하는 것은 아니다. 단지, 그것은 행복을 위한 여러 가지 요건 중의 하나일 뿐이다.

⑤ 고대 중국인들은 음을 여성적인 요소로, 양을 남성적인 요소로 간주하고 모든 환경에 빗대어 해석했다.

02 논리판단

※ 제시된 명제가 모두 참일 때, 항상 참인 것을 고르시오. [1~2]

01

> • 커피를 좋아하는 사람은 홍차를 좋아한다.
> • 우유를 좋아하는 사람은 홍차를 좋아하지 않는다.
> • 우유를 좋아하지 않는 사람은 콜라를 좋아한다.

① 커피를 좋아하는 사람은 콜라를 좋아하지 않는다.
② 우유를 좋아하는 사람은 콜라를 좋아한다.
③ 커피를 좋아하는 사람은 콜라를 좋아한다.
④ 우유를 좋아하지 않는 사람은 홍차를 좋아한다.
⑤ 콜라를 좋아하는 사람은 커피를 좋아하지 않는다.

PART 4

Easy

02

> • 지영이는 용주보다 손이 작다.
> • 승연이는 용주보다 손이 크다.
> • 규리는 승연이보다 손이 작다.

① 지영이가 손이 가장 작다.
② 승연이는 지영이보다 손이 작다.
③ 용주는 지영이보다 손이 작다.
④ 규리가 손이 가장 작다.
⑤ 손이 가장 작은 사람은 지영이와 규리 중 누구인지 알 수 없다.

03 제시된 명제가 모두 참일 때, 다음 빈칸에 들어갈 문장으로 가장 적절한 것은?

- 강아지를 좋아하는 사람은 자연을 좋아한다.
- 나무를 좋아하는 사람은 자연을 좋아한다.
- 그러므로 ______________________________

① 나무를 좋아하지 않는 사람은 강아지를 좋아한다.
② 자연을 좋아하는 사람은 강아지도 나무도 좋아한다.
③ 강아지를 좋아하는 사람은 나무를 좋아하지 않는다.
④ 나무를 좋아하지만 강아지를 좋아하지 않는 사람이 있다.
⑤ 자연을 좋아하지 않는 사람은 강아지도 나무도 좋아하지 않는다.

04 남학생 4명 A~D와 여학생 4명 W~Z가 있다. 어떤 시험을 본 뒤, 이 8명의 득점을 알아보았더니, 남녀 모두 1명씩 짝을 이루어 동점을 받았다. 다음 〈조건〉을 모두 만족할 때, 옳은 것은?

조건

- 여학생 X는 남학생 B 또는 C와 동점이다.
- 여학생 Y는 남학생 A 또는 B와 동점이다.
- 여학생 Z는 남학생 A 또는 C와 동점이다.
- 남학생 B는 여학생 W 또는 Y와 동점이다.

① 여학생 W는 남학생 C와 동점이다.
② 여학생 X는 남학생 B와 동점이다.
③ 여학생 Z와 남학생 C는 동점이다.
④ 여학생 Y는 남학생 A와 동점이다.
⑤ 남학생 D와 여학생 W는 동점이다.

Hard

05 마케팅팀에는 부장 A, 과장 B · C, 대리 D · E, 신입사원 F · G 총 일곱 명이 근무하고 있다. 마케팅팀 부장은 신입사원 입사 기념으로 팀원을 모두 데리고 영화관에 갔다. 영화를 보기 위해 주어진 〈조건〉에 따라 자리에 앉는다고 할 때, 옳은 것은?

조건

- 모두 일곱 자리가 일렬로 붙어 있는 곳에 앉는다.
- 일곱 자리 양옆에는 비상구가 있다.
- D와 F는 나란히 앉는다.
- A와 B 사이에는 한 명이 앉아 있다.
- G는 왼쪽에 사람이 앉아 있는 것을 싫어한다.
- C와 G 사이에는 한 명이 앉아 있다.

① E는 D와 F 사이에 앉는다.
② G와 가장 멀리 떨어진 자리에 앉는 사람은 D다.
③ D는 비상구와 붙어 있는 자리에 앉는다.
④ C 옆에는 A와 B가 앉는다.
⑤ 가운데 자리에는 항상 B가 앉는다.

PART 4

06 A~E 다섯 명을 포함한 여덟 명이 달리기 경기를 하였다. 〈조건〉이 다음과 같을 때, 옳은 것은?

조건

- A와 D는 연속으로 들어왔으나, C와 D는 연속으로 들어오지 않았다.
- A와 B 사이에 세 명이 있다.
- B는 일등도, 꼴찌도 아니다.
- E는 4등 또는 5등이고, D는 7등이다.
- 다섯 명을 제외한 세 명 중에 꼴찌는 없다.

① C가 3등이다.
② E가 C보다 일찍 들어왔다.
③ A가 C보다 늦게 들어왔다.
④ B가 E보다 늦게 들어왔다.
⑤ D가 E보다 일찍 들어왔다.

07 H사에서는 이번 주 월~금요일에 건강검진을 실시한다. 서로 요일이 겹치지 않도록 다음 〈조건〉에 따라 하루를 선택하여 건강검진을 받아야 할 때, 다음 중 반드시 참인 것은?

조건

- 이사원은 최사원보다 먼저 건강검진을 받는다.
- 김대리는 최사원보다 늦게 건강검진을 받는다.
- 박과장의 경우 금요일에는 회의로 인해 건강검진을 받을 수 없다.
- 이사원은 월요일 또는 화요일에 건강검진을 받는다.
- 홍대리는 수요일에 출장을 가므로 수요일 이전에 건강검진을 받아야 한다.
- 이사원은 홍대리보다는 늦게, 박과장보다는 빨리 건강검진을 받는다.

① 홍대리는 월요일에 건강검진을 받는다.
② 박과장은 수요일에 건강검진을 받는다.
③ 최사원은 목요일에 건강검진을 받는다.
④ 최사원은 박과장보다 빨리 건강검진을 받는다.
⑤ 박과장은 최사원보다 빨리 건강검진을 받는다.

08 H사의 건물이 8층이며 각 층에 있는 부서가 〈조건〉과 같을 때, 고객상담부의 위치는?

조건

- 건물 1층에는 로비가 있다.
- 행정지원부는 가장 높은 층에 있다.
- 징수부가 있는 층 바로 아래에는 자격부가 있다.
- 건강관리부가 있는 층 바로 위에는 장기요양부가 있다.
- 자격부는 고객상담부보다 높은 층에 있다.
- 보험급여부는 징수부보다 높은 층에 있다.
- 행정지원부에서 3개층 아래에는 보험급여부가 있다.

① 2층
② 3층
③ 4층
④ 5층
⑤ 6층

09 마케팅 부서의 직원 8명 A~H가 8인용 원탁에 앉아서 회의를 하려고 한다. 〈조건〉이 다음과 같을 때, 항상 참인 것은?

조건

- A는 B 옆에 앉지 않는다.
- B와 G는 마주보고 있다.
- D는 H 옆에 앉는다.
- E는 F와 마주 보고 있다.
- C는 E 옆에 앉는다.

① F 옆에는 항상 H가 있다.
② C와 D는 항상 마주 본다.
③ A의 오른쪽 옆에는 항상 C가 있다.
④ B와 E 사이에는 항상 누군가 앉아 있다.
⑤ 경우의 수는 총 네 가지이다.

PART 4

10 이웃해 있는 10개의 건물에 초밥가게, 옷가게, 신발가게, 편의점, 약국, 카페가 있다. 카페가 3번째 건물에 있을 때, 다음 〈조건〉을 보고 항상 참인 것을 고르면?(단, 한 건물에 한 가지 업종만 들어갈 수 있다)

조건

- 초밥가게는 카페보다 앞에 있다.
- 초밥가게와 신발가게 사이에 건물이 6개 있다.
- 옷가게와 편의점은 인접할 수 없으며, 옷가게와 신발가게는 인접해 있다.
- 신발가게 뒤에 아무것도 없는 건물이 2개 있다.
- 2번째와 4번째 건물은 아무것도 없는 건물이다.
- 편의점과 약국은 인접해 있다.

① 카페와 옷가게는 인접해 있다.
② 초밥가게와 약국 사이에 2개의 건물이 있다.
③ 편의점은 6번째 건물에 있다.
④ 신발가게는 8번째 건물에 있다.
⑤ 옷가게는 5번째 건물에 있다.

Hard

11 경수, 철민, 준석, 주희, 가영, 수미 6명이 근무 중인 극장은 일주일을 매일 오전과 오후 2회로 나누고, 각 근무시간에 2명의 직원을 근무시키고 있다. 직원은 1주에 4회 이상 근무를 해야 하며 7회 이상은 근무하지 못한다. 인사 담당자는 근무 계획을 작성할 때, 다음과 같은 〈조건〉을 충족시켜야 한다. 다음 중 항상 참인 것은?

조건

- 경수는 오전에 근무하지 않는다.
- 철민은 수요일에 근무한다.
- 준석은 수요일을 제외하고는 매일 1회 근무한다.
- 주희는 토요일과 일요일을 제외한 날의 오전에만 근무할 수 있다.
- 가영은 월요일부터 금요일까지는 근무하지 않는다.
- 수미가 근무하는 시간에는 준석이도 근무한다.

① 준석이는 평일에만 일한다.
② 수미는 월요일, 화요일, 목요일, 금요일 모두 오후에 일한다.
③ 준석이와 경수와 가영이는 주말에 근무를 한다.
④ 준석이와 수미는 4일 모두 오후 근무이다.
⑤ 주희는 기본 근무조건을 만족하지 못해서 일을 할 수 없다.

Easy

12 다음은 기현이가 체결한 A부터 G까지 7개 계약들의 체결 순서에 관한 〈조건〉이다. 기현이가 5번째로 체결한 계약은?

조건

- B와의 계약은 F와의 계약에 선행한다.
- G와의 계약은 D와의 계약보다 먼저 이루어졌는데, E와의 계약, F와의 계약보다는 나중에 이루어졌다.
- B와의 계약은 가장 먼저 맺어진 계약이 아니다.
- D와의 계약은 A와의 계약보다 먼저 이루어졌다.
- C와의 계약은 G와의 계약보다 나중에 이루어졌다.
- A와의 계약과 D와의 계약의 체결시간은 인접하지 않는다.

① A ② B
③ C ④ D
⑤ G

13 선아, 도현, 혜진, 상희, 정혜, 진수가 동시에 가위바위보를 해서 아이스크림 내기를 했다. 다음 〈조건〉을 보고 내기에서 이긴 사람을 모두 고르면?(단, 비긴 사람은 없다)

조건

- 여섯 사람이 낸 것이 모두 같거나, 가위 · 바위 · 보 3가지가 모두 포함되는 경우 비긴 것으로 하기로 했는데, 비긴 경우는 없었다.
- 선아는 가위를 내지 않았다.
- 도현이는 바위를 내지 않았다.
- 혜진이는 선아와 같은 것을 냈다.
- 상희는 정혜에게 졌다.
- 진수는 선아에게 이겼다.
- 도현이는 정혜에게 졌다.

① 선아, 혜진　　② 진수, 정혜
③ 도현, 상희　　④ 선아, 혜진, 도현
⑤ 진수, 도현, 상희

PART 4

14 A~E 5명이 응시한 기말고사에서 2명이 부정행위를 하였다. 부정행위를 한 2명은 거짓을 말하고 부정행위를 하지 않은 3명은 진실을 말할 때, 다음 〈조건〉을 보고 부정행위를 한 사람끼리 짝지은 것으로 옳은 것은?

조건

- A : D는 거짓말을 하고 있어.
- B : A는 부정행위를 하지 않았어.
- C : B가 부정행위를 했어.
- D : 나는 부정행위를 하지 않았어.
- E : C가 거짓말을 하고 있어.

① A, B　　② B, C
③ C, D　　④ C, E
⑤ D, E

15 H사에 입사한 신입사원 A~E 5명은 각각 2개 항목의 물품을 신청하였다. 5명의 신입사원 중 2명의 진술이 거짓일 때, 다음 중 신청 사원과 신청 물품이 바르게 연결된 것은?

신입사원이 신청한 항목은 4개이며, 항목별 신청 사원의 수는 다음과 같다.	
• 필기구 : 2명	• 의자 : 3명
• 복사용지 : 2명	• 사무용 전자제품 : 3명

- A : 나는 필기구를 신청하였고, E는 거짓말을 하고 있다.
- B : 나는 의자를 신청하지 않았고, D는 진실을 말하고 있다.
- C : 나는 의자를 신청하지 않았고, E는 진실을 말하고 있다.
- D : 나는 필기구와 사무용 전자제품을 신청하였다.
- E : 나는 복사용지를 신청하였고, B와 D는 거짓말을 하고 있다.

① A – 복사용지
② B – 사무용 전자제품
③ C – 필기구
④ D – 의자
⑤ E – 필기구

01 다음은 OECD 회원국의 고용률에 관한 자료이다. 이에 대한 설명으로 옳지 않은 것은?

〈OECD의 고용률 추이〉

(단위 : %)

구분	2020년	2021년	2022년	2023년				2024년	
				1분기	2분기	3분기	4분기	1분기	2분기
OECD 전체	64.9	65.1	66.2	66.8	66.1	66.3	66.5	66.8	66.9
미국	67.1	67.4	68.7	68.5	68.7	68.7	68.9	69.3	69.2
일본	70.6	71.7	73.3	73.1	73.2	73.4	73.7	74.1	74.2
영국	70.0	70.5	72.7	72.5	72.5	72.7	73.2	73.3	73.6
독일	73.0	73.5	74.0	74.0	73.8	74.0	74.2	74.4	74.5
프랑스	64.0	64.1	63.8	63.8	63.8	63.8	64.0	64.2	64.2
한국	64.2	64.4	65.7	65.7	65.6	65.8	65.9	65.9	65.9

① 2020년부터 2024년 2분기까지 프랑스와 한국의 고용률은 OECD 전체 고용률을 넘은 적이 한 번도 없었다.

② 2020년부터 영국의 고용률은 계속 증가하고 있다.

③ 2024년 1분기 6개 국가의 고용률 중 가장 높은 국가와 가장 낮은 국가의 고용률 차이는 10.2%p이다.

④ 2024년 1분기와 2분기에서 2개 국가 고용률이 변하지 않았다.

⑤ 2024년 2분기 OECD 전체 고용률은 작년 동분기 대비 약 1.21% 증가하였으며, 직전분기 대비 약 0.15% 증가하였다.

Hard

02 다음은 A국 전체 근로자의 회사 규모 및 근로자 직급별 출퇴근 소요시간 분포와 유연근무제도 유형별 활용률에 관한 자료이다. 이에 대한 설명으로 옳은 것은?

〈회사 규모 및 근로자 직급별 출퇴근 소요시간 분포〉

(단위 : %)

구분		30분 이하	30분 초과 60분 이하	60분 초과 90분 이하	90분 초과 120분 이하	120분 초과 150분 이하	150분 초과 180분 이하	180분 초과	합계
규모	중소기업	12.2	34.6	16.2	17.4	8.4	8.5	2.7	100.0
	중견기업	22.8	35.7	16.8	16.3	3.1	3.4	1.9	100.0
	대기업	21.0	37.7	15.3	15.6	4.7	4.3	1.4	100.0
직급	대리급 이하	20.5	37.4	15.4	13.8	5.0	5.3	2.6	100.0
	과장급	16.9	31.6	16.6	19.9	5.6	7.7	1.7	100.0
	차장급 이상	12.6	36.3	18.3	19.3	7.3	4.2	2.0	100.0

〈회사 규모 및 근로자 직급별 유연근무제도 유형별 활용률〉

(단위 : %)

구분		재택근무제	원격근무제	탄력근무제	시차출퇴근제
규모	중소기업	10.4	54.4	15.6	41.7
	중견기업	29.8	11.5	39.5	32.0
	대기업	8.6	23.5	19.9	27.0
직급	대리급 이하	0.7	32.0	23.6	29.0
	과장급	30.2	16.3	27.7	28.7
	차장급 이상	14.2	26.4	25.1	33.2

① 출퇴근 소요시간이 60분 이하인 근로자 수는 출퇴근 소요시간이 60분 초과인 근로자 수보다 모든 직급에서 많다.

② 출퇴근 소요시간이 90분 초과인 대리급 이하 근로자 비율은 탄력근무제를 활용하는 대리급 이하 근로자 비율보다 낮다.

③ 출퇴근 소요시간이 120분 이하인 과장급 근로자 중에는 원격근무제를 활용하는 근로자가 있다.

④ 원격근무제를 활용하는 중소기업 근로자 수는 탄력근무제와 시차출퇴근제 중 하나 이상을 활용하는 중소기업 근로자 수보다 적다.

⑤ 출퇴근 소요시간이 60분 이하인 차장급 이상 근로자 수는 원격근무제와 탄력근무제 중 하나 이상을 활용하는 차장급 이상 근로자 수보다 적다.

03 다음은 지역별 음악 산업 수출 · 수입액 현황에 관한 자료이다. 이에 대한 설명으로 옳지 않은 것은?

〈지역별 음악 산업 수출액 현황〉

(단위 : 천 달러, %)

구분	2021년	2022년	2023년	전년 대비 증감률
중국	10,186	52,798	89,761	70.0
일본	221,379	235,481	242,370	2.9
동남아	38,166	39,548	40,557	2.6
북미	1,024	1,058	1,085	2.6
유럽	4,827	4,778	4,976	4.1
기타	1,386	1,987	2,274	14.4
합계	277,328	335,650	381,023	13.5

〈지역별 음악 산업 수입액 현황〉

(단위 : 천 달러, %)

구분	2021년	2022년	2023년	전년 대비 증감률
중국	103	112	129	15.2
일본	2,650	2,598	2,761	6.3
동남아	63	65	67	3.1
북미	2,619	2,604	2,786	7.0
유럽	7,201	7,211	7,316	1.5
기타	325	306	338	10.5
합계	12,961	12,896	13,397	3.9

① 중국시장의 2022년 대비 2023년의 음악 산업 수출액의 증가율은 다른 지역보다 현저히 높았으며, 수입액의 증가율 또한 다른 지역보다 높았다.

② 2022년에는 기타 지역 포함 세 개의 지역의 수입액이 전년보다 감소했으며, 전체 수입액 또한 전년보다 감소하였다.

③ 일본의 2021년 대비 2023년 음악 산업 수출액의 증가율은 수입액의 증가율보다 작다.

④ 조사기간 중 매해 동남아의 음악 산업의 수출액은 수입액의 600배를 넘었다.

⑤ 2023년 전체 음악 산업 수입액 중 북미와 유럽의 음악 산업 수입액이 차지하는 비중은 70% 이상이다.

Hard

04 다음은 도로별 평균 교통량에 관한 자료이다. 이에 대한 설명으로 옳지 않은 것은?

〈고속도로의 평균 교통량〉

(단위 : 대/일)

구분	2019년	2020년	2021년	2022년	2023년
승용차	28,864	31,640	32,593	33,605	35,312
버스	1,683	1,687	1,586	1,594	1,575
화물차	13,142	11,909	12,224	13,306	13,211
합계	43,689	45,236	46,403	48,505	50,098

〈일반국도의 평균 교통량〉

(단위 : 대/일)

구분	2019년	2020년	2021년	2022년	2023년
승용차	7,951	8,470	8,660	8,988	9,366
버스	280	278	270	264	256
화물차	2,945	2,723	2,657	2,739	2,757
합계	11,176	11,471	11,587	11,991	12,399

〈국가지원지방도의 평균 교통량〉

(단위 : 대/일)

구분	2019년	2020년	2021년	2022년	2023년
승용차	5,169	5,225	5,214	5,421	5,803
버스	230	219	226	231	240
화물차	2,054	2,126	2,059	2,176	2,306
합계	7,453	7,570	7,499	7,828	8,349

① 조사기간 중 고속도로의 평균 승용차 교통량은 일반국도와 국가지원지방도의 평균 승용차 교통량의 합보다 항상 많았다.

② 일반국도의 평균 화물차 교통량은 2021년까지 감소하다가 2022년부터 다시 증가하고 있다.

③ 2020~2023년 중 국가지원지방도의 평균 버스 교통량 중 전년 대비 증감률이 가장 큰 연도는 2023년이다.

④ 조사기간 중 고속도로와 일반국도의 평균 버스 교통량의 증감 추이는 같다.

⑤ 2023년 고속도로의 평균 화물차 교통량은 2023년 일반국도와 국가지원지방도의 평균 화물차 교통량의 합의 2.5배 이상이다.

05 다음은 어느 나라의 국내 여행객 수에 관한 자료이다. 이에 대한 설명으로 옳은 것은?

〈2018년 관광객 유동 수〉

(단위 : 천 명)

출신지＼여행지	동부지역	남부지역	서부지역	북부지역	합계
동부지역	550	80	250	300	1,180
남부지역	200	400	510	200	1,310
서부지역	390	300	830	180	1,700
북부지역	80	200	80	420	780
합계	1,220	980	1,670	1,100	4,970

〈2023년 관광객 유동 수〉

(단위 : 천 명)

출신지＼여행지	동부지역	남부지역	서부지역	북부지역	합계
동부지역	500	200	400	200	1,300
남부지역	200	300	500	300	1,300
서부지역	400	400	800	200	1,800
북부지역	100	300	100	300	800
합계	1,200	1,200	1,800	1,000	5,200

① 5년 사이에 전체적으로 관광업이 성장하였고, 지역별로도 모든 지역에서 관광객이 증가하였다.

② 모든 관광객이 동일한 지출을 한다고 가정했을 때, 2018년에 관광수지가 적자인 곳은 2곳이었지만, 2023년에는 1곳이다.

③ 자기 지역 내 관광이 차지하는 비중은 2018년에 비해 2023년에 증가하였다.

④ 남부지역을 관광한 사람들 중에서 서부지역 출신이 차지하는 비중은 5년 사이에 증가하였다.

⑤ 2023년에 동부지역 출신이 자기 지역을 관광하는 비율이 2018년에 서부지역 출신이 자기 지역을 관광하는 비율보다 높다.

PART 4

06 다음은 주거실태조사에 관한 자료이다. 이에 대한 설명 중 옳은 것을 모두 고르면?

〈표 1〉 지역별 자가점유율

(단위 : %)

구분	2013년	2015년	2017년	2019년	2021년	2023년
전국	55.6	56.4	54.3	53.8	53.6	56.8
수도권	50.2	50.7	46.6	45.7	45.9	48.9
광역시	54.8	57.4	56.6	56.3	56.5	59.9
도지역	63.8	64	64.2	64.3	63.8	66.7

〈표 2〉 소득계층별 자가점유율

(단위 : %)

구분	2013년	2015년	2017년	2019년	2021년	2023년
저소득층	49.7	51.9	46.9	50.4	47.5	46.2
중소득층	55.3	54.7	54	51.8	52.2	59.4
고소득층	67	69.4	69.5	64.6	69.5	73.6

〈표 3〉 지역별 자가보유율

(단위 : %)

구분	2013년	2015년	2017년	2019년	2021년	2023년
전국	61	60.9	60.3	58.4	58	59.9
수도권	56.8	56.6	54.6	52.3	51.4	52.7
광역시	59.3	60.3	61.2	59	59.9	63.1
도지역	68.1	67.7	68.3	67.2	66.8	68.9

〈표 4〉 소득계층별 자가보유율

(단위 : %)

구분	2013년	2015년	2017년	2019년	2021년	2023년
저소득층	52.6	54.2	49.4	52.9	50	48.5
중소득층	61	59.4	60.8	56.8	56.4	62.2
고소득층	76.8	78.1	80.8	72.8	77.7	79.3

〈표 5〉 전월세 비율

(단위 : %)

구분	2013년		2015년		2017년		2019년		2021년		2023년		합계
	전세	월세	전세	월세	전세	월세	전세	월세	전세	월세	월세	기타	
전국	54.2	45.8	55	45	50.3	49.7	49.5	50.5	45	55	39.5	60.5	100
수도권	62.1	37.9	62.7	37.3	57.1	42.9	55.9	44.1	53.9	46.1	46.7	53.3	100
광역시	50.5	49.5	49.9	50.1	44.3	55.7	43.9	56.1	37.7	62.3	31.8	68.2	100
도지역	39.8	60.2	42.5	57.5	38.7	61.3	38	62	28.7	71.3	27.8	72.2	100

※ 월세에는 보증금 있는 월세, 보증금 없는 월세, 사글세, 연세, 일세를 포함함

㉠ 지역별 자가점유율은 도지역, 항상 광역시, 수도권 순으로 높게 나타나며, 전국 자가점유율은 2017년부터 점차 감소하다 2023년에 다시 증가하였다.

㉡ 2023년 소득계층별 자가점유율에서 저소득층과 중소득층의 자가점유율의 차는 중소득층과 고소득층의 자가점유율의 차보다 높은 것으로 나타났다.

㉢ 2013년에 대비 2023년 수도권의 자가점유율은 1.3%p 감소하였으나 2013년 대비 2023년 광역시의 자가점유율은 5.1%p 증가하였다.

㉣ 2021년과 비교하여 2023년에는 중소득층 · 고소득층의 경우 자가보유율이 증가하였으나 저소득층의 경우에는 자가보유율이 감소하였다.

㉤ 2013년 이후 수도권, 광역시, 도지역 모두 전세의 비율이 꾸준히 감소하며 월세의 비율은 점차 증가한다.

① ㉡, ㉢
② ㉠, ㉡, ㉢
③ ㉠, ㉣, ㉤
④ ㉡, ㉣, ㉤
⑤ ㉠, ㉢, ㉣

PART 4

Easy

07 다음은 지방자치단체 여성공무원 현황에 관한 자료이다. 이에 대한 설명으로 옳지 않은 것은?

〈지방자치단체 여성공무원 현황〉

(단위 : 명, %)

구분	2019년	2020년	2021년	2022년	2023년	2024년
전체 공무원	266,176	272,584	275,484	275,231	278,303	279,636
여성공무원	70,568	75,608	78,855	80,666	82,178	83,282
여성공무원 비율	26.5	27.7	(가)	29.3	29.5	29.8

① 2019년 이후 여성공무원 수는 꾸준히 증가하고 있다.
② (가)에 들어갈 비율은 35% 이상이다.
③ 2024년도에 남성공무원이 차지하는 비율은 70% 이상이다.
④ 2024년 여성공무원의 비율은 2019년과 비교했을 때, 3.3%p 증가했다.
⑤ 2023년 남성공무원은 196,125명이다.

08 다음은 우편 매출액에 관한 자료이다. 이에 대한 해석으로 옳지 않은 것은?

〈우편 매출액〉

(단위 : 만 원)

구분	2020년	2021년	2022년	2023년	2024년				
					소계	1분기	2분기	3분기	4분기
일반통상	11,373	11,152	10,793	11,107	10,899	2,665	2,581	2,641	3,012
특수통상	5,418	5,766	6,081	6,023	5,946	1,406	1,556	1,461	1,523
소포우편	3,390	3,869	4,254	4,592	5,017	1,283	1,070	1,292	1,372
합계	20,181	20,787	21,128	21,722	21,862	5,354	5,207	5,394	5,907

① 매년 매출액이 가장 높은 분야는 일반통상 분야이다.
② 1년 집계를 기준으로 매년 매출액이 꾸준히 증가하고 있는 분야는 소포우편 분야뿐이다.
③ 2024년 1분기 특수통상 분야의 매출액이 차지하고 있는 비율은 20% 이상이다.
④ 2024년 소포우편 분야의 2020년 대비 매출액 증가율은 70% 이상이다.
⑤ 2023년에는 일반통상 분야의 매출액이 전체의 50% 이상을 차지하고 있다.

09 다음은 연령별 남녀 유권자 수 및 투표율 현황을 지역별로 조사한 자료이다. 이에 대한 설명으로 옳은 것은?(단, 비율은 소수점 둘째 자리에서 반올림한다)

〈연령별 남녀 유권자 수 및 투표율 현황〉

(단위 : 천 명)

구분 지역	구분 성별	10대	20대	30대	40대	50대 이상	합계
서울	남성	28(88%)	292(72%)	442(88%)	502(94%)	481(88%)	1,745
	여성	22(75%)	300(78%)	428(82%)	511(96%)	502(93%)	1,763
경기	남성	24(78%)	271(69%)	402(92%)	448(79%)	482(78%)	1,627
	여성	21(82%)	280(88%)	448(95%)	492(85%)	499(82%)	1,740
인천	남성	23(84%)	302(92%)	392(70%)	488(82%)	318(64%)	1,523
	여성	20(78%)	288(88%)	421(86%)	511(98%)	302(58%)	1,542
충청	남성	12(82%)	182(78%)	322(78%)	323(83%)	588(92%)	1,427
	여성	15(92%)	201(93%)	319(82%)	289(72%)	628(98%)	1,452
전라	남성	11(68%)	208(94%)	221(68%)	310(76%)	602(88%)	1,352
	여성	10(72%)	177(88%)	284(92%)	321(84%)	578(76%)	1,370
경상	남성	8(71%)	158(76%)	231(87%)	277(88%)	602(91%)	1,276
	여성	9(73%)	182(83%)	241(91%)	269(83%)	572(82%)	1,273
제주	남성	4(76%)	102(88%)	118(69%)	182(98%)	201(85%)	607
	여성	3(88%)	121(94%)	120(72%)	177(95%)	187(79%)	608
합계		210	3,064	4,389	5,100	6,542	19,305

※ 투표율은 해당 유권자 중 투표자의 비율임

① 남성 유권자 수가 다섯 번째로 많은 지역의 20대 투표자 수는 35만 명 이하이다.
② 지역 유권자가 가장 적은 지역의 유권자 수는 전체 지역 유권자 수에서 6% 미만을 차지한다.
③ 20대 여성 투표율이 두 번째로 높은 지역의 20대 여성 유권자 수는 20대 남성 유권자 수의 1.2배 이상이다.
④ 전 지역의 50대 이상 유권자 수가 모든 연령대의 유권자 수에서 차지하는 비율은 30% 이상 35% 미만이다.
⑤ 인천의 여성 투표율이 세 번째로 높은 연령대와 같은 연령대의 경상지역 투표자 수는 남성이 여성보다 많다.

PART 4

10 국토교통부는 자동차의 공회전 발생률과 공회전 시 연료소모량이 적은 차량 운전자에게 현금처럼 쓸 수 있는 탄소포인트를 제공하는 정책을 구상하고 있다. 국토교통부는 동일 차량 운전자 A~E 다섯 명을 대상으로 이 정책을 시범 시행하였다. 다음 표를 근거로 할 때, 공회전 발생률과 공회전 시 연료소모량에 따라 운전자 A~E가 받을 수 있는 탄소포인트의 총합이 큰 순서대로 나열된 것은?(단, 주어진 표 이외의 다른 조건은 고려하지 않는다)

〈표 1〉 차량 시험 시행 결과

구분	A	B	C	D	E
주행시간(분)	200	30	50	25	50
총 공회전시간(분)	20	15	10	5	25

〈표 2〉 공회전 발생률에 대한 탄소포인트

구분	19% 이하	20~39%	40~59%	60~79%	80% 이상
탄소포인트(P)	100	80	50	20	10

〈표 3〉 공회전 시 연료소모량에 대한 구간별 탄소포인트

구분	99cc 이하	100~199cc	200~299cc	300~399cc	400cc 이상
탄소포인트(P)	100	75	50	25	0

※ [공회전 발생률(%)] $= \frac{[\text{총 공회전시간(분)}]}{[\text{주행시간(분)}]} \times 100$

※ [공회전 시 연료소모량(cc)] = [총공회전시간(분)] × 20

① D>C>A>B>E
② D>C>A>E>B
③ D>A>C>B>E
④ A>D>B>E>C
⑤ A>C>D>B>E

11 다음은 4개의 도시 A~D시의 인구, 도로연장 및 인구 1,000명당 자동차 대수를 나타낸 것이다. D시의 도로 1km당 자동차 대수는?

〈도시별 인구, 도로연장 및 자동차 대수〉

구분	인구(만 명)	도로연장(km)	1,000명당 자동차 대수(대)
A시	108	198	205
B시	75	148	130
C시	53	315	410
D시	40	103	350

① 약 1,039대
② 약 1,163대
③ 약 1,294대
④ 약 1,360대
⑤ 약 1,462대

PART 4

12 다음 표는 행정업무용 물품의 조달단가와 구매 효용성을 나타낸 것이다. 20억 원 이하로 구매 예산을 집행한다고 할 때, 정량적 기대효과 총합의 최댓값은?

〈물품별 조달단가와 구매 효용성〉

(단위 : 억 원)

구분	A	B	C	D	E	F	G	H
조달단가	3	4	5	6	7	8	10	16
구매 효용성	1	0.5	1.8	2.5	1	1.75	1.9	2

※ (구매효용성)=(정량적 기대효과)÷(조달단가)
※ 각 물품은 구매하지 않거나, 1개씩만 구매 가능함

① 35
② 36
③ 37
④ 38
⑤ 39

※ 다음은 N스크린(스마트폰, VOD, PC)의 영향력을 파악하기 위한 방송사별 통합시청점유율과 기존 시청점유율에 관한 자료이다. 이어지는 질문에 답하시오. **[13~14]**

〈방송사별 통합시청점유율〉

(단위 : %)

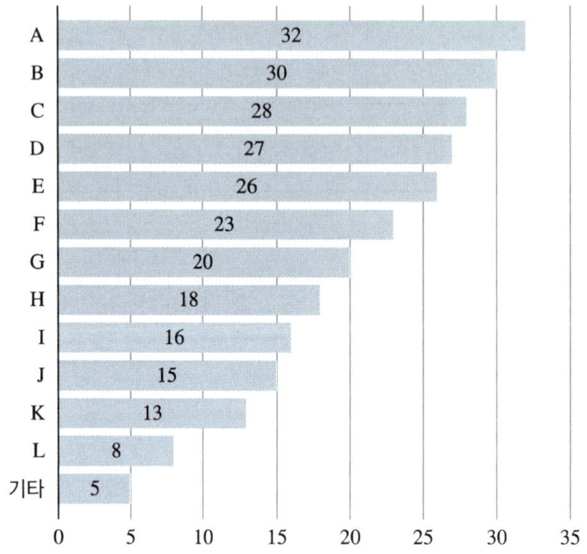

〈방송사별 기존시청점유율〉

(단위 : %)

방송사	A	B	C	D	E	F	G	H	I	J	K	L	기타
기존시청점유율	15.0	16.0	7.5	20.0	10.0	10.5	14.0	10.0	9.5	5.5	5.0	1.5	1.8

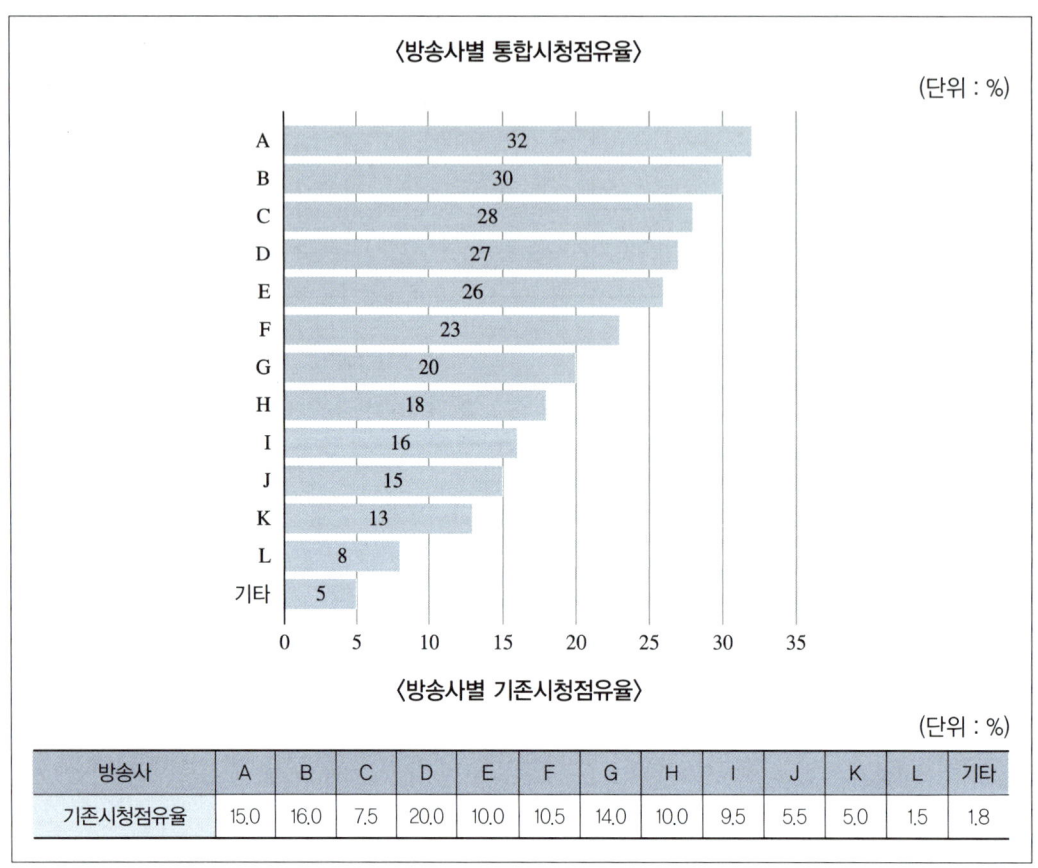

13 다음 중 방송사별 시청점유율에 대한 설명으로 옳지 않은 것은?

① 기존시청점유율이 가장 높은 방송사는 D이다.

② 기존시청점유율이 다섯 번째로 높은 방송사는 F이다.

③ 통합시청점유율 순위와 기존시청점유율 순위가 같은 방송사는 B, J, K이다.

④ 기타를 제외한 통합시청점유율과 기존시청점유율의 차이가 가장 큰 방송사는 A이다.

⑤ 기타를 제외한 통합시청점유율과 기존시청점유율의 차이가 가장 작은 방송사는 G이다.

14 다음은 N스크린 영향력의 범위에 관한 그래프이다. (가)~(마)의 범위에 포함될 방송국을 바르게 짝지은 것은?(단, 소수점 둘째 자리에서 반올림한다)

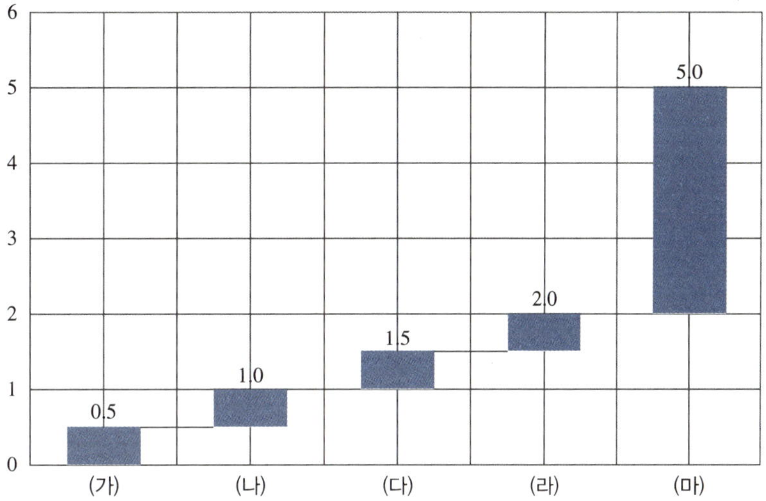

※ (N스크린 영향력)=[(통합시청점유율)−(기존시청점유율)]÷(기존시청점유율)

① (가)=A
② (나)=C
③ (다)=F
④ (라)=H
⑤ (마)=K

15 다음은 5개국의 1인당 GDP, 경제 성장률, 수출 · 수입, 총인구에 관련된 자료이다. 다음 중 옳지 않은 것은?

〈주요 5개국의 경제, 사회 지표〉

구분	1인당 GDP($)	경제성장률(%)	수출(100만$)	수입(100만$)	총인구(백만 명)
A국	27,214	2.6	526,757	436,499	50.6
B국	32,477	0.5	624,787	648,315	126.6
C국	55,837	2.4	1,504,580	2,315,300	321.8
D국	25,832	3.2	277,423	304,315	46.1
E국	56,328	2.3	188,445	208,414	24.0

① 경제성장률이 가장 큰 나라가 총 GDP는 가장 작다.
② 총 GDP가 가장 큰 나라의 GDP는 가장 작은 나라의 GDP보다 10배 이상 더 크다.
③ 5개국 중 수출과 수입에 있어서 규모에 따라 나열한 순위는 서로 일치한다.
④ A국이 E국보다 총 GDP가 더 크다.
⑤ 1인당 GDP에 따른 순위와 총 GDP에 따른 순위는 서로 일치한다.

Hard

16 주어진 도표를 이용해 빈칸을 완성한 후 ㉠－㉡＋㉢×㉣의 값을 구하면?

〈총 혼인 건수 및 조혼인율〉

구분	2015년	2016년	2017년	2018년	2019년	2020년	2021년	2022년	2023년
총 혼인 건수(천 건)	343.6	327.7	309.8	326.1	329.1	327.1	322.8	305.5	302.8
조혼인율(인구 1천 명당 건)	7	6.6	6.2	6.5	6.6	6.5	6.4	6	5.9

※ $(\text{조혼인율})=\frac{(\text{총 혼인 건수})}{(\text{연앙인구})}\times 1{,}000$

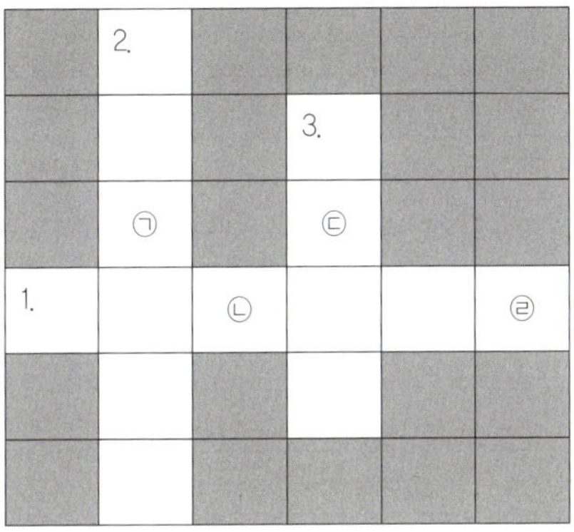

〈가로〉

1. 2015~2023년 평균 혼인 건수는?(단, 소수점 첫째 자리에서 버림한다)

〈세로〉

2. 2023년 연앙인구는 약 ○○○,○○○백 명이다. ○에 들어갈 값은?(단, 십의 자리에서 반올림한다)
3. (혼인 건수가 가장 많은 해와 가장 적은 해의 합)÷100은?

① 10
② 9
③ 8
④ 7
⑤ 6

17 주어진 자료를 이용해 빈칸을 완성한 후 (A+B)÷C+D의 값을 구하면?

〈2023년 월별 원유 매입 현황〉

(단위 : 천 Bbl, 천 $, $)

구분	물량(a)	금액(b)	단가(b/a)
2023년 1월 1일 (기초재고)	25,146	1,793,413	71.32
2023년 1월	75,611	5,516,579	72.96
2월	68,962	5,082,499	73.7
3월	74,904	5,536,904	73.92
4월	65,544	4,922,354	75.1
5월	66,845	5,038,776	75.38
6월	75,145	5,677,956	75.56
7월	67,609	5,110,564	75.59
8월	76,641	5,848,475	76.31
9월	70,211	5,563,520	79.24
10월	76,078	6,131,126	80.59
11월	77,200	6,250,112	80.96
12월	77,666	6,603,940	85.03
합계	897,562	69,076,218	76.96

1. A	2.		
	B		
3.	C		D

〈가로〉

1. 원유 금액이 4번째로 높았던 달과 그 다음 달 원유 물량의 차는?

3. 2023년 원유 단가의 평균에 100을 곱한 값은?

〈세로〉

2. 기초재고를 제외하고 단가가 가장 저렴한 달의 원유 물량과 6월 원유 물량의 차는?

① 2 ② 8

③ 16 ④ 18

⑤ 20

Hard

18 주어진 도표를 이용해 빈칸을 완성한 후 (㉠＋㉡)×㉢의 값을 구하면?(단, 소수점 첫째 자리에서 반올림한다)

〈장기 등 이식대기자 추이(장기 종류별)〉

(단위 : 명)

구분	2015년	2016년	2017년	2018년	2019년	2020년	2021년	2022년	2023년
신장	6,695	7,641	8,488	9,622	10,964	12,463	14,181	14,477	16,011
간장	2,108	2,596	3,501	4,279	4,895	5,671	6,334	4,422	4,774
췌장	257	314	373	435	532	603	715	766	890
심장	99	127	138	202	257	343	433	342	400
폐	28	31	20	39	88	123	194	99	120
췌도	0	4	4	6	18	23	23	25	28
소장	1	2	8	12	10	17	21	20	18
골수	3,168	3,073	3,426	2,390	3,746	1,941	2,448	2,761	3,323
안구	3,542	3,630	1,097	1,204	1,351	1,511	1,687	1,695	1,880
합계	15,898	17,418	17,055	18,189	21,861	22,695	26,036	24,607	27,444

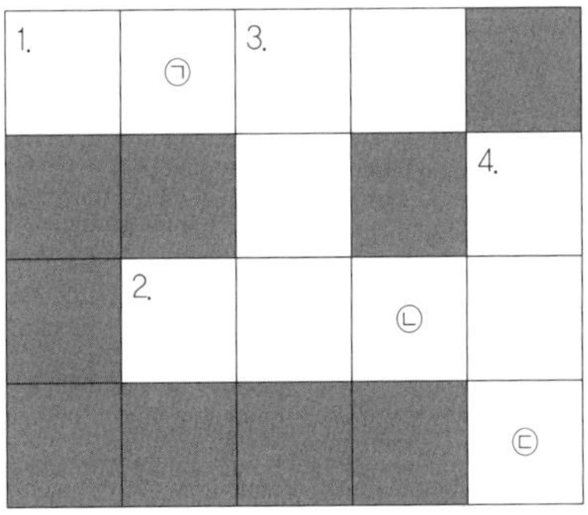

〈가로〉

1. 조사기간 중 전체 이식대기자의 수가 세 번째로 많은 해의 골수 이식대기자 수는?
2. 2023년 신장 이식대기자의 전년 대비 증가폭과 2023년 소장 이식대기자의 전년 대비 감소폭의 곱은?

〈세로〉

3. 2016년 대비 2023년의 췌도 이식대기자의 증가율(%)은?
4. 2023년 이식대기자의 수가 네 번째로 작은 장기의 2022년 대비 2023년 이식대기자 수의 증감률(%)과, 2016년 대비 2017년 이식대기자 수의 감소폭이 가장 큰 장기의 2022년 대비 2023년의 이식대기자 수의 증감률(%)을 곱하면?

① 79　② 83　③ 87　④ 91　⑤ 95

19 주어진 도표를 이용해 빈칸을 완성한 후 빈칸의 숫자를 모두 더하면?(단, 소수점 첫째 자리에서 반올림한다)

〈아동 안전사고 사망자 유형별 현황〉

(단위 : 명)

구분	2014년	2015년	2016년	2017년	2018년	2019년	2020년	2021년	2022년	2023년
교통	316	259	214	201	194	137	131	121	80	103
익사	78	78	78	62	44	50	53	41	36	28
추락	58	58	50	40	42	37	36	37	31	28
화재	42	7	19	10	15	15	14	15	5	10
중독	5	4	2	5	3	1	1	2	2	0
기타	143	132	145	125	89	82	91	71	61	56
합계	642	538	508	443	387	322	326	287	215	225

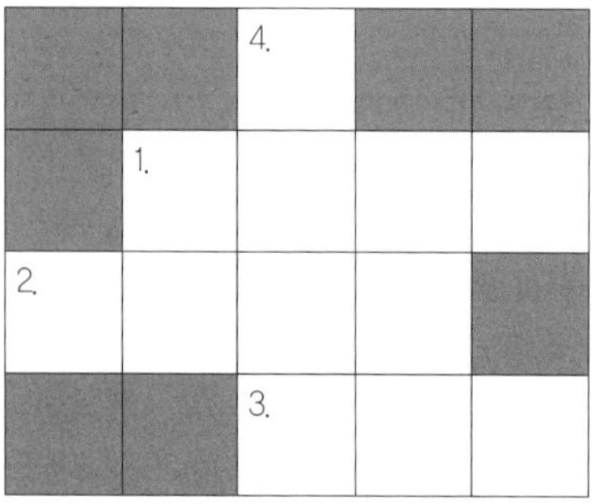

〈가로〉

1. 2023년 아동 교통사고 사망자 수의 2014년 대비 감소폭과 2023년 아동 추락사고 사망자 수의 2014년 대비 감소폭의 곱은?
2. 2023년 전체 아동 안전사고 사망자 수에서 기타사고 사망자 수가 차지하는 비율(%)과 2022년 전체 아동 안전사고 사망자 수에서 교통사고를 제외한 나머지 안전사고 사망자 수의 합이 차지하는 비율(%)의 곱은?
3. 2018년 대비 2019년 사망자 수가 증가한 사고 유형의 2014년에서 2023년까지의 사망자 수의 합은?

〈세로〉

4. 2019~2023년 전체 아동 안전사고 사망자의 합은?

① 42　　② 48

③ 54　　④ 60

⑤ 66

20 주어진 도표를 이용해 빈칸을 완성한 후 ㉠×(㉡＋㉢＋2)의 값을 구하면?(단, 소수점 둘째 자리에서 반올림하며 소수점도 빈칸에 포함된다)

〈2023년 철강재 수입동향〉

(단위 : 천 톤, USD)

구분	전 세계		중국		일본	
	수입량	단가	수입량	단가	수입량	단가
1월	1,936	584	1,171	440	577	570
2월	1,776	557	1,041	450	552	581
3월	2,030	543	1,286	418	636	573
4월	1,892	571	1,093	472	614	536
5월	1,875	606	1,167	504	579	564
6월	2,341	575	1,543	507	632	585
7월	2,171	601	1,387	513	327	604
8월	2,217	592	1,349	519	599	613
9월	2,137	628	1,308	532	590	649
10월	1,790	647	1,104	535	545	681
11월	1,798	660	1,070	559	518	693
12월	1,760	694	1,097	576	567	677

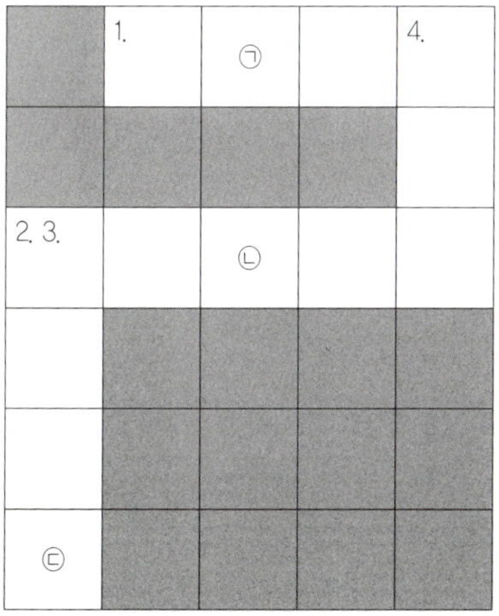

〈가로〉

1. 1월부터 12월 사이 전 세계 수입량이 가장 많았던 달의 전 세계 수입량과 3월 일본 수입량의 차(천 톤)를 구하면?
2. 중국의 1월 대비 12월의 단가의 증가폭과 일본의 1월 대비 12월의 단가의 증가폭의 곱은?

〈세로〉

3. 전 세계의 1월 대비 12월의 단가의 증가율은?
4. 중국의 수입량이 네 번째로 높았을 때의 단가는?

① 75
② 90
③ 105
④ 120
⑤ 135

01 다음은 A지역의 연도별 상 · 하반기 공립 및 사립 유치원과 어린이집 수에 관한 자료이다. 이에 대한 설명으로 옳지 않은 것은?

〈연도별 상 · 하반기 공립 및 사립 유치원 수〉

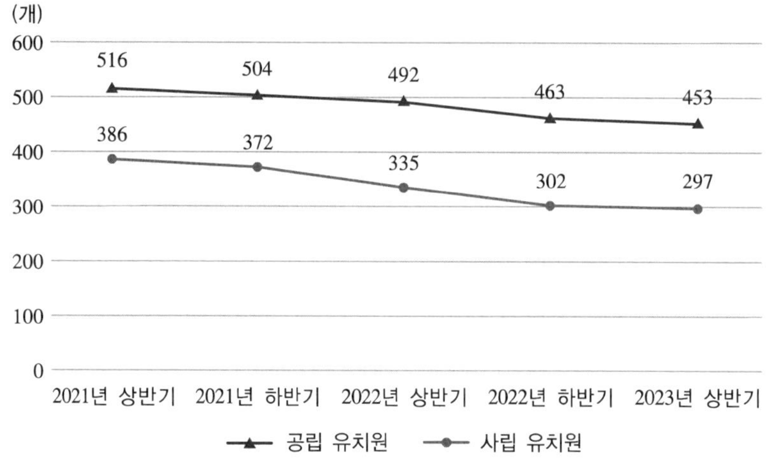

〈연도별 상 · 하반기 공립 및 사립 어린이집 수〉

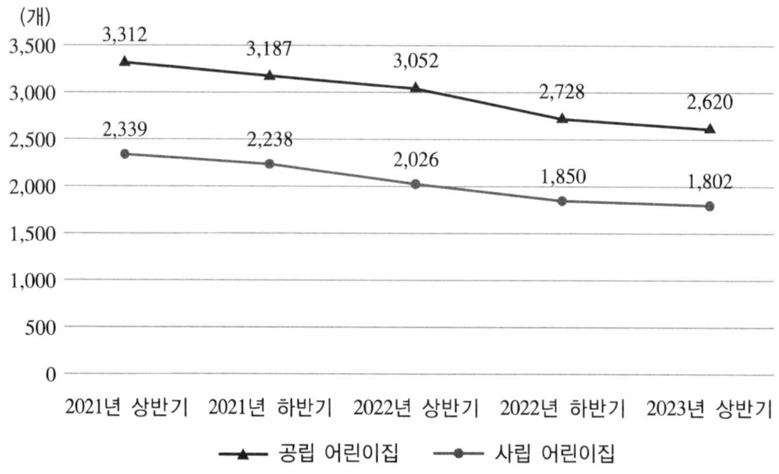

① 전체 유치원 수와 전체 어린이집 수는 감소하는 추세이다.
② 매 시기 공립 어린이집 수는 공립 유치원 수의 6배 이상이다.
③ 2021년 상반기 대비 2023년 상반기의 공립 유치원 수 감소율은 20% 미만이다.
④ 2021년 상반기 대비 2023년 상반기의 사립 유치원 수는 70개 이상 감소하였다.
⑤ 공립 어린이집의 감소폭이 가장 클 때와 사립 어린이집의 감소폭이 가장 클 때는 다르다.

02 다음은 20~30대 청년들의 주거 점유형태에 대한 자료이다. 이에 대한 설명으로 옳은 것은?(단, 소수점 둘째자리에서 반올림한다)

〈20~30대 청년 주거 점유형태〉

(단위 : 명)

구분	자가	전세	월세	무상	합계
20~24세	537	1,862	5,722	5,753	13,874
25~29세	795	2,034	7,853	4,576	15,258
30~34세	1,836	4,667	13,593	1,287	21,383
35~39세	2,489	7,021	18,610	1,475	29,595
합계	5,657	15,584	45,778	13,091	80,110

① 20~24세 전체 인원 중 월세 비중은 38.2%이고, 자가 비중은 2.9%이다.
② 20~24세를 제외한 20~30대 청년 중에서 무상이 차지하는 비중이 월세 비중보다 더 높다.
③ 20~30대 청년 인원대비 자가 비율보다 20대 청년 중에서 자가가 차지하는 비율이 더 낮다.
④ 연령대가 높아질수록 연령대별로 자가 비중이 높아지고, 월세 비중이 낮아진다.
⑤ 20~30대 연령대에서 월세에 사는 25~29세 연령대가 차지하는 비율은 10% 이상이다.

03 다음은 인터넷 여론조사에서 "여러분이 길거리에서 침을 뱉거나, 담배꽁초를 버리다가 단속반에 적발되어 처벌을 받는다면 어떤 생각이 들겠습니까?"라는 물음에 대하여 1,200명이 응답한 결과이다. 이 조사 결과에 대한 해석으로 타당한 것을 고르면?

〈인터넷 여론조사 결과〉

(단위 : %)

변수 \ 응답 구분		법을 위반했으므로 처벌 받는 것은 당연하다.	재수가 없는 경우라고 생각한다.	도덕적으로 비난받을 수 있으나 처벌은 지나치다.
전체		54.9	11.4	33.7
연령	20대	42.2	16.1	41.7
	30대	55.2	10.9	33.9
	40대	55.9	10.0	34.1
	50대 이상	71.0	6.8	22.2
학력	초졸 이하	65.7	6.0	28.3
	중졸	57.2	10.6	32.6
	고졸	54.9	10.5	34.6
	대학 재학 이상	59.3	10.3	35.4

① 응답자들의 준법의식은 나이가 많을수록 그리고 학력이 높을수록 높은 것으로 나타난다.
② 학력이 높을수록 처벌보다는 도덕적인 차원에서 제재를 가하는 것이 바람직하다고 보는 응답자의 비중이 높다.
③ '재수가 없는 경우라고 생각한다.'라고 응답한 사람의 수는 대졸자보다 중졸자가 더 많았다.
④ 1,200명은 충분히 큰 사이즈의 표본이므로 이 여론조사의 결과는 우리나라 사람들의 의견을 충분히 대표한다고 볼 수 있다.
⑤ 학력이 대학 재학 이상보다 초졸 이하가 준법의식이 10%p 정도 더 높다.

04 다음은 재산범죄에 관한 자료이다. 이에 대한 내용으로 옳지 않은 것은?

〈재산범죄 발생 현황〉

(단위 : 건)

구분	합계	절도	장물	사기	횡령	배임	손괴
2014년	392,473	169,121	1,319	180,350	22,867	4,842	13,974
2015년	415,572	179,208	1,418	195,914	21,990	4,767	12,275
2016년	470,826	187,871	1,145	240,359	23,859	5,322	12,234
2017년	447,163	154,850	1,581	246,204	27,224	6,736	10,568
2018년	442,015	191,114	3,547	203,697	25,412	5,901	12,344
2019년	455,948	190,745	2,432	203,346	25,084	5,402	28,939
2020년	469,654	212,530	3,050	186,115	24,122	5,256	38,581
2021년	503,302	223,264	2,212	205,140	26,750	5,135	40,801
2022년	561,972	256,680	3,381	224,889	27,362	6,709	42,951
2023년	568,623	268,007	3,206	205,913	26,312	14,619	50,566

① 2014년부터 2019년까지 사기의 발생 건수는 절도의 발생 건수보다 항상 많았다.
② 절도와 장물범죄는 긴밀한 상관관계가 있지 않다고 볼 수 있다.
③ 재산범죄는 경기가 나빠지면 증가하고, 경기가 좋아지면 감소한다는 판단이 옳다면 2018년 이후 2023년까지 경기가 계속 나빠지고 있다고 할 수 있다.
④ 손괴의 90% 이상이 집단행동(시위 등)에서 발생하는 것이라면 2015년 이후 폭력 시위는 꾸준히 증가하고 있다고 할 수 있다.
⑤ 2023년 절도로 인한 피해액과 횡령으로 인한 피해액이 유사하다고 했을 때 대체로 절도의 건당 피해액수보다 횡령으로 인한 건당 피해액수가 더 크다고 할 수 있다.

PART 4

Hard

05 다음은 세계 로봇시장과 국내 로봇시장 규모에 관한 자료이다. 이에 대한 설명으로 옳지 않은 것을 고르면?

〈세계 로봇시장 규모〉

(단위 : 백만 달러)

구분	2019년	2020년	2021년	2022년	2023년
개인서비스용 로봇산업	636	13,356	1,704	2,134	2,216
전문서비스용 로봇산업	3,569	1,224	3,661	4,040	4,600
제조용 로봇산업	8,278	3,636	9,507	10,193	11,133
합계	12,483	8,496	14,872	16,367	17,949

〈국내 로봇시장 규모〉

(단위 : 억 원)

구분	생산			수출			수입		
	2021년	2022년	2023년	2021년	2022년	2023년	2021년	2022년	2023년
개인서비스용 로봇산업	2,973	3,247	3,256	1,228	944	726	156	181	232
전문서비스용 로봇산업	1,318	1,377	2,629	163	154	320	54	182	213
제조용 로봇산업	20,910	24,671	25,831	6,324	6,694	6,751	2,635	2,834	4,391
합계	25,201	29,295	31,716	7,715	7,792	7,797	2,845	3,197	4,836

① 2023년 세계 개인서비스용 로봇시장 규모는 전년 대비 약 3.8% 성장한 22억 1,600만 달러이다.

② 세계 전문서비스용 로봇시장 규모는 2021년 이후 꾸준히 성장하는 추세를 보이고 있으며, 2023년 세계 전문서비스용 로봇시장 규모는 전체 세계 로봇시장 규모의 약 27% 이상을 차지하고 있다.

③ 2023년 세계 제조용 로봇시장은 전년 대비 약 9.2% 성장한 111억 3,300만 달러로 세계 로봇시장에서 가장 큰 규모를 차지하고 있다.

④ 2023년의 국내 전문서비스용 로봇생산 규모는 전년보다 약 91.0% 증가했으며, 2023년의 국내 전체 서비스용 로봇생산 규모도 전년 대비 약 27.3% 증가했다.

⑤ 2023년의 국내 개인서비스용 로봇 수출은 약 23.1% 감소했으며, 이 여파로 2023년의 국내 전체 서비스용 로봇 수출은 전년 대비 약 4.7% 감소했다.

06 다음은 연도별 국가지정문화재 현황에 관한 자료이다. 이에 대한 설명으로 옳은 것을 〈보기〉에서 모두 고르면?

〈연도별 국가지정문화재 현황〉

(단위 : 건)

구분	2018년	2019년	2020년	2021년	2022년	2023년
합계	3,385	3,459	3,513	3,583	3,622	3,877
국보	314	315	315	315	317	328
보물	1,710	1,758	1,774	1,813	1,842	2,060
사적	479	483	485	488	491	495
명승	82	89	106	109	109	109
천연기념물	422	429	434	454	455	456
국가무형문화재	114	116	119	120	122	135
중요민속문화재	264	269	280	284	286	294

보기

㉠ 2019년에서 2023년 사이 전년 대비 전체 국가지정문화재가 가장 많이 증가한 해는 2023년이다.

㉡ 국보문화재는 2018년보다 2023년에 지정된 건수가 증가하며, 전체 국가지정문화재에서 차지하는 비중 또한 증가했다.

㉢ 2018년 대비 2023년 국가지정문화재 건수의 증가율이 가장 높은 문화재 종류는 명승문화재이다.

㉣ 조사기간 중 사적문화재 지정 건수는 매해 국가무형문화재 지정 건수의 4배가 넘는 수치를 보이고 있다.

① ㉠, ㉡
② ㉠, ㉢
③ ㉡, ㉢
④ ㉡, ㉣
⑤ ㉢, ㉣

PART 4

07 다음은 어린이 안전지킴이집 현황에 관한 자료이다. 이에 대한 〈보기〉의 설명 중 옳지 않은 것을 모두 고르면?

〈어린이 안전지킴이집 현황〉

(단위 : 개)

구분		2019년	2020년	2021년	2022년	2023년
선정위치별	유치원	2,151	1,731	1,516	1,381	1,373
	학교	10,799	9,107	7,875	7,700	7,270
	아파트단지	2,730	2,390	2,359	2,460	2,356
	놀이터	777	818	708	665	627
	공원	1,044	896	893	958	918
	통학로	6,593	7,040	7,050	7,348	7,661
	합계	24,094	21,982	20,401	20,512	20,205
선정업소 형태별	24시 편의점	3,013	2,653	2,575	2,528	2,542
	약국	1,898	1,708	1,628	1,631	1,546
	문구점	4,311	3,840	3,285	3,137	3,012
	상가	9,173	7,707	6,999	6,783	6,770
	기타	5,699	6,074	5,914	6,433	6,335
	합계	24,094	21,982	20,401	20,512	20,205

보기

㉠ 선정위치별 어린이 안전지킴이집의 경우 통학로를 제외한 모든 곳에서 매년 감소하고 있다.
㉡ 선정업소 형태별 어린이 안전지킴이집 중 2019년 대비 2023년에 가장 많이 감소한 업소는 상가이다.
㉢ 2022년 대비 2023년의 학교 안전지킴이집의 감소율은 2022년 대비 2023년의 유치원 안전지킴이집의 감소율의 10배 이상이다.
㉣ 2023년 전체 안전지킴이집 중에서 24시 편의점의 개수가 차지하는 비중은 2022년보다 감소하였다.

① ㉠, ㉡
② ㉠, ㉣
③ ㉡, ㉢
④ ㉠, ㉡, ㉣
⑤ ㉠, ㉢, ㉣

Easy

08 다음은 주요 곡물별 수급 전망에 관한 자료이다. 이를 보고 판단한 내용으로 적절하지 않은 것은?

〈주요 곡물별 수급 전망〉

(단위 : 백만 톤)

곡물	구분	2021년	2022년	2023년
소맥	생산량	697	656	711
	소비량	697	679	703
옥수수	생산량	886	863	964
	소비량	883	860	937
대두	생산량	239	268	285
	소비량	257	258	271

① 2021년부터 2023년까지 대두의 생산량과 소비량이 지속적으로 증가했다.
② 전체적으로 2023년에 생산과 소비가 가장 활발했다.
③ 2022년의 옥수수 소비량은 다른 곡물에 비해 전년 대비 소비량의 변화가 작았다.
④ 2021년 곡물 전체 생산량과 2023년 곡물 전체 생산량의 차는 138백만 톤이다.
⑤ 2023년에 생산량 대비 소비량의 비중이 가장 낮았던 곡물은 대두이다.

PART 4

Hard

09 다음은 연도별 우리나라 국민들의 해외이주현황을 조사한 자료이다. 이에 대한 설명으로 옳은 것은?

〈해외이주현황〉

(단위 : 명)

구분	2015년	2016년	2017년	2018년	2019년	2020년	2021년	2022년	2023년
합계	23,008	20,946	22,425	21,018	22,628	15,323	8,718	7,367	7,131
미국	14,032	12,829	13,171	12,447	14,004	10,843	3,185	2,487	2,434
캐나다	2,778	2,075	3,483	2,721	2,315	1,375	457	336	225
호주	1,835	1,846	1,749	1,608	1,556	906	199	122	107
뉴질랜드	942	386	645	721	780	570	114	96	96
기타	3,421	3,810	3,377	3,521	3,973	1,629	4,763	4,326	4,269

① 전체 해외이주민의 수는 해마다 감소하고 있다.

② 2023년의 기타를 제외한 4개국의 해외이주자의 합은 2020년 대비 80% 이상 감소했다.

③ 2023년의 캐나다 해외이주자는 2015년보다 94% 이상 감소하였다.

④ 기타를 제외한 4개국의 2022년 대비 2023년 해외이주자의 감소율이 가장 큰 나라는 캐나다이다.

⑤ 2016~2023년 중 호주의 전년 대비 해외이주자의 감소폭이 가장 큰 해는 2020년이다.

10 다음은 국가별 디스플레이 세계시장 점유율에 관한 자료이다. 이에 대한 설명으로 옳은 것은?

〈국가별 디스플레이 세계시장 점유율〉

(단위 : %)

구분	2017년	2018년	2019년	2020년	2021년	2022년	2023년
한국	45.7	47.6	50.7	44.7	42.8	45.2	45.8
대만	30.7	29.1	25.7	28.1	28.8	24.6	20.8
일본	19.4	17.9	14.6	15.5	15	15.4	15
중국	4	5	8.2	10.5	12.5	14.2	17.4
기타	0.2	0.4	0.8	1.2	0.9	0.6	1

① 일본의 디스플레이 세계시장 점유율은 2020년까지 계속 하락한 후 2021년부터 15%대를 유지하고 있다.

② 조사기간 중 국가별 디스플레이 세계시장 점유율은 매해 한국이 1위를 유지하고 있으며, 한국 이외의 국가의 순위는 2021년까지 변하지 않았으나, 2022년부터 순위가 바뀌었다.

③ 중국의 디스플레이 세계시장의 점유율은 지속적인 성장세를 보이고 있으며, 2017년 대비 2023년의 세계시장 점유율의 증가율은 335%이다.

④ 2022년 대비 2023년의 디스플레이 세계시장 점유율의 증감률이 가장 낮은 국가는 일본이다.

⑤ 2018~2023년 중 한국의 디스플레이 세계시장 점유율의 전년 대비 증가폭은 2022년에 가장 컸다.

Hard

11 다음은 H대학교의 전공별 졸업자 취업률 현황에 대한 자료이다. 이를 바탕으로 작성한 그래프로 적절한 것은?

〈전공별 졸업자 취업률 현황〉

(단위 : %)

구분	2019년	2020년	2021년	2022년	2023년	2024년
사진 · 만화	35.7	38.2	34.1	39.2	43.2	41.0
예체능교육	40.1	48.5	45.7	43.1	42.0	45.2
응용미술	28.7	35.1	36.8	39.6	42.0	40.2
공예	44.8	45.1	42.3	40.2	41.4	44.1
무용	38.5	40.6	41.0	35.2	37.8	29.7
조형	22.5	29.4	31.5	35.7	34.5	30.3
연극영화	30.4	33.7	31.6	35.9	34.8	35.6
순수미술	28.6	28.4	30.6	31.4	32.1	32.2
성악	35.5	36.7	35.8	32.2	31.6	26.8
작곡	37.0	35.2	36.4	32.9	31.1	25.1
국악	23.4	27.8	26.7	28.9	30.7	35.1
기악	21.4	23.5	28.4	25.9	26.3	19.0
음악학	26.5	24.1	27.3	28.0	28.9	21.8
기타음악	30.1	34.2	32.7	30.4	29.0	26.5

① 사진 · 만화, 예체능교육, 무용, 조형, 연극영화 전공 연도별 취업률

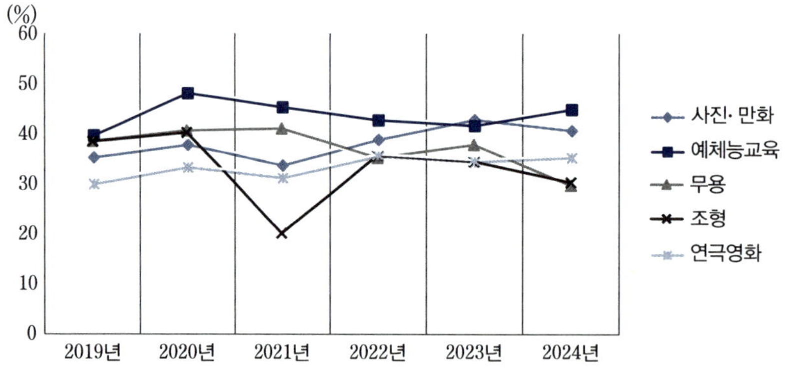

② 순수미술, 성악, 작곡, 국악, 기악, 음악학, 기타음악 전공 2019~2022년 취업률

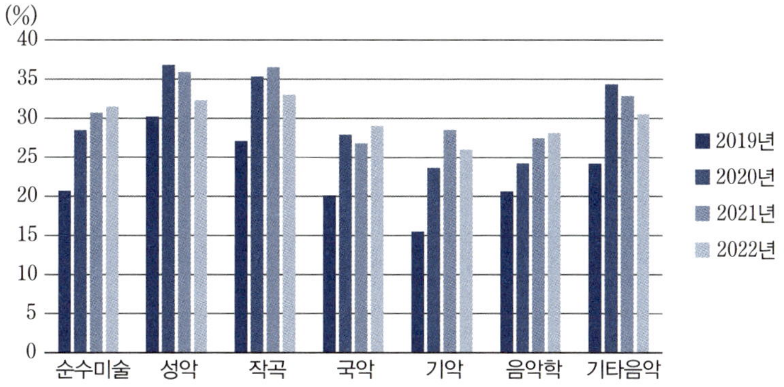

③ 2023~2024년 전공별 취업률

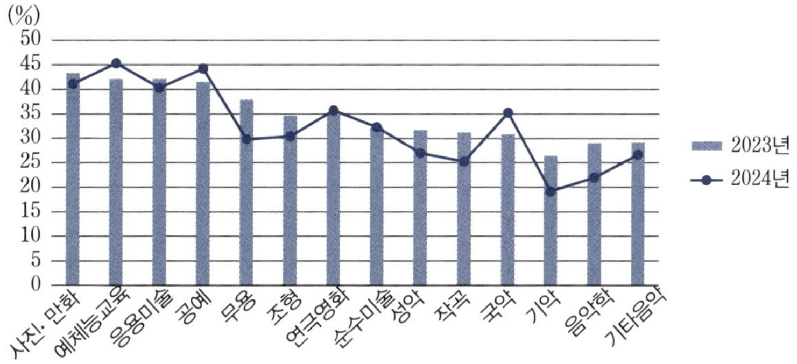

④ 응용미술, 연극영화, 순수미술, 성악, 작곡, 국악, 기악 전공 2019~2021년 취업률

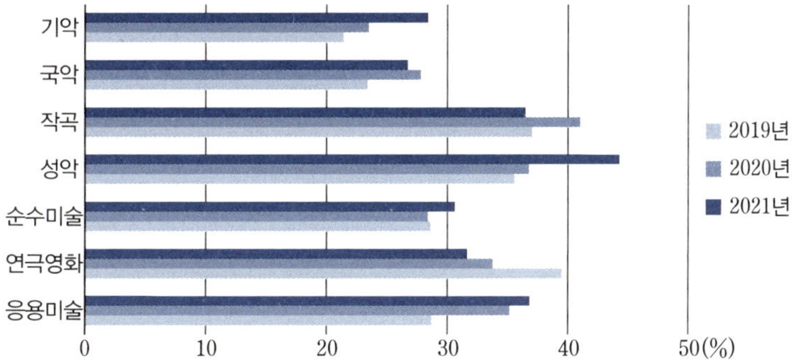

⑤ 공예, 무용, 조형, 성악, 작곡, 국악, 기악 전공 2021~2024년 취업률 총합

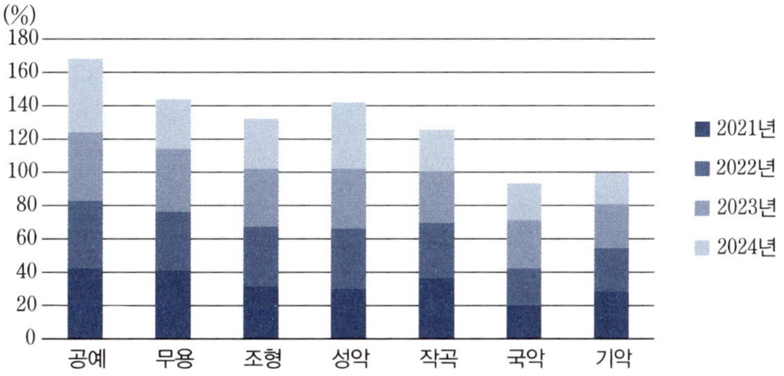

Easy

12 다음은 연도별 당뇨병 유병률에 관한 자료이다. 이를 참고하여 작성한 그래프로 적절한 것은?(단, 모든 그래프의 단위는 %이다)

〈연도별 당뇨병 유병률〉

(단위 : %)

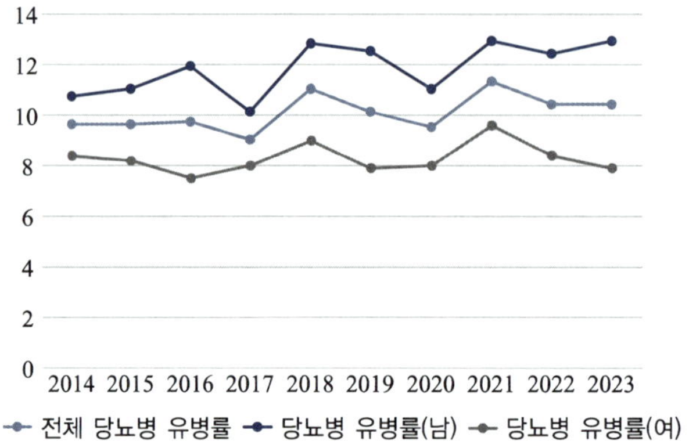

① 연도별 남녀 당뇨병 유병률

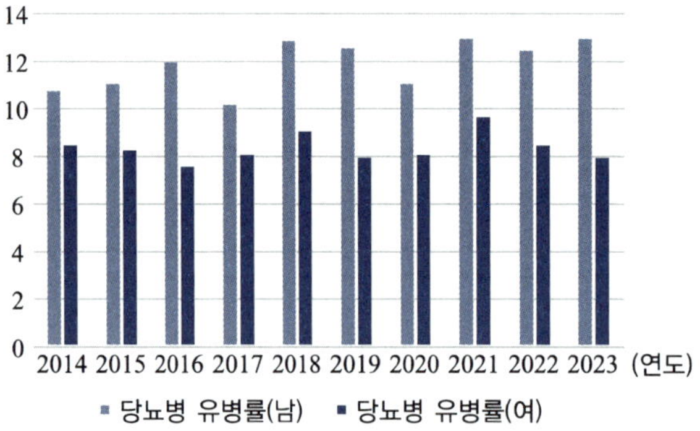

② 2015~2021년 연도별 전체 당뇨병 유병률

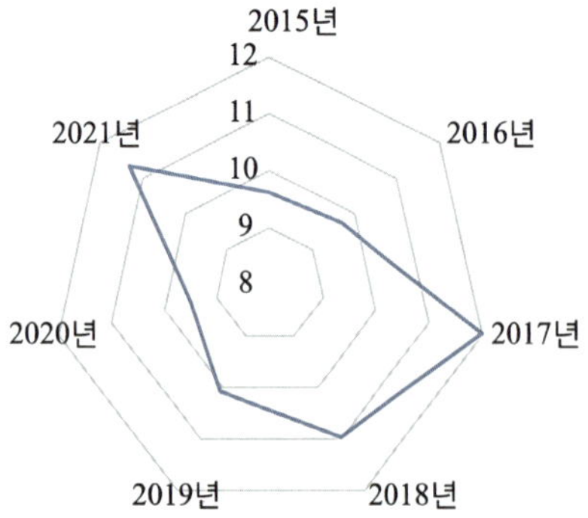

③ 2016~2023년 연도별 당뇨병 유병률

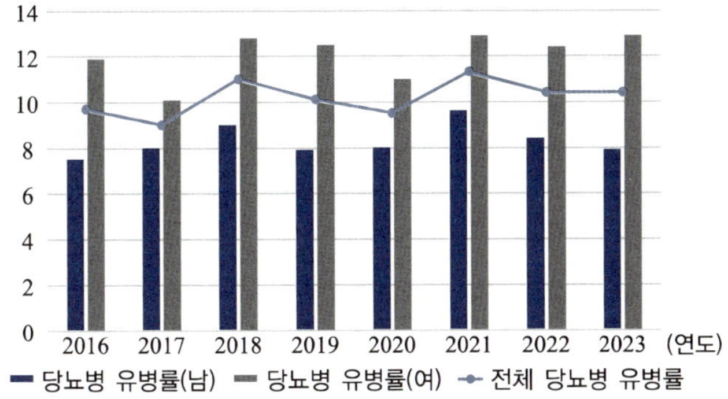

④ 2016~2023년 연도별 당뇨병 유병률

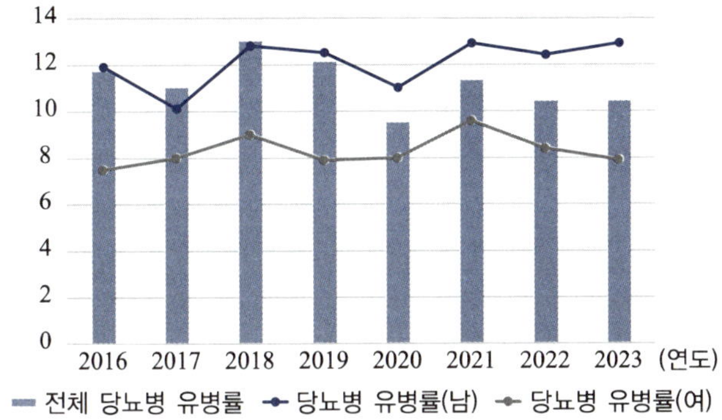

⑤ 2019~2023년 연도별 남녀 당뇨병 유병률

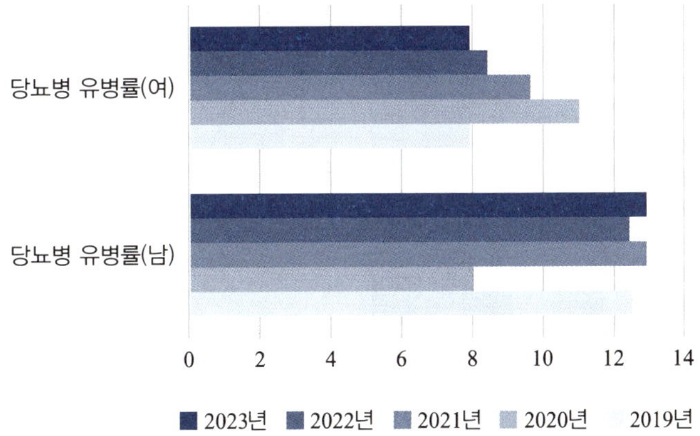

13 다음은 2025년 2분기 말 외국인 국내 토지 소유현황에 관한 보고서이다. 보고서의 내용과 부합하는 자료는?

〈보고서〉

2025년 2분기 말 기준 외국인의 국내 토지 소유면적은 224,715천m², 금액으로는 335,018억 원인 것으로 조사되었다. 용도별로 외국인 국내 토지 소유면적을 넓은 것부터 나열하면 임야 · 농지, 공장용지, 주거용지, 상업용지, 레저용지 순서이며, 이 중 주거용지, 상업용지, 레저용지 토지 면적의 합이 외국인 국내 토지 소유면적의 약 10%인 것으로 나타나 부동산 투기에 대한 지속적인 감시가 필요할 것으로 판단된다.

①
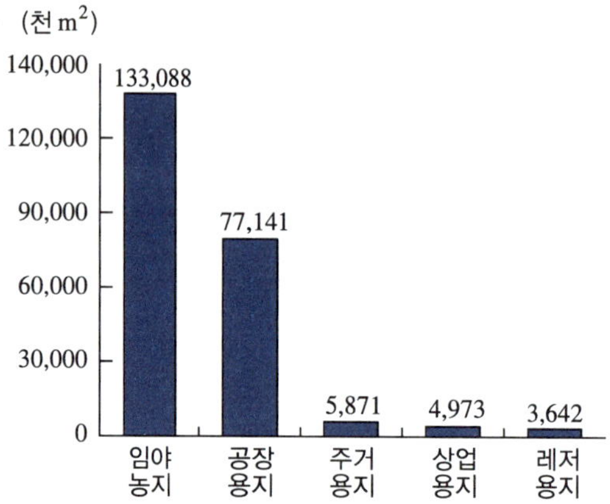

②
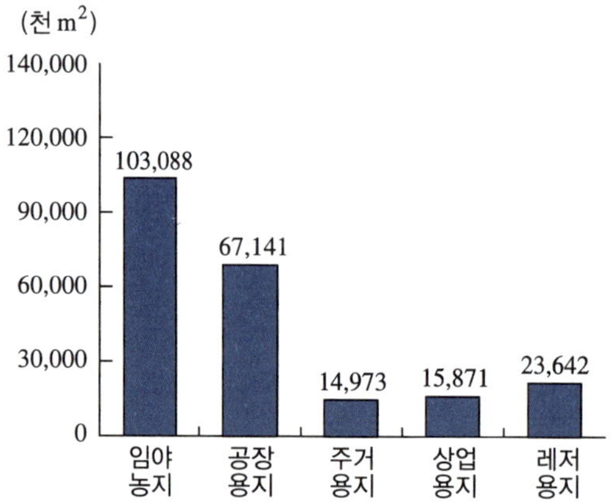

③
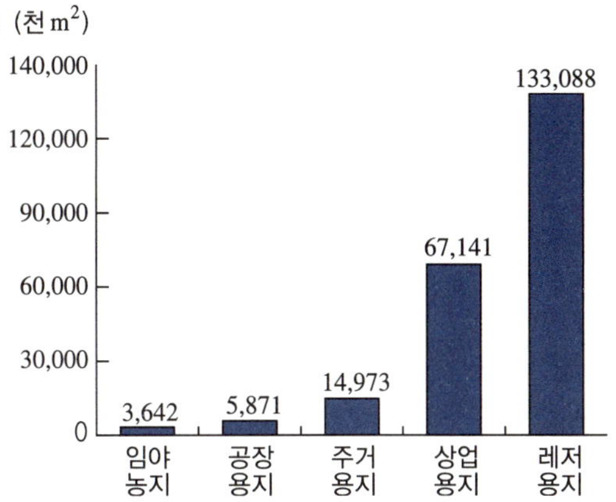
(천 m^2)
140,000
120,000
90,000
60,000
30,000
0
3,642
5,871
14,973
67,141
133,088
임야 농지
공장 용지
주거 용지
상업 용지
레저 용지

④
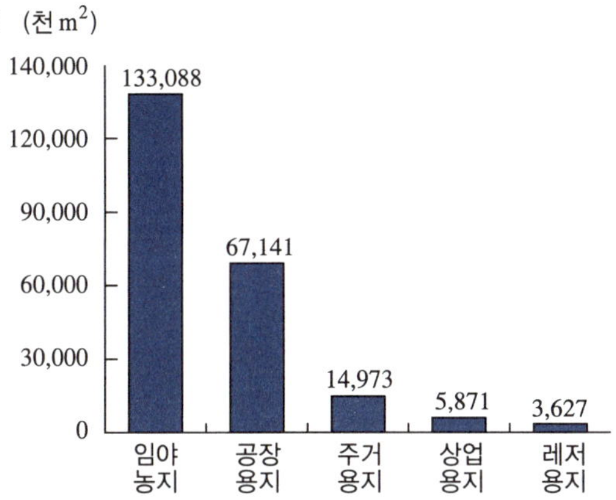
(천 m^2)
140,000
120,000
90,000
60,000
30,000
0
133,088
67,141
14,973
5,871
3,627
임야 농지
공장 용지
주거 용지
상업 용지
레저 용지

⑤
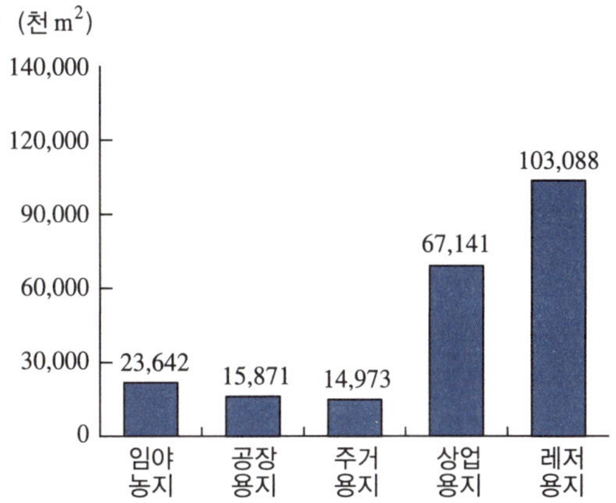
(천 m^2)
140,000
120,000
90,000
60,000
30,000
0
23,642
15,871
14,973
67,141
103,088
임야 농지
공장 용지
주거 용지
상업 용지
레저 용지

14 다음은 2013년부터 2023년까지 A국의 주식시장 현황을 나타낸 자료이다. 이를 바탕으로 작성한 그래프 중 초과수익률을 바르게 나타낸 것은?

〈A국 주식시장 현황〉

연도	2013년	2014년	2015년	2016년	2017년	2018년	2019년	2020년	2021년	2022년	2023년
주가지수	376	562	1,028	505	694	628	811	896	1,379	1,434	1,897
수익률 (%)	–	49.5	82.8	–50.9	37.4	–9.5	17.1	10.5	53.9	3.0	32.3

※ [당해연도 초과수익률(%p)]=(당해연도 수익률)−(연평균 수익률)

※ 연평균 수익률은 23.9%임

①

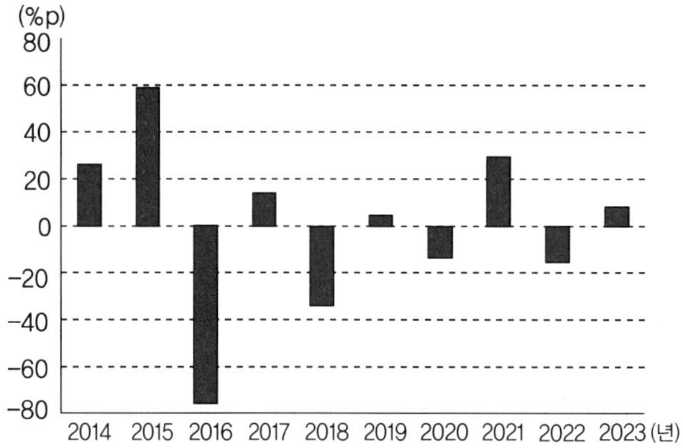

②

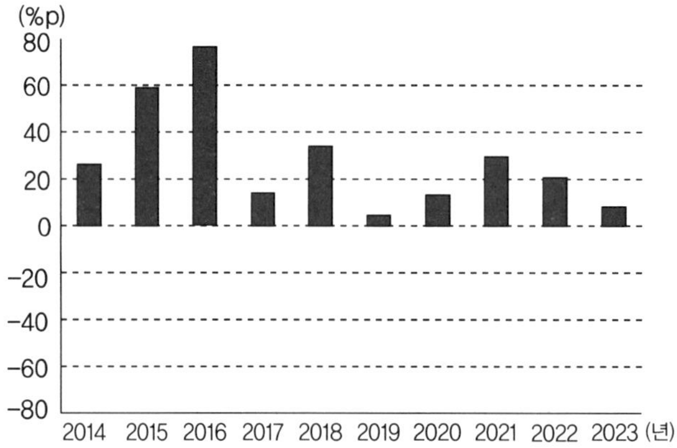

③
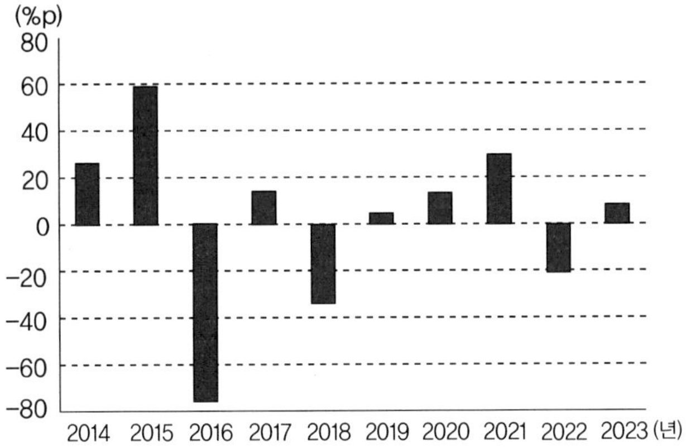
(%p)
80
60
40
20
0
-20
-40
-60
-80
2014 2015 2016 2017 2018 2019 2020 2021 2022 2023(년)

④
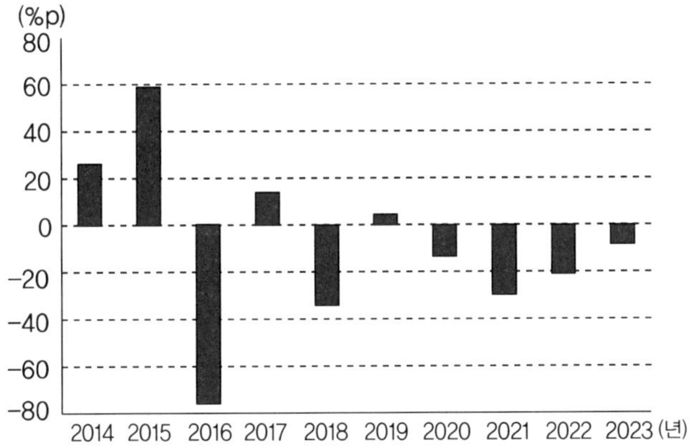
(%p)
80
60
40
20
0
-20
-40
-60
-80
2014 2015 2016 2017 2018 2019 2020 2021 2022 2023(년)

⑤
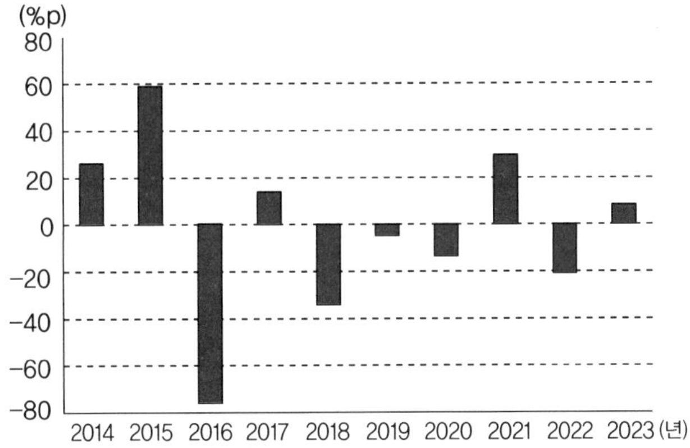
(%p)
80
60
40
20
0
-20
-40
-60
-80
2014 2015 2016 2017 2018 2019 2020 2021 2022 2023(년)

PART 4

15 H마트에 근무하는 G사원은 6월 라면 입고량과 판매량을 확인하던 중 11일과 15일, A · B업체의 기록이 누락되어 있는 것을 발견했다. 동료직원인 K사원은 G사원에게 "6월 11일의 전체 라면 재고량 중 A업체는 10%, B업체는 9%를 차지하였고, 6월 15일의 A업체 라면 재고량은 B업체보다 500개가 더 많았다."라고 얘기해 주었다. 6월 11일의 전체 라면 재고량은 몇 개인가?

〈6월 라면 입고량 및 판매량〉

(단위 : 개)

구분		6월 12일	6월 13일	6월 14일
A업체	입고량	300	–	200
	판매량	150	100	–
B업체	입고량	–	250	–
	판매량	200	150	50

① 10,000개
② 15,000개
③ 20,000개
④ 25,000개
⑤ 30,000개

16 2020년 폐암으로 인한 사망자는 2010년에 비해 1.25배 증가하였다. 2010년 대비 2020년 위암 사망자의 증감률 대비 자궁경부암 사망자의 증감률이 2배라고 할 때, 2010년 대비 2020년 간암 사망자의 증감률은?

〈암으로 인해 사망한 환자 수〉

(단위 : 만 명)

구분	폐암	간암	위암	자궁경부암	합계
2010년			100	20	240
2020년	50		80		200

① -30%
② $-\frac{55}{2}\%$
③ -18%
④ $-\frac{55}{4}\%$
⑤ 0%

Hard

17 다음은 2023년 1~6월 월말종가기준 A, B사의 주가와 주가지수에 대한 자료이다. 이에 대한 〈보기〉의 설명 중 옳은 것을 모두 고르면?

〈A, B사의 주가와 주가지수(2023년 1~6월)〉

구분		1월	2월	3월	4월	5월	6월
주가(원)	A사	5,000	( )	5,700	4,500	3,900	( )
	B사	6,000	( )	6,300	5,900	6,200	5,400
주가지수		100.00	( )	109.09	( )	91.82	100.00

※ $(\text{주가지수})=\dfrac{(\text{해당 월 A사의 주가})+(\text{해당 월 B사의 주가})}{(\text{1월 A사의 주가})+(\text{1월 B사의 주가})}\times 100$

※ $[\text{해당 월의 주가 수익률(\%)}]=\dfrac{(\text{해당 월의 주가})-(\text{전월의 주가})}{(\text{전월의 주가})}\times 100$

보기

㉠ 3~6월 중 주가지수가 가장 낮은 달에 A사와 B사의 주가는 모두 전월 대비 하락하였다.
㉡ A사의 주가는 6월이 1월보다 높다.
㉢ 2월 A사의 주가가 전월 대비 20% 하락하고 B사의 주가는 전월과 동일하면, 2월의 주가지수는 전월 대비 10% 이상 하락한다.
㉣ 4~6월 중 A사의 주가 수익률이 가장 낮은 달에 B사의 주가는 전월 대비 하락하였다.

① ㉠, ㉡
② ㉠, ㉢
③ ㉡, ㉢
④ ㉡, ㉣
⑤ ㉢, ㉣

PART 4

18 다음은 학생 6명의 A~E과목 시험 성적 자료의 일부이다. 이에 대한 〈보기〉의 설명 중 옳은 것을 모두 고르면?

〈학생 6명의 A~E과목 시험 성적〉

(단위 : 점)

구분	A	B	C	D	E	평균
영희	( )	14	13	15	( )	( )
민수	12	14	( )	10	14	13.0
수민	10	12	9	( )	18	11.8
은경	14	14	( )	17	( )	( )
철민	( )	20	19	17	19	18.6
상욱	10	( )	16	( )	16	( )
합계	80	( )	( )	84	( )	( )
평균	( )	14.5	14.5	( )	( )	( )

※ 과목별 시험 점수 범위는 0~20점이고, 모든 과목 시험에서 결시자는 없음

※ 학생의 성취도 수준은 5개 과목 시험 점수의 산술평균으로 결정함

- 시험 점수 평균이 18점 이상 20점 이하 : 수월 수준
- 시험 점수 평균이 15점 이상 18점 미만 : 우수 수준
- 시험 점수 평균이 12점 이상 15점 미만 : 보통 수준
- 시험 점수 평균이 12점 미만 : 기초수준

보기

㉠ 영희의 성취도 수준은 E과목 시험 점수가 17점 이상이면 '우수 수준'이 될 수 있다.

㉡ 은경의 성취도 수준은 E과목 시험 점수에 따라 '기초 수준'이 될 수 있다.

㉢ 상욱의 시험 점수는 B과목은 13점, D과목은 15점이므로, 상욱의 성취도 수준은 '보통 수준'이다.

㉣ 민수의 C과목 시험 점수는 철민의 A과목 시험 점수보다 높다.

① ㉠, ㉡　　② ㉠, ㉢

③ ㉠, ㉣　　④ ㉡, ㉢

⑤ ㉡, ㉣

19 다음은 H중학교 1학년 수학성적 분포에 대한 표이다. 70점대와 80점대의 학생 수는 총 학생 수의 2/3를 차지하고, 60점대 학생 수는 70점대 학생 수의 75%이다. 또한 60점대 학생 수는 50점대 학생 수의 3배라 할 때, 100점 맞은 학생 수를 구하면?

〈H중학교 1학년 성적 분포〉

(단위 : 명)

수학성적	50점대	60점대	70점대	80점대	90점대	100점	합계
학생 수	5				15		120

① 1명
② 3명
③ 5명
④ 7명
⑤ 10명

20 다음은 2024년 지자체별 쌀 소득보전 직불금 지급에 대한 자료이다. (A), (B), (C)에 들어갈 숫자로 옳은 것은?(단, 총액대비는 소수점 둘째 자리에서, 1인당 평균 지급액은 천 원 단위에서 반올림한다)

〈쌀 소득보전 직불금 현황〉

구분	대상자 수(명)	대상 면적(ha)	직불금액 (천 원)	총액대비(%)	1인당 평균 지급액(만 원)
경기	77,581	71,800	71,372,460	8.6	92
강원	32,561	36,452	35,913,966	4.2	110
충북	53,562	44,675	43,923,103	5.2	82
충남	121,341	145,099	147,152,697	(A)	121
전북	90,539	136,676	137,441,060	16.4	(C)
전남	130,321	171,664	175,094,641	20.9	134
경북	140,982	120,962	119,398,465	14.2	85
경남	107,406	80,483	80,374,802	(B)	75
광역 · 자치시	39,408	259,615	27,597,745	3.3	70
합계	793,701	837,426	838,268,939	–	–

	(A)	(B)	(C)
①	17.6	9.5	121
②	17.6	9.5	152
③	17.6	9.6	152
④	17.5	9.5	151
⑤	17.5	9.6	151

※ 아래의 전개도를 접어 3차원 공간에서 이동시켰을 때, 처음과 끝이 다음과 같았다. 이동한 방향으로 옳은 것을 고르시오(단, 정육면체는 회전하면서 이동한다). **[1~5]**

01

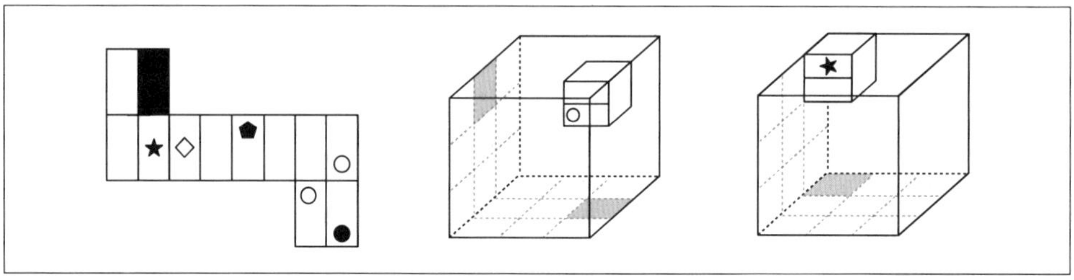

① 좌좌후
② 전좌좌
③ 후좌좌
④ 후좌우
⑤ 좌우후

Hard

02

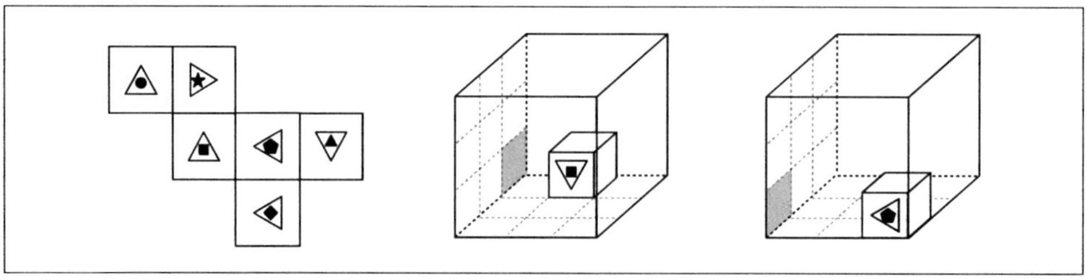

① 우전좌
② 좌우전
③ 우전전
④ 전전우
⑤ 전우전

03

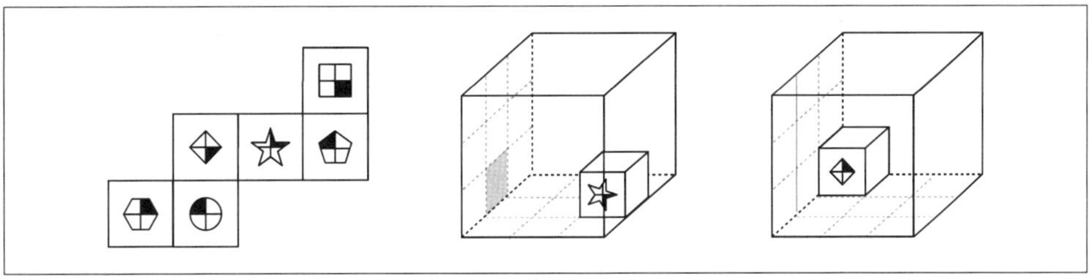

① 좌좌전　　② 후좌좌
③ 좌후좌　　④ 좌좌후
⑤ 후좌후

Easy
04

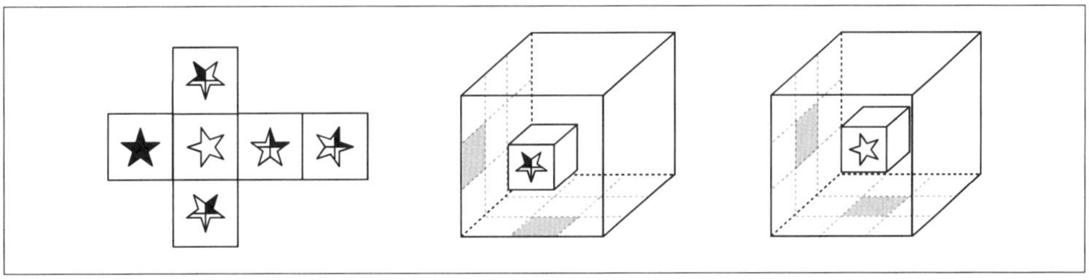

① 후후좌　　② 우좌좌
③ 우후좌　　④ 좌우우
⑤ 후우좌

05

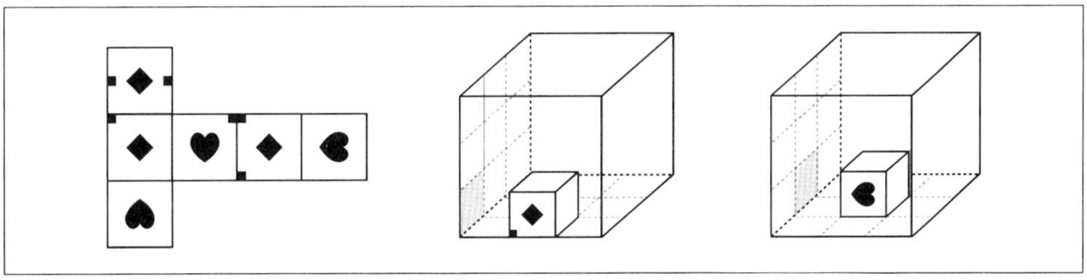

① 후후전　　② 후전후
③ 후우좌　　④ 우후좌
⑤ 후좌우

06 다음 Ⓐ, Ⓑ, Ⓒ의 전개도를  면이 전면에 오도록 접은 후 주어진 방향으로 회전하여 아래의 결합 모양과 같이 붙인 그림으로 알맞은 것을 고르면?

Ⓐ 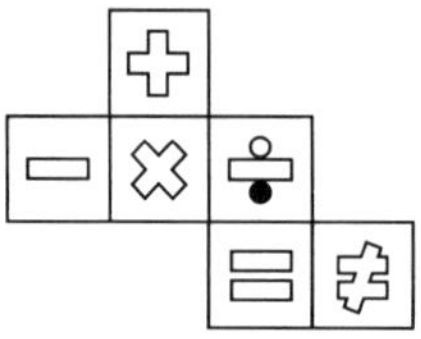

왼쪽 1칸

Ⓑ 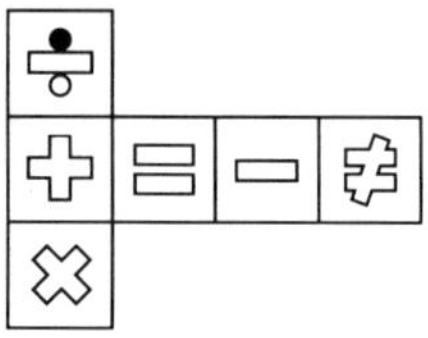

오른쪽 2칸

Ⓒ 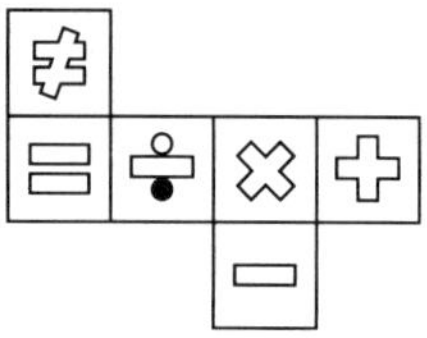

뒤 1칸

〈결합 모양〉

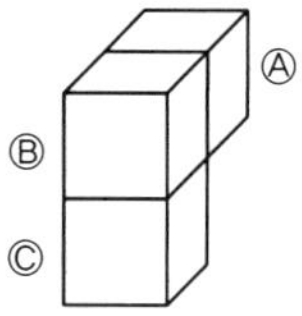

① 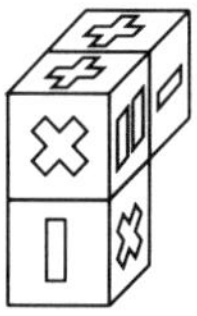

② 

③ 

④ 

⑤ 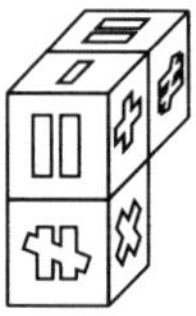

07 다음 Ⓐ, Ⓑ, Ⓒ의 전개도를  면이 전면에 오도록 접은 후 주어진 방향으로 회전하여 아래의 결합 모양과 같이 붙인 그림으로 알맞은 것을 고르면?

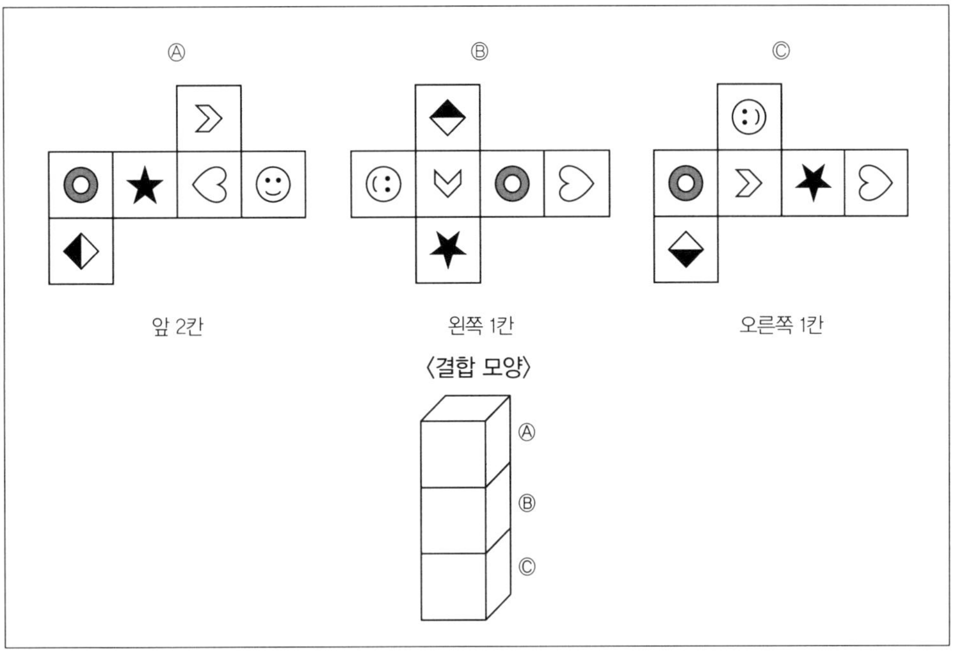

①

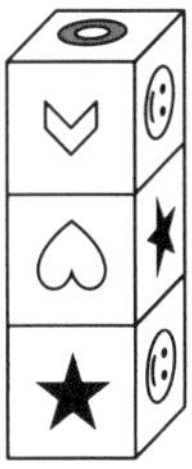

②

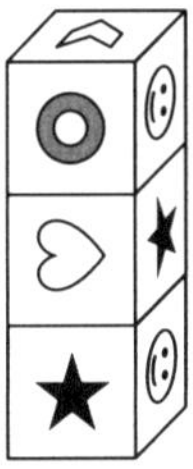

③

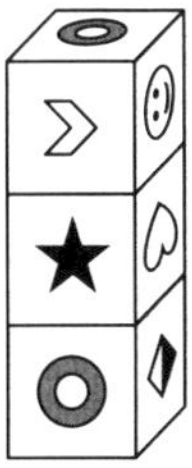

④

⑤

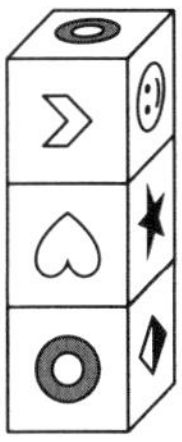

08 다음 Ⓐ, Ⓑ, Ⓒ의 전개도를 ◠면이 전면에 오도록 접은 후 주어진 방향으로 회전하여 아래의 결합 모양과 같이 붙인 그림으로 알맞은 것을 고르면?

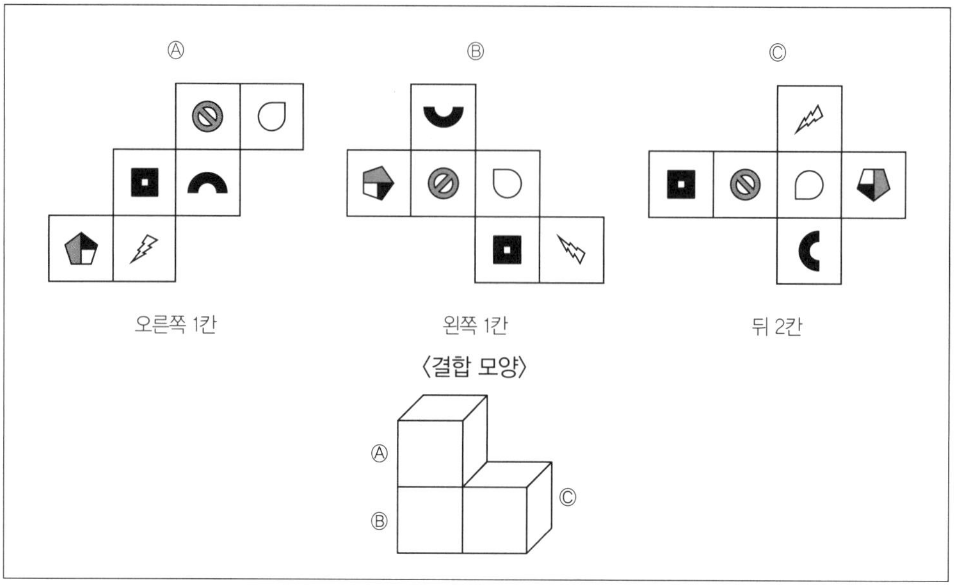

①

②

③

④
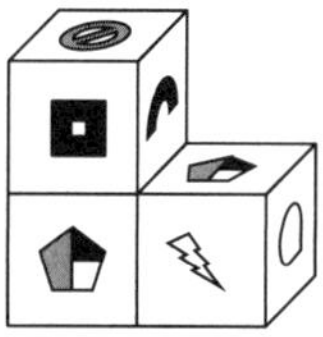

⑤

09 다음 Ⓐ, Ⓑ, Ⓒ의 전개도를 [▶]면이 전면에 오도록 접은 후 주어진 방향으로 회전하여 아래의 결합 모양과 같이 붙인 그림으로 알맞은 것을 고르면?

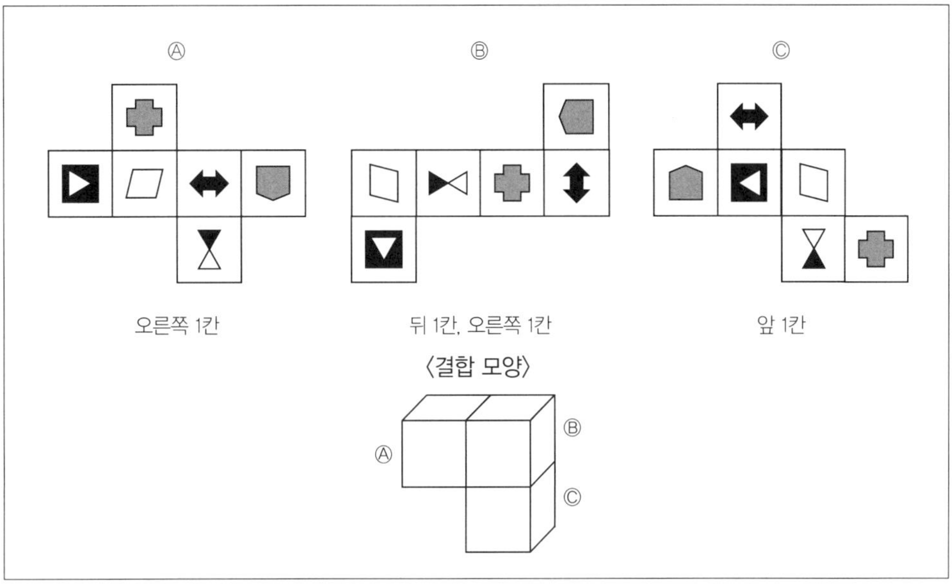

①
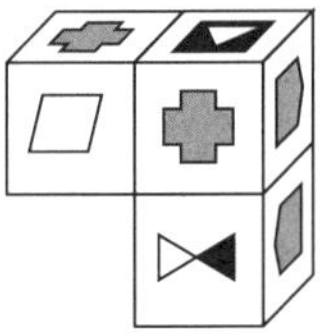

②
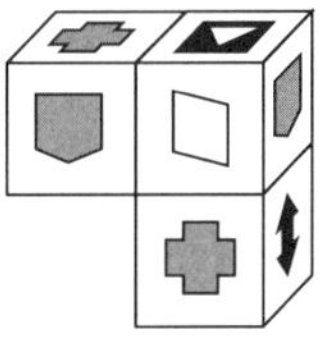

③
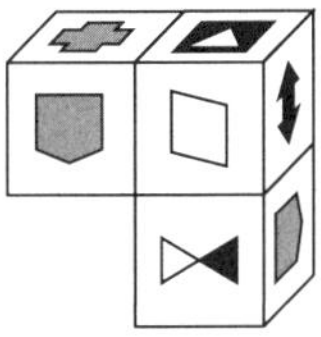

④
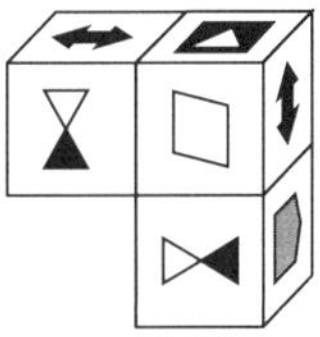

⑤
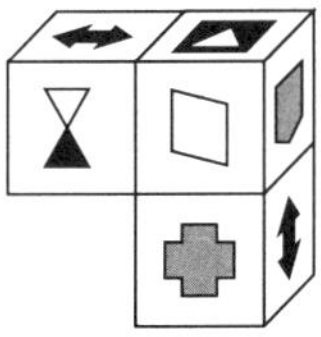

Hard

10 다음 ㉠, ㉡, ㉢의 전개도를  면이 전면에 오도록 접은 후 주어진 방향으로 회전하여 붙인 그림으로 올바른 것은?

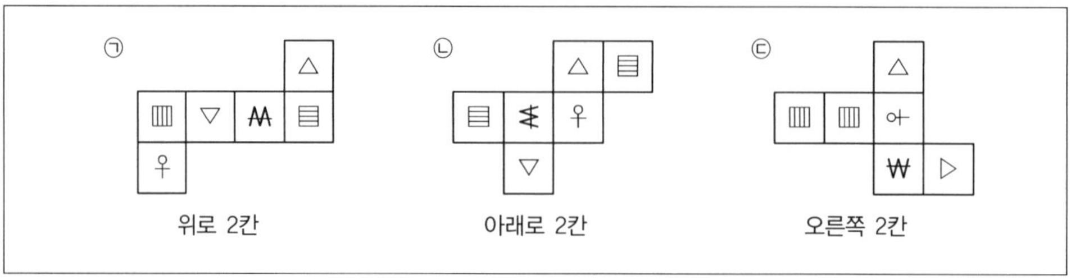

①
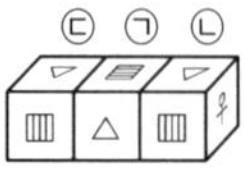

②
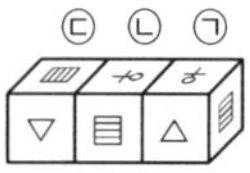

③
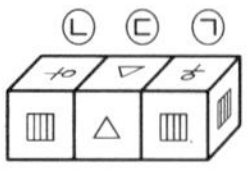

④
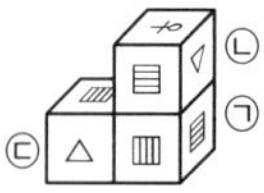

⑤
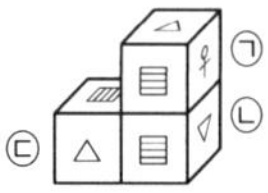

11 다음 ㉠, ㉡, ㉢의 전개도를  면이 전면에 오도록 접은 후 주어진 방향으로 회전하여 붙인 그림으로 올바른 것은?

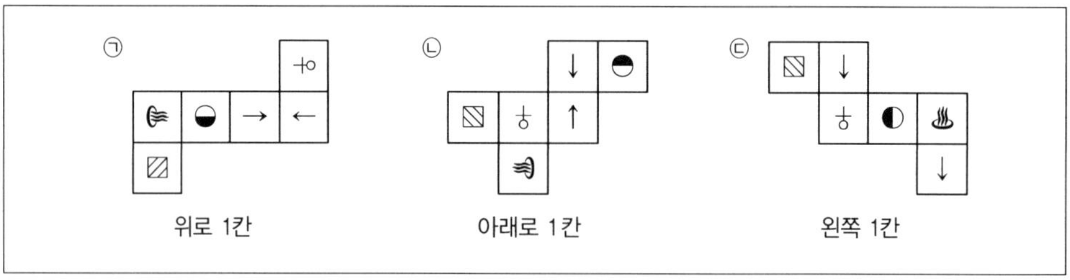

①
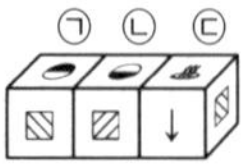

②
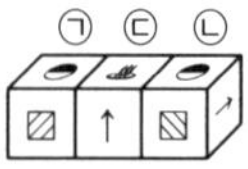

③
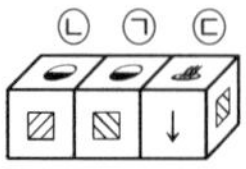

④
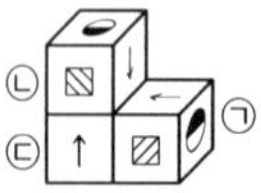

⑤
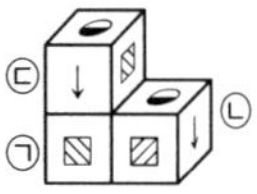

12 다음 ㉠, ㉡, ㉢의 전개도를 [♤] 면이 전면에 오도록 접은 후 주어진 방향으로 회전하여 붙인 그림으로 올바른 것은?

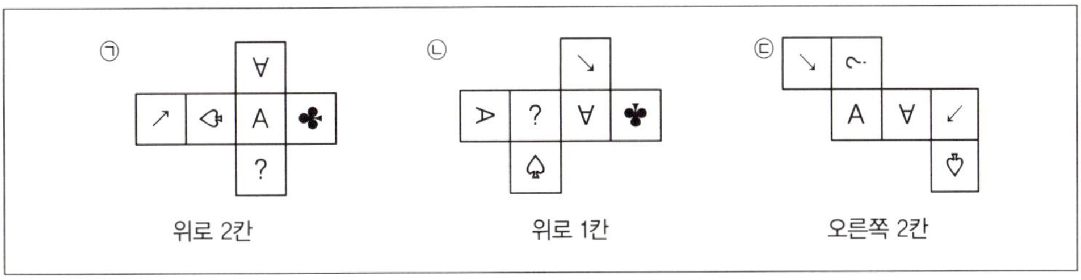

①
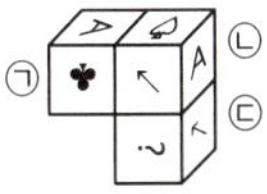

②
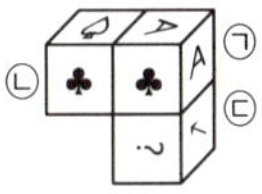

③
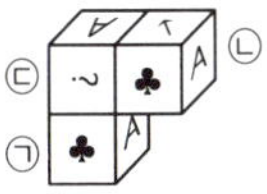

④
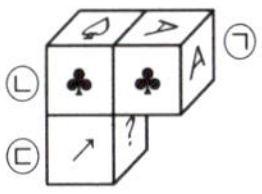

⑤
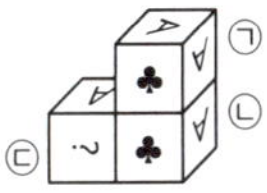

※ 입체도형의 회전규칙이 다음과 같이 정의된다고 할 때, 제시된 단면과 일치하는 입체도형을 주어진 방향으로 회전한 것을 고르시오(단, 1회전은 90°이다). **[13~17]**

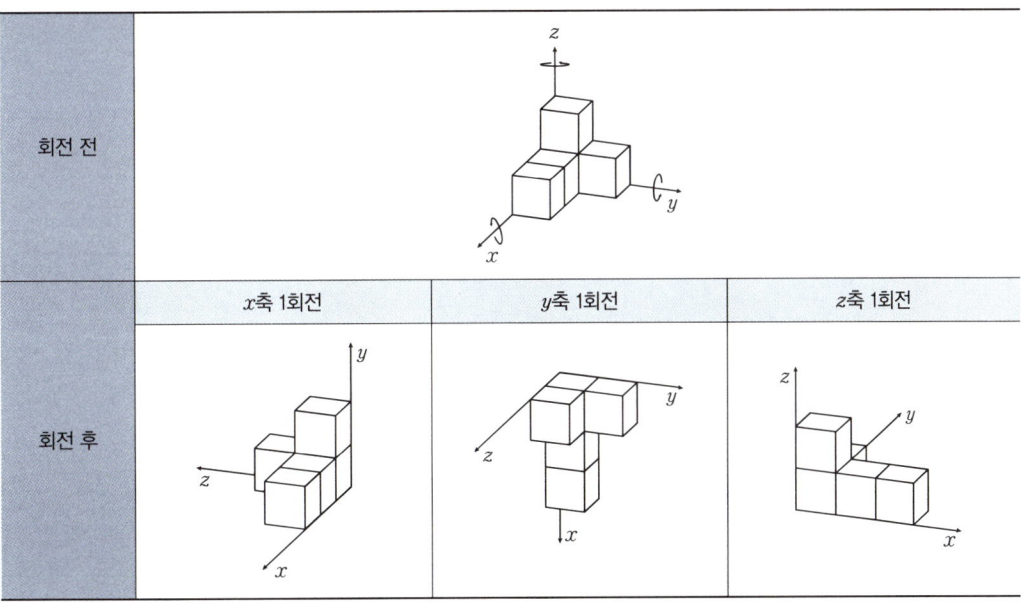

회전 전	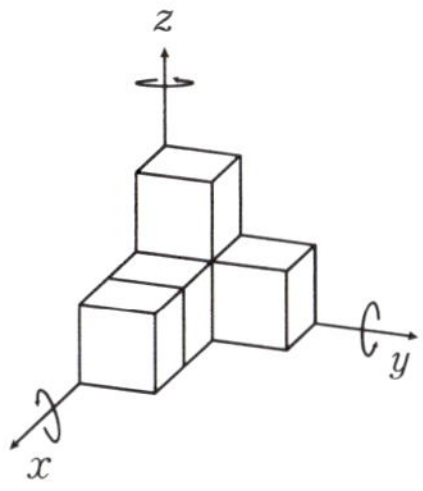		
회전 후	x축 1회전	y축 1회전	z축 1회전
	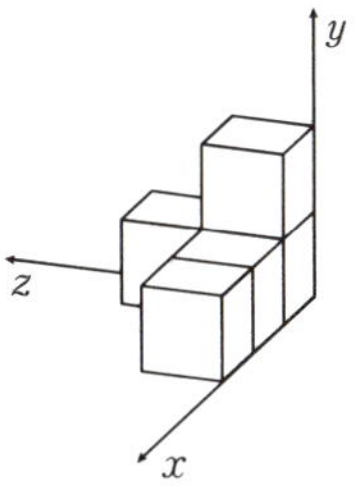	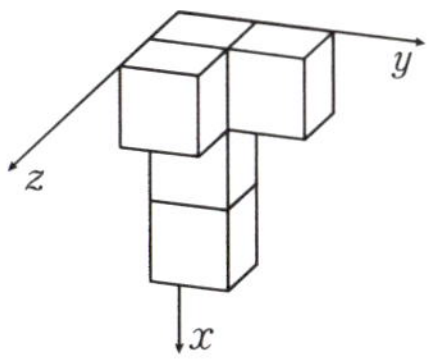	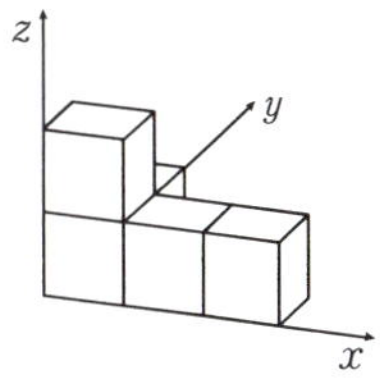

Hard

13

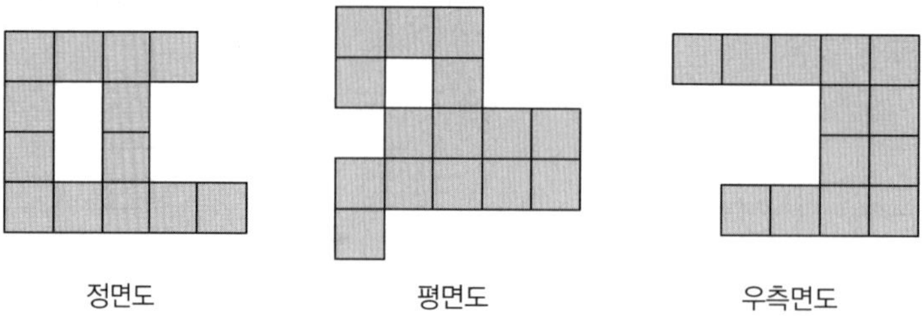

x축 2회전

① 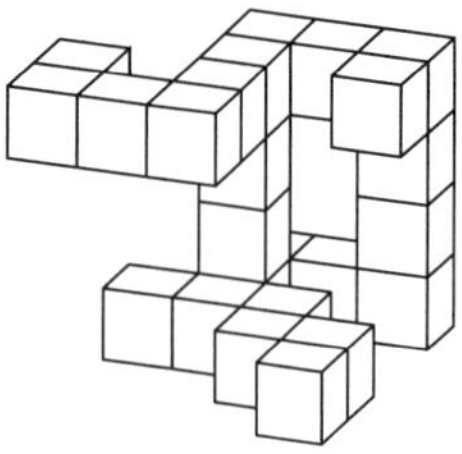

② 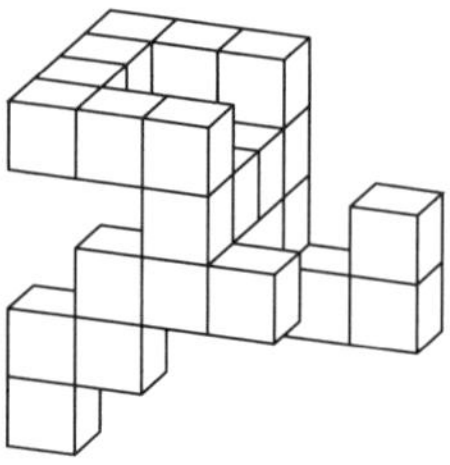

③ 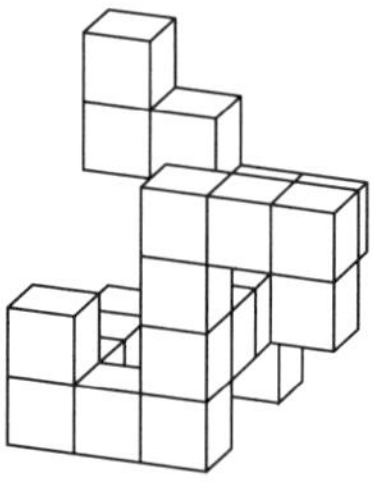

④ 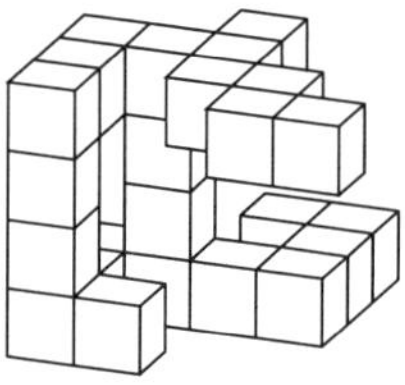

⑤ 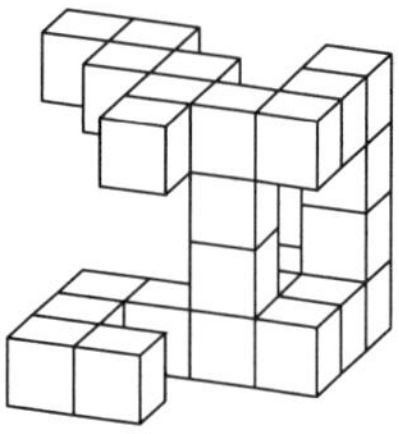

14

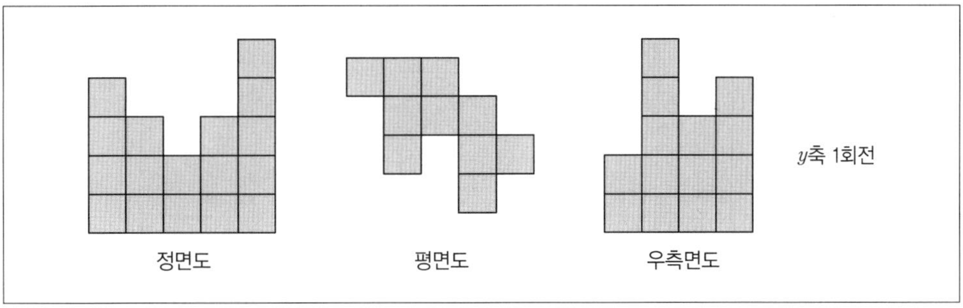

① 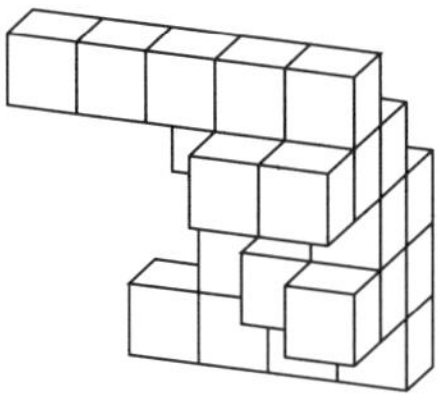

② 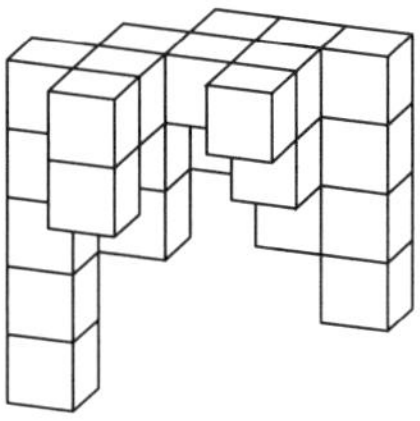

③ 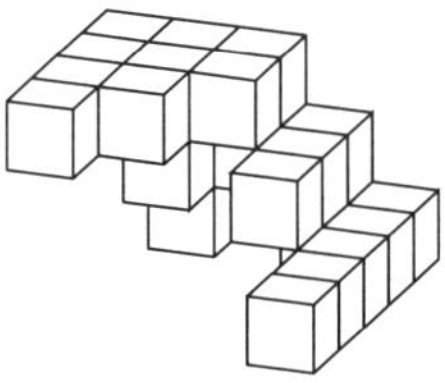

④ 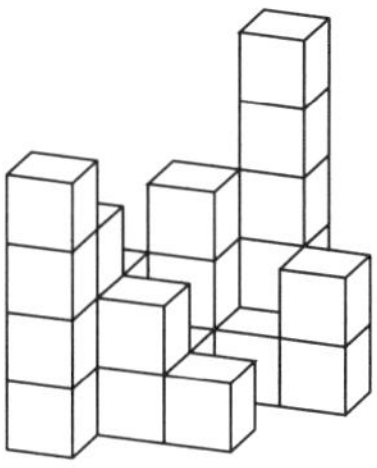

⑤ 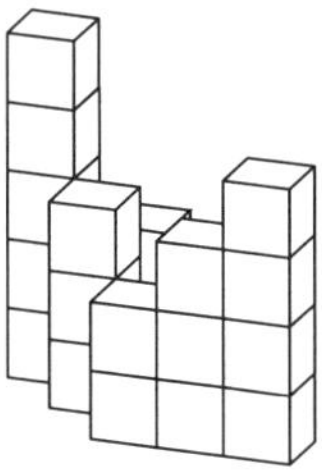

PART 4

15

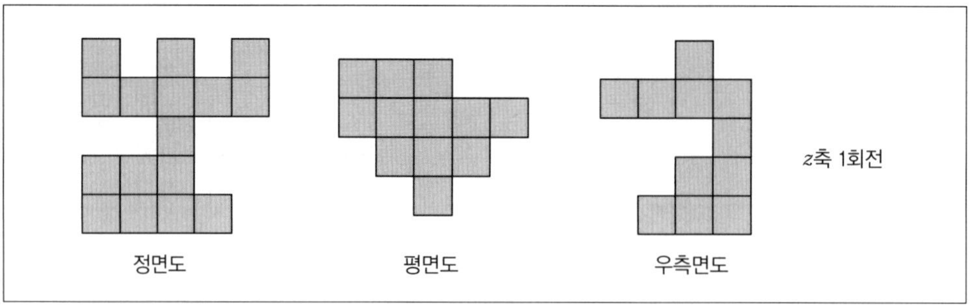

①

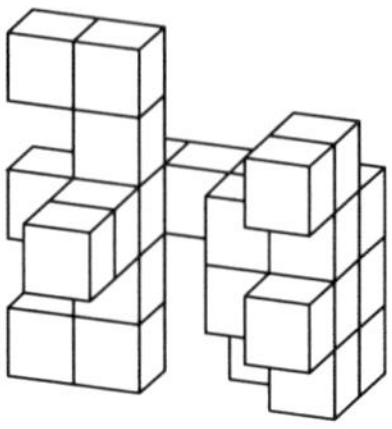

②

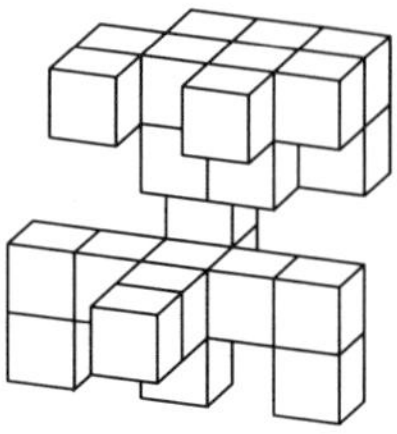

③

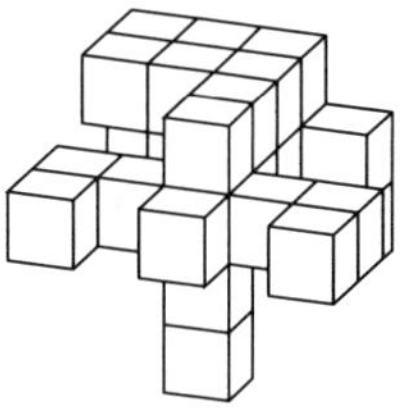

④

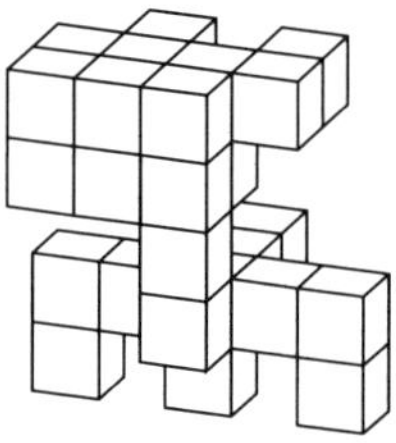

⑤

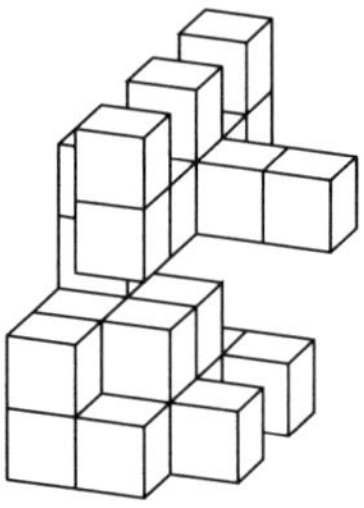

16

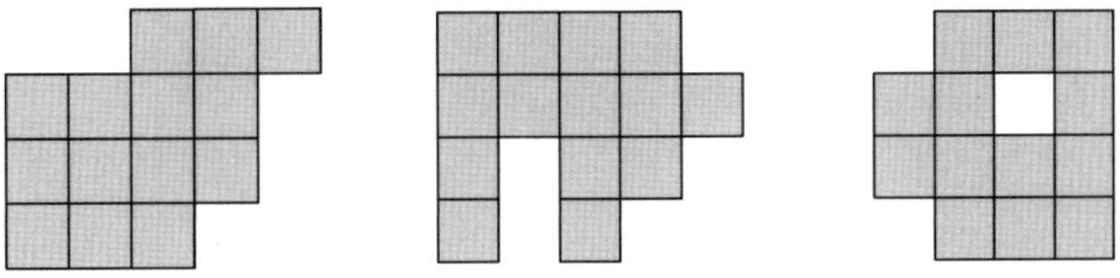

정면도 평면도 우측면도

x축 3회전

①

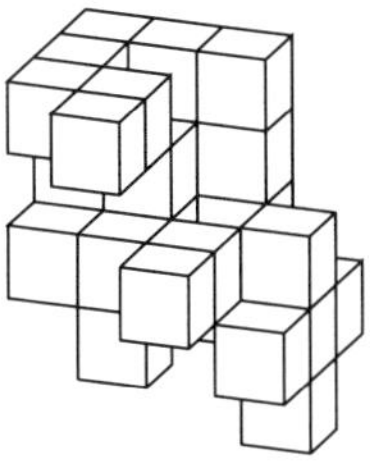

②

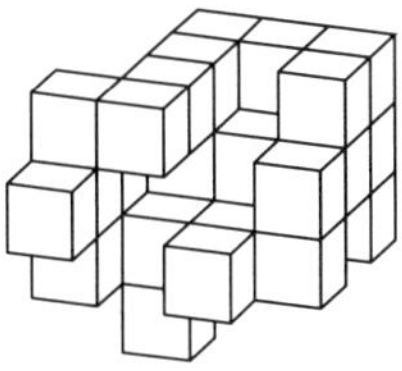

③

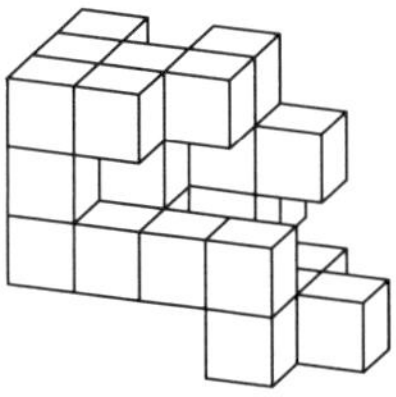

④

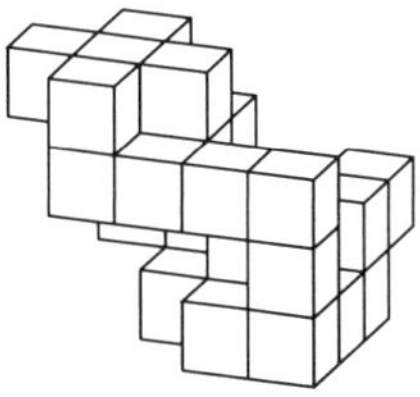

⑤

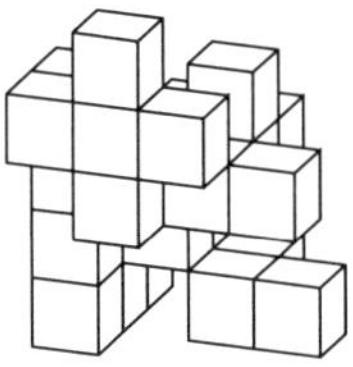

17

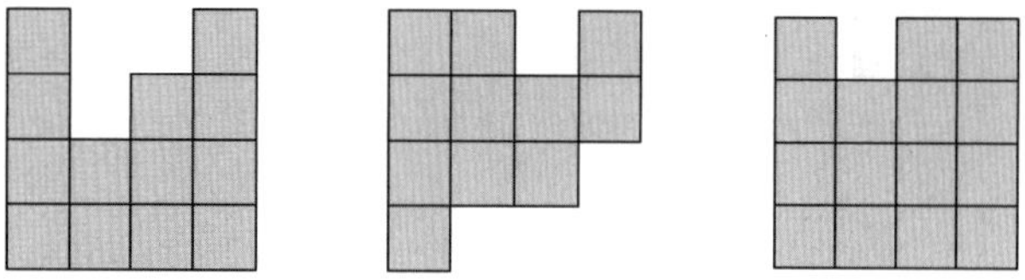

정면도 평면도 우측면도

y축 1회전

①

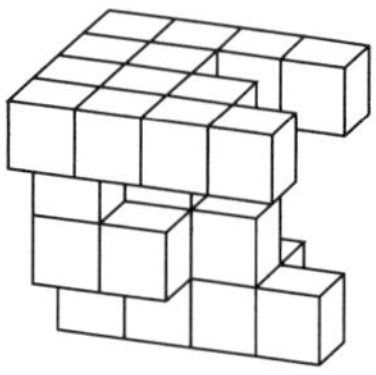

②

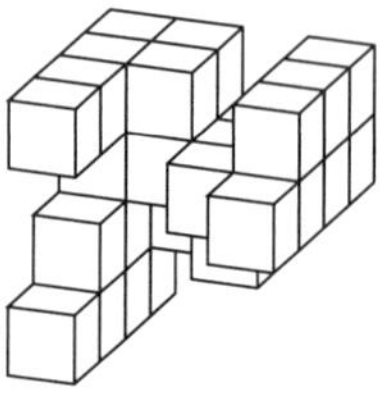

③

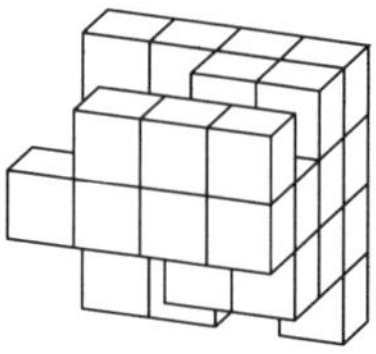

④

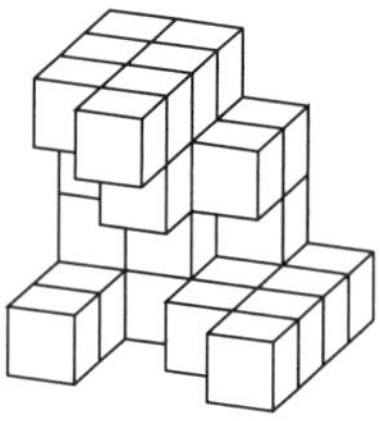

⑤

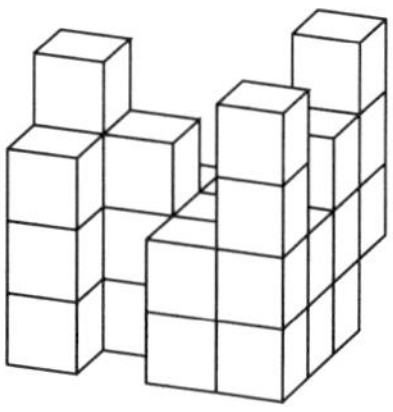

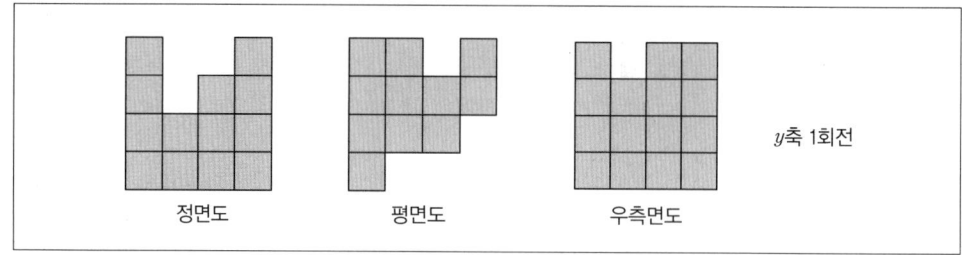

※ 다음 제시된 단면과 일치하는 입체도형을 고르시오. [18~19]

18

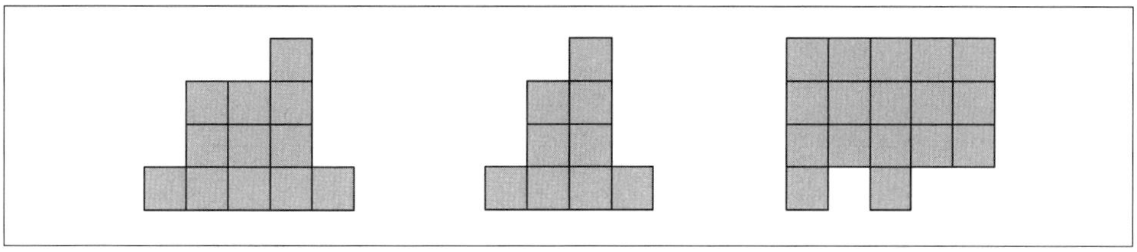

①

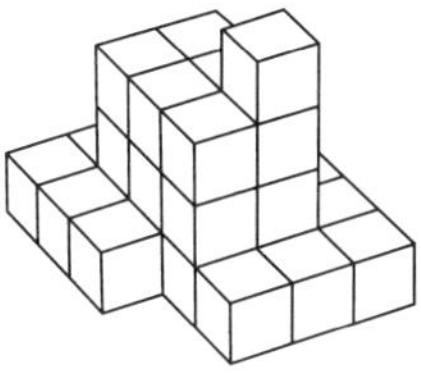

②

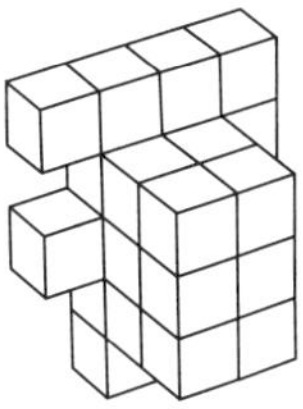

③

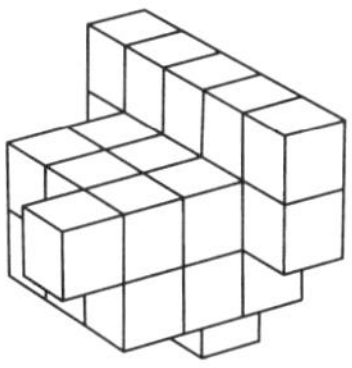

④

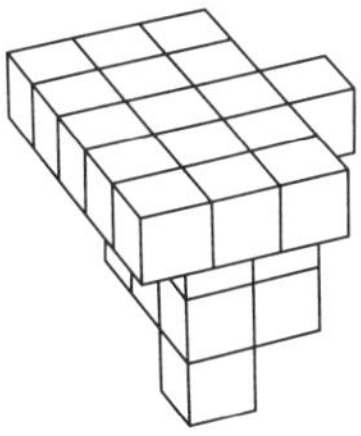

⑤

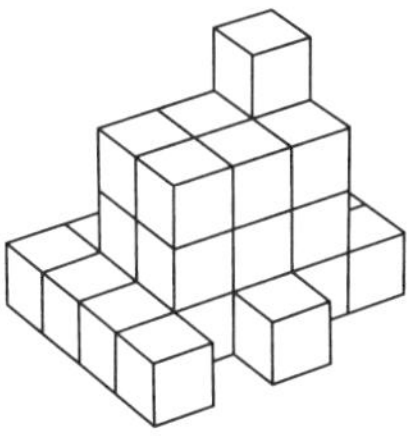

Hard

19

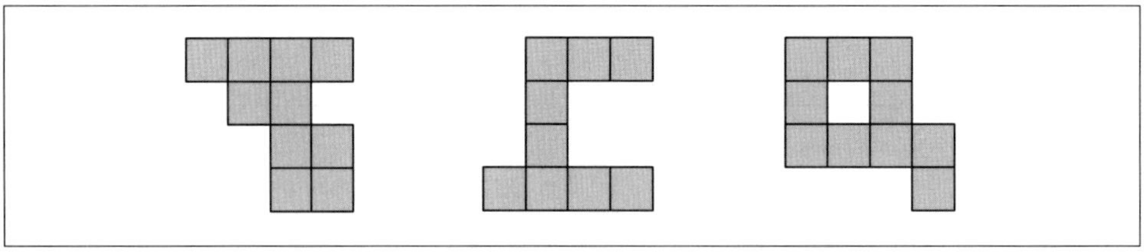

①

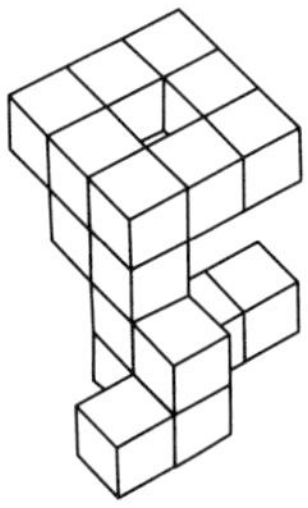

②

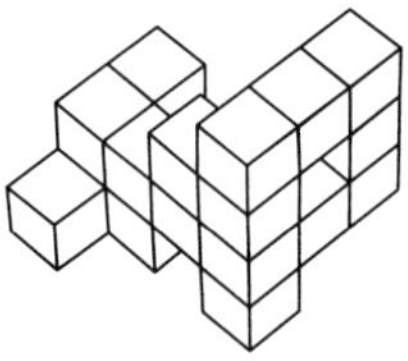

③

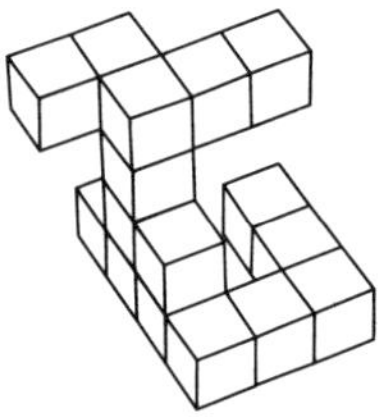

④

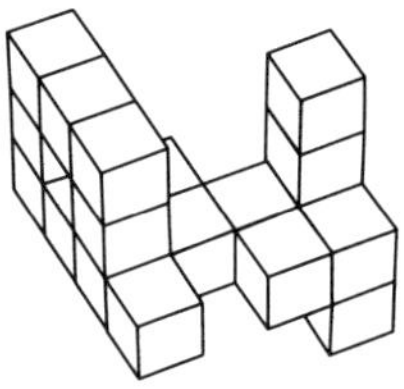

⑤

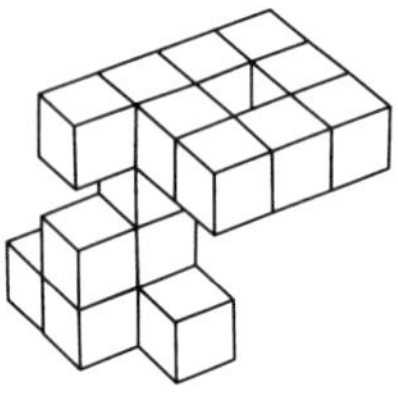

Easy

20 다음 제시된 단면과 일치하지 않는 입체도형을 고르면?

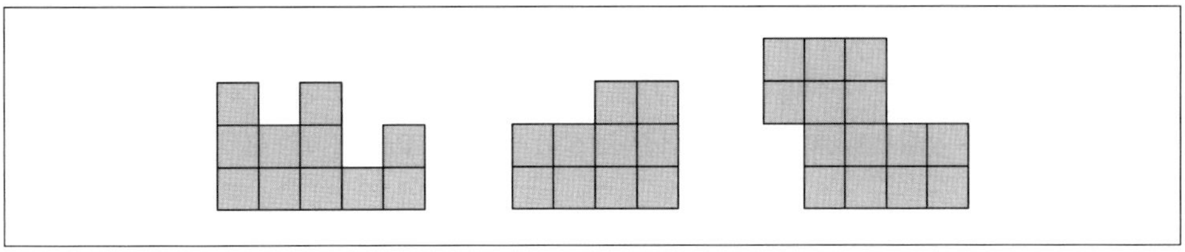

①

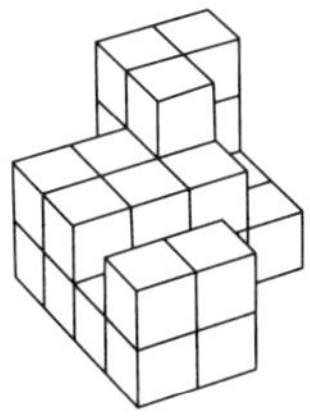

②

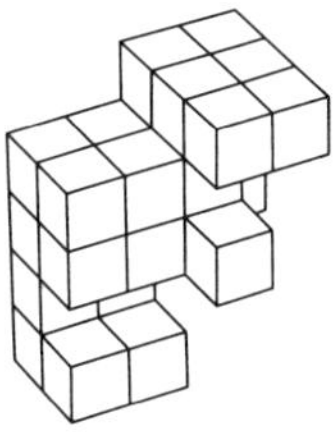

③

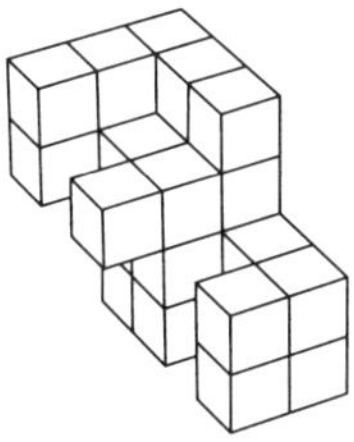

④

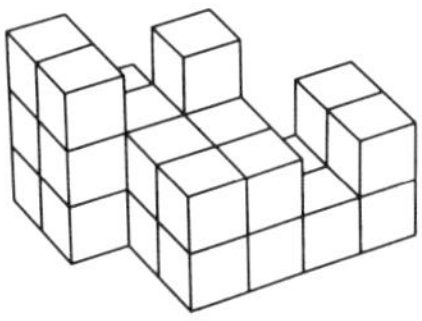

⑤

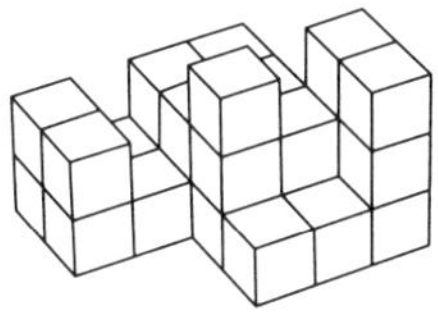

06 도식이해

※ 다음 기호들은 일정한 규칙에 따라 도형을 변화시킨다. 주어진 도형을 도식에 따라 변화시켰을 때, 결과로 알맞은 것을 고르시오(단, 주어진 조건이 두 가지 이상일 때, 모두 일치해야 Yes로 이동한다). **[1~3]**

〈규칙〉

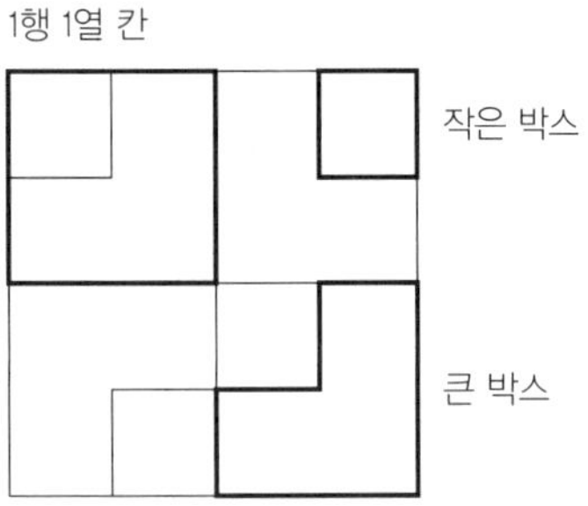

- Ⓐ : 작은 박스 안의 숫자 합의 일의 자릿수만큼 작은 박스 안의 숫자 위치만 반시계 방향으로 전체 회전
- Ⓑ : 각 칸의 작은 박스 안의 숫자와 큰 박스 안의 숫자를 곱한 값의 십의 자릿수는 큰 박스, 일의 자리 수는 작은 박스 안에 수로 교체
- Ⓒ : 각 칸을 시계 방향으로 1칸씩 이동(각 칸의 작은 박스, 큰 박스 위치 및 각 박스 안의 위치 고정하여 각 칸 단위로 이동)
- Ⓓ : 각 칸의 작은 박스와 큰 박스 크기 교체
- Ⓧ : 작은 박스 안의 숫자 합(□)과 큰 박스 안의 숫자 합(▢)을 비교하여 맞으면 YES, 틀리면 NO
- Ⓨ : 각 칸의 위에 위치한 작은 박스의 수(x)를 비교하여 맞으면 YES, 틀리면 NO
- 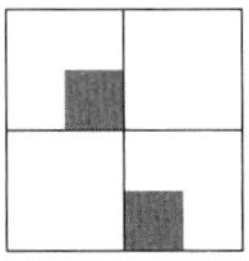 : 색칠된 위치의 작은 박스 안의 숫자(□)와 큰 박스 안의 숫자(▢)를 비교하여 맞으면 YES, 틀리면 NO

01

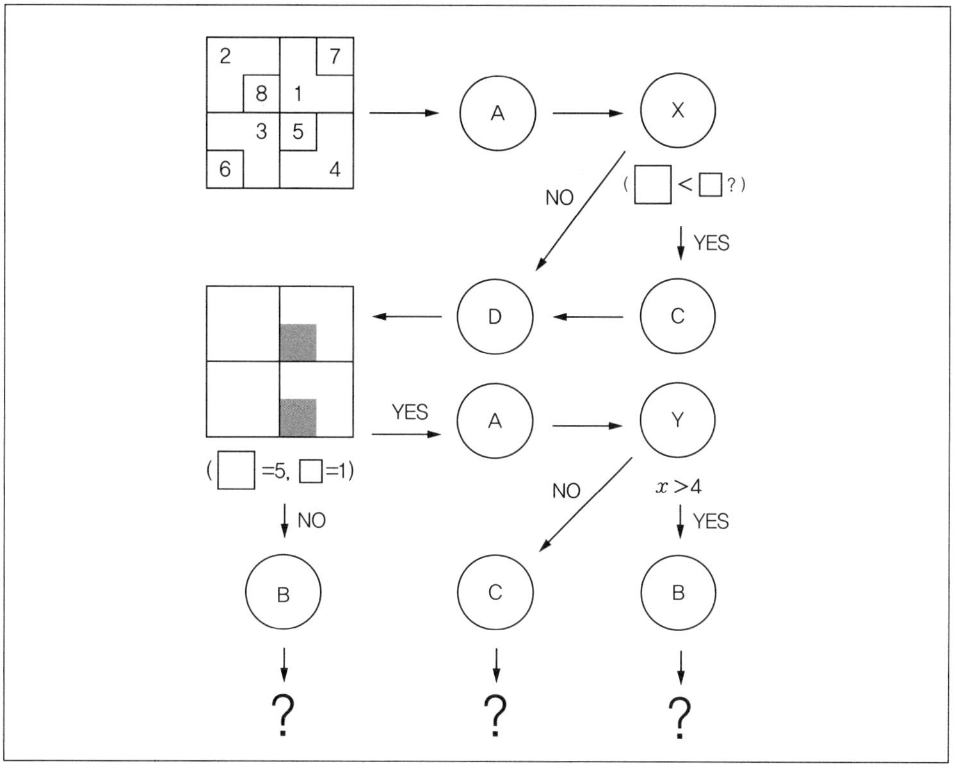
2 7
8 1
3 5
6 4
A
X
NO
(□ < □ ?)
YES
D
C
YES
A
Y
(□ =5, □ =1)
NO
NO
x > 4
YES
B
C
B
?
?
?

①
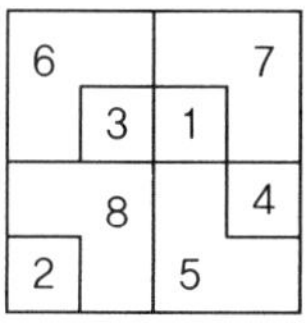
6 7
3 1
8 4
2 5

②
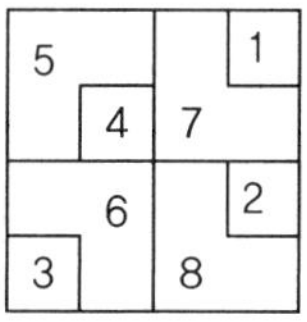
5 1
4 7
6 2
3 8

③
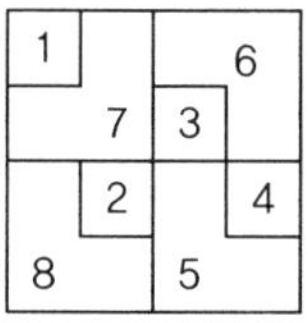
1 6
7 3
2 4
8 5

④
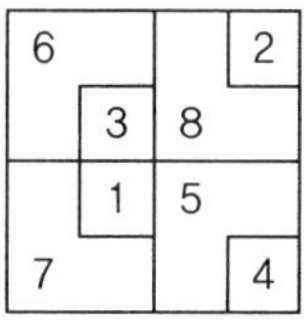
6 2
3 8
1 5
7 4

⑤
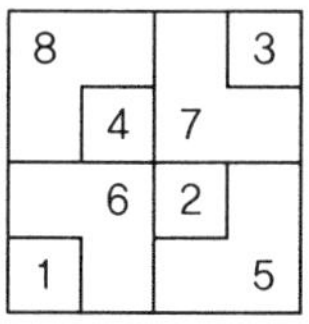
8 3
4 7
6 2
1 5

02

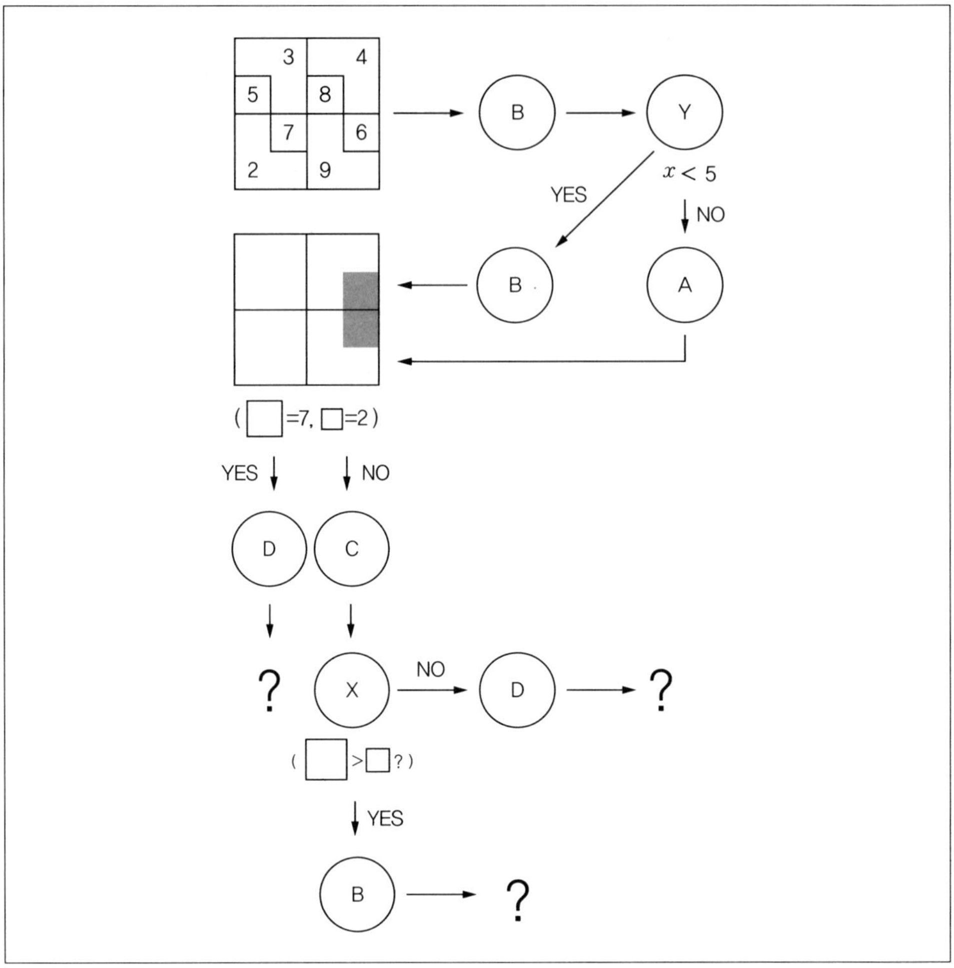
3 4
5 8
7 6
2 9
B
Y
x < 5
YES
NO
B
A
(=7, =2)
YES
NO
D
C
?
X
NO
D
?
(> ?)
YES
B
?

①
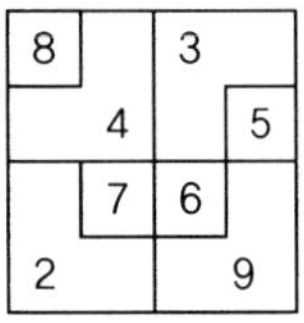
8 3
4 5
7 6
2 9

②
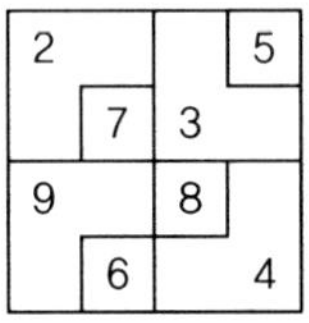
2 5
7 3
9 8
6 4

③
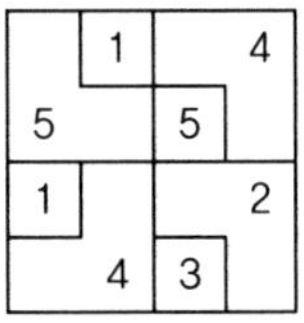
1 4
5 5
1 2
4 3

④
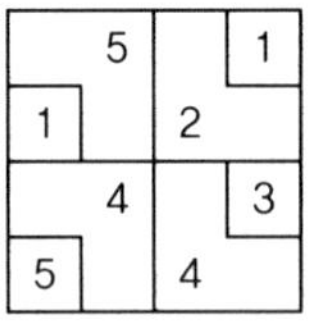
5 1
1 2
4 3
5 4

⑤
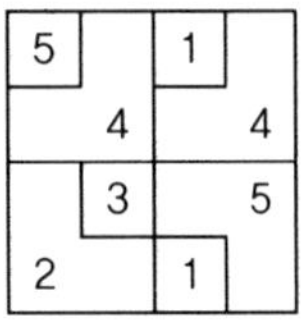
5 1
4 4
3 5
2 1

03

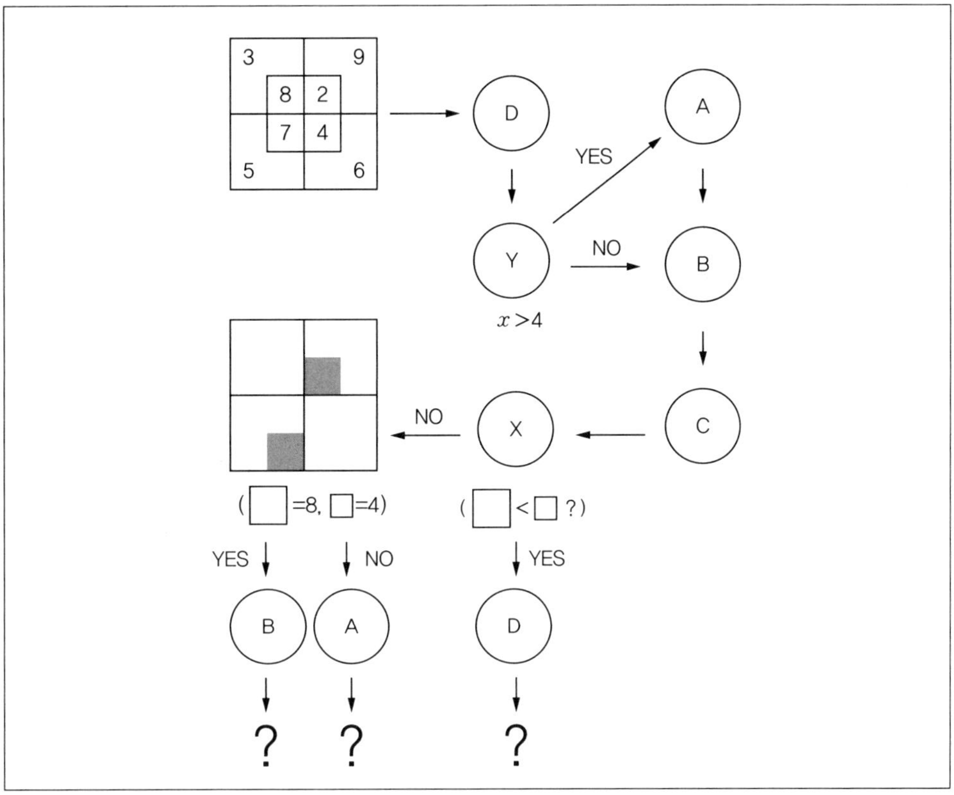

3
9
8
2
7
4
5
6
D
YES
A
Y
NO
B
x>4
C
X
NO
(=8, =4)
(< ?)
YES
NO
YES
B
A
D
?
?
?

①

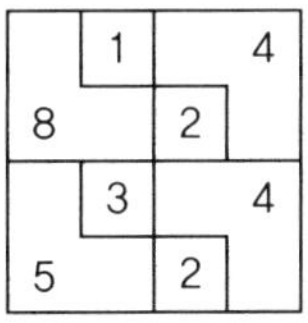

1
4
8
2
3
4
5
2

②

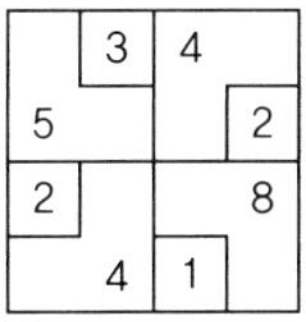

3
4
5
2
2
8
4
1

③

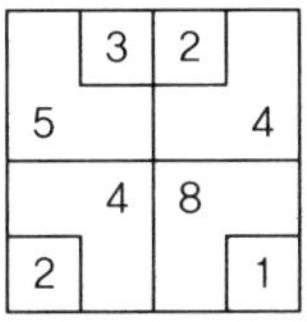

3
2
5
4
4
8
2
1

④

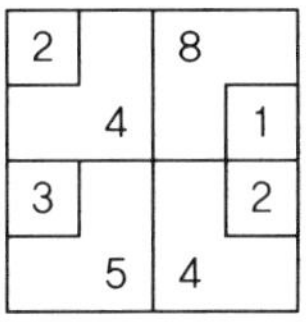

2
8
4
1
3
2
5
4

⑤

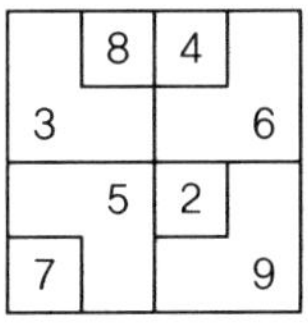

8
4
3
6
5
2
7
9

※ 다음 도식의 기호들은 일정한 규칙에 따라 도형을 변화시킨다. 물음표에 들어갈 알맞은 형태를 고르시오. [4~6]

[변환규칙]

⬆ : 알파벳이 한 칸씩 위로 이동한다.

➡ : 한글이 한 칸씩 우측으로 이동한다.

↷ : 한글이 알파벳 위에 있는 칸의 개수를 a라고 할 때, 가운데 칸을 제외한 8개의 칸이 시계 방향으로 a칸 이동한다.

⇕ (m, n) : m행과 n열의 각 칸에서 알파벳과 한글의 상하 위치를 서로 바꾼다.

[조건규칙]

A, A : 알파벳이 한글의 위에 위치한 개수

ㄱ, ㄱ : 한글의 상하 위치가 처음과 동일한 개수

A, ㄱ : 한 칸에 들어있는 알파벳과 한글의 짝이 처음과 동일한 개수

04

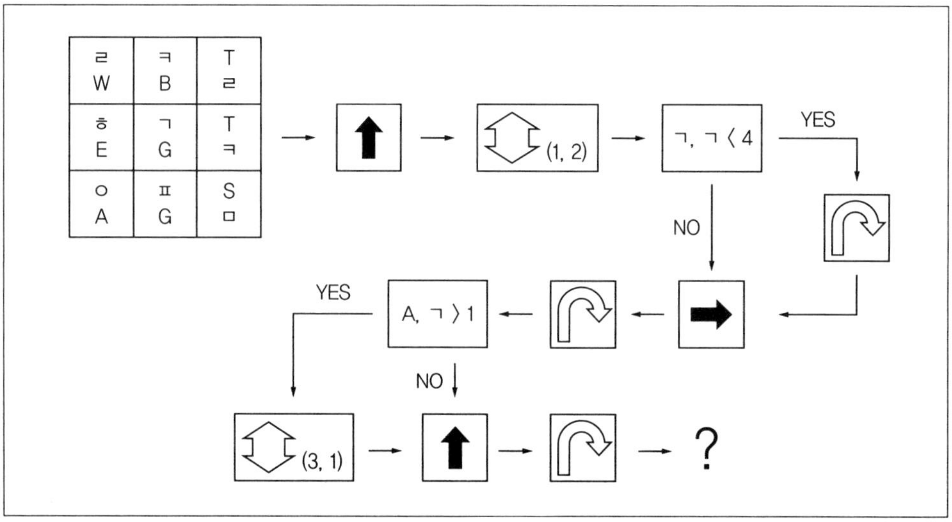

①

ㅁ A	ㅋ E	ㄹ W
G ㅇ	G ㅎ	B ㄹ
ㅍ A	ㄱ G	ㅋ S

②

ㅁ A	ㅋ E	ㄹ W
G ㅇ	G ㅎ	B ㄹ
ㅍ S	ㄱ T	ㅋ T

③

W ㄹ	G ㅎ	T ㄱ
G ㅇ	ㄹ B	ㅋ T
S ㅍ	ㅋ E	ㅁ A

④

T ㄱ	W ㄹ	ㄴ ㅎ
ㅋ T	G ㅇ	ㄹ B
ㅁ A	S ㅍ	ㅋ E

⑤

W ㄹ	ㄹ B	ㅋ T
ㅋ E	G ㅎ	T ㄱ
ㅁ A	G ㅇ	S ㅍ

Hard

05

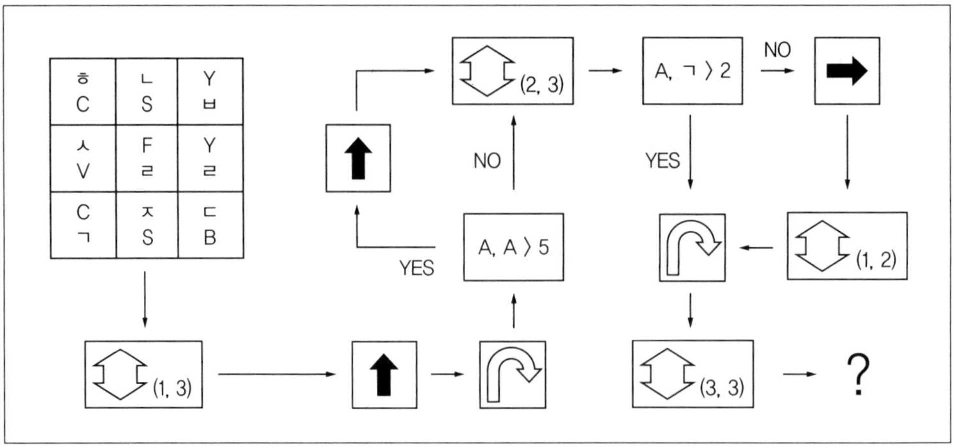

①

F ㅎ	ㄴ C	ㅂ C
V ㅅ	ㄹ Y	S ㄹ
ㄱ S	Y ㅈ	ㄷ B

②

Y ㅅ	S ㅈ	V ㄱ
ㅎ B	Y ㄷ	ㄹ F
S ㄴ	C ㄹ	ㅂ C

③

C ㄹ	S ㄴ	ㅎ B
ㅂ C	Y ㄷ	Y ㅅ
ㄹ F	V ㄱ	S ㅈ

④

V ㅅ	F ㅎ	ㄴ C
ㄱ S	ㄹ Y	ㅂ C
Y ㅈ	ㄷ B	S ㄹ

⑤

ㄱ S	Y ㅈ	ㄷ B
F ㅎ	ㄴ C	ㅂ C
V ㅅ	ㄹ Y	S ㄹ

Hard

06

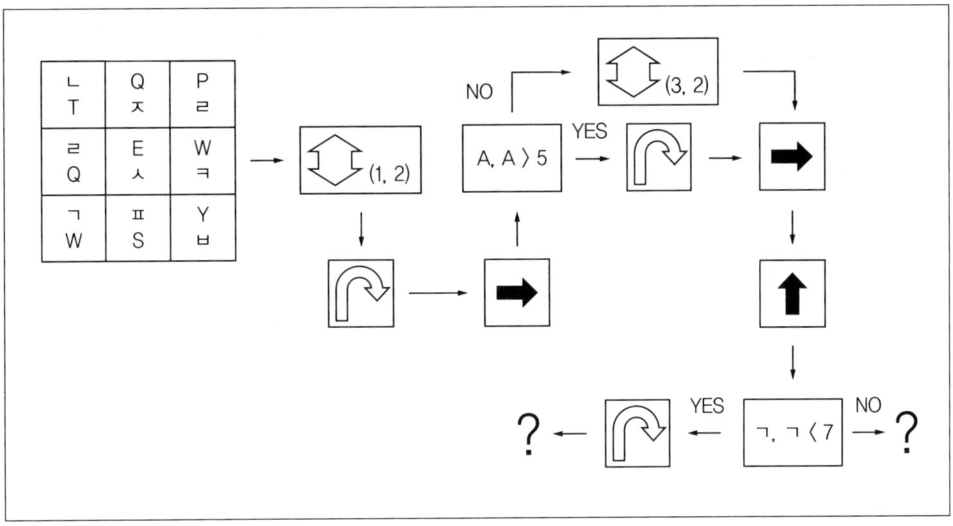

①

W ㅍ	ㄱ E	ㅂ Q
P ㅅ	Q ㄹ	ㅋ T
Y ㅈ	S ㄴ	ㄹ W

②

Y ㅍ	ㄱ S	ㅂ W
W ㅅ	E ㄹ	ㅋ Q
P ㅈ	Q ㄴ	ㄹ T

③

ㅂ Q	ㄱ E	W ㅍ
ㄹ W	S ㄴ	Y ㅈ
ㅋ T	Q ㄹ	P ㅅ

④

ㄹ W	S ㄴ	Y ㅈ
ㅋ T	Q ㄹ	P ㅅ
ㅂ Q	ㄱ E	W ㅍ

⑤

Y ㄱ	ㅂ S	ㅍ W
W ㄹ	E ㅋ	ㅅ Q
P ㄴ	Q ㄹ	ㅈ T

※ 다음 도식의 기호들은 일정한 규칙에 따라 도형을 변화시킨다. 물음표에 들어갈 알맞은 도형을 고르시오. [7~8]

▶▶ : 1열을 3열로 복제
▼▼ : 1행을 3행으로 복제
◎ : 가운데 도형을 기준으로 시계 방향 1칸씩 이동
◁▷ : 1열과 3열을 교환
⊙ : 해당 칸 '모양' 비교 → 가장 처음 제시된 도형과 같으면 한 열씩 오른쪽 / 다르면 한 행씩 아래로 이동
▣ : 해당 칸 '색깔' 비교 → 가장 처음 제시된 도형과 같으면 해당 열 색 반전 / 다르면 해당 행 색 반전

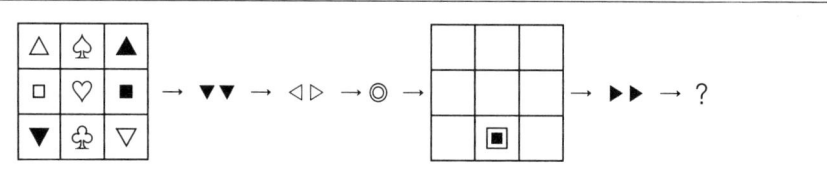

07

△	♤	▲
□	♡	■
▼	♧	▽

→ ▼▼ → ◁▷ → ◎ →

	▣	

→ ▶▶ → ?

①

▲	△	▲
♤	▲	♤
□	♥	□

②

■	△	■
▲	♥	▲
♤	▲	♤

③

■	△	■
♤	▲	♤
▲	♥	▲

④

■	△	■
▼	♡	▼
♤	▲	♤

⑤

■	△	■
♤	♠	♤
△	♠	△

Hard

08

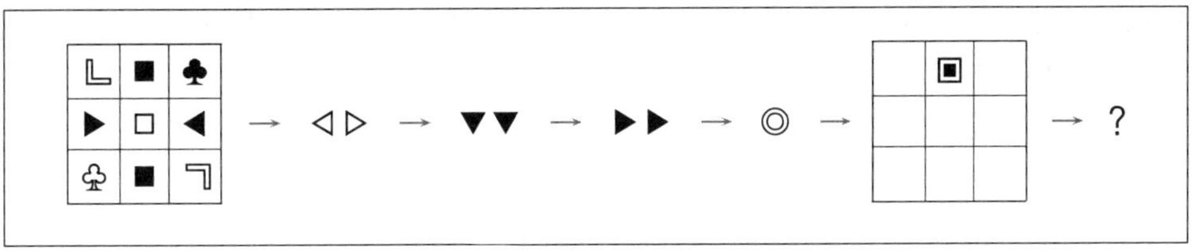

①
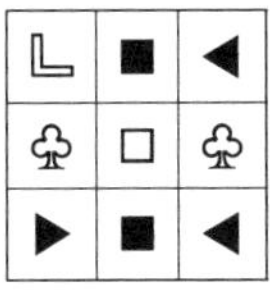

②
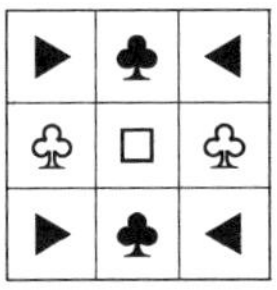

③
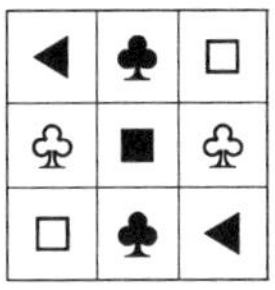

④
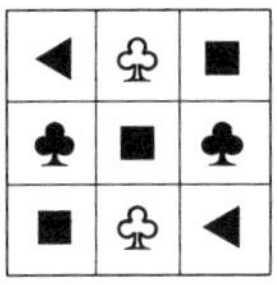

⑤
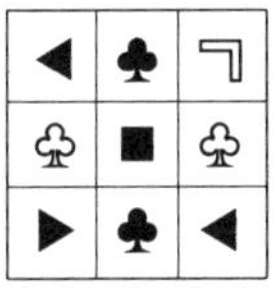

※ 다음 도식의 기호들은 일정한 규칙에 따라 도형을 변화시킨다. 물음표에 들어갈 알맞은 도형을 고르시오. [9~10]

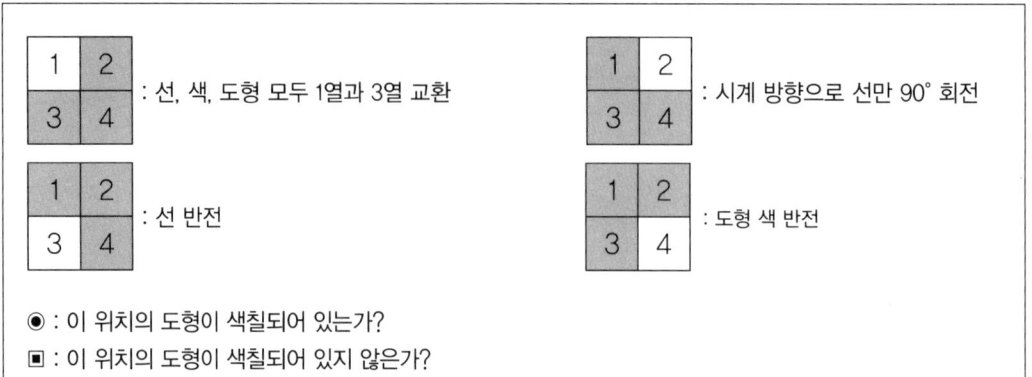

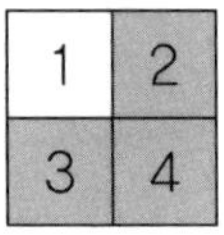
: 선, 색, 도형 모두 1열과 3열 교환

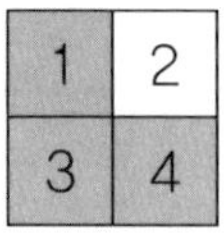
: 시계 방향으로 선만 90° 회전

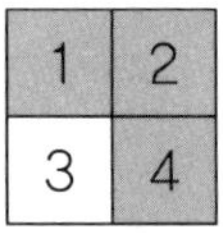
: 선 반전

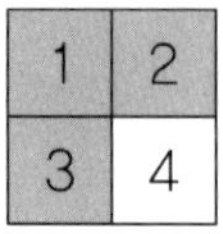
: 도형 색 반전

◉ : 이 위치의 도형이 색칠되어 있는가?

▣ : 이 위치의 도형이 색칠되어 있지 않은가?

09

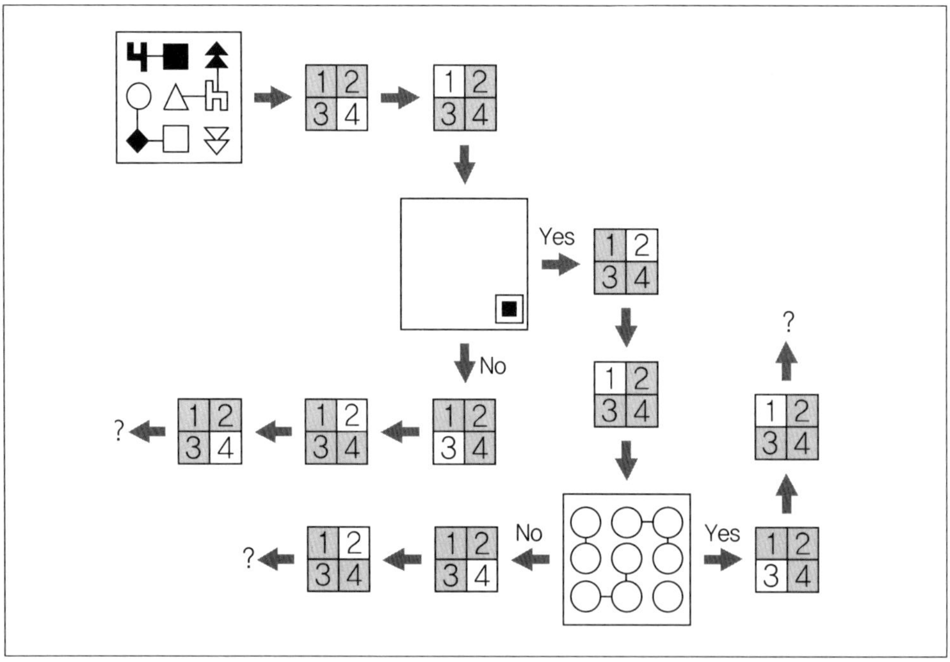

①

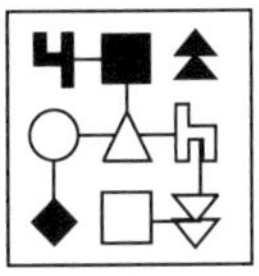

②

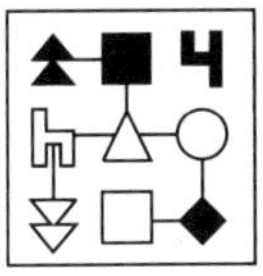

③

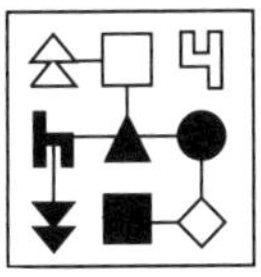

④

⑤

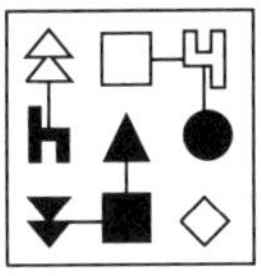

PART 4

Hard

10

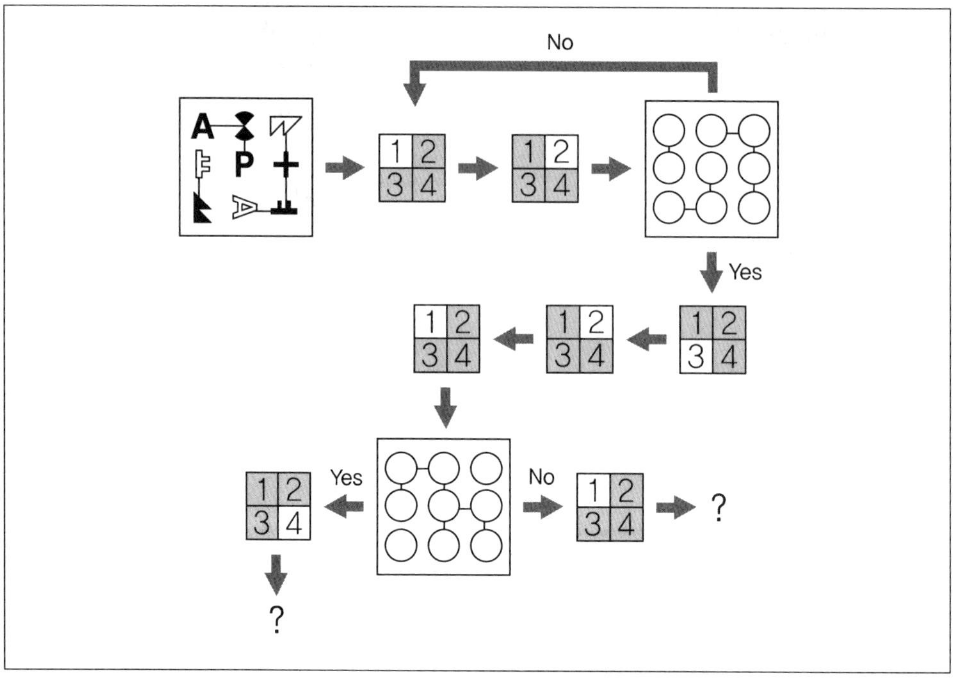

①

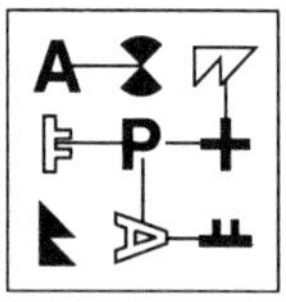

②

③

④

⑤

※ **다음 제시된 명령어의 규칙에 따라 숫자를 변환시킬 때, 규칙에 따라 도식을 해결하여 마지막에 나오는 형태를 구하시오. [11~13]**

Enter : 숫자와 색을 한 행씩 아래로 이동

Space : 숫자와 색을 한 열씩 오른쪽으로 이동

Tab : 숫자만 시계 방향으로 90° 회전

Shift : 색 반전

◇ : 해당 칸의 숫자가 초기 숫자보다 큰가?

□ : 해당 칸의 배경이 흰색인가?

■ : 해당 칸의 배경이 검은색인가?

사각형 안에 −(빼기) 2개 : 2개칸 숫자의 차 X가 조건에 맞는지 확인

사각형 안에 +(더하기) 2개 : 2개 칸 숫자의 합 X가 조건에 맞는지 확인

Easy

11

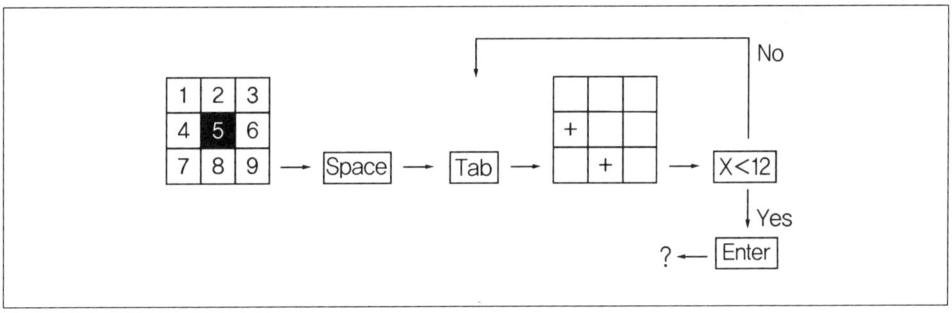

①
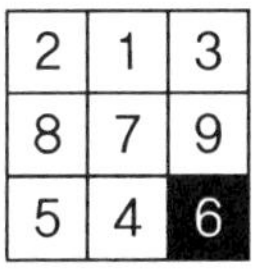

②
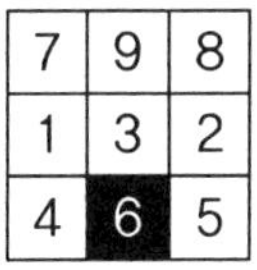

③
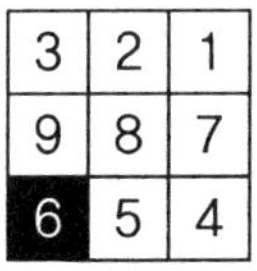

④
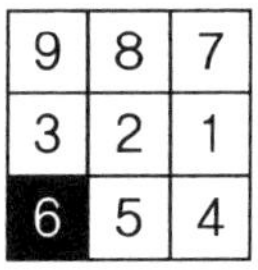

⑤
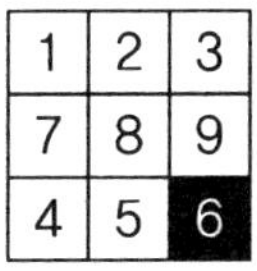

12

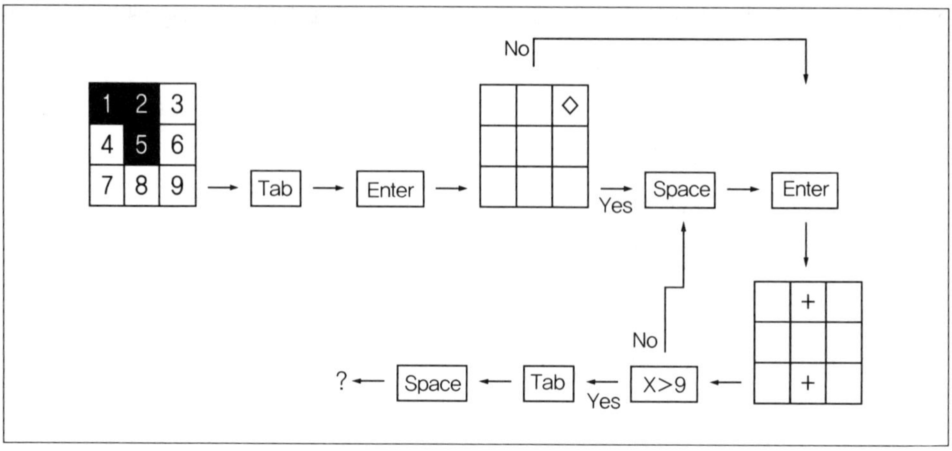
No
1 2 3
4 5 6
7 8 9
Tab
Enter
◇
Yes
Space
Enter
+
+
No
X>9
Yes
Tab
Space
?

①
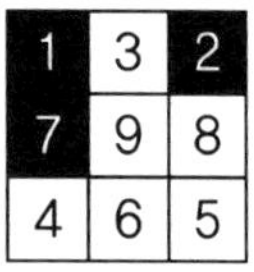
1 3 2
7 9 8
4 6 5

②
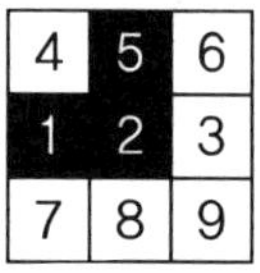
4 5 6
1 2 3
7 8 9

③
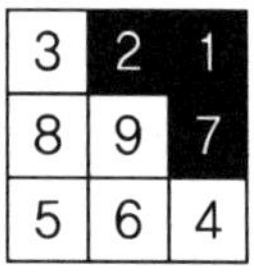
3 2 1
8 9 7
5 6 4

④
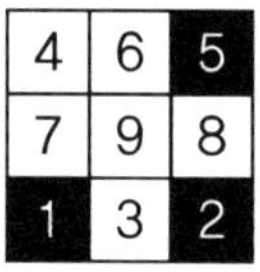
4 6 5
7 9 8
1 3 2

⑤
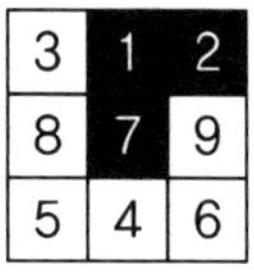
3 1 2
8 7 9
5 4 6

Hard

13

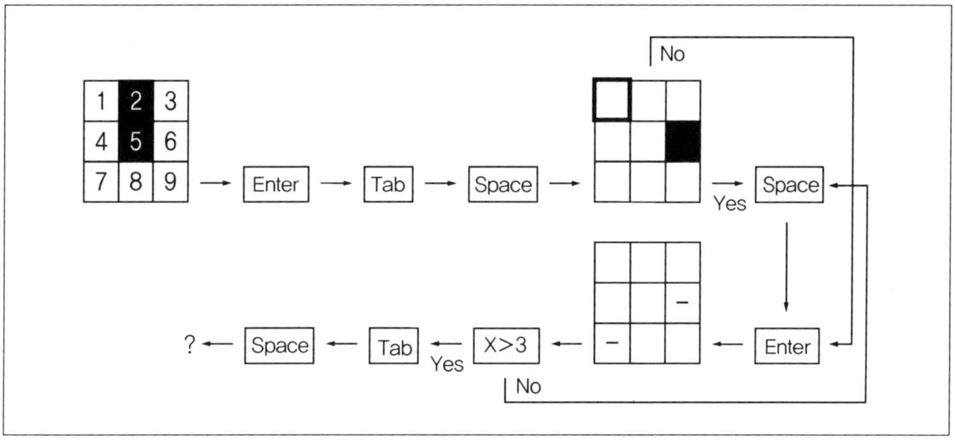

①

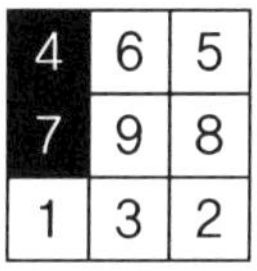

②

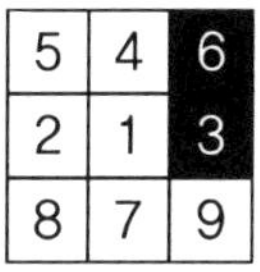

③

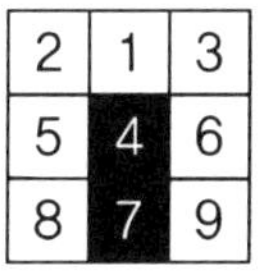

④

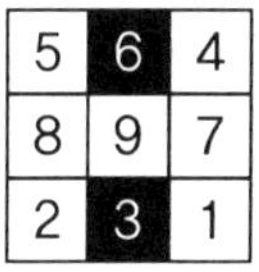

⑤

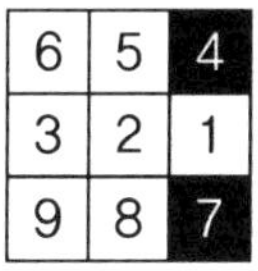

PART 4

※ 다음 도식의 기호들은 일정한 규칙에 따라 도형을 변화시킨다. 물음표에 들어갈 알맞은 도형을 고르시오. [14~15]

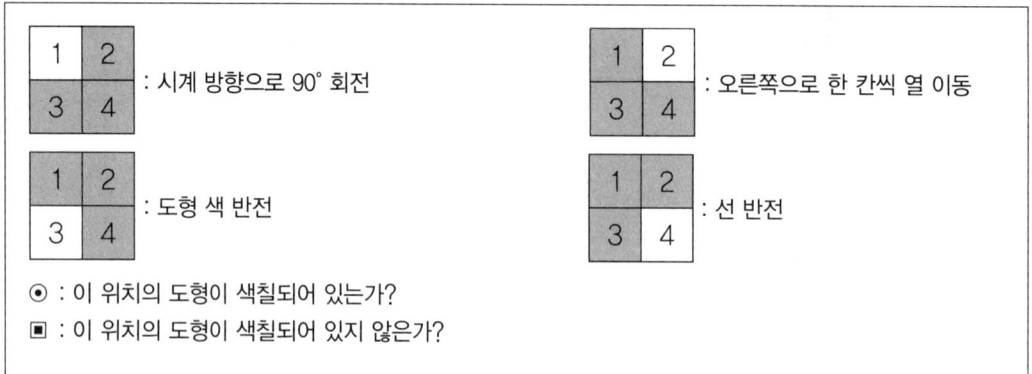

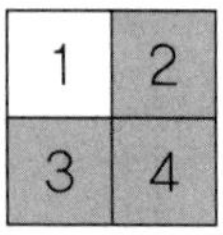
: 시계 방향으로 90° 회전

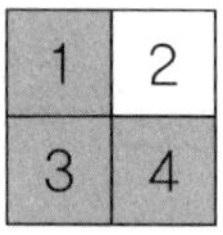
: 오른쪽으로 한 칸씩 열 이동

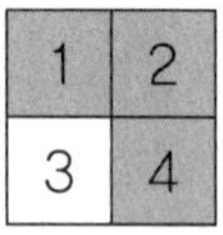
: 도형 색 반전

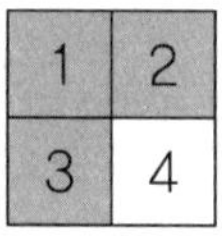
: 선 반전

⊙ : 이 위치의 도형이 색칠되어 있는가?

▣ : 이 위치의 도형이 색칠되어 있지 않은가?

Hard

14

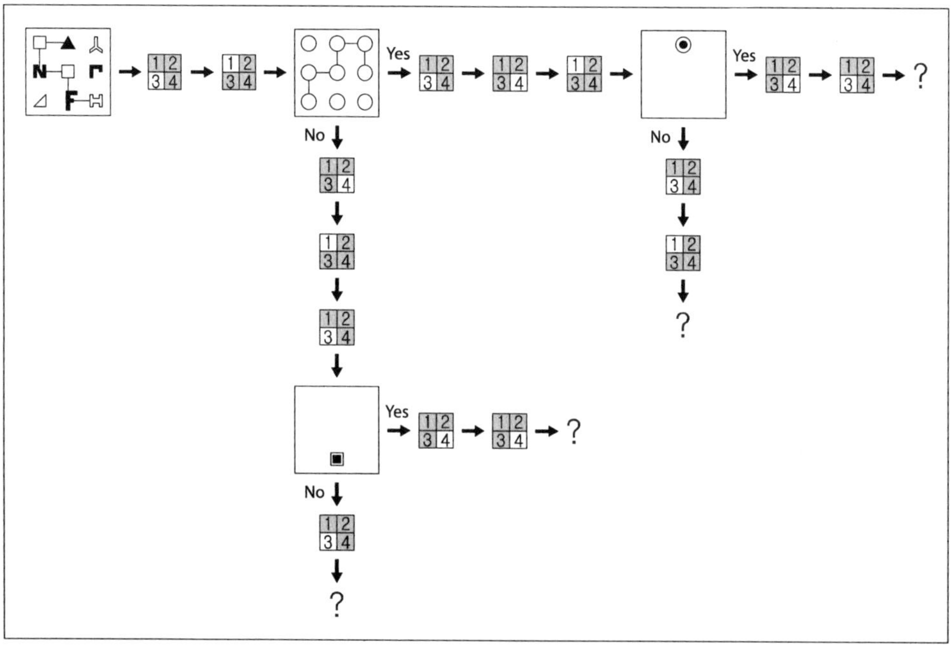

① 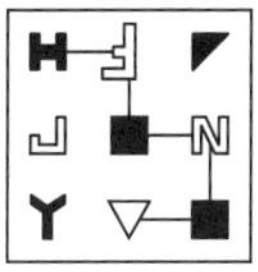

② 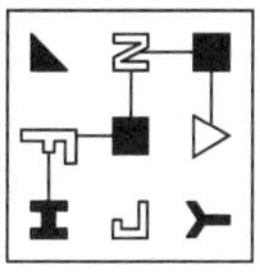

③ 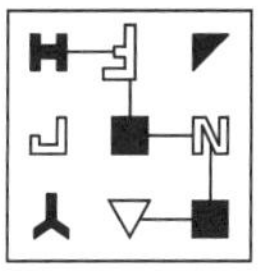

④ 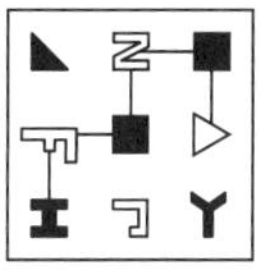

⑤ 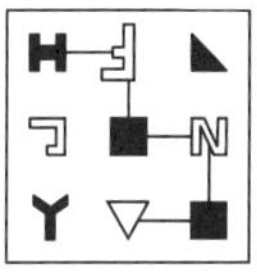

PART 4

15

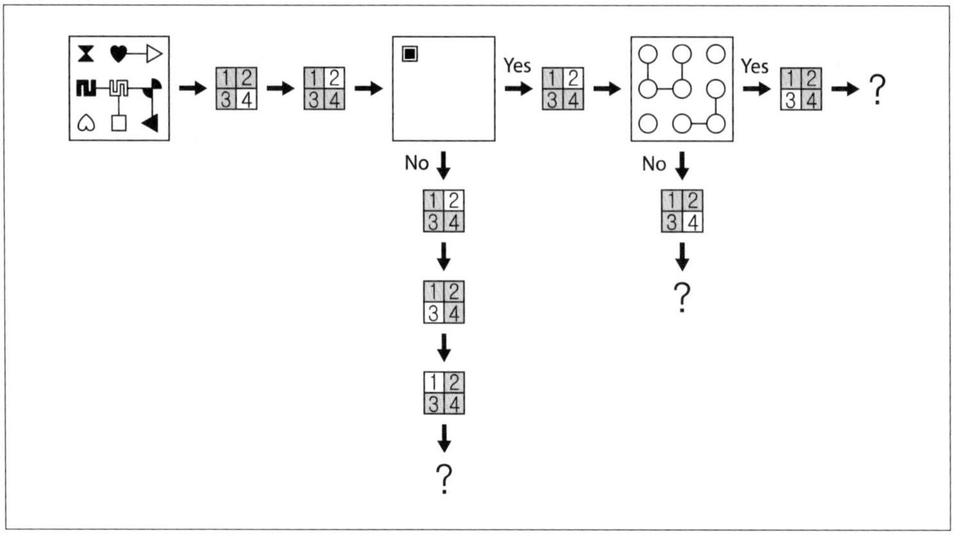

①

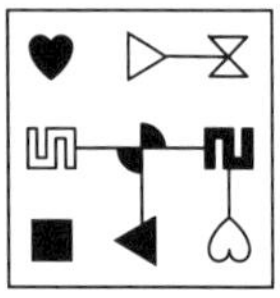

②

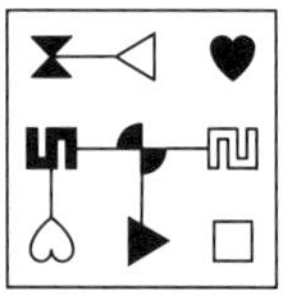

③

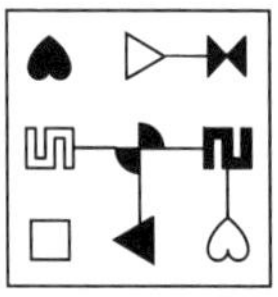

④

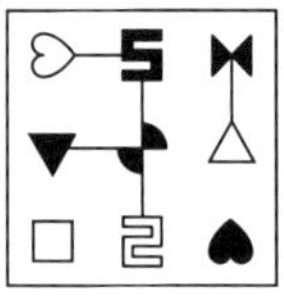

⑤

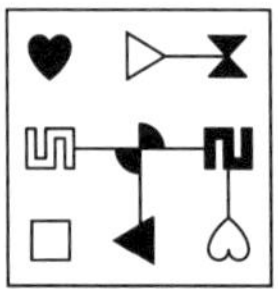

모바일 OMR

제2회 최종점검 모의고사

문항 수 : 110문항 응시시간 : 155분

정답 및 해설 p.087

01 언어이해

01 제시된 문단을 논리적 순서대로 바르게 나열했을 때, 다음 순서에 들어갈 문단을 바르게 짝지은 것은?

(가) 상품의 가격은 기본적으로 수요와 공급의 힘으로 결정된다. 시장에 참여하고 있는 경제 주체들은 자신이 가진 정보를 기초로 하여 수요와 공급을 결정한다.

(나) 이런 경우에는 상품의 가격이 우리의 상식으로는 도저히 이해하기 힘든 수준까지 일시적으로 뛰어오르는 현상이 나타날 가능성이 있다. 이런 현상은 특히 투기의 대상이 되는 자산의 경우 자주 나타나는데, 우리는 이를 '거품 현상'이라고 부른다.

(다) 그러나 현실에서는 사람들이 서로 다른 정보를 갖고 시장에 참여하는 경우가 많다. 어떤 사람은 특정한 정보를 갖고 있는데 거래 상대방은 그 정보를 갖고 있지 못한 경우도 있다.

(라) 일반적으로 거품 현상이란 것은 어떤 상품,특히 자산의 가격이 지속해서 급격히 상승하는 현상을 가리킨다. 이와 같은 지속적인 가격 상승이 일어나는 이유는 애초에 발생한 가격 상승이 추가적인 가격 상승의 기대로 이어져 투기 바람이 형성되기 때문이다.

(마) 이들이 똑같은 정보를 함께 갖고 있으며 이 정보가 아주 틀린 것이 아닌 한, 상품의 가격은 어떤 기본적인 수준에서 크게 벗어나지 않을 것이라고 예상할 수 있다.

	4번째	5번째
①	(나)	(가)
②	(나)	(다)
③	(나)	(라)
④	(다)	(나)
⑤	(다)	(마)

PART 4

02 다음 제시된 글을 읽고, 이어질 문장을 논리적 순서대로 바르게 나열한 것은?

구체적 행위에 대한 도덕적 판단 문제를 다루는 것이 규범 윤리학이라면, 옳음의 의미 문제, 도덕적 진리의 존재 문제 등과 같이 규범 윤리학에서 사용하는 개념과 원칙에 대해 다루는 것은 메타 윤리학이다. 메타 윤리학에서 도덕 실재론과 정서주의는 '옳음'과 '옳지 않음'의 의미를 이해하는 방식과 도덕적 진리의 존재 여부에 대해 상반된 주장을 펼친다.

(가) 따라서 '옳다' 혹은 '옳지 않다'라는 도덕적 판단을 내리지만, 과학적 진리와 같은 도덕적 진리는 없다는 입장을 보인다.
(나) 도덕 실재론에서는 도덕적 판단과 도덕적 진리를 과학적 판단 및 과학적 진리와 마찬가지라고 본다.
(다) 한편, 정서주의에서는 어떤 도덕적 행위에 대해 도덕적으로 옳음이나 도덕적으로 옳지 않음이라는 성질은 객관적으로 존재하지 않는 것이고 도덕적 판단도 참 또는 거짓으로 판정되는 명제를 나타내지 않는다.
(라) 즉, 과학적 판단이 '참' 또는 '거짓'을 판정할 수 있는 명제를 나타내고 이때 참으로 판정된 명제를 과학적 진리라고 부르는 것처럼, 도덕적 판단도 참 또는 거짓으로 판정할 수 있는 명제를 나타내고 참으로 판정된 명제가 곧 도덕적 진리라고 규정하는 것이다.

① (가) – (나) – (다) – (라)
② (나) – (가) – (다) – (라)
③ (나) – (라) – (다) – (가)
④ (다) – (가) – (나) – (라)
⑤ (다) – (라) – (나) – (가)

03 다음 글에서 앞뒤 문맥을 고려할 때, 이어질 내용을 논리적 순서대로 알맞게 나열한 것은?

세상에서는 흔히 학문밖에 모르는 상아탑 속의 연구 생활을 현실을 도피한 짓이라고 비난하기 일쑤지만, 상아탑의 덕택이 큰 것임을 알아야 한다. 모든 점에서 편리해진 생활을 향락하고 있는 현대인이 있기 전에 그런 것이 가능하기 위해서도 오히려 그런 향락과는 담을 쌓고 진리 탐구에 몰두한 학자들의 상아탑 속에서의 노고가 앞서 있었던 것이다. 그렇다고 남의 향락을 위하여 스스로 고난의 길을 일부러 걷는 것이 학자는 아니다.

(가) 상아탑이 나쁜 것이 아니라, 진리를 탐구해야 할 상아탑이 제 구실을 옳게 다하지 못하는 것이 탈이다.

(나) 학자는 그저 진리를 탐구하기 위하여 학문을 하는 것뿐이다.

(다) 학문에 진리 탐구 이외의 다른 목적이 섣불리 앞장을 설 때, 그 학문은 자유를 잃고 왜곡될 염려조차 있다.

(라) 진리 이외의 것을 목적으로 할 때, 그 학문은 한때의 신기루와도 같아 우선은 찬연함을 자랑할 수 있을지 모르나, 과연 학문이라고 할 수 있을까부터가 문제다.

(마) 학문을 악용하기 때문에 오히려 좋지 못한 일을 하는 경우가 얼마나 많은가?

진리의 탐구가 학문의 유일한 목적일 때, 그리고 그 길로 매진할 때, 그 무엇에도 속박됨이 없는 숭고한 학적인 정신이 만난을 극복하는 기백을 길러 줄 것이요, 또 그것대로 우리의 인격 완성의 길로 통하게도 되는 것이다.

① (가) – (나) – (다) – (라) – (마)
② (가) – (다) – (나) – (마) – (라)
③ (나) – (가) – (다) – (마) – (라)
④ (나) – (마) – (가) – (다) – (라)
⑤ (나) – (마) – (다) – (가) – (라)

※ 다음 글에서 밑줄 친 ㉠~㉤의 수정 방안으로 적절하지 않은 것을 고르시오. [4~5]

04

조직문화란 조직 구성원들이 공유하는 가치체계 · 신념체계 · 사고방식의 복합체를 말한다. ㉠ 그러나 조직문화는 조직 구성원들에게 정체성과 집단적 몰입(Collective Commitment)을 가져오며, 조직체계의 안정성과 조직 구성원들의 행동을 형성하는 기능을 ㉡ 수행할 것이다.
따라서 어느 조직사회에서나 조직 구성원들에게 소속감을 부여하고 화합을 도모하여 조직생활의 활성화를 ㉢ 기하므로 여러 가지 행사를 마련하게 되는데, 예컨대 본 업무 외에 회식 · 야유회(MT) · 체육대회 · 문화행사 등의 진행이 그것이다.
개인이 규범 · 가치 · 습관 · 태도 등에서 ㉣ 공통점이 느껴지고 동지의식을 가지며 애착 · 충성의 태도로 임하는 집단을 내집단(In Group)이라고 한다. 가족 · 친구 · 국가 · 민족 등이 이에 해당한다. 반면에 타인 · 타국 등 다른 문화를 가진 집단을 외집단(Out Group)이라고 부른다. 조직 구성원 간의 단합을 ㉤ 도모함으로써 조직의 정체성과 집단적 몰입을 꾀하는 조직문화는 곧 조직의 내집단 의식 고취를 목적으로 한다고 할 수 있다.

① ㉠ : 문맥을 고려하여 '그리하여'로 수정한다.
② ㉡ : 미래 · 추측의 의미가 아니므로 '수행한다'로 수정한다.
③ ㉢ : 문맥을 고려하여 '기하기 위해'로 수정한다.
④ ㉣ : 문장 중간에 동작 표현이 바뀌어 어색하므로 '공통점을 느끼고'로 수정한다.
⑤ ㉤ : 문장의 부사어로 사용되고 있으므로 '도모함으로서'로 수정한다.

05

사회복지와 근로의욕과의 관계에 대한 조사를 보면 사회복지와 근로의욕이 관계가 있다는 응답과 그렇지 않다는 응답의 비율이 비슷하게 나타난다. 하지만 기타 의견에 ㉠ 따라 과도한 사회복지는 근로의욕을 저하시킬 수 있다는 응답이 많았던 것으로 조사되었다. 예를 들어 정부지원금을 받으나 아르바이트를 하나 비슷한 돈이 나온다면 ㉡ 더군다나 일을 하지 않고 정부지원금으로만 먹고 사는 사람들이 많이 있다는 것이다. 여기서 주목해야 할 점은 과도한 복지 때문이 아닌 정책상의 문제라는 의견도 있다는 사실이다. 현실적으로 일을 할 수 있는 능력이 있는 사람에게는 ㉢ 최대한의 생계비용 이외의 수입을 인정하고, 빈곤층에서 벗어날 수 있게 지원해주는 것이 개인에게도, 국가에게도 바람직한 방식이라는 것이다.
특히 이 설문 조사 결과에서 주목해야 할 또 다른 측면은 '사회복지 체제가 잘 되어있을 수록 근로의욕이 떨어진다.'고 응답한 사람의 ㉣ 과반수 이상이 중산층 이상의 경제력을 가지고 있었다는 점이다.
재산이 많은 사람에게는 약간의 세금 확대가 ㉤ 영향이 적을 수 있기 때문에 경제발전을 위한 세금 확대는 찬성하더라도 복지정책을 위한 세금 확대는 반대하는 것이다. 이러한 점을 고려해 보면 소득격차 축소를 원하는 국민보다 복지정책을 위한 세금 확대를 반대하는 국민이 많은 다소 모순된 설문 결과라는 설명이 가능하다.

① ㉠ : 호응관계를 고려하여 '따르면'으로 수정한다.
② ㉡ : 앞뒤 내용의 관계를 고려하여 '차라리'로 수정한다.
③ ㉢ : 전반적인 내용의 흐름을 고려하여 '최소한의'로 수정한다.
④ ㉣ : '과반수'의 뜻을 고려하여 '절반 이상이' 또는 '과반수가'로 수정한다.
⑤ ㉤ : 일반적인 사실을 말하는 것이므로 '영향이 적기 때문에'로 수정한다.

06 다음과 같은 글의 개요에서 ㉠과 ㉡에 들어갈 내용으로 가장 적절한 것은?

> 제목 : ________㉠________
> 서론 : 우리나라의 민주주의는 아직 미흡한 점이 많다.
> 본론
> 1. 민주주의의 이상과 거리가 먼 정치 행태
>   가. 입법부의 왜곡된 모습
>   나. 행정부의 잘못된 모습
> 2. 잘못된 현실을 고칠 수 있는 바탕으로서의 민본주의
>   가. '민심이 곧 천심'이라는 우리의 전통 사상
>   나. 율곡 이이의 사상
> 결론 : ________㉡________

① ㉠ : 민주주의의 문제점
㉡ : 우리는 경천사상으로 인간 경시 풍조를 극복해야 한다.
② ㉠ : 민주주의 정착을 위한 민본주의의 활용
㉡ : 선조들의 지혜와 예절이 담겨 있는 민본주의의 의미를 알아야 한다.
③ ㉠ : 정치와 현실의 괴리
㉡ : 건전한 윤리관의 회복으로 정치와 현실의 간극을 좁혀야 한다.
④ ㉠ : 민본주의의 현대적 재생
㉡ : 민본주의의 현대적 재생을 통해 우리나라 민주주의의 미흡함을 보완해야 한다.
⑤ ㉠ : 민주주의와 정치 행태
㉡ : 올바른 민주주의를 정립하기 위해서는 민본주의를 바탕으로 삼아야 한다.

※ 다음 빈칸에 들어갈 내용으로 가장 적절한 것을 고르시오. [7~8]

07

어느 시대든 사람들은 어떤 일이 일어나는 원인이 무엇인지 알고 있다고 믿었다. 사람들은 그런 앎을 어디서 얻는가? 원인을 안다고 믿는 사람들의 믿음은 어디서 생기는 것일까?
새로운 것, 체험하지 못한 것, 낯선 것은 원인이 될 수 없다. 알려지지 않은 것에서는 위험, 불안정, 걱정, 공포감이 뒤따라 나오기 때문이다. 우리 마음의 불안한 상태를 없애고자 한다면, 우리는 알려지지 않은 것을 알려진 것으로 환원해야 한다. 이러한 환원은 우리 마음을 편하게 해주고 안심시키며 만족하게 하고 힘을 느끼게 한다. 이 때문에 우리는 이미 알려진 것, 체험한 것, 기억에 각인된 것을 원인으로 설정하게 된다.
'왜'라는 물음의 답으로 나온 것은 그것이 진짜 원인이기 때문에 우리에게 떠오른 것이 아니다. 그것이 우리에게 떠오른 것은 그것이 우리를 안정시켜주고 성가신 것을 없애주며 무겁고 불편한 마음을 가볍게 해주기 때문이다. 따라서 원인을 찾으려는 우리의 본능은 위험, 불안정, 걱정, 공포감 등에 의해 촉발되고 자극받는다.
우리는 '설명이 없는 것보다 설명이 있는 것이 언제나 더 낫다'고 믿는다. 우리는 특별한 유형의 원인만을 써서 설명을 만들어낸다. ______________________________ 그래서 특정 유형의 설명만이 점점 더 우세해지고, 그러한 설명들이 하나의 체계로 모아져 결국 그런 설명이 우리의 사고방식을 지배하게 된다. 기업인은 즉시 이윤을 생각하고, 기독교인은 즉시 원죄를 생각하며, 소녀는 즉시 사랑을 생각한다.

① 이것은 우리의 호기심과 모험심을 자극한다.
② 이것은 낯설고 체험하지 못했다는 느낌을 가장 빠르고 가장 쉽게 제거해 버린다.
③ 이것은 우리가 왜 불안한 심리 상태에 있는지를 설명해 준다.
④ 이것은 인과관계에 대한 우리의 지식을 확장시킨다.
⑤ 이것은 새롭고 낯선 것에서 원인을 발견하려는 우리의 본래 태도를 점차 약화시키고 오히려 그 반대의 태도를 우리의 습관으로 굳어지게 한다.

08

> ____________ 사람과 사람이 직접 얼굴을 맞대고 하는 접촉이 라디오나 텔레비전 등의 매체를 통한 접촉보다 결정적인 영향력을 미친다는 것이 일반적인 견해로 알려져 있다. 매체는 어떤 마음의 자세를 준비하게 하는 구실을 한다. 예를 들어 어떤 사람에게서 새 어형을 접했을 때 그것이 텔레비전에서 자주 듣던 것이면 더 쉽게 그쪽으로 마음의 문을 열게 하는 면에서 영향력을 행사하는 것이다. 하지만, 새 어형이 전파되는 것은 매체를 통해서보다 상면(相面)하는 사람과의 직접적인 접촉에 의해서라는 것이 더 일반적인 견해이다. 사람들은 한두 사람의 말만 듣고 언어 변화에 가담하지는 않는다고 한다. 주위의 여러 사람이 다 같은 새 어형을 쓸 때 비로소 그것을 받아들이게 된다고 한다. 매체를 통해서보다 자주 접촉하는 사람들을 통해 언어 변화가 진전된다는 사실은 언어 변화의 여러 면을 바로 이해하는 한 핵심적인 내용이라 해도 좋을 것이다.

① 언어 변화는 결국 접촉에 의해 진행되는 현상이다.
② 접촉의 형식도 언어 변화에 영향을 미치는 요소로 지적되고 있다.
③ 연령층으로 보면 대개 젊은 층이 언어 변화를 주도한다.
④ 매체의 발달이 언어 변화에 중요한 영향을 미치는 것으로 알려져 있다.
⑤ 언어 변화는 외부와의 접촉이 극히 제한되어 있는 곳일수록 그 속도가 느리다.

09 다음 글의 내용으로 가장 적절한 것은?

> 우리는 선인들이 남긴 훌륭한 문화유산이나 정신 자산을 언어(특히, 문자 언어)를 통해 얻는다. 언어가 시대를 넘어 문명을 전수하는 역할을 하는 것이다. 언어를 통해 전해진 선인들의 훌륭한 문화유산이나 정신 자산은 당대의 문화나 정신을 살찌우는 밑거름이 된다. 만약 언어가 없다면 선인들과 대화하는 일은 불가능할 것이다. 그렇게 되면 인류사회는 앞선 시대와 단절되어 더 이상의 발전을 기대할 수 없게 된다. 인류가 지금과 같은 고도의 문명사회를 이룩할 수 있었던 것도 언어를 통해 선인들과 끊임없이 대화하며 그들에게서 지혜를 얻고 그들의 훌륭한 정신을 이어받았기 때문이다.

① 언어는 인간에게 유일한 의사소통의 도구이다.
② 과거의 문화유산은 남김없이 계승되어야 한다.
③ 문자 언어는 음성 언어보다 우월한 가치를 가진다.
④ 문명의 발달은 언어를 매개로 하여 이루어져 왔다.
⑤ 언어는 시간에 구애받지 않고 정보를 전달할 수 있다.

※ 다음 글의 내용으로 적절하지 않은 것을 고르시오. [10~11]

Hard

10

> 모든 동물은 생리적 장치들이 제대로 작동하기 위해서 체액의 농도를 어느 정도 일정하게 유지해야 한다. 이를 위해 수분의 획득과 손실의 균형을 조절하는 작용을 삼투 조절이라 한다. 동물은 서식지와 체액의 농도, 특히 염도 차이가 있을 경우, 삼투 현상에 따라 체내 수분의 획득과 손실이 발생하기 때문에, 이러한 상황에서 체액의 농도를 일정하게 유지하는 것이 중요한 생존 과제이다.
> 삼투 현상이란 반(半)투과성 막을 사이에 두고 농도가 다른 양쪽의 용액 중, 농도가 낮은 쪽의 용매가 농도가 높은 쪽으로 옮겨 가는 현상이다. 소금물에서는 물에 녹아 있는 소금을 용질, 그 물을 용매라고 할 수 있는데, 반투과성 막의 양쪽에 농도가 다른 소금물이 있다면 농도가 낮은 쪽의 물이 높은 쪽으로 이동하게 된다. 이때 양쪽의 농도가 같다면 용매의 순이동은 없다고 한다.
> 동물들은 이러한 삼투 현상에 대응하여 수분 균형을 어떻게 유지하느냐에 따라 삼투 순응형과 삼투 조절형으로 분류된다. 먼저 삼투 순응형 동물은 모두 해수(海水) 동물로 체액과 해수의 염분 농도, 즉 염도가 같기 때문에 수분의 순이동은 없다. 게나 홍합, 갯지네 등이 여기에 해당한다. 이와 달리 삼투 조절형 동물은 체액의 염도와 서식지의 염도가 달라 체액의 염도가 변하지 않도록 삼투 조절을 하며 살아간다.
> 삼투 조절형 동물 중 해수에 사는 대다수 어류의 체액은 해수에 비해 염도가 낮기 때문에 체액의 수분이 빠져나갈 수 있다. 그래서 표피는 비투과성이지만 아가미의 상피세포를 통해 물을 쉽게 빼앗긴다. 이렇게 삼투 현상에 의해 빼앗긴 수분을 보충하기 위하여 이들은 계속 바닷물을 마시게 된다. 이로 인해 이들의 창자에서 바닷물의 70~80%가 혈관 속으로 흡수되는데, 이때 염분도 혈관 속으로 들어간다. 그러면 아가미의 상피 세포에 있는 염분 분비 세포를 작동시켜 과도해진 염분을 밖으로 내보낸다.
> 담수에 사는 동물들이 직면한 삼투 조절의 문제는 해수 동물과 정반대이다. 담수 동물의 체액은 담수에 비해 염도가 높기 때문에 아가미를 통해 수분이 계속 유입될 수 있다. 그래서 담수 동물들은 물을 거의 마시지 않고 많은 양의 오줌을 배출하여 문제를 해결하고 있다. 이들의 비투과성 표피는 수분의 유입을 막기 위한 것이다.
> 한편 육상에 사는 동물들 또한 다양한 경로를 통해 수분이 밖으로 빠져나간다. 오줌, 대변, 피부, 가스교환 기관의 습한 표면 등을 통해 수분을 잃기 때문이다. 그래서 육상 동물들은 물을 마시거나 음식을 통해 그리고 세포호흡으로 물을 생성하여 부족한 수분을 보충한다.

① 동물들은 체액의 농도가 크게 달라지면 생존하기 어렵다.
② 동물들이 삼투 현상에 대응하는 방법은 서로 다를 수 있다.
③ 동물의 체액과 서식지 물의 농도가 같으면 삼투 현상에 의한 수분의 순이동은 없다.
④ 담수 동물은 육상 동물과 마찬가지로 많은 양의 오줌을 배출하여 체내 수분을 일정하게 유지한다.
⑤ 육상 동물들은 세포호흡을 통해서도 수분을 보충할 수 있다.

PART 4

11

아이를 낳으면 엄마는 정신이 없어지고 지적 능력이 감퇴한다는 것이 일반 여성들의 상식이었다. 그런데 퓰리처상 수상 작가인 캐서린 엘리슨이 『엄마의 뇌 : 엄마가 된다는 것이 우리의 뇌를 얼마나 영리하게 하는가』라는 책을 써서 뉴욕 타임즈, CBS, NBC, BBS 등의 기사가 된 바 있다. 엘리슨이 그런 아이디어를 얻게된 것은 1999년의 신경 과학자 크레이그 킹슬리 등의 연구결과를 접하고였다. 최근 보스톤 글로브지에 보도된 바에 의하면 킹슬리 박사팀은 몇 개의 실험을 통하여 흥미있는 결과를 발표하였다.

그들의 실험 결과에 의하면 엄마쥐는 처녀쥐보다 인지능력이 급격히 증가하여 후각능력과 시각능력이 급증하고 먹잇감을 처녀쥐보다 세 배나 더 빨리 찾았다. 엄마쥐의 뇌의 해마(기억 및 학습 담당)의 신경로가 새롭게 재구성되는 것 같았다고 한다. 엄마쥐가 되면 엄마의 두뇌는 에스트로겐, 코티졸, 기타 다른 호르몬에 의해 마치 목욕을 한 것처럼 된다. 그런데 흥미있는 것은 어미 혼자 내적으로 두뇌의 변화가 오는 것이 아니라 새끼와 상호작용하는 것이 두뇌 변화에 크게 영향을 준다는 것이다. 새끼를 젖먹이고 다루고 하는 과정에서 감각적 민감화와 긍정적 변화가 일어나고 인지적 능력이 상승한다.

그러면 인간에게서는 어떨까. 대개 엄마가 되면 너무 힘들고 일에 부대껴서 결국은 머리가 젤리처럼 말랑말랑해져 지적 능력이 떨어진다고 생각한다. 그러나 이러한 현상은 상당 부분 사회공동체적 자기암시로부터 온 것이라고 볼 수 있다. 오하이오 신경심리학자 줄리에 수어는 임신한 여성들을 두 집단으로 나누어, A집단에게는 '임신이 기억과 과제 수행에 어떤 영향을 주는가를 알아보기 위해서 검사를 한다.'고 하고 B집단에게는 설명 없이 그 과제를 주었다. 그 결과 A집단 임신 여성들이 B집단보다 과제 수행점수가 상당히 낮았다. A집단은 임신하면 머리가 나빠진다는 부정적 고정관념의 영향을 받아 헤어나지 못한 것이다. 연구결과들에 의하면 쥐에게서 엄마가 된다는 것은 감각, 인지적 능력 및 용감성 등을 높여준다. 아빠쥐도 새끼와 상호작용하면서 뇌가 더 영리해진다고 한다. 임신한 엄마처럼 아빠의 뇌에서도 관련 호르몬 수준이 높아진다는 것이다. 지금껏 연구는 주로 쥐를 중심으로 이루어졌지만, 인간에게도 같은 원리가 적용될 가능성은 많다.

① 출산을 한 엄마쥐는 새끼와의 감각적 상호 교감을 통해 지적 능력이 상승한다.

② 줄리에 수어의 연구는 부정적인 자기암시의 영향을 보여주는 것이다.

③ 아이를 낳으면 지적 능력이 감퇴한다는 가설 입증을 위해 쥐에게 실험한 후 인간에게도 실험하였다.

④ 쥐가 출산을 한 후 인지능력, 후각능력, 시각능력이 급증하는 것은 해마의 신경로가 새롭게 재구성되기 때문이다.

⑤ 출산을 한 쥐의 뇌는 에스트로겐, 코티졸 등 호르몬의 급격한 증가를 경험한다.

12 다음 글의 표제와 부제로 가장 적절한 것은?

검무는 칼을 들고 춘다고 해서 '칼춤'이라고 부르기도 하며, '황창랑무(黃倡郎舞)'라고도 한다. 검무의 역사적 기록은 「동경잡기(東京雜記)」의 「풍속조(風俗條)」에 나타난다. 신라의 소년 황창랑은 나라를 위하여 백제 왕궁에 들어가 왕 앞에서 칼춤을 추다 왕을 죽이고 자신도 잡혀서 죽는다. 신라 사람들이 이러한 그의 충절을 추모하여, 그의 모습을 본뜬 가면을 만들어 쓰고 그가 추던 춤을 따라 춘 것에서 검무가 시작되었다고 한다. 이처럼 민간에서 시작된 검무는 고려 시대를 거쳐 조선 시대로 이어지며, 궁중으로까지 전해진다. 이때 가면이 사라지는 형식적 변화가 함께 일어난다.

조선 시대 민간의 검무는 기생을 중심으로 전승되었으며, 재인들과 광대들의 판놀이로까지 이어졌다. 조선 후기에는 각 지방까지 전파되었는데, 진주검무와 통영검무가 그 대표적인 예이다. 한편 궁중의 검무는 주로 궁중의 연회 때에 추는 춤으로 전해졌으며, 후기에 정착된 순조 때의 형식이 중요무형문화재로 지정되어 현재까지 보존되고 있다.

궁중 검무의 구성은 다음과 같다. 전립을 쓰고 전복을 입은 4명의 무희가 쌍을 이루어, 바닥에 놓여진 단검(短劍)을 어르는 동작부터 시작한다. 그 후 칼을 주우면서 춤이 이어지고, 화려한 춤사위로 검을 빠르게 돌리는 연풍대(筵風擡)로 마무리한다.

검무의 절정인 연풍대는 조선 시대 풍속화가 신윤복의 「쌍검대무(雙劍對舞)」에서 잘 드러난다. 그림 속의 두 무용수를 통해 춤의 회전 동작을 예상할 수 있다. 즉, 이 장면에는 오른쪽에 선 무희의 자세에서 시작해 왼쪽 무희의 자세로 회전하는 동작이 나타나 있다. 이렇게 무희들이 쌍을 이루어 좌우로 이동하면서 원을 그리며 팽이처럼 빙빙 도는 동작을 연풍대라 한다. 이 명칭은 대자리를 걷어 내는 바람처럼 날렵하게 움직이는 모습에서 비롯한 것이다.

오늘날의 검무는 검술의 정밀한 무예 동작보다 부드러운 곡선을 그리는 춤 형태로만 남아 있다. 칼을 쓰는 살벌함은 사라졌지만, 민첩하면서도 유연한 동작으로 그 아름다움을 표출하고 있는 것이다. 검무는 신라 시대부터 면면히 이어지는 고유한 문화이자 예술미가 살아 있는 몇 안 되는 소중한 우리의 전통 유산이다.

① 신라 황창랑의 의기와 춤－검무의 유래와 발생을 중심으로
② 역사 속에 흐르는 검빛 · 춤빛－검무의 변천 과정과 구성을 중심으로
③ 무예 동작과 아름다움의 조화－연풍대의 의미를 중심으로
④ 무희의 칼끝에서 펼쳐지는 바람－검무의 예술적 가치를 중심으로
⑤ 검과 춤의 혼합, 우리의 문화 유산－쌍검대무의 감상을 중심으로

13 다음 글의 집필의도로 가장 적절한 것은?

서양 사람들은 전통적으로 영혼 · 정신 · 의식 · 마음 등으로 인간을 이해하고자 했다. 몸을 종속적이거나 부차적인 것으로 여겼던 것이다. 이와 달리 몸을 중심으로 인간의 존재를 규명하고자 한 학자들이 있었는데, 푸코와 메를로퐁티가 그들이다.
우리는 지하철에서 사람을 볼 때 사람이 앉아 있는 자세만 보아도 그 사람이 남자인지 여자인지 알 수 있다. 이러한 자세의 차이를 만드는 것은 무엇일까? 푸코는 구성주의 이론을 대표하는 학자로 우리의 몸이 어떻게 규율화 되는지를 '몸－권력'의 개념으로 설명한다. 푸코는 인간의 몸이 정치 · 사회적 권력에서 요구하는 행동 양식을 따르게 된다고 보았다. 푸코에 따르면 학교, 군대 등의 근대적인 정치 · 사회 조직이 통제된 일람표를 사람들에게 제시하여, 반복적인 훈육을 통해 할 일과 하지 않아야 할 일을 체화시킨다. 개인들은 모두 어떤 식으로든 규정된 행동 양식을 따르게 되고, 이러한 규제는 몸에 각인되며 몸을 통해 실현된다는 것이다. 앞서 언급한 지하철에서의 남자와 여자의 자세 차이도 이러한 정치 · 사회적 권력의 요구가 하나의 행동 양식으로 체화된 결과인 것이다. 그러나 푸코는 우리의 몸이 어째서 규율을 받아들이는지에 대해서는 말해 주지 않았다. 이 문제에 대한 해답을 제시한 학자는 메를로퐁티이다. 그는 '몸－주체'의 개념을 제시하여 이 문제에 대한 답을 제시했다. 메를로퐁티는 몸과 정신은 분리하여 이해할 수 없는 영역의 것이라는 관점에서 '세계에의 존재'로서의 우리는 세계에서 의도를 가지고 세계와 관계 맺으며 살고 있는 몸이라고 보았다.
우리는 우리를 둘러싼 환경인 세계에서 삶을 전개하기 위해 습관을 형성하고 그것들로 인하여 능숙하게 행동할 수 있게 된다고 보았다. 습관을 유기체가 생명을 유지하기 위해 하는 행위, 즉 실존적 행위로 본 그는 인간의 습관은 사회성 및 역사성을 띤다고 보았다. 왜냐하면 인간이 '세계에의 존재'라고 말할 때, 이 세계는 우리의 물리적 환경만을 말하는 것이 아니라, 제도와 문화까지 포함하는 세계, 인간적인 세계라고 생각했기 때문이다. 그리고 인간 존재는 세계에서 능동적으로 살아가는 주체로 그 세계와 적극적으로 상호 작용하면서 의미를 생산해 낸다고 보았다. 몸을 행위의 주체로 파악하여, 행위의 사회적 의미를 분석하고자 한다는 점에서 푸코와 메를로퐁티의 입장은 서로 통하지만 몇 가지 차이를 보인다. 우선 푸코는 정치 · 사회적 권력에 입각하여 몸과 행위를 이해하는 데 비해, 메를로퐁티는 실존성에 입각하여 몸과 행위를 이해한다. 둘째, 푸코는 몸의 불안정성과 변화를 강조하는 경향이 있는 데 반해, 메를로퐁티는 몸－주체가 습관으로부터 안정성을 끌어낸다고 보았다. 다시 말해 푸코에 의하면 인간에게 안정적인 것은 없으며 규율이 변화하는 시기에 인간의 몸은, 몸을 파헤치고 분해하며 재조립하는 권력 장치 속으로 들어가게 됨으로써 변화 가능성을 갖게 되는 것이다. 이에 비해 메를로퐁티는 인간의 몸은 행위를 통해 세계에 주체적으로 참여하는 것으로 보고, 이러한 행위가 습관화되면서 안정성을 얻는다고 보았다.

① 구체적인 사례들을 통해 일반화된 이론을 정립하기 위해
② 공통점과 차이점을 중심으로 두 학자의 견해를 소개하기 위해
③ 새로운 이론이 사회적 합의에 의해 성립된 것을 증명하기 위해
④ 상식적인 개념을 제시한 후 그것과 대립되는 현상을 보여주기 위해
⑤ 어떤 학자가 주장한 이론을 소개하고 그 이론의 한계를 지적하기 위해

14 다음 글의 요지를 관용적으로 가장 잘 표현한 것은?

> 우리가 처한 현실이 어렵다는 것은 사실입니다. 그러나 이럴 때일수록 우리가 할 수 있는 일이 무엇인가를 냉철히 생각해 보아야겠지요. 급한 마음에 표면적으로 나타나는 문제만 해결하려 했다가는 문제를 더 나쁘게 만들 수도 있는 일이니까요.
> 가령 말입니다, 우리나라에 닥친 경제 위기가 외환 위기라 하여 무조건 외제 상품을 배척하는 일은 옳지 않다는 겁니다. 물론 무분별한 외제 선호 경향은 이 기회에 우리가 뿌리 뽑아야 하겠지요. 그렇게 함으로써 불필요한 외화 유출을 막고, 우리의 외환 부족 사태를 해소할 수도 있을 테니까요.
> 그러나 우리나라는 경제 여건상 무역에 의존할 수밖에 없는 나라입니다. 다시 말해 수출을 하지 않으면 우리의 경제를 원활히 운영하기가 어려운 나라입니다. 그런데 우리가 무조건 외제 상품을 구매하지 않는다면, 다른 나라의 반발을 초래할 수가 있습니다. 즉, 그들도 우리의 상품을 구매하지 않는다는 것이죠. 그렇게 된다면 우리의 경제는 더욱 열악한 상황으로 빠져 들어가게 된다는 것은 불을 보듯 뻔한 일입니다. 냉철하게 생각해서 건전한 소비를 이끌어 내는 것이 필요한 때라고 봅니다.

① 타산지석(他山之石)의 지혜가 필요한 때이다.
② 언 발에 오줌 누기 식의 대응은 곤란하다.
③ 우물에서 숭늉 찾는 일은 어리석은 일이다.
④ 소 잃고 외양간 고치는 일은 없어야 하겠다.
⑤ 호랑이에게 잡혀가도 정신만 차리면 살 수 있다.

15 다음 중 (가)와 (나)의 논점을 정확하게 파악하지 못한 것은?

(가) 좌절과 상실을 당하여 상대방에 대해 외향적 공격성을 보이는 원(怨)과 무력한 자아를 되돌아보고 자책하고 한탄하는 내향적 공격성인 탄(嘆)이 한국의 고유한 정서인 한(恨)의 기점이 되고 있다. 이러한 것들은 체념의 정서를 유발할 수 있다. 이른바 한국적 한에서 흔히 볼 수 있는 소극적 · 퇴영적인 자폐성과 허무주의, 패배주의 등은 이러한 체념적 정서의 부정적 측면이다. 그러나 체념에 부정적인 것만 있는 것은 아니다. 오히려 체념에 철저함으로써 달관의 경지에 나아갈 수 있다. 세상의 근원을 바라볼 수 있는 관조의 눈이 열리게 되는 것이다. 여기서 더욱 중요하게 보아야 하는 것이 한국적 한의 또 다른 내포다. 그것은 바로 '밝음'에 있다. 한이 세상과 자신에 대한 공격성을 갖는 것이 아니라 오히려 세계와 대상에 대하여 연민을 갖고, 공감할 수 있는 풍부한 감수성을 갖는 경우가 있다. 이를 '정(情)으로서의 한'이라고 할 수 있다. 또한 한이 간절한 소망과 연결되기도 한다. 결핍의 상황으로 인한 한이 그에 대한 강한 욕구 불만에 대한 반사적 정서로서의 간절한 소원을 드러내는 것이다. 이것이 '원(願)으로서의 한'이다.

(나) 한국 민요가 슬픈 노래라고 하는 것은 민요를 면밀하게 관찰하고 분석하여 내린 결론은 아니다. 겉으로 보아서는 슬프지만 슬픔과 함께 해학을 가지고 있어서 민요에서의 해학은 향유자들이 슬픔에 빠져 들어가지 않도록 차단하는 구실을 하고 있다. 예컨대 "나를 버리고 가시는 님은 십 리도 못 가서 발병 났네."라고 하는 아리랑 사설 같은 것은 이별의 슬픔을 말하면서도 "십 리도 못 가서 발병 났네."라는 해학적 표현을 삽입하여 이별의 슬픔을 차단하며 단순한 슬픔에 머무르지 않는 보다 복잡한 의미 구조를 창조한다. 아무리 비장한 민요라고 하더라도 해학의 계속적인 개입이 거의 예외 없이 이루어진다. 한국 민요의 특징이나 한국적 미의식의 특징을 한마디 말로 규정하겠다는 의도를 버리지 않는다면, 차라리 해학을 드는 편이 무리가 적지 않을까 한다. 오히려 비애 또는 한이라고 하는 것을 대량으로 지니고 있는 것은 일부의 현대시와 일제하의 유행가다. 김소월의 시도 그 예가 될 수 있고, '황성 옛터', '타향살이' 등의 유행가를 생각한다면 사태는 분명하다. 이런 것들에는 해학을 동반하지 않은 슬픔이 확대되어 있다.

① 한국 문화의 중요한 지표로 (가)는 한을, (나)는 해학을 들고 있다.
② (가)는 한의 긍정적 측면을 강조하였다면, (나)는 한의 부정적 측면을 전제하고 있다.
③ (가)는 한을 한국 문화의 원류적인 것으로, (나)는 시대에 따른 현상으로 보고 있다.
④ (가)는 한의 부정적 측면을 지양할 것을, (나)는 해학 전통을 계승할 것을 강조한다.
⑤ (가)는 한이 갖는 내포를 분류하였고, (나)는 민요를 중심으로 해학의 근거를 찾았다.

16 다음 중 ㉠의 입장에서 호메로스의 『일리아스』를 비판한 내용으로 적절하지 않은 것은?

> 기원전 5세기, 헤로도토스는 페르시아 전쟁에 대한 책을 쓰면서 『역사(Historiai)』라는 제목을 붙였다. 이 제목의 어원이 되는 'histor'는 원래 '목격자', '증인'이라는 뜻의 법정 용어였다. 이처럼 어원상 '역사'는 본래 '목격자의 증언'을 뜻했지만, 헤로도토스의 『역사』가 나타난 이후 '진실의 탐구' 혹은 '탐구한 결과의 이야기'라는 의미로 바뀌었다.
>
> 헤로도토스 이전에는 사실과 허구가 뒤섞인 신화와 전설, 혹은 종교를 통해 과거에 대한 지식이 전수되었다. 특히 고대 그리스인들이 주로 과거에 대한 지식의 원천으로 삼은 것은 『일리아스』였다. 『일리아스』는 기원전 9세기의 시인 호메로스가 오래전부터 구전되어 온 트로이 전쟁에 대해 읊은 서사시이다. 이 서사시에서는 전쟁을 통해 신들, 특히 제우스 신의 뜻이 이루어진다고 보았다. 헤로도토스는 바로 이런 신화적 세계관에 입각한 서사시와 구별되는 새로운 이야기 양식을 만들어 내고자 했다. 즉, 헤로도토스는 가까운 과거에 일어난 사건의 중요성을 인식하고, 이를 직접 확인 · 탐구하여 인과적 형식으로 서술함으로써 역사라는 새로운 분야를 개척한 것이다.
>
> 『역사』가 등장한 이후, 사람들은 역사 서술의 효용성이 과거를 통해 미래를 예측하게 하여 후세인(後世人)에게 교훈을 주는 데 있다고 인식하게 되었다. 이러한 인식에는 한 번 일어났던 일이 마치 계절처럼 되풀이하여 다시 나타난다는 순환 사관이 바탕에 깔려 있다. 그리하여 오랫동안 역사는 사람을 올바르고 지혜롭게 가르치는 '삶의 학교'로 인식되었다. 이렇게 교훈을 주기 위해서는 과거에 대한 서술이 정확하고 객관적이어야 했다.
>
> 물론 모든 역사가가 정확성과 객관성을 역사 서술의 우선적 원칙으로 앞세운 것은 아니다. 오히려 헬레니즘과 로마 시대의 역사가들 중 상당수는 수사학적인 표현으로 독자의 마음을 움직이는 것을 목표로 하는 역사 서술에 몰두하였고, 이런 경향은 중세 시대에도 어느 정도 지속되었다. 이들은 이야기를 감동적이고 설득력 있게 쓰는 것이 사실을 객관적으로 기록하는 것보다 더 중요하다고 보았다. 이런 점에서 그들은 역사를 수사학의 테두리 안에 집어넣은 셈이 된다.
>
> 하지만 이 시기에도 역사의 본령은 과거의 중요한 사건을 가감 없이 전달하는 데 있다고 보는 역사가들이 여전히 존재하여, 그들에 대해 날카로운 비판을 가하기도 했다. 더욱이 15세기 이후부터는 수사학적 역사 서술이 역사 서술의 장에서 퇴출되고, ㉠ 과거를 정확히 탐구하려는 의식과 과거 사실에 대한 객관적 서술 태도가 역사의 척도로 다시금 중시되었다.

① 직접 확인하지 않고 구전에만 의거해 서술했으므로 내용이 정확하지 않을 수 있다.
② 신화와 전설 등의 정보를 후대에 전달하면서 객관적 서술 태도를 배제하지 못했다.
③ 트로이 전쟁의 중요성은 인식하였으나 실제 사실을 확인하는 데까지는 이르지 못했다.
④ 신화적 세계관에 따른 서술로 인해 과거에 대해 정확한 정보를 추출해 내기 어렵다.
⑤ 과거의 지식을 습득하는 수단으로 사용되기도 했지만 과거를 정확히 탐구하려는 의식은 찾을 수 없다.

PART 4

Hard

17 다음 글을 통해 답을 확인할 수 있는 질문으로 적절하지 않은 것은?

'붕어빵'을 팔던 가게에서 붕어빵과 모양은 비슷하지만 크기가 더 큰 빵을 '잉어빵'이란 이름의 신제품으로 내놓았다고 하자. 이 잉어빵은 어떻게 만들어진 말일까? '붕어 : 붕어빵 = 잉어 : (　　)'와 같은 관계를 통해 잉어빵의 형성을 설명할 수 있다. 이는 붕어와 붕어빵의 관계를 바탕으로 붕어빵보다 크기가 큰 신제품의 이름을 잉어빵으로 지었다는 뜻이다. 붕어빵에서 잉어빵을 만들어 내듯이 기존 단어의 유사한 속성을 바탕으로 새로운 단어를 만들어 내는 것을 유추에 의한 단어 형성이라고 한다.
유추에 의해 단어가 형성되는 과정은 보통 네 가지 단계로 이루어진다. 첫째, 새로운 개념을 나타내는 어떤 단어가 필요한 경우 그것을 만들겠다고 결정한다. 둘째, 머릿속에 들어 있는 수많은 단어 가운데 근거로 이용할 만한 단어들을 찾는다. 셋째, 수집한 단어들과 만들려는 단어의 개념과 형식을 비교하여 공통성을 포착한다. 이 단계에서 근거로 삼을 단어를 확정한다. 넷째, 근거로 삼은 단어의 개념과 형식 관계를 적용해서 단어 형성을 완료한다. 이렇게 형성된 단어는 처음에는 신어(新語)로 다루어지지만 이후에 널리 쓰이게 되면 국어사전에 등재된다.
그러면 이러한 단계에 따라 '종이공'이라는 단어가 형성되는 과정을 살펴보자. 먼저 '종이로 만든 공'이라는 개념의 단어를 만들기로 결정한다. 그 다음에 근거가 되는 단어를 찾는다. 그런데 근거 단어가 될 만한 'ㅇㅇ공'에는 두 가지 종류가 있다. 하나는 축구공, 야구공 유형이고 다른 하나는 고무공, 가죽공 유형이다. 전자의 경우 공 앞에 오는 말이 공의 사용 종목인 반면 후자는 공의 재료라는 차이가 있다. 국어 화자는 종이공을 고무공, 가죽공보다 축구공, 야구공에 가깝다고 생각하지는 않는다. 그러므로 '종이를 할 때 쓰는 공'으로 해석하지 않고 '종이로 만든 공'으로 해석한다. 그 결과 '종이로 만든 공'을 의미하는 종이공이라는 새로운 단어가 형성된다.
유추에 의해 단어가 형성되는 과정을 잘 살펴보면 불필요한 단어를 과도하게 생성하지 않는 장치가 있다는 것을 알 수 있다. 필요에 의해 기존 단어를 본떠서 단어를 형성하므로 불필요한 단어의 생성을 최대한 억제할 수 있는 것이다. 유추에 의해 단어가 형성된다는 이론에서는 이러한 점을 포착할 수 있다는 장점이 있다.

① 유추에 의한 단어 형성이란 무엇인가?
② 유추에 의해 단어가 형성되는 예로는 무엇이 있는가?
③ 유추에 의한 단어 형성 외에 어떤 단어 형성 방식이 있는가?
④ 유추에 의해 단어가 형성된다는 이론의 장점은 무엇인가?
⑤ 유추에 의한 단어 형성은 어떠한 과정으로 이루어지는가?

Hard

18 다음 글을 바탕으로 할 때, 〈보기〉의 밑줄 친 정책의 방향에 대한 추측으로 가장 적절한 것은?

동일한 환경에서 야구공과 고무공을 튕겨 보면, 고무공이 훨씬 민감하게 튀어 오르는 것을 볼 수 있다. 즉, 고무공은 야구공보다 탄력이 좋다. 일정한 가격에서 사람들이 사고자 하는 물건의 양인 수요량에도 탄력성의 개념이 적용될 수 있다. 재화의 가격이 변화할 때 수요량도 변화하게 되는 것이다. 이때 경제학에서는 가격 변화에 대한 수요량 변화의 민감도를 측정하는 표준화된 방법을 수요 탄력성이라고 한다. 수요 탄력성은 수요량의 변화 비율을 가격의 변화 비율로 나눈 값이다. 일반적으로 가격과 수요량은 반비례하므로 수요 탄력성은 음(−)의 값을 가진다. 그러나 통상적으로 음의 부호를 생략하고 절댓값만 표시한다. 가격에 따른 수요량 변화율에 따라 상품의 수요는 '단위 탄력적', '탄력적', '완전 탄력적', '비탄력적', '완전 비탄력적'으로 나눌 수 있다. 수요 탄력성이 1인 경우 수요는 '단위 탄력적'이라고 불린다. 또한 수요 탄력성이 1보다 큰 경우 수요는 '탄력적'이라고 불린다.
한편 영(0)에 가까운 아주 작은 가격 변화에도 수요량이 매우 크게 변화하면 수요 탄력성은 무한대가 된다. 이 경우의 수요는 '완전 탄력적'이라고 불린다. 소비하지 않아도 생활에 지장이 없는 사치품이 이에 해당한다. 반면, 수요 탄력성이 1보다 작다면 수요는 '비탄력적'이라고 불린다. 만일 가격이 아무리 변해도 수요량에 어떠한 변화도 나타나지 않는다면 수요 탄력성은 영(0)이 된다. 이 경우 수요는 '완전 비탄력적'이라고 불린다. 생필품이 이에 해당한다. 수요 탄력성의 크기는 상품의 가격이 변할 때 이 상품에 대한 소비자의 지출이 어떻게 변하는지를 알려 준다. 상품에 대한 소비자의 지출액은 물론 가격에 수요량을 곱한 것이다. 먼저 상품의 수요가 탄력적인 경우를 따져 보자.
이 경우에는 수요 탄력성이 1보다 크기 때문에, 가격이 오른 정도에 비해 수요량이 많이 감소한다. 이에 따라, 가격이 상승하면 소비자의 지출액은 가격이 오르기 전보다 감소한다. 반면에 가격이 내릴 때에는 가격이 내린 정도에 비해 수요량이 많아지므로 소비자의 지출액은 증가한다. 물론 수요가 비탄력적인 경우에는 위와 반대되는 현상이 일어난다. 즉, 가격이 상승하면 소비자의 지출액은 증가하며, 가격이 하락하면 소비자의 지출액은 감소하게 된다.

보기

A국가의 정부는 경제 안정화를 위해 개별 소비자들이 지출액을 줄이도록 유도하는 정책을 시행하기로 하였다.

① 생필품의 가격은 높이고 사치품의 가격은 유지하려 하겠군.
② 생필품의 가격은 낮추고 사치품의 가격은 높이려 하겠군.
③ 생필품의 가격은 유지하고 사치품의 가격은 낮추려 하겠군.
④ 생필품과 사치품의 가격을 모두 유지하려 하겠군.
⑤ 생필품과 사치품의 가격을 모두 낮추려 하겠군.

19 다음 글을 통해 추론할 수 있는 내용으로 적절하지 않은 것은?

퐁피두 미술관의 5층 전시장에서 특히 인기가 많은 작가는 마르셀 뒤샹이다. 뒤샹의 '레디메이드' 작품들은 한데 모여 바닥의 하얀 지지대 위에 놓여 있다. 그중 가장 눈에 익숙한 것은 둥근 나무의자 위에 자전거 바퀴가 거꾸로 얹힌 〈자전거 바퀴〉라는 작품일 것이다. 이 작품은 뒤샹의 대표작인 남자 소변기 〈샘〉과 함께 현대미술사에 단골 메뉴로 소개되곤 한다.

위의 사례처럼 이미 만들어진 기성제품, 즉 레디메이드를 예술가가 선택해서 '이것도 예술이다'라고 선언한다면 우리는 그것을 예술로 인정할 수 있을까? 역사는 뒤샹에게 손을 들어줬고 그가 선택했던 의자나 자전거 바퀴, 옷걸이, 삽, 심지어 테이트 모던에 있는 남자 소변기까지 각종 일상의 오브제들이 20세기 최고의 작품으로 추앙받으면서 미술관에 고이 모셔져 있다. 손으로 잘 만드는 수공예 기술의 예술 시대를 넘어서 예술가가 무엇인가를 선택하는 정신적인 행위와 작업이 예술의 본질이라고 믿었던 뒤샹적 발상의 승리였다.

또한 20세기 중반의 스타 작가였던 잭슨 폴록의 작품도 눈길을 끈다. 기존의 그림 그리는 방식에 싫증을 냈던 폴록은 캔버스를 바닥에 눕히고 물감을 떨어뜨리거나 뿌려서 전에 보지 못했던 새로운 형상을 이룩했다. 물감을 사용하는 새로운 방식을 터득한 그는 '액션 페인팅'이라는 새로운 장르를 개척했다. 그림의 결과보다 그림을 그리는 행위를 더욱 중요시했다는 점에서 뒤샹의 발상과도 연관된다. 미리 계획하고 구성한 것이 아니라 즉흥적이면서도 매우 빠른 속도로 제작하는 그의 작업방식 또한 완전히 새로운 것이었다.

① 퐁피두 미술관의 모습은 기존 미술관의 모습과 다를 것이다.
② 퐁피두 미술관을 찾는 사람들의 목적은 다양할 것이다.
③ 퐁피두 미술관은 전통적인 예술작품들을 선호할 것이다.
④ 퐁피두 미술관은 파격적인 예술작품들을 배척하지 않을 것이다.
⑤ 퐁피두 미술관은 행위의 과정 또한 예술로 인정했을 것이다.

20 다음 글을 읽고 추론할 수 있는 내용으로 적절한 것을 〈보기〉에서 모두 고르면?

박람회의 목적은 여러 가지가 있다. 박람회를 개최하려는 사람들은 우선 경제적인 효과를 따진다. 박람회는 주최하는 도시뿐 아니라 인접 지역, 크게는 국가적인 차원에서 경제 활성화의 자극이 된다. 박람회에서 전시되는 다양한 최신 제품들은 이러한 기회를 이용하여 소비자들에게 훨씬 가깝게 다가가게 되고, 판매에서도 큰 성장을 이룰 수 있다. 그 밖에도 박람회장 자체가 최신 유형의 건축물과 다양한 오락 시설을 설치하여 거의 이상적이면서 완벽한 모델도시를 보여줌으로써 국가적 우월성을 확보할 수 있다.

그러나 이러한 실질적이고 명목적인 이유들 외에도 박람회가 가지고 있는 사회적인 효과가 있다. 박람회장이 보여주는 이미지는 바로 '다양성'에 있다. 수많은 다양한 볼거리에서 사람들은 마법에 빠져든다. 그러나 보다 자세하게 그 다양성을 살펴보면 그것에는 결코 다양하지 않은 박람회 주최국가와 도시의 지도이념이 숨어 있음을 확인하게 된다. 박람회의 풍성한 진열품, 다양한 세계의 민족과 인종들은 주최국가의 의도를 표현하고 있다. 그런 의미에서 박람회는 그것이 가지고 있는 다양성에도 불구하고 결국은 주최국가와 도시의 인종관, 국가관, 세계관, 진보관이 하나로 뒤섞여서 나타나는 '이데올로기적 통일성'을 표현하는 또 다른 방식이라고 할 수 있다. 여기서 '이데올로기적 통일성'이라고 사용할 때 특히 의식적으로 나타내려는 바는, 한 국가가 국내외에서 자신의 의지를 표현하려고 할 때 구성하는 주요 성분들이다. 이는 '신념, 가치, 근심, 선입관, 반사작용'의 총합으로서 역사적인 시간에 따라 변동한다. 그러나 중요한 것은 당시의 '사회적 인식'을 기초로 해서 당시의 기득권 사회가 이를 그들의 합법적인 위치의 정당성과 권력을 위해 진행하고 있는 투쟁에서 의식적으로 조작된 정치적 무기로써 조직, 설립, 통제를 위한 수단으로 사용하고 있다는 점이다. 19~20세기의 박람회는 바로 그런 측면을 고스란히 가지고 있는 가장 대표적인 한 공간이었다.

보기

㉠ 글쓴이는 박람회의 경제적 효과뿐만 아니라 사회적 효과에도 주목하고 있다.

㉡ 정부는 박람회의 유치 및 운영을 통하여 노동, 이민, 인종 등에서 일어나는 불협화음을 조정하는 '헤게모니의 유지'를 관철시키려 한다.

㉢ 박람회는 한 집단의 사회적인 경험에 합법적인 정당성과 소명의식을 확보하기 위한 장치로서의 '상징적 우주(Symbolic Universe)'라고 할 수 있다.

㉣ 박람회는 지배계급과 피지배계급 간의 갈등을 다양한 볼거리 속에서 분산시켜, 노동계급에 속하는 사람들을 하나의 개인으로 '타자화(他者化)'하고 정책에 순응하게 하려는 전략의 산물이다.

① ㉠

② ㉠, ㉡, ㉢

③ ㉠, ㉡, ㉣

④ ㉡, ㉢, ㉣

⑤ ㉠, ㉡, ㉢, ㉣

PART 4

02 논리판단

※ 제시된 명제가 모두 참일 때, 항상 참인 것을 고르시오. [1~2]

01

- 연차를 쓸 수 있으면 제주도 여행을 한다.
- 배낚시를 하면 회를 좋아한다.
- 다른 계획이 있으면 배낚시를 하지 않는다.
- 다른 계획이 없으면 연차를 쓸 수 있다.

① 제주도 여행을 하면 다른 계획이 없다.
② 연차를 쓸 수 있으면 배낚시를 한다.
④ 다른 계획이 있으면 연차를 쓸 수 없다.
③ 배낚시를 하지 않으면 제주도 여행을 하지 않는다.
⑤ 제주도 여행을 하지 않으면 배낚시를 하지 않는다.

02

- 마케팅 팀의 사원은 기획 역량이 있다.
- 마케팅 팀이 아닌 사원은 영업 역량이 없다.
- 기획 역량이 없는 사원은 소통 역량이 없다.

① 마케팅 팀의 사원은 영업 역량이 있다.
② 소통 역량이 있는 사원은 마케팅 팀이다.
③ 영업 역량을 가진 사원은 기획 역량이 있다.
④ 기획 역량이 있는 사원은 소통 역량이 있다.
⑤ 영업 역량이 없으면 소통 역량도 없다.

Easy

03 다음 빈칸에 들어갈 명제로 가장 적절한 것은?

- 비가 오면 큰아들의 나막신이 잘 팔릴 것이므로 좋다.
- 비가 오지 않으면 작은아들의 짚신이 잘 팔릴 것이므로 좋다.
- 비가 오거나 오지 않거나 둘 중의 하나일 것이다.
- 그러므로 ______________________

① 비가 왔으면 좋겠다.
② 비가 오지 않았으면 좋겠다.
③ 비가 오거나 오지 않거나 좋다.
④ 비가 오거나 오지 않거나 걱정이다.
⑤ 비가 오거나 오지 않거나 상관없다.

PART 4

04 재무팀 A과장, 개발팀 B부장, 영업팀 C대리, 홍보팀 D차장, 디자인팀 E사원은 봄, 여름, 가을, 겨울에 중국, 일본, 러시아로 출장을 간다. 다음 주어진 〈조건〉을 바탕으로 항상 참인 것은?(단, A~E는 중국, 일본, 러시아 중 반드시 한 국가에 출장을 가며, 아무도 출장을 가지 않는 계절은 없다)

조건

- 중국은 2명이 출장을 가고, 각각 여름 혹은 겨울에 출장을 간다.
- 러시아에 출장 가는 사람은 봄 혹은 여름에 출장을 간다.
- 재무팀 A과장은 반드시 개발팀 B부장과 함께 출장을 간다.
- 홍보팀 D차장은 혼자서 봄에 출장을 간다.
- 개발팀 B부장은 가을에 일본에 출장을 간다.

① 홍보팀 D차장은 혼자서 중국으로 출장을 간다.
② 영업팀 C대리와 디자인팀 E사원은 함께 일본으로 출장을 간다.
③ 재무팀 A과장과 개발팀 B부장은 함께 중국으로 출장을 간다.
④ 영업팀 C대리가 여름에 중국으로 출장을 가면, 디자인팀 E사원은 겨울에 출장을 간다.
⑤ 홍보팀 D차장이 어디로 출장을 가는지는 주어진 조건만으로 알 수 없다.

05 갑~무 5명을 포함하여 8명이 면접실 의자에 앉아 있다. 병이 2번 의자에 앉을 때, 항상 옳은 것은?(단, 의자에는 8번까지의 번호가 있다)

- 갑과 병은 이웃해 앉지 않고, 병과 무는 이웃해 앉는다.
- 갑과 을 사이에는 2명이 앉는다.
- 을은 양 끝(1번, 8번)에 앉지 않는다.
- 정은 6번 또는 7번에 앉고, 무는 3번에 앉는다.

① 을은 4번에 앉는다.
② 갑은 1번에 앉는다.
③ 을과 정은 이웃해 앉는다.
④ 갑이 4번에 앉으면, 정은 6번에 앉는다.
⑤ 정이 7번에 앉으면, 을과 정 사이에 2명이 앉는다.

06 H사에서는 매주 수요일 오전에 주간 회의가 열린다. 참여 대상 부서는 주거복지기획부, 공유재산관리부, 공유재산개발부, 인재관리부, 노사협력부, 산업경제사업부이다. 이번 주 주간 회의에 참여할 부서들의 〈조건〉이 다음과 같을 때, 이번 주 주간 회의에 참석할 부서의 최대 수는?

조건

- 주거복지기획부는 반드시 참석해야 한다.
- 공유재산관리부가 참석하면 공유재산개발부도 참석한다.
- 인재관리부가 참석하면 노사협력부는 참석하지 않는다.
- 산업경제사업부가 참석하면 주거복지기획부는 참석하지 않는다.
- 노사협력부와 공유재산관리부 중 한 부서만 참석한다.

① 2개
② 3개
③ 4개
④ 5개
⑤ 6개

07 다음은 자동차 외판원인 A~F 여섯 명의 판매실적 비교에 대한 설명이다. 이를 참고하여 바르게 추리한 것은?

- A는 B보다 실적이 앞선다.
- C는 D보다 실적이 뒤진다.
- E는 F보다 실적이 나쁘지만, A보다는 실적이 좋다.
- B는 D보다 실적이 좋지만, E보다는 실적이 나쁘다.

① 실적이 가장 좋은 외판원은 F이다.
② 외판원 C의 실적은 꼴찌가 아니다.
③ B보다 실적이 안 좋은 외판원은 3명이다.
④ 외판원 E의 실적이 가장 좋다.
⑤ A의 실적이 C의 실적보다 낮다.

PART 4

08 백혈병에 걸린 아이들을 돕기 위한 자선 축구대회에 한국, 일본, 중국, 미국 대표팀이 초청되었다. 이들은 월요일부터 금요일까지 서울, 수원, 인천, 대전 경기장에서 연습을 하게 된다. 〈조건〉이 다음과 같을 때, 옳지 않은 것은?

조건

㉠ 각 경기장에는 한 팀씩 연습하며 연습을 쉬는 팀은 없다.
㉡ 모든 팀은 모든 구장에서 적어도 한 번 이상 연습을 해야 한다.
㉢ 외국에서 온 팀의 첫 훈련은 공항에서 가까운 수도권 지역에 배정한다.
㉣ 이동거리 최소화를 위해 각 팀은 한 번씩 경기장 한 곳을 두 번 연속해서 사용해야 한다.
㉤ 미국은 월요일과 화요일에 수원에서 연습을 한다.
㉥ 목요일에 인천에서는 아시아 팀이 연습을 할 수 없다.
㉦ 금요일에 중국은 서울에서, 미국은 대전에서 연습을 한다.
㉧ 한국은 인천에서 연속으로 연습을 한다.

① 목요일, 금요일에 연속으로 같은 지역에서 연습하는 팀은 없다.
② 수요일 대전에서는 일본이 연습을 한다.
③ 대전에는 한국, 중국, 일본, 미국의 순서로 연습을 한다.
④ 한국은 화요일, 수요일에 같은 지역에서 연습을 한다.
⑤ 미국과 일본은 한 곳을 연속해서 사용하는 날이 같다.

09 다음과 같이 각 층에 1인 1실의 방이 4개 있는 3층 호텔에 A~I 총 9명이 투숙해있다. 다음 중 반드시 옳은 것은?

㉠ 각 층에는 3명씩만 투숙한다.
㉡ A의 바로 위에는 C가 투숙해 있으며, A의 바로 오른쪽 방에는 아무도 투숙하고 있지 않다.
㉢ B의 바로 위의 방에는 아무도 투숙하고 있지 않다.
㉣ C의 바로 왼쪽에 있는 방에는 아무도 투숙하고 있지 않으며, C는 D와 같은 층에 인접해 있다.
㉤ D는 E의 바로 아래의 방에 투숙하고 있다.
㉥ E, F, G는 같은 층에 투숙하고 있다.
㉦ G의 옆방에는 아무도 투숙하고 있지 않다.
㉧ I는 H보다 위층에 투숙하고 있다.

	301	302	303	304	
(좌)	201	202	203	204	(우)
	101	102	103	104	

① A는 104, 204, 304호 중 한 곳에 투숙하고 있다.
② C는 1층에 투숙하고 있다.
③ F는 3층에 투숙하고 있을 것이다.
④ H는 1층, 바로 위의 방에는 E, 그 위의 방에는 D가 있다.
⑤ I는 3층에 투숙하고 있다.

10 봉사동아리의 다섯 학생이 주말을 포함한 일주일 동안 각자 하루를 골라 봉사를 하러 간다. 다음 중 참이 아닌 것은?

• A~E 다섯 학생은 일주일 동안 정해진 요일에 혼자서 봉사를 하러 간다.
• A는 B보다 빠른 요일에 봉사를 하러 간다.
• E는 C가 봉사를 다녀오고 이틀 후에 봉사를 하러 간다.
• B와 D는 평일에 봉사를 하러 간다.
• C는 목요일에 봉사를 하러 가지 않는다.
• A는 월요일, 화요일 중에 봉사를 하러 간다.

① B가 화요일에 봉사를 하러 간다면 토요일에 봉사를 하러 가는 사람은 없다.
② D가 금요일에 봉사를 하러 간다면 다섯 명은 모두 평일에 봉사를 하러 간다.
③ D가 A보다 빨리 봉사를 하러 간다면 B는 금요일에 봉사를 하러 가지 않는다.
④ E가 수요일에 봉사를 하러 간다면 토요일에 봉사를 하러 가는 사람이 있다.
⑤ C가 A보다 빨리 봉사를 하러 간다면 D는 목요일에 봉사를 하러 갈 수 있다.

※ H사에 지원한 A~D 4명은 모두 필기전형에 합격했고, 최종 합격까지 면접만 남겨두고 있다. 이어지는 질문에 답하시오. [11~12]

- 면접은 월요일부터 수요일까지 진행되며, 각 지원자는 해당하는 요일에 면접을 본다.
- A~D 중 1명은 월요일에, 2명은 화요일에 면접을 보며, 나머지 1명은 수요일에 면접을 본다.
- A와 B는 같은 요일에 면접을 보지 않는다.
- A와 C는 같은 요일에 면접을 보지 않는다.
- D는 A, B, C와 같은 요일에 면접을 보지 않는다.

11 다음 중 반드시 참인 것은?

① A는 월요일에 면접을 본다.
② B는 화요일에 면접을 본다.
③ C는 월요일에 면접을 본다.
④ C는 수요일에 면접을 본다.
⑤ D는 수요일에 면접을 본다.

PART 4

12 A가 4명 중 가장 먼저 면접을 본다고 할 때, 다음 중 참이 아닌 것은?

① B는 화요일에 면접을 본다.
② C는 화요일에 면접을 본다.
③ D는 화요일에 면접을 본다.
④ D가 가장 마지막에 면접을 본다.
⑤ B와 C는 같은 요일에 면접을 본다.

13 백화점에서 함께 쇼핑을 한 A~E 5명은 일정 금액 이상 구매 시 추첨을 통해 경품을 제공하는 백화점 이벤트에 응모하였다. 얼마 후 당첨자가 발표되었고, A~E 중 1명이 1등에 당첨되었다. 다음 A~E의 대화에서 1명이 거짓말을 한다고 할 때, 1등 당첨자는 누구인가?

> • A : C는 1등이 아닌 3등에 당첨됐어.
> • B : D가 1등에 당첨됐고, 나는 2등에 당첨됐어.
> • C : A가 1등에 당첨됐어.
> • D : C의 말은 거짓이야.
> • E : 나는 5등에 당첨되었어.

① A ② B
③ C ④ D
⑤ E

14 다음 중 3명은 진실만을 말하는 착한 사람이고, 2명은 거짓만 말하는 나쁜 사람일 때, 착한 사람을 모두 고르면?

> • A : 나는 착한 사람이다.
> • B : A가 착한 사람이면 D도 착한 사람이다.
> • C : D가 나쁜 사람이면 A도 나쁜 사람이다.
> • D : A가 착한 사람이면 E도 착한 사람이다.
> • E : A는 나쁜 사람이다.

① B, C, E ② B, C, D
③ A, B, C ④ B, D, E
⑤ A, D, C

15 A~E 5명에게 지난 달 핸드폰 통화 요금이 가장 많이 나온 사람부터 1위에서 5위까지의 순위를 추측하라고 하고, 그 순위를 물었더니 각자 예상하는 두 사람의 순위를 다음과 같이 대답하였다. 각자 예상한 순위 중 하나는 옳고 다른 하나는 옳지 않다고 한다. 실제 핸드폰 통화 요금이 가장 많이 나온 사람은?

- A : D가 두 번째이고, 내가 세 번째이다.
- B : 내가 가장 많이 나왔고, C가 두 번째로 많이 나왔다.
- C : 내가 세 번째이고, B가 제일 적게 나왔다.
- D : 내가 두 번째이고, E가 네 번째이다.
- E : A가 가장 많이 나왔고, 내가 네 번째이다.

① A　② B
③ C　④ D
⑤ E

PART 4

03 자료해석

01 어느 지역에서 2025년 2분기 승객 수가 1분기 대비 20% 이상 감소한 버스가 있는 운수회사에 보조금을 지원하고자 한다. 보조금을 받을 수 있는 운수회사의 수는?

〈버스 승객 수〉

(단위 : 만 명)

구분	버스	승객 수	
		2025년 1분기	2025년 2분기
A운수회사	K3615	120	103
	C3707	80	75
	C3708	120	100
B운수회사	B5605	100	90
	J7756	90	87
C운수회사	L3757	130	100
	L3759	85	75
	L3765	70	60
D운수회사	O1335	60	40
	O2338	75	70

① 0개　　② 1개
③ 2개　　④ 3개
⑤ 4개

02 다음은 스마트워크 유형별 취업인구수 추정치에 대한 자료이다. 빈칸에 들어갈 숫자로 옳은 것은?

〈스마트워크 유형별 취업인구수 추정치〉

(단위 : 천 명)

구분		2019년	2020년	2021년	2022년	2023년	2024년
재택근무	공 공	39	58	85	116	149	184
	민 간	343	480	686	1,029	1,715	2,881
스마트워크센터	공 공	1	2	4	6	6	7
	민 간	3	37	62	125	125	125
모바일워크	공 공	6	9	15	24		63
	민 간	600	1,000	1,500	2,100	2,800	3,600

① 36
② 39
③ 42
④ 45
⑤ 48

※ 다음은 2024년 상반기 5개 시별 상위 산업에 관한 자료이다. 이어지는 질문에 답하시오. **[3~4]**

〈5개 시별 상위 산업〉

(단위 : 천 명, %)

구분	취업자 수	1위	비율	2위	비율	3위	비율	4위	비율	5위	비율
서울	5,080	소매업(자동차 제외)	9.8	음식점 및 주점업	8.1	교육 서비스업	7.9	도매 및 상품중개업	7	사업지원 서비스업	4.8
부산	1,670	음식점 및 주점업	9.8	소매업(자동차 제외)	9.5	교육 서비스업	7.5	도매 및 상품중개업	5.5	보건업	5.1
대구	1,226	소매업(자동차 제외)	10.2	교육 서비스업	8	음식점 및 주점업	7.3	도매 및 상품중개업	5.8	육상운송 및 파이프라인 운송업	4.4
인천	1,523	소매업(자동차 제외)	9.1	음식점 및 주점업	7.5	사업지원 서비스업	6.2	교육 서비스업	5.7	육상운송 및 파이프라인 운송업	5.5
광주	735	소매업(자동차 제외)	10	교육 서비스업	9.1	음식점 및 주점업	7.2	전문직별 공사업	5.4	육상운송 및 파이프라인 운송업	4.9

03 2024년 상반기 5개 시별 상위 산업에 관한 〈보기〉의 설명 중 옳은 것을 모두 고르면?

보기

㉠ 5개 시의 산업 중 상위 3개의 분야에 공통적으로 포함되는 분야는 소매업(자동차 제외), 음식점 및 주점업, 교육 서비스업이다.
㉡ 서울을 제외한 4개 시의 취업자 수의 합은 서울의 취업자 수보다 많다.
㉢ 5개 각 시의 1위 산업과 5위 산업 비율의 차는 4.5%p 이상이다.
㉣ 5개 시의 상위 5위 산업 안에 해당하는 산업의 종류는 총 8개이다.

① ㉠, ㉡
② ㉠, ㉢
③ ㉠, ㉣
④ ㉡, ㉢
⑤ ㉡, ㉣

04 5개 시의 산업 중 사업지원 서비스업이 상위 5대 산업에 해당하는 도시에서 사업지원 서비스업에 종사하는 취업자 수의 총합은?

① 283,748명
② 317,238명
③ 338,266명
④ 348,582명
⑤ 369,172명

05 다음은 보험업계에서 경쟁하고 있는 업체들에 대한 실적 지표이다. 다음 중 옳지 않은 것은?

〈표 1〉 3사간 시장 점유율 추이

(단위 : %)

구분	2020년	2021년	2022년	2023년 1분기
H해상	15	14.9	14.7	14.7
D화재	13.9	14	14	14.2
L화재	13.3	13.5	13.7	14.3

〈표 2〉 3사의 2023년 1분기 각종 지표

(단위 : 억 원, %)

구분	매출액	성장률	순익	손해율
H해상	7,663	8.3	177(500)	69.8(69.9)
D화재	7,392	10.0	336(453)	77.8(71.0)
L화재	7,464	12.3	116(414)	78.0(76.6)

※ ( )는 2022년의 수치임

① H해상의 점유율이 제자리걸음하고 있는 사이에 D화재와 L화재가 점유율을 끌어 올려 H해상을 압박하고 있다.
② 점유율에서는 2023년 1분기에 D화재가 L화재에 밀렸지만 순익면에서는 D화재가 가장 높다.
③ 세 기업 중 손해율이 가장 낮은 H해상은 그만큼 안정성이 높다는 증거이다.
④ L화재는 성장률, D화재는 순익, H해상은 손해율에서 각각 우위를 점하고 있어 향후 업계의 순위를 예측하기 어렵다.
⑤ 2023년 한 해 동안 L화재는 시장점유율 2위를 지킬 것이다.

06 **다음은 자동차 변속기의 부문별 경쟁력 점수를 국가별로 비교한 자료이다. 이에 대해 잘못 설명한 사람을 모두 고르면?**

〈자동차 변속기 경쟁력 점수의 국가별 비교〉

(단위 : 점)

구분	A국	B국	C국	D국	E국
변속감	98	93	102	80	79
내구성	103	109	98	95	93
소음	107	96	106	97	93
경량화	106	94	105	85	95
연비	105	96	103	102	100

※ 각국의 전체 경쟁력 점수는 각 부문 경쟁력 점수의 총합으로 구함

- 소희 : 전체 경쟁력 점수는 E국보다 D국이 더 높다.
- 정미 : 경쟁력 점수가 가장 높은 부문과 가장 낮은 부문의 차이가 가장 큰 국가는 D국이고, 가장 작은 국가는 C국이다.
- 지훈 : C국을 제외한다면 각 부문에서 경쟁력 점수가 가장 높은 국가와 가장 낮은 국가의 차이가 가장 큰 부문은 내구성이고, 가장 작은 부문은 변속감이다.
- 재상 : 내구성 부문에서 경쟁력 점수가 가장 높은 국가와 경량화 부문에서 경쟁력 점수가 가장 낮은 국가는 동일하다.
- 성미 : 전체 경쟁력 점수는 모든 국가 중에서 A국이 가장 높다.

① 소희, 정미, 지훈
② 소희, 지훈, 재상
③ 소희, 지훈, 성미
④ 정미, 재상, 성미
⑤ 정미, 지훈, 재상

07 다음은 여러 국가의 자동차 보유 대수를 나타낸 것이다. 이로부터 확실히 알 수 있는 것은?

〈국가별 자동차 보유 대수〉

(단위 : 천 대)

구분	합계	승용차	트럭 · 버스
미국	129,943	104,898	25,045
독일	18,481	17,356	1,125
프랑스	17,434	15,100	2,334
영국	15,864	13,948	1,916
이탈리아	15,400	14,259	1,141
캐나다	10,029	7,823	2,206
호주	5,577	4,506	1,071
네덜란드	3,585	3,230	355

① 자동차 보유 대수에서 승용차가 차지하는 비율이 가장 높은 나라는 프랑스이다.

② 자동차 보유 대수에서 승용차가 차지하는 비율이 가장 낮은 나라는 호주이지만, 그래도 90%를 넘는다.

③ 캐나다와 프랑스의 승용차와 트럭 · 버스의 대수의 비율은 3 : 1로 거의 비슷하다.

④ 유럽 국가들은 미국, 캐나다, 호주와 비교해서 자동차 보유 대수에서 승용차가 차지하는 비율이 높다.

⑤ 독일이 프랑스보다 매연가스 배출량이 더 많다.

PART 4

08 다음은 지역별 어린이집 정원 · 현원 현황에 관한 자료이다. 이에 대한 해석으로 옳은 것은?

〈지역별 어린이집 정원 · 현원 현황〉

(단위 : 명, %)

구분		합계	국 · 공립 어린이집	법인 어린이집	민간 어린이집			가정 어린이집	부모협동 어린이집	직장 어린이집
					소계	법인 외	민간 개인			
합계	정원	1,621,948	157,478	141,966	923,812	61,708	862,104	363,430	2,726	32,536
	현원	1,348,729	143,035	112,688	757,323	50,676	706,647	308,410	2,286	24,987
	이용률	83.2	90.8	79.4	82.0	82.1	82.0	84.9	83.9	76.8
서울	정원	243,440	55,150	2,734	128,361	9,793	118,568	47,618	744	8,833
	현원	214,863	51,294	2,539	112,967	8,269	104,698	40,664	617	6,782
	이용률	88.3	93.0	92.9	88.0	84.4	88.3	85.4	82.9	76.8
부산	정원	80,583	11,485	7,445	48,543	2,586	45,957	11,800	105	1,205
	현원	68,050	10,237	5,980	40,276	2,211	38,065	10,509	83	965
	이용률	84.4	89.1	80.3	83.0	85.5	82.8	89.2	79.0	80.1
대구	정원	77,218	2,412	14,808	47,535	2,546	44,989	11,427	118	918
	현원	63,118	2,034	12,046	38,692	1,986	36,706	9,587	102	657
	이용률	81.7	84.3	81.3	81.4	78.0	81.6	83.9	86.4	71.6

① 서울지역의 어린이집 이용률은 모든 시설에서 대구지역의 어린이집 이용률보다 높다.

② 부산지역에서 이용률이 가장 높은 시설은 서울이나 대구지역의 시설 이용률보다 높다.

③ 전체 어린이집 정원 중 세 지역이 차지하는 비중은 30% 이상이다.

④ 세 지역의 이용률 차이가 가장 작은 시설은 민간 개인 어린이집이다.

⑤ 부산지역은 각 시설의 이용률에 있어서 항상 서울과 대구의 이용률 사이에 존재한다.

09 다음은 A회사의 연도별 임직원 현황에 관한 자료이다. 이에 대한 〈보기〉의 설명 중 옳은 것을 모두 고르면?

〈A회사의 연도별 임직원 현황〉

(단위 : 명)

구분		2021년	2022년	2023년
국적	한국	9,566	10,197	9,070
	중국	2,636	3,748	4,853
	일본	1,615	2,353	2,749
	대만	1,333	1,585	2,032
	기타	97	115	153
고용형태	정규직	14,173	16,007	17,341
	비정규직	1,074	1,991	1,516
연령	20대 이하	8,914	8,933	10,947
	30대	5,181	7,113	6,210
	40대 이상	1,152	1,952	1,700
직급	사원	12,365	14,800	15,504
	간부	2,801	3,109	3,255
	임원	81	89	98

보기

㉠ 매년 일본, 대만 및 기타 국적 임직원 수의 합은 중국 국적 임직원 수보다 많다.
㉡ 매년 전체 임직원 중 20대 이하 임직원이 차지하는 비율은 50% 이상이다.
㉢ 2022년과 2023년에 전년 대비 임직원 수가 가장 많이 증가한 국적은 중국이다.
㉣ 2022년 대비 2023년의 임직원 수의 감소율이 가장 큰 연령대는 40대 이상이다.

① ㉠, ㉡
② ㉠, ㉢
③ ㉡, ㉣
④ ㉠, ㉢, ㉣
⑤ ㉡, ㉢, ㉣

10 재무회계팀에 근무하는 귀하는 퇴직금 산출법을 참고하여 퇴직금을 정산하는 업무를 담당한다. 이번 달에 퇴직하는 4명의 퇴직자 A~D의 퇴직자 연금 액수 산출자료를 보고 귀하가 예상할 수 있는 것은?

〈퇴직금 산출법〉

퇴직할 때 받게 되는 연금액수는 근무연수와 최종평균보수월액에 의해 결정된다. 연금 액수 산출방법에는 월별연금 지급방식과 일시불연금 지급방식이 있다.

(1) 월별연금 지급액＝최종평균보수월액×{0.5＋0.02×(근무연수－20)}(다만, 월별연금 지급액은 최종평균보수월액의 80%를 초과할 수 없다)

(2) 일시불연금 지급액＝(최종평균보수월액×근무연수×2)＋{최종평균보수월액×(근무연수－5)×0.1}

〈퇴직자 연금액수 산출자료〉

퇴직자	근무연수(년)	최종평균보수월액(만 원)
A	20	100
B	35	100
C	37	100
D	10	200

① A의 일시불연금 지급액은 D의 일시불연금 지급액보다 적을 것이다.

② A가 받을 수 있는 월별연금 지급액은 최종평균보수월액의 80%를 초과한다.

③ A가 100개월밖에 연금을 받을 수 없다면 월별연금보다 일시불연금을 선택하는 것이 유리할 것이다.

④ C가 B보다 월별연금 지급액을 4만 원 더 받게 될 것이다.

⑤ D가 월급에 변화 없이 10년을 더 근무한다면 D의 일시불연금 지급액은 현재 받을 수 있는 일시불연금 지급액의 두 배가 넘을 것이다.

11 H씨는 가족들과 레스토랑에서 외식을 계획 중이며, 레스토랑에서 보다 할인된 가격 혜택을 받기 위해서 통신사별 멤버십 혜택을 아래와 같이 정리하였다. A~E레스토랑에 대한 X~Z통신사의 혜택이 아래와 같을 때, 다음의 각 상황에서 가장 비용이 저렴한 경우는?

〈통신사별 멤버십 혜택〉

구분	X통신사	Y통신사	Z통신사
A레스토랑	1,000원당 100원 할인	15% 할인	−
B레스토랑	15% 할인	20% 할인	15% 할인
C레스토랑	20% 할인 (VIP의 경우 30% 할인)	1,000원당 200원 할인	30% 할인
D레스토랑	−	10% 할인 (VIP의 경우 20% 할인)	1,000원당 100원 할인
E레스토랑	15% 할인	−	20% 할인

① A레스토랑에서 14만 3천 원의 금액을 사용하고, Y통신사의 할인을 받는다.
② B레스토랑에서 16만 5천 원의 금액을 사용하고, Y통신사의 할인을 받는다.
③ C레스토랑에서 16만 4천 원의 금액을 사용하고, X통신사의 VIP 할인을 받는다.
④ D레스토랑에서 15만 4천 원의 금액을 사용하고, Y통신사의 VIP 할인을 받는다.
⑤ E레스토랑에서 16만 2천 원의 금액을 사용하고, Z통신사의 할인을 받는다.

12 다음은 결함이 있는 베어링 610개의 추정 결함원인과 실제 결함원인에 관한 자료이다. 이에 대한 <보기>의 설명 중 옳은 것만을 모두 고르면?(단, 소수점 셋째 자리에서 반올림한다)

〈베어링의 추정 결함원인과 실제 결함원인〉

(단위 : 개)

추정 결함원인 / 실제 결함원인	불균형결함	내륜결함	외륜결함	정렬불량결함	불결함	합계
불균형결함	87	9	14	6	14	130
내륜결함	12	90	11	6	15	134
외륜결함	6	8	92	14	4	124
정렬불량결함	5	2	5	75	16	103
불결함	5	7	11	18	78	119
합계	115	116	133	119	127	610

※ $[\text{전체인식률}(\%)] = \dfrac{(\text{추정 결함원인과 실제 결함원인이 동일한 베어링의 개수})}{(\text{결함이 있는 베어링의 개수})}$

※ $[\text{인식률}(\%)] = \dfrac{(\text{추정 결함원인과 실제 결함원인이 동일한 베어링의 개수})}{(\text{추정 결함원인에 해당되는 베어링의 개수})}$

※ [오류율(%)]=1−[인식률(%)]

보기

㉠ 전체인식률은 0.8% 이상이다.
㉡ '내륜결함' 오류율은 '외륜결함' 오류율보다 낮다.
㉢ '불균형결함' 인식률은 '외륜결함' 인식률보다 낮다.
㉣ 실제 결함원인이 '정렬불량결함'인 베어링 중에서, 추정 결함원인이 '불균형결함'인 베어링은 추정 결함 원인이 '불결함'인 베어링보다 적다.

① ㉠, ㉡　② ㉠, ㉢
③ ㉡, ㉢　④ ㉡, ㉣
⑤ ㉡, ㉢, ㉣

13 다음은 2024년 기준으로 국내 총생산 상위 10위에 해당하는 국가들의 2022년부터 3년간 국내 총생산에 대한 추이를 보여주는 자료이다. 2023년 대비 2024년의 독일의 국내총생산의 증가율을 구하면?(단, 소수점 셋째 자리에서 반올림한다)

〈주요 20개국의 국내 총생산〉

(단위 : 10억 USD)

구분	2022년	2023년	2024년
미국	17,348.1	17,947.0	18,569.1
중국	10,351.1	10,866.4	11,199.1
일본	4,596.2	4,123.3	4,939.0
독일	3,868.3	3,355.8	3,466.0
영국	2,990.2	2,848.8	2,618.8
프랑스	2,829.2	2,421.7	2,462.1
인도	2,042.4	2,073.5	2,263.5
이태리	2,138.5	1,814.8	1,849.7
브라질	2,417.0	1,774.7	1,796.1
캐나다	1,783.8	1,550.5	1,529.8
대한민국	1,411.0	1,377.5	1,411.2
러시아	2,031.0	1,326.0	1,283.1
스페인	1,381.3	1,199.1	1,232.1
호주	1,454.7	1,339.5	1,204.6
멕시코	1,297.8	1,144.3	1,045.9
인도네시아	890.5	861.9	932.2
터키	798.8	718.2	857.7
네덜란드	879.3	752.5	770.8
스위스	701.0	664.7	659.8
사우디	753.8	646.0	646.4

① 1.92%
② 2.04%
③ 2.57%
④ 2.96%
⑤ 3.28%

14 다음은 주요 대상국별 김치 수출액에 관한 자료이다. 기타를 제외하고 2024년 수출액이 세 번째로 많은 국가의 2023년 대비 2024년 김치 수출액의 증감률을 구하면?(단, 소수점 둘째 자리에서 반올림한다)

〈주요 대상국별 김치 수출액〉

(단위 : 천 달러, %)

구분	2023년		2024년	
	수출액	점유율	수출액	점유율
일본	44,548	60.6	47,076	59.7
미국	5,340	7.3	6,248	7.9
호주	2,273	3.1	2,059	2.6
대만	3,540	4.8	3,832	4.9
캐나다	1,346	1.8	1,152	1.5
영국	1,919	2.6	2,117	2.7
뉴질랜드	773	1	1,208	1.5
싱가포르	1,371	1.9	1,510	1.9
네덜란드	1,801	2.4	2,173	2.7
홍콩	4,543	6.2	4,285	5.4
기타	6,093	8.3	7,240	9.2
합계	73,547	100	78,900	100

① −5.68%
② −5.74%
③ −6.24%
④ −6.82%
⑤ −7.46%

15 다음은 가야 문화재 발굴단에서 2022~2024년 동안 실시한 발굴 작업 현황을 나타낸 자료이다. 가장 비용이 많이 든 연도와 그 비용은?

〈발굴 작업 현황〉

(단위 : 건)

구분	2022년	2023년	2024년
정비 발굴	21	23	19
순수 발굴	10	4	12
수중 발굴	13	18	7

※ 발굴 작업 1건당 비용은 정비 발굴은 12만 원, 순수 발굴은 3만 원, 수중 발굴은 20만 원임

① 2022년, 542만 원
② 2022년, 642만 원
③ 2023년, 648만 원
④ 2023년, 758만 원
⑤ 2024년, 404만 원

PART 4

16 다음은 1970년 이후 주요 작물의 재배면적의 비중에 관한 자료이다. 1970년 대비 2010년 전체 경지이용면적이 25% 증가했을 때, 1970년 대비 2010년 과실류의 재배면적은 얼마나 증가했는가?

〈주요 작물의 재배면적 변화〉

(단위 : %)

구분	식량작물			채소류			과실류		
	전체	미곡	맥류	전체	배추	양파	전체	사과	감귤
1970년	82.9	44.6	30.9	7.8	27.5	1.6	1.8	35.0	10.0
1975년	80.2	48.3	30.2	7.8	15.6	1.7	2.4	41.9	12.2
1980년	71.7	62.2	18.2	13.0	12.7	2.0	3.6	46.5	12.1
1985년	68.7	69.5	14.4	13.0	11.2	2.4	4.2	34.9	14.7
1990년	69.3	74.5	9.6	11.5	13.9	2.5	5.5	36.8	14.3
1995년	61.3	78.5	6.7	14.7	9.9	3.1	7.8	28.7	13.8
2000년	62.7	81.3	5.2	14.1	11.9	4.1	8.1	16.8	15.6
2005년	64.1	79.4	4.9	12.5	11.4	5.2	7.2	17.4	14.2
2006년	63.3	80.9	4.9	12.6	13.0	5.6	7.9	18.4	13.8
2007년	62.6	81.7	4.8	12.0	11.2	6.4	8.0	18.8	13.6
2008년	62.3	81.7	4.9	12.2	12.4	6.8	8.1	19.5	13.6
2009년	60.1	82.0	4.8	11.5	11.8	7.1	8.1	19.7	13.4
2010년	60.1	82.0	3.6	11.3	10.2	9.0	8.6	19.1	13.0

※ 식량작물, 채소류, 과실류 항목의 수치는 전체 경지이용면적 대비 각 작물의 재배면적 비중을 의미함

※ 미곡, 맥류 등 세부품목의 수치는 식량작물, 채소류, 과실류의 재배면적 대비 각 품목의 재배면적 비중을 의미함

① 약 440%

② 약 460%

③ 약 480%

④ 약 500%

⑤ 약 520%

17 주어진 도표를 이용해 빈칸을 완성한 후 빈칸의 숫자를 모두 더하면?(단, 소수점 첫째 자리에서 반올림한다)

〈9개 도의 이재민 구호물자 비축 및 관리 현황〉

(단위 : 세트)

구분	합계		재해구호물자 현황			
			응급구호세트		취사구호세트	
	비축기준	비축량	비축기준	비축량	비축기준	비축량
경기도	12,258	23,689	8,584	16,421	3,674	7,268
강원도	4,875	5,911	3,414	3,495	1,461	2,416
충청북도	3,730	5,277	2,610	3,778	1,120	1,499
충청남도	2,676	4,164	1,875	2,914	801	1,250
전라북도	1,660	3,444	1,164	2,022	496	1,422
전라남도	3,169	7,014	2,224	4,693	945	2,321
경상북도	4,956	6,774	3,470	4,777	1,486	1,997
경상남도	6,642	9,956	4,649	6,091	1,993	3,865
제주도	312	1,363	219	489	93	874

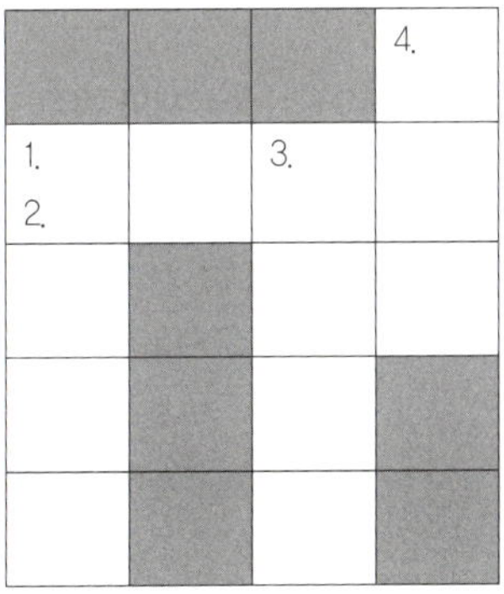

〈가로〉

1. 취사구호세트의 비축기준이 두 번째로 높은 지역의 전체 비축량 대비 응급구호세트의 비축량이 차지하는 비율(%)과 전체 비축량이 가장 낮은 지역의 전체 비축기준량 대비 취사구호세트의 비축기준량이 차지하는 비율(%)의 곱은?

〈세로〉

2. 경상북도와 경상남도의 취사구호세트 비축량의 평균과 충청북도와 충청남도의 취사구호세트 비축량의 평균의 차는?
3. 응급구호세트의 비축량이 네 번째로 높은 지역의 전체 구호물자 비축량과 비축기준의 차이는?
4. 전라북도의 전체 비축기준 대비 전체 비축량의 비율(%)은?

① 54　　② 60

③ 66　　④ 72

⑤ 78

18 **주어진 도표를 이용해 빈칸을 완성한 후 빈칸의 숫자를 모두 더하면?(단, 소수점 첫째 자리에서 반올림한다)**

〈성별 · 연령별 결핵 신고 신환자 현황〉

(단위 : 명)

구분		2021년	2022년	2023년
합계		34,869	32,181	30,892
성별	남성	19,974	18,695	17,865
	여성	14,895	13,486	13,027
연령별	9세 이하	61	39	30
	10~19세	1,246	1,142	852
	20~29세	4,206	3,599	3,179
	30~39세	4,027	3,483	3,081
	40~49세	4,996	4,289	4,028
	50~59세	5,894	5,484	5,167
	60~69세	4,391	4,276	4,403
	70~79세	6,102	5,736	5,459
	80세 이상	3,946	4,133	4,693

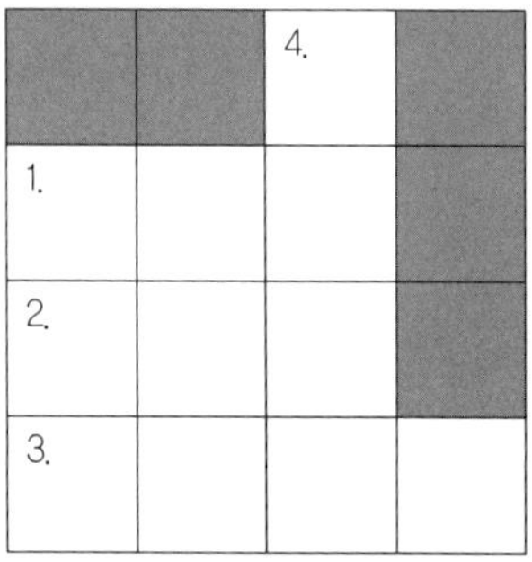

〈가로〉

1. 남성 결핵 신고 신환자 수가 가장 작은 해의 전체 결핵 신고 신환자 중 40~49세가 차지하는 비중(%)과 전체 결핵 신고 신환자 수 중 70~79세가 차지하는 비중(%)의 곱은?
2. 19세 이하의 2022년 대비 2023년 결핵 신고 신환자 수의 감소율과 80세 이상의 2022년 대비 2023년 결핵 신고 신환자 수의 증가율의 곱은?
3. 2021년 대비 2022년 여성 결핵 신고 신환자의 감소폭과 2022년 대비 2023년 남성 결핵 신고 신환자의 감소폭을 더하면?

〈세로〉

4. 2022년 결핵 신고 신환자 중 네 번째로 많은 연령대의 2023년 결핵신고 신환자 수는?

① 31 ② 33

③ 35 ④ 37

⑤ 39

19 주어진 도표를 이용해 빈칸을 완성한 후 빈칸의 숫자를 모두 더하면?(단, 소수점 첫째 자리에서 반올림한다)

〈2023년 발화요인에 따른 월별 화재 건수〉

(단위 : 건수)

구분	전기적 요인	기계적 요인	화학적 요인	가스누출 사고	교통사고	부주의	기타	합계
1월	989	598	61	15	49	2,365	12	4,089
2월	899	466	38	11	41	2,715	22	4,192
3월	755	431	55	18	40	3,072	15	4,386
4월	679	341	45	19	37	2,140	11	3,272
5월	701	398	56	15	34	1,970	17	3,191
6월	632	328	51	8	38	1,611	11	2,679
7월	936	403	55	14	26	1,102	8	2,544
8월	862	460	60	15	31	1,656	20	3,113
9월	625	353	42	12	44	1,398	10	2,484
10월	592	454	47	11	46	1,238	11	2,399
11월	604	450	55	19	41	1,581	17	2,767
12월	688	505	51	20	59	1,781	21	3,125

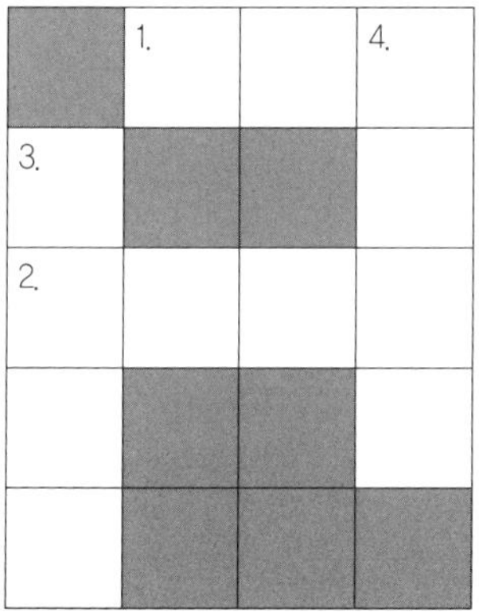

〈가로〉

1. 전기적 요인으로 인한 화재 건수의 11월 대비 12월의 증가율과 교통사고로 인한 화재 건수의 11월 대비 12월의 증가율의 곱은?
2. 전기적 요인으로 인한 화재가 가장 적게 발생한 달의 가스누출사고로 인한 화재 건수와 부주의로 인한 화재가 가장 많이 발생한 달의 기계적 요인으로 인한 화재 발생 건수의 곱은?

〈세로〉

3. 7월에서 12월까지의 부주의로 인한 화재 건수의 평균값은?
4. 2023년 기계적 요인으로 인한 월별 화재 건수의 최댓값과 최솟값의 차와 2023년 화학적 요인으로 인한 월별 화재 건수의 최댓값과 최솟값의 차의 곱은?

① 42
② 46
③ 50
④ 54
⑤ 58

20 주어진 도표를 이용해 빈칸을 완성한 후 (ⓐ+ⓑ)×(㉠+㉡)의 값을 구하면?

〈수혈용 혈액 월평균 보유추이〉

(단위 : 유니트)

구분	적혈구 농축액	혈소판 농축액	신선동결혈장	혈소판 성분제제
1월	24,397	6,537	78,777	1,011
2월	27,520	6,449	78,413	921
3월	19,112	6,756	79,871	1,027
4월	20,050	6,785	81,102	886
5월	28,680	6,813	85,167	1,021
6월	32,884	6,529	76,744	1,030
7월	38,645	6,563	78,957	1,119
8월	31,317	6,283	75,139	1,047
9월	26,048	6,735	72,577	925
10월	17,475	6,819	70,635	1,040
11월	21,705	6,821	73,917	897
12월	16,543	6,904	65,497	975

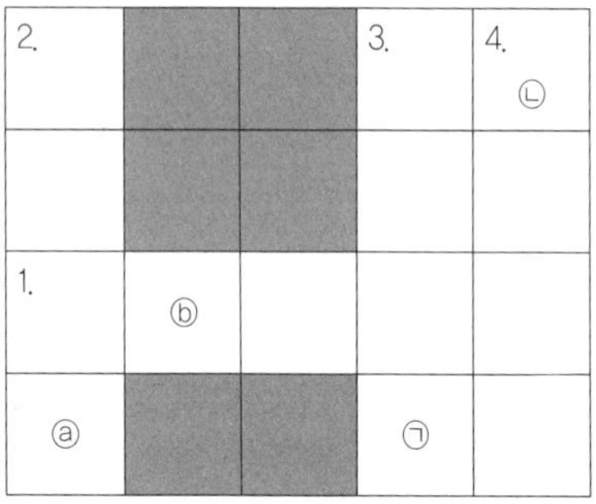

〈가로〉

1. 1~12월 중 적혈구 농축액의 최대량과 최소량의 차는?

〈세로〉

2. 1월 신선동결혈장의 양과 12월 신선동결혈장의 양의 차를 10으로 나눈 값은?
3. 4월, 5월, 6월의 혈소판 농축액의 평균량은?
4. 혈소판 성분제제의 1월 대비 2월의 감소량과 11월 대비 12월의 증가량의 곱은?

① 160　　② 165

③ 170　　④ 175

⑤ 180

04 정보추론

01 문화기획을 하는 A씨는 문화예술에 대한 국민의 관심과 참여 수준을 파악하기 위해 다음 자료를 제작하였다. 이에 대한 해석으로 옳지 않은 것은?

〈문화예술 관람률〉

(단위 : %)

구분		2018년	2020년	2022년	2024년
문화예술 성별 · 연령별 관람률	전체	52.4	54.5	60.8	64.5
	남자	50.5	51.5	58.5	62.0
	여자	54.2	57.4	62.9	66.9
	20세 미만	81.2	79.9	83.6	84.5
	20~29세	79.6	78.2	83.4	83.8
	30~39세	68.2	70.6	77.2	79.2
	40~49세	53.4	58.7	67.4	73.2
	50~59세	35.0	41.2	48.1	56.2
	60세 이상	13.4	16.6	21.7	28.9
문화예술 종류별 관람률	음악 · 연주회	13.9	13.6	11.6	10.7
	연극	13.9	13.5	13.2	11.8
	무용	1.1	1.5	1.4	1.2
	영화	44.8	45.8	50.3	52.8
	박물관	13.8	14.5	13.3	13.7
	미술관	12.5	11.1	10.2	9.8

① 문화예술 관람률은 계속해서 증가하고 있다.
② 60세 이상 문화예술 관람률은 2018년 대비 2024년에 100% 이상 증가했다.
③ 문화예술 관람률은 남자보다는 여자, 40세 이상보다는 30세 이하의 관람률이 높다.
④ 문화예술 관람률이 접근성을 반영한다면, 접근성이 가장 떨어지는 문화예술은 무용이다.
⑤ 2022년도의 전체 인구수를 100명으로 가정했을 때 그해 미술관을 관람한 사람은 10명이다.

02 **다음은 초·중·고등학교 전체 학생 수와 다문화가정 학생 수에 관한 자료이다. 이를 이해한 내용으로 옳지 않은 것은?**

〈연도별 초·중·고등학교 전체 학생 수〉

(단위 : 천 명)

구분	2014년	2015년	2016년	2017년	2018년	2019년	2020년	2021년	2022년	2023년
학생 수	7,776	7,735	7,618	7,447	7,236	6,987	6,732	6,529	6,334	6,097

〈다문화가정 학생 수〉

(단위 : 명)

구분	초등학교	중학교	고등학교	합계
2014년	7,910	1,139	340	9,389
2015년	12,199	1,979	476	14,654
2016년	16,785	2,527	868	20,180
2017년	21,466	3,294	1,255	26,015
2018년	24,701	5,260	1,827	31,788
2019년	28,667	7,634	2,377	38,678
2020년	33,792	9,647	3,515	46,954
2021년	39,430	11,294	5,056	55,780
2022년	48,297	12,525	6,984	67,806
2023년	60,283	13,865	8,388	82,536

① 초·중·고등학교 전체 학생 수는 계속 감소하고 있는 추세이다.

② 초·중·고등학교 전체 학생 수가 6백만 명대로 감소한 해는 2019년이다.

③ 2023년의 전체 다문화가정 학생 수는 2014년에 비해 73,147명 증가했다.

④ 초·중·고등학교 전체 학생 수 대비 전체 다문화가정 학생 수의 비율은 점점 증가했다가 2022년에 감소했다.

⑤ 2023년의 고등학교 다문화가정 학생 수는 2014년의 고등학교 다문화가정 학생 수의 약 24.7배이다.

03 다음은 신재생에너지 산업에 관한 자료이다. 이에 대한 설명으로 옳은 것은?

〈신재생에너지원별 산업 현황〉

(단위 : 억 원)

구분	기업체 수(개)	고용인원(명)	매출액	내수	수출액	해외공장 매출	투자액
태양광	127	8,698	75,637	22,975	33,892	18,770	5,324
태양열	21	228	290	290	0	0	1
풍력	37	2,369	14,571	5,123	5,639	3,809	583
연료전지	15	802	2,837	2,143	693	0	47
지열	26	541	1,430	1,430	0	0	251
수열	3	47	29	29	0	0	0
수력	4	83	129	116	13	0	0
바이오	128	1,511	12,390	11,884	506	0	221
폐기물	132	1,899	5,763	5,763	0	0	1,539
합계	493	16,178	113,076	49,753	40,743	22,579	7,966

① 태양광에너지 분야의 기업체 수가 가장 많다.
② 전체 매출액 대비 전체 투자액의 비율은 7.5% 이상이다.
③ 바이오에너지 분야의 수출액은 전체 수출액의 1% 미만이다.
④ 태양광에너지 분야에 고용된 인원은 전체 고용인원의 절반 이상을 차지한다.
⑤ 전체 매출액 중 풍력에너지 분야의 매출액이 차지하는 비율은 15% 이상이다.

04 다음은 남성육아휴직제 시행 현황에 관한 자료이다. 이에 대한 설명으로 옳은 것은?

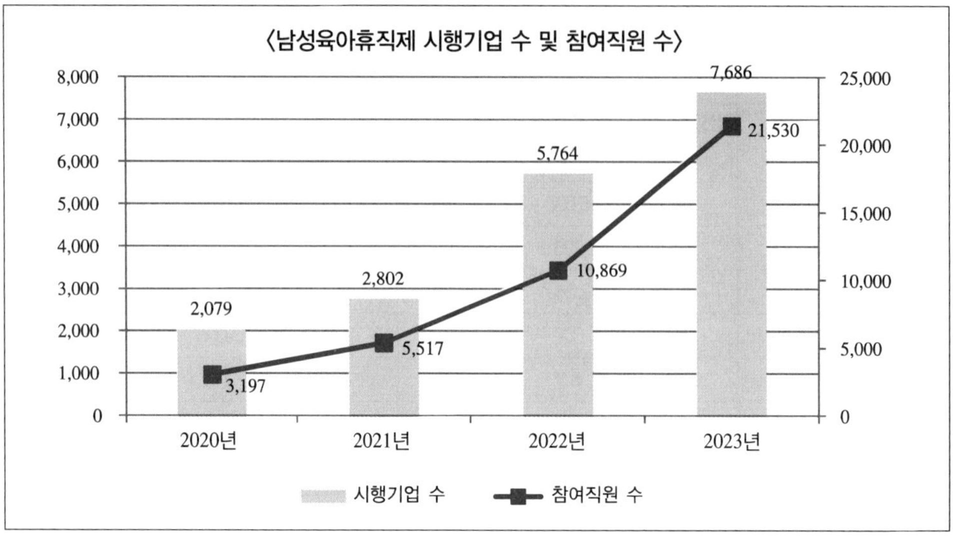

① 2021년 이후 전년보다 참여직원 수가 가장 많이 증가한 해와 시행기업 수가 가장 많이 증가한 해는 동일하다.

② 2023년 남성육아휴직제 참여직원 수는 2020년의 7배 이상이다.

③ 시행기업당 참여직원 수가 가장 많은 해는 2023년이다.

④ 2021년 대비 2023년 시행기업 수의 증가율은 참여직원 수의 증가율보다 높다.

⑤ 2020~2023년 참여직원 수 연간 증가인원의 평균은 약 6,000명이다.

Easy

05 다음은 2021~2023년 A~G지역의 대상포진 환자 수에 관한 자료이다. 이에 대한 설명으로 옳은 것은?

〈2021~2023년 대상포진 환자 수〉

(단위 : 명)

구분	2021년	2022년	2023년
A지역	46,081	50,893	51,012
B지역	48,371	49,702	50,087
C지역	44,301	46,032	44,501
D지역	42,081	45,097	46,208
E지역	45,301	47,786	50,046
F지역	48,701	49,132	50,016
G지역	49,043	50,872	51,932

① G지역의 대상포진 환자 수는 3년 내내 가장 많았다.
② 모든 지역의 대상포진 환자 수는 3년 동안 지속적으로 증가하였다.
③ 2021년 대비 2023년 대상포진 환자 수가 가장 많이 증가한 지역은 A지역이다.
④ 2022년의 대상포진 환자 수는 모든 지역이 전년 대비 1,000명 이상 증가하였다.
⑤ 2023년 대상포진 환자 수가 가장 많은 지역과 가장 적은 지역의 환자 수 차이는 7,500명 이상이다.

PART 4

06 다음은 2019~2023년 국가공무원 및 지방자치단체공무원 현황에 관한 자료이다. 이에 대한 설명으로 옳지 않은 것은?

〈국가공무원 및 지방자치단체공무원 현황〉

(단위 : 명)

구분	2019년	2020년	2021년	2022년	2023년
국가공무원	621,313	622,424	621,823	634,051	637,654
지방자치단체 공무원	280,958	284,273	287,220	289,837	296,193

〈국가공무원 및 지방자치단체공무원 중 여성 비율〉

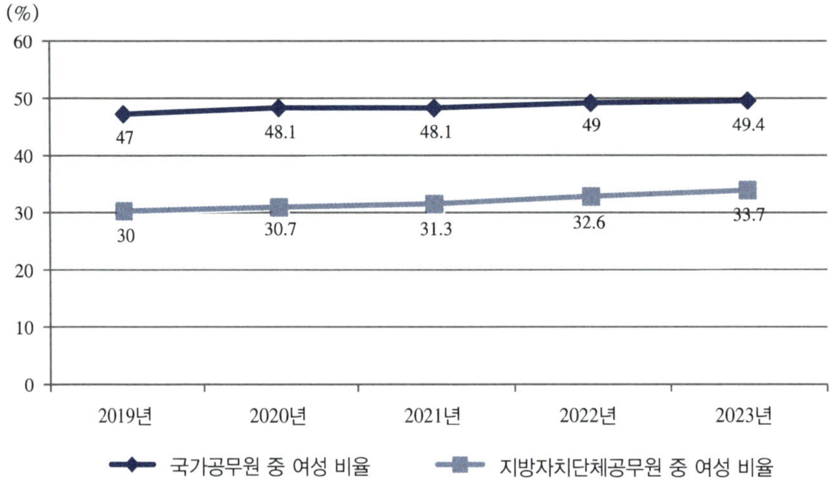

① 매년 국가공무원 중 여성 수는 지방자치단체공무원 중 여성 수의 3배 이상이다.
② 지방자치단체공무원 중 여성 수는 매년 증가하였다.
③ 매년 국가공무원 중 여성 수는 지방자치단체공무원 수보다 많다.
④ 국가공무원 중 남성 수는 2021년이 2020년보다 적다.
⑤ 국가공무원 중 여성 비율과 지방자치단체공무원 중 여성 비율의 차이는 매년 감소한다.

07 다음은 2021~2023년의 추석연휴 교통사고 현황에 관한 자료이다. 이에 대한 〈보기〉의 설명 중 옳은 것만을 모두 고르면?

〈추석연휴 및 평소 주말 교통사고 현황〉

(단위 : 건, 명)

구분	추석연휴 하루 평균			평소 주말 하루 평균		
	사고	부상자	사망자	사고	부상자	사망자
전체교통사고	487.4	885.1	11.0	581.7	957.3	12.9
졸음운전사고	7.8	21.1	0.6	8.2	17.1	0.3
어린이사고	45.4	59.4	0.4	39.4	51.3	0.3

※ 2021~2023년 동안 평균 추석연휴기간은 4.7일이였으며, 추석연휴에 포함된 주말의 경우 평소 주말 통계에 포함시키지 않음

〈추석 전후 일자별 하루 평균 전체 교통사고 현황〉

(단위 : 건, 명)

구분	추석연휴 전날	추석 전날	추석 당일	추석 다음날
사고	822.0	505.3	448.0	450.0
부상자	1,178.0	865.0	1,013.3	822.0
사망자	17.3	15.3	10.0	8.3

보기

㉠ 추석연휴 전날에는 평소 주말보다 하루 평균 사고 건수는 240.3건, 부상자 수는 220.7명 많았고, 사망자 수는 30% 이상 많았다.

㉡ 교통사고 건당 부상자 수와 교통사고 건당 사망자 수는 각각 추석 당일이 추석 전날보다 많았다.

㉢ 졸음운전사고의 경우 추석연휴 하루 평균 사고 건수는 평소 주말 하루 평균보다 적었으나 추석연휴 하루 평균 부상자 수와 사망자 수는 평소 주말 하루 평균보다 각각 많았다.

㉣ 졸음운전사고의 경우 평소 주말 하루 평균 대비 추석연휴 하루 평균 사망자의 증가율은 부상자의 증가율의 10배 이상이었다.

㉤ 어린이사고의 경우 평소 주말 하루 평균보다 추석연휴 하루 평균 사고 건수는 6.0건, 부상자 수는 8.1명, 사망자 수는 0.1명 많았다.

① ㉠, ㉡, ㉢

② ㉠, ㉡, ㉤

③ ㉠, ㉢, ㉤

④ ㉡, ㉢, ㉣

⑤ ㉢, ㉣, ㉤

PART 4

08 다음 그래프를 보고 옳은 것을 고르면?

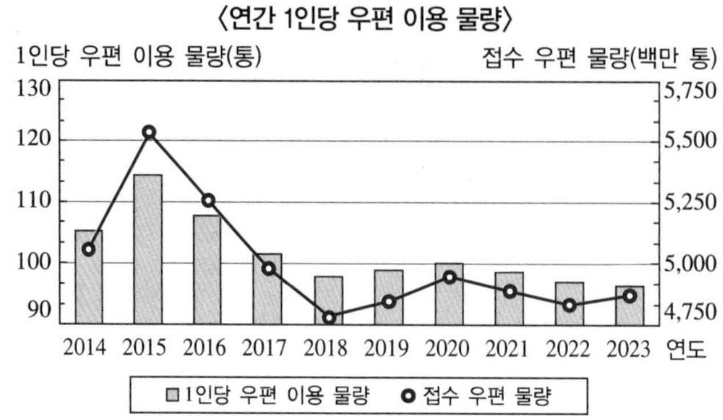

① 연간 1인당 우편 이용 물량은 증가 추세에 있다.

② 연간 1인당 우편 이용 물량은 2015년에 가장 많았고, 2018년에 가장 적었다.

③ 매년 평균적으로 1인당 4일에 한 통 이상은 우편물을 보냈다.

④ 연간 1인당 우편 이용 물량과 연간 접수 우편 물량 모두 2020년부터 2023년까지 지속적으로 감소하고 있다.

⑤ 연간 접수 우편 물량이 가장 많은 해와 가장 적은 해의 차이는 약 900백만 통이다.

09 다음은 유아교육 규모에 관한 자료이다. 이에 대해 <보기>에서 올바르게 설명한 사람은?

〈유아교육 규모〉

구분	2017년	2018년	2019년	2020년	2021년	2022년	2023년
유치원 수(원)	8,494	8,275	8,290	8,294	8,344	8,373	8,388
학급 수(학급)	20,723	22,409	23,010	23,860	24,567	24,908	25,670
원아 수(명)	545,263	541,603	545,812	541,550	537,822	537,361	538,587
교원 수(명)	28,012	31,033	32,095	33,504	34,601	35,415	36,461
취원율(%)	26.2	31.4	35.3	36.0	38.4	39.7	39.9
교원 1인당 원아 수(명)	19.5	17.5	17.0	16.2	15.5	15.2	14.8

보기

- 민성 : 유치원 원아 수의 변동은 매년 일정하지 않다.
- 지호 : 교원 1인당 원아 수가 줄어드는 것은 원아 수 대비 학급 수가 늘어나기 때문이다.
- 단비 : 취원율은 매년 증가하고 있는 추세이다.
- 미송 : 교원 수가 매년 증가하는 이유는 청년 취업과 관계가 있다.

① 민성, 지호
② 민성, 단비
③ 지호, 미송
④ 단비, 미송
⑤ 지호, 단비

PART 4

10 다음은 2019~2023년 5개국의 전 산업 노동생산성을 비교한 자료이다. 이에 대한 설명으로 옳지 않은 것은?

〈전 산업 노동생산성 비교〉

(단위 : US$/PPP)

구분		2019년	2020년	2021년	2022년	2023년
한국	노동생산성	44,103	45,787	47,536	48,333	48,627
	지수	92.78	96.32	100.00	101.68	102.30
일본	노동생산성	54,251	55,116	56,209	55,749	53,017
	지수	96.52	98.06	100.00	99.18	94.32
독일	노동생산성	56,570	58,116	58,686	58,454	55,702
	지수	96.39	99.03	100.00	99.60	94.92
미국	노동생산성	77,444	78,052	78,700	79,032	79,876
	지수	98.40	99.18	100.00	100.42	101.49
중국	노동생산성	6,514	7,276	8,247	N.A.	9,733
	지수	78.99	88.23	100.0	N.A.	118.02

※ N.A(Not Available) : 참고 예상 수치 없음

※ 2021년도의 노동생산성 지수를 100으로 가정함

① 우리나라의 전 산업 노동생산성 지수는 소폭의 상승세이나, 중국은 큰 폭으로 상승되는 추세이다.

② 일본과 독일의 노동생산성은 2021년을 기점으로 하향추세를 보이고 있다.

③ 2019년에 비해 2023년에 노동생산성이 4,000포인트 이상 변동된 나라는 1개뿐이다.

④ 2020년 각 나라의 노동생산성 지수가 전년 대비 가장 크게 변한 나라와 가장 적게 변한 나라의 차이는 8포인트 이상이다.

⑤ 2021년을 기점으로 볼 때 2019년 노동생산성 지수는 독일이 일본보다 약간 앞서 있다.

11 다음은 학교별 급식학교 수와 급식인력 현황에 대한 자료이다. 이에 대한 설명으로 옳지 않은 것은?

〈학교별 급식학교 수와 급식인력 현황〉

(단위 : 개, 명)

구분	급식학교 수	직종					
		영양사			조리사	조리보조원	합계
		정규직	비정규직	소계			
초등학교	5,417	3,377	579	3,956	4,955	25,273	34,184
중학교	2,492	626	801	1,427	1,299	10,147	12,873
고등학교	1,951	1,097	603	1,700	1,544	12,485	15,729
특수학교	129	107	6	113	135	211	459
합계	9,989	5,207	1,989	7,196	7,933	48,116	63,245

① 급식인력은 4개의 학교 중 초등학교가 가장 많다.
② 영양사 정규직 비율은 특수학교가 중학교보다 2배 이상 높다.
③ 중학교 정규직 영양사는 고등학교 비정규직 영양사보다 23명 더 많다.
④ 특수학교는 4개의 학교 중 유일하게 정규직 영양사보다 비정규직 영양사가 더 적다.
⑤ 4개의 학교 모두 급식인력 중 조리보조원이 차지하는 비율이 가장 높다.

PART 4

12 다음은 2019년부터 2023년까지 가정에서 사용하는 인터넷 접속기기를 조사하여 가구별 접속기기를 한 개 이상 응답한 결과를 나타낸 그래프이다. 이를 참고하여 작성한 그래프로 적절한 것은?(단, 모든 그래프의 단위는 '%'이다)

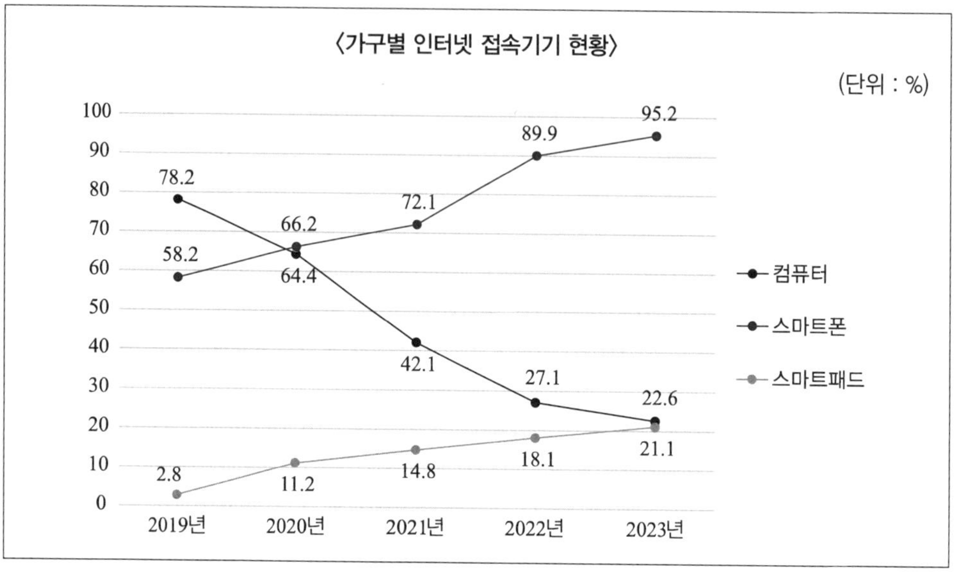

①

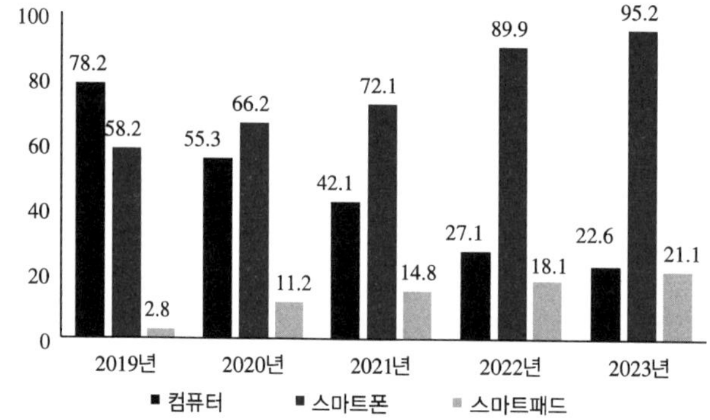

②

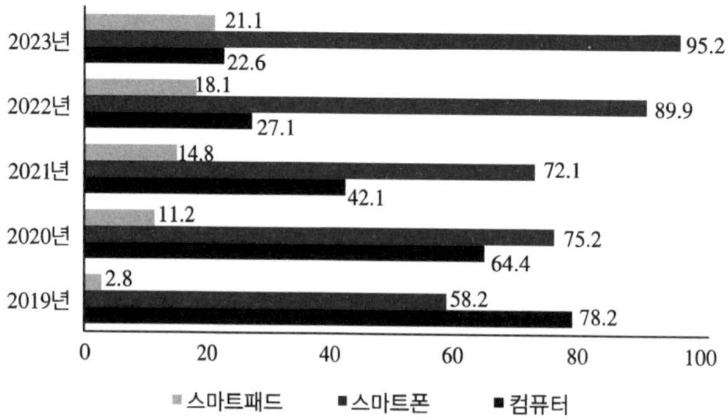

③

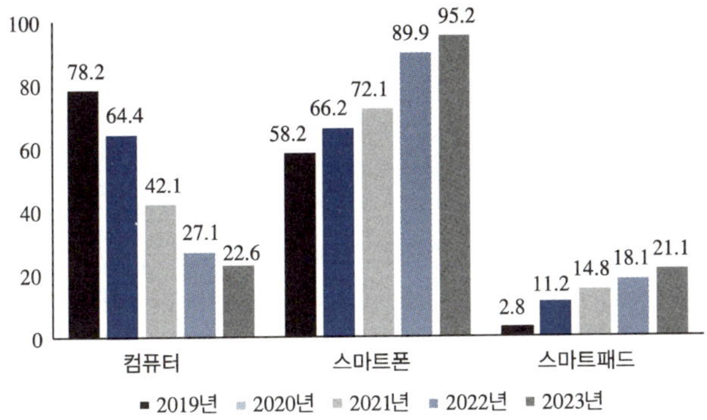

100
80
60
40
20
0
78.2
64.4
42.1
27.1
22.6
58.2
66.2
72.1
89.9
95.2
2.8
11.2
14.8
18.1
21.1
컴퓨터
스마트폰
스마트패드
2019년
2020년
2021년
2022년
2023년

④

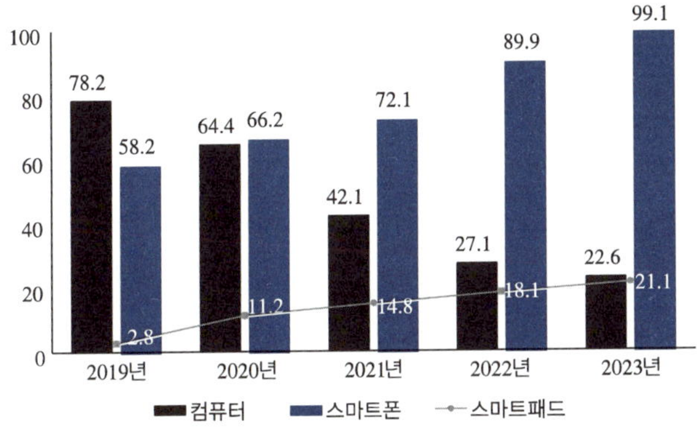

100
80
60
40
20
0
78.2
58.2
64.4
66.2
42.1
72.1
27.1
89.9
22.6
99.1
2.8
11.2
14.8
18.1
21.1
2019년
2020년
2021년
2022년
2023년
컴퓨터
스마트폰
스마트패드

⑤

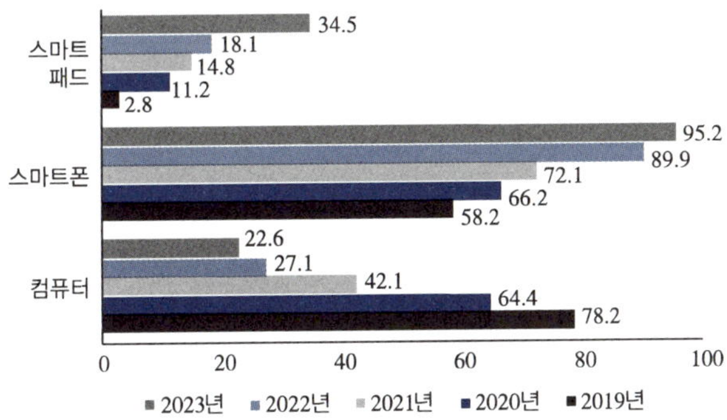

스마트
패드
34.5
18.1
14.8
11.2
2.8
스마트폰
95.2
89.9
72.1
66.2
58.2
컴퓨터
22.6
27.1
42.1
64.4
78.2
0
20
40
60
80
100
2023년
2022년
2021년
2020년
2019년

PART 4

13 **다음은 2023년 1분기 말 외국인 국내 토지 소유현황에 관한 보고서이다. 보고서의 내용과 부합하는 자료는?**

〈보고서〉

2024년 1분기 말 기준 외국인의 국내 토지 소유면적은 224,715천m², 금액으로는 335,018억 원인 것으로 조사되었다. 2023년 1분기 말 대비 면적 기준으로 2,040천m², 보유필지 수로는 3% 미만 증가한 것이다. 국적별로는 기타지역을 제외하고 토지 소유면적이 넓은 나라부터 나열하면 미국, 유럽, 일본, 중국 순서이며, 미국 국적 외국인은 외국인 국내 토지 소유면적의 50% 이상을 소유하였다.

①

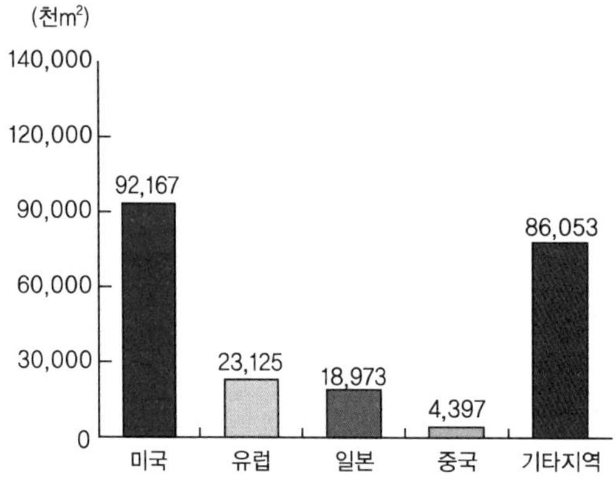

②

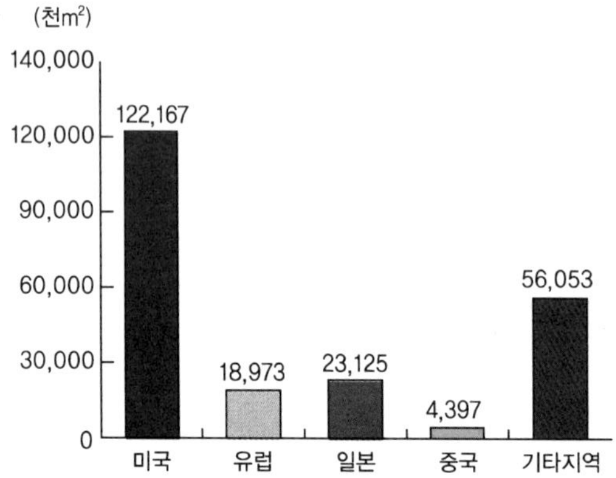

③

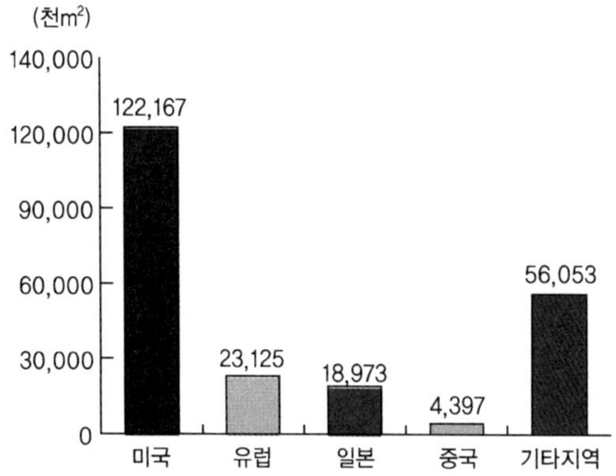

④
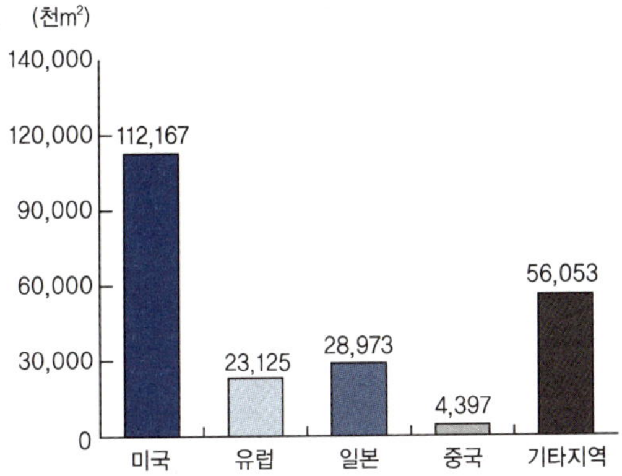
(천m²)
140,000
120,000
90,000
60,000
30,000
0
112,167
23,125
28,973
4,397
56,053
미국
유럽
일본
중국
기타지역

⑤
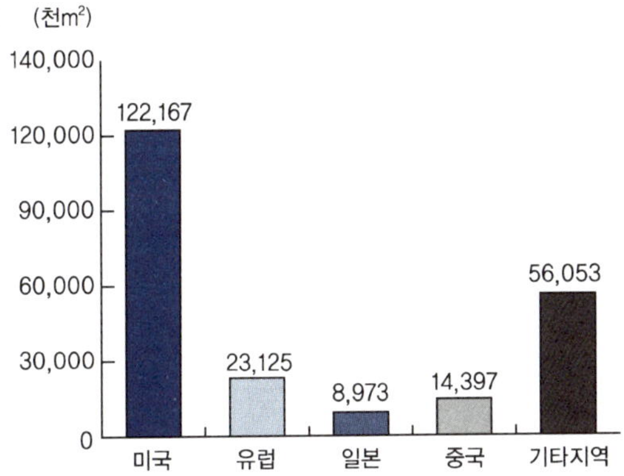
(천m²)
140,000
120,000
90,000
60,000
30,000
0
122,167
23,125
8,973
14,397
56,053
미국
유럽
일본
중국
기타지역

PART 4

14 다음은 2019~2023년 A연구기관의 직종별 인력 현황에 관한 자료이다. 이를 나타낸 그래프로 옳은 것은?

〈A연구기관의 직종별 인력 현황〉

(단위 : 명)

구분		2019년	2020년	2021년	2022년	2023년
정원	연구 인력	80	80	85	90	95
	지원 인력	15	15	18	20	25
	소계	95	95	103	110	120
현원	연구 인력	79	79	77	75	72
	지원 인력	12	14	17	21	25
	소계	91	93	94	96	97
박사 학위 소지자	연구 인력	52	53	51	52	55
	지원 인력	3	3	3	3	3
	소계	55	56	54	55	58
평균 연령(세)	연구 인력	42.1	43.1	41.2	42.2	39.8
	지원 인력	43.8	45.1	46.1	47.1	45.5
평균 연봉 지급액(만 원)	연구 인력	4,705	5,120	4,998	5,212	5,430
	지원 인력	4,954	5,045	4,725	4,615	4,540

①
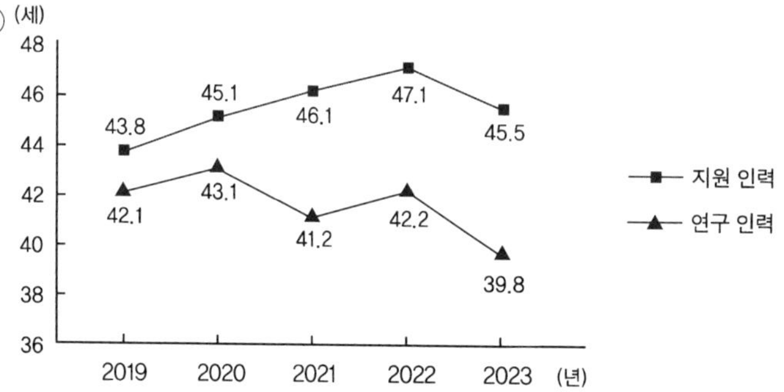

②
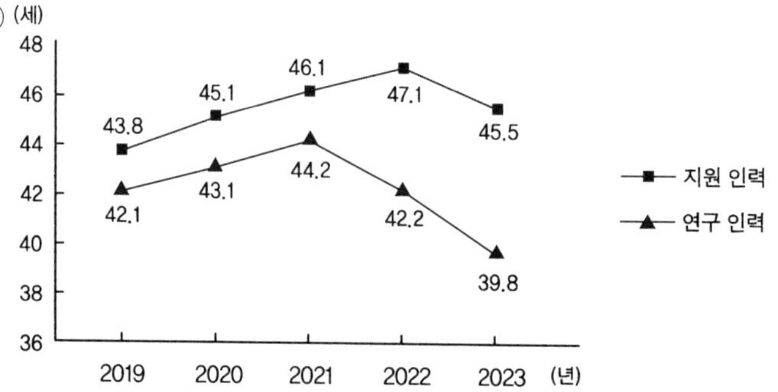

③

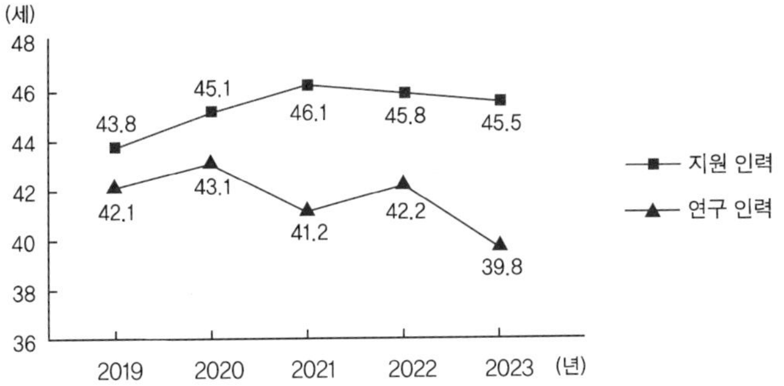
(세)
48
46
44
42
40
38
36
43.8
45.1
46.1
45.8
45.5
42.1
43.1
41.2
42.2
39.8
2019
2020
2021
2022
2023
(년)
지원 인력
연구 인력

④

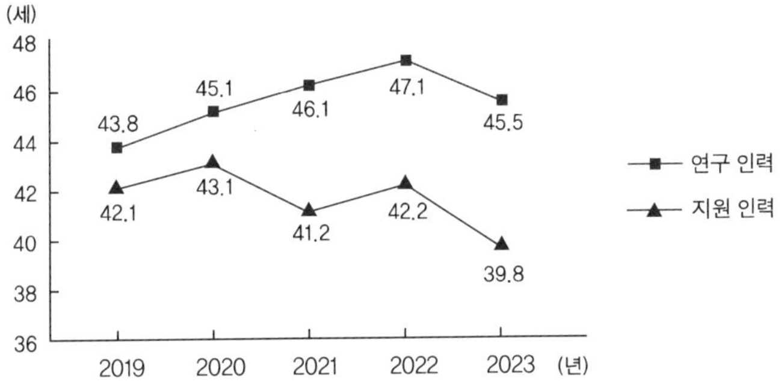
(세)
48
46
44
42
40
38
36
43.8
45.1
46.1
47.1
45.5
42.1
43.1
41.2
42.2
39.8
2019
2020
2021
2022
2023
(년)
연구 인력
지원 인력

⑤

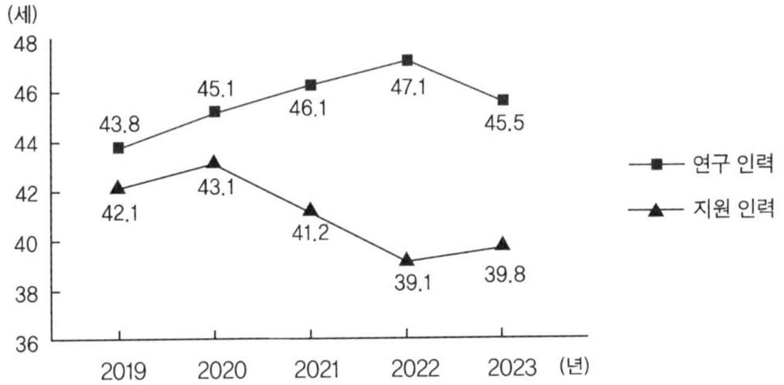
(세)
48
46
44
42
40
38
36
43.8
45.1
46.1
47.1
45.5
42.1
43.1
41.2
39.1
39.8
2019
2020
2021
2022
2023
(년)
연구 인력
지원 인력

PART 4

15 다음은 2010년부터 2020년까지 주식시장의 현황을 나타낸 자료이다. 이를 바탕으로 종목당 평균 주식 수를 바르게 작성한 그래프는?

〈주식시장 현황〉

구분	2010년	2011년	2012년	2013년	2014년	2015년	2016년	2017년	2018년	2019년	2020년
종목 수 (종목)	958	925	916	902	884	861	856	844	858	885	906
주식 수 (억 주)	90	114	173	196	196	265	237	234	232	250	282

※ (종목당 평균 주식 수)$=\frac{(\text{주식 수})}{(\text{종목 수})}$

①
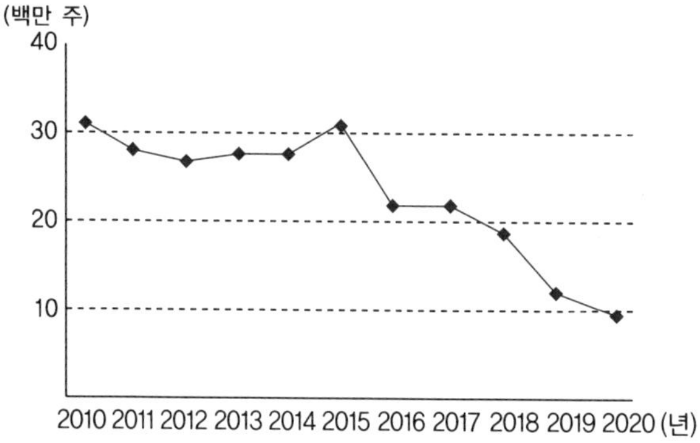

②
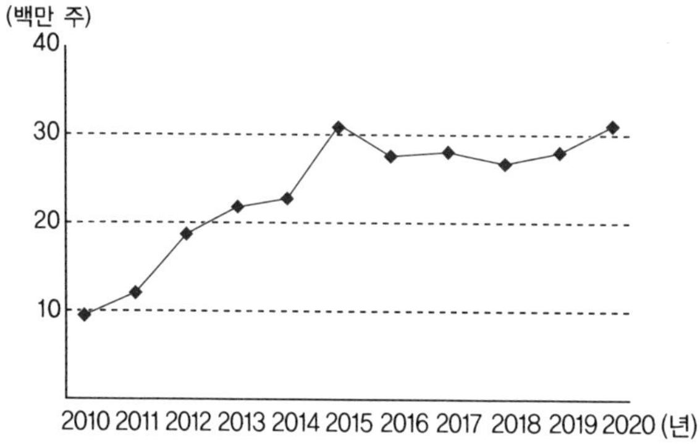

③
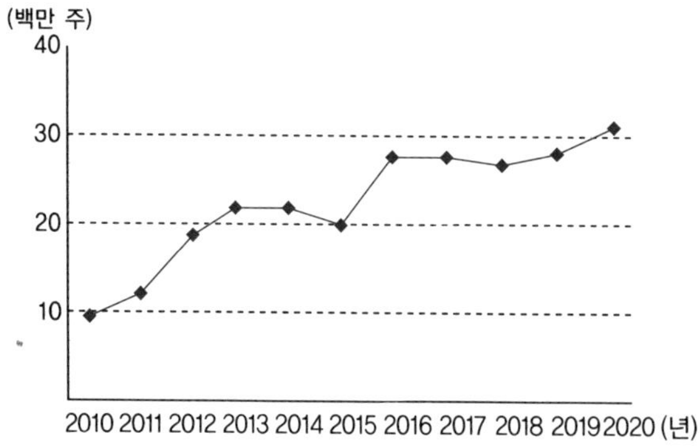

④ (백만 주)

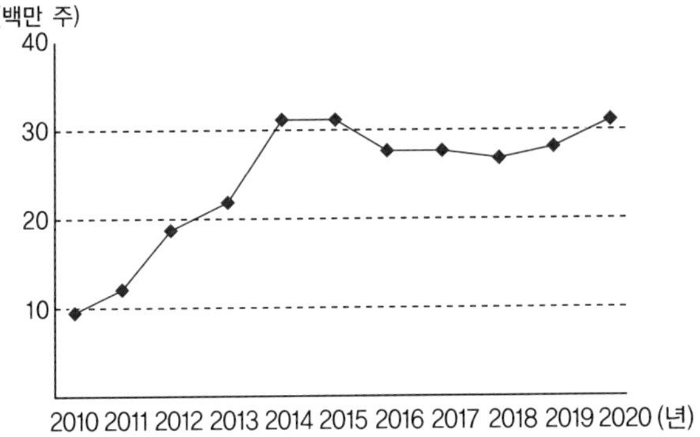
40
30
20
10
2010 2011 2012 2013 2014 2015 2016 2017 2018 2019 2020 (년)

⑤ (백만 주)

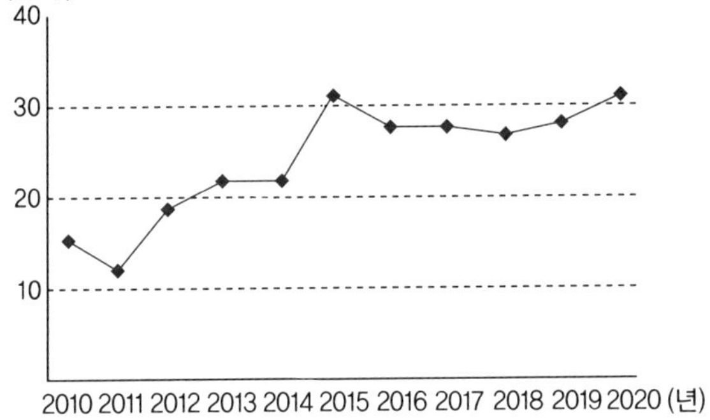
40
30
20
10
2010 2011 2012 2013 2014 2015 2016 2017 2018 2019 2020 (년)

※ 다음은 전체 인구를 유년인구, 생산가능인구 및 노인인구로 구분하여 인구구성비 추이에 관한 자료이다. 이어지는 질문에 답하시오. **[16~17]**

〈연도별 인구구성비〉

(단위 : %)

구분		1970년	1980년	1990년	2000년	2005년	2010년	2015년	2020년	2030년
유년 인구비	전국	42.5	34.0	25.6	21.1	19.1	16.3	13.9	12.6	11.2
	서울	36.3	31.3	24.7	18.6	16.8	14.7	13.4	12.4	10.5
	인천	39.8	31.9	27.1	23.4	20.2	16.5	13.8	12.7	11.4
	울산	40.2	36.2	30.1	25.1	21.9	17.4	13.9	12.4	11.2
	경기	42.9	32.7	26.8	24.1	21.5	18.1	15.4	13.9	12.2
	충남	45.9	35.6	24.3	20.1	18.8	16.3	13.8	12.4	11.5
	전남	46.8	38.9	25.8	20.0	18.4	13.9	11.3	9.2	9.1
생산가능 인구비	전국	54.4	62.2	69.3	71.7	71.8	72.8	73.2	71.7	64.7
	서울	62.1	66.2	71.8	76.1	76.1	75.9	74.6	72.5	66.9
	인천	58.0	65.2	68.9	71.2	72.9	75.0	75.5	73.7	64.7
	울산	56.4	61.0	66.7	70.9	72.9	75.7	76.8	74.6	64.9
	경기	54.0	63.6	68.8	70.2	71.5	73.4	74.6	73.7	66.7
	충남	50.3	58.9	67.8	68.0	66.9	68.3	69.7	69.5	64.2
	전남	48.9	55.6	66.4	66.6	64.1	64.8	65.6	64.9	55.7
노인 인구비	전국	3.1	3.8	5.1	7.2	9.1	10.9	12.9	15.7	24.1
	서울	1.7	2.5	3.5	5.3	7.1	9.4	12.0	15.1	22.6
	인천	2.2	2.9	4.0	5.5	6.9	8.5	10.6	13.6	23.9
	울산	3.5	2.9	3.1	4.0	5.2	6.9	9.3	13.0	23.9
	경기	3.0	3.7	4.5	5.7	7.1	8.5	10.0	12.4	21.1
	충남	3.8	5.5	7.9	11.9	14.4	15.5	16.5	18.0	24.3
	전남	4.3	5.5	7.9	13.4	17.5	21.3	23.2	25.9	35.2

- 고령화사회 : 전체 인구 중 노인인구가 7% 이상 14% 미만
- 고령사회 : 전체 인구 중 노인인구가 14% 이상 21% 미만
- 초고령사회 : 전체 인구 중 노인인구가 21% 이상
- $\text{(인구부양비)}=\frac{\text{(유년인구)}+\text{(노인인구)}}{\text{(생산가능인구)}}$
- $\text{(유년부양비)}=\frac{\text{(유년인구)}}{\text{(생산가능인구)}}$
- $\text{(노년부양비)}=\frac{\text{(노인인구)}}{\text{(생산가능인구)}}$

16 2030년 전국 노년부양비는?

① 약 0.27
② 약 0.32
③ 약 0.37
④ 약 0.41
⑤ 약 0.46

17 초고령사회로 분류되는 지역이 처음으로 발생하는 연도는?

① 2010년
② 2015년
③ 2020년
④ 2025년
⑤ 2030년

18 다음은 방송통신위원회가 발표한 2022년과 2023년 두 방송사의 점유율과 사업수익의 일부 자료이다. 이를 참조로 2023년 KBS의 방송점유율 0.1%당 수익률을 계산한 것은?

〈지상파계열 방송채널사용사업자 방송사업수익과 시장점유율〉

지상파	방송채널사용사업	방송사업수익(억 원)		점유율(%)	
		2022년	2023년	2022년	2023년
KBS	케이비에스엔	1,254	1,382	7.0	6.5
MBC	MBC플러스미디어	1,382	1,569	7.7	7.3
	MBC스포츠	400	428	2.2	2.0
	지역 MBC슈퍼스테이션	35	25	0.2	0.1
	소계	1,817	2,022	10.1	9.4

① 약 2.13억 원
② 약 21.3억 원
③ 약 3.23억 원
④ 약 32.3억 원
⑤ 약 323억 원

19 다음은 성별 및 연령집단별 현재 흡연율에 관한 자료이다. 이 자료와 〈보기〉를 보고 2024년 자료를 예측하였을 때, 알맞은 값을 구하면?(단, 소수점 둘째 자리에서 반올림한다)

〈성별 및 연령집단별 현재 흡연율〉

(단위 : %)

구분		2015년	2016년	2017년	2018년	2019년	2020년	2021년	2022년	2023년
전체		25.3	27.7	27.2	27.5	27	25.8	24.1	24.2	22.6
성별	남자	45	47.7	46.9	48.3	47.3	43.7	42.1	43.1	39.3
	여자	5.3	7.4	7.1	6.3	6.8	7.9	6.2	5.7	5.5
연령집단	19~29세	27.8	33.9	32.4	27.8	28.3	28	24.1	22.5	23.7
	30~39세	32	32.4	32.8	35	36.6	32.5	30.7	30	27.7
	40~49세	27	27.7	27.5	30.5	25.7	27.7	26.9	29.2	25.4
	50~59세	19.3	22.5	22.9	25.1	24.5	24.6	22	20.6	20.8
	60~69세	17	18.8	18.4	16.1	17.5	13.4	17.4	18.2	14.1
	70세 이상	12.8	16	13.2	12.6	14.3	10.9	8	10.1	9

보기

- 2024년 남성 흡연율은 2023년보다 2020년 대비 2021년의 남성 흡연율의 감소폭만큼 줄어들 것이다.
- 2024년 30~39세의 흡연율은 2023년보다 8% 증가할 것이다.
- 2024년 40~49세의 흡연율은 2021년과 2022년의 40~49세 흡연율의 평균수치가 될 것으로 예상된다.

	남성	30~39세	40~49세
①	30.2%	29.9%	25.5%
②	30.2%	29.9%	26.2%
③	37.7%	29.9%	28.1%
④	37.7%	31.3%	30.6%
⑤	37.7%	31.3%	33.2%

20 다음은 8개 기관의 장애인 고용 현황에 관한 자료이다. 이에 근거하여 A~D에 해당하는 기관을 바르게 짝지은 것은?

〈기관별 장애인 고용 현황〉

(단위 : 명, %)

기관	전체 고용인원	장애인 고용의무인원	장애인 고용인원	장애인 고용률
남동청	4,013	121	58	1.45
A	2,818	85	30	1.06
B	22,323	670	301	1.35
북동청	92,385	2,772	1,422	1.54
C	22,509	676	361	1.60
D	19,927	598	332	1.67
남서청	53,401	1,603	947	1.77
북서청	19,989	600	357	1.79

※ [장애인 고용률(%)] $= \frac{\text{(장애인 고용인원)}}{\text{(전체 고용인원 수)}} \times 100$

조건

- 동부청의 장애인 고용의무인원은 서부청보다 많고, 남부청보다 적다.
- 장애인 고용률은 서부청이 가장 낮다.
- 장애인 고용의무인원은 북부청이 남부청보다 적다.
- 동부청은 남동청보다 장애인 고용인원은 많으나, 장애인 고용률은 낮다.

	A	B	C	D
①	동부청	서부청	남부청	북부청
②	동부청	서부청	북부청	남부청
③	서부청	동부청	남부청	북부청
④	서부청	동부청	북부청	남부청
⑤	서부청	남부청	동부청	북부청

PART 4

05 공간지각

※ 아래의 전개도를 접어 3차원 공간에서 이동시켰을 때, 처음과 끝이 다음과 같았다. 이동한 방향으로 옳은 것을 고르시오(단, 정육면체는 회전하면서 이동한다). [1~5]

01

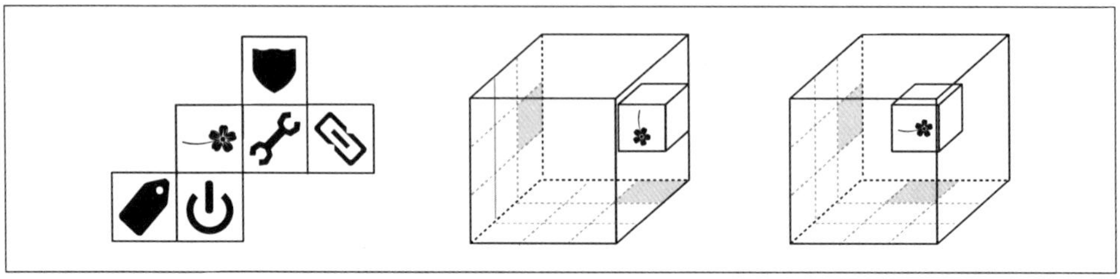

① 전좌후
② 좌전후
③ 전전후
④ 좌전전
⑤ 전우전

02

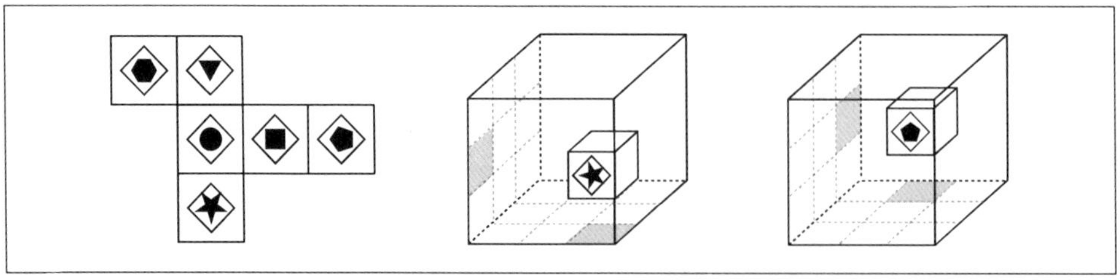

① 후후후
② 후우좌
③ 좌후후
④ 후좌후
⑤ 후좌우

03

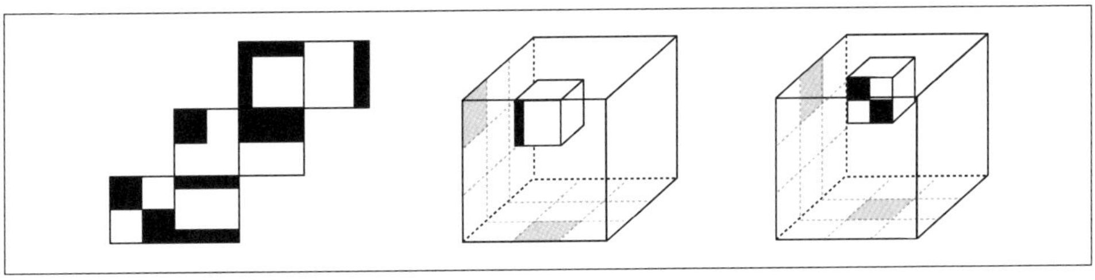

① 전후좌
② 전좌후
③ 전좌우
④ 후우좌
⑤ 우좌좌

04

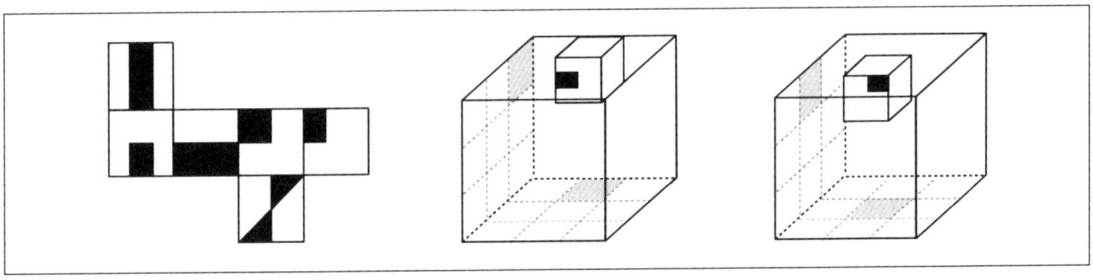

① 좌후전
② 후전전
③ 전전후
④ 후우좌
⑤ 후좌우

05

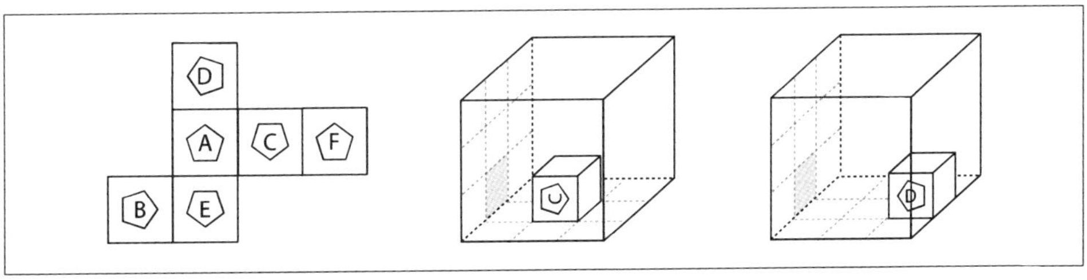

① 후우전
② 우후전
③ 좌우우
④ 전우후
⑤ 우좌우

06 다음 Ⓐ, Ⓑ, Ⓒ의 전개도를  면이 전면에 오도록 접은 후 주어진 방향으로 회전하여 아래의 결합 모양과 같이 붙인 그림으로 알맞은 것을 고르면?

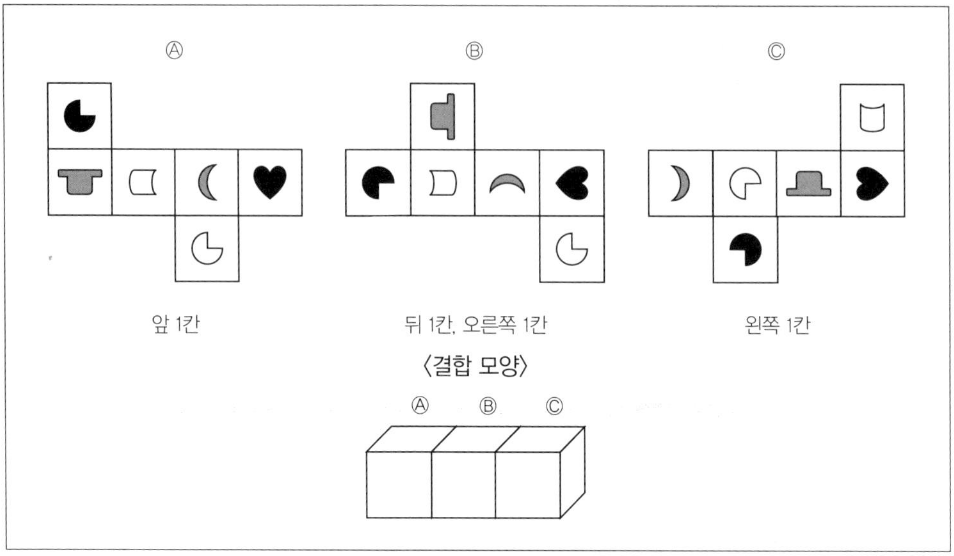

① 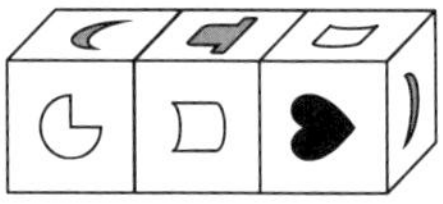

② 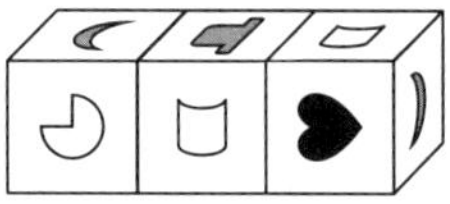

③ 

④ 

⑤ 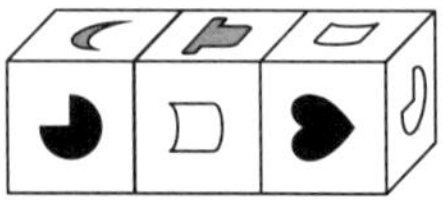

07 다음 Ⓐ, Ⓑ, Ⓒ의 전개도를  면이 전면에 오도록 접은 후 주어진 방향으로 회전하여 아래의 결합 모양과 같이 붙인 그림으로 알맞은 것을 고르면?

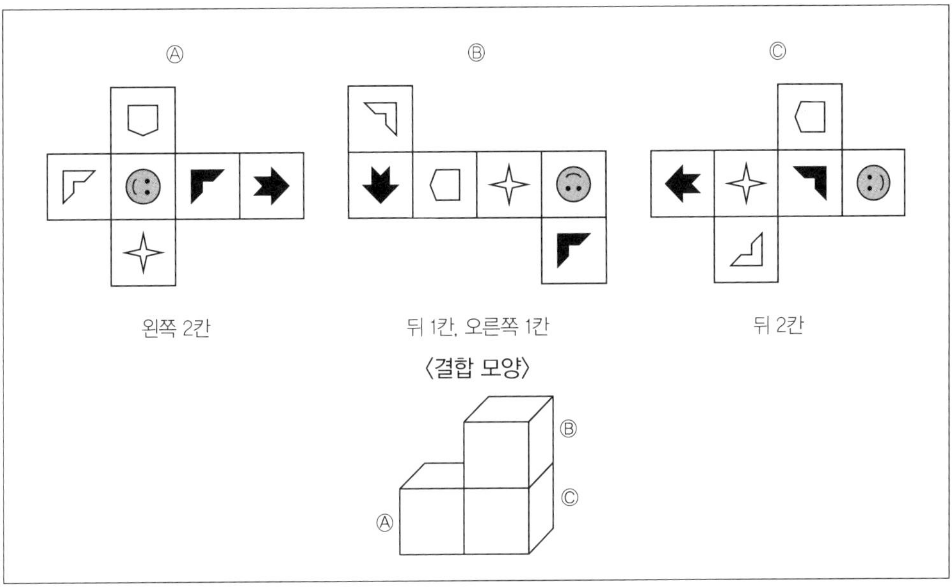

①
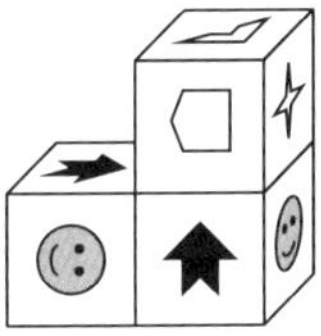

②
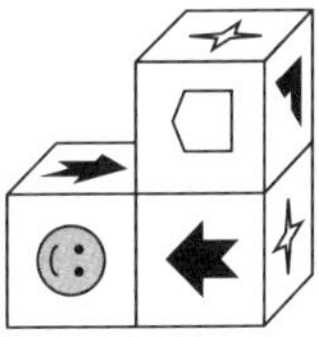

③
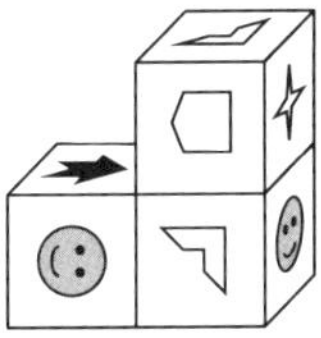

④

⑤

08 다음 Ⓐ, Ⓑ, Ⓒ의 전개도를  면이 전면에 오도록 접은 후 주어진 방향으로 회전하여 아래의 결합 모양과 같이 붙인 그림으로 알맞은 것을 고르면?

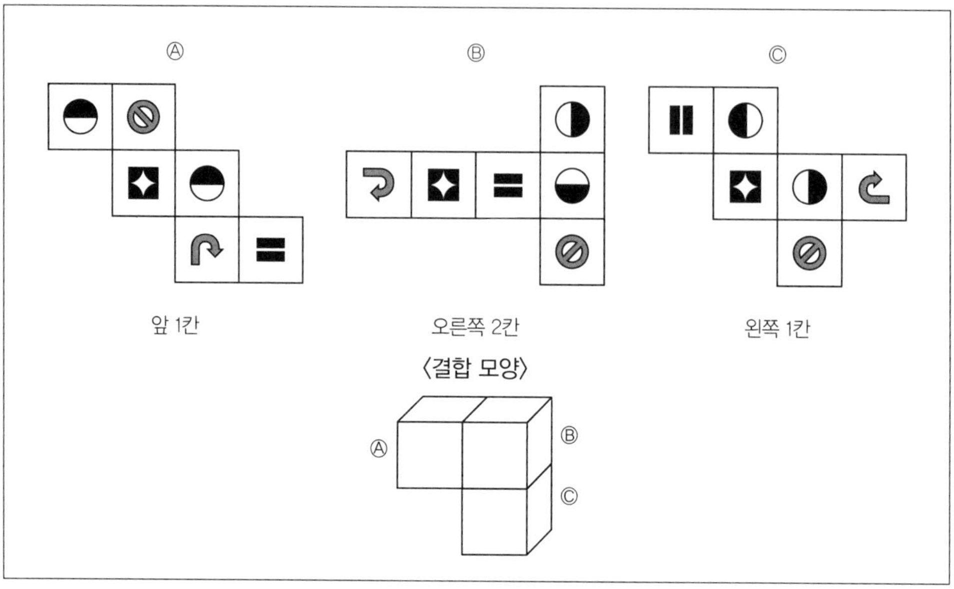

①

②

③

④

⑤

09 다음 Ⓐ, Ⓑ, Ⓒ의 전개도를 면이 전면에 오도록 접은 후 주어진 방향으로 회전하여 아래의 결합 모양과 같이 붙인 그림으로 알맞은 것을 고르면?

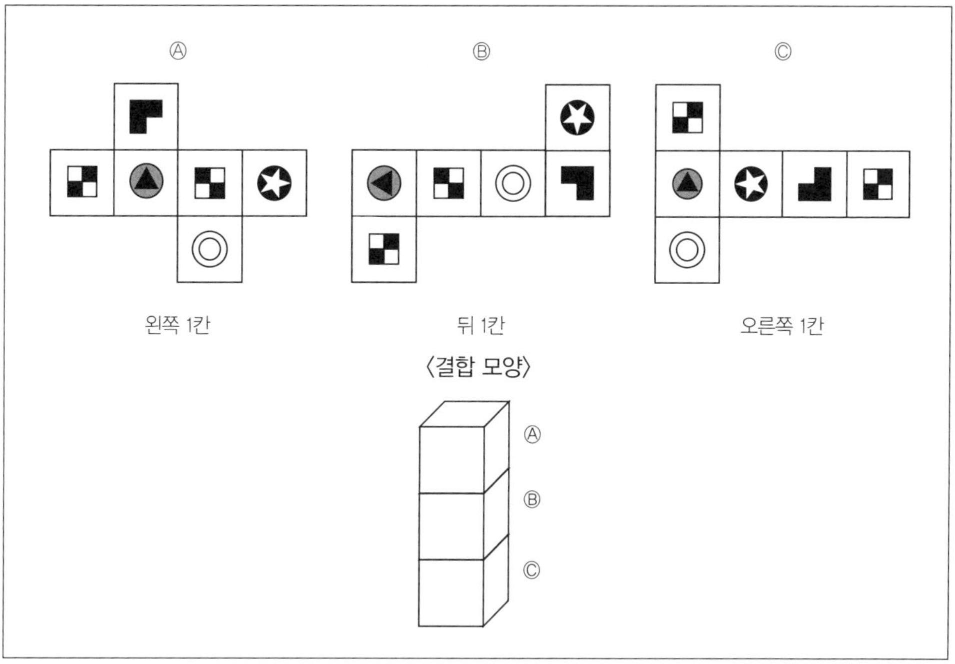

①

②
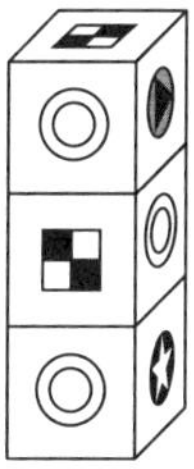

③
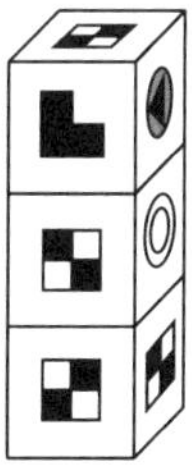

④
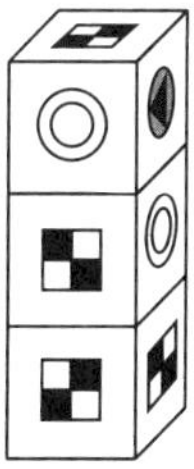

⑤
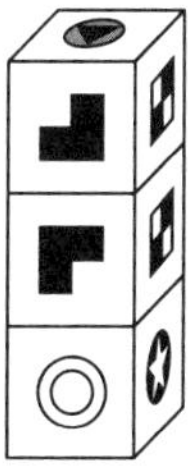

10 다음 ㉠, ㉡, ㉢의 전개도를 ♁ 면이 전면에 오도록 접은 후 주어진 방향으로 회전하여 붙인 그림으로 올바른 것은?

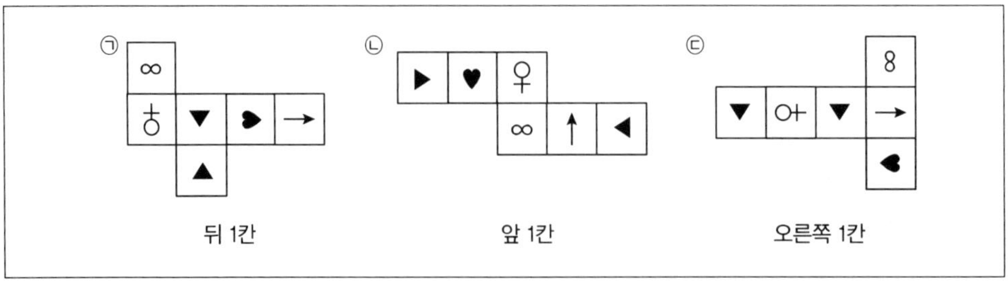

①
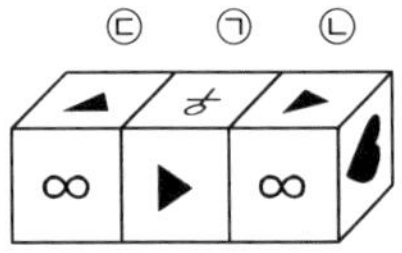

②
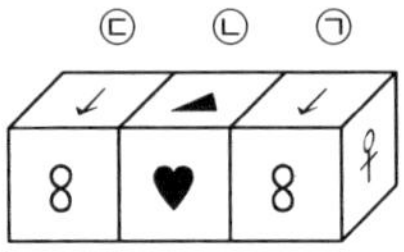

③
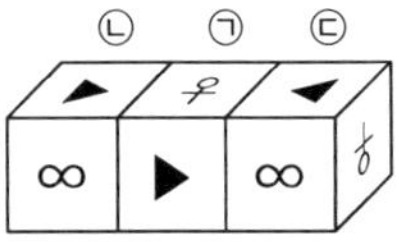

④

⑤
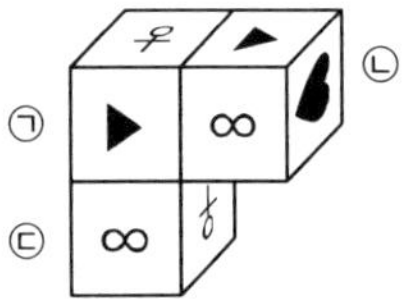

11 다음 ㉠, ㉡, ㉢의 전개도를 C 면이 전면에 오도록 접은 후 주어진 방향으로 회전하여 붙인 그림으로 올바른 것은?

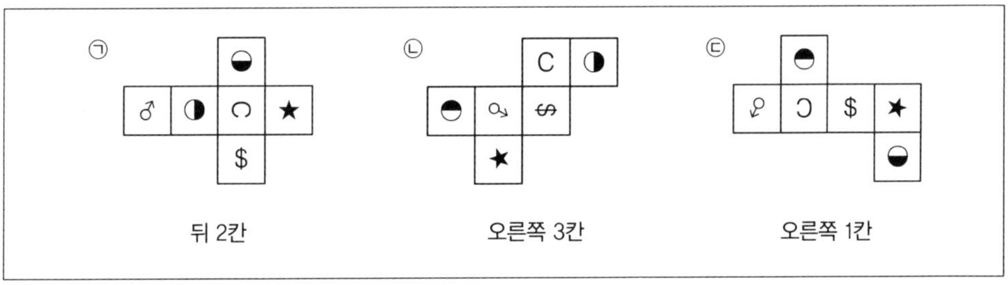

①

②

③

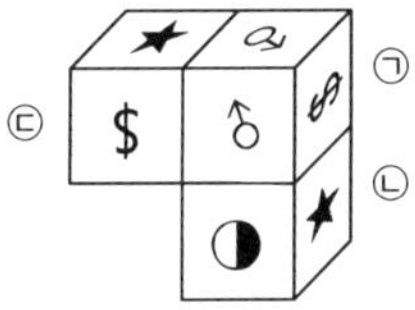

④

⑤

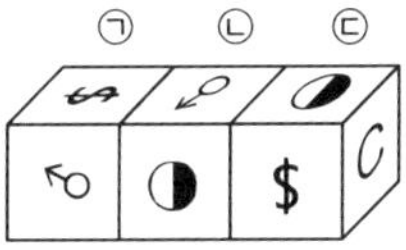

12 다음 ㉠, ㉡, ㉢의 전개도를 ♪ 면이 전면에 오도록 접은 후 주어진 방향으로 회전하여 붙인 그림으로 올바른 것은?

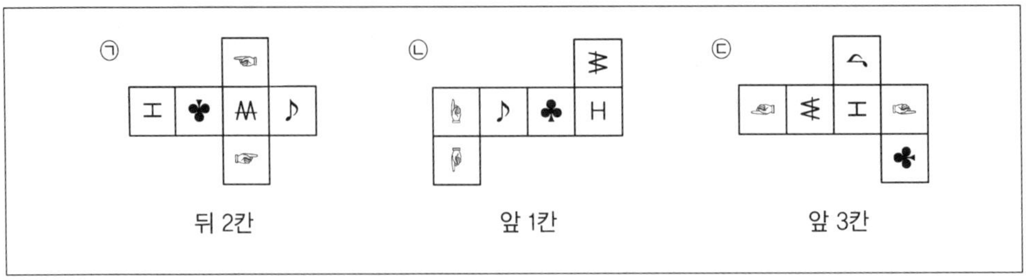

①

②

③

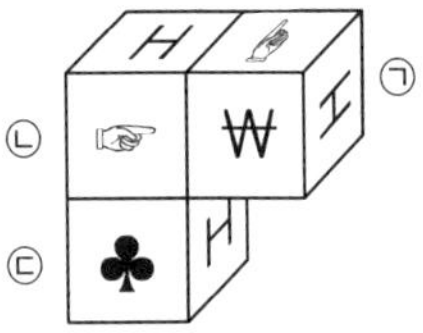

④

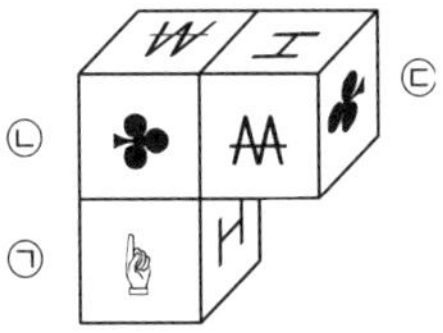

⑤

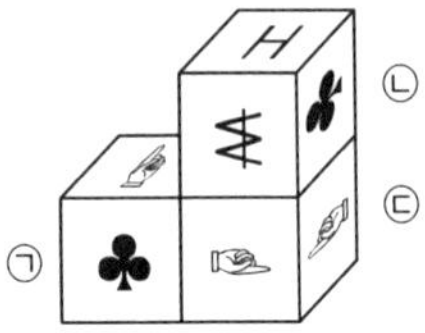

※ 입체도형의 회전규칙이 다음과 같이 정의된다고 할 때, 제시된 단면과 일치하는 입체도형을 주어진 방향으로 회전한 것을 고르시오(단, 1회전은 90°이다). **[13~17]**

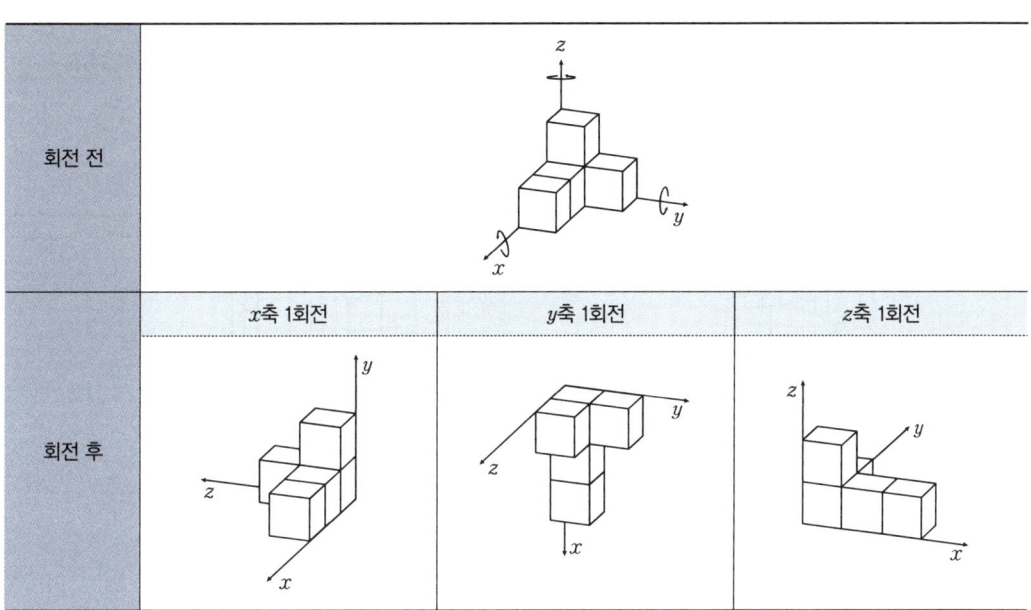

회전 전	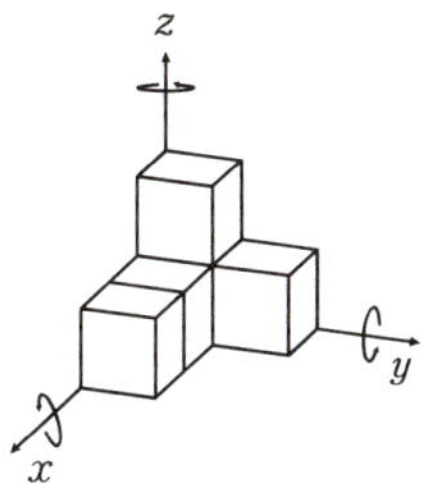		
회전 후	x축 1회전	y축 1회전	z축 1회전
	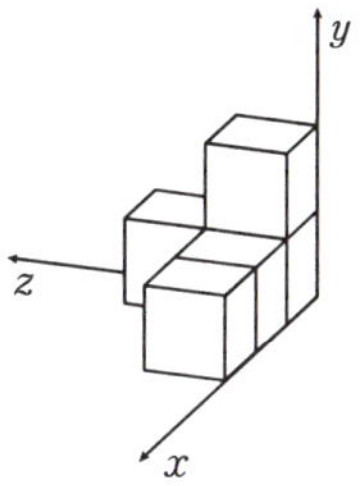	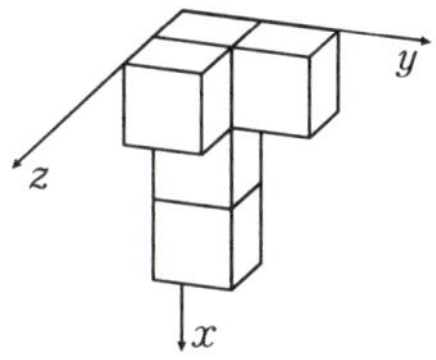	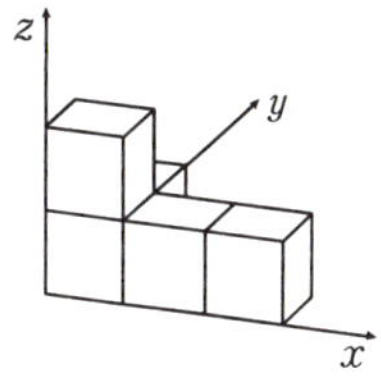

13

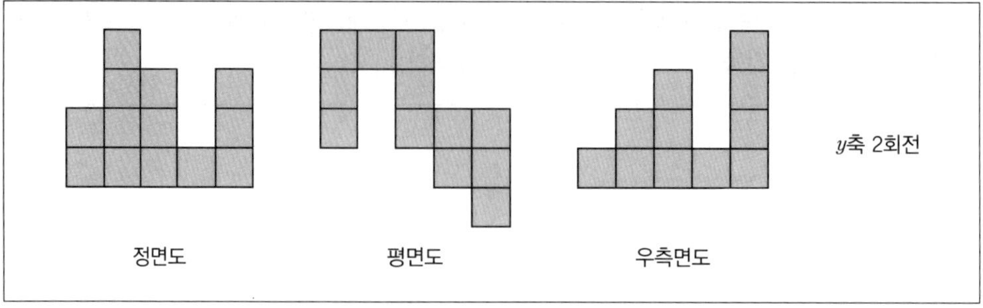

① 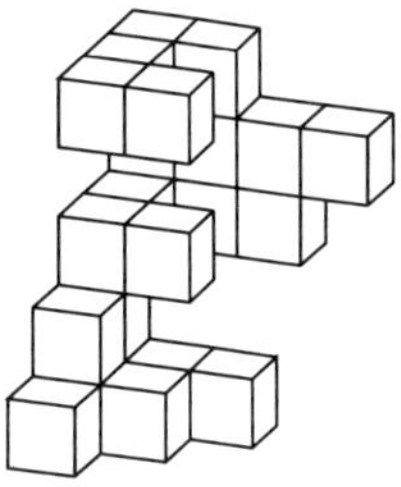

② 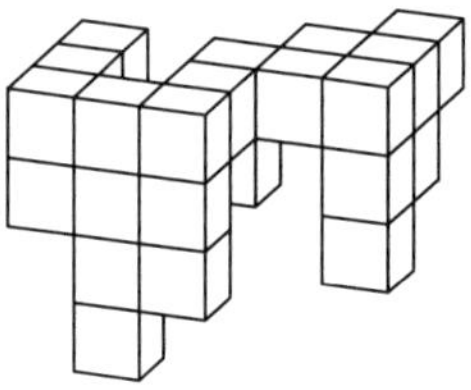

③ 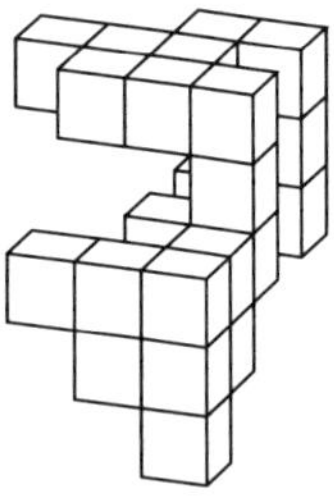

④ 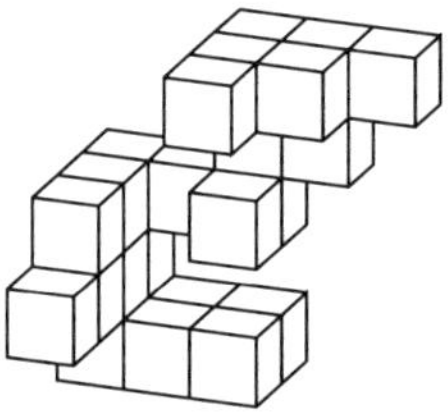

⑤ 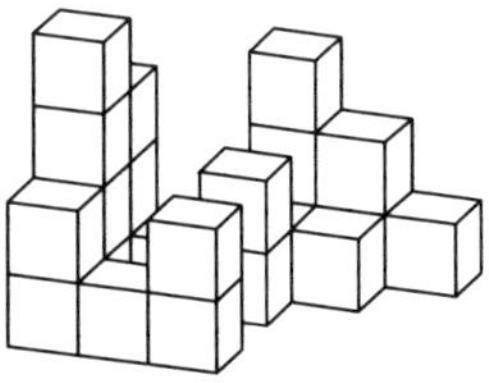

14

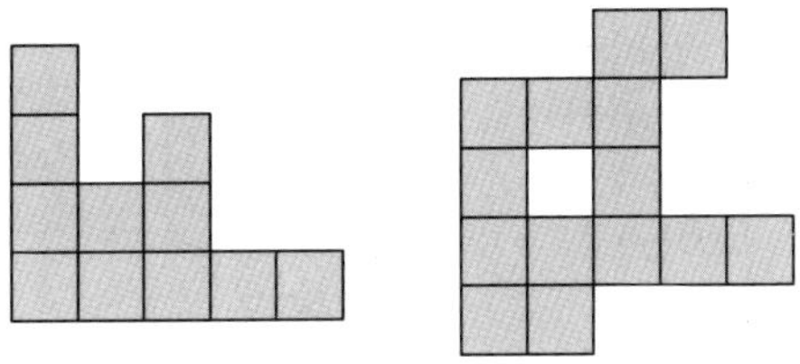

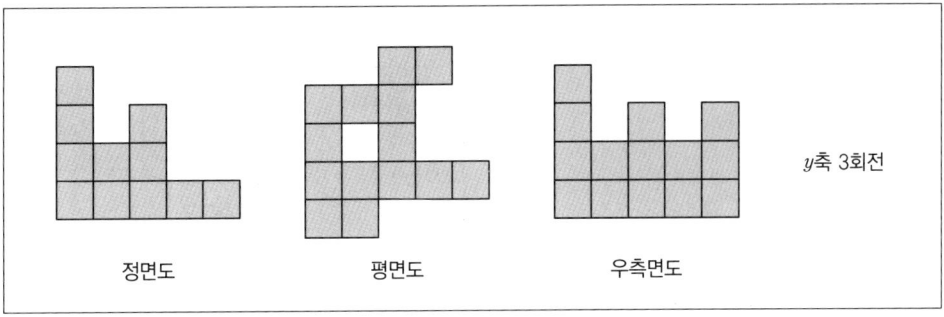

정면도 평면도 우측면도

y축 3회전

①

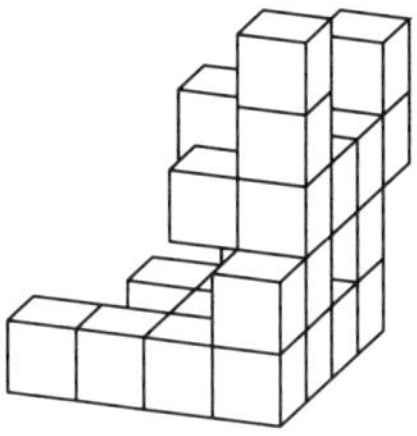

②

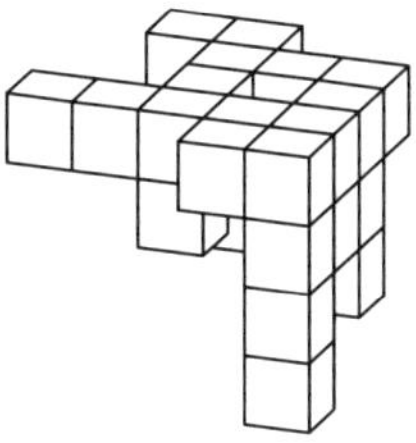

③

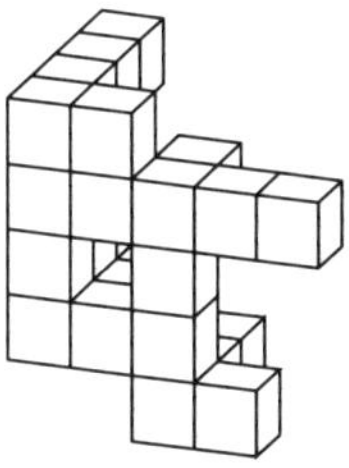

④

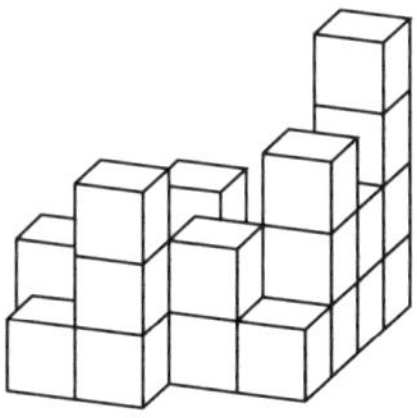

⑤

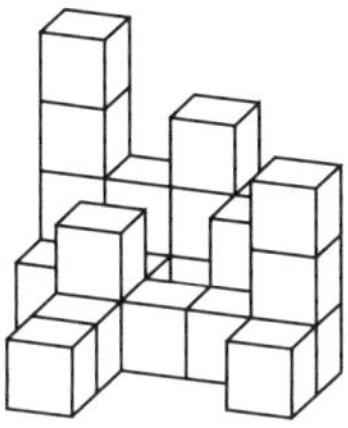

15

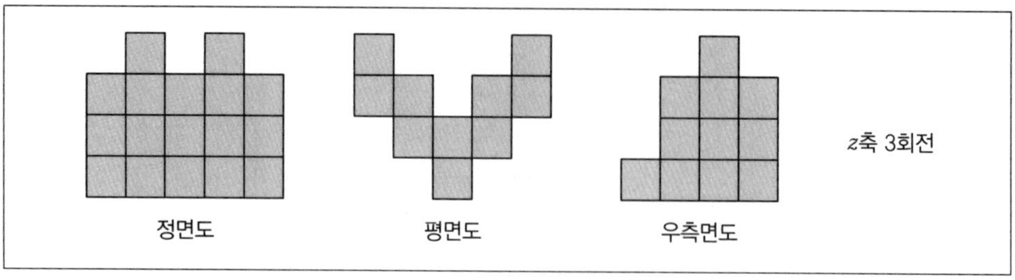

①

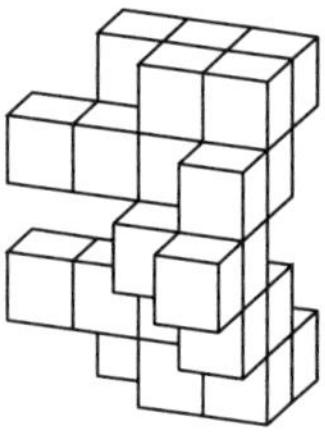

②

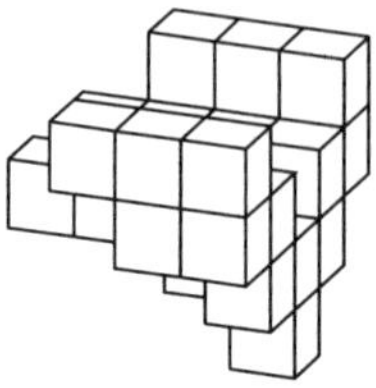

③

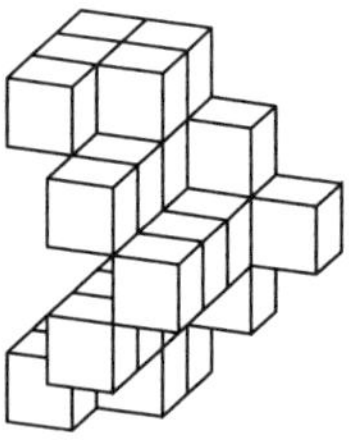

④

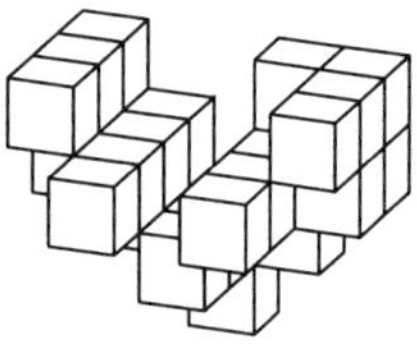

⑤

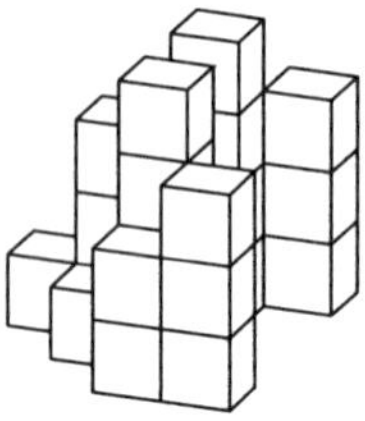

16

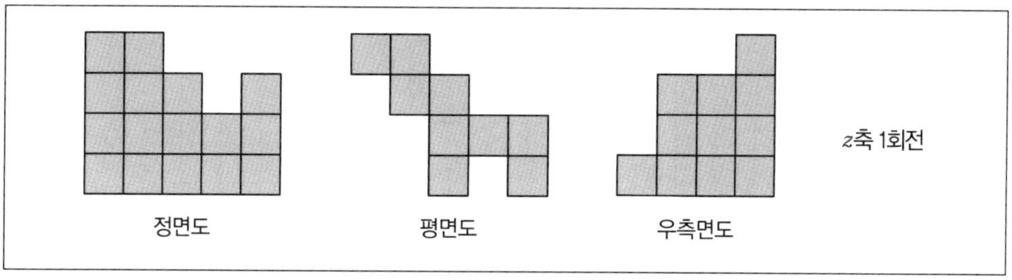

①
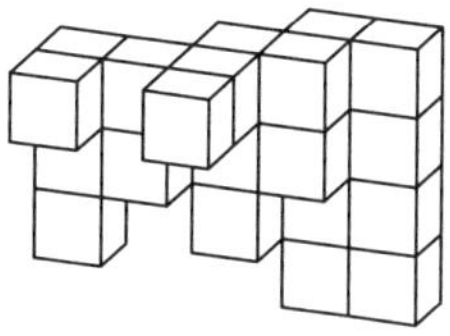

②
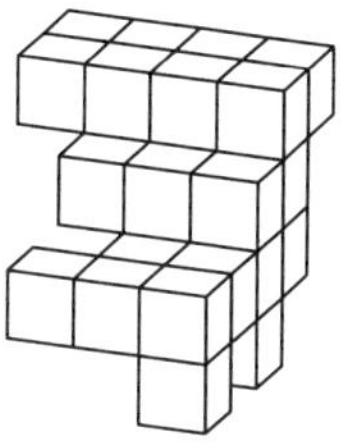

③
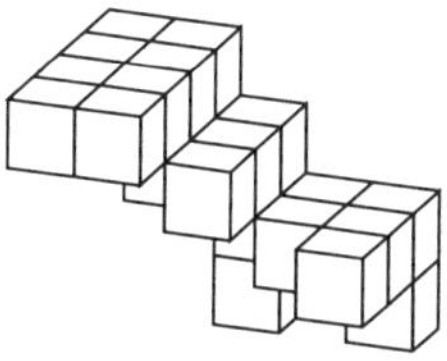

④
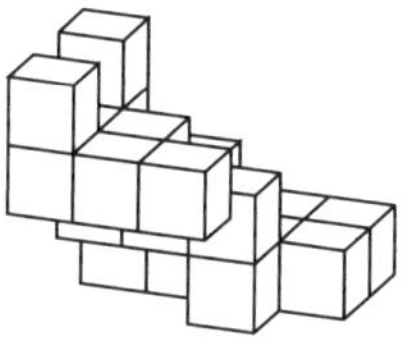

⑤
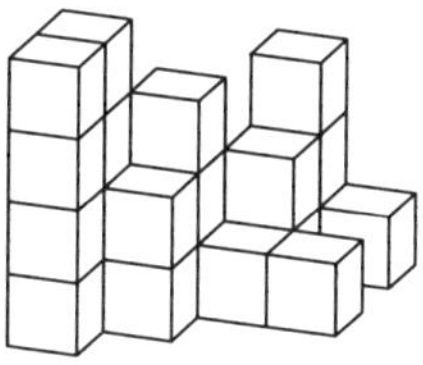

PART 4

17

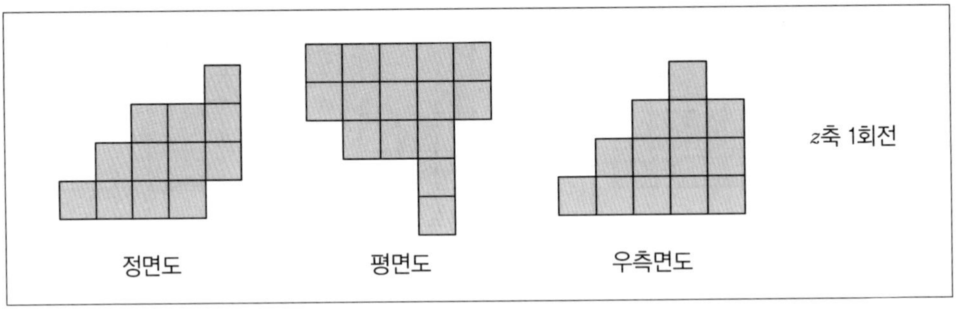

①

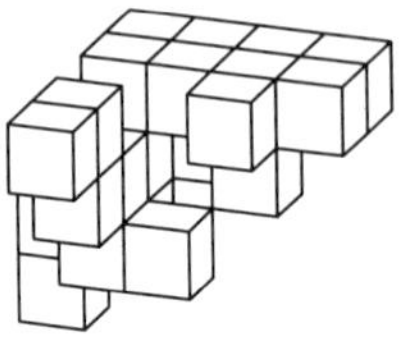

②

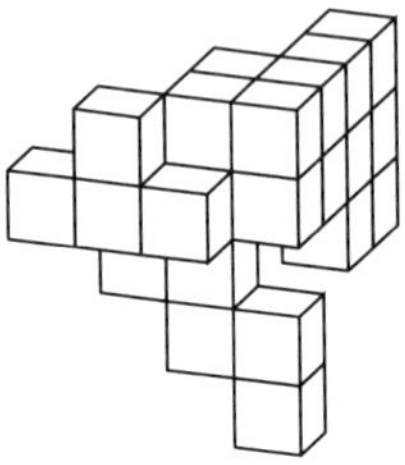

③

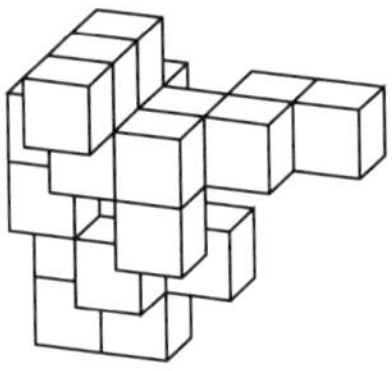

④

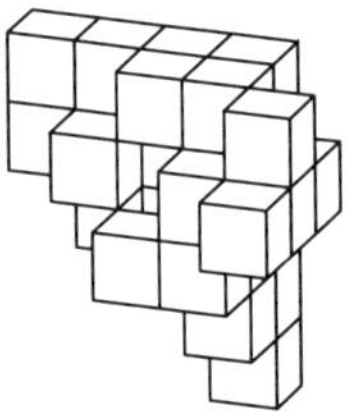

⑤

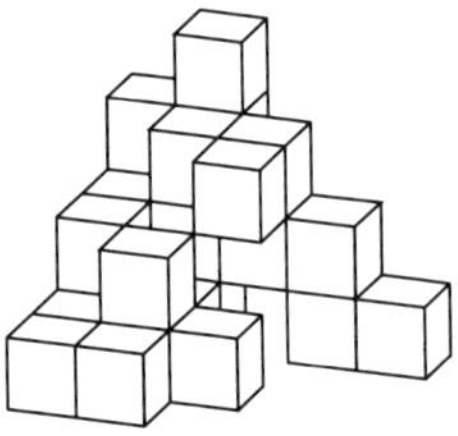

※ 다음 제시된 단면과 일치하는 입체도형을 고르시오. [18~19]

18

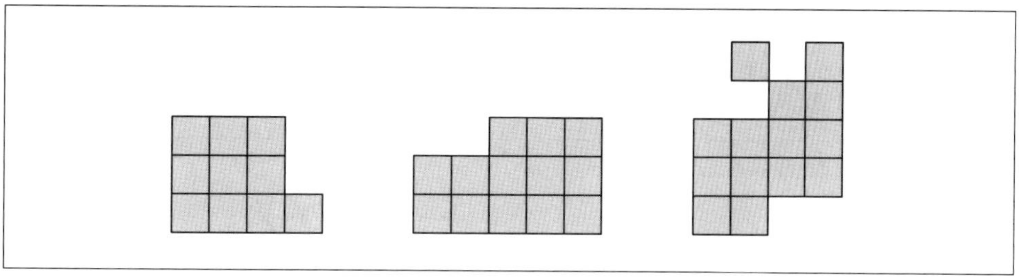

①

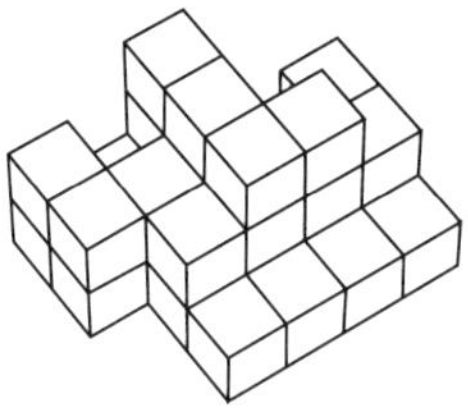

②

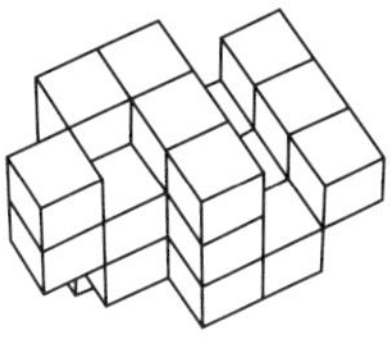

③

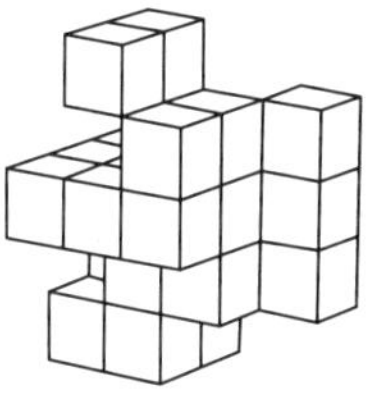

④

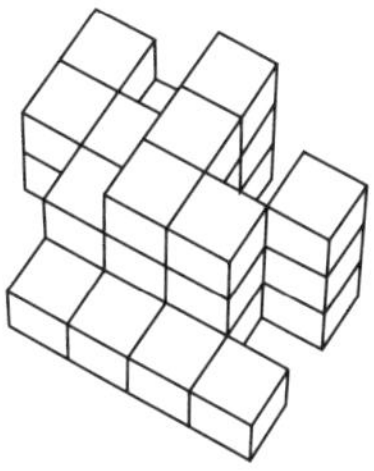

⑤

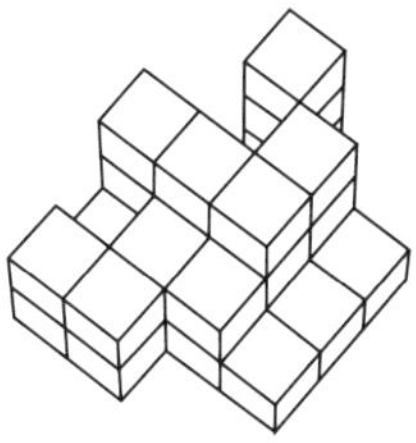

19

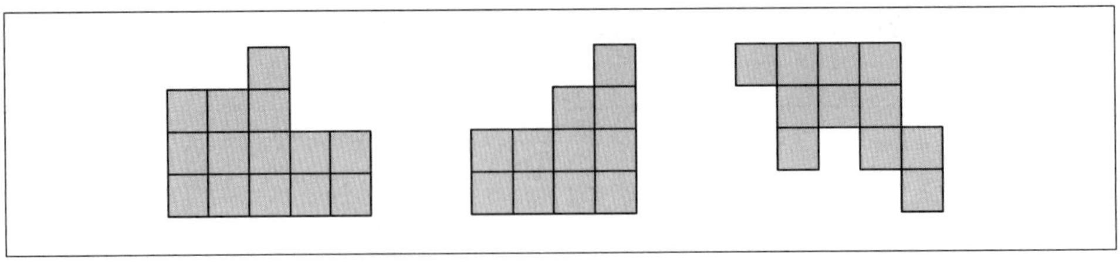

①

②

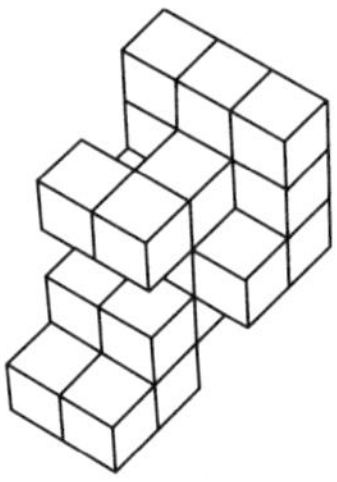

③

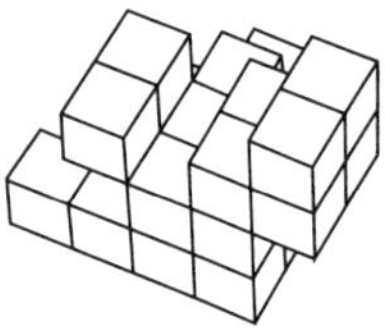

④

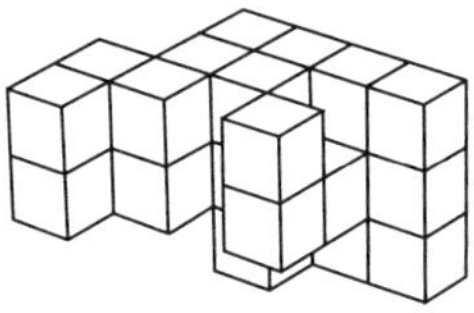

⑤

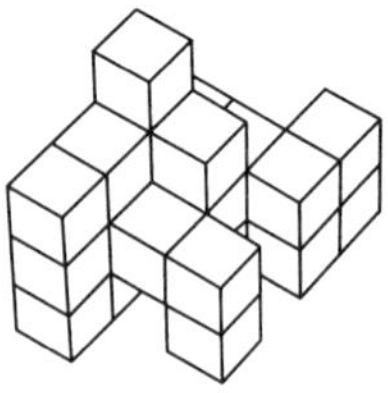

20 제시된 도형과 일치하지 않는 입체도형을 고르면?

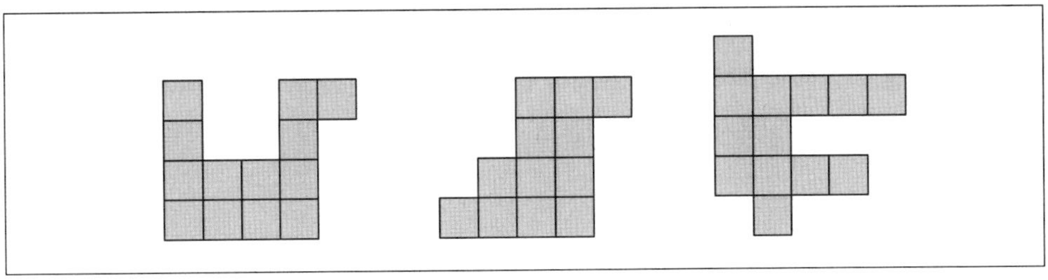

①

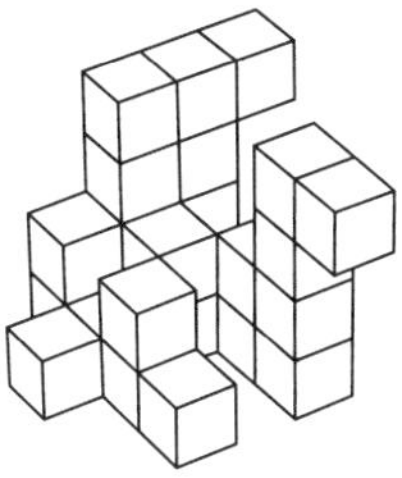

②

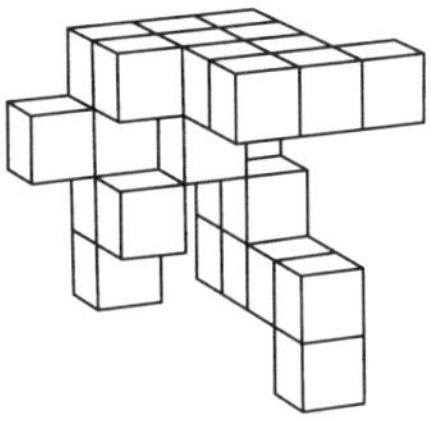

③

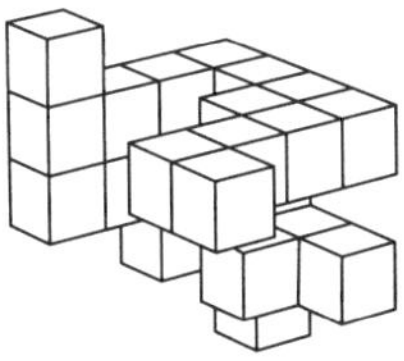

④

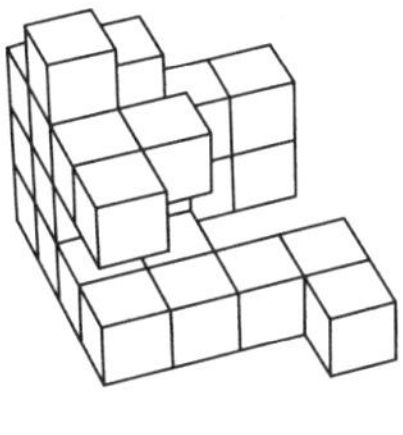

⑤

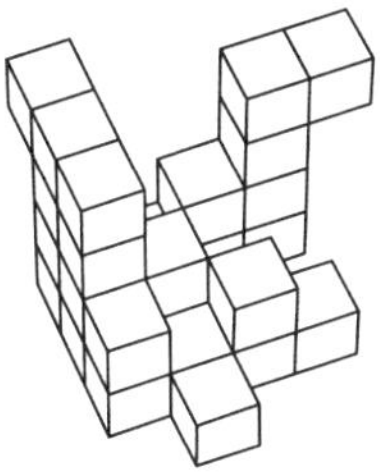

PART 4

06 도식이해

※ 다음 기호들은 일정한 규칙에 따라 도형을 변화시킨다. 주어진 도형을 도식에 따라 변화시켰을 때, 결과로 알맞은 것을 고르시오(단, 주어진 조건이 두 가지 이상일 때, 모두 일치해야 Yes로 이동한다). **[1~3]**

〈규칙〉

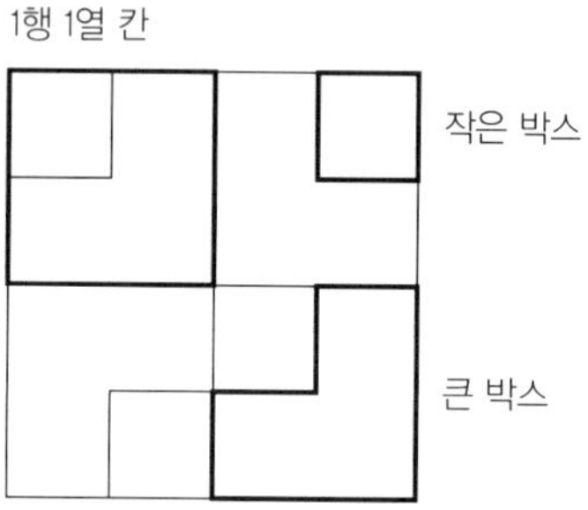

- Ⓐ : 작은 박스 안의 숫자 합의 일의 자릿수만큼 작은 박스 안의 숫자 위치만 반시계 방향으로 전체 회전
- Ⓑ : 각 칸의 작은 박스 안의 숫자와 큰 박스 안의 숫자를 곱한 값의 십의 자릿수는 큰 박스, 일의 자리 수는 작은 박스 안에 수로 교체
- Ⓒ : 각 칸을 시계 방향으로 1칸씩 이동(각 칸의 작은 박스, 큰 박스 위치 및 각 박스 안의 위치 고정하여 각 칸 단위로 이동)
- Ⓓ : 각 칸의 작은 박스와 큰 박스 크기 교체
- Ⓧ : 작은 박스 안의 숫자 합(□)과 큰 박스 안의 숫자 합(⬜)을 비교하여 맞으면 YES, 틀리면 NO
- Ⓨ : 각 칸의 위에 위치한 작은 박스의 수(x)를 비교하여 맞으면 YES, 틀리면 NO
- 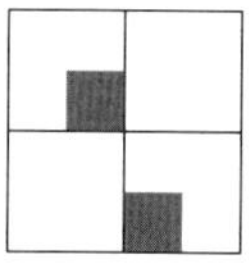 : 색칠된 위치의 작은 박스 안의 숫자(□)와 큰 박스 안의 숫자(⬜)를 비교하여 맞으면 YES, 틀리면 NO

01

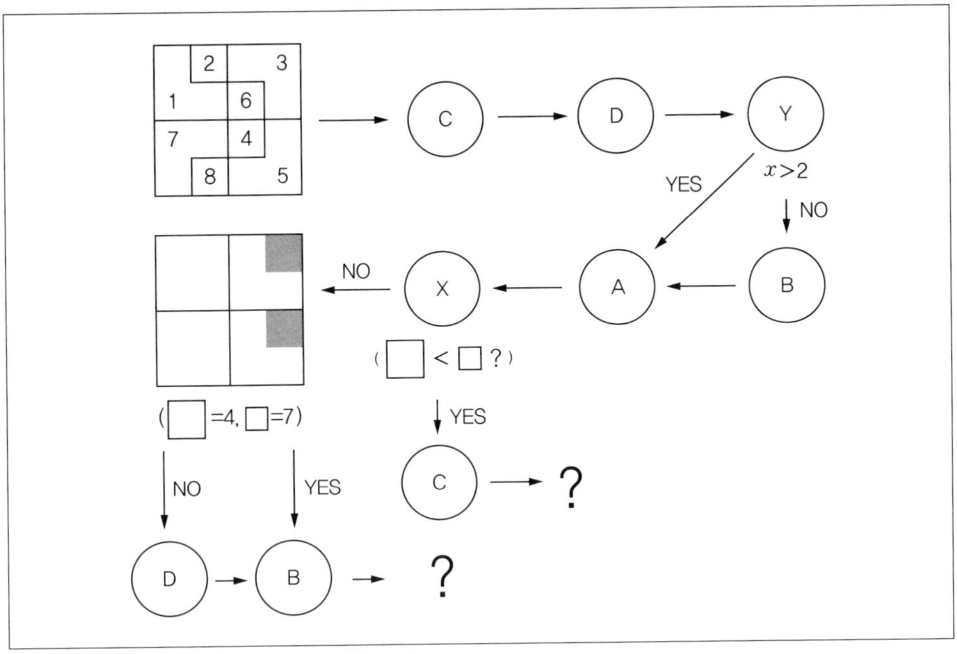

① 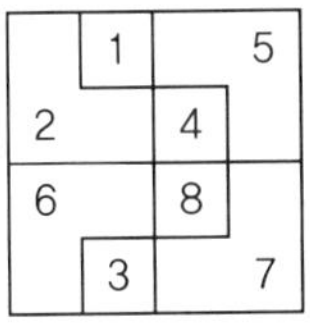

② 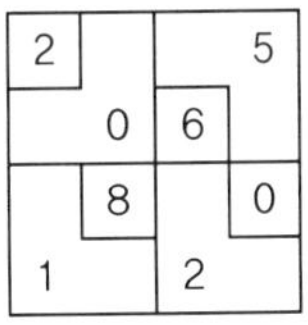

③ 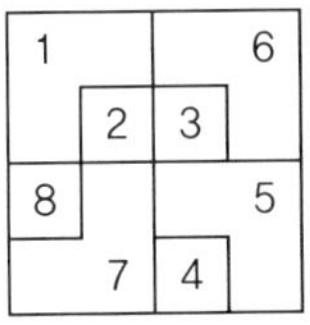

④ 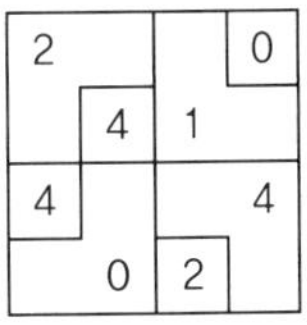

⑤ 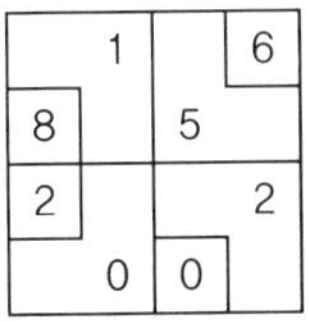

PART 4

02

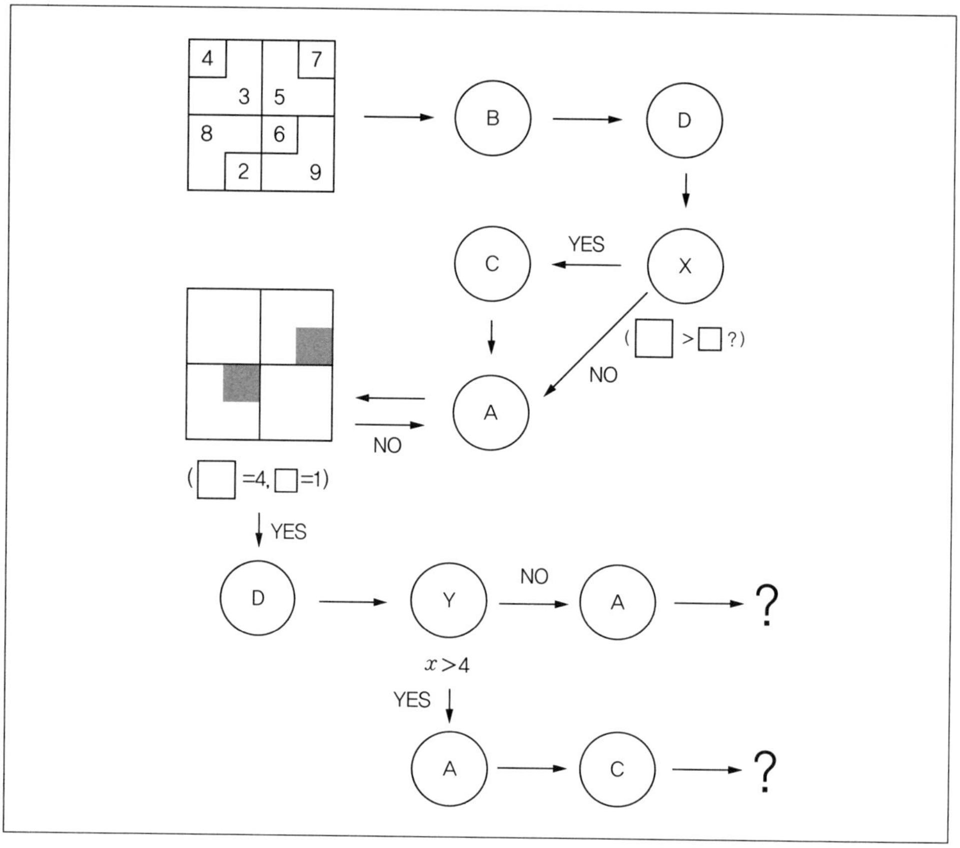

4
7
3
5
8
6
2
9
B
D
C
YES
X
(> ?)
NO
A
NO
(=4, =1)
YES
D
Y
NO
A
?
x>4
YES
A
C
?

①

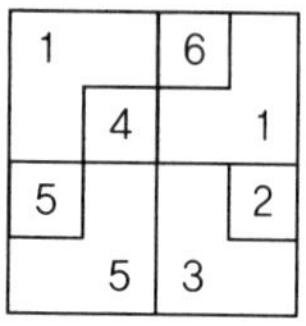

1 6
4 1
5 2
5 3

②

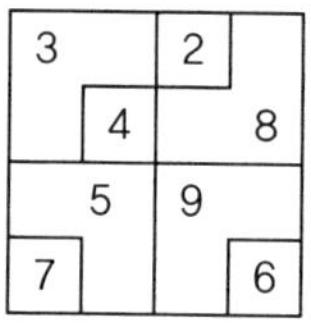

3 2
4 8
5 9
7 6

③

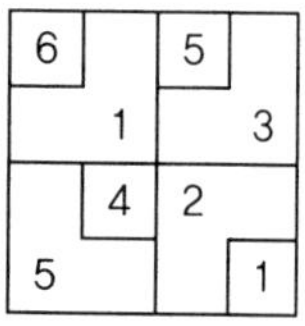

6 5
1 3
4 2
5 1

④

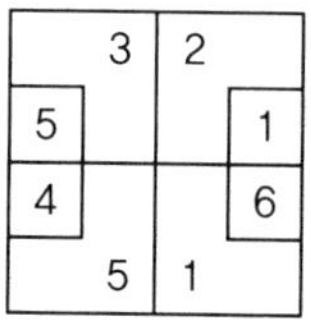

3 2
5 1
4 6
5 1

⑤

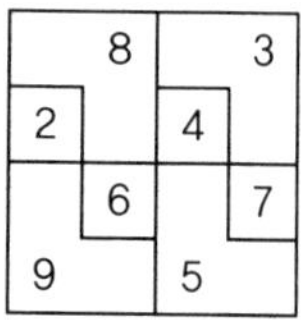

8 3
2 4
6 7
9 5

03

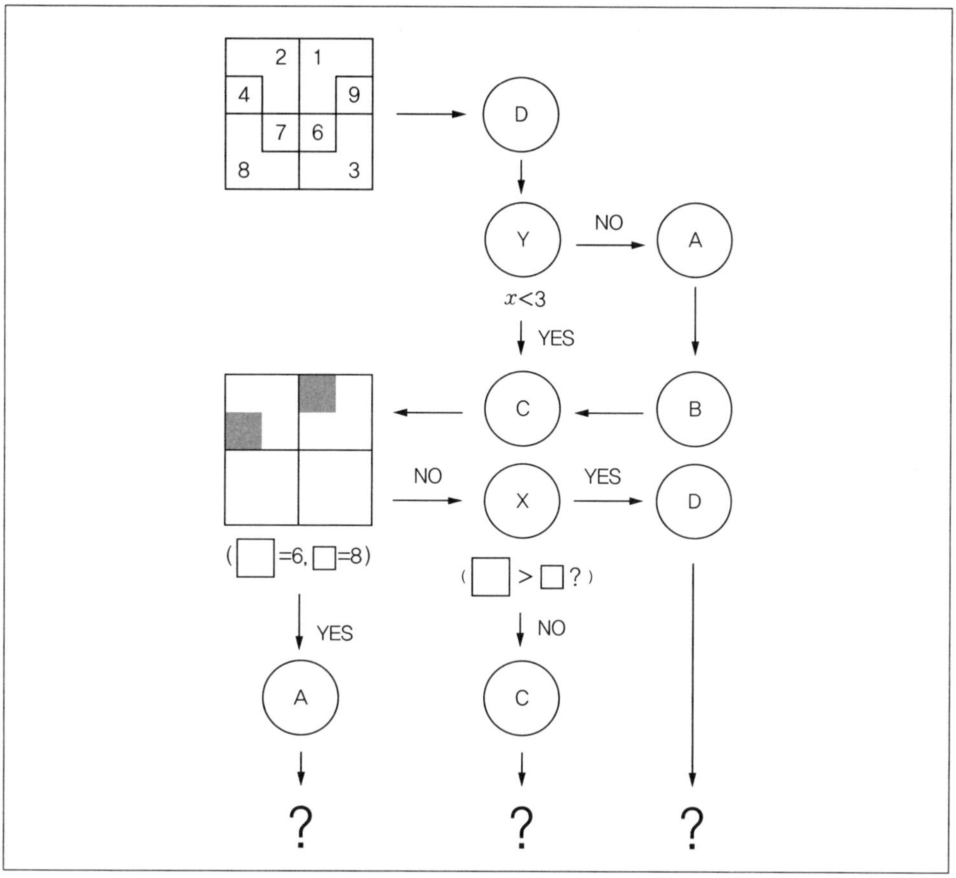
2 1 4 9 7 6 8 3
D
Y
NO
A
x<3
YES
C
B
NO
X
YES
D
(=6, =8)
(> ?)
YES
NO
A
C
?
?
?

①
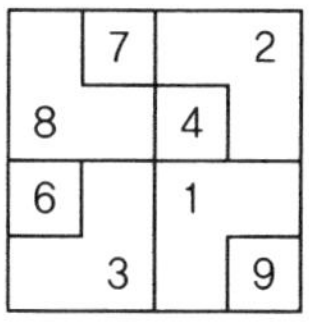
7 2 8 4 6 1 3 9

②
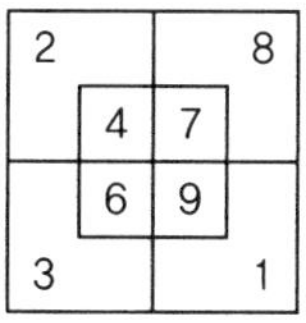
2 8 4 7 6 9 3 1

③
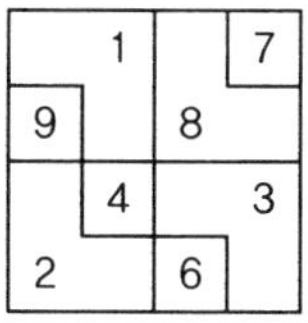
1 7 9 8 4 3 2 6

④
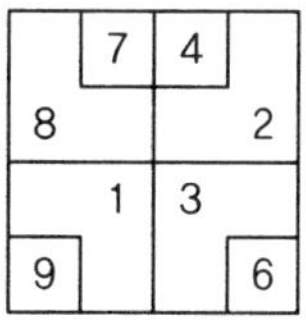
7 4 8 2 1 3 9 6

⑤
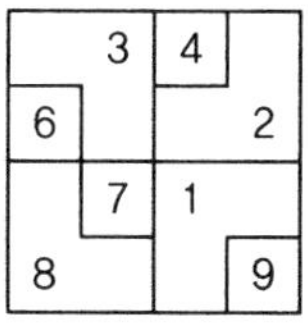
3 4 6 2 7 1 8 9

※ 다음 도식의 기호들은 일정한 규칙에 따라 도형을 변화시킨다. 물음표에 들어갈 알맞은 형태를 고르시오. [4~6]

[변환규칙]

⬆ : 알파벳이 한 칸씩 위로 이동한다.

➡ : 한글이 한 칸씩 우측으로 이동한다.

↷ : 한글이 알파벳 위에 있는 칸의 개수를 a라고 할 때, 가운데 칸을 제외한 8개의 칸이 시계 방향으로 a칸 이동한다.

⇕ (m, n) : m행과 n열의 각 칸에서 알파벳과 한글의 상하 위치를 서로 바꾼다.

[조건규칙]

A, A : 알파벳이 한글의 위에 위치한 개수

ㄱ, ㄱ : 한글의 상하 위치가 처음과 동일한 개수

A, ㄱ : 한 칸에 들어있는 알파벳과 한글의 짝이 처음과 동일한 개수

04

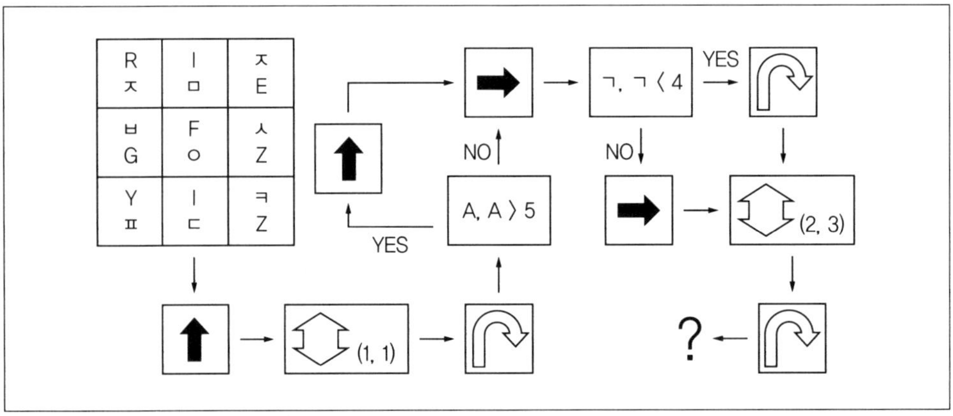

①

ㅈ G	ㅣ ㅍ	Z ㅇ
Y ㅅ	ㅈ F	Z ㅇ
R ㅋ	ㅂ ㅣ	Z ㅁ

②

Y ㅅ	ㅈ F	Z ㅇ
R ㅋ	ㅂ ㅣ	Z ㅁ
ㅈ G	ㅣ ㅍ	Z X

③

ㅈ G	ㅈ F	Z ㅁ
Y ㅅ	ㅂ ㅣ	Z ㅇ
R ㅋ	ㅣ ㅍ	ㄷ E

④

ㄷ E	ㅣ ㅍ	R ㅋ
Z ㅇ	ㅂ ㅣ	Y ㅅ
Z ㅁ	ㅈ F	ㅈ G

⑤

R ㅋ	ㄷ E	ㅣ ㅍ
Y ㅅ	Z ㅇ	ㅂ ㅣ
ㅈ G	Z ㅁ	ㅈ F

05

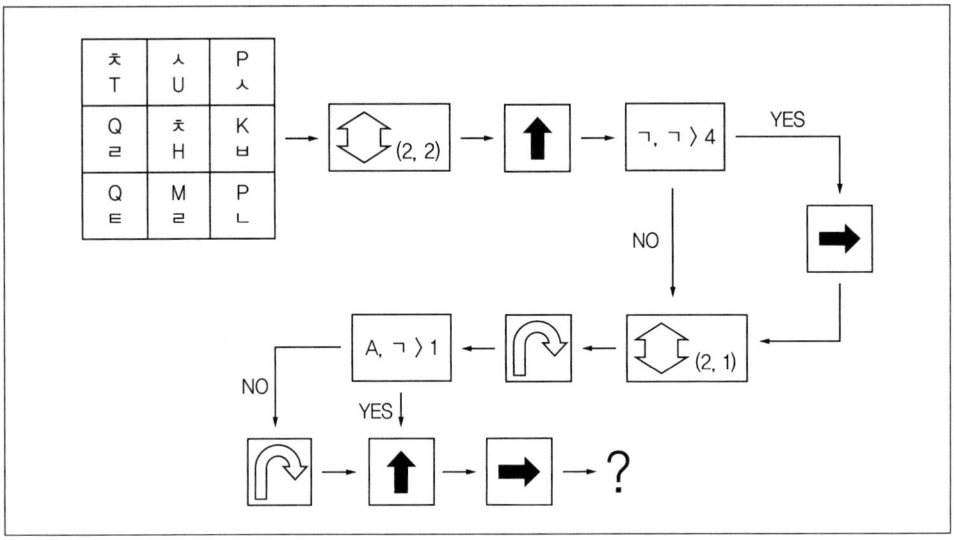

①

H ㄹ	Q ㅅ	T ㅊ
ㄴ Q	K ㄹ	U ㅊ
E M	ㅂ P	P ㄴ

②

T ㅊ	H ㄹ	T ㅊ
U ㅊ	ㄴ Q	U ㅊ
P ㅅ	ㅌ M	P ㅅ

③

ㅂ P	ㄴ Q	ㅌ M
P ㅅ	Q ㅅ	K ㄹ
U ㅊ	H ㄹ	T ㅊ

④

ㅂ P	ㅌ M	ㄴ Q
P ㅅ	K ㄹ	H ㄹ
U ㅊ	T ㅊ	Q ㅅ

⑤

P ㅅ	ㅂ P	ㅌ M
U ㅊ	K ㄹ	ㄴ Q
T ㅊ	Q ㅅ	H ㄹ

06

N ㅂ	X ㅍ	ㄴ M
ㄹ Y	ㄷ S	T ㄹ
ㄱ V	W ㄱ	S ㅎ

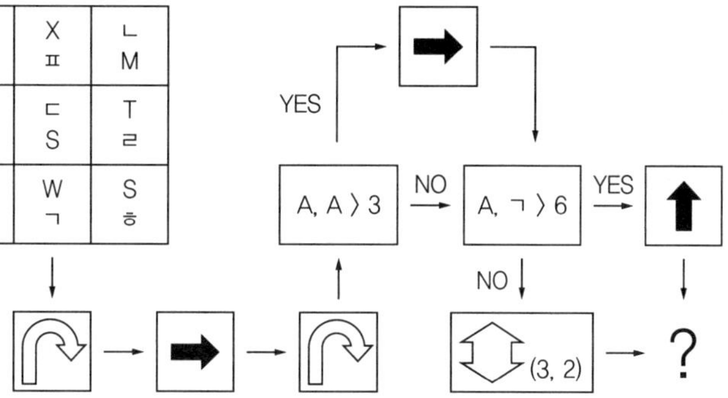

①

N ㅍ	ㄴ X	ㅂ M
ㄷ Y	S ㄹ	T ㄹ
V ㄱ	W ㅎ	ㄱ S

②

Y ㅍ	S ㄴ	ㅂ T
ㄷ V	ㄹ W	S ㄹ
ㄱ N	X ㅎ	M ㄱ

③

X ㅎ	ㄱ N	ㄷ V
M ㄱ	ㄹ W	Y ㅍ
S ㄹ	ㅂ T	S ㄴ

④

N ㅂ	ㅍ X	ㄴ M
ㄹ Y	S ㄷ	T ㄹ
V ㄱ	W ㄱ	ㅎ S

⑤

Y ㅂ	S ㅍ	ㄴ T
ㄹ V	ㄷ W	S ㄹ
ㄱ N	X ㄱ	M ㅎ

※ 다음 도식의 기호들은 일정한 규칙에 따라 도형을 변화시킨다. 물음표에 들어갈 알맞은 도형을 고르시오. [7~8]

▶▶ : 1열을 3열로 복제
▼▼ : 1행을 3행으로 복제
◎ : 가운데 도형을 기준으로 시계 방향 1칸씩 이동
◁▷ : 1열과 3열을 교환
◉ : 해당 칸 '모양' 비교 → 가장 처음 제시된 도형과 같으면 한 열씩 오른쪽 / 다르면 한 행씩 아래로 이동
▣ : 해당 칸 '색깔' 비교 → 가장 처음 제시된 도형과 같으면 해당 열 색 반전 / 다르면 해당 행 색 반전

07

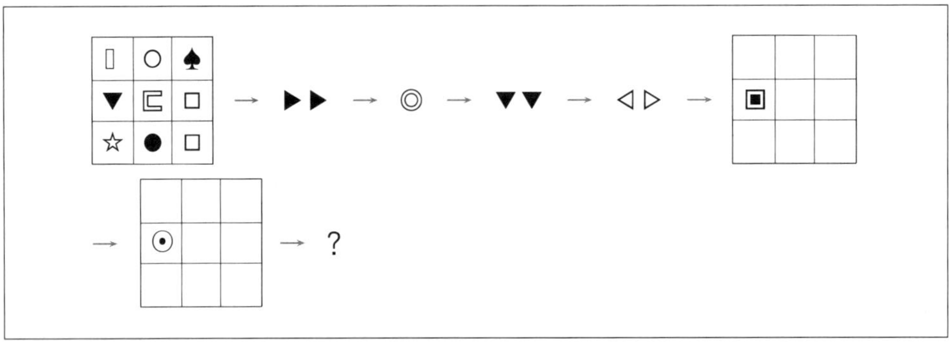

① 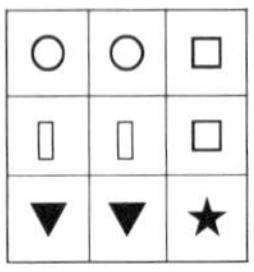

② 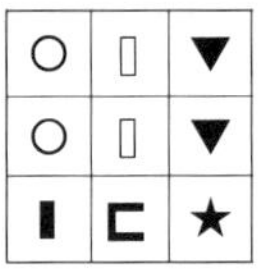

③ 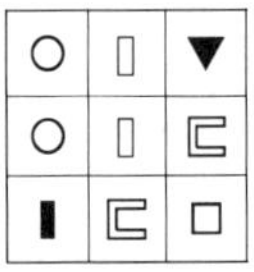

④ 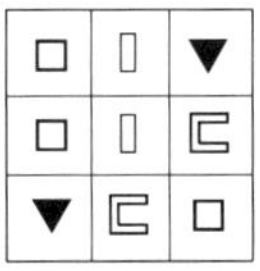

⑤ 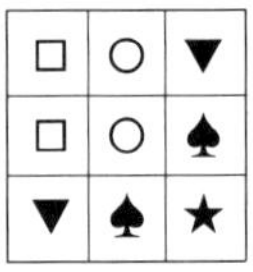

08

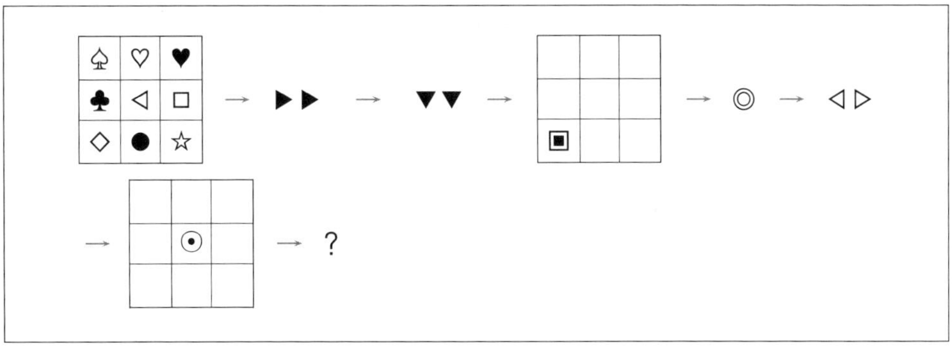

① 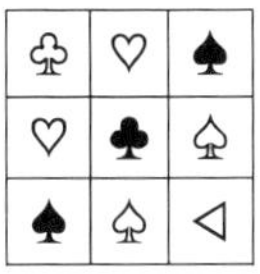

② 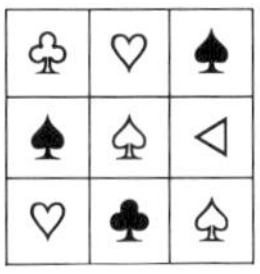

③ 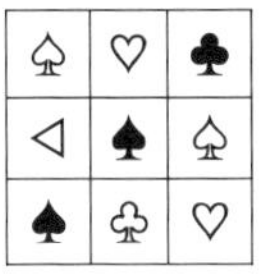

④ 

⑤ 

※ 다음 도식의 기호들은 일정한 규칙에 따라 도형을 변화시킨다. 물음표에 들어갈 알맞은 도형을 고르시오. [9~10]

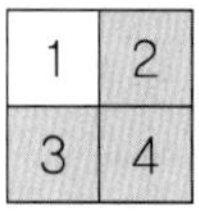
: 선, 색, 도형 모두 1열과 3열 교환

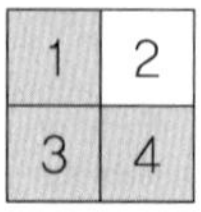
: 시계 방향으로 선만 90° 회전

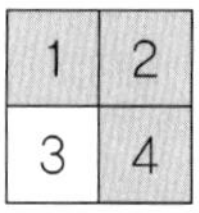
: 선 반전

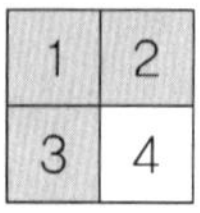
: 도형 색 반전

◉ : 이 위치의 도형이 색칠되어 있는가?

▣ : 이 위치의 도형이 색칠되어 있지 않은가?

09

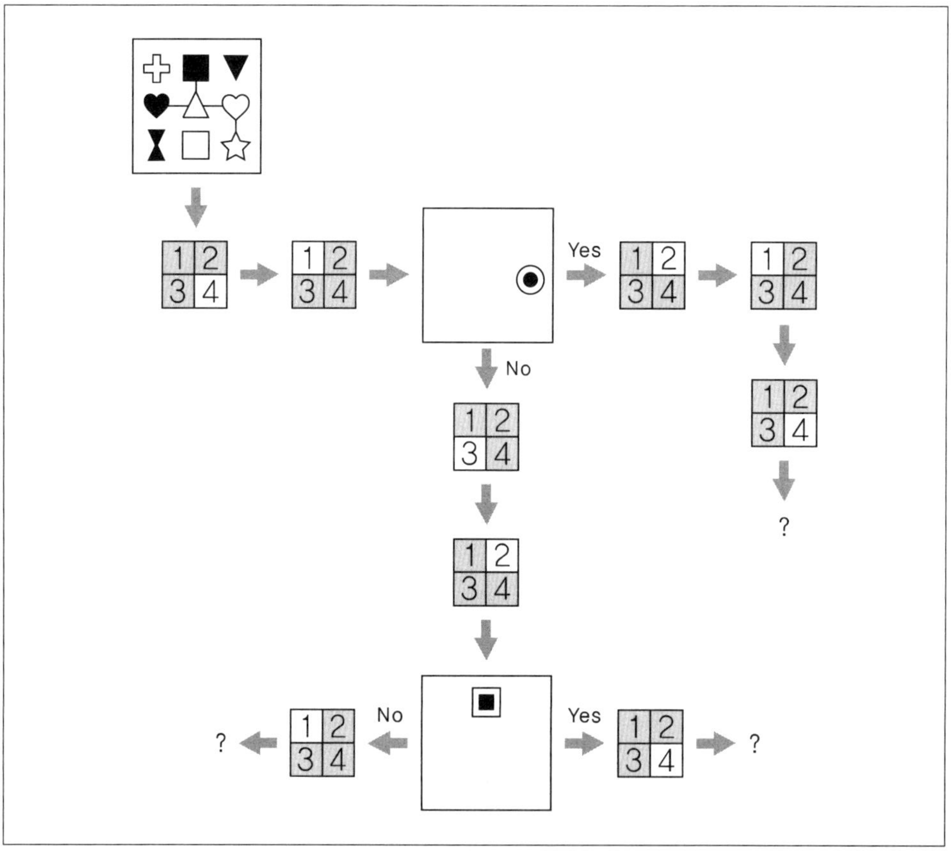

①
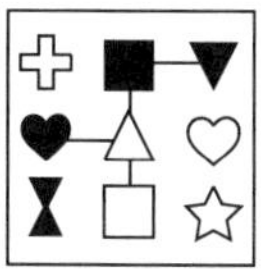

②

③

④

⑤

10

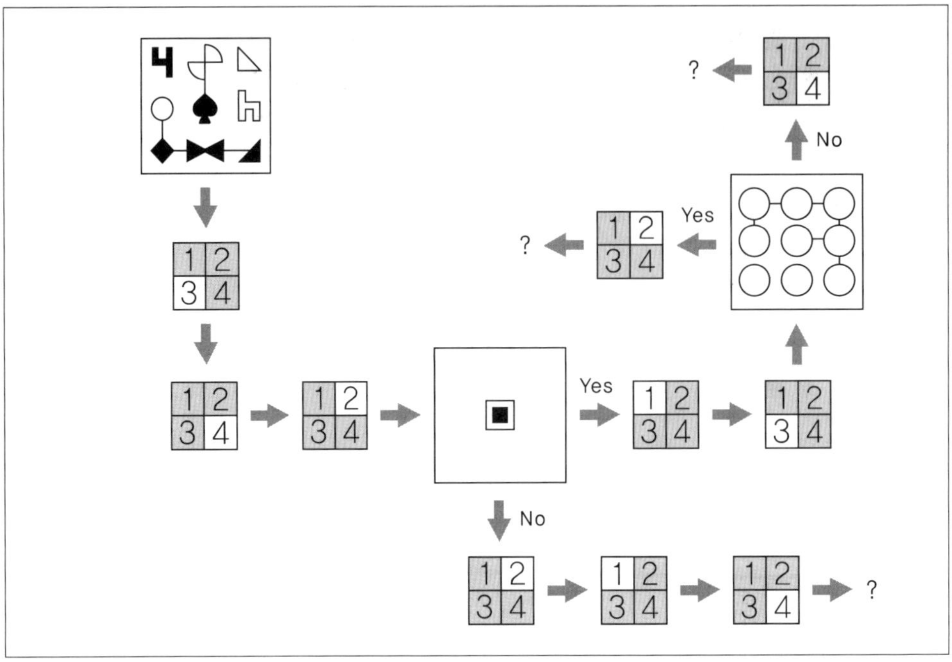

①

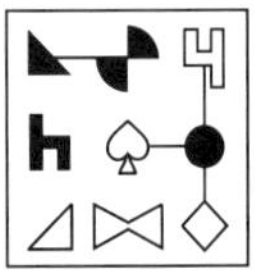

②

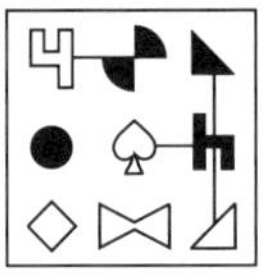

③

④

⑤

※ 다음 제시된 명령어의 규칙에 따라 숫자를 변환시킬 때, 규칙에 따라 도식을 해결하여 마지막에 나오는 형태를 구하시오.(단, 주어진 조건이 두 가지 이상일 때, 모두 일치해야 Yes로 이동한다) [11~13]

Enter : 숫자와 색을 한 행씩 아래로 이동 Space : 숫자와 색을 한 열씩 오른쪽으로 이동 Tab : 숫자만 시계 방향으로 90° 회전 Shift : 색 반전 ◇ : 해당 칸의 숫자가 초기 숫자보다 큰가? □ : 해당 칸의 배경이 흰색인가? ■ : 해당 칸의 배경이 검은색인가? 사각형 안에 −(빼기) 2개 : 2개 칸 숫자의 차 X가 조건에 맞는지 확인 사각형 안에 +(더하기) 2개 : 2개 칸 숫자의 합 X가 조건에 맞는지 확인

11

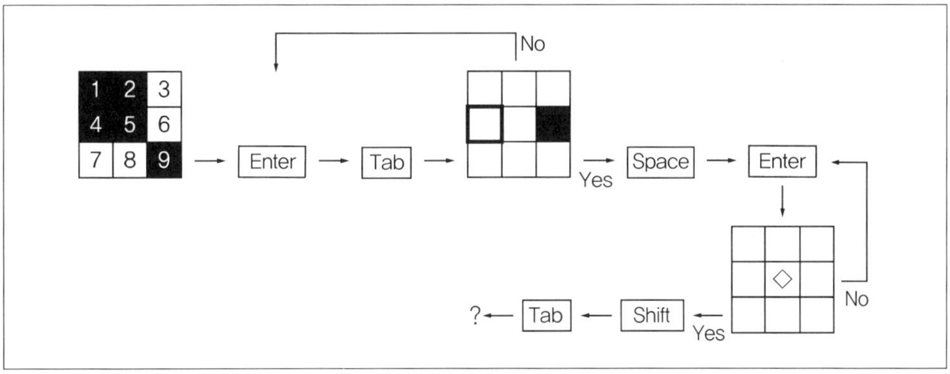

①

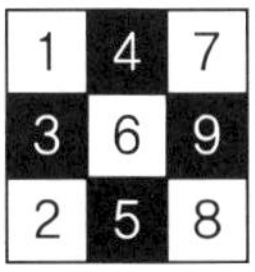

②

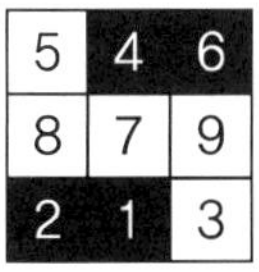

③

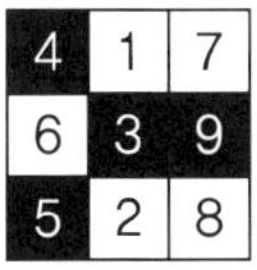

④

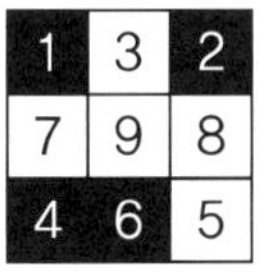

⑤

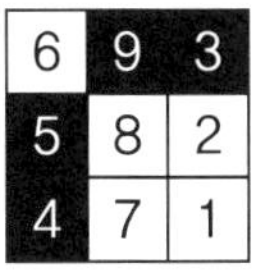

12

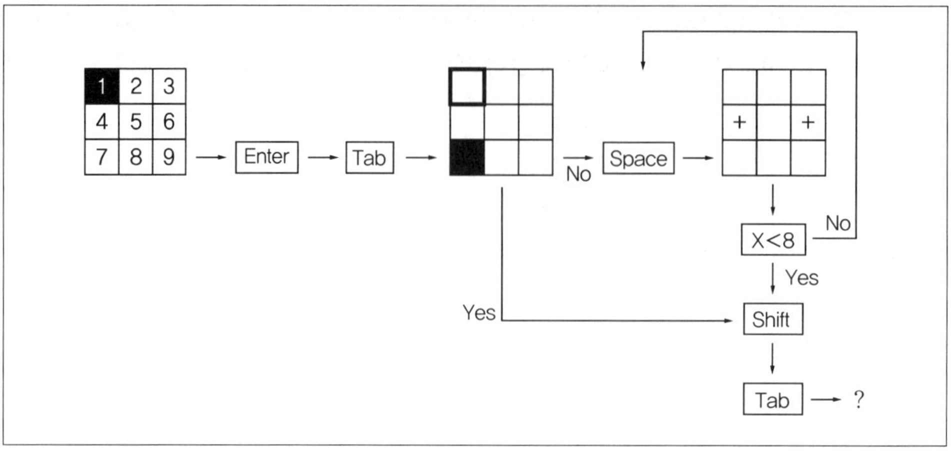

1 2 3
4 5 6
7 8 9
Enter
Tab
No
Space
+ +
X<8
No
Yes
Yes
Shift
Tab
?

①

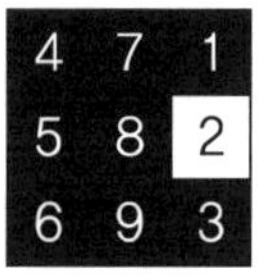

4 7 1
5 8 2
6 9 3

②

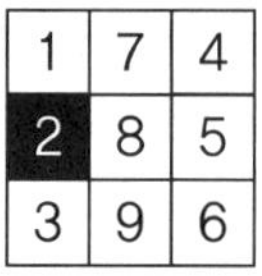

1 7 4
2 8 5
3 9 6

③

3 2 1
9 8 7
6 5 4

④

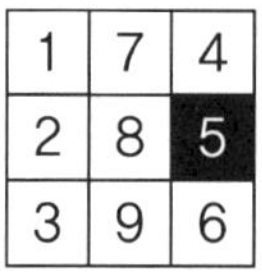

1 7 4
2 8 5
3 9 6

⑤

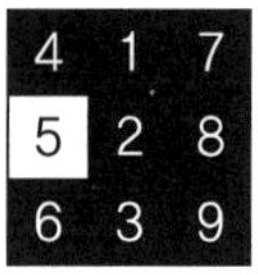

4 1 7
5 2 8
6 3 9

13

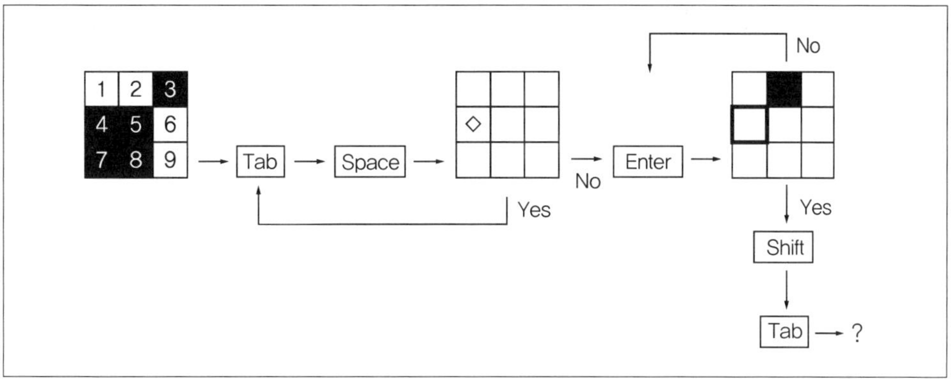
1 2 3
4 5 6
7 8 9
Tab
Space
◇
Yes
No
Enter
No
Yes
Shift
Tab
?

①

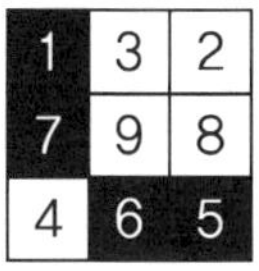
1 3 2
7 9 8
4 6 5

②

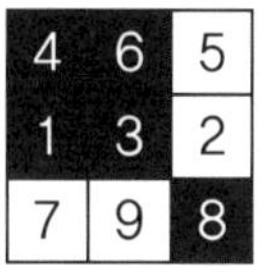
4 6 5
1 3 2
7 9 8

③

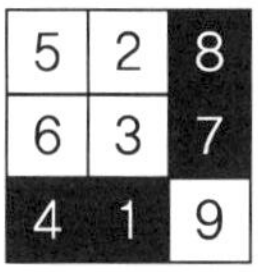
5 2 8
6 3 7
4 1 9

④

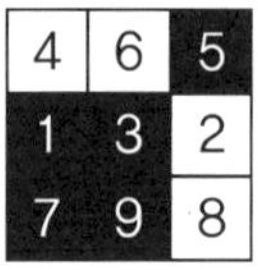
4 6 5
1 3 2
7 9 8

⑤

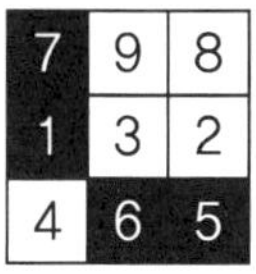
7 9 8
1 3 2
4 6 5

※ 다음 도식의 기호들은 일정한 규칙에 따라 도형을 변화시킨다. 물음표에 들어갈 알맞은 도형을 고르시오. [14~15]

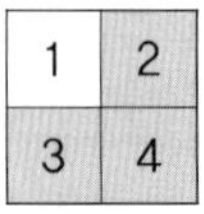

: 시계 방향으로 90° 회전

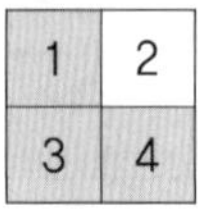

: 도형 오른쪽으로 한 칸씩 열 이동

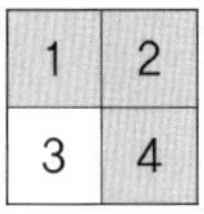

: 도형 색 반전

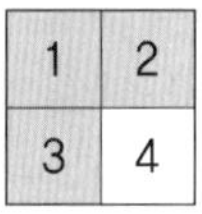

: 선 반전

◉ : 이 위치의 도형이 색칠되어 있는가?

▣ : 이 위치의 도형이 색칠되어 있지 않은가?

14

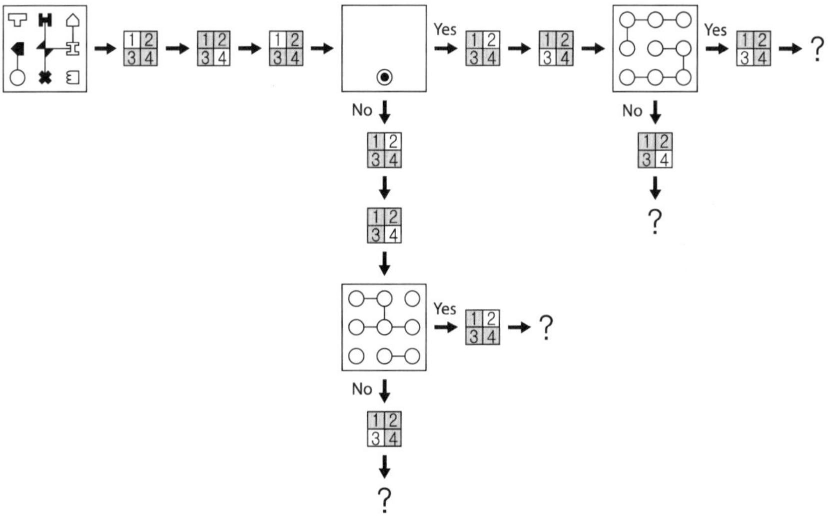

①

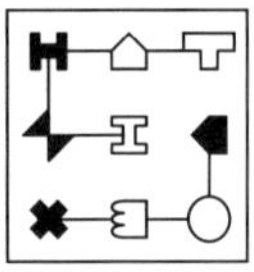

②

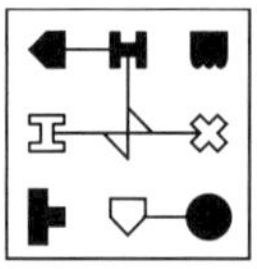

③

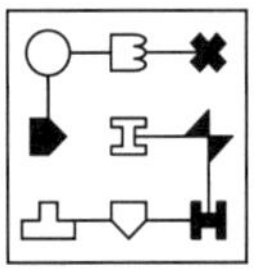

④

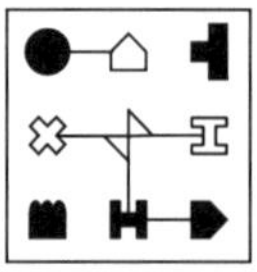

⑤

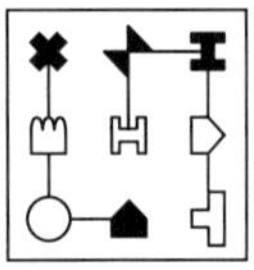

15

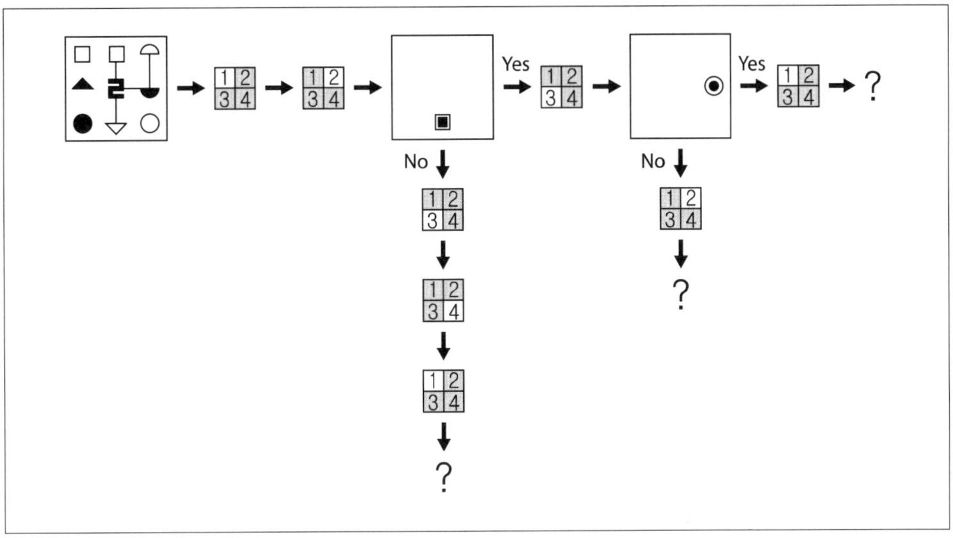

①
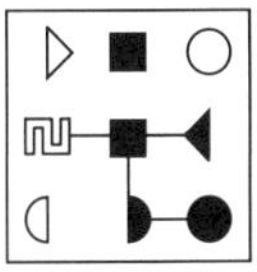

②
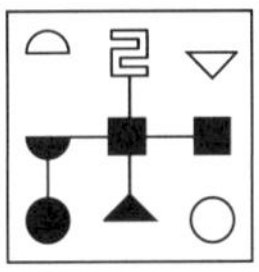

③
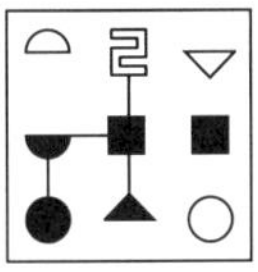

④
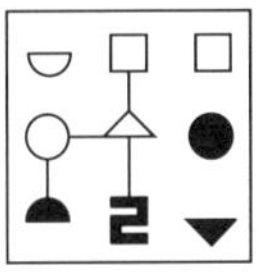

⑤
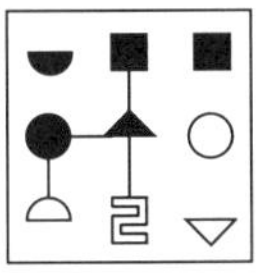

M E M O

PART 5

면접

CHAPTER 01 면접 유형 및 실전 대책

CHAPTER 02 현대자동차그룹 실제 면접

CHAPTER

01 면접 유형 및 실전 대책

01 면접 주요사항

면접의 사전적 정의는 면접관이 지원자를 직접 만나보고 인품(人品)이나 언행(言行) 따위를 시험하는 일로, 흔히 필기시험 후에 최종적으로 심사하는 방법이다.
최근 주요 기업의 인사담당자들을 대상으로 채용 시 면접이 차지하는 비중을 설문조사했을 때, 50~80% 이상이라고 답한 사람이 전체 응답자의 80%를 넘었다. 이와 대조적으로 지원자들을 대상으로 취업 시험에서 면접을 준비하는 기간을 물었을 때, 대부분의 응답자가 2~3일 정도라고 대답했다.
지원자가 일정 수준의 스펙을 갖추기 위해 자격증 시험과 토익을 치르고 이력서와 자기소개서까지 쓰다 보면 면접까지 챙길 여유가 없는 것이 사실이다. 그리고 서류전형과 인적성검사를 통과해야만 면접을 볼 수 있기 때문에 자연스럽게 면접은 취업시험 과정에서 그 비중이 작아질 수밖에 없다. 하지만 아이러니하게도 실제 채용 과정에서 면접이 차지하는 비중은 절대적이라고 해도 과언이 아니다.
기업들은 채용 과정에서 토론 면접, 인성 면접, 프레젠테이션 면접, 역량 면접 등의 다양한 면접을 실시한다. 1차 커트라인이라고 할 수 있는 서류전형을 통과한 지원자들의 스펙이나 능력은 서로 엇비슷하다고 판단되기 때문에 서류상 보이는 자격증이나 토익 성적보다는 지원자의 인성을 파악하기 위해 면접을 더욱 강화하는 것이다. 일부 기업은 의도적으로 압박 면접을 실시하기도 한다. 지원자가 당황할 수 있는 질문을 던져서 그것에 대한 지원자의 반응을 살펴보는 것이다.
면접은 다르게 생각한다면 '나는 누구인가?'에 대한 물음에 해답을 줄 수 있는 가장 현실적이고 미래적인 경험이 될 수 있다. 취업난 속에서 자격증을 취득하고 토익 성적을 올리기 위해 앞만 보고 달려온 지원자들은 자신에 대해서 고민하고 탐구할 수 있는 시간을 평소 쉽게 가질 수 없었을 것이다. 자신을 잘 알고 있어야 자신에 대해서 자신감 있게 말할 수 있다. 대체로 사람들은 자신에게 관대한 편이기 때문에 스스로에 대해서 어떤 기대와 환상을 가지고 있는 경우가 많다. 하지만 면접은 제삼자에 의해 개인의 능력을 객관적으로 평가받는 시험이다. 어떤 지원자들은 다른 사람에게 자신을 표현하는 것을 어려워한다. 평소에 잘 사용하지 않는 용어를 내뱉으면서 거창하게 자신을 포장하는 지원자도 많다. 면접에서 가장 기본은 자기 자신을 면접관에게 알기 쉽게 표현하는 것이다.
이러한 표현을 바탕으로 자신이 앞으로 하고자 하는 것과 그에 대한 이유를 설명해야 한다. 최근에는 자신감을 향상시키거나 말하는 능력을 높이는 학원도 많기 때문에 얼마든지 자신의 단점을 극복할 수 있다.

1. 자기소개의 기술

자기소개를 시키는 이유는 면접자가 지원자의 자기소개서를 압축해서 듣고, 지원자의 첫인상을 평가할 시간을 가질 수 있기 때문이다. 면접을 위한 워밍업이라고 할 수 있으며, 첫인상을 결정하는 과정이므로 매우 중요한 순간이다.

(1) 정해진 시간에 자기소개를 마쳐야 한다.

쉬워 보이지만 의외로 지원자들이 정해진 시간을 넘기거나 혹은 빨리 끝내서 면접관에게 지적을 받는 경우가 많다. 본인이 면접을 받는 마지막 지원자가 아닌 이상, 정해진 시간을 지키지 않는 것은 수많은 지원자를 상대하기에 바쁜 면접관과 대기 시간에 지친 다른 지원자들에게 불쾌감을 줄 수 있다.

또한 회사에서 시간관념은 절대적인 것이므로 반드시 자기소개 시간을 지켜야 한다. 말하기는 1분에 200자 원고지 2장 분량의 글을 읽는 만큼의 속도가 가장 적당하다. 이를 A4 용지에 10point 글자 크기로 작성하면 반 장 분량이 된다.

(2) 간단하지만 신선한 문구로 자기소개를 시작하자.

요즈음 많은 지원자가 이 방법을 사용하고 있기 때문에 웬만한 소재의 문구가 아니면 면접관의 관심을 받을 수 없다. 이러한 문구는 시대적으로 유행하는 광고 카피를 패러디하는 경우와 격언 등을 인용하는 경우, 그리고 지원한 회사의 IC나 경영이념, 인재상 등을 사용하는 경우 등이 있다. 지원자는 이러한 여러 문구 중에 자신의 첫인상을 북돋아 줄 수 있는 것을 선택해서 말해야 한다. 자신의 이름을 문구 속에 적절하게 넣어서 말한다면 좀 더 효과적인 자기소개가 될 것이다.

(3) 무엇을 먼저 말할 것인지 고민하자.

면접관이 많이 던지는 질문 중 하나가 지원동기이다. 그래서 성장기를 바로 건너뛰고, 지원한 회사에 들어오기 위해 대학에서 어떻게 준비했는지를 설명하는 자기소개가 대세이다.

(4) 면접관의 호기심을 자극해 관심을 불러일으킬 수 있게 말하라.

면접관에게 질문을 많이 받는 지원자의 합격률이 반드시 높은 것은 아니지만, 질문을 전혀 안 받는 것보다는 좋은 평가를 기대할 수 있다. 지원한 분야와 관련된 수상 경력이나 프로젝트 등을 말하는 것도 좋다. 이는 지원자의 업무 능력과 직접 연결되는 것이므로 효과적인 자기 홍보가 될 수 있다. 일부 지원자들은 자신만의 특별한 경험을 이야기하는데, 이때는 그 경험이 보편적으로 사람들의 공감대를 얻을 수 있는 것인지 다시 생각해봐야 한다.

(5) 마지막 고개를 넘기가 가장 힘들다.

첫 단추도 중요하지만, 마지막 단추도 중요하다. 하지만 왠지 격식을 따지는 인사말은 지나가는 인사말 같고, 다르게 하자니 예의에 어긋나는 것 같은 기분이 든다. 이때는 처음에 했던 자신만의 문구를 다시 한 번 말하는 것도 좋은 방법이다. 자연스러운 끝맺음이 될 수 있도록 적절한 연습이 필요하다.

2. 1분 자기소개 시 주의사항

(1) 자기소개서와 자기소개가 똑같다면 감점일까?

아무리 자기소개서를 외워서 말한다 해도 자기소개가 자기소개서와 완전히 똑같을 수는 없다. 자기소개서의 분량이 더 많고 회사마다 요구하는 필수 항목들이 있기 때문에 굳이 고민할 필요는 없다. 오히려 자기소개서의 내용을 잘 정리한 자기소개가 더 좋은 결과를 만들 수 있다. 하지만 자기소개서와 상반된 내용을 말하는 것은 적절하지 않다. 지원자의 신뢰성이 떨어진다는 것은 곧 불합격을 의미하기 때문이다.

(2) 말하는 자세를 바르게 익혀라.

지원자가 자기소개를 하는 동안 면접관은 지원자의 동작 하나하나를 관찰한다. 그렇기 때문에 바른 자세가 중요하다는 것은 우리가 익히 알고 있다. 하지만 문제는 무의식적으로 나오는 습관 때문에 자세가 흐트러져 나쁜 인상을 줄 수 있다는 것이다. 이러한 습관을 고칠 수 있는 가장 좋은 방법은 캠코더 등으로 자신의 모습을 담는 것이다. 거울을 사용할 경우에는 시선이 자꾸 자기 눈과 마주치기 때문에 집중하기 힘들다. 하지만 촬영된 동영상은 제삼자의 입장에서 자신을 볼 수 있기 때문에 많은 도움이 된다.

(3) 정확한 발음과 억양으로 자신 있게 말하라.

지원자의 모양새가 아무리 뛰어나도, 목소리가 작고 발음이 부정확하면 큰 감점을 받는다. 이러한 모습은 지원자의 좋은 점에까지 악영향을 끼칠 수 있다. 직장을 흔히 사회생활의 시작이라고 말하는 시대적 정서에서 사람들과 의사소통을 하는 데 문제가 있다고 판단되는 지원자는 부적절한 인재로 평가될 수밖에 없다.

3. 대화법

전문가들이 말하는 대화법의 핵심은 '상대방을 배려하면서 이야기하라.'는 것이다. 대화는 나와 다른 사람의 소통이다. 내용에 대한 공감이나 이해가 없다면 대화는 더 진전되지 않는다.
베스트셀러 『카네기 인간관계론』의 작가인 철학자 카네기가 말하는 최상의 대화법은 자신의 경험을 토대로 이야기하는 것이다. 즉, 살아오면서 직접 겪은 경험이 상대방의 관심을 끌 수 있는 가장 좋은 이야깃거리인 것이다. 특히, 어떤 일을 이루기 위해 노력하는 과정에서 겪은 실패나 희망에 대해 진솔하게 얘기한다면 상대방은 어느새 당신의 편에 서서 그 이야기에 동조할 것이다.

독일의 사업가이자, 동기부여 트레이너인 위르겐 힐러의 연설법 중 가장 유명한 것은 '시즐(Sizzle)'을 잡는 것이다. 시즐이란, 새우튀김이나 돈가스가 기름에서 지글지글 튀겨질 때 나는 소리이다. 즉, 자신의 말을 듣고 시즐처럼 반응하는 상대방의 감정에 적절하게 대응하라는 것이다.
말을 시작한 지 10~15초 안에 상대방의 '시즐'을 알아차려야 한다. 자신의 이야기에 대한 상대방의 첫 반응에 따라 말하기 전략도 달라져야 한다. 첫 이야기의 반응이 미지근하다면 가능한 한 그 이야기를 빨리 마무리하고 새로운 이야깃거리를 생각해내야 한다. 길지 않은 면접 시간 내에 몇 번 오지 않는 대답의 기회를 살리기 위해서 보다 전략적이고 냉철해야 하는 것이다.

4. 차림새 이야기

(1) 구두

면접에 어떤 옷을 입어야 할지를 며칠 동안 고민하면서 정작 구두는 면접 보는 날 현관을 나서면서 즉흥적으로 신고 가는 지원자들이 많다. 구두를 보면 그 사람의 됨됨이를 알 수 있다고 한다. 면접관 역시 이러한 것을 놓치지 않기 때문에 지원자는 자신의 구두에 더욱 신경을 써야 한다. 스타일의 마무리는 발끝에서 이루어지는 것이다. 아무리 멋진 옷을 입고 있어도 구두가 어울리지 않는다면 전체 스타일이 흐트러지기 때문이다.
정장용 구두는 디자인이 깔끔하고, 에나멜 가공처리를 하여 광택이 도는 페이턴트 가죽 소재 제품이 무난하다. 검정 계열 구두는 회색과 감색 정장에, 브라운 계열의 구두는 베이지나 갈색 정장에 어울린다. 참고로 구두는 오전에 사는 것보다 발이 충분히 부은 상태인 저녁에 사는 것이 좋다. 마지막으로 당연한 일이지만 반드시 면접을 보는 전날 구두 뒤축이 닳지는 않았는지 확인하고 구두에 광을 내 둔다.

(2) 양말

양말은 정장과 구두의 색상을 비교해서 골라야 한다. 특히 검정이나 감색의 진한 색상의 바지에 흰 양말을 신는 것은 시대에 뒤처지는 일이다. 일반적으로 양말의 색깔은 바지의 색깔과 같아야 한다. 또한 양말의 길이도 신경 써야 한다. 바지를 입을 경우, 의자에 바르게 앉거나 다리를 꼬아서 앉을 때 다리털이 보여서는 안 된다. 반드시 긴 정장 양말을 신어야 한다.

(3) 정장

지원자는 평소에 정장을 입을 기회가 많지 않기 때문에 면접을 볼 때 본인 스스로도 옷을 어색하게 느끼는 경우가 많다. 옷을 불편하게 느끼기 때문에 자세마저 불안정한 지원자도 볼 수 있다. 그러므로 면접 전에 정장을 입고 생활해보는 것도 나쁘지는 않다.
일반적으로 면접을 볼 때는 상대방에게 신뢰감을 줄 수 있는 남색 계열의 옷이나 어떤 계절이든 무난하고 깔끔해보이는 회색 계열의 정장을 많이 입는다. 정장은 유행에 따라서 재킷의 디자인이나 버튼의 개수가 바뀌기 때문에 너무 오래된 옷을 입어서 다른 사람의 옷을 빌려 입고 나온 듯한 인상을 주어서는 안 된다.

(4) 헤어스타일과 메이크업

헤어스타일에 자신이 없다면 미용실에 다녀오거나 자신에게 어울리는 메이크업을 하는 것도 좋은 방법이다. 지나치게 화려한 스타일이 아니라면 보다 준비된 지원자처럼 보일 수 있다.

5. 첫인상

취업을 위해 성형수술을 받는 사람들에 대한 이야기는 더 이상 뉴스거리가 되지 않는다. 그만큼 많은 사람이 좁은 취업문을 뚫기 위해 이미지 향상에 신경을 쓰고 있다. 이는 면접관에게 좋은 첫인상을 주기 위한 것으로, 지원서에 올리는 증명사진을 이미지 프로그램을 통해 수정하는 이른바 '사이버 성형'이 유행하는 것과 같은 맥락이다. 실제로 외모가 채용 과정에서 영향을 끼치는가에 대한 설문조사에서도 60% 이상의 인사담당자들이 그렇다고 답변했다.

하지만 외모와 첫인상을 절대적인 관계로 이해하는 것은 잘못된 판단이다. 외모가 첫인상에서 많은 부분을 차지하지만, 외모 외에 다른 결점이 발견된다면 그로 인해 장점들이 가려질 수도 있다. 이러한 현상은 아래에서 다시 논하겠다.

첫인상은 말 그대로 한 번밖에 기회가 주어지지 않으며 몇 초 안에 결정된다. 첫인상을 결정짓는 요소 중 시각적인 요소가 80% 이상을 차지한다. 첫눈에 들어오는 생김새나 복장, 표정 등에 의해서 결정되는 것이다. 면접을 시작할 때 자기소개를 시키는 것도 지원자별로 첫인상을 평가하기 위해서이다. 첫인상이 중요한 이유는 만약 첫인상이 부정적으로 인지될 경우, 지원자의 다른 좋은 면까지 거부당하기 때문이다. 이러한 현상을 심리학에서는 초두효과(Primacy Effect)라고 한다.

그래서 한 번 형성된 첫인상은 여간해서 바꾸기 힘들다. 이는 첫인상이 나중에 들어오는 정보까지 영향을 주기 때문이다. 첫인상의 정보가 나중에 들어오는 정보 처리의 지침이 되는 것을 심리학에서는 맥락효과(Context Effect)라고 한다. 따라서 평소에 첫인상을 좋게 만들기 위한 노력을 꾸준히 해야만 하는 것이다.

좋은 첫인상이 반드시 외모에만 집중되는 것은 아니다. 오히려 깔끔한 옷차림과 부드러운 표정 그리고 말과 행동 등에 의해 전반적인 이미지가 만들어진다. 누구나 이러한 것 중에 한두 가지 단점을 가지고 있다. 요즈음은 이미지 컨설팅을 통해서 자신의 단점들을 보완하는 지원자도 있다. 특히, 표정이 밝지 않은 지원자는 평소 웃는 연습을 의식적으로 하여 면접을 받는 동안 계속해서 여유 있는 표정을 짓는 것이 중요하다. 성공한 사람들은 인상이 좋다는 것을 명심하자.

02 면접 유형 및 실전 대책

1. 면접 유형

과거 천편일률적인 일대일 면접과 달리 면접에는 다양한 유형이 도입되어 현재는 "면접은 이렇게 보는 것이다."라고 말할 수 있는 정해진 유형이 없어졌다. 그러나 현재까지는 집단 면접과 다대일 면접이 보편적으로 진행되고 있으므로 어느 정도 유형을 파악하여 사전에 대비가 가능하다. 면접의 기본인 단독 면접부터, 다대일 면접, 집단 면접, PT 면접, 합숙 면접의 유형과 그 대책에 대해 알아보자.

(1) 단독 면접

단독 면접이란 응시자와 면접관이 1 대 1로 마주하는 형식을 말한다. 면접관 한 사람과 응시자 한 사람이 마주 앉아 자유로운 화제를 가지고 질의응답을 되풀이하는 방식이다. 이 방식은 면접의 가장 기본적인 방법으로 소요시간은 10~20분 정도가 일반적이다.

① 단독 면접의 장점

필기시험 등으로 판단할 수 없는 성품이나 능력을 알아내는 데 가장 적합하다고 평가받아 온 면접방식으로 응시자 한 사람 한 사람에 대해 여러 면에서 비교적 폭넓게 파악할 수 있다. 응시자의 입장에서는 한 사람의 면접관만을 대하는 것이므로 상대방에게 집중할 수 있으며, 긴장감도 다른 면접방식에 비해서는 적은 편이다.

② 단독 면접의 단점

면접관의 주관이 강하게 작용해 객관성을 저해할 소지가 있으며, 면접 평가표를 활용한다 하더라도 일면적인 평가에 그칠 가능성을 배제할 수 없다. 또한 시간이 많이 소요되는 것도 단점이다.

단독 면접 준비 Point

단독 면접에 대비하기 위해서는 평소 1 대 1로 논리 정연하게 대화를 나눌 수 있는 능력을 기르는 것이 중요하다. 그리고 면접장에서는 면접관을 선배나 선생님 혹은 가까운 어른을 대하는 기분으로 면접에 임하는 것이 부담도 훨씬 적고 실력을 발휘할 수 있는 방법이 될 것이다.

〈개별 면접 평가표〉

평가항목	면접요소	체크 포인트	평가
용모, 태도, 건강	• 외모, 인상, 복장 • 태도(인사성, 활달성, 안정감) • 건강(젊음, 혈색, 체형 등)	• 입실 순간 전반적 인상 • 눈빛, 혈색, 체형, 복장 및 전체적 인상 • 보행 모습, 앉는 자세, 질문대답 관찰 • 인사성, 안정성, 활달성 • 병역면제 사유, 지병 보유, 평소 건강 등(입사지원서 기타란 참고)	
사회성	• 가정환경 및 학교생활 • 가치관, 사국관 • 생활태도	• 성장과정, 가훈, 가풍, 은사, 동아리활동, 아르바이트, 여가시간 사용 방법 등 • 생활신조, 좌우명, 신앙생활 및 바람직한 직장인상 등 • 귀가시간, 주량, 흡연정도, 취미생활, 월평균 독서량 등	
논리성	• 표현력 • 발표내용의 정연성 • 사고능력의 범위	• 정확한 어휘구사, 문제의 핵심접근 정도, 애매한 표현 유무 • 음색, 어조 등 • 질문의 이해도, 일관성 있는 답변 • 자기소개서 작성의 논리성 • 사고방식의 다양성 및 편중 여부	
지식 정도	• 전공지식 • 외국어 • 일반상식	• 전공 관련 기초지식 및 응용테스트 • 자기소개 및 지원동기의 외국어 발표 • 시사용어, 최근 핫이슈에 대한 질문	
조직적응 및 발전가능성	• 사고방식의 긍정적 여부 • 적극성, 협조성 • 리더십 및 입사 후 포부, 창의성	• 학생운동 참여 이유, 제반 경제상황에 대한 견해, 노사관계 개념 등 • 야간/휴일근무, 지방근무, 적성에 맞지 않는 업무 등 • 리더 경험, 친구 관계, 입사 후 목표 직위, 맡고 싶은 업무, 당사의 TV선전문안 등에 관한 질문 등	

<u>종합 의견</u>

〈개별 면접 평가항목별 등급 및 환산점수〉

등급	환산점수			평가
A(20~18)	A$^+$(20)	A(19)	A$^-$(18)	면접요소 각 부분에 탁월함
B(16~14)	B$^+$(16)	B(15)	B$^-$(14)	대체로 우수함
C(12~10)	C$^+$(12)	C(11)	C$^-$(10)	요소별 부족한 여지가 있음
D(8~6)	D$^+$(8)	D(7)	D$^-$(6)	전반적으로 심하게 부족함

(2) 다대일 면접

다대일 면접은 일반적으로 가장 많이 사용되는 면접방법으로 보통 2~5명의 면접관이 1명의 응시자에게 질문하는 형태의 면접방법이다. 면접관이 여러 명이므로 다각도에서 질문을 하여 응시자에 대한 정보를 많이 알아낼 수 있다는 점 때문에 선호하는 면접방법이다.

하지만 응시자의 입장에서는 질문도 면접관에 따라 각양각색이고 동료 응시자가 없으므로 숨 돌릴 틈도 없게 느껴진다. 또한 관찰하는 눈도 많아서 조그만 실수라도 지나치는 법이 없기 때문에 정신적 압박과 긴장감이 높은 면접방법이다. 따라서 응시자는 긴장을 풀고 한 면접관이 묻더라도 면접관 전원을 향해 대답한다는 기분으로 또박또박 대답하는 자세가 필요하다.

① 다대일 면접의 장점

면접관이 집중적인 질문과 다양한 관찰을 통해 응시자가 과연 조직에 필요한 인물인가를 완벽히 검증할 수 있다.

② 다대일 면접의 단점

면접시간이 보통 10~30분 정도로 좀 긴 편이고 응시자에게 지나친 긴장감을 조성하는 면접방법이다.

다대일 면접 준비 Point

질문을 들을 때 시선은 면접관을 향하고 다른 데로 돌리지 말아야 하며, 대답할 때에도 고개를 숙이거나 입 속에서 우물거리는 소극적인 태도는 피하도록 한다. 면접관과 대등하다는 마음가짐으로 편안한 태도를 유지하면 대답도 자연스러운 상태에서 좀 더 충실히 할 수 있고, 이에 따라 면접관이 받는 인상도 달라진다.

(3) 집단 면접

집단 면접은 다수의 면접관이 여러 명의 응시자를 한꺼번에 평가하는 방식으로 짧은 시간에 능률적으로 면접을 진행할 수 있다. 각 응시자에 대한 질문내용, 질문횟수, 시간배분이 똑같지는 않으며, 모두에게 같은 질문이 주어지기도 하고, 각각 다른 질문을 받기도 한다.

또 어떤 응시자가 한 대답에 대한 의견을 묻는 등 그때그때의 분위기나 면접관의 의향에 따라 변수가 많다. 집단 면접은 응시자의 입장에서는 개별 면접에 비해 긴장감은 다소 덜한 반면에 다른 응시자들과의 비교가 확실하게 나타나므로 응시자는 몸가짐이나 표현력 · 논리성 등이 결여되지 않도록 자신의 생각이나 의견을 솔직하게 발표하여 집단 속에 묻히거나 밀려나지 않도록 주의해야 한다.

① 집단 면접의 장점

집단 면접의 장점은 면접관이 응시자 한 사람에 대한 관찰시간이 상대적으로 길고, 비교 평가가 가능하기 때문에 결과적으로 평가의 객관성과 신뢰성을 높일 수 있다는 점이며, 응시자는 동료들과 함께 면접을 받기 때문에 긴장감이 다소 덜하다는 것을 들 수 있다. 또한 동료가 답변하는 것을 들으며, 자신의 답변 방식이나 자세를 조정할 수 있다는 것도 큰 이점이다.

② 집단 면접의 단점

응답하는 순서에 따라 응시자마다 유리하고 불리한 점이 있고, 면접관의 입장에서는 각각의 개인적인 문제를 깊게 다루기가 곤란하다는 것이 단점이다.

집단 면접 준비 Point

너무 자기 과시를 하지 않는 것이 좋다. 대답은 자신이 말하고 싶은 내용을 간단명료하게 말해야 한다. 내용이 없는 발언을 한다거나 대답을 질질 끄는 태도는 좋지 않다. 또 말하는 중에 내용이 주제에서 벗어나거나 자기중심적으로만 말하는 것도 피해야 한다. 집단 면접에 대비하기 위해서는 평소에 설득력을 지닌 자신의 논리력을 계발하는 데 힘써야 하며, 다른 사람 앞에서 자신의 의견을 조리 있게 개진할 수 있는 발표력을 갖추는 데에도 많은 노력을 기울여야 한다.

- 실력에는 큰 차이가 없다는 것을 기억하라.
- 동료 응시자들과 서로 협조하라.
- 답변하지 않을 때의 자세가 중요하다.
- 개성 표현은 좋지만 튀는 것은 위험하다.

(4) 집단 토론식 면접

집단 토론식 면접은 집단 면접과 형태는 유사하지만 질의응답이 아니라 응시자들끼리의 토론이 중심이 되는 면접방법으로 최근 들어 급증세를 보이고 있다.

이는 공통의 주제에 대해 다양한 견해들이 개진되고 결론을 도출하는 과정, 즉 토론을 통해 응시자의 다양한 면에 대한 평가가 가능하다는 집단 토론식 면접의 장점이 널리 확산된 데 따른 것으로 보인다.

사실 집단 토론식 면접을 활용하면 주제와 관련된 지식 정도와 이해력, 판단력, 설득력, 협동성은 물론 리더십, 조직 적응력, 적극성과 대인관계 능력 등을 파악하는 것이 용이하다고 한다.

토론식 면접에서는 자신의 의견을 명확히 제시하면서도 상대방의 의견을 경청하는 토론의 기본자세가 필수적이며, 지나친 경쟁심이나 자기 과시욕은 접어두는 것이 좋다.

또한 집단 토론의 목적이 결론을 도출해 나가는 과정에 있다는 것을 감안하여 무리하게 자신의 주장을 관철시키기보다 오히려 토론의 질을 높이는 데 기여하는 것이 좋은 인상을 줄 수 있다는 점을 알아야 한다. 취업 희망자들은 토론식 면접이 급속도로 확산되는 추세임을 감안해 특히 철저한 준비를 해야 한다.

평소에 신문의 사설이나 매스컴 등의 토론 프로그램을 주의 깊게 보면서 논리 전개 방식을 비롯한 토론 과정을 익히도록 하고, 친구들과 함께 간단한 주제를 놓고 토론을 진행해 볼 필요가 있다. 또한 사회 · 시사문제에 대해 자기 나름대로의 관점을 정립해두는 것도 꼭 필요하다.

집단 토론식 면접 준비 Point

- 토론은 정답이 없다는 것을 명심한다.
- 내 주장을 강조하지 않는다.
- 남이 말할 때 끼어들지 않는다.
- 필기구를 준비하여 메모하면서 면접에 임한다.
- 주제에 자신이 없다면 첫 번째 발언자가 되지 않는다.
- 자신의 입장을 먼저 밝힌다.
- 상대측의 사소한 발언에 집착하지 않고 전체적인 의미에 초점을 놓치지 않아야 한다.
- 남의 의견을 경청한다.
- 예상 밖의 반론에 당황스럽다 하더라도 유연함을 잃지 않아야 한다.

〈집단 토론 면접 평가표〉

이름	학과	지원회사	지원부서

평가요소	평가항목	평가점수	
주도성	• 토론에 영향을 끼친 발언을 했는가? • 논점사항에 적절한 의견제시가 있었는가? • 적절한 항목에서 다음 단계로 토론을 진행했는가? • 선두에 나서 발언을 했는가?	매우 좋음	+4
			+3
		비교적 좋음	+2
			+1
	• 뒤를 좇아 의사를 발표했는가? • 의견개진이 주목받지 못했는가? • 묻기 전에는 발표를 하지 않았는가? • 남의 의견을 묻지 않고 자기만 말했는가?	보통	0
		분석력 부족	–1
			–2
		분석력 결여	–3
			–4
협동성	• 토론이 단절되지 않도록 노력했는가? • 남에게 좋은 의견을 끌어냈는가? • 집단의 목표를 우선했는가?	매우 좋음	+4
			+3
		비교적 협동적	+2
			+1
	• 자기 주장만 앞세웠는가? • 남의 의견이나 기분은 제쳐 놓았는가? • 목표에 어긋나는 방향으로 비판했는가? • 자기논조에 의거, 목표를 잃었는가?	보통	0
		논리력 부족	–1
			–2
		논리력 결여	–3
			–4
공헌도	• 적절한 논점을 제시했는가? • 핵심사항에 핵심의견을 제시했는가? • 논점해결에 도움이 되는 지식을 제공했는가? • 난잡한 토론을 풀고 의견을 한데 모았는가?	매우 좋음	+4
			+3
		비교적 좋음	+2
			+1
	• 논점에서 벗어나는 의견이 나왔는가? • 주제와 다른 의견이 나왔는가? • 나왔던 논조를 반복하지 않았는가? • 핵심을 벗어나 엉뚱한 방향으로 토론을 끌고 가지 않았는가?	보통	0
		창의력 부족	–1
			–2
		창의력 결여	–3
			–4
총점			

종합 의견

(5) PT 면접

PT 면접, 즉 프레젠테이션 면접은 최근 들어 집단 토론 면접과 더불어 그 활용도가 점차 커지고 있다. PT 면접은 기업마다 특성이 다르고 인재상이 다른 만큼 인성 면접만으로는 알 수 없는 지원자의 문제해결 능력, 전문성, 창의성, 기본 실무능력, 논리성 등을 관찰하는 데 중점을 두는 면접으로, 지원자 간의 변별력이 높아 대부분의 기업에서 적용하고 있으며, 확산되는 추세이다.
면접 시간은 기업별로 차이가 있지만, 전공 및 전문 지식, 시사성 관련 주제를 제시한 다음 보통 20~50분 정도 준비하여 5분가량 발표할 시간을 준다. 면접관과 지원자의 단순한 질의응답식이 아닌, 주제에 대해 일정 시간 동안 지원자의 발언과 발표하는 모습 등을 관찰하게 된다. 정확한 답이나 지식보다는 논리적 사고와 의사표현력이 더 중시되기 때문에 자신의 생각을 어떻게 설명하느냐가 매우 중요하다.
PT 면접에서 같은 주제라도 직무별로 평가요소가 달리 나타난다. 예를 들어, 영업직은 설득력과 의사소통 능력에 중점을 둘 수 있겠고, 관리직은 신뢰성과 창의성 등을 더 중요하게 평가한다.

PT 면접 준비 Point

- 면접관의 관심과 주의를 집중시키고, 발표 태도에 유의한다.
- 모의 면접이나 거울 면접으로 미리 점검한다.
- PT 내용은 세 가지 정도로 정리해서 말한다.
- PT 내용에는 자신의 생각이 담겨 있어야 한다.
- PT 중간에 자문자답 방식을 활용한다.
- 평소 지원하는 업계의 동향이나 직무에 대한 전문지식을 쌓아둔다.
- 부적절한 용어 사용이나 무리한 주장 등은 하지 않는다.

2. 면접 실전 대책

(1) 면접 대비사항

① 지원 회사에 대한 사전지식을 충분히 갖는다.

필기시험에서 합격 또는 서류전형에서의 합격통지가 온 후 면접시험 날짜가 정해지는 것이 보통이다. 이때 수험자는 면접시험을 대비해 사전에 자기가 지원한 계열사 또는 부서에 대해 폭넓은 지식을 가질 필요가 있다.

지원 회사에 대해 알아두어야 할 사항
- 회사의 연혁
- 회장 또는 사장의 이름, 그의 출신학교, 그의 관심사
- 회장 또는 사장이 요구하는 신입사원의 인재상
- 회사의 사훈, 사시, 경영이념, 창업정신
- 회사의 대표적 상품, 특색
- 업종별 계열회사의 수
- 해외지사의 수와 그 위치
- 신 개발품에 대한 기획 여부
- 자기가 생각하는 회사의 장단점
- 회사의 잠재적 능력개발에 대한 제언

② 충분한 수면을 취한다.

충분한 수면으로 안정감을 유지하고 첫 출발의 신선한 마음가짐을 갖는다.

③ 얼굴을 생기 있게 한다.

첫인상은 면접에 있어서 가장 결정적인 당락요인이다. 면접관에게 좋은 인상을 줄 수 있도록 화장하는 것도 필요하다. 면접관들이 가장 좋아하는 인상은 얼굴에 생기가 있고 눈동자가 살아 있는 사람, 즉 기가 살아 있는 사람이다.

④ 아침에 인터넷에 의한 정보나 신문을 읽는다.

그날의 뉴스가 질문 대상에 오를 수가 있다. 특히 경제면, 정치면, 문화면 등을 유의해서 보아 둘 필요가 있다.

☞ 출발 전 확인할 사항 : 이력서, 자기소개서, 성적증명서, 졸업(예정)증명서, 추천장, 스케줄표, 지갑, 도장, 신분증(주민등록증), 손수건, 휴지, 필기도구, 메모지, 예비스타킹 등을 준비하자.

(2) 면접 시 옷차림

면접에서 옷차림은 간결하고 단정한 느낌을 주는 것이 가장 중요하다. 색상과 디자인 면에서 지나치게 화려한 색상이나, 노출이 심한 디자인은 자칫 면접관의 눈살을 찌푸리게 할 수 있다. 단정한 차림을 유지하면서 자신만의 독특한 멋을 연출하는 것, 지원하는 회사의 분위기를 파악했다는 센스를 보여주는 것 또한 코디네이션의 포인트다.

복장 점검

- 구두는 잘 닦여 있는가?
- 옷은 깨끗이 다려져 있으며 스커트 길이는 적당한가?
- 손톱은 길지 않고 깨끗한가?
- 머리는 흐트러짐 없이 단정한가?

(3) 면접요령

① 첫인상을 중요시한다.

상대에게 인상을 좋게 주지 않으면 어떠한 얘기를 해도 이쪽의 기분이 충분히 전달되지 않을 수 있다. 예를 들면 '저 친구는 표정이 없고 무엇을 생각하고 있는지 전혀 알 길이 없다.'라고 생각하게 만들면 최악의 상태다. 우선 청결한 복장, 바른 자세로 침착하게 들어가야 한다. 건강하고 신선한 이미지를 주어야 하기 때문이다.

② 좋은 표정을 짓는다.

얘기를 할 때의 표정은 중요한 사항의 하나다. 거울 앞에서는 웃는 얼굴의 연습을 해본다. 웃는 얼굴은 상대를 편안하게 만들고 특히 면접 등 긴박한 분위기에서는 천금의 값이 있다할 것이다. 그렇다고 하여 항상 웃고만 있어서는 안 된다. 자기의 할 얘기를 진정으로 전하고 싶을 때는 정상적인 얼굴로 상대의 눈을 바라보며 얘기한다. 면접을 볼 때 눈을 감고 있으면 마이너스 이미지를 주게 된다.

③ 결론부터 이야기한다.

자기의 의사나 생각을 상대에게 정확하게 전달하기 위해서는 먼저 무엇을 말하고자 하는가를 명확히 결정해 두어야 한다. 대답을 할 경우에는 결론을 먼저 이야기하고 나서 그에 따르는 설명과 이유를 나중에 덧붙이면 논지(論旨)가 명확해지고 이야기가 깔끔하게 정리된다.

한 가지 사실을 이야기하거나 설명하는 데는 3분이면 충분하다. 복잡한 이야기라고 어느 정도의 길이로 요약해서 이야기하면 상대도 이해하기 쉽고 자기도 정리할 수 있다. 긴 이야기는 오히려 상대를 불쾌하게 할 수가 있다.

④ 질문의 요지를 파악한다.

면접 때의 이야기는 간결성만으로 부족하다. 상대의 질문이나 이야기에 대해 적절하고 필요한 대답을 하지 않으면 대화는 끊어지고 자기의 생각도 제대로 표현하지 못하여 면접자로 하여금 수험생의 인품이나 사고방식 등을 명확히 파악할 수 없도록 만들게 된다. 무엇을 묻고 있는지, 무슨 이야기를 하고 있는지 그 요점을 정확히 알아내야 한다.

면접에서 고득점을 받을 수 있는 성공요령

1. 자기 자신을 겸허하게 판단하라.
2. 지원한 회사에 대해 100% 이해하라.
3. 실전과 같은 연습으로 감각을 익혀라.
4. 단답형 답변보다는 구체적으로 이야기를 풀어나가라.
5. 거짓말을 하지 마라.
6. 면접하는 동안 대화의 흐름을 유지하라.
7. 친밀감과 신뢰를 구축하라.
8. 상대방의 말을 성실하게 들어라.
9. 근로조건에 대한 이야기를 풀어나갈 준비를 하라.
10. 끝까지 긴장을 풀지 마라.

(4) 면접 시 주의사항

① 지각은 있을 수 없다.

면접 당일에 시간을 맞추지 못하여 지각하는 것은 있을 수 없는 일이다. 신용사회에서 약속을 못 지키는 사람은 좋은 평가를 받을 수 없다. 면접 당일에는 지정시간 10~20분쯤 전에 미리 면접장에 도착해 마음을 가라앉히고 준비해야 한다.

② 손가락을 움직이지 마라.

면접 시에 손가락을 까딱거리거나 만지작거리는 행동은 유난히 눈에 띌 뿐만 아니라 면접관의 눈에 거슬리기 마련이다. 다리를 떠는 행동은 말할 것도 없다. 불안정하거나 산만하다는 느낌을 줄 수 있으므로 주의할 필요가 있다.

③ 옷매무새를 자주 고치지 마라.

외모에 너무 신경 쓴 나머지 머리를 계속 쓸어 올리거나, 깃과 치마 끝을 만지작거리지 않도록 한다. 인사담당자의 말에 의하면 이런 사람이 의외로 많다고 한다. 집중을 하지 못하고 어수선한 사람처럼 보일 수 있으니 이러한 행동을 삼가도록 한다.

④ 너무 큰 소리로 말하지 마라.

면접관과의 거리가 어느 정도 떨어져 있기 때문에 작은 소리로 웅얼거리는 것은 좋지 않다. 그러나 너무 큰 소리로 소리를 질러가며 말하는 사람은 오히려 거북스럽게 느껴진다.

⑤ 성의 있는 응답 자세를 보여라.

질문에 대해 너무 "예, 아니요"로만 답변하면 성의 없다는 인상을 심어주게 된다. 따라서 설명을 덧붙일 수 있는 질문에 대해서는 지루하지 않을 만큼의 설명을 붙인다.

⑥ 구두를 깨끗이 닦는다.

앉아있는 사람의 구두는 면접관의 위치에서 보면 눈에 잘 띈다. 그러나 의외로 구두에 대해 신경 써서 미리 깨끗이 닦아둔 사람은 드물다. 면접 전날 반드시 구두를 깨끗이 닦아준다.

⑦ 지나친 화장은 피한다.

지나치게 짙은 화장은 거부감을 불러일으킬 수 있다. 또한 머리도 단정히 정리해서 이마가 가급적이면 드러나 보이게 하는 것이 좋다. 여기저기 흘러나온 머리는 지저분하고 답답한 느낌을 준다. 지나친 액세서리도 금물이다.

⑧ 기타 사항

㉠ 앉으라고 할 때까지 앉지 마라. 의자로 재빠르게 다가와 앉으면 무례한 사람처럼 보이기 쉽다.

㉡ 응답 시 너무 말을 꾸미지 마라.

㉢ 질문이 떨어지자마자 바쁘게 대답하지 마라.

㉣ 혹시 잘못 대답하였다고 해서 혀를 내밀거나 머리를 긁지 마라.

㉤ 머리카락에 손대지 마라. 정서불안으로 보이기 쉽다.

㉥ 면접실에 타인이 들어올 때 절대로 일어서지 마라.

㉦ 동종업계나 라이벌 회사에 대해 비난하지 마라.

㉧ 인사관리자 책상에 있는 서류를 보지 마라.

㉨ 농담을 하지 마라. 쾌활한 것은 좋지만 지나치게 경망스러운 태도는 취업에 대한 의지가 부족하게 보인다.

㉩ 질문에 대해 대답할 말이 생각나지 않는다고 천장을 쳐다보거나 고개를 푹 숙이고 바닥을 내려다보지 마라.

㉪ 면접관이 서류를 검토하는 동안 말하지 마라.

㉫ 과장이나 허세로 면접관을 압도하려 하지 마라.

㉬ 최종 결정이 이루어지기 전까지 급여에 대해 언급하지 마라.

㉭ 은연중에 연고를 과시하지 마라.

면접 전 마지막 체크 사항

- 기업이나 단체의 소재지(본사 · 지사 · 공장 등)를 정확히 알고 있다.
- 기업이나 단체의 정식 명칭(Full Name)을 알고 있다.
- 약속된 면접시간 10분 전에 도착하도록 스케줄을 짤 수 있다.
- 면접실에 들어가서 공손히 인사한 후 또렷한 목소리로 자기 수험번호와 성명을 말할 수 있다.
- 앉으라고 할 때까지는 의자에 앉지 않는다는 것을 알고 있다.
- 자신에 대해 3분간 이야기할 수 있는 준비가 되어 있다.
- 자신의 긍정적인 면을 상대방에게 바르게 전달할 수 있다.

PART 5

3. 영어 면접 필승 전략

(1) 영어 면접의 개요

① 의의

㉠ 응시자의 인간성과 잠재적인 능력을 평가할 수 있는 면접시험의 중요성과 더불어 세계화 · 국제화에 발맞춰 영어로 면접을 보는 경우가 늘어나고 있다. 영어 면접의 경우, 질문의 내용 자체는 우리말 면접과 다를 바 없으나 영어로 대화를 나누어야 한다는 점에서 응시자들이 많이 부담스러워하므로 착실한 준비가 필요하다.

㉡ 면접을 실시하기 전에 예상 질문에 대한 답변을 미리 준비하도록 한다. 동일한 질문이라도 우리말로 대답하는 것과 영어로 대답하는 데에는 많은 차이가 있으며, 특히 긴장하게 될 경우, 알고 있는 단어나 문장도 입 안에서만 맴돌게 되는 경우가 있다. 따라서 사전에 충분한 연습을 하는 것이 필요하다.

㉢ 영어 면접은 기본적으로 외국어 구사능력 정도를 파악하는 데 중점을 두며 주로 일상적인 질문으로 영어적 표현력, 자연스러움, 발음 등을 체크한다. 인터뷰를 하는 사람이 한국인인 경우에는 간단한 생활영어능력을 주로 테스트를 하지만 응시자가 대답한 내용을 다시 영어로 말해 보라고 하는 경우도 있다.

㉣ 외국인이 면접관인 경우 일반적으로 응시자와 일상적인 대화를 하면서 질문을 이해하는 정도와 영어식의 발상에 의한 표현력, 발음, 어휘 등의 기본적인 영어회화 능력을 평가한다. 이 경우 관습이나 문화가 다른 외국인에 의해서 면접이 이루어지는 것이므로 그들의 독특한 표현방식이나 예절에 유의하면서 면접에 임해야 한다.

② 영어 면접의 진행과정

㉠ 호명

- 면접관이 이미 착석해 있는 경우에는 면접장소에 들어설 때 가벼운 눈인사와 함께 자기소개를 한다. 좀 더 자세한 소개는 인터뷰가 진행되었을 때 하면 된다.
- 이와는 달리 사전에 마련된 인터뷰 장소에 앉아 있다가 인터뷰 담당자가 들어오는 경우에는 자리에서 일어서는 것이 예의이며, 외국인 담당자가 인터뷰 장소에 들어서면 악수를 먼저 청하는 것이 일반적이다. 그러나 외국인의 경우 한국식으로 허리를 굽혀 인사할 필요는 없으며, 반듯하게 서서 시선을 마주보고 가볍게 악수하면 된다.

㉡ 인사교환

인터뷰할 상대의 이름을 알아두는 것은 인터뷰의 기본이다. 면접관도 자신의 이름을 이야기해 주는 당신에게 좋은 인상을 받게 될 것이다. 예를 들어 면접관의 이름이 'Jerry'일 경우 그냥 "Good morning, Sir."라고 하기보다는 "Good morning, Mr. Jerry."라고 하는 것이 인터뷰를 훨씬 친근감 있게 만들어 줄 것이다.

㉢ 착석

면접관이 "Please have a seat."이라고 말하기 전에는 앉지 않도록 한다. 앉으라는 권유를 받으면 "Thank you, Sir(여성일 경우 Ma'am)."이라고 말하고 앉는다. 앉을 때 허리를 등받이 깊숙이 밀착하되, 어깨는 의자에 기대지 않도록 한다. 그리고 두 손은 무릎 위에 단정하게 놓고 면접관의 눈이나 콧날 부분을 바라본다.

㉣ 질문에 답할 때

- 인터뷰를 할 때 여유를 가지고 임하는 사람은 많지 않다. 누구나 인터뷰를 받는 상황에서는 긴장하기 마련이다. 그러나 지나친 긴장은 인터뷰를 망칠 수도 있다. 영어 인터뷰에서 실패하는 원인으로는 지나친 긴장감, 침착성 상실, 자신감 결여, 애매한 대답, 지나치게 말을 많이 하는 것, 예의범절의 결여 등을 들 수 있다. 하지만 자신의 결점을 알고 이것을 어떻게 극복할 것인가를 생각해 두면 영어 인터뷰를 치르는 데 큰 어려움이 없을 것이다.
- 면접 시에는 침착하고 밝은 표정으로 면접관의 눈을 보도록 한다. 책상을 응시하거나 주위를 두리번거리며 쳐다보는 것은 상대 면접관을 무시하거나 자신감이 없는 듯한 인상을 줄 수가 있다. 대답은 힘 있고 자신 있는 목소리로 한다.
- 면접관의 질문은 끝까지 모두 듣고 무엇을 묻고 있는지를 정확하게 이해하고 난 다음에 대답하도록 한다. 질문 도중에 그 질문의 내용을 지레짐작하여 대답하지 않도록 주의하며, 면접관의 질문이 끝나면 시간을 끌지 말고 즉시 대답을 하도록 한다.
- 면접관이 여러 가지 다양한 질문을 하여 질문내용이 모호하게 될 수가 있는데 그런 경우, 특히 면접자의 의도를 정확히 파악하여 대답하도록 한다. 질문 자체를 이해하지 못한 경우 면접관에게 "이런 의미의 질문이십니까?(I'm sorry, but are you asking~?)" 하고 분명히 하는 것이 좋다.
- "Yes. / No." 또는 "I am afraid that I have no idea(잘 모르겠습니다)." 등으로 대답을 분명히 한다. 아무 관련이 없는 말을 한다거나 우물쭈물 자신 없이 얼버무리는 태도는 잘 모른다고 대답하는 것보다 오히려 더 부정적인 인상을 줄 수 있다. 적절한 어휘를 사용하여 자기의 생각을 논리정연하게, 그리고 정확하게 전달하도록 한다.
- 대답이 틀렸더라도 머리를 긁적인다거나 겸연쩍어하며 불안해하는 행동은 바람직하지 않다. 비록 대답을 잘못해 면접이 잘못되어 가고 있는 느낌을 받더라도 미리 포기하지 않도록 한다. 끝까지 최선을 다하는 태도가 중요하다.

㉤ 면접이 끝났을 때

인터뷰가 끝나면 "Thank you for your time." 또는 "I have enjoyed with you. Thank you."라는 인사의 말을 빠뜨리지 말아야 한다. 면접이 끝났을 때에도 들어갈 때와 같이 정중한 자세로 조용히 면접실을 나오도록 한다. 면접이 끝났다는 안도감이나 해방감을 지나치게 나타내는 행동은 금물이다.

③ 영어 면접 시 유의사항

㉠ 감사 · 양해의 표현을 아끼지 않는다.

서양 사람들은 상대방이 자신에게 베푼 호의나 친절에 대해 항상 감사 또는 감탄의 반응을 나타낸다. 칭찬을 해주거나 친절을 베풀면 반드시 "Thank you."라고 응답한다.

㉡ 정중하게 영어로 답변한다.

질문에 대한 답은 "Yes." 또는 "No."로 답하는 것보다 "Yes, I do./ No, I don't."의 형식으로 하는 것이 더 공손한 표현이다. 그리고 "What would you do if …?"식의 물음에는 사용된 조동사를 그대로 사용하여 "I would ….."로 답을 시작해야 한다. 부정적으로 답할 때에는 "I am afraid that I don't know." 또는 "I am afraid not."으로 대답한다.

㉢ 구체적으로 대답한다.

미국인들에게 "댁의 아버지 직업이 무엇입니까?"라고 물으면 상당히 구체적으로 답변한다. 우리는 보통 "농사짓고 계십니다(My father is a farmer)."라는 식으로 대답하기 마련이지만 미국식으로 대답을 해주려면 매우 구체적으로 설명이 되어야 한다.

㉣ 질문을 알아듣지 못한 경우 다시 묻는 것을 두려워하지 않는다.

면접 도중에 질문이 생기는 경우에도 묻는 것을 너무 두려워하지 않는 것이 좋다. 또 잘 못 들었으면 그 즉시 다시 물어야 한다. 생각하는 척하다가 "What?"이라든가 "What did you say?"하고 천연덕스럽게 물어보면 면접관에게 불쾌한 인상을 주게 된다.

(2) 영어 면접 대비 학습방법

① 영어 면접의 준비

㉠ 간결하고 명확한 표현을 사용한다.

영어 면접을 통해 우선 평가하려는 것은 '영어로 의사소통이 가능한가.'이다. 따라서 영어 면접 때 너무 복잡하고 수준 높은 문장력을 구사하는 것보다는 간결하면서도 명확하게 표현하도록 준비하는 것이 중요하다.

㉡ 해당 분야의 전문용어를 미리 숙지한다.

경우에 따라서는 우리말로 질문하고 영어로 답하게 할 수도 있다. 이는 영어로 질문이 주어질 경우 관련 용어와 표현에 도움을 얻는 것을 방지하고 응시자의 영어 구사능력과 전문지식의 수준 등을 평가하기 위한 것이다. 따라서 지원 분야와 관련된 전문용어나 표현을 미리 숙지해야 면접시 낭패를 당하지 않는다.

㉢ 적절한 보디랭귀지(Body Language)를 구사한다.

영어문화권의 독특한 사고방식, 습관, 에티켓 등을 숙지한다. 손동작 등 적절한 보디랭귀지를 사용하는 것도 강하게 어필할 수 있는 방법이다.

㉣ 예상문제를 뽑아 연습하라.

예상질문을 뽑고 이에 대한 답변을 미리 준비해 두면 실전에서 보다 유연하게 대처할 수 있다. 답변을 녹음기에 녹음하면서 발음이나 표현을 교정해 본다. 친구와 전화로 연습하는 것도 좋은 방법이다. 다만 미리 연습한 표현도 외운 것이 아니라 생각해서 답변한다는 인상을 줘야 한다.

② 영어 면접의 체크포인트

㉠ 표현력

영어 면접에서는 영어로 말할 때의 표현력이 심사 대상이 된다. 그러나 여기서 말하는 표현력이란 유창한 영어보다는 간결성, 명쾌성, 논리의 통일성 등을 말한다.

㉡ 호기심

적극성과 의욕을 뒷받침하는 것은 사물에 대한 지적 호기심이다. '어째서일까? 알아봐야겠다.'는 태도를 업무에서 발휘할 수 있는지가 질문의 포인트이다. 기획과 연구개발 등의 분야에서는 특히 중요한 요소가 된다.

㉢ 자주성

호기심을 만족시키기 위해 스스로 조사해 보거나 공부하는 것이 자주성과 연결된다. 어떤 일을 막론하고 자주성이 있다는 것은 인생을 살아가는 데 있어서 매우 중요하다. 이것이 대화를 통해 나타나지 않으면 안 된다. 사무를 처리할 때 상사, 동료에게 의지하려는 자세는 금물이다.

㉣ 책임감

자주성이 있으면 내가 할 일은 내가 책임진다는 책임감이 생긴다. 조직으로서는 일을 맡겨도 될 것인지, 주어진 일을 끝까지 성실하게 해 나갈 수 있는지를 경영과 조직의 입장에서 평가하게 된다.

㉤ 자부심

책임 있는 행동을 할 수 있는 사람은 그만큼 자부심도 가지고 있다. 여기에는 강한 자기주장이 꼭 필요하다. 특히 영어권의 문화에서는 위에서 말한 4개 항목을 집대성하여 논리정연하게 자기주장을 하는 사람이 높은 평가를 받는다.

㉥ 협조성

우리나라에서 '협조성'이라 하면 자신을 희생하고 인내하는 것에 대한 완곡한 표현일 경우가 많다. 그러나 구미식 협조성은 상대를 생각하는 일과 때로는 주도권을 갖는다는 강한 개성이 합치된 것을 말한다. 상황에 따라 밀고 당기고 하는 자질을 선호한다는 점에서는 동서양의 차이가 없다.

㉦ 목소리의 톤

어두운 목소리는 첫인상을 나쁘게 만든다. 목소리는 선천적인 것이라고 생각하는 사람도 있을 것이다. 그러나 미리부터 포기하면 잘못이다. 처음부터 음침한 목소리로 말하면 끝까지 그런 식의 음성이 나오게 된다. 그러므로 의식적으로 첫 마디를 명랑하게 말하도록 하자.

㉧ 복장

목소리와 마찬가지로 복장도 첫인상을 좌우하는 중요한 포인트가 된다. 복장은 단정해야 하며 남녀 모두 상의를 착용해야 하는 것이 면접의 일반적인 규칙이다. 액세서리는 여기에 어울리는 것으로 택하도록 한다. 어두운 느낌을 주는 것은 피해야 하지만, 화려한 컬러 셔츠나 장식이 많은 블라우스도 삼가는 것이 좋다. 머리를 단정히 빗고 손톱도 자르며 구두 역시 닦아 신는 것이 최소한의 예의이다.

③ 영어 면접에 있어서 자연스러운 대처법

㉠ 인사말

인사말은 정확하고 자연스럽게 할 수 있어야 한다. 서양인들은 별로 대수롭지 않은 것이라 해도 고맙다거나 미안하다고 감정을 표현하는 것이 기본예절일 뿐만 아니라 그 표현도 다양하다. 대수롭지 않은 것이니 안 해도 상관없다는 태도는 절대 금물이다. 특히 다음과 같은 표현들을 익혀두어 상황에 따라 자연스럽게 쓸 수 있도록 많은 연습을 해야 한다.

• 상대방의 호의와 본인의 실수에 대하여
  - Thank you very much. (감사합니다)
  - How kind(nice) of you to say so! (그렇게 말씀해주셔서 감사합니다)

- Excuse me. I am sorry. (실례했습니다. 죄송합니다)
- A thousand pardons for …. (… 해서 정말 죄송합니다)

• 상대방의 감사에 대한 응답
- You are (quite) welcome. (천만의 말씀이십니다)
- Don't mention it. (천만에요)
- Not at all. (뭘요)
- It's nothing at all. (대단한 것도 아닌 걸요)

ⓛ 대답은 정중하게

질문에 대한 대답은 "Yes. / No."만으로 너무 간단하게 끝내는 것보다는 "Yes, I do." 또는 "No, I don't."와 같이 하는 것이 바람직하다. 단, 질문 자체가 간단할 경우에는 "Yes, Sir. / No, Ma'am."으로 해도 괜찮다. "What would you do, if …?(만일 …인 경우에는 어떻게 하시겠습니까?)"로 물을 때의 대답은 "I would …." 또는 "I'd …."로 시작해야 한다. 또 "모르겠습니다."는 "I don't know."만 해서는 무례한 표현이 되는 경우가 많다. 어조에 따라서 "모르겠는데.", "모르겠어요."정도로 들릴 우려가 있기 때문이다. "모르겠습니다."에 해당하는 영어 표현은, "I'm afraid I don't (know)." 또는 "I'm afraid not." 이다.

ⓒ 대답은 구체적으로

"How is your typing?(타이프는 어느 정도 칩니까?)"라고 물으면, "I can type 45 words minute(1분에 45자 칩니다)."라고 확실하게 대답하도록 한다. "조금 칠 줄 압니다."라든가, "별로 잘 치지 못합니다."같은 애매한 대답은 피하는 게 좋다. 또 "Would you be able to start working right away?(곧 일을 시작하실 수 있겠습니까?)"라는 질문에 대해서는, 그렇지 못할 경우 "No, I would be available after 20th of this month(이달 20일이 넘어야 일할 수 있겠는데요)."처럼 대답하는 것이 좋다.

ⓔ 질문을 알아듣지 못했을 때

영어로 면접을 받다 보면 질문을 제대로 알아듣지 못해서 당황할 때가 있다. 이럴 때 다시 한 번 말해 달라고 부탁을 할 때는, "Beg your pardon, Sir(Ma'am)?"라고 하면 된다. 면접이 상당히 진전되어 있을 때 한두 마디의 말을 듣지 못했다면, "Pardon, Sir(Ma'am)?"라고만 해도 좋다. 물론 어느 경우나 말끝을 올려야 한다. 또 잘못 들었으면 그 즉시 다시 물어야 된다. 단어나 발음을 알아듣지 못했거나 문장이 어려워서 질문의 내용을 정확히 이해하지 못했을 때는, "I'm sorry I couldn't follow you. I'm afraid I didn't understand your question. Would you mind repeating it, Sir(Ma'am)?"라고 하면 되고, 또 "I didn't quite catch what you said. Would you please say that again, Sir(Ma'am)?"라고 말해도 같은 뜻이 된다. 이러한 표현들은 발음연습을 잘 해 두었다가, 어떤 경우에라도 곧 밖으로 나올 수 있도록 해야 한다.

ⓜ 대답하기 어려운 질문을 받았을 때

대답하기 어려운 질문을 받게 되면 누구라도 머뭇거리기 마련이다. 그러나 답변을 준비하는 동안 질문을 한 면접관에 대해 전혀 반응을 나타내지 않는다면, 면접관은 대답하고 싶지 않은 것이라 판단해 버리고 다른 질문을 진행할지도 모른다. 그러므로 대답을 하겠다는 의도를 어떠한 형태로든 명확히 해야 할 필요가 있다. 이를 위한 테크닉을 2~3개 정도 소개해 본다. 우선 잠자코 있지 말고 'er[əː]'라고 하면서 대답할 말을 찾고 있음을 보여야 한다. 그러나 우리 식의 '에—'라든가, 이 사이로 '스—ㅅ'하고 숨을 들이 끄는 버릇은 좋지 않다. 둘째, 완전한 문장을 만들려는 생각에 간격을 너무 두어서는 안 된다. 적어도 문장의 첫 부분 정도는 말하고 난 후 간격을 두어야 상대방은 대답이 끝날 때까지 기다려 줄 것이다.

ⓑ 상대방의 말에 맞장구칠 때

미국 사람들은 대화할 때, 상대방의 말에 대해서 "Um"이라고 맞장구를 치는 버릇이 있다. 이것은 우리말의 "아, 네.", "그렇지요."같은 것으로 대화를 부드럽게 연결시켜 주는 역할을 한다. "That's just right(그렇고 말고요), I think so."등의 표현을 써도 좋고, 이 밖에 "I see. / Is that so(right)?(그러세요?) / I understand (that)."등도 같은 표현들이다. 이와 같은 표현들은 남발하는 것은 좋지 않으나, 적절한 때에 사용하는 것은 대화의 분위기상 좋은 효과를 줄 수 있다.

④ 영어 면접 필수 질문

㉠ 자기 자신을 소개해 보라고 할 때의 다양한 질문

- Tell me (something) about yourself.
- Can you tell us a little bit about yourself?
- Could you possible tell us something about yourself?

㉡ 개인적인 질문

- How would you describe yourself?
- Are you a self−starter?
- Give me a little bit of your background.

㉢ 급여에 관한 질문

- What level of compensation would it take to make you happy?
- Tell me about the salary range you're seeking?
- What salary do you think deserve?

㉣ 구체적인 질문 전 일종의 Warming Up으로 하는 질문

- What made you apply for this position?
- How did you hear about this job opening?
- Why are you interested in working for this company?
- What do you know about our company?
- Why do you decide to apply for this position?

㉤ 왜 본인을 뽑아야 되는지에 대한 질문

- Given the investment our company will make in hiring and training you, can you give us a reason to hire you?
- Why do you think this company should hire you?

ⓑ 왜 본인이 이 회사에 적합한지에 대한 설명을 요구하는 질문

- Do you have the qualification and personal characteristics necessary for success in your chosen career?

- What qualifies you for this job?
- If you were hiring someone for this job, what qualities would you look for?
- How do you determine or evaluate success? Give me an example of one of your successful accomplishments.

ⓢ 상식과 관련된 질문

- What is today's exchange rate?
- How will our customers respond if the fee in our bank raises?
- Do you know a leading bank?
- Tell me your opinion about the territorial claims to Dokdo being at issue nowadays.

ⓞ 기타

- How do you explain Seoul to foreigner?
- Can you tell us how to withdraw money from ATM?
- What are you hobbies and interests outside of work?
- Describe your greatest strength and weakness.
- Describe your personality.
- What is your commitment to this job?
- What specific goals have you established for your career?
- What do you expect to be doing in five years?
- What is your professional goal?
- Can you give me examples of experience on the job that you felt were satisfying?
- Tell me about a time when you tried and failed.
- Tell me about a time when you had to deal with a difficult person. How did you handle the situation?

⑤ 영어 면접 모의질문 미리보기

Q. Name and examination number, please?
이름과 수험번호를 말씀해 주시겠습니까?
A. Number 24. My name is Min-ho, Kim. Kim is my last name.
수험번호는 24번, 김민호입니다.

Q. When were you born?
생년월일은 언제입니까?
A. June 24, 1997.
1997년 6월 24일입니다.

Q. Tell me a little about yourself, please.
자기소개를 간단히 해보십시오.

A. I was born in Jeonju, spent high school life in Iksan and university in Jeonju, majored in science of public administration. Now I live in Jeonju. I like music very much. And I like tennis. I was in the tennis club at my university.
저는 전주에서 태어나 고등학교는 익산에서 다니고 대학은 전주에서 다녔습니다. 전공은 행정학입니다. 현재 저는 전주에서 살고 있습니다. 저는 음악을 매우 좋아하고, 테니스도 좋아합니다. 대학시절에는 테니스 동아리에 있었습니다.

Q. What is your strength(strong point)?
자신의 장점은 무엇입니까?

A. My friends say that I am a self-started, highly motivated, and energetic. I think I am outgoing and persuasive person and I'm trying to have good listening skills.
제 친구들은 제가 자발적이고 추진력이 있으며 적극적이라고 말합니다. 제 성격이 외향적이고 설득적이지만, 다른 사람의 이야기를 들으려 노력하고 있습니다.

Q. What is your weak point?
당신의 단점은 무엇입니까?

A. Frankly speaking, I'm a typical workaholic. I don't mind working late at night. Due to that, I tended to leave the school late.
솔직히 말씀드리면 저는 전형적인 일 중독자입니다. 밤늦게까지 일하는 것도 마다하지 않았기 때문에 학교를 늦게 나서기도 했습니다.

Q. How would your friends describe you?
당신의 친구들은 당신을 어떻게 평합니까?

A. They call me "Mr. Dependable." When they have a problem, they always come to me for help. Whenever we have an examination, for example, they ask me to let them copy my notebooks. They know I never skip any of my lessons without fail.
제 친구들은 저를 "믿을 수 있는 남자"라고 부릅니다. 친구들에게 문제가 생기면 항상 저에게 와서 도움을 청합니다. 예를 들어 시험이 있을 때마다 제 친구들은 제 노트를 복사하게 해 달라고 부탁합니다. 제가 수업에 빠지지 않는다는 것을 알고 있기 때문입니다.

Q. What do you think of your English?
영어실력은 어느 정도입니까?
A. I got a score of 800 on the TOEIC. And I studied English conversation at a school in L.A. for one year. So I think I am quite fluent in English.
저는 TOEIC에 응시하여 800점을 받았습니다. 그리고 L.A.에서 영어회화를 1년간 공부했습니다. 그래서 영어는 유창한 편이라고 생각합니다.

CHAPTER

02 현대자동차그룹 실제 면접

현대자동차그룹은 직군별로 지원자의 인성 및 태도, 조직적합도, 자질 및 당사 인재상과의 부합도와 지원직무를 성공적으로 수행하는 데 필요한 전공지식, 실무능력 등을 종합적으로 평가하기 위해 면접을 실시한다.

2012년 상반기에는 1차에서 핵심역량 면접, 영어 면접, 토론 면접을 실시하고, 2차에서는 임원 면접을 실시하였으나, 하반기에는 영어 면접이 2차에서 치러졌다. 2013년에는 1차에서 핵심 면접과 토론, PT 면접이 실시되었고, 2차에서 영어 면접과 임원 면접이 치러졌으며 2014년 이후에도 직군별로 순서의 차이는 있으나 대체적으로 비슷하게 치러졌다. 2020년 하반기부터는 코로나의 여파로 Teams 화상회의로 진행하였다. 면접관 2명 혹은 3명이 있는 다대일 면접이었다. 현대자동차는 직무경험, 꼬리질문이 많기 때문에 이에 대한 답변을 미리 준비하는 것이 좋다.

1. 1차 면접(역량 면접 · PT 면접)

역량 면접과 PT 면접을 치르게 된다. 순서는 개인별로 다르다. 역량 면접은 흔히들 생각하는 기본 인성면접이고, PT 면접은 직무와 관련한 이슈나 주제를 가지고 실무능력을 측정하는 방식으로 진행된다. 따로 마련된 문제풀이 방에서 20분간 PT를 준비하게 된다. 내용은 4페이지로 다양한 그래프, 표 등의 자료가 있으며 주제는 보통 현대자동차그룹에서 실제로 고민하고 있는 내용이다. '① 현황 및 문제점, ② 개선안 선택, ③ 고려한 사항, ④ 본인의 창의적인 아이디어' 순으로 내용을 정리한 후 5분간 발표를 한다. 발표가 끝난 후에는 10분간 질의응답이 있으며, 만약 개인의 발표시간을 5분을 채우지 못하면 면접관은 면접을 끝내지 않는다.

(1) 역량 면접 기출질문

- 현재 자동차 산업의 빠른 변화와 관련된 트렌드에 대해 어떻게 생각하는지 말해 보시오.
- 앞서 말한 트렌드가 향후 자동차 산업에 미칠 영향에 대해 어떻게 생각하는지 말해 보시오.
- 본인이 생각하는 소통에 대해 정의한 후, 본인만의 소통방식으로 갈등을 해결한 경험이 있다면 말해 보시오.
- 입사 후 하고 싶은 것이 무엇인지 말해 보시오.
- 입사 후 발전을 위한 구체적인 계획을 말해 보시오.
- 자동차 산업 현황이 안 좋아진다면 다른 산업으로 이직할 것인가?
- 수소 연료전지에 대해 말해 보시오.
- 소속감을 느낀 조직이나 팀 프로젝트 활동을 한 경험에 대해 말해 보시오.

- 프로젝트 중에 어려움을 딛고 성과를 낸 경험이 있다면 말해 보시오.
- 전공이 직무와 거리가 있는데 지원한 이유 및 극복 방안을 말해 보시오.
- 단점이 특이한데 이를 구체적으로 설명해 보시오.
- 자신의 약점을 극복하기 위해 취한 방법에 대해 소개해 보시오.
- 토끼와 거북이 중 본인은 어떤 유형인지 말해 보시오.
- 전역 후 입사지원까지 공백 기간 동안 무엇을 했는지 말해 보시오.
- 대학생활 동안 했던 동아리 활동이 있다면 말해 보시오.
- 해외봉사는 왜 다녀왔다면 거기서 무엇을 배웠는지 말해 보시오.
- 자신이 실패한 경험에 대해 말해 보시오.
- 가장 어려웠던 경험은 무엇이며 그때의 심정은 어떠했는지, 무엇을 느꼈는지, 그 경험을 통해 배운 점을 말해 보시오.
- 신문을 볼 때 어떤 면을 제일 재미있게 보는지 말해 보시오.
- 소통이란 무엇이라 생각하며, 소통을 위해 노력한 경험에 대해 말해 보시오.
- 평소에 자동차 이외에 다른 관심사가 있다면 어떤 것인지 말해 보시오.
- 직업병에 대해 어떻게 처신할지 말해 보시오.
- 살면서 했던 도전적인 경험에 대하여 말해 보시오.
- 리더가 되었던 경험이 있다면 주위의 추천을 받은 것인지, 경쟁을 한 것인지 말해 보시오.
- 마력(hp)에 대해 말해 보시오.
- 4륜 구동에 대해 말해 보시오.
- 가솔린 엔진과 디젤 엔진의 차이에 대해 말해 보시오.
- 베어링의 종류에 대해 말해 보시오.
- TBM공법에 대해 아는 대로 말해 보시오.
- 압연에 대해 말해 보시오.
- 소성가공에 대해 말해 보시오.
- 전로와 전기로의 차이와 장단점을 말해 보시오.
- 직접 환원과 간접 환원을 말해 보시오.
- 재직 중임에도 지원한 이유를 말해 보시오.
- 현재 자율주행 자동차의 보완점에 대한 본인의 생각을 말해 보시오.
- 자율주행차 시스템 설계에 관심이 있는가?

(2) PT 면접 기출 질문

- (파워트레인 지원) 변속기의 다단화 방안을 분석해 보시오.
- (파워트레인 지원) 클러치의 소형화에 대해 창의적으로 발표하시오.
- (차량설계 지원) 제시된 차량 설계 관련 기술 개발 내용(개요, 목표, 필요성, 경쟁사와의 비교수치, 해외진출 가능성 여부, 생산라인 관련 등)에 관련된 다양한 도표들과 수치적인 자료에 대해 분석해 보시오.

- 콜라보레이션 마케팅 전략에 대해 발표하시오.
- 자동차 타이어를 유럽, 북미, 내수 중 주어진 자료를 통해 어느 시장을 공략할지 정하고 그때 일어나는 문제점을 어떻게 해결할 것인지 말해 보시오.
- 해당 제품의 판매 전략에 대해 발표하시오.
- 전기자동차 충전소 보급 활성화를 위한 전략에 대해 발표하시오.
- 효율적인 연비를 얻기 위해 기술적으로 무엇을 해야 하는가?
- 친환경 자동차에 대한 문제점을 분석하고 이에 대한 극복 방향을 제시하시오.

2. 2차 면접(영어 면접·임원 면접)

영어 면접과 임원 면접이 치러진다. 영어 면접은 외국인과 직접 대화하는 방식으로 진행되며, 지원자의 기본적인 영어실력에 대한 평가가 이루어진다. 두서없이 이야기를 하다보면 답변이 길어지는 경우가 많으므로 짧게 대답하더라도 완벽한 문장을 구사하는 것이 좋다. 영어 면접의 비중은 크지 않지만 그동안의 기출질문들을 정리하여 미리 예상답안을 만들어놓고 충분히 대비해야 한다.

임원 면접은 인성 면접의 한 종류라고 생각하면 된다. 면접자의 첫인상을 좌지우지하는 100초 스피치가 있으며, 이를 잘 준비해야 한다.

(1) 영어 면접 기출 질문

- 자기소개를 해 보시오.
- 자신의 목표를 말해 보시오.
- 자신의 취미를 말해 보시오.
- 자신이 가장 크게 성공했던 일과 어떻게 성공했는지 말해 보시오.
- 자신이 태어난 곳을 자랑해 보시오.
- 여행가고 싶은 나라에 대해 말해 보시오.
- 왜 당신을 고용해야 하는지 말해 보시오.
- 제일 좋아하는 과목은 무엇이며 그 이유에 대해 말해 보시오.
- 업무할 때 사람과 사람 사이에 유대가 중요하다고 생각하는지, 그 이유가 무엇인지 말해 보시오.
- 젊은 매니저를 선호하는지, 나이든 매니저를 선호하는지 선택하고 그 이유에 대해 말해 보시오.
- 친구와 가족구성원에게 어떻게 용기를 주는가?
- 학창 시절 공부를 열심히 할 수 있었던 동기는 무엇이었는가?
- (2개의 스포츠 활동 그림을 주고) 가족들과 함께하는 휴가에 둘 중 하나를 추천한다면 어떤 것을 추천하겠는가? 그리고 그 이유는?
- 겨울 스포츠 중 본인이 가장 흥미를 느끼는 운동은? 그리고 그 이유는?
- 학부모들이 담임선생님을 한 달에 두 번 정도 꼭 만나서 아이에 대한 이야기를 들어야 한다는 '법'이 있다면 찬성하는가? 그리고 그 이유는?

- 친한 친구와 일하는 것에 대해 어떻게 생각하는가? 좋다면 그 이유는?
- 고등학교에 자동판매기를 설치하는 것에 대해 의견이 분분하다. 본인의 찬반의견과 그 이유는?
- 당신이 가장 좋아하는 한국 음식은 무엇인가? 주로 그 음식은 언제 먹는가?
- 일기를 쓰는 이유가 무엇이라고 생각하는가?
- 가장 영향력 있다고 생각하는 연예인이 누구인가? 그 사람이 나오는 프로그램 중 당신이 좋아하는 것은?
- 생산부서에 지원한 이유에 대해 말해 보시오.
- 한국과의 문화적 차이에 대한 외국인들의 인식에 대해 자신의 생각을 말해 보시오.
- 글을 쓸 때 컴퓨터로 타이핑하는 것이 좋은가, 아니면 연필로 쓰는 것이 좋은가?
- 친구 생일파티에 가는 데 평소 좋아하지 않는 친구가 온다는 소식을 들었다면 어떻게 할 것인가?
- 대형마트의 주말 휴일제에 대해서 공정하다고 생각하는가?
- (광고기법에 대한 선호도 조사 도표 제시) 도표를 보고 난 후 자신의 생각을 말해 보시오.
- 살아오면서 실패했던 경험에 대해서 말해 보시오.
- 자동차 판매 전략에 대한 자신의 생각을 말해 보시오.
- 이번 주말에 무엇을 할 것인가?
- 어떤 장르의 음악을 좋아하는가?
- 전공 중 자신 있는 것에 대하여 설명해 보시오.
- 가장 좋아하는 음식은 무엇이며, 주로 언제 그 음식을 먹는가?
- 좋아하는 계절은 언제이며, 그 이유는 무엇인가?
- (영어 지문을 읽어주고) 들려주는 영어 지문을 요약해 보시오.

(2) 임원 면접 기출 질문

- (시간 제한이 없는) 자기소개를 해 보시오.
- 살아오면서 가장 힘들었던 일을 이야기 해 보시오.
- 소비자의 전기자동차 신뢰도 상승을 위해 우리 회사가 극복해야 할 점은 무엇인가?
- 입사하면 만들고 싶은 자동차는 무엇인가? 그 이유는 무엇인가?
- 완전 자율주행 자동차 활성화를 위해 우리 회사가 해결해야 할 과제는 무엇인가?
- 30년 후의 본인의 모습에 대해 말해 보시오.
- 현대자동차의 문제점과 개선 방안에 대해 말해 보시오.
- 자동차의 20~30년 뒤의 모습과 그 이유에 대해 말해 보시오.
- 대학 생활 중 목표는 무엇이었는가?
- 현대자동차그룹의 핵심 가치 중 하나를 본인과 연결하여 설명해 보시오.
- 마지막으로 하고 싶은 말이 있는 사람은 해 보시오.

시대에듀

M E M O

답안채점 • 성적분석 서비스

모바일 OMR

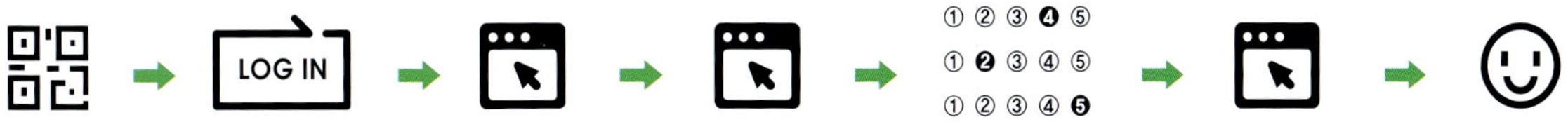

도서 내 모의고사 우측 상단에 위치한 QR코드 찍기	→	로그인 하기	→	'시작하기' 클릭	→	'응시하기' 클릭	→	나의 답안을 모바일 OMR 카드에 입력	→	'성적분석 & 채점결과' 클릭	→	현재 내 실력 확인하기

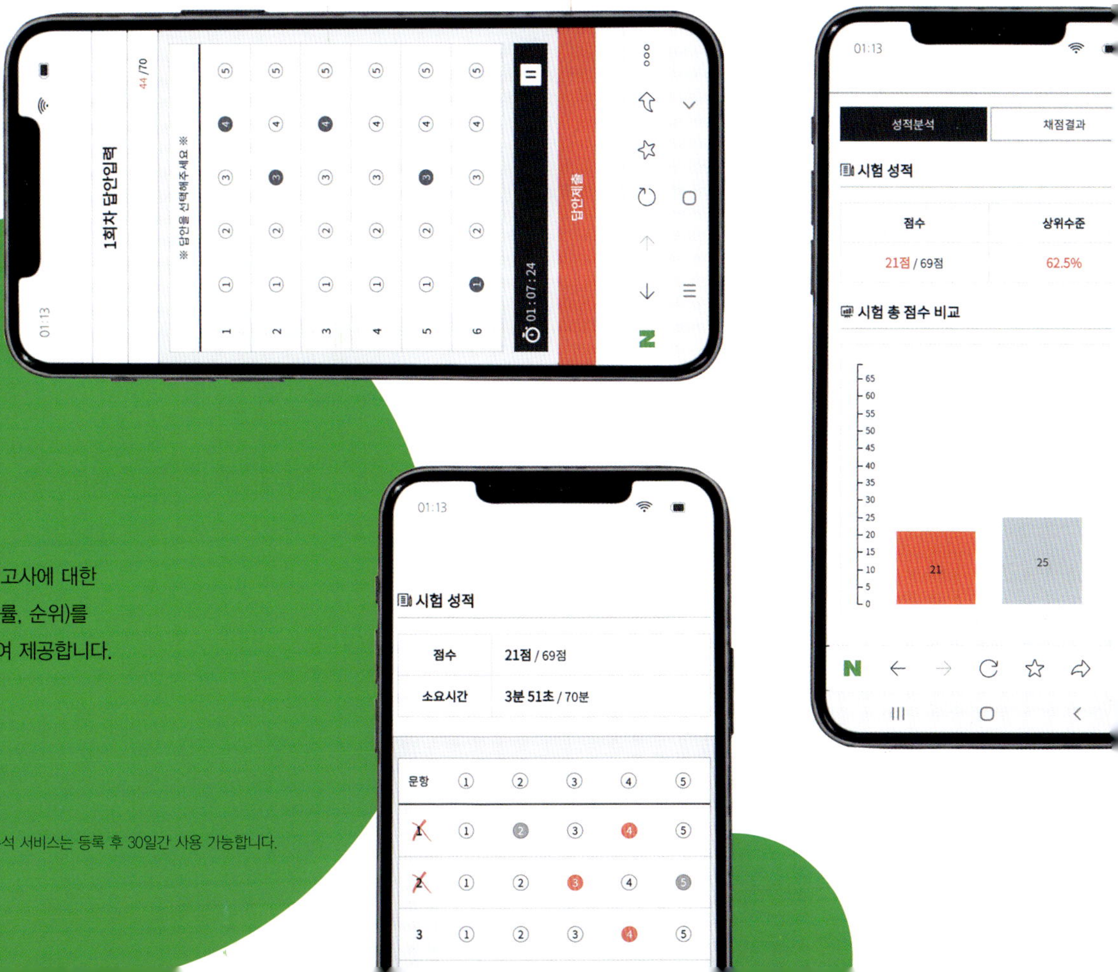

도서에 수록된 모의고사에 대한
객관적인 결과(정답률, 순위)를
종합적으로 분석하여 제공합니다.

※OMR 답안채점 / 성적분석 서비스는 등록 후 30일간 사용 가능합니다.

2026
최신판

HMAT
현대자동차그룹
인적성검사

통합기본서

편저 | SDC(Sidae Data Center)

정답 및 해설

판매량
1위
YES24 현대자동차그룹
부문

유형분석 및 모의고사로
최종합격까지

한 권으로
마무리!

SDC
SDC는 시대에듀 데이터 센터의 약자로
약 30만 개의 NCS · 적성 문제 데이터를
바탕으로 최신 출제경향을 반영하여
문제를 출제합니다.

시대에듀

PART 1

기출복원문제

CHAPTER 01 2022년 기출복원문제

CHAPTER 02 2019년 기출복원문제

CHAPTER 03 2018년 기출복원문제

CHAPTER 01

2022년 기출복원문제

01 언어이해

01	02	03	04	05	06	07			
④	④	⑤	①	②	④	②			

01 정답 ④

문맥상 빈칸에 들어갈 단어로 '일부러 하는 생각이나 태도'를 뜻하는 고의(故意)가 적절하다.

오답분석

① 오손(汚損) : 더럽히고 손상함
② 박리(剝離) : 이격되어 떨어지는 것
③ 망실(亡失) : 없어지거나 분실하는 것
⑤ 손모(損耗) : 사용함으로써 닳아 없어짐

02 정답 ④

㉡ 공경(恭敬) : 공손히 받들어 모심
㉣ 퇴색(退色) : 무엇이 낡거나 몰락하면서 그 존재가 희미해지거나 볼품없이 됨을 비유적으로 이르는 말
㉤ 확산(擴散) : 흩어져 널리 퍼짐
㉧ 실정(實情) : 실제의 사정이나 정세

오답분석

㉠ 동경(憧憬) : 어떤 것을 간절히 그리워하여 그것만을 생각함
㉢ 진보(進步) : 정도나 수준이 나아지거나 높아짐
㉥ 확정(確定) : 일을 확실하게 정함
㉦ 이상(理想) : 생각할 수 있는 범위 안에서 가장 완전하다고 여겨지는 상태

03 정답 ⑤

빈칸의 다음 문장을 보면 희미한 광선이 뒷마당을 비출 뿐이라고 했으므로 문맥상 어둡다는 의미를 갖는 단어가 들어가야 한다. 따라서 '아주 어둡다'는 뜻을 가지고 있는 '컴컴하다'가 빈칸에 들어가는 것이 적절하다.

오답분석

① 해사하다 : 얼굴이 희고 곱다랗다.
② 탐탐하다 : '탐탁하다'의 방언으로 모양이나 태도가 마음에 들고 믿음직스럽다.
③ 서름하다 : 남과 가깝지 못하고 사이가 조금 서먹하다.
④ 대근하다 : 견디기가 어지간히 힘들고 만만하지 않다.

04 정답 ①

첫 번째 빈칸에는 문장의 서술어가 '때문이다.'로 끝나므로 빈칸에는 이와 호응하는 '왜냐하면'이 와야 한다. 다음으로 두 번째 빈칸에는 문장의 내용이 앞 문장과 상반되는 내용이 아닌, 앞 문장을 부연하는 내용이므로 병렬 기능의 접속 부사 '그리고'가 들어가야 한다. 마지막으로 세 번째 빈칸은 내용상 결론에 해당하므로 '그러므로'가 적절하다.

05 정답 ②

순서대로 '특히', '왜냐하면', '그런데', '그러나'가 들어간다. '특히'는 '보통과 다르게'라는 뜻으로 냉면 중에서도 '이곳은 수제 메밀면이 유명하다.'는 문장 앞에 들어가기에 알맞다. '왜냐하면'은 뒤 문장이 앞 문장의 원인이 될 때 쓰이는 것으로 뒤 문장이 앞 문장의 냉면집에서 가위가 없는 원인이 되기 때문에 두 번째 빈칸에 적절하다. 또한 '그런데'는 화제를 앞의 내용과 연관시키면서 다른 방향으로 이끌어 나갈 때 쓰이며, '그런데' 이후 문장이 냉면의 싼 가격에 대해 논하고 있다. 그리고 '그러나'는 앞뒤의 내용이 상반될 때 쓰이는 접속어이므로 앞의 내용과 상반되는 내용인 '냉면을 맛볼 수는 없다.'는 문장 앞에 쓰이기에 적절하다.

06 정답 ④

호연지기(浩然之氣)란 온 세상에 가득 찬 넓고 큰 기운이라는 뜻으로, 도의에 근거하여 굽히지 않고 흔들리지 않는 바르고 큰마음 또는 공명정대하여 조금도 부끄럼 없는 용기 등을 의미한다.

오답분석

① 소탐대실(小貪大失) : 작은 것을 탐하다가 큰 손실을 입음
② 일장춘몽(一場春夢) : 한바탕의 봄 꿈처럼 헛된 영화나 덧없는 일
③ 선견지명(先見之明) : 미리 앞을 내다보고 아는 지혜
⑤ 어불성설(語不成說) : 말이 이치에 맞지 아니함

07 정답 ②

등하불명(燈下不明)은 등잔 밑이 어둡다는 뜻으로, 가까이에 있는 물건이나 사람을 잘 찾지 못함을 이르는 말이므로 제시문에 가장 어울리는 사자성어이다.

오답분석

① 누란지위(累卵之危) : 층층이 쌓아 놓은 알의 위태로움이라는 뜻으로, 몹시 아슬아슬한 위기를 비유적으로 이르는 말
③ 수구초심(首丘初心) : 여우는 죽을 때 구릉을 향(向)해 머리를 두고 초심으로 돌아간다는 뜻으로, 근본을 잊지 않음. 또는 죽어서라도 고향 땅에 묻히고 싶어 하는 마음을 이르는 말
④ 조족지혈(鳥足之血) : 새 발의 피라는 뜻으로, 매우 적은 분량을 비유적으로 이르는 말
⑤ 지란지교(芝蘭之交) : 지초와 난초의 교제라는 뜻으로, 벗 사이의 맑고도 고귀한 사귐을 이르는 말

02 명제추리

01	02	03	04	05	06	07			
①	①	③	①	①	②	③			

01 정답 ①

- A : 테니스를 친다.
- B : 마라톤을 한다.
- C : 축구를 한다.
- D : 등산을 한다.

제시문 A를 간단히 나타내면 A → B, B → ~C, C → D이다. 이를 연립하면 C → ~A가 성립한다. 따라서 제시문 B는 참이다.

02 정답 ①

- A : 피로가 쌓이다.
- B : 휴식을 취한다.
- C : 마음이 안정된다.
- D : 모든 연락을 끊는다.

제시문 A를 간단히 나타내면 A → B, ~C → ~B, ~A → ~D이다. 이를 연립하면 D → A → B → C가 되므로 D → C가 성립한다. 따라서 제시문 B는 참이다.

03 정답 ③

주어진 명제를 정리하면 산을 정복하고자 하는 사람은 도전정신과 끈기가 있고 공부를 잘한다. 하지만 이의 역 명제가 성립하는지의 여부는 알 수 없다.

04 정답 ①

첫 번째 명제와 세 번째 명제, 그리고 두 번째 명제의 대우 '과제를 하지 않으면 도서관에 가지 않을 것이다.'를 연결하면 '독서실에 가면 도서관에 가지 않을 것이다.'가 성립한다.

05 정답 ①

매출액이 가장 많은 것은 샌드위치이다. 나머지 세 가지 중에서는 와플이 가장 적게 팔리고, 가격이 가장 낮으므로 매출액이 가장 적은 것은 결국 와플일 것이다. 남은 것은 커피와 주스인데 가격은 같고 커피가 더 많이 팔리므로 커피는 두 번째로, 주스는 세 번째로 매출액이 많을 것이다.

06 정답 ②

와플은 가격이 가장 낮고 팔리는 개수는 두 번째로 적지만 팔리는 개수가 제일 적은 샌드위치가 총 매출액이 제일 높으므로 와플의 매출액이 가장 적다. 그에 반해 커피는 주스와 가격이 같지만 더 많이 팔리기 때문에 두 번째로 매출액이 높다. 따라서 둘의 매출액이 같을 수는 없다.

07 정답 ③

커피의 가격이 두 배로 오른다고 해도 샌드위치의 가격을 알지 못하기 때문에 알 수 없다.

03 응용수리

01	02	03	04	05	06	07			
③	④	②	①	③	③	②			

01 정답 ③

모두 다 섞은 설탕물의 농도를 x%이라 하자.

$$\frac{36}{100}\times50+\frac{20}{100}\times50=\frac{x}{100}\times200 \rightarrow 36+20=4x \rightarrow 4x=56$$

$\therefore x=14$

따라서 14%의 설탕물이 만들어진다.

02 정답 ④

더 넣은 물의 중량을 xg이라고 하자.

$$\frac{120}{120+x}\times100=24 \rightarrow x+120=\frac{100}{24}\times100$$

$\therefore x=500-120=380$

따라서 380g의 물을 더 넣은 것이다.

03 정답 ②

더 넣은 식염수의 농도를 x%라고 하자.

$$100\times\frac{x}{100}+400\times\frac{20}{100}=(100\times400)\times\frac{17}{100} \rightarrow x+80=85$$

$\therefore x=5$

따라서 더 넣은 식염수의 농도는 5%이다.

04 정답 ①

더 넣은 소금의 양을 xg이라 하자.

$$\frac{4}{100}\times150+x=\frac{10}{100}\times(150+x)\ 600+100x=1,500+10x$$

$\therefore x=10$

따라서 10g의 소금을 더 넣은 것이다.

05 정답 ③

(1항)−(3항)=(2항), (2항)−(4항)=(3항), (3항)−(5항)=(4항) …이 반복되는 수열이다.

따라서 ( )=11−(−15)=26이다.

06 정답 ③

앞의 항에 ×3+1을 적용하는 수열이다.

따라서 ( )=121×3+1=364이다.

07 정답 ②

분자는 앞의 분자에 3씩 곱하고, 분모는 앞의 분모에 4, 8, 12, 16, …을 더하는 수열이다.

따라서 ( )$=\frac{243\times7}{57+20}=\frac{729}{77}$이다.

04 공간추리

01	02	03	04	05	06	07	08	09	
⑤	④	④	④	④	①	③	②	④	

01 정답 ⑤

02 정답 ④

03 정답 ④

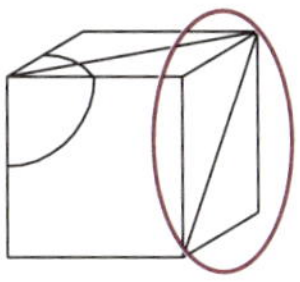

04 정답 ④

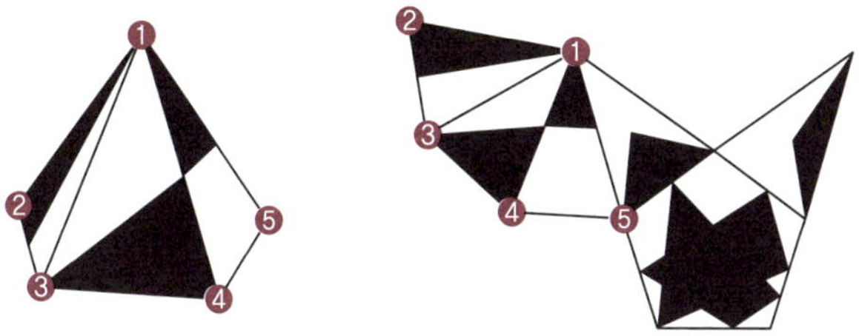

05 정답 ④

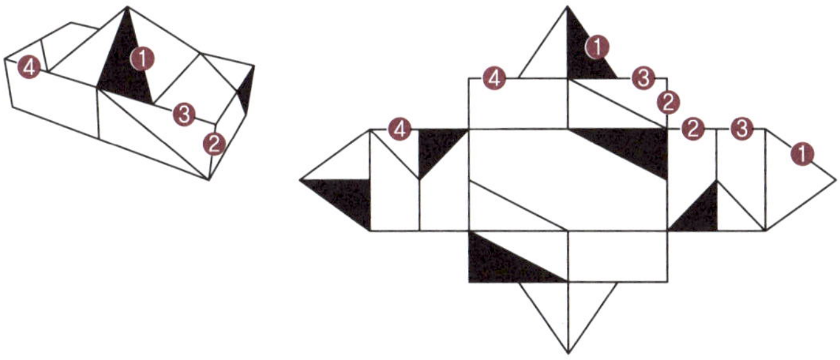

06 정답 ①

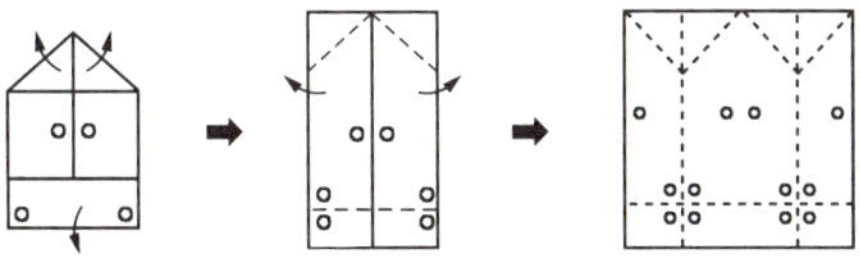

07 정답 ③

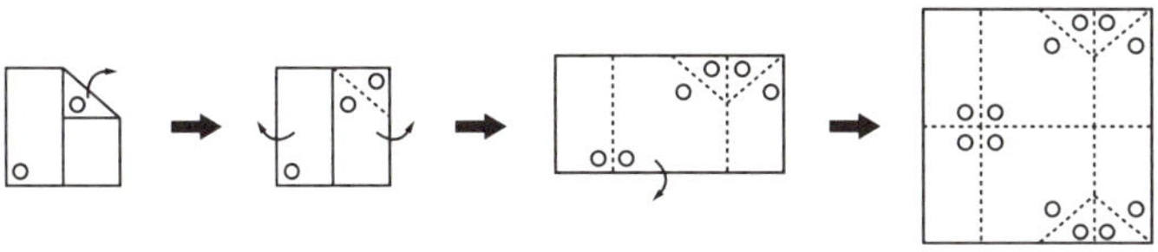

08 정답 ②

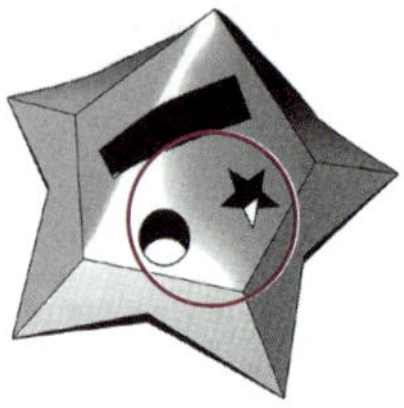

09 정답 ④

CHAPTER

02 2019년 기출복원문제

01 언어이해

PART 1

01	02	03	04	05	06	07			
③	②	②	②	③	③	①			

01 정답 ③

제시문에 따르면 여가시간이 기계적인 노동과정에 동화되었기 때문에 즐거움은 딱딱한 지루함이 되고, 즐거움은 즐거움으로 계속 남기 위해 어떤 '괴로운 노력'도 지불하려 하지 않으며, 구경꾼은 자신의 고유한 생각을 가지려 해서는 안 되고, 대신 제작물이 모든 반응을 미리 제시해준다. 따라서 문맥상 '괴로운 노력'은 개인의 자유롭고 창의적인 상상력이므로, ③에서 운동을 하기 힘들어서 운동을 관두고 싶은 것은 '괴로운 노력'을 지불하지 않는 예로 적절하지 않다.

02 정답 ②

첫 번째 문단에서 객관적으로 인정된 필요에는 단순히 인간 생존을 보장하는 것뿐 아니라 품위있는 인간의 삶의 질을 보장해야 한다는 발상이 들어있다고 하였고, 빈칸 뒤에서는 휴대전화가 없는 경우 인간관계에서의 소외감, 따돌림 등을 느끼게 되며, 과거에는 사치품으로 분류되었으나 지금은 사치품으로 보기 어려운 냉장고, TV의 경우를 예로 들고 있다. 따라서 생필품을 분류할 때 물질적 요소뿐 아니라 문화적 요소가 담긴다는 내용이 빈칸에 들어가야 한다.

03 정답 ②

네 번째 문단 마지막 문장에 따르면, 배아를 제공하는 부모가 상황을 충분히 이해하고 배아 기증에 동의하면 버려지는 것보다 연구에 사용되는 것이 더 바람직하다는 것을 이유로 대부분의 나라에서 잔여배아를 이용하는 경우에 한해서 배아줄기세포의 연구를 허용하고 있다. 또한 다섯 번째 문단에 따르면, 이식 시 면역거부반응이 나타나지 않는 조직을 만들기 위해서는 미수정란과 환자의 체세포로 만든 배아에서 줄기세포를 얻는 방법이 잔여배아를 활용하는 방법의 대안이 될 수 있다고 하였다. 따라서 잔여배아를 이용한 방법이 가장 효과적이라고 보기는 어렵다.

오답분석

① 세 번째 문단에 따르면, 수정된 배아를 생명으로 보는 쪽에서는 무고한 인간의 죽음을 수단으로 삼을 수 없으므로 배아줄기세포 연구를 허용할 수 없다는 입장이며, 반대편에서는 초기의 배아를 세포덩어리로 보고 특별히 취급할 이유가 없다는 입장이다.

③ · ④ 첫 번째 문단을 통해 알 수 있다.

⑤ 다섯 번째 문단에 따르면, 미수정란과 환자의 체세포를 이용하는 방법은 생명을 수단으로 이용하는 문제 외에도 인간 개체복제로 이어질 우려가 있다.

04 정답 ②

제시문은 지구의 하루가 길어지는 이유에 대해서 설명하는 글이다. 지구의 하루가 길어지는 이유는 달의 인력 때문이라고 설명하는 (아), 달의 인력을 지칭하는 '이 힘'이 지구에 미치는 영향을 설명하는 (마), 달의 인력으로 인해 지구의 자전이 느려지는 원리를 설명하는 (사), 한편 달의 경우에는 자전이 더 느려진다는 (다), 지구와 달의 자전 속도가 줄어드는 것을 공전 궤도가 늘어나는 것으로 보존한다는 (바), 공전 궤도는 늘어나고 달은 지구로부터 점점 멀어진다는 (가), 지구의 자전 주기와 달의 공전 궤도가 실제로 어떻게 변화되고 있는지 설명하는 (나), 그러나 아주 미세하게 변화하고 있어 엄청난 시간이 흘러야 눈에 띄는 변화가 있다는 (라) 순서가 옳다.

따라서 (아) — (마) — (사) — (다) — (바) — (가) — (나) — (라) 순서이므로 3번째와 6번째에 오는 문단은 (사)와 (가)이다.

05 정답 ③

'펴다'는 '굽은 것을 곧게 하다. 또는 움츠리거나 구부리거나 오므라든 것을 벌리다.'의 의미를 지닌 타동사이다. 반면 '피다'는 '꽃봉오리 따위가 벌어지다.' 등의 의미를 지닌 자동사이다. 따라서 ⓒ에는 '펴고'가 적절하다.

06 정답 ③

'Ⅱ－2'에서는 친환경 자동차 보급 실태와 문제점을, 'Ⅱ－3'에서는 친환경 자동차 보급 확대 방안을 제시하고 있다. 따라서 'Ⅱ－3－가'에는 글의 논리적 흐름에 따라 'Ⅱ－2－가'와 연결하여 친환경 자동차 구매 시 정부가 지원해 주는 방안을 제시하는 내용의 ⓒ은 삭제하지 않아야 한다.

07 정답 ①

첫 번째 문단에서 인류는 주로 과일을 통해 당을 섭취하였지만 사탕수수에서 추출한 설탕이 보급된 후에는 설탕을 통한 당 섭취가 일반화되었다고 설명하고 있다.

02 논리판단

01	02	03	04	05	06				
⑤	④	②	②	②	①				

01 정답 ⑤

'곰이 줄넘기를 함'을 p, '사자가 춤'을 q, '토끼가 노래를 함'을 r, '하마가 양치질을 함'을 s, '고양이가 옆돌기를 함'을 t라 하면, $p \to \sim q$, $\sim p \to r$ or s, $\sim s \to t$이다. 두 번째 명제의 대우와 첫 번째 명제를 연결하면 $\sim r$ and $\sim s \to p \to \sim q$이므로, '토끼가 노래를 하지 않고 하마가 양치질을 하지 않으면 사자가 춤을 추지 않는다.'는 반드시 참이다.

오답분석

① · ④ 제시된 명제만으로는 '곰이 줄넘기를 함'과 '고양이가 옆돌기를 함' 사이의 관계를 알 수 없다.

② r and $s \to \sim q$의 이로, 참인 명제의 이는 참일 수도, 거짓일 수도 있다.

③ $\sim p \to r$ or s의 역으로, 참인 명제의 역은 참일 수도, 거짓일 수도 있다.

02 정답 ④

첫 번째 조건에 따라 각 팀의 인원수는 2명, 3명, 3명 또는 2명, 2명, 4명이다.

F와 G는 같은 팀인데, A의 팀보다 G의 팀 인원수가 더 많으므로 F와 G가 속한 팀의 인원수는 3명 또는 4명이다.

i) F와 G의 팀 인원수가 3명인 경우

세 번째 조건에 따라 A의 팀 인원수는 2명이고, 마지막 조건에 따라 A와 H가 한 팀이다. 그러면 B는 3명이 있는 팀에 포함되어야 하는데, 이는 네 번째 조건에 위배되므로 모순이다. 따라서 F와 G의 팀 인원수는 3명이 아니다.

ii) F와 G의 팀 인원수가 4명인 경우

네 번째 조건과 다섯 번째 조건에 따라 C, E, F, G가 한 팀이다. 또한, 두 번째 조건에 따라 B와 D는 다른 팀이므로 (A, B), (D, H) 또는 (A, D), (B, H)가 한 팀이다.

따라서 반드시 같은 팀인 경우는 ④뿐이다.

03 정답 ②

정과 무 중 한쪽이 진실이면 다른 한쪽은 거짓이다. 그런데 무가 진실을 말한다고 가정하면, 무가 자신이 과일을 싸 왔다고 말함으로써 본인이 거짓말을 한다고 하고 있으므로 모순이 된다. 따라서 정이 진실, 무가 거짓을 말한다.

정은 샌드위치를 싸 왔고, 무가 거짓을 말하므로 무는 과일을 싸 오지 않았고, 따라서 치킨이나 피자를 싸 왔다. 또한, 무가 김밥을 싸 왔다면 진실을 말해야 하므로 을의 말도 거짓이다. 갑, 병 중 한 명은 진실, 다른 한 명은 거짓을 말해야 하므로, 경우를 살펴보면 다음과 같다.

i) 갑이 거짓, 병이 진실을 말하는 경우

무는 거짓을 말하는데 과일도, 피자도 싸 오지 않았으므로 치킨을 싸와야 하고, 을은 거짓을 말하기 때문에 피자를 싸 오지 않았으므로 과일을 싸 왔다. 그러면 남은 갑이 피자를 싸 와야 하는데, 그러면 갑이 치킨도 과일도 싸 오지 않은 것은 진실을 말한 것이 되므로 모순이 된다.

ii) 갑이 진실, 병이 거짓을 말하는 경우

갑이 김밥을 싸 왔고, 병의 말이 거짓이기 때문에 피자는 정이나 무 중 한 명이 싸 와야 하므로 무가 피자를 싸 왔다. 병의 말이 거짓이므로 병은 치킨을 싸 왔고, 남은 을이 과일을 싸왔다.

따라서 갑－김밥, 을－과일, 병－치킨, 정－샌드위치, 무－피자이다.

04 정답 ②

A와 D 모두 자신이 팀장이라고 말하고 있으므로 둘 다 진실일 수는 없다. 따라서 A가 진실이고 D가 거짓인 경우, A가 거짓이고 D가 진실인 경우, A와 D가 모두 거짓인 경우로 나눌 수 있다.

i) A와 D가 모두 거짓인 경우

나머지 B, C, E는 모두 진실을 말하고, 셋 중에 한 사람은 반드시 팀장이다. 그런데 B, C, E의 말에 따르면 팀장인 사람은 아무도 없으므로 모순이다. 따라서 A와 D 중 한 명이 반드시 진실을 말하고 있다.

ii) A가 진실, D가 거짓인 경우

A는 팀장이고 자리5에 앉고, B는 자리3에 앉으며, 따라서 B의 말은 거짓이다. 나머지 C, E의 말은 모두 진실이 되어야 하므로 C의 말에 따라 C는 자리2에 앉고, A는 자리1에 앉는데, 이는 A가 자리5에 앉고 팀장이라는 조건과 모순이 된다. 따라서 A는 거짓을 말한다.

iii) A가 거짓, D가 진실인 경우

D가 팀장이고 자리5에 앉으며, 따라서 E의 말은 거짓이다. 나머지 B, C의 말은 모두 진실이 되어야 하므로 C의 말에 따라 C는 자리2에 앉고 A는 자리1에 앉으며, B는 자리4에 앉고 나머지 자리3에 E가 앉는다.

따라서 A와 E가 거짓말을 한다.

05 정답 ②

목요일에만 아침 조회를 하고, 늦잠을 자면 아침 조회에 늦으므로 늦잠을 자지 않아야 한다. 목요일 아침에 늦잠을 자지 않으려면 피곤하지 않아야 하므로 전날 야근을 하면 안 된다. 따라서 아침 조회에 늦지 않으려면 수요일에 야근을 하면 안 된다.

06 정답 ①

본사에 근무하는 B대리가 이용하는 통근버스는 D사원의 이용이 불가능한 버스이므로 B대리는 본사로만 가는 노란색 버스를 이용하는 것을 알 수 있다. A과장과 B대리는 다른 통근버스를 이용한다고 하였으므로 A과장은 빨간색 버스를 이용한다. 빨간색 버스와 노란색 버스가 본사에 도착하는 시각과 파란색 버스가 본사 근처 지사에 도착하는 시각은 같다고 하였으므로 본사에 근무하는 A과장이 본사 근처 지사에 근무하는 C주임보다 회사에 빨리 도착하려면 C주임은 빨간색 버스를 이용해야 한다. 마지막으로 각 통근버스에는 최소 한 명씩은 이용해야 하므로 D사원은 파란색 버스를 이용한다.

03 자료해석

01	02	03	04	05	06				
④	①	②	③	②	②				

01 정답 ④

〈가로〉

1. 전년 대비 2017년의 건설업과 서비스업의 외국인근로자 수 증감률은 다음과 같다.

• 건설업 : $\frac{2,299-1,606}{1,606}\times100≒43.15\%$

• 서비스업 : $\frac{91-70}{70}\times100=30\%$

따라서 두 업종 증감률의 차는 43.15−30=13.15%p이다.

2. 농축산업의 고용된 외국인근로자 수는 2015년에 3,079명, 2018년에 5,949명이다. 따라서 차이는 5,949−3,079=2,870명이다.

〈세로〉

3. 2015년 전체에서 건설업의 외국인근로자 수가 차지하는 비중과 2018년 전체에서 어업의 외국인근로자 수가 차지하는 비중은 다음과 같다.

• 2015년 건설업 비중 : $\frac{2,412}{38,481}\times100≒6.27\%$

• 2018년 어업 비중 : $\frac{2,548}{51,019}\times100≒5.0\%$

따라서 두 비중의 합은 6.27+5=11.27%이다.

4. 2015년에 외국인근로자를 4번째로 많이 고용한 업종은 1,130명으로 어업이고, 2018년에 2번째로 많이 고용한 업종은 5,949명으로 농축산업이다. 이 두 업종의 외국인근로자 수의 합은 1,130+5,949=7,079명이다.

		1	
1	3	1	5
		2	7
2	8	7	0
			7
			9

따라서 모든 짝수의 합은 2+2+8=12이다.

02 정답 ①

〈가로〉

2. 2018년에 전국에서 경기도가 차지하는 화재건수의 비중과 2019년에 전국에서 경상남도가 차지하는 화재건수 비중은 다음과 같다.

   • 2018년 경기도 화재건수 비중 : $\frac{10,147}{43,413}\times100 ≒ 23.4\%$

   • 2019년 경상남도 화재건수 비중 : $\frac{4,117}{44,178}\times100 ≒ 9.3\%$

   따라서 두 지역의 비중의 합은 $23.4+9.3=32.7\%$이다.

4. 화재건수가 감소한 지역과 감소율은 다음과 같다.

   • 서울특별시 : $\frac{6,443-5,978}{6,443}\times100 ≒ 7.2\%$

   • 대구광역시 : $\frac{1,739-1,612}{1,739}\times100 ≒ 7.3\%$

   • 인천광역시 : $\frac{1,790-1,608}{1,790}\times100 ≒ 10.2\%$

   • 광주광역시 : $\frac{956-923}{956}\times100 ≒ 3.5\%$

   • 경기도 : $\frac{10,147-9,799}{10,147}\times100 ≒ 3.4\%$

   • 충청남도 : $\frac{2,825-2,775}{2,825}\times100 ≒ 1.8\%$

   • 전라북도 : $\frac{1,983-1,974}{1,983}\times100 ≒ 0.5\%$

   따라서 감소율이 가장 큰 지역은 인천광역시이고, 감소율은 10.2%이다.

〈세로〉

1. 2019년의 사망자 수가 두 번째로 많았던 지역은 41명으로 충청북도이고, 화재건수는 1,554건이다. 2018년의 부상자 수가 세 번째로 적었던 지역은 23명으로 광주광역시이고, 화재건수는 956건이다.
   따라서 이 두 지역의 화재건수 차는 $1,554-956=598$건이다.

3. 전년 대비 2019년의 화재로 인한 사망자 수가 증가한 지역은 부산광역시, 광주광역시, 대전광역시, 경기도, 강원도, 충청북도, 충청남도, 경상북도, 제주도이다. 따라서 사망자 수의 합은 $19+9+9+78+24+41+19+27+5=231$명이다.

			5
3	2	7	9
	3		8
	1	0	2

따라서 빈칸의 모든 수의 합은 $5+3+2+7+9+3+8+1+0+2=40$이다.

03 정답 ②

〈가로〉

1. 이공계 대학에서 신규 채용한 인원 중 직전경력이 공공부문, 민간부문, 국내 타대학 그리고 비영리단체에 속하는 여성과 남성의 인원수는 다음과 같다.
   - 여성 인원 : 23+64+129+1=217명
   - 남성 인원 : 119+341+281+2=743명

   따라서 남성은 여성보다 743−217=526명 더 많다.
3. 남녀 전체 신규 채용한 인원 중 이공계 대학과 공공연구기관에 채용된 여성 인원이 차지하는 비중은 $\frac{336+430}{3,017+10,575}\times 100 \fallingdotseq 5.64\%$이며, 신규 채용된 남성 전체 인원 대비 경력없음인 남성 인원이 차지하는 비중은 $\frac{4,571}{10,575}\times 100 \fallingdotseq 43.22\%$이다. 따라서 두 비율의 합은 5.64+43.22=48.86%임을 알 수 있다.

〈세로〉

2. 공공연구기관에서 신규 채용한 남성 전체 인원 대비 여성 전체 인원 비율은 $\frac{430}{1,290}\times 100 \fallingdotseq 33.33\%$이고, 민간기업 연구기관 신규채용 인원 중 직전경력이 없는 남성 대비 여성 인원 비율은 $\frac{1,293}{3,998}\times 100 \fallingdotseq 32.34\%$이다. 따라서 두 비율의 합은 33.33+32.34=65.67%이다.
4. 신규 채용된 전체 여성 중 직전경력이 두 번째로 낮은 부문은 '해외대학'이다. 해외대학 부문에서 공공연구기관과 민간기업 연구기관에 신규 채용된 남성 인원 차이는 114−9=105명이며, 민간기업 연구기관에 신규 채용된 여성 인원은 9명이다. 따라서 남성 인원 차이와 민간기업 연구기관에 신규 채용된 여성 인원의 곱은 105×9=945명임을 알 수 있다.

	5	2	6
9			5
4	8	8	6
5			7

따라서 빈칸의 모든 수의 합은 5+2+6+9+5+4+8+8+6+5+7=65임을 알 수 있다.

04 정답 ③

〈가로〉

1. 아시아 세 국가의 연도별 자동차 수출 대수는 2014년에 2,920+507+3,836=7,263천 대, 2015년에는 2,822+423+3,970=7,215천 대, 2016년에는 2,507+528+4,118=7,153천 대이므로 2014년에 7,263천 대로 가장 많았다.

〈세로〉

2. 제시된 자료에서 자동차 수입 대수가 가장 많은 국가는 2016년의 미국이고 7,376천 대를 수입했다.
3. 제시된 자료에서 자동차 수출 대수가 가장 적은 국가는 423천 대로 중국이고, 자동차 수입 대수가 가장 적은 국가는 239천 대로 한국이다. 따라서 두 국가의 수출입 자동차 대수의 합은 423+239=662천 대이다.

7			
3		6	
7	2	6	3
6		2	

따라서 짝수의 개수는 5개이다.

05 정답 ②

날짜별 재고량에서 전날의 재고량을 뺀 값은 각각 다음과 같다.

(2일)−(1일)	(3일)−(2일)	(4일)−(3일)	(5일)−(4일)	(6일)−(5일)
−85	−105	−125	−145	−165

이를 통해 계차가 −20인 수열인 것을 알 수 있다.

n일의 재고량을 a_n이라고 하자.

$a_n = a_1 + \sum_{n=1}^{9}\{85+20(n-1)\}$이므로 10일 후의 남은 원자재의 양은 $a_{10} = 5{,}600 - \sum_{n=1}^{9}\{85+20(n-1)\}$

$\rightarrow a_{10} = 5{,}600 - \sum_{n=1}^{9}(20n+65)$

$\sum_{n=1}^{9}(20n+65) \rightarrow 20\sum_{n=1}^{9}n + 9\times65 \rightarrow 20\times\frac{9\times10}{2} + 585 = 900 + 585 = 1{,}485$

따라서 10일에 H공장에 남은 원자재량은 5,600−1,485=4,115개이다.

06 정답 ②

㉠ 트위터와 블로그의 성별 이용자 수
- 트위터 이용자 남자 : 2,000×0.532=1,064명
- 트위터 이용자 여자 : 2,000×0.468=936명
- 블로그 이용자 남자 : 1,000×0.534=534명
- 블로그 이용자 여자 : 1,000×0.466=466명

㉡ 블로그 이용자와 트위터 이용자의 소득수준별 구성비는 표에서 쉽게 확인할 수 있다.

오답분석

㉢ 연령별 블로그 이용자의 구성비는 표에서 쉽게 확인할 수 있다.

04 정보추론

01	02	03							
③	④	②							

01 정답 ③

2013년, 2016년 수입 교역액의 수치가 제시된 자료보다 높다.

02 정답 ④

제시된 자료를 보면 일본의 H사 A제품 구매율은 2년마다 1.2%p씩 감소하고 있다.

따라서 2019년 기준 10년 뒤 일본의 H사 A제품 구매율은 12.2−1.2×10÷2=6.2%이다.

03 정답 ②

제시문에 따르면 2020년 신규투자 금액은 43.48−10.93=32.55백만 원이고, 유지보수 금액은 32.29+0.11=32.40백만 원이다.

따라서 알맞은 그래프는 ②이다.

오답분석

① 그래프의 막대가 정확히 무엇을 뜻하는지 모른다.
③ 2019년 신규투자와 유지보수 그리고 2020년 신규투자 금액이 바뀌어 나왔다.
④ 2019년 유지보수와 2020년 신규투자 금액이 바뀌어 나왔다.
⑤ 2020년 신규투자와 유지보수 금액이 바뀌어 나왔다.

05 공간지각

01	02	03	04	05	06				
③	⑤	③	①	⑤	②				

01 정답 ③

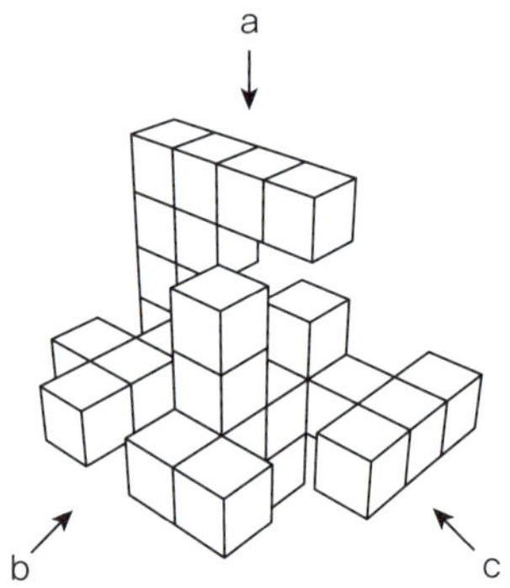

02 정답 ⑤

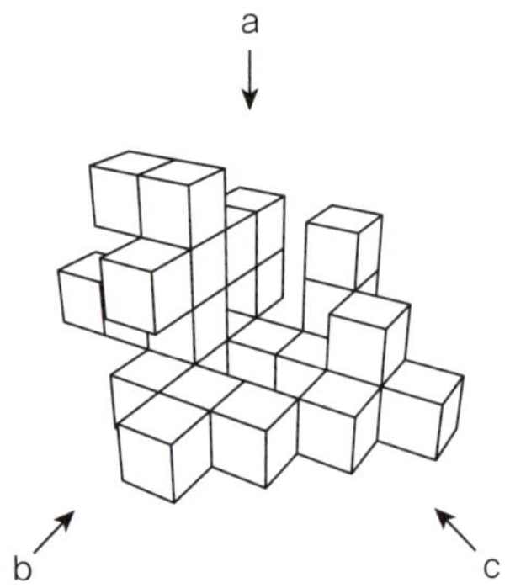

03 정답 ③

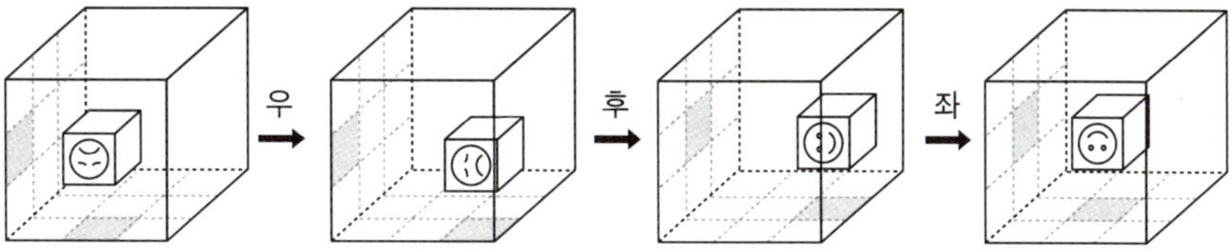

04 정답 ①

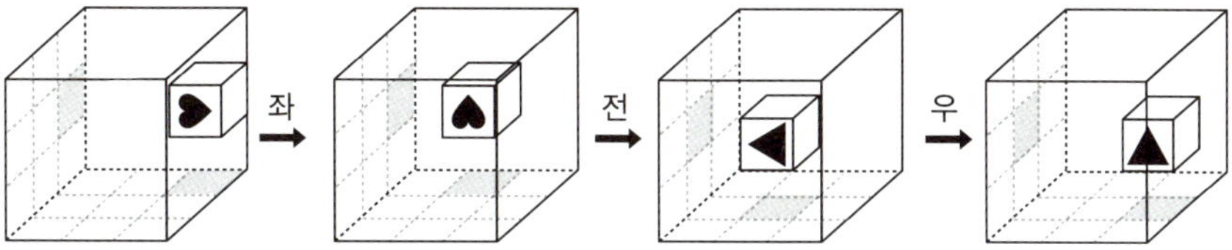

05 정답 ⑤

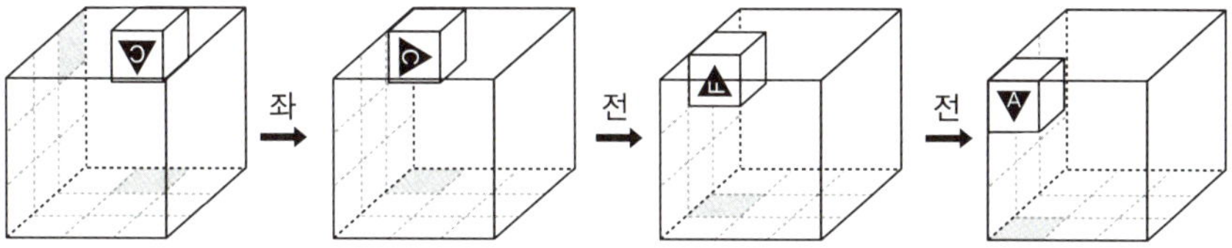

06 정답 ②

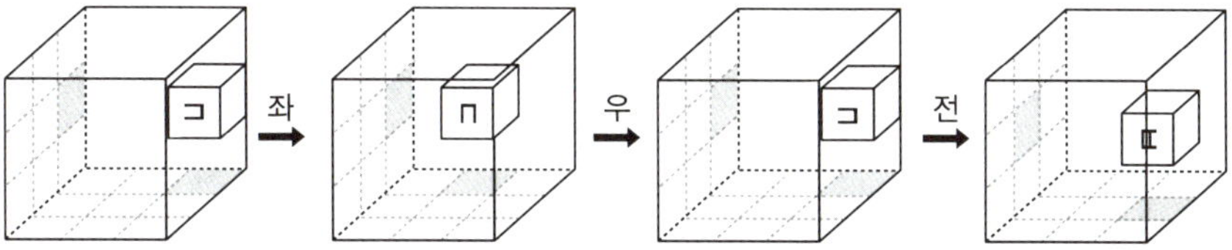

CHAPTER 03

2018년 기출복원문제

01 언어이해

01	02	03	04	05	06	07	08		
③	⑤	④	③	④	③	③	②		

01 정답 ③

제시문은 예술과 도덕의 관계에 대해 서로 다른 입장을 가진 극단적 도덕주의, 온건한 도덕주의, 자율성주의를 설명하고 있다. 따라서 (마) 사상사의 중요한 주제인 예술과 도덕의 관계, (다) 예술과 도덕의 관계에 대한 서로 다른 입장, (아) 예술작품을 도덕적 가치판단의 대상으로 보는 극단적 도덕주의, (나) 극단적 도덕주의를 대표하는 톨스토이, (가) 일부 예술작품만이 도덕적 판단의 대상으로 보는 온건한 도덕주의, (바) 예술작품의 도덕적 가치와 미적 가치의 관계에 대한 온건한 도덕주의의 입장, (라) 예술작품은 도덕적 가치판단의 대상이 될 수 없다는 자율성주의, (사) 도덕적 가치와 미적 가치의 관계에 대한 자율성주의의 입장 순으로 나열되어야 한다.

02 정답 ⑤

제시문은 디젤 엔진과 가솔린 엔진을 비교하며, 디젤 엔진의 특징과 효율성을 설명하고 있다. 따라서 (바) 루돌프 디젤의 새로운 엔진 개발, (나) 기존 가솔린 엔진의 단점, (아) 가솔린 엔진의 기본 원리, (가) 가솔린 엔진의 노킹 현상, (마) 디젤 엔진의 기본 원리, (사) 디젤 엔진의 높은 압축 비율, (다) 오늘날 자동차 엔진으로 자리 잡은 디젤 엔진, (라) 기술 발전으로 디젤 엔진의 문제 극복 순으로 나열되어야 한다.

03 정답 ④

제시문은 '포스트휴먼'이라는 개념의 정의와 탄생 계기를 설명하고 있다. (다)는 인간보다 뛰어난 지능을 가졌고 인간의 한계점을 극복한 '어떤 존재'를 가정한 후, (가)의 '이 존재'가 앞서 설명한 '어떤 존재'를 가리키면서 (다)의 내용을 보충 설명한다. 그 다음으로는 '이러한 포스트휴먼'의 형태로 슈퍼컴퓨터 안의 정보 업로드 형태 또는 생물학적 인간의 개선이 축적된 결과의 형태가 가능함을 설명한 (라)가 오고, 마지막으로는 (라)에서 언급한 형태 중 후자의 경우인 '생물학적 인간이 포스트휴먼이 되고자 한다면' 두뇌나 신체의 근본적인 기술적 변형이 필요함을 설명하며 (라)를 보충하는 (나)가 이어진다. 따라서 (다) – (가) – (라) – (나) 순으로 나열되어야 한다.

04 정답 ③

종교적 · 주술적 성격의 동물은 대개 초자연적인 강대한 힘을 가지고 인간 세계를 지배하거나 수호하는 신적인 존재임을 세 번째 문단을 통해 알 수 있다.

오답분석

① 미술 작품 속에 등장하는 동물에는 해태나 봉황 등 인간의 상상에서 나온 동물도 적지 않다.
② 미술 작품에 등장하는 동물은 성격에 따라 구분할 수 있으나, 이 구분은 엄격한 것이 아니다.

④ 인간의 이지가 발달함에 따라 신적인 기능이 감소된 종교적 · 주술적 동물은 신이 아닌 인간에게 봉사하는 존재로 전락한다.
⑤ 신의 위엄을 뒷받침하고 신을 도와 치세의 일부를 분담하기 위해 이용되는 동물들은 현실 이상의 힘을 가진다.

05 정답 ④

마지막 문단에 따르면 괴델은 '참이지만 증명할 수 없는 명제가 존재한다.'라고 하여 공리의 존재를 인정하였으나, '주어진 공리와 규칙만으로는 일관성과 무모순성을 증명할 수 없다.'라고 하였다.

오답분석

① 두 번째 문단에 따르면 유클리드는 공리를 기반으로 끌어낸 명제들이 성립함을 증명하였으나, 공리를 증명하려고 시도하지는 않았다.
② 세 번째 문단에 따르면 힐베르트는 공리의 무모순성과 독립성을 증명할 수 있다고 예상하였다.
③ · ⑤ 괴델은 증명할 수 없어도 참인 명제가 존재한다고 하였으며, 기존의 수학 체계 자체를 부정한 것이 아니라 그 자체 체계만으로 일관성과 모순성을 설명할 수 없다는 불완전성을 정리하였다.

06 정답 ③

두 번째 문단에서 농업경제의 역사에서 정원이 갖는 의미는 시대와 지역에 따라 매우 달랐으나, 여성들의 입장은 지역적인 편차가 없었다고 하였으므로 ③은 적절하지 않다.

07 정답 ③

두 번째 문단은 우울증의 긍정적인 면모인 보호 기제로서의 측면에 대한 내용을 다루고 있다. ⓒ은 지금의 경쟁 사회가 정신적인 소진 상태를 초래하기 쉬운 환경이라는 내용이므로, 오늘날 우울증이 급격히 늘어나는 원인을 설명하고 있는 세 번째 문단의 마지막 문장 바로 앞에 들어가는 것이 더 적절하다.

오답분석

① 우울증과 창조성의 관계를 설명하면서 그 예시로 우울증을 갖고 있었던 위대한 인물들을 들고 있다. 따라서 천재와 우울증이 동전의 양면과 같으므로 인류 문명의 진보를 이끌었다고 볼 수 있다는 내용의 ㉠은 문단의 결론에 해당하여 삭제할 필요가 없다.
② 문장의 주어가 '엄청난 에너지를 소모하는 것'이라는 행위이므로 이 행위는 어떤 상태에 이르게 '만드는' 것이 되어야 문맥이 자연스럽다. 따라서 ㉡은 문장의 주어와 호응하는 '이르게도 할 수 있다.'로 작성하는 것이 적절하다.
④ ㉣을 기준으로 앞 문장은 새로운 조합을 만들어 내는 창조성 있는 사람이 이익을 갖게 된다는 내용이고, 뒤 문장은 새로운 조합을 만들어 내는 일이 많은 에너지를 요하는 어려운 일이라는 내용이다. 따라서 뒤 문장은 앞 문장의 결과라고 보기 어렵다.
⑤ 세 번째 문단 앞 부분의 내용에 따르면 경쟁사회에서 창조성 있는 사람이 이익을 얻는다. 따라서 ㉤을 '억제하지만'으로 바꾸는 것은 어색하다.

08 정답 ②

제시문에 따르면 현대사회를 살아가는 사람들은 주변인들의 평가, 학교 교육, 대중매체, 광고, 문화 이데올로기 등의 담론을 통해 외모에 대한 이상자아를 형성하고, 실제 자신 사이의 불일치가 일어날 때 고통을 받는다고 한다. 이러한 외모 문화에는 대중매체, 가부장적 이데올로기, 시각문화, 자본주의 등 수많은 요소들이 개입하고 있음을 설명하고 있으므로, 빈칸에는 '다층적인'이 들어가는 것이 가장 적절하다.

02 논리판단

01	02	03	04	05	06	07	08	09	
①	③	③	④	①	①	⑤	④	⑤	

01 정답 ①

을의 진술이 진실이면 무의 진술도 진실이고, 을의 진술이 거짓이면 무의 진술도 거짓이므로 두 경우를 나누어 본다.

- 을과 무가 모두 진실을 말하는 경우 : 무는 범인이고, 나머지 3명은 모두 거짓을 말해야 한다. 정의 진술이 거짓이므로 정은 범인인데, 병이 무와 정이 범인이라고 했으므로 병은 진실을 말하는 것이 되어 2명만 진실을 말한다는 조건에 위배된다. 따라서 을과 무는 거짓을 말한다.
- 을과 무가 모두 거짓을 말하는 경우 : 무는 범인이 아니고, 갑 · 병 · 정 중 1명만 거짓을 말하고 나머지 2명은 진실을 말한다. 만약 갑이 거짓을 말한다면 을과 병이 모두 범인이거나 모두 범인이 아니어야 한다. 그런데 갑의 말이 거짓이고 을과 병이 모두 범인이라면 병의 말 역시 거짓이 되어 조건에 위배된다. 또한, 갑의 말이 거짓이고 을과 병이 모두 범인이 아니라면, 병의 말이 진실이므로 정과 무가 범인인데, 자신이 범인이 아니라고 한 정의 말도 거짓이 되므로 조건에 위배된다. 따라서 갑의 말은 진실이고, 병이 지목한 범인 중에 을이나 병이 없으므로 병의 진술은 거짓, 정의 진술은 진실이다.

따라서 범인은 갑과 을, 또는 갑과 병이다.

02 정답 ③

사내 예절 교육에 참석한 팀은 5팀이라고 했고 영업팀은 모든 교육에 참석하지 못했다고 하였으므로, 사내 예절 교육에 참석한 팀은 영업팀을 제외한 인사팀, 홍보팀, 기획팀, 개발팀, 디자인팀이다. 인사팀 신입사원은 사내 예절 교육에만 참석하였다고 했으므로 인사팀은 보고서 작성 교육에 참석하지 못했다.

각 팀은 신입사원이 모두 교육에 참석했거나 모두 참석하지 않았으므로 인사팀 신입사원 수를 x명, 홍보팀 신입사원 수를 y명이라 하고 조건을 식으로 표현하면 다음과 같다.

(디자인팀 신입사원 수)$=2x$

(개발팀 신입사원 수)$=x+y$

(기획팀 신입사원 수)$=x$

사내 예절 교육에 참석한 신입사원 수는 16명이므로

$x+y+x+x+y+2x=5x+2y=16$이고, $x=2$, $y=3$이다.

각 팀의 인원수를 구하면 다음과 같다.

구분	인사팀	영업팀	홍보팀	기획팀	개발팀	디자인팀	참석인원
보고서 작성	X(2명)	X(4명)	O(3명)	O(2명)	O(5명)	O(4명)	14명
사내 예절	O(2명)	X(4명)	O(3명)	O(2명)	O(5명)	O(4명)	16명

따라서 교육에 참석한 홍보팀 신입사원은 모두 3명이다.

03 정답 ③

5번째 조건을 제외하고 주어진 조건을 정리하면 다음과 같다.

빨간색 튤립 (or 빨간색 장미)	주황색 백합 (or 흰색 백합)		흰색 백합 (or 주황색 백합)				빨간색 장미 (or 빨간색 튤립)

왼쪽에서부터 순서대로 1~8번째 칸이라 하면, 주황색은 노란색 꽃 옆에 심을 수 없고 같은 색상은 연속해서 심을 수 없으므로, 3번째 칸에는 분홍색 장미나 분홍색 튤립을 심어야 한다. 만약 3번째 칸에 분홍색 장미를 심으면 5번째 조건에 따라 분홍색 튤립은 6번째 칸에 심어야 하며, 흰색 튤립과 노란색 튤립을 5번째와 7번째 칸에 심어야 하므로 같은 종류를 연속으로 심게 되어 조건에 어긋난다. 따라서 3번째 칸에는 분홍색 튤립, 6번째 칸에는 분홍색 장미를 심어야 한다.

다음으로 노란색 튤립과 흰색 튤립을 각각 5번째와 7번째 칸에 심어야 하는데, 어떤 경우에도 7번째 칸에는 튤립을 심어야 하므로 8번째 칸은 빨간색 장미, 1번째 칸은 빨간색 튤립이 된다.

따라서 다음과 같이 두 가지 경우의 수가 나온다.

• 노란색 튤립을 5번째, 흰색 튤립을 7번째에 심는 경우

빨간색 튤립	주황색 백합	분홍색 튤립	흰색 백합	노란색 튤립	분홍색 장미	흰색 튤립	빨간색 장미

• 흰색 튤립을 5번째, 노란색 튤립을 7번째에 심는 경우

빨간색 튤립	흰색 백합	분홍색 튤립	주황색 백합	흰색 튤립	분홍색 장미	노란색 튤립	빨간색 장미

노란색 튤립의 옆에 흰색 백합이 오는 경우도 있으므로 ③은 반드시 참인 것은 아니다.

04 정답 ④

조건을 정리하면 다음과 같다.

• A<C<F

• E<□<D

• D<B

• □<A

• D<F<□

• C<□<E or E<□<C

마지막 조건을 제외한 나머지 조건을 정리하여 순서대로 나열하여 연결해보면 □<A<C<F<□, E<□<D<B, D<F이다. 마지막 조건에 의해 다음과 같이 두 경우로 나눠진다.

1) C<□<E인 경우

□<A<C<F<E<□<D<B가 되므로 8명 이상이 되어 모순이다.

2) E<□<C인 경우

E<A<C<F<□가 되고 F보다 키가 큰 사람이 있으므로 B가 가장 큰 사람이 된다. 나머지 D는 F보다 작고 C 앞에 설 수 없으므로 E<A<C<D<F<B가 된다.

이를 정리하면 다음과 같다.

앞	1	2	3	4	5	6	뒤
	E	A	C	D	F	B	

따라서 C는 6명 중 4번째로 키가 큰 것을 알 수 있다.

05 정답 ①

A, B, C, D, E 중 살아남은 A, B, C에서 2명은 늑대 인간이며, 남은 1명은 드라큘라이다. 또한 D, E의 캐릭터는 서로 같지 않으므로 D와 E는 각각 늑대 인간 또는 드라큘라를 선택하였다. 따라서 이 팀의 3명은 늑대 인간 캐릭터를, 2명은 드라큘라 캐릭터를 선택하였다.

오답분석

② B는 드라큘라일 수도 늑대 인간일 수도 있다.
③ C는 늑대 인간일 수도 드라큘라일 수도 있다.
④ 늑대 인간의 수가 드라큘라의 수보다 많다.
⑤ D와 E는 서로 다른 캐릭터를 선택했을 뿐 어떤 캐릭터를 선택하였는지는 알 수 없다.

06 정답 ①

첫 번째 명제의 대우에 의해 샌드위치에 추가 토핑으로 페퍼로니를 넣는 손님은 추가 토핑으로 아보카도를 넣고, 아보카도를 넣는 손님은 세 번째 명제에 의해 추가 토핑으로 베이컨도 넣는다. 또한 베이컨을 넣는 손님은 두 번째 명제의 대우에 의해 추가 토핑으로 더블치즈를 넣는다. 따라서 페퍼로니 → 아보카도 → 베이컨 → 더블치즈이며, 추가 토핑으로 페퍼로니를 넣는 손님은 추가 토핑으로 더블치즈도 넣으므로 이것의 대우인 ①은 항상 참이다.

07 정답 ⑤

첫 번째 조건에 따라 어떤 얼룩송아지 한 마리는 네 번째로 무겁고, 두 번째 조건에 따라 가장 무거운 송아지는 얼룩송아지가 아니므로 검정송아지 또는 누렁송아지이며, 가장 무거운 순서대로 첫 번째부터 세 번째까지 사이에 누렁송아지가 적어도 한 마리 이상 있다. 또한, 세 번째 조건에 따라 가장 가벼운 송아지는 검정송아지이다.
마지막 조건에 따라 무거운 순서대로 줄을 세우면 같은 종류의 송아지끼리는 서로 붙어있지 않으므로, 가장 무거운 송아지가 누렁송아지인 경우와 검정송아지인 경우로 나누어 볼 수 있다.

- 가장 무거운 송아지가 검정송아지인 경우 : 두 번째 또는 세 번째로 무거운 송아지가 누렁송아지가 되어야 한다. 그런데 만약 누렁송아지가 세 번째로 무겁다면 두 번째 조건에 따라 얼룩송아지는 두 번째로 무거울 수 없고, 같은 종류의 송아지끼리는 붙어있지 않으므로 검정송아지와 누렁송아지도 두 번째로 무거울 수 없다. 또한, 만약 누렁송아지가 두 번째로 무겁다면 세 번째 · 다섯 번째 · 여섯 번째 · 일곱 번째 중에 남은 두 마리의 얼룩송아지가 들어가야 하는데, 어떤 경우에도 얼룩송아지끼리 붙어있게 된다. 따라서 가장 무거운 송아지는 검정송아지가 아니다.
- 가장 무거운 송아지가 누렁송아지인 경우 : 남은 얼룩송아지 두 마리는 세 번째와 다섯 번째로 무거울 수 없으므로, 한 마리는 두 번째로 무겁고, 다른 한 마리는 여섯 번째 또는 일곱 번째로 무겁다. 이때, 얼룩송아지가 여섯 번째로 무거운 경우와 일곱 번째로 무거운 경우에 따라 다음과 같이 세 가지 경우의 수가 생긴다.

무거움 ◀──────────────▶ 가벼움

경우 1	누렁송아지	얼룩송아지	검정송아지	얼룩송아지	검정송아지	얼룩송아지	누렁송아지	검정송아지
경우 2	누렁송아지	얼룩송아지	검정송아지	얼룩송아지	검정송아지	누렁송아지	얼룩송아지	검정송아지
경우 3	누렁송아지	얼룩송아지	검정송아지	얼룩송아지	누렁송아지	검정송아지	얼룩송아지	검정송아지

따라서 어떤 경우에도 가장 무거운 송아지는 누렁송아지이므로, ⑤는 참이 아니다.

08 정답 ④

두 번째 조건과 다섯 번째 조건에 따라 화요일 오전에는 J지점에, 금요일 오전에는 C지점에 방문한다. 이때, 세 번째 조건에 따라 D지점－G지점－A지점의 순서로 각각 다른 날에 방문해야 하고, A지점을 오전에 방문해야 하므로, D－G－A지점을 각각 월 · 화 · 수, 월 · 수 · 목, 화 · 수 · 목에 방문하는 경우가 있다.

- D－G－A지점을 월 · 화 · 수에 방문하는 경우 : 화요일 오후에 G지점, 수요일 오전에 A지점을 방문해야 하므로, 오전에 방문해야 하는 B지점을 방문할 수 있는 시간은 목요일 오전뿐이다. 그러면 화요일 오전과 오후가 모두 일정이 차므로 네 번째 조건을 만족시킬 수 없다. 따라서 D－G－A지점은 월 · 화 · 수에 방문할 수 없다.
- D－G－A지점을 월 · 수 · 목에 방문하는 경우 : D지점을 월요일 오전이나 오후, G지점을 수요일 오후, A지점을 목요일 오전에 방문한다. 네 번째 조건에 따라 B지점과 H지점 방문은 이틀 간격을 두고 방문해야 하므로 B지점 방문은 오전, H지점 방문은 오후이기 때문에 월 · 수이거나 수 · 금에 방문할 수밖에 없다. 그런데 여섯 번째 조건에 따라 H지점은 C지점과 같은 날 방문할 수 없으므로 B지점 방문은 수요일 오전에 방문하고 H지점은 월요일 오후에 방문해야 한다. 또한 마지막 조건에 따라 E지점과 I지점이 A지점과 같은 날 방문할 수 없으므로 목요일 오후에는 F지점을 방문한다.

구분	월	화	수	목	금
오전	D	J	B	A	C
오후	H	E or I	G	F	E or I

- D－G－A지점을 화 · 수 · 목에 방문하는 경우 : D지점을 화요일 오후, G지점을 수요일 오후, A지점을 목요일 오전에 방문해야 한다. 네 번째 조건에 따라 이틀 간격인 B지점과 H지점은 각각 오전과 오후에 방문해야 하므로, 수요일 오전에 B지점, 월요일 오후 또는 금요일 오후에 H지점에 방문한다. 그런데 여섯 번째 조건에 따라 H지점은 금요일에 방문할 수 없어 월요일 오후에 방문하게 되고, 마지막 조건에 따라 목요일 오후에는 E지점이나 I지점을 방문할 수 없으므로 F지점을 방문한다. 따라서 금요일 오후에는 E지점, 월요일 오전에는 I지점에 방문한다.

구분	월	화	수	목	금
오전	I	J	B	A	C
오후	H	D	G	F	E

따라서 목요일에 A지점과 F지점을 방문한다는 ④는 항상 참이다.

09 정답 ⑤

세 번째 조건에 따라 A · F와 D · G의 좌석이 서로 맞은편인데, 만약 이 네 사람의 좌석이 한 좌석 건너 한 명씩이라면 나머지 좌석에 네 번째 조건을 만족시킬 수 없다. 따라서 A · F와 D · G의 좌석은 서로 붙어있어야 하는데, 두 번째 조건에 따라 G와 F의 좌석은 서로 붙어있을 수 없다. 그러므로 A와 F를 기준으로 다음과 같이 두 가지 경우의 수로 나눌 수 있다.

- A의 왼쪽에 G, F의 왼쪽에 D가 있는 경우(경우 1) : 마지막 조건에 따라 A의 오른쪽과 G의 왼쪽 자리는 비어있지 않아야 하므로, 두 번째 조건에 따라 E가 A의 바로 오른쪽에, B가 그 오른쪽에 앉고, C가 G의 왼쪽에 앉는다.
- A의 오른쪽에 G, F의 오른쪽에 D가 있는 경우(경우 2) : 두 번째 조건과 마지막 조건에 따라 E가 A의 바로 왼쪽에, B가 그 왼쪽에 앉고, C가 G의 오른쪽에 앉는다.

이를 그림으로 나타내면 다음과 같다.

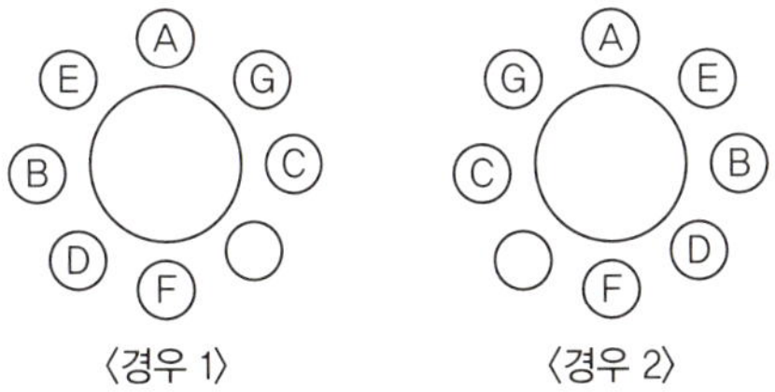

〈경우 1〉 〈경우 2〉

따라서 E는 항상 영업팀인 A와 B 사이에 앉으므로 ⑤는 참이다.

03 자료해석

01	02	03	04	05	06	07			
⑤	①	④	②	②	④	②			

01 정답 ⑤

〈가로〉

1. 터키의 2013년도 남자와 여자의 취업자 수 차이는 1,826－793＝1,033만 명이며, 2017년도 이스라엘 전체 취업자 수는 202＋181＝383만 명이다. 따라서 두 수를 합하면 1,033＋383＝1,416만 명이 된다.

〈세로〉

2. 2014년도 남자 취업자 수가 두 번째로 적은 국가는 1,518만 명의 한국이고, 2016년도 여자 취업자 수가 가장 많은 국가는 2,801명의 일본이다. 따라서 두 수를 합하면 1,518＋2,801＝4,319만 명이다.
3. 2015년도 한국 남자 취업자 수 대비 터키 여자 취업자 수 비율은 $\frac{804}{1,517}\times100≒53\%$이고, 2014년도 일본 남자 취업자 수 대비 이스라엘 남자 취업자 수 비율은 $\frac{193}{3,614}\times100≒5\%$이다. 따라서 두 비율을 합한 값의 2배는 $(53+5)\times2=116$이다.

4	■	■	■
3	■	1	■
1	4	1	6
9	■	6	■

따라서 빈칸의 모든 수의 합은 4＋3＋1＋1＋4＋1＋6＋9＋6＝35임을 알 수 있다.

02 정답 ①

〈가로〉

1. 2016년 공연장 수와 2012년 시설 수 합은 1,188＋732＝1,920개이며, 그 값의 $\frac{1}{2}$은 960개이다.
4. 공연 단체 수가 세 번째로 많은 연도는 2018년도로, 공연 단체 수 대비 시설 수 비율인 $\frac{1,034}{2,284}\times100≒45\%$와 공연장 수 비율인 $\frac{1,280}{2,284}\times100≒56\%$의 합은 45＋56＝101이다.

〈세로〉

2. • 2013～2015년까지 시설 총수 : 772＋820＋868＝2,460개
   • 2013～2015년까지 공연장 총수 : 967＋1,021＋1,093＝3,081개

   따라서 두 수의 차이는 3,081－2,460＝621개이다.
3. • 2014～2016년까지 공연장 평균 수 : $\frac{1,021+1,093+1,188}{3}≒1,101$개
   • 2014～2016년까지 공연 단체 평균 수 : $\frac{2,214+2,206+2,108}{3}=2,176$개

   따라서 2014～2016년까지 공연장 평균 수의 공연 단체 평균 수에 대한 비율은 $\frac{1,101}{2,176}\times100≒51\%$이다.

	9	6	0
5		2	
1	0	1	

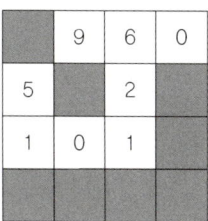

따라서 빈칸의 모든 수의 합은 9+6+0+5+2+1+0+1=24임을 알 수 있다.

03 정답 ④

〈가로〉

1. 2013~2018년까지 전국 휘발유 사용량이 가장 적은 해는 2013년이다. 2013년 서울지역 등유 사용량과 경유 사용량의 차이는 1,515−167=1,348천 kL이며, 50%는 674천 kL이다.
3. 2013~2018년까지 서울지역 등유 사용량이 가장 많은 해는 2014년이다. 2014년 서울지역 등유 사용량과 휘발유 사용량의 합은 181+1,698=1,879천 kL이다.

〈세로〉

1. 2013~2016년까지 서울지역 휘발유 사용량의 총합은 1,682+1,698+1,655+1,628=6,663천 kL이다. 4년 동안 서울지역 휘발유 사용량이 가장 많은 해는 2014년이며 같은 해 서울지역 등유 사용량의 2배 값은 181×2=362천 kL이므로 두 값의 차는 6,663−362=6,301천 kL이다.
2. 2013~2015년까지 서울지역 경유 사용량의 총합은 1,515+1,411+1,471=4,397천 kL이다.

6	7	4	
3		3	
0		9	
1	8	7	9

따라서 빈칸의 모든 수의 합은 6+7+4+3+3+0+9+1+8+7+9=57임을 알 수 있다.

04 정답 ②

〈가로〉

1. 2013년과 2014년 서울지역 등유 지출비용 차이는 1,950−1,635=315억 원이고, 2017년과 2018년 서울지역 휘발유 지출비용 차이는 31,246−30,919=327억 원이므로 두 값의 합은 315+327=642억 원이다.
3. 2013~2016년까지 서울지역 등유의 지출비용 총합은 1,635+1,950+2,033+1,791=7,409억 원이다.

〈세로〉

1. 서울지역 2017년 경유 지출비용이 2018년 경유 지출비용에서 차지하는 비율은 $\frac{26,709}{30,601}\times100≒87\%$이고, 2013년 서울지역 등유 지출비용이 2013년 경유 지출비용에 차지하는 비율은 $\frac{1,635}{21,169}\times100≒8\%$이므로 두 비율의 곱은 87×8=696임을 알 수 있다.
2. 조사기간 동안 전국 등유 지출비용이 두 번째로 높은 해는 2014년이며, 전국 경유 지출비용이 가장 높은 해는 2018년이다. 두 해의 전국 휘발유 지출비용의 합은 187,442+226,221=413,663억 원이고, 그의 5%는 413,663×0.05≒20,683억 원이다.

4. 2015~2017년까지 서울지역 등유 지출비용의 평균은 $\frac{2,033+1,791+1,444}{3}$=1,756억 원이다.

1			6	㉢ 4	2
7	4	0	㉡ 9		0
㉠ 5			6		6
6					㉣ 8
					3

따라서 ㉠−㉡+㉢×㉣=5−9+4×8=28임을 알 수 있다.

05 정답 ②

〈가로〉

1. 출산전후 휴가 지원금액이 가장 높은 연도는 2015년으로 258,139백만 원이고, 가장 낮은 연도는 2013년으로 235,105백만 원이므로, 258,139−235,105=23,034백만 원이다.
3. 여성 육아휴직자 수는 2015년에 82,467명으로 가장 많고, 2012년에 62,279명으로 가장 적으므로, 82,467−62,279=20,188명이다.

〈세로〉

2. 증가율이 50% 이상으로 예상되는 2016년과 2017년의 전년 대비 남성 육아휴직자 수의 증가율을 구하면, 2016년에는 $\frac{7,616-4,872}{4,872}\times 100 ≒ 56.3\%$, 2017년에는 $\frac{12,043-7,616}{7,616}\times 100 ≒ 58.1\%$이므로 2017년에 전년 대비 남성 육아휴직자 수의 증가율이 가장 컸다. 2017년 남성 육아휴직자 1인당 평균 육아휴직 지원금액을 구하면, $\frac{55,160}{12,043}$≒458만 원이다.
4. 육아휴직자 수가 두 번째로 많은 해는 2016년으로 89,895명이고, 이때 여성 육아휴직자 수는 82,279명, 남성 육아휴직자 수는 7,616명이므로 82,279÷7,616…≒10.8배이다.

2	3	0	㉠ 3	4
				㉡ 5
㉢ 2	0	1	8	8
		㉣ 0		
		8		

따라서 (㉠×㉡×㉢)−㉣=(3×5×2)−0=30임을 알 수 있다.

06 정답 ④

운송횟수를 구하여 여객지수와 화물지수를 계산해보면 다음과 같다.

구분	운전사	여객운송횟수	화물운송횟수	운송횟수	여객지수	화물지수
대리점 1호	A	350	350	700	0.5	0.5
	B	400	200	600	0.67	0.33
	C	55	55	110	0.5	0.5
	D	30	20	50	0.6	0.4
	E	110	110	220	0.5	0.5
	F	50	30	80	0.63	0.37
대리점 2호	G	12	3	15	0.8	0.2
	H	3	2	5	0.6	0.4
	I	0	31	31	0	1
	J	75	1	76	0.99	0.01
	K	7	0	7	1	0

㉡ 여객지수가 B운전사보다 낮은 대리점 2호의 운전사는 H운전사, I운전사로 3명 이하이다.

㉢ 대리점 1호에서 여객지수가 가장 높은 운전사는 B운전사이다. B운전사의 전체 운송횟수는 600회이고 회사 전체 운송횟수는 1,894회이므로 구하고자 하는 비율은 31.7%이다.

오답분석

㉠ 화물지수가 1이라는 것은 여객지수가 0이라는 것이므로 여객운송횟수가 0인 운전사를 찾으면 되고, 여객지수가 1이라는 것은 여객운송횟수와 운송횟수가 같다는 것이므로 화물운송횟수가 0인 운전사를 찾으면 된다. 여객운송횟수가 0인 운전사는 I운전사이고, 화물운송횟수가 0인 운전사는 K운전사이므로 틀린 설명이다.

㉣ 대리점 2호 K운전사의 화물지수가 0이므로 틀린 설명이다.

07 정답 ②

2015년 대비 2017년에 가장 눈에 띄는 증가율을 보인 면세점과 편의점, 무점포 소매의 증가율을 계산하면 다음과 같다.

- 2015년 대비 2017년 면세점 판매액의 증가율 : $\frac{14,465-9,198}{9,198}\times 100\cdots \fallingdotseq 57\%$
- 2015년 대비 2017년 편의점 판매액의 증가율 : $\frac{22,237-16,455}{16,455}\times 100\cdots \fallingdotseq 35\%$
- 2015년 대비 2017년 무점포 소매 판매액의 증가율 : $\frac{61,240-46,788}{46,788}\times 100\cdots \fallingdotseq 31\%$

따라서 2015년 대비 2017년 판매액의 증가율이 두 번째로 높은 업태는 편의점이며, 그 값은 35%이다.

04 정보추론

01	02	03	04	05	06				
④	③	⑤	③	⑤	③				

01 정답 ④

2015년 출생아 수는 그 해 사망자 수의 $\frac{438,420}{275,895}$≒1.59배이며, 1.7배 미만이므로 옳지 않은 설명이다.

오답분석

① 출생아 수가 가장 많았던 해는 2015년이므로 옳은 설명이다.

② 표를 보면 사망자 수가 2014년부터 2017년까지 매년 전년 대비 증가하고 있음을 알 수 있다.

③ 사망자 수가 가장 많은 2017년은 사망자 수가 285,534명이고, 가장 적은 2013년은 사망자 수가 266,257명이다. 두 연도의 사망자 수 차이는 285,534－266,257＝19,277명으로 15,000명 이상이다.

⑤ 2014년 출생아 수는 2017년의 출생아 수보다 $\frac{435,435-357,771}{357,771}\times 100$≒21.71% 더 많으므로 옳은 설명이다.

02 정답 ③

연평균 무용 관람횟수가 가장 많은 시·도는 강원도이며, 연평균 스포츠 관람횟수가 가장 높은 시·도는 서울특별시이다.

오답분석

① 모든 시·도는 연평균 무용 관람횟수보다 연평균 영화 관람횟수가 더 많으므로 옳은 설명이다.

② 경상남도에서 영화 다음으로 연평균 관람횟수가 많은 항목은 스포츠이므로 옳은 설명이다.

④ 대구광역시의 연평균 박물관 관람횟수는 2.5회로, 제주특별자치도의 연평균 박물관 관람횟수 2.9회의 $\frac{2.5}{2.9}\times 100$≒86.2%이므로 80% 이상이다.

⑤ 자료에 따르면 대전광역시는 연극·마당극·뮤지컬을 제외한 모든 항목에서 충청북도보다 연평균 관람횟수가 높은 것을 알 수 있으므로 옳은 설명이다.

03 정답 ⑤

• 지환 : 2014년부터 2017년까지 방송수신료 매출액은 전년 대비 증가－감소－감소－증가의 추이이고, 프로그램 판매 매출액은 전년 대비 감소－증가－증가－감소의 추이를 보이고 있다. 따라서 방송수신료 매출액의 증감추이와 반대되는 추이를 보이는 항목이 존재한다.

• 동현 : 각 항목의 매출액 순위는 광고－방송수신료－기타 사업－협찬－기타 방송사업－프로그램 판매 순서이며, 2013년부터 2017년까지 이 순위는 계속 유지된다.

• 세미 : 2013년 대비 2017년에 매출액이 상승하지 않은 항목은 방송수신료, 협찬으로 총 2개이다.

오답분석

• 소영 : 항목별로 최대 매출액과 최소 매출액의 차를 구해보면 다음과 같다.

  – 방송수신료 : 5,717－5,325＝392천만 원
  – 광고 : 23,825－21,437＝2,388천만 원
  – 협찬 : 3,306－3,085＝221천만 원
  – 프로그램 판매 : 1,322－1,195＝127천만 원
  – 기타 방송사업 : 2,145－1,961＝184천만 원
  – 기타 사업 : 4,281－4,204＝77천만 원

  기타 사업의 매출액 변동폭은 7억 7천만 원이므로, 모든 항목의 매출액이 10억 원 이상의 변동폭을 보인 것은 아니다.

04 정답 ③

ⅰ) 2035년 1인 가구 수 : (2025년 1인 가구 수)+[(2005년 대비 2015년의 1인 가구 수 증가량)+(2015년 대비 2025년의 1인 가구 수 증가량)]÷2

∴ 67,004+{(51,796−31,856)+(67,004−51,796)}÷2=67,004+17,574=84,578가구

ⅱ) 2035년 2인 가구 수 : (2035년 전체 가구 수)−[(2035년 3인 이상 가구 수)+(2035년 1인 가구 수)]

- 2035년 전체 가구 수 : 2015년 대비 2025년 전체 가구 수의 증가율을 구하면 (210,136−190,128)÷190,128×100≒10.5%이므로, 2025년 대비 2035년 전체 가구 수의 증가율은 $10.5\times\frac{2}{3}$=7%이다. 따라서 2035년 전체 가구 수를 구하면 210,136×1.07=224,845.52≒224,846가구이다.
- 2035년 3인 이상 가구 수 : {160,389−(31,856+35,236)}×0.8=93,297×0.8=74,637.6≒74,638가구

∴ 224,846−(74,638+84,578)=65,630가구

ⅲ) 2035년 가구주 연령이 80세 이상인 가구 수 : 2025년 기준 가구주가 70세 이상인 가구가 2035년에 가구주가 80세 이상인 가구가 된다.

∴ (24,874×0.7)+(13,889×0.6)≒17,412+8,333=25,745가구

05 정답 ⑤

전체 밭벼 생산량은 2,073톤이고, 광주 · 전남 지역의 밭벼 생산량은 1,662톤이므로, 비율을 구하면 $\frac{1,662}{2,073}\times100$≒80.17%이다. 따라서 ⑤는 적절하지 않다.

06 정답 ③

2015년 건설업 재해자 수의 전년 대비 증감률은 $\frac{25,132-23,669}{23,669}\times100$≒6.18%인데, 4.18%로 되어있으므로 ③의 그래프는 옳지 않다.

오답분석

① 연도별 산업재해자 수를 구하면 2012년 2,165+83,349+6,742=92,256명, 2013년 2,233+82,803+6,788=91,824명, 2014년 2,134+81,955+6,820=90,909명, 2015년 2,066+80,999+7,064=90,129명, 2016년 2,040+81,548+7,068=90,656명이다.

② 전체 산업재해자 중 사망자의 비율을 구하면 2012년 $\frac{2,165}{92,256}\times100$≒2.35%, 2013년 $\frac{2,233}{91,824}\times100$≒2.43%, 2014년 $\frac{2,134}{90,909}\times100$≒2.35%, 2015년 $\frac{2,066}{90,129}\times100$≒2.29%, 2016년 $\frac{2,040}{90,656}\times100$≒2.25%이다.

④ • 2012~2016년 전체 산업재해자 누적 수 : 92,256+91,824+90,909+90,129+90,656=455,774명

- 2012~2016년 누적 부상자 수의 비율 : $\frac{83,349+82,803+81,955+80,999+81,548}{455,774}\times100$≒90.1%
- 2012~2016년 누적 업무상 질병 요양자 수의 비율 : $\frac{6,742+6,788+6,820+7,064+7,068}{455,774}\times100$≒7.6%
- 2012~2016년 누적 사망자 수의 비율 : $\frac{2,165+2,233+2,134+2,066+2,040}{455,774}\times100$≒2.3%

⑤ 2016년 산업별 재해자의 업종별 비율을 구하면 다음과 같다.

- 광업 : $\frac{1,534}{90,656}\times100$≒1.7%
- 건설업 : $\frac{26,570}{90,656}\times100$≒29.3%
- 운수 · 창고 · 통신업 : $\frac{4,114}{90,656}\times100$≒4.5%
- 제조업 : $\frac{26,142}{90,656}\times100$≒28.8%
- 전기 · 가스 · 수도업 : $\frac{103}{90,656}\times100$≒0.1%
- 기타 산업 : $\frac{32,193}{90,656}\times100$≒35.5%

05 공간지각

01	02	03							
①	③	①							

01 정답 ①

Ⓐ

뒤 2칸

Ⓑ

왼쪽 1칸, 앞 1칸

Ⓒ

오른쪽 1칸

02 정답 ③

Ⓐ

뒤 1칸

Ⓑ

왼쪽 1칸

Ⓒ

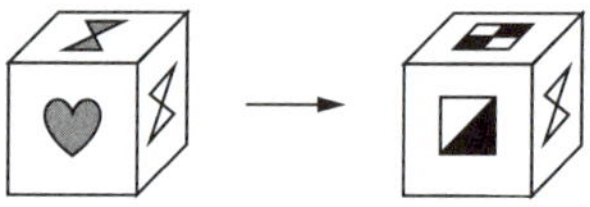

앞 2칸

03 정답 ①

Ⓐ

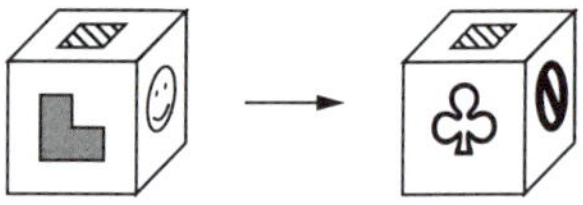

왼쪽 2칸

Ⓑ

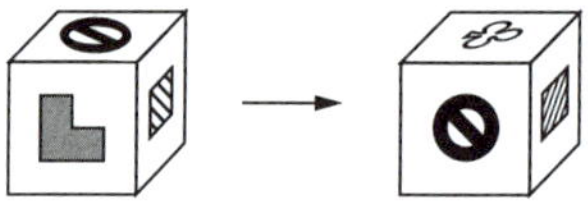

앞 1칸

Ⓒ

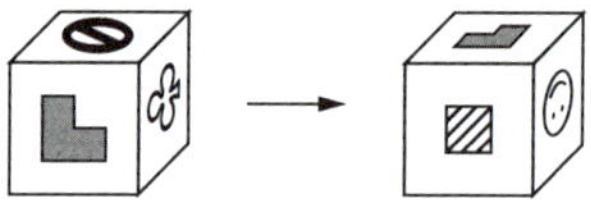

뒤 1칸, 오른쪽 1칸

06 도식이해

01	02	03	04						
⑤	②	③	②						

01 정답 ⑤

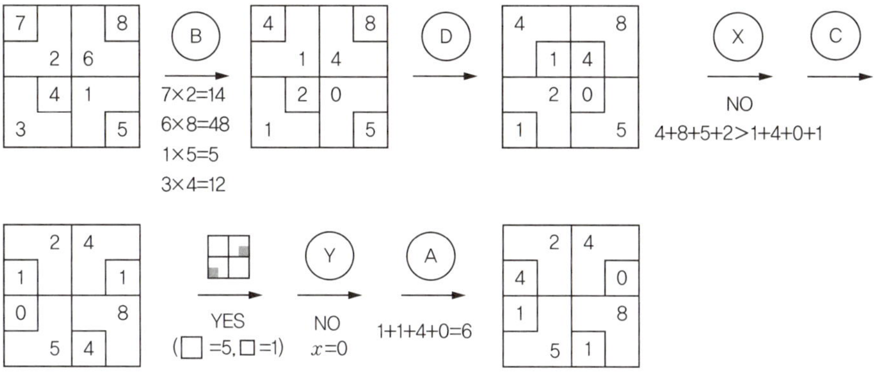

02 정답 ②

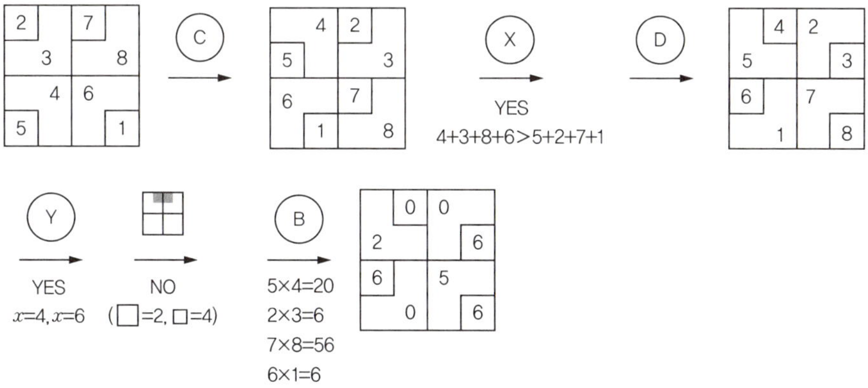

03 정답 ③

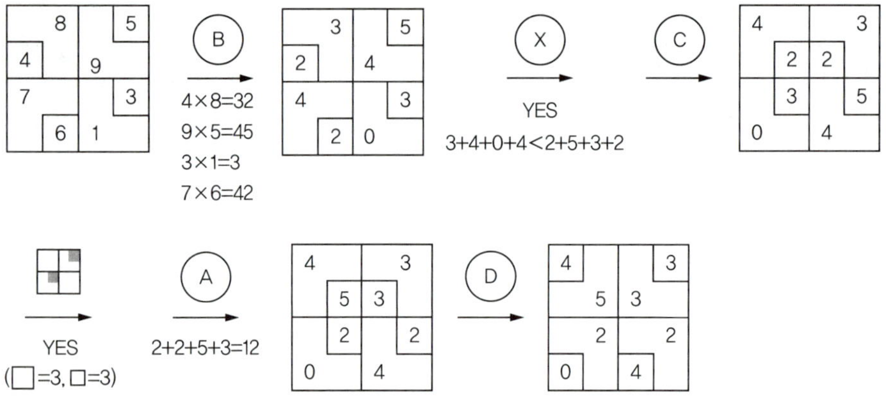
B
4×8=32
9×5=45
3×1=3
7×6=42
X
YES
3+4+0+4<2+5+3+2
C
YES
(□=3, □=3)
A
2+2+5+3=12
D

04 정답 ②

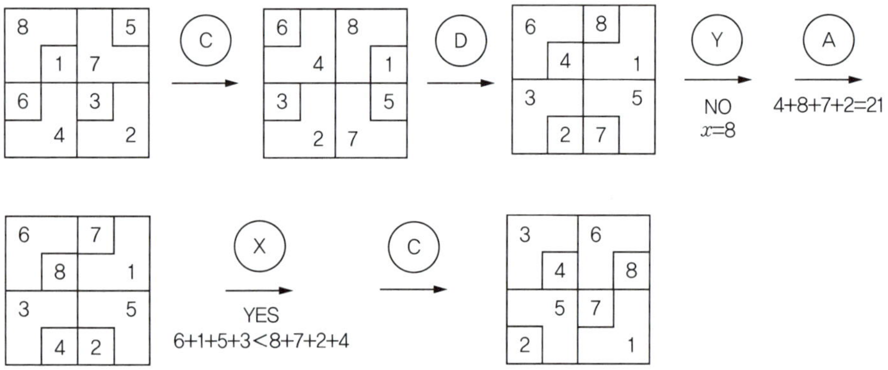
C
D
Y
NO
x=8
A
4+8+7+2=21
X
YES
6+1+5+3<8+7+2+4
C

PART 3
적성검사

CHAPTER 01 언어이해

CHAPTER 02 논리판단

CHAPTER 03 자료해석

CHAPTER 04 정보추론

CHAPTER 05 공간지각

CHAPTER 06 도식이해t

CHAPTER 01

언어이해 유형점검

01 나열하기

01	02	03	04	05					
②	⑤	①	①	①					

01

정답 ②

최근 대두되고 있는 '초연결사회'에 대해 언급하는 (나) 문단이 가장 먼저 오는 것이 적절하며, 그다음으로는 초연결사회에 대해 설명하는 (가) 문단이 적절하다. 그 뒤를 이어 초연결 네트워크를 통해 긴밀히 연결되는 초연결사회의 (라) 문단이, 마지막으로는 이러한 초연결사회가 가져올 변화에 대한 전망의 (다) 문단이 적절하다. 그러므로 (나) – (가) – (라) – (다) 순으로 나열되는 것을 알 수 있다. 따라서 2번째에 올 문단은 (가)이고, 4번째에 올 문단은 (다)이다.

02

정답 ⑤

(나)의 첫 문장이 '그 이름의 정의가 어떻든 간에'로 시작하므로, (나)의 앞에는 방사능 물질의 정의를 논하는 (다)가 적합하다는 것을 쉽게 알 수 있다. 또한 (가)의 첫 문장에서 '체르노빌 원자력 발전소 사태처럼'이라고 하였으므로, (라)가 (가) 앞에 오는 것이 적합하다. (라)의 첫 문장이 '실례를 들자면'으로 시작하므로, 앞 문장에는 그와 관련된 일반적 진술인 (나)가 와야 한다. 따라서 (다) – (나) – (라) – (가) 순으로 나열되어야 한다.

03

정답 ①

제시문은 HIV와 AIDS가 무엇이고 어떻게 감염되는지에 대해 논하고, 감염 후의 경과와 그 예방에 대해서 말하고 있다. 따라서 HIV와 AIDS의 정의에 이어 감염경로에 대해 설명하는 (다)가 그 다음에 오고, 감염 여부 확인 방법에 대한 (가)와, 감염이 확인된 후 처치에 대한 내용인 (라)가 그 다음에 오는 것이 적절하다. 그리고 마지막은 HIV의 예방에 대해서 제언하고 있는 (나)가 와야 논리 구조상 타당하다.

04

정답 ①

제시문은 1920년대 영화의 소리에 대한 부정적인 견해가 있었음을 이야기하며 화두를 꺼내고 있다. 이후 현대에는 소리와 영상을 분리해서 생각할 수 없음을 이야기하고 영화에서의 소리가 어떤 역할을 하는지에 대해 설명하면서 현대 영화에서의 소리의 의의에 대해 마지막으로 서술하고 있다. 따라서 (라) 1920년대 영화의 소리에 대한 부정적인 견해, (가) 현대 영화에서 분리해서 생각할 수 없는 소리와 영상, (다) 영화 속 소리의 역할, (나) 현대 영화에서의 소리의 의의 순으로 나열되어야 한다.

05

정답 ①

제시문은 우리 몸의 면역 시스템에서 중요한 역할을 하는 '킬러 T세포'의 역할과 작용 과정, 그리고 의의에 대해 설명하고 있다. 따라서 (라) 우리 몸의 면역 시스템에 중요 역할을 하는 킬러 T세포 소개, (가) 킬러 T세포의 역할, (마) 'MHC'가 세포 안에 있는 단백질 조각을 세포 표면으로 끌고 나오는 과정, (다) 킬러 T세포의 작용 과정, (나) 킬러 T세포의 의의 순으로 나열되어야 한다.

02 개요 및 글의 수정

01	02	03	04						
②	④	④	①						

01

정답 ②

서론에서 제시한 과소비의 실태를 바탕으로 과소비의 문제점을 추리하면 된다. ②의 '개방화에 따른 외국 상품의 범람'은 과소비를 부추기는 원인 또는 사회 현상은 될 수 있으나 과소비의 문제점이라고 보기는 어렵다.

02

정답 ④

독서 심리 치료의 성공 사례는 이론적 기초에 해당하지 않는다.

03

정답 ④

'또한'은 '어떤 것을 전제로 하고 그것과 같게, 그 위에 더'를 뜻하는 부사로, 앞의 내용에 새로운 내용을 첨가할 때 사용한다. 그러나 ㉣의 앞 내용은 뒤 문장의 이유나 근거에 해당하므로 '또한'이 아닌 '그러므로'를 사용하는 것이 문맥상 자연스럽다.

04

정답 ①

건강하던 수험생의 건강이 나빠진 상황에서 다시 예전의 상태로 되돌아가려는 것이므로 '찾다'보다 '되찾다'라는 단어가 더 적절하다.

03 빈칸추론

01	02	03	04						
③	③	③	⑤						

01

정답 ③

단순히 젊은 세대의 문화만을 존중하거나, 기존 세대의 문화만을 따르는 것이 아닌 두 문화가 어우러질 수 있도록 기업 차원에서 분위기를 만드는 것이 제시문에 나타난 문제의 본질적인 해결법으로 가장 적절하다.

오답분석

① 젊은 세대의 채용을 기피하는 분위기가 생길 수 있으므로 적절하지 않다.
② 급여 받은 만큼만 일하게 되는 악순환이 반복될 것이므로 글에서 언급된 문제를 해결하는 기업 차원의 방법으로 적절하지 않다.
④ 젊은 세대의 특성을 받아들이기만 하면, 전반적인 생산성 향상과 같은 기업의 이득은 배제하게 되는 문제점이 발생한다.
⑤ 기업의 전반적인 생산성 향상을 이룰 수 없으므로 기업 차원의 방법으로 적절하지 않다.

02

정답 ③

빈칸 뒤의 문장은 최근 선진국에서는 스마트팩토리로 인해 해외로 나간 자국 기업들이 다시 본국으로 돌아오는 현상인 '리쇼어링'이 가속화되고 있다는 내용이다. 즉 스마트팩토리의 발전이 공장의 위치를 해외에서 본국으로 변화시키고 있으므로 ③이 가장 적절하다.

03

정답 ③

문맥의 흐름을 볼 때 빈칸에는 '유쾌한 건망증'의 예가 될 만한 속담이 들어가야 한다. 따라서 '주부가 손에~집필하고 있었다는'에서 소개되고 있는 일화와 비슷한 성격의 내용이 담긴 속담을 찾는다.

04

정답 ⑤

제시문은 사람들이 커뮤니케이션에서 메시지를 전할 때 어떠한 의도로 메시지를 전하는지를 유형별로 구분 지어 설명하는 글이다.

- 첫 번째 빈칸 – 표현적 메시지 구성논리는 표현자의 생각의 표현을 가장 중시하는 유형이다. 따라서 커뮤니케이션이 송신자의 생각이나 감정을 전달하는 수단이라는 ㉡이 적절하다.
- 두 번째 빈칸 – 인습적 메시지 구성논리는 대화의 맥락, 역할, 관계 등을 고려한 커뮤니케이션의 적절함에 관심을 갖는 유형이다. 따라서 주어진 상황에서 올바른 것을 말하려는 ㉢이 적절하다.
- 세 번째 빈칸 – 수사적 메시지 구성논리는 커뮤니케이션의 내용에 주목하여 서로 간에 이익이 되는 상황에 초점을 두는 유형이다. 따라서 복수의 목표를 타협한다는 ㉠이 적절하다.

04 독해

01	02	03	04	05	06	07			
④	②	⑤	③	①	②	②			

01

정답 ④

'한국에서는 한 명의 변사가 영화를 설명하는 방식을 취하였으며, 영화가 점점 장편화되면서부터는 2명 내지 4명이 번갈아 무대에 등장하는 방식으로 바뀌었다.'라는 부분을 통해 적절한 내용임을 알 수 있다.

오답분석

① 한국 최초의 변사는 우정식으로, 단성사를 운영하던 박승필이 내세운 인물이었다.
② 한국에서도 필름을 교체하는 시간을 이용하여 코믹한 내용을 공연하는 등 변사가 막간극을 공연하였다.
③ 한국에서 극장가가 형성된 1910년부터 변사가 본격적으로 등장했다는 서술을 확인할 수 있다.
⑤ 자막과 반주 음악이 등장하면서 오히려 변사들의 역할이 미미해져 그 수가 줄어들었다.

02

정답 ②

한국인들은 달항아리가 일그러졌다고 해서 깨뜨리거나 대들보가 구부러졌다고 해서 고쳐 쓰지는 않았지만, 곧은 대들보와 완벽한 모양의 달항아리를 좋아하지 않았다는 언급은 없다.

03

정답 ⑤

세 번째 문단에서 저작권의 의의는 인류의 지적 자원에서 영감을 얻은 결과물을 다시 인류에게 되돌려 주는 데 있다고 하였으므로 ⑤의 내용은 적절하지 않다.

04

정답 ③

'최고의 진리는 언어 이전, 혹은 언어 이후의 무언(無言)의 진리이다', '동양 사상의 정수(精髓)는 말로써 말이 필요 없는 경지'라고 한 부분을 보았을 때 동양 사상은 언어적 지식을 초월하는 진리를 추구한다는 것이 제시문의 주제이다.

05

정답 ①

제시문은 재즈가 어떻게 생겨났고 재즈가 어떠한 것들을 표현해내는 음악인지에 대해 설명하고 있으므로 제목으로는 ①이 가장 적절하다.

06

정답 ②

놀이공원이나 휴대전화 요금제 등을 미루어 생각해 볼 때, 이부가격제는 이윤 추구를 최대화하려는 기업의 가격 제도이다.

07

정답 ②

아리스토텔레스는 관객과 극중 인물의 감정 교류를 강조하지만 브레히트는 관객이 거리를 두고 극을 보는 것을 강조하고 있다. 브레히트는 관객이 극에 지나치게 몰입하게 되면, 극과의 거리두기가 어려워져 사건을 객관적으로 바라볼 수 없게 된다고 보았다. 따라서 그가 제기할 의문으로 ②가 가장 적절하다.

CHAPTER 02

논리판단 유형점검

01 명제추리

01	02	03	04	05	06				
④	④	③	③	④	③				

01

정답 ④

도보로 걸음=p, 자가용 이용=q, 자전거 이용=r, 버스 이용=s라고 하면 $p \rightarrow \sim q$, $r \rightarrow q$, $\sim r \rightarrow s$이며, 두 번째 명제의 대우인 $\sim q \rightarrow \sim r$이 성립함에 따라 $p \rightarrow \sim q \rightarrow \sim r \rightarrow s$가 성립한다. 따라서 '도보로 걷는 사람은 버스를 탄다.'는 명제는 반드시 참이다.

02

정답 ④

수연과 윤수, 철수, 영희 순으로 점수가 높아진다. 영희는 90점, 수연과 윤수는 85점이므로 철수의 성적은 86점 이상 89점 이하이다.

03

정답 ③

'진달래를 좋아함 → 감성적 → 보라색을 좋아함 → 백합을 좋아하지 않음'이므로 진달래를 좋아하는 사람은 보라색을 좋아한다.

04

정답 ③

정직한 사람은 이웃이 많을 것이고, 이웃이 많은 사람은 외롭지 않을 것이다. 즉, 정직한 사람은 외롭지 않을 것이다.

05

정답 ④

돼지꿈을 꾼 다음날 복권을 사는 사람들은 모두가 미신을 따르는 사람들이고, 미신을 따르는 사람 중 과학자는 없다. 즉, 돼지꿈을 꾼 다음날 복권을 사는 사람이라면 과학자가 아니다.

06

정답 ③

아이스크림을 좋아함=p, 피자를 좋아함=q, 갈비탕을 좋아함=r, 짜장면을 좋아함=s라 하면, 첫 번째, 두 번째, 네 번째 명제는 각각 $p \rightarrow \sim q$, $\sim r \rightarrow q$, $p \rightarrow s$이다. 두 번째 명제의 대우와 첫 번째 명제에 따라 $p \rightarrow \sim q \rightarrow r$이 되어 $p \rightarrow r$이 성립하고, 결론이 $p \rightarrow s$가 되기 위해서는 $r \rightarrow s$가 추가로 필요하다. 따라서 빈칸에 들어갈 명제는 '갈비탕을 좋아하면 짜장면을 좋아한다.'이다.

PART 3

02 논리추리

01	02	03	04	05	06				
⑤	④	④	⑤	②	①				

01

정답 ⑤

월요일에 먹는 영양제는 비타민 B와 칼슘, 마그네슘 중에 하나일 수 있으나, 마그네슘의 경우 비타민 D보다 늦게 먹고, 비타민 B보다는 먼저 먹어야 하므로 월요일에 먹는 영양제로 마그네슘과 비타민 B 둘 다 불가능하다. 따라서 H씨가 월요일에 먹는 영양제는 칼슘이 된다. 또한 비타민 B는 화요일 또는 금요일에 먹을 수 있으나, 화요일에 먹게 될 경우 마그네슘을 비타민 B보다 먼저 먹을 수 없게 되므로 비타민 B는 금요일에 먹는다. 나머지 조건에 따라 H씨가 요일별로 먹는 영양제를 정리하면 다음과 같다.

월	화	수	목	금
칼슘	비타민 C	비타민 D	마그네슘	비타민 B

따라서 회사원 H씨가 월요일에는 칼슘, 금요일에는 비타민 B를 먹는 것을 알 수 있다.

02

정답 ④

문제의 조건에 따라 상자 A, B, C에 들어있는 금화의 개수를 표로 나타내면 다음과 같다.

구분	경우 1	경우 2	경우 3	경우 4	경우 5	경우 6	경우 7	경우 8
A	3	2	2	2	1	1	1	1
B	4	3	4	5	2	3	4	5
C	6	8	7	6	10	9	8	7

갑이 A상자를 열어 본 후, B, C상자의 금화 개수를 알 수 없었으므로, 경우 1은 될 수 없다. 또한 경우 1을 제외한 후, 을이 C상자를 열었을 때, A, B상자의 금화 개수를 알 수 없었으므로, 경우 4, 5, 6은 될 수 없다. 마지막으로 병이 B상자를 열었을 때, A, C상자의 금화 개수를 알 수 없었으므로, 경우 2, 8은 될 수 없다. 결국 경우 3, 7 중 한 가지의 경우만 가능하고, 이때 A와 C상자에 있는 금화의 총 개수는 9개이다.

03

정답 ④

지하철에는 D를 포함한 두 사람이 타는데, B가 탈 수 있는 교통수단은 지하철뿐이므로 지하철에는 D와 B가 타며, 둘 중 한 명은 라 회사에 지원했다. 또한, 어떤 교통수단을 선택해도 지원한 회사에 갈 수 있는 E는 버스와 택시로 서로 겹치는 회사인 가 회사를 지원했음을 알 수 있다. 한편, A는 다 회사를 지원했고 버스와 택시를 타야 하는데, 택시를 타면 다 회사에 갈 수 없으므로 A는 버스를 탄다. 따라서 C는 나 또는 마 회사를 지원했음을 알 수 있으며, 택시를 타면 갈 수 있는 회사 중 가 회사를 제외하면 버스로 갈 수 있는 회사와 겹치지 않으므로, C는 택시를 이용한다.

04

정답 ⑤

4월 1일이 월요일이고, 4월은 30일까지 있으므로, 월요일과 화요일은 5번, 나머지 요일은 4번씩 있다. 4월 30일은 화요일이고, ①의 해설을 참고하면 금연교육이 있다.

오답분석

① 중간고사 기간인 22~26일은 월~금요일이다. 즉, 교육할 수 있는 횟수가 월요일과 화요일은 4번, 수~금요일은 3번이다. 그러므로 4회 실시해야 하는 금연교육은 화요일에만 진행할 수 있다.
② 같은 요일이 아니더라도 주 1회씩 3번 교육할 수 있다.
③ 4월 마지막 주는 29일과 30일 즉, 월요일과 화요일이 있다. 월요일에는 금주교육을 할 수 없고, 화요일은 금연교육이 있기 때문에 마지막 주에는 금주교육을 할 수 없다.
④ 세 번째 조건에 의해 성교육이 가능한 날은 3~5일(수~금요일)이다. 금주교육은 월요일과 금요일에 진행할 수 없으므로, 성교육이 가능한 일정은 4일과 5일 한 가지이다.

05

정답 ②

직원 A~E 중 직원 C는 직원 E의 성과급이 늘었다고 하였고, 직원 D는 직원 E의 성과급이 줄었다고 하였으므로 직원 C와 D 중 1명은 거짓말을 하고 있다.

i) 직원 C가 거짓말을 하고 있는 경우
직원 B−A−D 순으로 성과급이 늘었고, 직원 E와 C는 성과급이 줄어들었다.

ii) 직원 D가 거짓말을 하고 있는 경우
직원 B−A−D 순으로 성과급이 늘었고, 직원 C와 E도 성과급이 늘었지만, 순위는 알 수 없다.

따라서 어떤 경우이든 직원 B의 성과급이 가장 많이 올랐음을 알 수 있다.

06

정답 ①

E의 말이 진실인 경우와 거짓인 경우로 나누어 보면 다음과 같다.

- E가 진실을 말할 때 : E와 C가 범인이므로, B의 말은 진실, A의 말은 거짓이 되고 C, D의 말은 진실이 된다.
- E가 거짓을 말할 때 : E와 C는 범인이 아니므로, B의 말은 거짓, A의 말은 거짓, C의 말과 D의 말은 각각 진실이 된다. 따라서 거짓을 말한 사람이 3명이 되므로 성립하지 않는다.

따라서 A만 거짓을 말하고 B, C, D, E는 진실을 말했다.

CHAPTER

03 자료해석 유형점검

01 자료분석

01	02	03	04						
⑤	②	③	②						

01

정답 ⑤

품목별 전년 동월 평균가격 대비 2024년 10월 평균가격의 증감률을 구하면 다음과 같다.

- 거세우 1등급 : $\frac{17,895-14,683}{14,683}\times100≒21.9\%$
- 거세우 2등급 : $\frac{16,534-13,612}{13,612}\times100≒21.5\%$
- 거세우 3등급 : $\frac{14,166-12,034}{12,034}\times100≒17.7\%$
- 비거세우 1등급 : $\frac{18,022-15,059}{15,059}\times100≒19.7\%$
- 비거세우 2등급 : $\frac{16,957-13,222}{13,222}\times100≒28.2\%$
- 비거세우 3등급 : $\frac{14,560-11,693}{11,693}\times100≒24.5\%$

따라서 전년 동월 평균가격 대비 2024년 10월 평균가격의 증감률이 가장 큰 품목은 비거세우 2등급이다.

02

정답 ②

2021년 대비 2024년 국제소포 분야의 매출액 증가율은 $\frac{21,124-17,629}{17,629}\times100≒19.8\%$이므로 옳지 않은 설명이다.

오답분석

① 주어진 자료를 통해 확인할 수 있다.

③ 2020년 대비 2024년 분야별 매출액 증가율은 다음과 같다.

- 국제통상 : $\frac{34,012-16,595}{16,595}\times100≒105.0\%$
- 국제소포 : $\frac{21,124-17,397}{17,397}\times100≒21.4\%$
- 국제특급 : $\frac{269,674-163,767}{163,767}\times100≒64.7\%$

따라서 2020년 대비 2024년에 매출액 증가율이 가장 큰 분야는 국제통상 분야이다.

④ 2024년 총매출액에서 2/4분기 매출액이 차지하고 있는 비율은 $\frac{72,391}{324,810}\times100≒22.3\%$이므로 20% 이상이다.

⑤ 2023년 총매출액에서 국제통상 분야 매출액이 차지하고 있는 비율은 $\frac{26,397}{290,052}\times100≒9.1\%$이므로 10% 미만이다.

03

정답 ③

오답분석

① 문제 지적, 문의, 청원, 정책 제안, 기타의 순서로 많다.

② 옹진군이다.

④ 계양구이다.

⑤ 서구이다.

04

정답 ②

㉠ 2017년 10,463－10,173＝290명, 2023년 11,787－10,312＝1,475명으로 2023년에 차이가 더 커졌다.

㉢ 2023년에는 22명이 증가해 다른 해의 2배 이상 증가하였다.

오답분석

㉡ 대구 지역도 감소했다.

㉣ 대구 지역은 2018년부터 인구가 감소하다가 2023년에 다시 증가했다.

02 자료계산

01	02	03	04						
②	②	②	③						

01

정답 ②

구분	성과평가 점수	성과평가 등급	성과급 지급액
1/4분기	8×0.4+8×0.4+6×0.2=7.6	C	80만 원
2/4분기	8×0.4+6×0.4+8×0.2=7.2	C	80만 원
3/4분기	10×0.4+8×0.4+10×0.2=9.2	A	100+10=110만 원
4/4분기	8×0.4+8×0.4+8×0.2=8.0	B	90만 원

따라서 성과급의 1년 총액은 80＋80＋110＋90＝360만 원이다.

02

정답 ②

- 2022년 대구 지역의 인구 : 982천 명
- 2023년 대구 지역의 인구 : 994천 명

따라서 전년 대비 2023년 대구 지역의 인구 증가율은 $\frac{994-982}{982} \times 100 \fallingdotseq 1.2\%$이다.

03

정답 ②

234.8×0.299≒70조 원

04

정답 ③

기타 해킹 사고가 가장 많았던 해는 2022년이고, 2022년의 전체 사이버 침해 사고 건수의 전년 대비 증감률을 구하면 $\frac{16,135-21,230}{21,230}\times100 \fallingdotseq -24\%$이다.

03 퍼즐

01	02	03	04						
④	①	②	①						

01

정답 ④

1				
1	0	9	3	
2			4	
4			9	
	1	5	5	8

〈가로〉

1. • 2020년과 2021년 초등학교 환자 수의 합 : 507+586=1,093명
   • 2023년과 2024년 중학교 환자 수의 합 : 842+222=1,064명
   1,093>1,064
2. $\frac{586-507}{507}\times100 \fallingdotseq 15.58\%$

〈세로〉

3. 2020년과 2021년 총 환자 수의 차 : 3,185−2,061=1,124명
4. 2022년과 2023년 고등학교 환자 수의 합 : 985+2,510=3,495명

따라서 (㉠+㉡)×㉢−㉣+㉤=(2+0)×5−9+8=9이다.

02

정답 ①

8	5	4	6
		7	2
		6	·
		1	4

〈가로〉

1. 150,025−141,479=8,546

〈세로〉

2. 양로시설 수가 가장 많았던 해는 2021년이고, 2021년 노인복지주택의 입소정원은 4,761명이다.
3. $\frac{265}{265+128+32}\times100=62.35\cdots \fallingdotseq 62.4\%$

따라서 6×(㉠+㉡+㉢)=6×(5+7+4)=96이다.

03

정답 ②

			1	
3			4	
2	6	3	5	
5				
0		1	0	1

〈가로〉

3. 40~49세의 여성 취업자 수가 가장 많으며, 2,635천 명이다.
4. 구성비가 가장 낮은 연령대는 15~19세이며, 10.1×10=101이다.

〈세로〉

1. 구성비가 가장 높은 연령대는 40~49세이며, 6,500×0.5=3,250이다.
2. 13,687−13,542=145천 명

따라서 1,000×㉠+100×㉡+10×㉢+㉡=1,000×5+100×6+10×4+0=5,640이다.

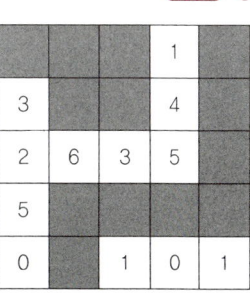

04

정답 ①

〈가로〉

1. 취업자 수가 세 번째로 적은 직업은 금융보험 관련직이며, 취업자 수는 131명이다.
2. 구인을 네 번째로 많이 한 직업은 영업원 및 판매 관련직이며, 이 직업의 구직자 수는 3,083명이다. 취업을 두 번째로 많이 한 직업은 경비 및 청소 관련직이며, 이 직업의 취업자 수는 1,798명이다. 즉, 합은 3,083+1,798=4,881명이다.

〈세로〉

1. 문화, 예술, 디자인, 방송 관련직의 구인 수와 취업자 수의 합은 1,033+741=1,774명이다.

따라서 빈칸의 숫자를 모두 더한 값은 1+3+1+7+7+4+8+8+1=40이다.

1	3	1	
7			
7			
4	8	8	1

CHAPTER

04 정보추론 유형점검

01 자료이해

01	02	03							
①	④	①							

01

정답 ①

㉠ 자녀와 동거하는 노인의 공적이전소득이 기타소득에서 차지하는 비중은 $\frac{14.5}{21.8} \times 100 ≒ 66.5\%$이다.

㉢ 노인독거의 근로소득 비율은 노인독거 재산소득과 기타소득 비율 합의 $\frac{10.5}{8.6+76.3} \times 100 = \frac{10.5}{84.9} \times 100 ≒ 12.4\%$를 차지한다.

오답분석

㉡ · ㉣ 제시된 자료에 정확한 소득금액이 나와 있지 않으므로 알 수 없는 내용이다.

02

정답 ④

- 경서 : 2차 구매 시 1차 구매 때와 동일한 제품을 선택하는 사람들은 총 336명으로 전체의 60% 이상을 차지한다.
- 미림 : 1차 구매에서 C를 선택한 사람들은 전체 구매자들(541명) 중 37.7%(204명)로 가장 높고, 2차 구매에서 C를 선택한 사람들은 전체 구매자들 중 42.7%(231명)로 가장 높다.

오답분석

- 현정 : 1차 구매에서 A를 선택한 뒤 2차 구매에서 C를 선택한 사람들은 44명, 반대로 1차 구매에서 C를 선택한 뒤 2차 구매에서 A를 선택한 사람들은 17명이므로 전자의 경우가 더 많다.

03

정답 ①

2023년 대비 2024년 자동차 수출액의 증감률 : $\frac{650-713}{713} \times 100 ≒ -8.84\%$

오답분석

㉠ 연도별 전년 대비 자동차 생산량의 증가량을 구하면 다음과 같다.

- 2018년 : 4,272−3,513=759천 대
- 2019년 : 4,657−4,272=385천 대
- 2020년 : 4,562−4,657=−95천 대
- 2021년 : 4,521−4,562=−41천 대
- 2022년 : 4,524−4,521=3천 대
- 2023년 : 4,556−4,524=32천 대
- 2024년 : 4,229−4,556=−327천 대

즉, 전년 대비 자동차 생산량의 증가량이 가장 큰 해는 2018년이다.

㉢ 제시된 자료를 통해 자동차 수입액은 지속적으로 증가했음을 알 수 있다.

㉣ 2024년의 자동차 생산 대수 대비 내수 대수의 비율 : $\frac{1,600}{4,229} \times 100 ≒ 37.8\%$

02 자료변환

01	02								
④	②								

01

정답 ④

내수 현황을 누적으로 나타내었으므로 적절하지 않다.

오답분석

① · ② 제시된 자료를 통해 알 수 있다.

③ 신재생에너지원별 고용인원 비율을 구하면 다음과 같다.

- 태양광 : $\frac{8,698}{16,177} \times 100 \fallingdotseq 54\%$
- 풍력 : $\frac{2,369}{16,177} \times 100 \fallingdotseq 15\%$
- 폐기물 : $\frac{1,899}{16,177} \times 100 \fallingdotseq 12\%$
- 바이오 : $\frac{1,511}{16,177} \times 100 \fallingdotseq 9\%$
- 기타 : $\frac{1,700}{16,177} \times 100 \fallingdotseq 10\%$

⑤ 신재생에너지원별 해외공장매출 비율을 구하면 다음과 같다.

- 태양광 : $\frac{18,770}{22,579} \times 100 \fallingdotseq 83.1\%$
- 풍력 : $\frac{3,809}{22,579} \times 100 \fallingdotseq 16.9\%$

02

정답 ②

성별 전년 대비 2021~2023년의 난민 인정자 증감률은 각각 다음과 같다.

- 2021년
  - 남성 : $\frac{35-39}{39} \times 100 \fallingdotseq -10.3\%$
  - 여성 : $\frac{22-21}{21} \times 100 \fallingdotseq 4.8\%$
- 2022년
  - 남성 : $\frac{62-35}{35} \times 100 \fallingdotseq 77.1\%$
  - 여성 : $\frac{32-22}{22} \times 100 \fallingdotseq 45.5\%$
- 2023년
  - 남성 : $\frac{54-62}{62} \times 100 \fallingdotseq -13.0\%$
  - 여성 : $\frac{51-32}{32} \times 100 \fallingdotseq 59.4\%$

따라서 2022년 남성과 2023년 남성과 여성의 증감률이 잘못 표기되었음을 알 수 있다.

03 자료예측

01	02	03							
②	④	②							

01

정답 ②

- 공연음악 시장 규모 : 2025년 후원 시장 규모는 6,305+118=6,423백만 달러이고, 2025년 티켓 판매 시장 규모는 22,324+740=23,064백만 달러이다. 따라서 2025년 공연음악 시장 규모는 6,423+23,064=29,487백만 달러이다.
- 스트리밍 시장 규모 : 2020년 스트리밍 시장의 규모가 1,530백만 달러이므로, 2025년의 스트리밍 시장 규모는 1,530×2.5=3,825백만 달러이다.
- 오프라인 음반 시장 규모 : 2025년 오프라인 음반 시장 규모를 x백만 달러라 하면, $\frac{x-8,551}{8,551}\times 100=-6\%$이다.

따라서 $x=-\frac{6}{100}\times 8,551+8,551 \fallingdotseq 8,037.9$이므로 2025년의 오프라인 음반 시장 규모는 8,037.9백만 달러이다.

02

정답 ④

2005년 전남의 구성비 수치부터 나열하면 +0.4, +1.7이 반복되는 규칙을 보이고 있다. 따라서 (가)에 적합한 숫자는 23.1이다.

1970년부터 전남의 구성비 수치를 살펴보면 소수점 첫째 자리가 1씩 줄어들고 있다. 따라서 (나)에 적합한 숫자는 10.1이다.

03

정답 ②

- $97\times 4=98+85+100+(A)$
  $(A)=388-283=105$
- $76\times 6=80+85+83+80+64+(B)$
  $(B)=456-392=64$
- $(C)=(106+105+107+107+106+103)\div 6 \fallingdotseq 106$
- $(D)=(93+64+98+103)\div 4 \fallingdotseq 90$

따라서 $(A)+(B)+(C)-(D)=105+64+106-90=185$이다.

CHAPTER

05 공간지각 유형점검

01 전개도

01	02	03	04	05	06				
②	④	②	①	①	⑤				

01

정답 ②

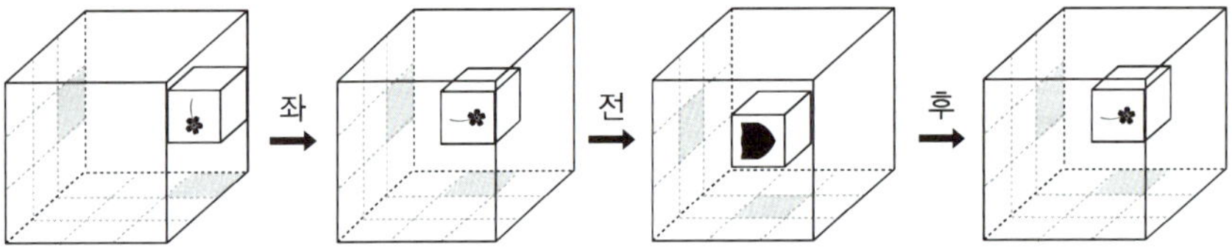

02

정답 ④

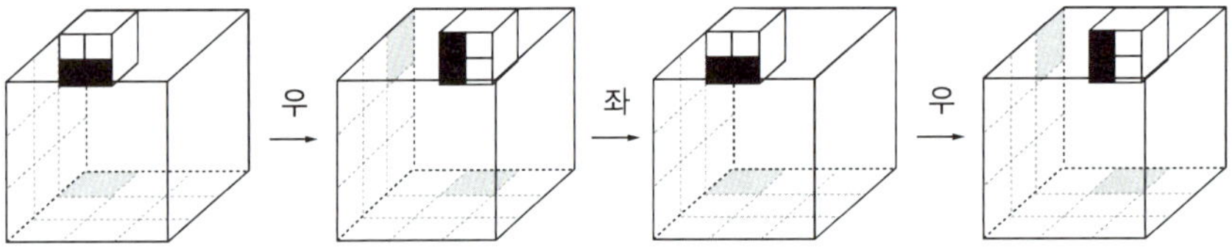

03

정답 ②

Ⓐ

왼쪽 1칸

Ⓑ

뒤 2칸

Ⓒ

오른쪽 1칸, 앞 1칸

04

정답 ①

Ⓐ

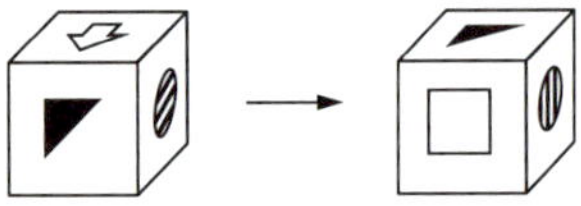

뒤 1칸

Ⓑ

왼쪽 1칸

Ⓒ

앞 1칸, 오른쪽 2칸

05

정답 ①

㉠

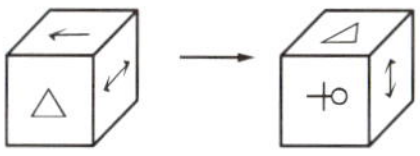

아래로 3칸

㉡

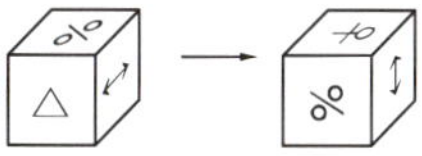

아래로 1칸

㉢

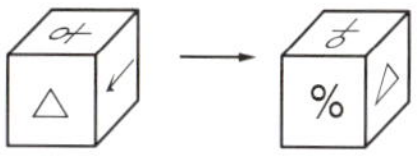

오른쪽 1칸

06

정답 ⑤

㉠

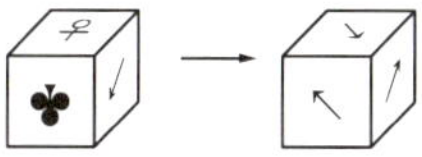

위로 2칸

㉡

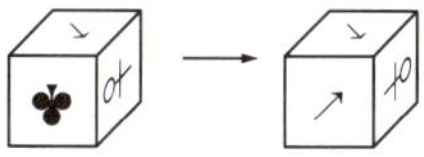

아래로 2칸

㉢

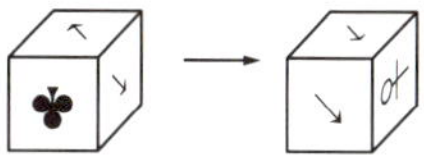

오른쪽 2칸

02 투상도

01	02	03	04	05	06				
①	③	④	①	④	①				

01

정답 ①

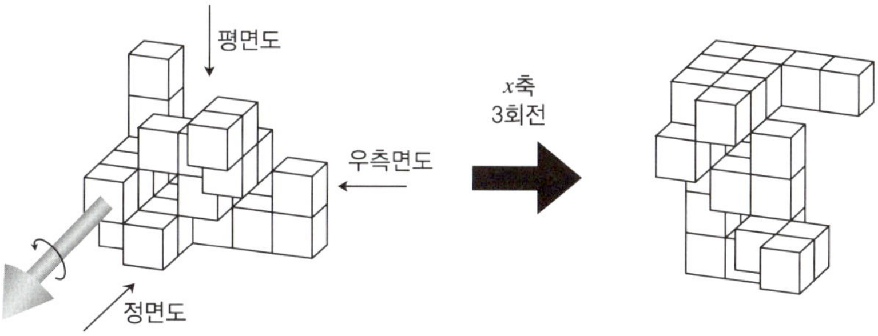

02

정답 ③

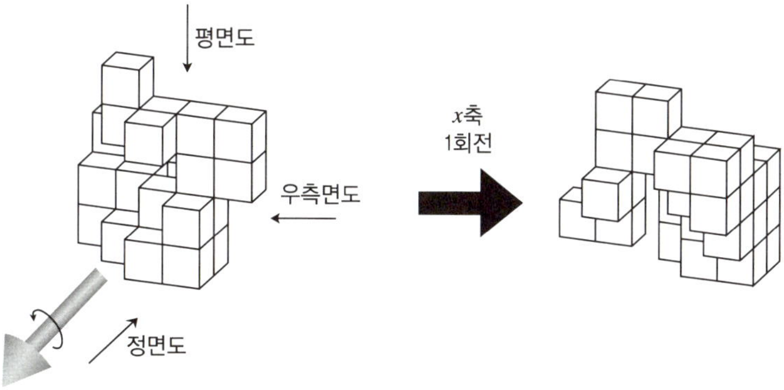

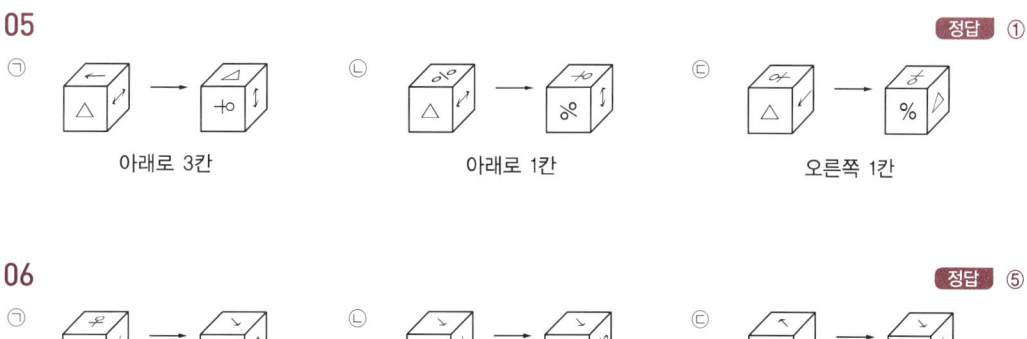

03

정답 ④

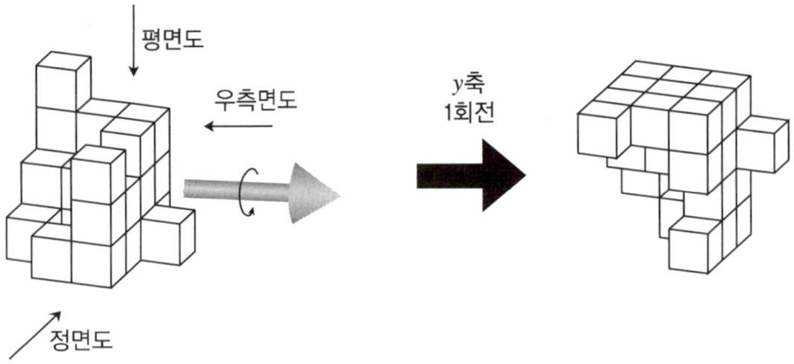

04

정답 ①

오답분석

②

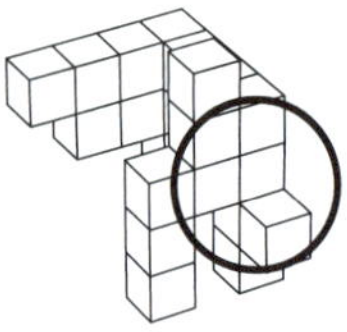

③

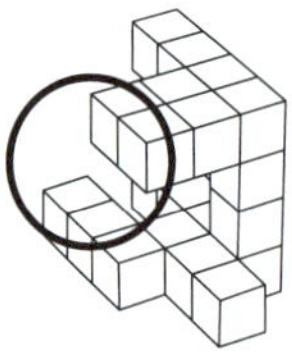

④

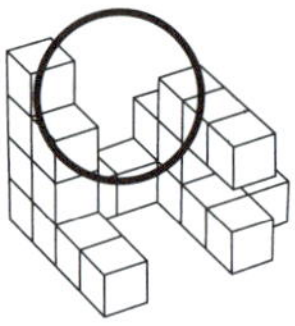

⑤

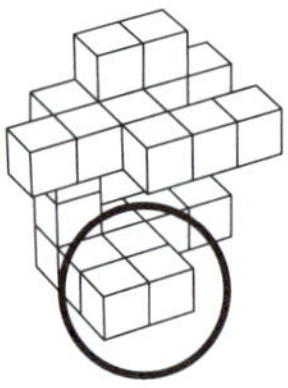

05

정답 ④

오답분석

①

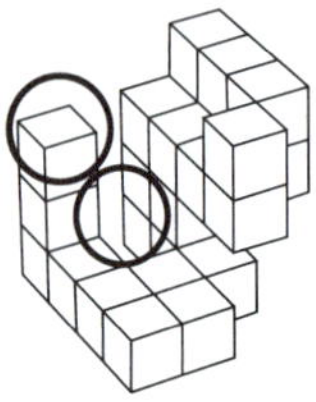

②

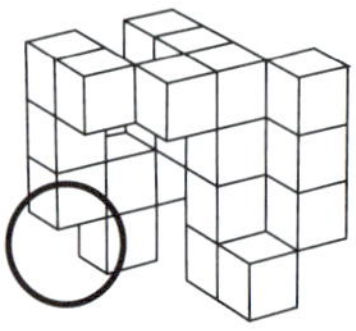

③

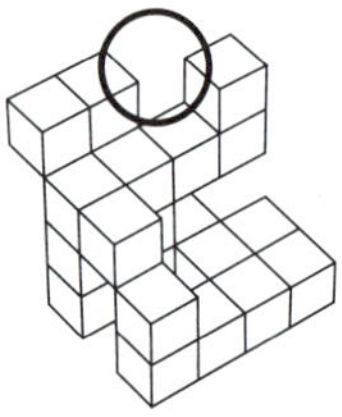

⑤

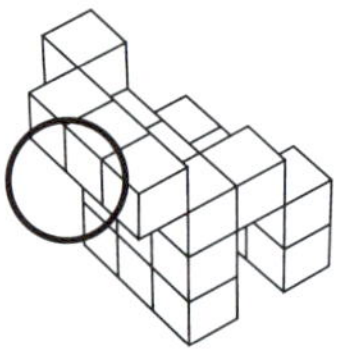

06

정답 ①

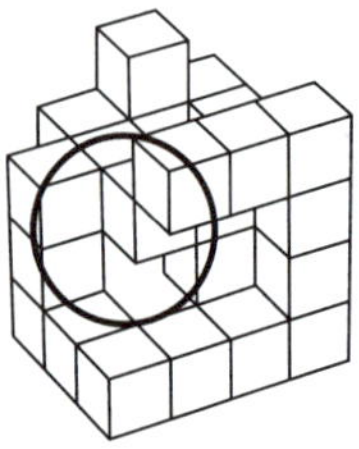

CHAPTER

06 도식이해 유형점검

01 수

01	02	03	04						
④	③	④	④						

01

정답 ④

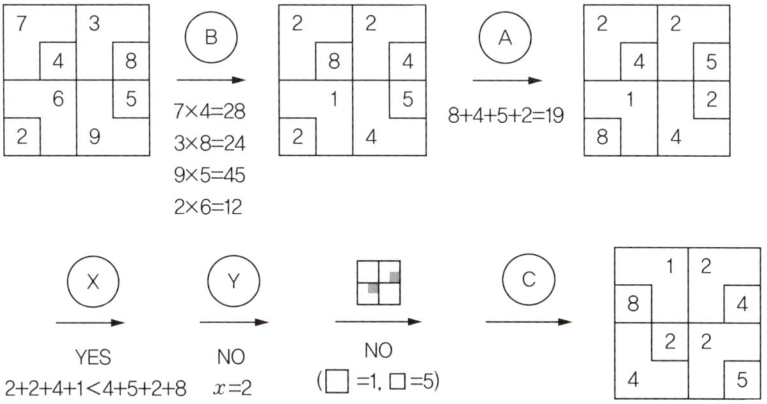

02

정답 ③

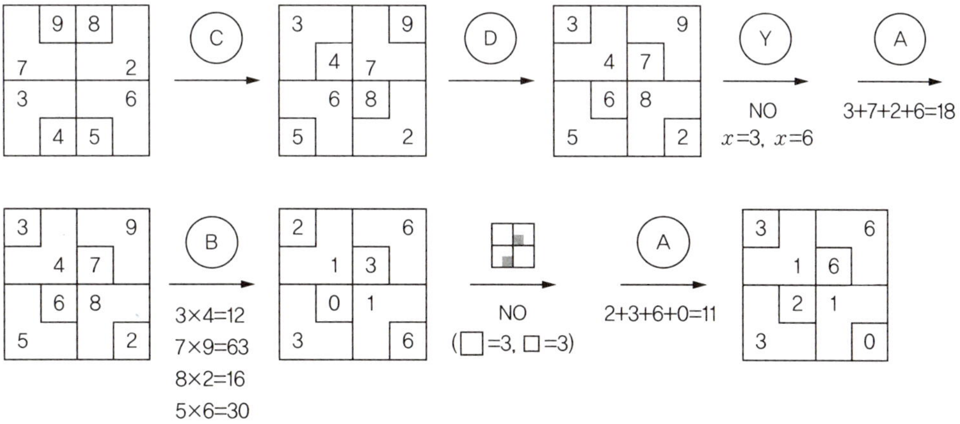

PART 3

03

정답 ④

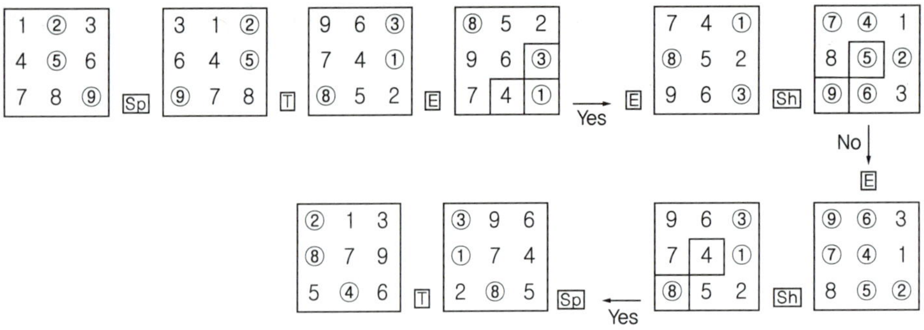

04

정답 ④

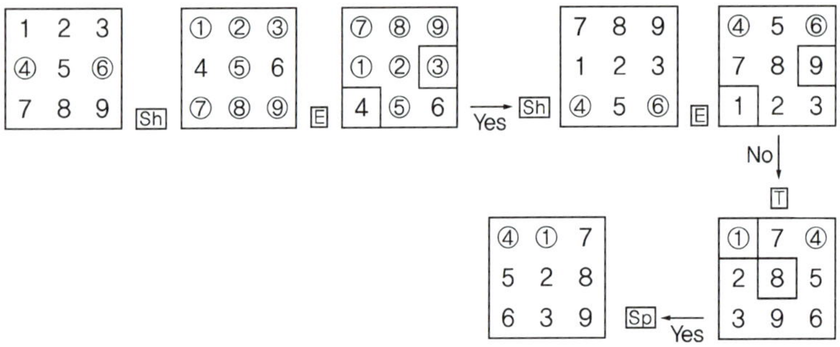

02 문자·그림

01	02	03	04						
①	②	⑤	①						

01

정답 ①

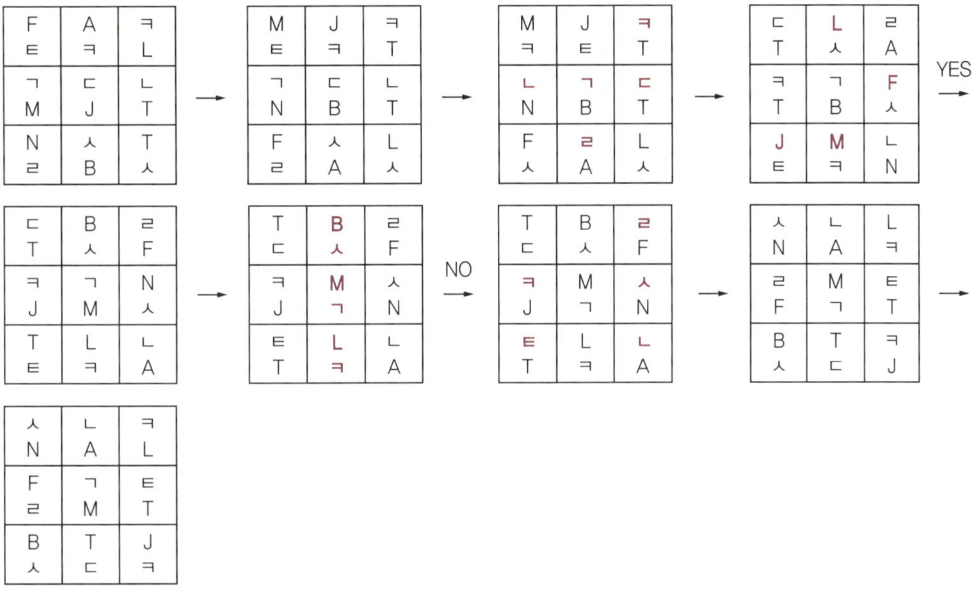

02

정답 ②

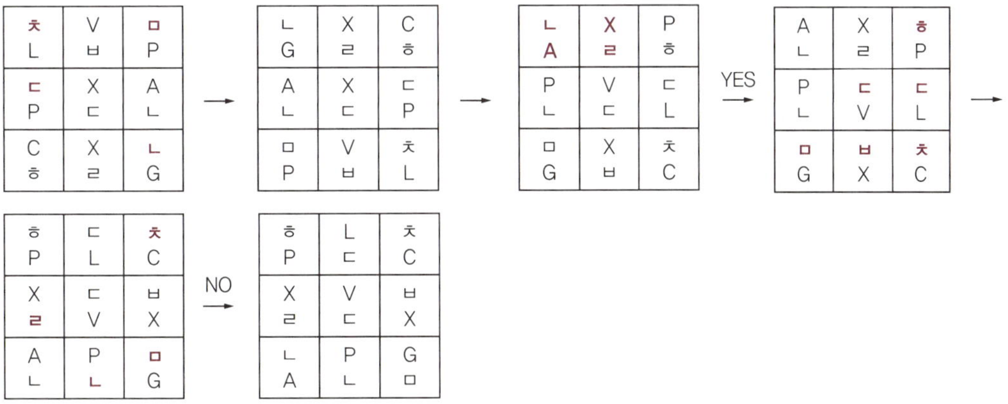

03

정답 ⑤

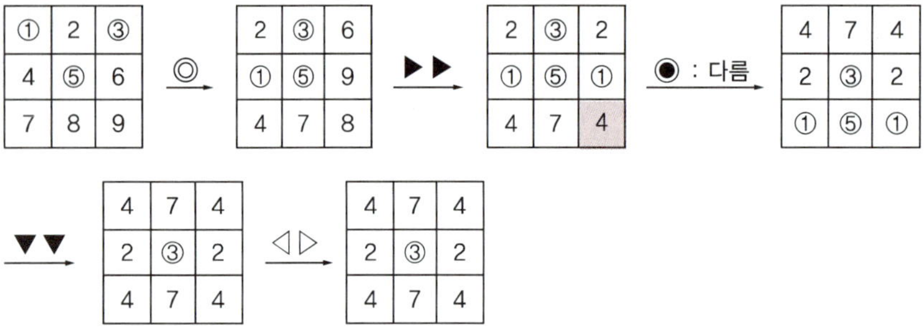

04

정답 ①

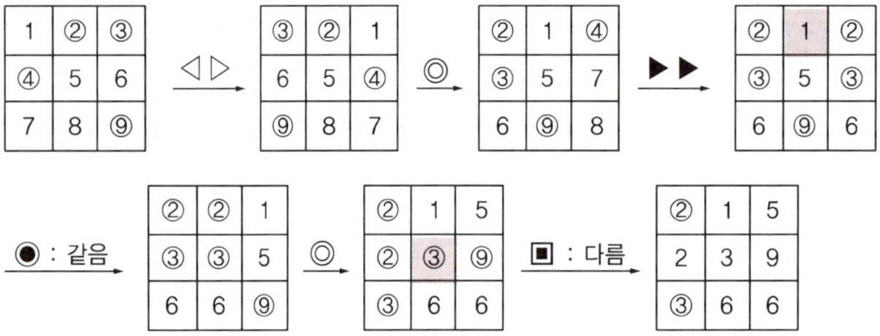

03 선

01	02	03	04						
②	①	①	④						

01

정답 ②

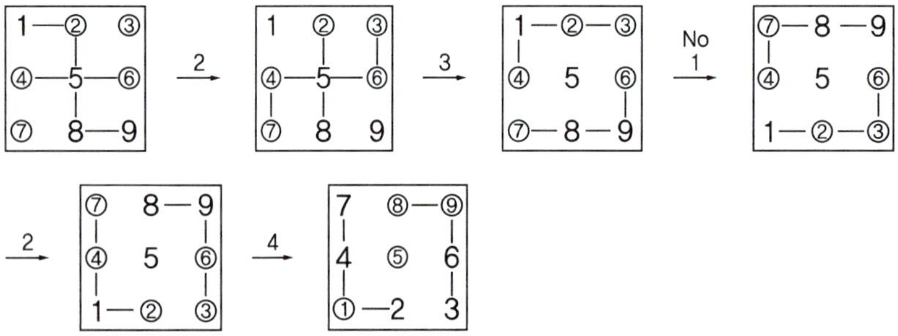

02

정답 ①

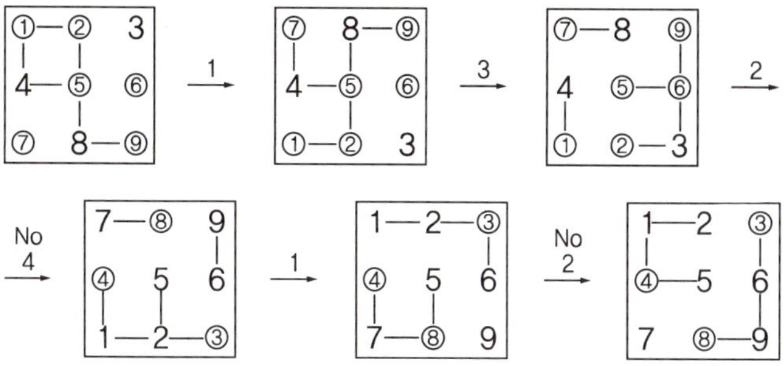

03

정답 ①

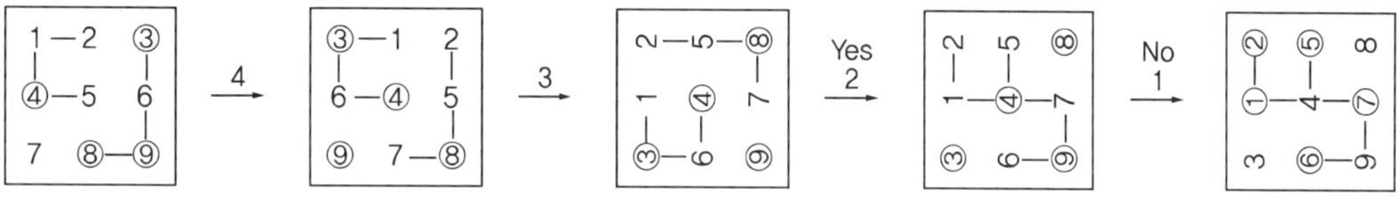

04

정답 ④

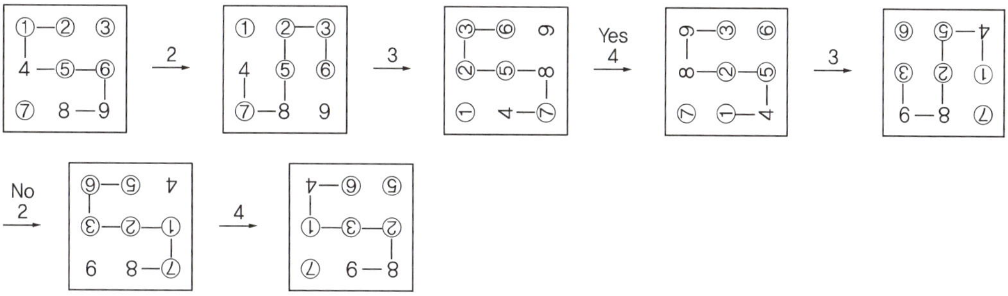

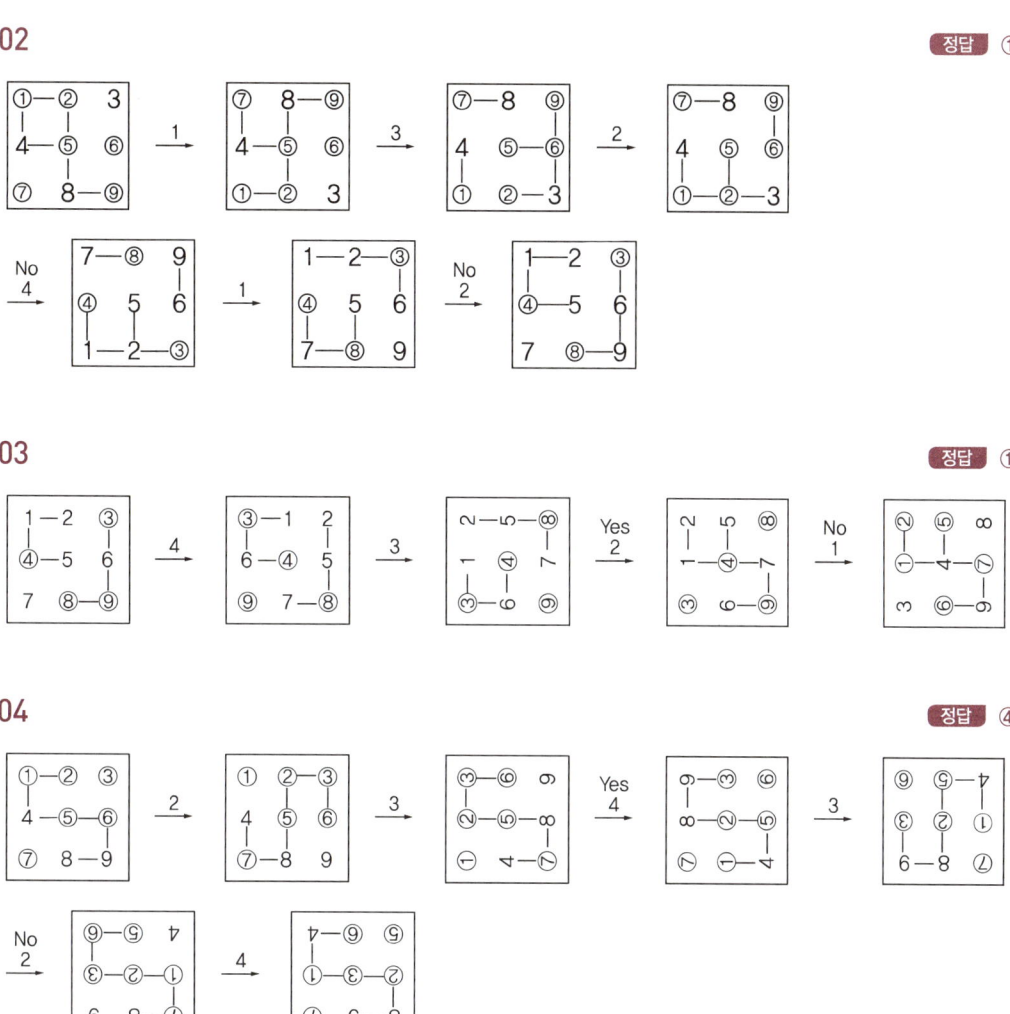

시대에듀

M E M O

PART 4

최종점검 모의고사

제1회 최종점검 모의고사

제2회 최종점검 모의고사

제1회 최종점검 모의고사

01 언어이해

01	02	03	04	05	06	07	08	09	10
②	①	①	⑤	①	③	③	⑤	③	⑤
11	12	13	14	15	16	17	18	19	20
②	②	③	④	②	②	②	③	④	③

01 정답 ②

제시문은 코젤렉의 '개념사'에 대한 정의와 특징에 대한 글이다. 따라서 (라) 개념에 대한 논란과 논쟁 속에서 등장한 코젤렉의 '개념사' – (가) 코젤렉의 '개념사'와 개념에 대한 분석 – (나) 개념에 대한 추가적인 분석 – (마) '개념사'에 대한 추가적인 분석 – (다) '개념사'의 목적과 코젤렉의 주장의 순으로 나열하는 것이 적절하다. (라) – (가) – (나) – (마) – (다) 순이므로 2번째에 올 문단은 (가)이고 5번째에 올 문단은 (다)이다.

02 정답 ①

제시된 문단의 내용 다음에는 오웰과 헉슬리의 소설에 대한 설명이 나와야 한다. 헉슬리의 소설을 설명하는 (라)의 시작에 '반면에'라는 접속어가 있으므로, 오웰의 소설을 설명하는 (나)가 먼저 오는 것이 적절하다. 또한 (라)의 마지막 문장에 대한 부연 설명이 (가)이므로, (가)는 (라)의 뒤에 위치하고, (다)는 두 소설을 비교 · 종합하고 있으므로 마지막에 위치하는 것이 적절하다.

03 정답 ①

제시문은 인간의 신체 반응과 정서에 대한 제임스와 랑에의 견해를 제시하고 이것이 시사하는 바를 설명하고 있다. 또한 그것을 반박하는 캐넌과 바드의 견해를 제시하고 이를 통해 제임스와 랑에의 견해에 한계가 있음에 대해 설명하고 있는 글이다. 따라서 (라) 인간의 신체 반응과 정서의 관계에 대한 제임스와 랑에의 견해 – (다) 제임스와 랑에의 견해가 시사하는 점 – (가) 제임스와 랑에의 견해에 반론을 제시한 캐넌과 바드 – (나) 캐넌과 바드의 견해에 따른 제임스와 랑에 이론의 한계 순으로 나열되어야 한다.

04 정답 ⑤

처음 작성했던 개요인 (가)는 나노 기술의 유용성에 초점을 두고 있다. 반면 추가로 접한 자료인 (나)는 나노 물질이 인간과 동물의 건강에 악영향을 미칠 위험성을 경고하는 내용이다.

따라서 (가)와 (나)의 내용을 종합하여 작성한 개요는 나노 기술이 유용성과 위험성을 동시에 지니고 있다는 내용을 담아야 한다. ⑤는 나노 기술의 유용성 측면에 초점을 두어 응용 분야를 확대해야 한다는 내용을 담고 있으므로 적절하지 않다.

05 정답 ①

'자기가 마땅히 하여야 할 맡은 바 직책이나 임무'를 뜻하는 말은 '역활'이 아니라 '역할'이다. '역활'은 '역할'의 잘못된 말이다.

06 정답 ③

제시문의 내용에 따르면 공교육에서는 학생들의 실력 차이를 모두 고려할 수가 없다는 것이므로 ©은 '한꺼번에'로 수정하는 것이 적절하다.

07 정답 ③

앞 문장의 '정상적인 기능을 할 수 없는 상태'와 대조를 이루는 표현이면서, 마지막 문장의 '자기 조절과 방어 시스템이 작동하는 과정인 것'이라는 내용에 어울리는 표현인 ③이 빈칸에 들어갈 내용으로 적절하다.

08

정답 ⑤

제시문은 집단을 중심으로 절차의 정당성을 근거로 한 과도한 권력, 즉 무제한적 민주주의에 대하여 비판한 글이다. 또한 민주주의에 의해 훼손될 수 있는 자유와 권리를 옹호한다. 따라서 이를 언급한 ⑤가 정답이다.

09

정답 ③

마지막 문단에 따르면 우리 춤은 정지 상태에서 몰입을 통해 상상의 곡선을 만들어 내는 과정을 포함한다. 따라서 처음부터 끝까지 쉬지 않고 곡선을 만들어 낸다는 설명은 옳지 않다.

오답분석

① 첫 번째 문단의 '우리 춤은 옷으로 몸을 가린 채 손만 드러내놓고 추는 경우가 많기 때문이다.'를 통해 알 수 있다.
② 두 번째 문단의 '예컨대 승무에서 ~ 완성해 낸다.'를 통해 알 수 있다.
④ 세 번째 문단의 '그러나 이때의~이해해야 한다.'를 통해 알 수 있다.
⑤ 마지막 문단의 '이런 동작의~몰입 현상이다.'를 통해 알 수 있다.

10

정답 ⑤

케인스는 절대소득가설을 통해 소비를 결정하는 요인들 중에 가장 중요한 것은 현재의 소득이라고 주장했으므로 ⑤는 적절하지 않다.

11

정답 ②

개념에 대해 충분히 이해하면서도 개념의 사례를 제대로 구별하지 못할 수 있다. 따라서 비둘기와 참새를 구별하지 못했다고 해서 비둘기의 개념을 이해하지 못하고 있다고 평가할 수는 없다.

오답분석

①·③ 개념을 이해하는 능력이 개념의 사례를 식별하는 능력을 함축하는 것 또한 아니므로 개념을 이해했다고 해서 개념의 사례를 완벽하게 식별할 수 있는 것은 아니다.
④ 개념을 충분히 이해하면서도 개념의 사례를 제대로 구별하지 못할 수 있으므로 개념의 사례를 구별하지 못했다고 해서 개념을 충분히 이해하지 못하고 있다고 판단할 수 없다.
⑤ 개념의 사례를 식별하는 능력이 개념을 이해하는 능력을 함축하는 것은 아니므로 정사각형을 구별했다고 해서 정사각형의 개념을 이해하고 있다고 볼 수 없다.

12

정답 ②

마지막 문단의 '더 큰 문제는 이런 인식이 농민운동을 근대 이행을 방해하는 역사의 반역으로 왜곡할 소지가 있다는 것이다.'라는 문장을 통해 알 수 있다.

13

정답 ③

㉡ '우리말은 [곶], [닫]과 같이 한자로 나타낼 수 없는 음절이 많았을 뿐 아니라 그 수도 2,000개 이상이 필요하였다.'에서 올바른 설명이라는 것을 알 수 있다.
㉢ "향찰에서는 어절을 단위로 하여 대체로 뜻이 중요한 명사나 용언 어간은 '훈차'를 하고, 문법적 기능이 중요한 조사나 어미는 '음차'를 함으로써, 한 어절의 표기가 '훈차+음차'라는 일반적인 원칙을 갖게 되었던 것이다."를 통해 올바른 설명임을 알 수 있다.

오답분석

㉠ "我愛汝([아애여], 나 사랑 너)와 같이 '주어-서술어-목적어'의 중국어식 어순을, 我汝愛(나 너 사랑)와 같이 '주어-목적어-서술어'의 우리말 어순으로 바꾸는 단계였다."에서 우리말과 중국말의 어순이 같지 않았음을 알 수 있다.
㉣ '이러한 한자 차용 표기의 역사는 일본의 경우에도 우리와 크게 다르지 않았다.'에서 옳지 않은 설명이라는 것을 확인할 수 있다.

14

정답 ④

제시문의 첫 문단에서 위계화의 개념을 설명하고, 이러한 불평등의 원인과 구조에 대해 살펴보고 있다.

15

정답 ②

제시문은 유전자 치료를 위해 프로브와 겔 전기영동법을 통해 비정상적인 유전자를 찾아내는 방법을 설명하고 있다. 따라서 주제로 가장 적절한 것은 '유전자 추적의 도구와 방법'이다.

16

정답 ②

보기는 삼단논법의 추리라고 할 수 있다. 삼단논법은 대체로 대전제, 소전제, 결론의 순서로 배열된다.

- 대전제 : P+M
- 소전제 : S+M
- 결론 : P+S

M은 매개념으로 대전제와 소전제에 각각 나타난다.
보기를 적용시켜 보면, 대전제는 '인생의 목적은(P) 문화를 창조하는 데 있다(M).'이고, 결론은 '인생의 목적을(P) 달성하기 위해서는 지식을 습득해야 한다(S).'이다. 따라서 소전제는 지식 습득(S)과 문화 창조(M)가 들어가는 내용이 되어야 하므로 답은 ②가 된다.

17

정답 ②

제시문의 두 번째 줄에서 '아리스토텔레스에 의하면 물체가 똑같은 운동 상태를 유지하기 위해서는 외부에서 끊임없이 힘이 제공되어야만 한다.'고 설명한다. 따라서 ②는 아리스토텔레스의 주장과 반대되는 내용이다.

18

정답 ③

차를 자주 마셔 보지 않은 사람은 여러 종류의 차가 지닌 독특한 맛을 구분할 수 없다. 마찬가지로 미술 작품을 자주 접할 기회가 없는 사람은 미의 본질에 대한 이해가 부족하여 여러 종류의 미술 작품에 대한 안목과 감상 능력이 부족하다.

19

정답 ④

화폐 통용을 위해서는 화폐가 유통될 수 있는 시장이 성장해야 하고, 농업생산력이 발전해야 한다. 그러나 서민들은 물품화폐를 더 선호하였고 일부 계층에서만 화폐가 유통되었다. 따라서 광범위한 동전 유통이 실패한 것이다. 화폐의 수요량에 따른 공급은 화폐가 유통된 이후의 조선 후기에 해당하는 내용이다.

20

정답 ③

(가)와 (나)는 서로 다른 영역을 탐구 대상으로 하며 독립적으로 존재하지만 큰 테두리에서 보면 상호보완적으로 작용하고 있다. 법과 관습도 서로 다른 양상으로 작용하지만 바람직한 행동의 추구라는 보다 포괄적인 측면에서는 상호보완적으로 작용한다.

02 논리판단

01	02	03	04	05	06	07	08	09	10
③	⑤	⑤	⑤	④	③	①	①	⑤	④
11	12	13	14	15					
③	④	②	③	②					

01

정답 ③

'커피를 좋아함'을 p, '홍차를 좋아함'을 q, '우유를 좋아함'을 r, '콜라를 좋아함'을 s라고 하면 $p \to q \to \sim r \to s$가 성립한다. 따라서 $p \to$ s이므로 '커피를 좋아하는 사람은 콜라를 좋아한다.'는 항상 참이다.

02

정답 ⑤

지영<용주<승연, 규리<승연

승연이가 손이 가장 큰 것은 사실이지만, 손이 가장 작은 사람이 지영이와 규리 중 누구인지는 주어진 조건만으로는 알 수 없다.

03

정답 ⑤

첫 번째 명제의 대우는 '자연을 좋아하지 않는 사람은 강아지를 좋아하지 않는다.'이다. 또한 두 번째 명제의 대우는 '자연을 좋아하지 않는 사람은 나무를 좋아하지 않는다.'이다. 따라서 두 대우 명제를 연결하면 ⑤와 같은 결론이 타당하다.

04

정답 ⑤

첫 번째 조건과 네 번째 조건에서 여학생 X와 남학생 B가 동점이 아니므로 여학생 X와 남학생 C가 동점이다. 세 번째 조건에서 여학생 Z와 남학생 A가 동점임을 알 수 있고, 두 번째 조건에서 여학생 Y와 남학생 B가 동점임을 알 수 있다. 따라서 남는 남학생 D는 여학생 W와 동점임을 알 수 있다.

05

정답 ④

스크린을 마주 보고 왼쪽부터 차례대로 첫 번째~일곱 번째 자리라고 하면, 다음과 같다.

스크린								
비상구	1	2	3	4	5	6	7	비상구

다섯 번째 조건에 따라 G는 왼쪽이 비어있는 첫 번째 자리에 앉고, 여섯 번째 조건에 따라 C는 세 번째 자리에 앉는다.

만약 A와 B가 네 번째, 여섯 번째 또는 다섯 번째, 일곱 번째 자리에 앉는다면 D와 F가 나란히 앉을 수 없다.

따라서 A와 B는 두 번째, 네 번째 자리에 앉는다.

남은 자리는 다섯, 여섯, 일곱 번째 자리이므로 D와 F는 다섯, 여섯 번째 또는 여섯, 일곱 번째 자리에 앉게 되고, 나머지 한 자리에 E가 앉는다.

오답분석

① · ② · ③ E가 다섯 번째, D가 여섯 번째, F가 일곱 번째 자리에 앉으면 성립하지 않는다.

⑤ B는 두 번째 또는 가운데(네 번째) 자리에 앉는다.

06

정답 ③

세 번째, 네 번째, 다섯 번째 조건에 의해 8등(꼴찌)이 될 수 있는 사람은 A 또는 C인데, C는 7등인 D와 연속해서 들어오지 않았으므로 8등은 A이다. 또한 두 번째 조건에 의해 B는 4등이고, 네 번째 조건에 의해 E는 5등이다. 마지막으로 첫 번째 조건에 의해 C는 6등이 될 수 없으므로 1, 2, 3등 중에 하나이다. 따라서 8등인 A가 C보다 늦게 들어왔다.

07

정답 ①

다섯 번째 조건에 의해 홍대리가 건강검진을 받을 수 있는 요일은 월요일 또는 화요일이며, 네 번째 조건에 의해 이사원 역시 월요일 또는 화요일에 건강검진을 받을 수 있다. 이때 여섯 번째 조건에서 이사원이 홍대리보다 늦게 건강검진을 받는다고 하였으므로 홍대리가 월요일, 이사원이 화요일에 건강검진을 받는 것을 알 수 있다. 나머지 수 · 목 · 금요일의 일정은 세 번째 조건에 의해 박과장이 금요일을 제외한 수요일과 목요일 각각 건강검진을 받는 두 가지 경우에 따라 나눌 수 있다.

i) 박과장이 수요일에 건강검진을 받을 경우 : 목요일은 최사원이, 금요일은 김대리가 건강검진을 받는다.

ii) 박과장이 목요일에 건강검진을 받을 경우 : 수요일은 최사원이, 금요일은 김대리가 건강검진을 받는다.

따라서 반드시 참이 될 수 있는 것은 ①이다.

08

정답 ①

첫 번째, 두 번째 조건을 통해 1층에는 로비, 8층에는 행정지원부가 있다는 것을 알 수 있다. 또한 마지막 조건을 통해 보험급여부는 5층에 위치한다는 것(8층−3층)을 알 수 있다. 이를 기초로 하여 나머지 조건을 고려하면 다음과 같은 결과를 얻을 수 있다.

8층	←	행정지원부
7층	←	장기요양부
6층	←	건강관리부
5층	←	보험급여부
4층	←	징수부
3층	←	자격부
2층	←	고객상담부
1층	←	로비

따라서 고객상담부는 2층에 있다.

09

정답 ⑤

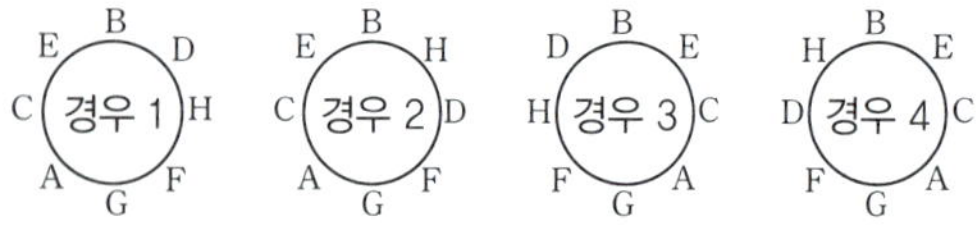

오답분석

① F 옆에는 H가 올 수도 있고, D가 올 수도 있다.
② C는 D와 마주 볼 수도 있고, H와 마주 볼 수도 있다.
③ C는 A의 오른쪽 옆 또는 왼쪽 옆에 있을 수 있다.
④ B와 E는 항상 붙어 앉아 있다.

10

정답 ④

초밥 − × − 카페 − × − 편의점 − 약국 − 옷가게 − 신발가게 − × − ×

오답분석

① 카페와 옷가게 사이에 3개의 건물이 있다.
② 초밥가게와 약국 사이에 4개의 건물이 있다.
③ 편의점은 5번째 건물에 있다.
⑤ 옷가게는 7번째 건물에 있다.

11

정답 ③

가영이는 평일 근무를 하지 않으므로, 주말 오전, 오후 모두 근무를 해야 기본 근무조건을 만족한다. 준석이는 수요일을 제외하고 매일 근무하므로, 주말에 근무한다. 또한 준석이와 수미가 월요일, 화요일, 목요일, 금요일 모두 오후에 일하면, 경수는 수요일, 토요일, 일요일 오후에만 일한다. 따라서 기본 근무조건을 만족하지 못한다. 그러므로 준석이와 수미는 4일 중 하루는 오전에 근무하고, 이때 경수가 오후에 일을 해야 한다. 결국, 가영이와 근무조가 될 수 있는 사람은 경수와 준석이다.

12

정답 ④

모든 조건을 종합하면 E>B>F>G>D>C>A의 순서로 계약이 체결되었다.

13

정답 ②

선아는 가위를 내지 않았고 도현이는 바위를 내지 않았으므로, 선아가 바위를 내고 도현이가 가위를 낸 경우, 선아가 바위를 내고 도현이가 보를 낸 경우, 선아가 보를 내고 도현이가 가위를 낸 경우, 선아와 도현이가 둘 다 보를 낸 경우 총 4가지로 나누어 조건을 따져보면 다음과 같다.

선아	혜진	진수	도현	정혜	상희
바위	바위	보	가위	바위	가위
바위	바위	보	보	가위	보
보	보	가위	가위	바위	가위
보	보	가위	보	가위	보

따라서 선아와 도현이가 모두 보를 낸 경우를 제외하면 승부가 나지 않으므로, 진수와 정혜가 이기고 나머지는 졌다.

14

정답 ③

A와 D의 진술이 모순되므로, A의 진술이 참인 경우와 거짓인 경우를 구한다.

ⅰ) A의 진술이 참인 경우
A의 진술에 따라 D가 부정행위를 하였으며, 거짓을 말하고 있다. B는 A의 진술이 참이므로 B의 진술도 참이며, B의 진술이 참이므로 C의 진술은 거짓이 되고, E의 진술은 참이 된다. 따라서 부정행위를 한 사람은 C, D이다.

ⅱ) A의 진술이 거짓인 경우
A의 진술에 따라 D는 참을 말하고 있고, B는 A의 진술이 거짓이므로 B의 진술도 거짓이 된다. B의 진술이 거짓이므로 C의 진술은 참이 되고, E의 진술은 거짓이 된다. 그러면 거짓을 말한 사람은 A, B, E이지만 조건에서 부정행위를 한 사람은 두 명이므로 모순이 되어 옳지 않다.

15

정답 ②

A~E의 진술에 따르면 B와 D의 진술은 반드시 동시에 진실 또는 거짓이 되어야 하며, B와 E의 진술은 동시에 진실이나 거짓이 될 수 없다.

ⅰ) B와 D의 진술이 거짓인 경우
참이어야 하는 A와 C의 진술이 서로 모순되므로 성립하지 않는다. 따라서 B와 D는 모두 진실이다.

ⅱ) B와 D의 진술이 참인 경우
A, C, E 중에서 1명의 진술은 참, 2명의 진술은 거짓인데, 만약 E가 진실이면 C도 진실이 되어 거짓을 말하는 사람이 1명이 되므로 성립하지 않는다. 따라서 C와 E는 거짓을 말하고, A는 진실을 말한다.

A~E의진술에 따라 정리하면 다음과 같다.

항목	필기구	의자	복사용지	사무용 전자제품
신청 사원	A, D	C		D

의자를 신청한 사원의 수는 3명이므로 필기구와 사무용 전자제품 2항목을 신청한 D와 의자를 신청하지 않은 B를 제외한 A, E가 의자를 신청했음을 알 수 있다. 또한, 복사용지를 신청했다는 E의 진술이 거짓이므로 E가 신청한 나머지 항목은 사무용 전자제품이 된다. 이와 함께 남은 항목의 개수에 따라 신청 사원을 배치하면 다음과 같다.

항목	필기구	의자	복사용지	사무용 전자제품
신청 사원	A, D	A, C, E	B, C	B, D, E

따라서 신청 사원과 신청 물품이 바르게 연결된 것은 ② 이다.

03 자료해석

01	02	03	04	05	06	07	08	09	10
②	③	③	④	④	⑤	②	④	④	①
11	12	13	14	15	16	17	18	19	20
④	④	④	③	⑤	⑤	②	④	③	③

01

정답 ②

영국의 2023년 1분기 고용률은 2022년보다 하락했고, 2023년 2분기에는 1분기의 고용률이 유지되었다.

오답분석

① 자료를 통해 확인할 수 있다.

③ 2024년 1분기 고용률이 가장 높은 국가는 독일이고, 가장 낮은 국가는 프랑스로, 독일의 고용률은 74.4%이고, 프랑스의 고용률은 64.2%이다. 따라서 두 국가의 고용률의 차는 10.2%p이다.

④ 프랑스와 한국의 2024년 1분기와 2분기 고용률은 변하지 않았다.

⑤ • 2023년 2분기 OECD 전체 고용률 : 66.1%

• 2024년 2분기 OECD 전체 고용률 : 66.9%

∴ 2024년 2분기 OECD 전체 고용률의 작년 동분기 대비 증가율 : $\frac{66.9-66.1}{66.1}\times100 \fallingdotseq 1.21\%$

• 2024년 1분기 OECD 전체 고용률 : 66.8%

∴ 2024년 2분기 OECD 전체 고용률의 직전분기 대비 증가율 : $\frac{66.9-66.8}{66.8}\times100 \fallingdotseq 0.15\%$

02

정답 ③

• 출퇴근 소요시간이 120분 이하인 과장급 근로자의 비율 : 16.9+31.6+16.6+19.9=85%

• 원격근무제를 활용하는 과장급 근로자의 비율 : 16.3%

따라서 출퇴근 소요시간이 120분 이하인 과장급 근로자의 비율과 원격근무제를 활용하는 과장급 근로자의 비율을 더하면 100%가 넘으므로 출퇴근 소요시간이 120분 이하인 과장급 근로자 중 원격근무제를 활용하는 근무자가 있다고 할 수 있다.

오답분석

① 직급별 출퇴근 소요시간이 60분 이하인 근로자의 비율을 구하면 다음과 같다.

• 대리급 이하 : 20.5+37.4=57.9%

• 과장급 : 16.9+31.6=48.5%

• 차장급 이상 : 12.6+36.3=48.9%

따라서 대리급 이하에서는 출퇴근 소요시간이 60분 이하인 근로자 수가 출퇴근 소요시간이 60분 초과인 근로자 수보다 많지만, 나머지 직급에서는 오히려 그 반대이다.

② • 출퇴근 소요시간이 90분 초과인 대리급 이하 근로자 비율 : 13.8+5+5.3+2.6=26.7%

• 탄력근무제를 활용하는 대리급 이하 근로자 비율 : 23.6%

따라서 출퇴근 소요시간이 90분 초과인 대리급 이하 근로자 비율은 탄력근무제를 활용하는 대리급 이하 근로자 비율보다 높다.

④ 제시된 자료에서 탄력근무제와 시차출근제 중 하나 이상을 활용하는 중소기업 근로자의 비율을 구할 수 없으므로 근로자 수도 비교할 수 없다.

⑤ 제시된 자료에서 원격근무제와 탄력근무제 중 하나 이상을 활용하는 차장급 이상 근로자의 비율을 구할 수 없으므로 근로자 수도 비교할 수 없다.

03

정답 ③

• 일본의 2021년 대비 2023년 음악 산업 수입액의 증가율 : $\frac{2,761-2,650}{2,650}\times100\fallingdotseq4.2\%$

• 일본의 2021년 대비 2023년 음악 산업 수출액의 증가율 : $\frac{242,370-221,379}{221,379}\times100\fallingdotseq9.5\%$

따라서 2021년 대비 2023년 음악 산업 수출액의 증가율은 수입액의 증가율보다 크다.

오답분석

① 제시된 자료의 수출액, 수입액의 전년 대비 증감률의 수치를 통해 중국의 2022년 대비 2023년 음악 산업 수출액과 수입액의 증가율은 1.5배 이상으로 다른 지역보다 월등히 높음을 알 수 있다.

② 2021년에 비해 2022년의 수입액이 감소한 지역은 일본, 북미, 기타이며 2022년의 전체 수입액도 2021년에 비해 감소했다.

④ 연도별 동남아의 수출액을 수입액으로 나누어 보면 다음과 같다.

- 2021년 : 38,166÷63≒605.81
- 2022년 : 39,548÷65≒608.43
- 2023년 : 40,557÷67≒605.33

따라서 매해 동남아의 음악 산업 수출액은 수입액의 600배를 넘었다.

⑤ 2023년의 북미와 유럽의 음악 산업 수입액의 합을 구하면 2,786+7,316=10,102천 달러이다.

따라서 2023년 전체 음악 산업 수입액 중 북미와 유럽의 음악 산업 수입액이 차지하는 비중을 구하면 $\frac{10,102}{13,397}\times100\fallingdotseq$ 75.4%이다.

04

정답 ④

• 고속도로 평균 버스 교통량의 증감 추이 : 증가－감소－증가－감소

• 일반국도 평균 버스 교통량의 증감 추이 : 감소－감소－감소－감소

따라서 고속도로와 일반국도의 평균 버스 교통량의 증감 추이는 같지 않다.

오답분석

① 2019~2023년의 일반국도와 국가지원지방도의 승용차 평균 교통량의 합을 구하면 다음과 같다.

- 2019년 : 7,951+5,169=13,120대
- 2020년 : 8,470+5,225=13,695대
- 2021년 : 8,660+5,214=13,874대
- 2022년 : 8,988+5,421=14,409대
- 2023년 : 9,366+5,803=15,169대

따라서 고속도로의 평균 승용차 교통량은 일반국도와 국가지원지방도의 평균 승용차 교통량의 합보다 항상 많음을 알 수 있다.

② 제시된 자료를 통해 확인할 수 있다.

③ 국가지원지방도의 연도별 평균 버스 교통량의 전년 대비 증감률을 구하면 다음과 같다.

- 2020년 : $\frac{219-230}{230}\times100\fallingdotseq-4.78\%$
- 2021년 : $\frac{226-219}{219}\times100\fallingdotseq3.20\%$
- 2022년 : $\frac{231-226}{226}\times100\fallingdotseq2.21\%$
- 2023년 : $\frac{240-231}{231}\times100\fallingdotseq3.90\%$

따라서 2023년에 국가지원지방도의 평균 버스 교통량의 전년 대비 증감률이 가장 컸다.

⑤ 2023년 일반국도와 국가지원지방도의 평균 화물차 교통량의 합은 2,757+2,306=5,063대이고, 5,063×2.5=12,657.5 <13,211이다.

따라서 2023년 고속도로의 평균 화물차 교통량은 2023년 일반국도와 국가지원지방도의 평균 화물차 교통량의 합의 2.5배 이상이다.

05

정답 ④

남부지역을 관광한 사람들 중 서부지역 출신이 차지하는 비중은 2018년에는 $\frac{300}{980}$≒0.31, 2023년에는 $\frac{400}{1,200}$≒0.33이므로 5년 사이에 증가하였다.

오답분석

① 전체 관광객은 증가하였으나, 동부지역과 북부지역의 여행객은 감소하였다.

② 여행지>출신지=흑자

여행지<출신지=적자

2018년에는 동부 · 북부는 흑자, 남부 · 서부가 적자, 2023년에는 동부 · 남부는 적자, 서부는 균형수지, 북부는 흑자이다.

③ 2018년에는 $\frac{2,200}{4,970}$≒0.44, 2023년에는 $\frac{1,900}{5,200}$≒0.37의 비중을 차지하고 있으므로 2023년에 감소하였다.

⑤ • 2023년 동부지역 출신이 자기 지역을 관광하는 비율 : $\frac{500}{1,300}\times100$≒38.5%

• 2018년 서부지역 출신이 자기 지역을 관광하는 비율 : $\frac{830}{1,700}\times100$≒48.8%

06

정답 ⑤

㉠ 표 1을 통해 지역별 자가점유율이 도지역, 광역시, 수도권 순으로 높게 나타나며, 전국 자가점유율은 2017년 이후 점차 감소하다 2023년에 53.6%에서 56.8%로 다시 증가함을 볼 수 있다.

㉢ 2013년에 비해 2023년 수도권의 자가점유율은 50.2%에서 48.9%로 1.3%p 감소하였으나 2013년 대비 2023년 광역시의 자가점유율은 54.8%에서 59.9%로 5.1%p 증가하였다.

㉣ 2021년과 비교하여 2023년에는 저소득층의 자가보유율 비율은 50%에서 48.5%로 감소하였고, 2021년과 비교하여 2023년에는 중소득층의 자가보유율 비율은 56.4%에서 62.2%로 증가하였으며, 2021년과 비교하여 2023년 고소득층의 자가보유율 비율은 77.7%에서 79.3%로 증가하였다.

오답분석

㉡ • 2023년 저소득층의 자가점유율과 중소득층의 자가점유율의 차 : 59.4−46.2=13.2%p

• 2023년 중소득층의 자가점유율과 고소득층의 자가점유율의 차 : 73.6−59.4=14.2%p

그러므로 2023년 저소득층과 중소득층의 자가점유율 차이는 2023년 중소득층과 고소득층의 자가점유율의 차보다 낮다.

㉤ 2013년에서 2015년 사이에는 광역시를 제외한 수도권과 도지역의 전세 비율은 증가하며 월세 비율은 감소한다. 2015년 이후 수도권, 광역시, 도지역 모두 전세의 비율이 감소하며 월세의 비율은 점차 증가한다.

07

정답 ②

(가)를 계산하면 $\frac{78,855}{275,484}\times100$≒28.6%이다.

08

정답 ④

2024년 소포우편 분야의 2020년 대비 매출액 증가율은 $\frac{5,017-3,390}{3,390}\times100≒48.0\%$이므로 옳지 않은 설명이다.

오답분석

① 매년 매출액이 가장 높은 분야는 일반통상 분야인 것을 확인할 수 있다.

② 일반통상 분야의 매출액은 2021년, 2022년, 2024년, 특수통상 분야의 매출액은 2023년, 2024년에 감소했고, 소포우편 분야는 매년 매출액이 꾸준히 증가한다.

③ 2024년 1분기 특수통상 분야의 매출액이 차지하고 있는 비율은 $\frac{1,406}{5,354}\times100≒26.3\%$이므로 20% 이상이다.

⑤ 2023년에는 일반통상 분야의 매출액이 전체의 $\frac{11,107}{21,722}\times100≒51.1\%$이므로 옳은 설명이다.

09

정답 ④

전 지역의 50대 이상 유권자 수는 6,542천 명이고, 모든 연령대의 유권자 수는 19,305천 명이다. 따라서 전 지역의 유권자 수에서 50대 이상의 유권자 수가 차지하는 비율은 $\frac{6,542}{19,305}\times100≒33.9\%$로 30% 이상 35% 미만이다.

오답분석

① 남성 유권자 수가 다섯 번째로 많은 지역은 전라지역(1,352천 명)이며, 이 지역의 20대 투표자 수는 $(208\times0.94)+(177\times0.88)=351.28$천 명으로 35만 명 이상이다.

② 지역 유권자가 가장 적은 지역은 제주지역이며, 제주지역의 유권자 수가 전체 유권자 수에서 차지하는 비율은 $\frac{607+608}{19,305}\times100=\frac{1,215}{19,305}\times100≒6.3\%$로 6% 이상이다.

③ 20대 여성 투표율이 두 번째로 높은 지역은 93%인 충청지역이며, 충청지역의 20대 여성 유권자 수는 201천 명이고, 20대 남성 유권자 수는 182천 명이다. 따라서 20대 여성 유권자 수는 20대 남성 유권자 수의 1.2배인 $182\times1.2=218.4$천 명 이하이다.

⑤ 인천의 여성 투표율이 세 번째로 높은 연령대는 30대(86%)로 30대의 경상지역 투표자 수는 남성 $231\times0.87=200.97$천 명, 여성 $241\times0.91=219.31$천 명으로 여성이 남성보다 많다.

10

정답 ①

운전자별 탄소포인트의 총합을 구하면 다음과 같다.

구분	공회전 발생률(%)	공회전 시 연료소모량(cc)	탄소포인트 총합(P)
A	10	400	100+0=100
B	50	300	50+25=75
C	20	200	80+50=130
D	20	100	80+75=155
E	50	500	50+0=50

따라서 받을 수 있는 탄소포인트의 총합이 큰 순서대로 운전자를 나열하면 D>C>A>B>E이다.

11

정답 ④

D시의 전체 자동차 대수는 $400\times350=140,000$대이다.
따라서 D시의 1km당 자동차 대수는 $140,000\div103=1,359.2\cdots≒1,360$대이다.

12

정답 ④

(정량적 기대효과)=(구매 효용성)×(조달단가)이므로 계산하여 정리하면 다음과 같다.

구분	A	B	C	D	E	F	G	H
조달단가	3	4	5	6	7	8	10	16
구매 효용성	1	0.5	1.8	2.5	1	1.75	1.9	2
기대효과	3	2	9	15	7	14	19	32

따라서 기대효과가 가장 높은 것부터 H－G－D－F－C－E－A－B의 순이므로 금액의 한도에 따라 구성해 보면 G＋D＋A＝37이고, D＋F＋C＝38이다. 더 이상 큰 조합은 없으므로 38이 최댓값이다.

13

정답 ④

기타를 제외한 통합시청점유율과 기존시청점유율의 차이는 C가 20.5%p로 가장 크다. A는 17%p이다.

오답분석

① 기존시청점유율은 D가 20%로 가장 높다.

② F의 기존시청점유율은 10.5%로 다섯 번째로 높다.

③ B는 2위, J는 10위, K는 11위로 순위가 같다.

⑤ G의 차이는 6%p로 기타를 제외하면 차이가 가장 작다.

14

정답 ③

N스크린 영향력은 다음과 같다.

방송사	A	B	C	D	E	F	G	H	I	J	K	L	기타
N스크린 영향력	1.1	0.9	2.7	0.4	1.6	1.2	0.4	0.8	0.7	1.7	1.6	4.3	1.8
해당 범위	다	나	마	가	라	다	가	나	나	라	라	마	라

15

정답 ⑤

1인당 GDP 순위는 E>C>B>A>D이다. 그런데 1인당 GDP가 가장 큰 E국의 1인당 GDP는 2위인 C국보다 1% 정도 밖에 높지 않은 반면, 인구는 C국의 $\frac{1}{10}$ 이하이므로 총 GDP 역시 C국보다 작음을 알 수 있다. 따라서 1인당 GDP 순위와 총 GDP 순위는 일치하지 않는다.

오답분석

① 경제성장률이 가장 큰 나라는 D국이며, 1인당 GDP와 총인구를 고려하면 D국의 총 GDP가 가장 작음을 알 수 있다.

② 1인당 GDP 대비 총인구를 고려하였을 때 총 GDP가 가장 큰 나라는 C국, 가장 작은 나라는 D국임을 알 수 있다.

- D국의 총 GDP : 25,832×46.1＝1,190,855.2백만 달러
- C국의 총 GDP : 55,837×321.8＝17,968,346.6백만 달러

따라서 총 GDP가 가장 큰 나라와 가장 작은 나라는 10배 이상 차이를 보인다.

③ 수출 및 수입 규모에 따른 순위는 C>B>A>D>E로 서로 일치한다.

④ A국의 총 GDP는 27,214×50.6＝1,377,028.4백만 달러, E국의 총 GDP는 56,328×24.0＝1,351,872백만 달러이므로 A국의 총 GDP가 더 크다.

16

정답 ⑤

〈가로〉

1. $(343,600+327,700+309,800+326,100+329,100+327,100+322,800+305,500+302,800)\div 9 \fallingdotseq 321,611$

〈세로〉

2. 2023년 연앙인구를 x명이라 하면, $\frac{302,800}{x}\times 1,000=5.9$

   $\rightarrow x=302,800,000\div 5.9 \fallingdotseq 513,220$

3. $(343,600+302,800)\div 100=6,464$

따라서 ㉠－㉡＋㉢×㉣＝$3-1+4\times 1=6$이다.

	5				
	1		6		
	3		4		
3	2	1	6	1	1
	2		4		
	0				

17

정답 ②

〈가로〉

1. 원유 금액이 4번째로 높았던 달은 8월이고 그다음 달과의 차는 $76,641-70,211=6,430$이다.
3. 2023년 원유 단가의 평균은 76.96이므로 $76.96\times 100=7,696$이다.

〈세로〉

2. 단가가 가장 저렴한 달은 1월(72.96)이다. 이때의 원유 물량은 75,611천 Bbl이고, 6월 원유 물량은 75,145천 Bbl이므로 두 물량의 차는 $75,611-75,145=466$이다.

따라서 $(A+B)\div C+D=(6+6)\div 6+6=8$이다.

6	4	3	0
	6		
7	6	9	6

18

정답 ④

〈가로〉

1. 전체 이식대기자의 수가 세 번째로 많은 해는 2022년이고, 2022년의 골수 이식대기자 수는 2,761명이다.
2. • 2023년 신장 이식대기자 수의 전년 대비 증가폭 : $16,011-14,477=1,534$명
   • 2023년 소장 이식대기자 수의 전년 대비 감소폭 : $20-18=2$명
   $\therefore 1,534\times 2=3,068$

〈세로〉

3. $\frac{28-4}{4}\times 100=600\%$

4. 2023년 이식대기자의 수가 네 번째로 작은 장기는 심장이고, 2022년 대비 2023년의 심장 이식대기자 수의 증감률을 구하면 $\frac{400-342}{342}\times 100 \fallingdotseq 17\%$이다.

   2016년 대비 2017년 이식대기자 수의 감소폭이 가장 큰 장기는 안구이고, 2022년 대비 2023년의 안구 이식대기자 수의 증감률을 구하면 $\frac{1,880-1,695}{1,695}\times 100 \fallingdotseq 11\%$이다.

   $\therefore 17\times 11=187$

따라서 (㉠＋㉡)×㉢＝$(7+6)\times 7=13\times 7=91$이다.

2	7	6	1	
		0		1
	3	0	6	8
				7

19

정답 ③

〈가로〉

1. • 2023년 아동 교통사고 사망자 수의 2014년 대비 감소폭 : 316－103＝213명
   • 2023년 아동 추락사고 사망자 수의 2014년 대비 감소폭 : 58－28＝30명
   ∴ 213×30＝6,390
2. • 2023년 전체 아동 안전사고 사망자 수에서 기타사고 사망자 수가 차지하는 비율 :
   $\frac{56}{225}\times 100 \fallingdotseq 25\%$
   • 2022년 전체 아동 안전사고 사망자 수에서 교통사고를 제외한 나머지 안전사고 사망자 수의 합이 차지하는 비율 :
   $\frac{215-80}{215}\times 100 \fallingdotseq 63\%$
   ∴ 25×63＝1,575
3. 2018년 대비 2019년 사망자 수가 증가한 사고 유형은 익사사고이며, 익사사고의 2014~2023년까지 사망자 수의 합을 구하면 78＋78＋78＋62＋44＋50＋53＋41＋36＋28＝548명이다.

〈세로〉

4. 322＋326＋287＋215＋225＝1,375명

따라서 빈칸의 숫자를 모두 더하면 1＋6＋3＋9＋0＋1＋5＋7＋5＋5＋4＋8＝54이다.

		1		
	6	3	9	0
1	5	7	5	
		5	4	8

20

정답 ③

〈가로〉

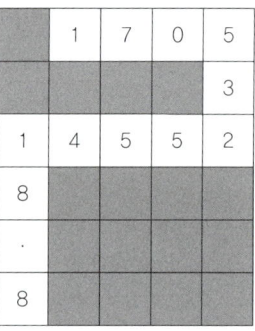

1. 1~12월 중 전 세계 수입량이 최대인 달은 6월이고, 6월의 전 세계 수입량은 2,341천 톤이다. 따라서 6월의 전 세계 수입량과 3월의 일본 수입량의 차는 2,341－636＝1,705천 톤이다.
2. • 중국의 1월 대비 12월의 단가의 증가폭 : 576－440＝136USD
   • 일본의 1월 대비 12월의 단가의 증가폭 : 677－570＝107USD
   ∴ 136×107＝14,552

〈세로〉

3. $\frac{694-584}{584}\times 100 \fallingdotseq 18.8\%$
4. 중국의 수입량이 네 번째로 높은 달은 9월이고, 9월의 단가는 532USD이다.

따라서 ㉠×(㉡＋㉢＋2)＝7×(5＋8＋2)＝105이다.

	1	7	0	5
				3
1	4	5	5	2
8				
.				
8				

04 정보추론

01	02	03	04	05	06	07	08	09	10
②	③	②	④	②	②	⑤	③	④	③
11	12	13	14	15	16	17	18	19	20
③	①	④	⑤	①	②	④	②	③	③

01

정답 ②

- 2021년 상반기 : 516×6=3,096<3,312
- 2021년 하반기 : 504×6=3,024<3,187
- 2022년 상반기 : 492×6=2,952<3,052
- 2022년 하반기 : 463×6=2,778>2,728
- 2023년 상반기 : 453×6=2,718>2,620

따라서 2022년 하반기, 2023년 상반기의 공립 어린이집 수는 공립 유치원 수의 6배 미만이다.

오답분석

① 매 시기 공립 및 사립 유치원 수와 어린이집 수가 감소하고 있으므로 전체 유치원 수와 어린이집 수는 감소하는 추세이다.

③ 2021년 상반기 대비 2023년 상반기의 공립 유치원 수 감소율은 $\frac{516-453}{516}\times100 \fallingdotseq 12.2\%$로 20% 미만이다.

④ 2021년 상반기 대비 2023년 상반기의 사립 유치원 수는 386−297=89개로 70개 이상 감소하였다.

⑤ 시기별 공립 어린이집 수 감소폭과 사립 어린이집 수 감소폭은 다음과 같다. 실제 시험에서는 자료에 제시된 모든 기간을 계산하기에 시간이 부족할 수 있다. 이때, 문제에서 감소폭이 큰 경우를 묻고 있으므로 그래프상의 기울기가 가장 큰 연도만 선택(공립 어린이집 : 2021년 하반기, 2022년 하반기/사립 어린이집 : 2022년 상반기)하여 계산 및 비교하도록 한다.

- 2021년하반기
  - 공립 어린이집 : 3,312−3,187=125개
  - 사립 어린이집 : 2,339−2,238=101개
- 2022년 상반기
  - 공립 어린이집 : 3,187−3,052=135개
  - 사립 어린이집 : 2,238−2,026=212개
- 2022년 하반기
  - 공립 어린이집 : 3,052−2,728=324개
  - 사립 어린이집 : 2,026−1,850=176개
- 2023년 상반기
  - 공립 어린이집 : 2,728−2,620=108개
  - 사립 어린이집 : 1,850−1,802=48개

따라서 공립 어린이집 수의 감소폭이 가장 클 때는 2022년 하반기이고, 사립 어린이집 수의 감소폭이 가장 클 때는 2022년 상반기로 그 시기가 다르다.

02

정답 ③

20~30대 청년들 중에서 자가에 사는 청년은 $\frac{5,657}{80,110}\times100 \fallingdotseq 7.1\%$이며, 20대 청년 중에서 자가의 비중은 $\frac{537+795}{13,874+15,258}\times100=\frac{1,332}{29,132}\times100 \fallingdotseq 4.6\%$이므로 전체 청년 인원대비 자가 비율보다 20대 청년 중에서 자가가 차지하는 비율이 더 낮다.

오답분석

① 20~24세 전체 가구 수 중 월세 비중은 $\frac{5,722}{13,874}\times100 \fallingdotseq 41.2\%$이고, 자가는 $\frac{537}{13,874}\times100 \fallingdotseq 3.9\%$이다.

② 20~24세를 제외한 연령대 청년 중에서 무상이 차지하는 비중은 $\frac{13,091-5,753}{80,110-13,874}\times100=\frac{7,338}{66,236}\times100 \fallingdotseq 11.1\%$로 월세 비중 $\frac{45,778-5,722}{80,110-13,874}\times100=\frac{40,056}{66,236}\times100 \fallingdotseq 60.5\%$보다 낮다.

④ 연령대가 높아질수록 자가를 가진 청년들은 늘어나지만 30~34세에서 자가 비율은 $\frac{1,836}{21,383}\times100 \fallingdotseq 8.6\%$로 35~39세의 자가 비율 $\frac{2,489}{29,595}\times100 \fallingdotseq 8.4\%$보다 높다.

또한 월세 비중은 다음과 같으므로 연령대가 높아질수록 계속 낮아진다고 볼 수 없다.

- 20~24세 : $\frac{5,722}{13,874}\times100 \fallingdotseq 41.2\%$
- 25~29세 : $\frac{7,853}{15,258}\times100 \fallingdotseq 51.5\%$
- 30~34세 : $\frac{13,593}{21,383}\times100 \fallingdotseq 63.6\%$
- 35~39세 : $\frac{18,610}{29,595}\times100 \fallingdotseq 62.9\%$

⑤ 20~30대 연령대에서 월세에 사는 25~29세 연령대가 차지하는 비율은 $\frac{7,853}{80,110}\times100 \fallingdotseq 9.8\%$로 10% 미만이다.

03

정답 ②

학력이 높을수록 도덕적 제재를 선호하는 비중이 증가한다.

04

정답 ④

손괴는 2015년부터 2017년까지 감소하고 있기 때문에 올바른 판단이 아니다.

오답분석

① 표를 통해 쉽게 확인할 수 있다.
② 긴밀한 상관관계라면 수치의 증감 추이가 유사해야 하는데 그렇지 않으므로 올바른 판단이다.
③ 재산범죄가 2018년 이후부터 꾸준히 증가하고 있는 것으로 보아 올바른 판단이다.
⑤ 건수가 10배 정도 차이가 나는데 피해액이 같다면 결국 건당 횡령 범죄액이 10배가량 크므로 올바른 판단이다.

05

정답 ②

제시된 자료에 의하여 2021년부터 세계 전문서비스용 로봇산업의 규모가 증가함을 알 수 있다. 2023년 세계 전문서비스용 로봇시장 규모가 전체 세계 로봇시장 규모에서 차지하는 비율을 구하면 $\frac{4,600}{17,949}\times100 \fallingdotseq 25.63\%$이다.

따라서 2023년 전체 세계 로봇시장 규모에서 세계 전문서비스용 로봇시장 규모가 차지하는 비율은 27% 미만이므로 옳지 않은 설명이다.

오답분석

① 2023년 세계 개인서비스용 로봇산업 시장 규모의 전년 대비 증가율 : $\frac{2,216-2,134}{2,134}\times100 \fallingdotseq 3.8\%$

③ 2023년 세계 제조용 로봇산업 시장 규모의 전년 대비 증가율은 $\frac{11,133-10,193}{10,193}\times100≒9.2\%$이고 제시된 자료에 의하여 2023년의 세계 제조용 로봇산업의 규모가 세계 로봇시장에서 가장 큰 규모를 차지하고 있음을 확인할 수 있다.

④ • 전년 대비 2023년의 국내 전문서비스용 로봇생산 규모의 증가율 : $\frac{2,629-1,377}{1,377}\times100≒91.0\%$

• 2022년의 전체 서비스용 로봇산업 생산 규모 : 3,247+1,377=4,624억 원

• 2023년의 전체 서비스용 로봇산업 생산 규모 : 3,256+2,629=5,885억 원

• 전년 대비 2023년의 전체 서비스용 로봇산업 생산 규모의 증가율 : $\frac{5,885-4,624}{4,624}\times100≒27.3\%$

⑤ • 전년 대비 2023년의 개인 서비스용 로봇산업 수출 규모의 증감률 : $\frac{726-944}{944}\times100≒-23.1\%$

즉, 전년 대비 2023년의 개인 서비스용 로봇산업 수출 규모의 감소율은 약 23.1%이다.

• 2022년의 전체 서비스용 로봇산업 수출 규모 : 944+154=1,098억 원

• 2023년의 전체 서비스용 로봇산업 수출 규모 : 726+320=1,046억 원

• 전년 대비 2023년의 전체 서비스용 로봇산업 수출 규모의 증감률 : $\frac{1,046-1,098}{1,098}\times100≒-4.7\%$

2022년과 2023년의 전체 서비스용 로봇산업의 수출 규모 추이를 살펴보면 개인서비스용 로봇산업의 수출 규모는 감소한 반면, 전문서비스용 로봇산업의 수출 규모는 증가했다. 2022년 대비 2023년의 전체 서비스용 로봇산업의 수출 규모가 감소하였으므로 개인서비스용 로봇산업의 여파라고 판단할 수 있다.

PART 4

06

정답 ②

㉠ 2019년에서 2023년 사이 전년 대비 문화재 건수의 증가폭을 구하면 다음과 같다.

• 2019년 : 3,459−3,385=74건
• 2020년 : 3,513−3,459=54건
• 2021년 : 3,583−3,513=70건
• 2022년 : 3,622−3,583=39건
• 2023년 : 3,877−3,622=255건

따라서 전년 대비 전체 국가지정문화재 건수가 가장 많이 증가한 해는 2023년이다.

㉢ 2018년 대비 2023년 문화재 종류별 건수의 증가율을 구하면 다음과 같다.

• 국보 : $\frac{328-314}{314}\times100≒4.46\%$
• 보물 : $\frac{2,060-1,710}{1,710}\times100≒20.47\%$
• 사적 : $\frac{495-479}{479}\times100≒3.34\%$
• 명승 : $\frac{109-82}{82}\times100≒32.93\%$
• 천연기념물 : $\frac{456-422}{422}\times100≒8.06\%$
• 국가무형문화재 : $\frac{135-114}{114}\times100≒18.42\%$
• 중요민속문화재 : $\frac{294-264}{264}\times100≒11.36\%$

따라서 2018년 대비 2023년 건수의 증가율이 가장 높은 문화재는 명승문화재이다.

오답분석

㉡ 2023년 국보문화재 건수는 2018년에 비해 328−314=14건 증가했다. 그러나 2018년에 전체 국가지정문화재 중 국보문화재가 차지하는 비율은 $\frac{314}{3,385}\times100≒9.28\%$, 2023년에 전체 국가지정문화재 중 국보문화재가 차지하는 비율은 $\frac{328}{3,877}\times100≒8.46\%$이다.

따라서 2023년에 국보문화재가 전체 국가지정문화재에서 차지하는 비중은 2018년에 비해 감소했다.

㉣ 연도별 국가무형문화재 건수의 4배의 수치를 구하면 다음과 같다.

• 2018년 : 114×4=456건
• 2019년 : 116×4=464건
• 2020년 : 119×4=476건
• 2021년 : 120×4=480건
• 2022년 : 122×4=488건
• 2023년 : 135×4=540건

2018년에서 2022년까지 사적문화재의 지정 건수는 국가무형문화재 건수의 4배가 넘는 수치를 보이고 있지만, 2023년의 경우 국가무형문화재 건수의 4배를 넘지 못한다.

07

정답 ⑤

㉠ 제시된 자료를 통해 아파트단지, 놀이터, 공원의 경우 안전지킴이집의 수는 지속적으로 감소하지 않는다는 것을 알 수 있다.

㉢ • 2022년 대비 2023년의 학교 안전지킴이집의 증감률 : $\frac{7,270-7,700}{7,700}\times 100 \fallingdotseq -5.58\%$

• 2022년 대비 2023년의 유치원 안전지킴이집의 증감률 : $\frac{1,373-1,381}{1,381}\times 100 \fallingdotseq -0.58\%$

따라서 $0.58\times 10=5.8$이므로 2022년 대비 2023년의 학교 안전지킴이집의 감소율은 2022년 대비 2023년의 유치원 안전지킴이집 감소율의 10배 미만이다.

㉣ • 2022년 전체 어린이 안전지킴이집에서 24시 편의점이 차지하는 비중 : $\frac{2,528}{20,512}\times 100 \fallingdotseq 12.32\%$

• 2023년 전체 어린이 안전지킴이집에서 24시 편의점이 차지하는 비중 : $\frac{2,542}{20,205}\times 100 \fallingdotseq 12.58\%$

오답분석

㉡ 2019년 대비 2023년의 각 선정업소 형태의 어린이 안전지킴이집 증감폭을 구하면 다음과 같다.

- 24시 편의점 : 2,542−3,013=−471개
- 약국 : 1,546−1,898=−352개
- 문구점 : 3,012−4,311=−1,299개
- 상가 : 6,770−9,173=−2,403개
- 기타 : 6,335−5,699=636개

즉, 2019년에 비해 2023년에 가장 많이 감소한 선정업소는 상가이다.

08

정답 ③

2021년 대비 2022년 곡물별 소비량의 변화는 다음과 같다.

- 소맥 : 679−697=−18백만 톤
- 옥수수 : 860−883=−23백만 톤
- 대두 : 258−257=1백만 톤

따라서 소비량의 변화가 작은 곡물은 대두이다.

09

정답 ④

기타를 제외한 4개국의 2022년 대비 2023년의 해외이주자 수의 증감률을 구하면 다음과 같다.

- 미국 : $\frac{2,434-2,487}{2,487}\times 100 \fallingdotseq -2.13\%$
- 캐나다 : $\frac{225-336}{336}\times 100 \fallingdotseq -33.04\%$
- 호주 : $\frac{107-122}{122}\times 100 \fallingdotseq 12.30\%$
- 뉴질랜드 : $\frac{96-96}{96}\times 100=0\%$

따라서 2022년 대비 2023년의 해외이주자 수의 감소율이 가장 큰 나라는 캐나다이다.

오답분석

① 제시된 자료를 보면 전체 해외이주민의 수는 2016년에 감소, 2017년에 증가, 2018년에 감소, 2019년에 증가한 뒤 2020년부터 지속적으로 감소했다.

② • 2020년 기타를 제외한 4개국의 해외이주자 수의 합 : 10,843+1,375+906+570=13,694명

• 2023년 기타를 제외한 4개국의 해외이주자 수의 합 : 2,434+225+107+96=2,862명

• 2020년 대비 2023년 4개국 해외이주자 수의 증감률 : $\frac{2,862-13,694}{13,694}\times 100 \fallingdotseq -79.1\%$

따라서 2020년 대비 2023년 기타를 제외한 4개국 해외이주자 수의 합의 감소율은 80% 미만이다.

③ 2015년 대비 2023년의 캐나다 해외이주자 수의 증감률 : $\frac{225-2,778}{2,778}\times 100 \fallingdotseq -91.9\%$

따라서 2015년 대비 2023년의 캐나다 해외이주자 수의 감소율은 94% 미만이다.

⑤ 연도별 호주의 전년 대비 해외이주자 수의 증감폭을 구하면 다음과 같다.

- 2016년 : 1,846−1,835=11명
- 2017년 : 1,749−1,846=−97명
- 2018년 : 1,608−1,749=−141명
- 2019년 : 1,556−1,608=−52명
- 2020년 : 906−1,556=−650명
- 2021년 : 199−906=−707명
- 2022년 : 122−199=−77명
- 2023년 : 107−122=−15명

따라서 호주의 전년 대비 해외이주자 수의 감소폭이 가장 큰 해는 2021년이다.

10

정답 ③

제시된 자료에 의하면 중국의 디스플레이 세계시장의 점유율은 계속 증가하고 있다. 2017년 대비 2023년의 세계시장 점유율의 증가율을 구하면 $\frac{17.4-4}{4}\times 100=335\%$이다.

오답분석

① 제시된 자료에 의하면 일본의 디스플레이 세계시장 점유율은 2019년까지 하락한 후 2020년에 소폭 증가한 뒤 이후 15%대를 유지하고 있다.

② 디스플레이 세계시장 점유율은 매해 한국이 1위를 유지하고 있는 것은 맞다. 그러나 한국 이외의 국가의 순위는 2022년까지 대만−일본−중국−기타 순을 유지하다 2023년에 대만−중국−일본−기타 순으로 바뀌었다.

④ 국가별 2022년 대비 2023년의 국가별 디스플레이 세계시장 점유율의 증감률을 구하면 다음과 같다.

- 한국 : $\frac{45.8-45.2}{45.2}\times 100 \fallingdotseq 1.33\%$
- 대만 : $\frac{20.8-24.6}{24.6}\times 100 \fallingdotseq -15.45\%$
- 일본 : $\frac{15-15.4}{15.4}\times 100 \fallingdotseq -2.60\%$
- 중국 : $\frac{17.4-14.2}{14.2}\times 100 \fallingdotseq 22.54\%$
- 기타 : $\frac{1-0.6}{0.6}\times 100 \fallingdotseq 66.67\%$

따라서 2022년 대비 2023년의 디스플레이 세계시장 점유율의 증감률이 가장 낮은 국가는 대만이다.

⑤ 연도별 한국의 디스플레이 세계시장 점유율의 전년 대비 증가폭을 구하면 다음과 같다.

- 2018년 : 47.6−45.7=1.9%p
- 2019년 : 50.7−47.6=3.1%p
- 2020년 : 44.7−50.7=−6%p
- 2021년 : 42.8−44.7=−1.9%p
- 2022년 : 45.2−42.8=2.4%p
- 2023년 : 45.8−45.2=0.6%p

따라서 한국의 디스플레이 세계시장 점유율의 전년 대비 증가폭은 2019년이 가장 컸다.

11

정답 ③

오답분석

① 조형 전공의 2019년, 2020년 취업률은 자료보다 높고, 2021년 취업률은 자료보다 낮다.
② 2019년 모든 전공의 취업률이 자료보다 낮다.
④ 2019년 연극영화 전공, 2020년 작곡 전공, 2021년 성악 전공 취업률이 자료보다 높다.
⑤ 성악 전공의 2021~2024년 취업률 총합은 자료보다 높고, 국악 전공은 자료보다 낮다.

12

정답 ①

오답분석

② 2017년 전체 당뇨병 유병률의 수치가 자료보다 높다.
③ 연도별 남성과 여성의 유병률의 모든 수치가 바뀌었다.
④ 2016~2019년 전체 당뇨병 유병률이 자료보다 높다.
⑤ 2020년 남성과 여성의 유병률의 수치가 바뀌었다.

13

정답 ④

용도별로 외국인 국내 토지 소유면적을 넓은 것부터 나열하면 임야 · 농지, 공장용지, 주거용지, 상업용지, 레저용지 순서이며, 이 중 주거용지, 상업용지, 레저용지 토지 면적의 합이 외국인 국내 토지 소유면적(224,715천m^2)의 약 10%인 ④가 답이다.

14

정답 ⑤

2014~2023년의 초과수익률을 구하면 순서대로 각각 25.6%p, 58.9%p, −74.8%p, 13.5%p, −33.4%p, −6.8%p, −13.4%p, 30%p, −20.9%p, 8.4%p이다.

15

정답 ①

6월 11일 전체 라면 재고량을 x개라고 하면, A, B업체의 6월 11일 라면 재고량은 각각 $0.1x$개, $0.09x$개이므로 6월 15일 A, B업체의 재고량을 구하면 다음과 같다.

- A업체 : $0.1x+300+200-150-100=0.1x+250$
- B업체 : $0.09x+250-200-150-50=0.09x-150$

6월 15일에는 A업체의 재고량이 B업체보다 500개가 더 많으므로 다음과 같은 식이 성립한다.

$0.1x+250=0.09x-150+500$

$\therefore\ x=10{,}000$

따라서 6월 11일의 전체 라면 재고량은 10,000개이다.

16

정답 ②

(단위 : 만 명)

구분	폐암	간암	위암	자궁경부암	합계
2010년	$\frac{50}{1.25}=40$	$240-(40+100+20)=80$	100	20	240
2020년	50	x	80	y	200

2010년도 폐암 사망자 수를 a만 명이라 하면, $a\times1.25=50$이므로 2010년도 폐암 사망자 수는 40만 명이다.

2010년 대비 2020년도 위암 사망자의 증감률은 $\frac{80-100}{100}\times100=-20\%$이고,

자궁경부암 사망자의 증감률은 (위암 사망자의 증감률)×2=−40%이므로 다음과 같은 식이 성립한다.

$-40=\frac{y-20}{20}\times100 \rightarrow y=12$

2020년도 사망자 수의 합=$200=50+x+80+12 \rightarrow x=58$

따라서 2010년 대비 2020년도 간암 사망자의 증감률은 $\frac{58-80}{80}\times100=-\frac{55}{2}\%$이다.

17

정답 ④

구분		1월	2월	3월	4월	5월	6월
주가(원)	A	5,000	( )	5,700	4,500	3,900	b
	B	6,000	( )	6,300	5,900	6,200	5,400
주가지수		100.00	( )	109.09	a	91.82	100.00

$a=\frac{4,500+5,900}{5,000+6,000}\times100≒94.55\%$

$\frac{b+5400}{5,000+6,000}\times100=100 \rightarrow \frac{b+5400}{5,000+6,000}=1$

$b+5,400=11,000 \rightarrow b=5,600$

㉡ 1월 A사의 주가는 5,000원, 6월 A사의 주가는 5,600원이므로 A사의 주가는 6월이 1월보다 높다.

㉣ 4~6월 A사의 주가 수익률을 구하면,

- 4월 : $\frac{4,500-5,700}{5,700}\times100≒-21.05\%$
- 5월 : $\frac{3,900-4,500}{4,500}\times100≒-13.33\%$
- 6월 : $\frac{5,600-3,900}{3,900}\times100≒43.59\%$

따라서 A사의 주가 수익률이 가장 낮은 달은 4월이고, 4월의 B사 주가는 전월보다 하락했다.

오답분석

㉠ 3~6월 중 주가지수가 가장 낮은 달은 5월이다.
5월 A사의 주가는 전월 대비 하락했지만, B사의 주가는 상승했다.

㉢ 2월 A사의 주가가 전월 대비 20% 하락했을 때, 2월 A사의 주가는 $5,000\times(1-0.2)=4,000$이고, 2월 B사의 주가는 전월과 동일하므로 6,000이다. 이때 2월의 주가지수는 $\frac{4,000+6,000}{5,000+6,000}\times100≒90.91$이고, 전월 대비 주가지수 하락률은 $\frac{100-90.91}{100}\times100=9.09\%$이다. 따라서 2월의 주가지수는 전월 대비 10% 미만 하락한다.

18

정답 ②

합계와 평균을 이용해 구할 수 있는 빈칸을 채우면 다음과 같다.

(단위 : 점)

구분	A	B	C	D	E	평균
영희	16	14	13	15	( )	( )
민수	12	14	15	10	14	13.0
수민	10	12	9	10	18	11.8
은경	14	14	15	17	( )	( )
철민	18	20	19	17	19	18.6
상욱	10	13	16	15	16	14
합계	80	87	87	84	( )	( )
평균	$\frac{80}{6}$	14.5	14.5	14	( )	( )

㉠ 영희의 E과목 시험 점수를 $x(0\le x\le 20)$라 했을 때, 영희의 성취도 수준이 '우수 수준'이 되려면

$$5\le\frac{16+14+13+15+x}{5}<18 \rightarrow 17\le x<32$$

x의 범위는 $0\le x\le 20$이므로 $17\le x\le 20$인 경우 영희의 성취도 수준은 '우수 수준'이 될 수 있다.

㉢ 빈칸을 채운 표를 참고하면 상욱이의 B과목의 점수는 13점, D과목의 점수는 15점, 시험성적의 평균은 14점이므로 상욱이의 성취도 수준은 '보통 수준'이다.

오답분석

㉡ 은경이의 E과목 시험 점수를 $y(0\le x\le 20)$라 했을 때, 은경이의 시험 성적의 총점은 $14+14+15+17+y=60+y$

y가 최소일 때, 즉 E과목 시험 점수가 0점일 때 은경이의 시험 점수 평균은 $\frac{60}{5}=12$점이다.

즉, 은경이가 받을 수 있는 성취도 수준의 최소는 '보통 수준'이므로 '기초 수준'이 될 수 없다.

㉣ 민수의 C과목 시험 점수는 15점, 철민이의 A과목 시험 점수는 18점이므로 민수의 C과목 시험 점수는 철민이의 A과목 시험 점수보다 낮다.

19

정답 ③

(단위 : 명)

수학성적	50점대	60점대	70점대	80점대	90점대	100점	합계
학생 수	5	$\frac{3}{4}a$	a	$80-a$	15		120

(70점대 학생 수)+(80점대 학생 수)$=120\times\frac{2}{3}=80$명이다.

60점대 학생 수는 70점대 학생 수의 $\frac{3}{4}a$이다.

60점대 학생 수는 50점대 학생 수의 3배이므로, $\frac{3}{4}a=15 \rightarrow a=20$

따라서 모든 학생 수 $120=5+15+20+60+15+$(100점 학생 수)이고, 100점 맞은 학생 수는 5명이다.

20

정답 ③

$$(A)=\frac{147,152,697}{838,268,939}\times 100 \fallingdotseq 17.6\%$$

$$(B)=\frac{80,374,802}{838,268,939}\times 100 \fallingdotseq 9.6\%$$

$$(C)=\frac{137,441,060}{90,539} \fallingdotseq 1,518\text{천 원} \rightarrow 152\text{만 원}$$

05 공간지각

01	02	03	04	05	06	07	08	09	10
③	⑤	④	⑤	④	①	⑤	④	③	④
11	12	13	14	15	16	17	18	19	20
③	②	①	③	⑤	①	②	⑤	④	①

01

정답 ③

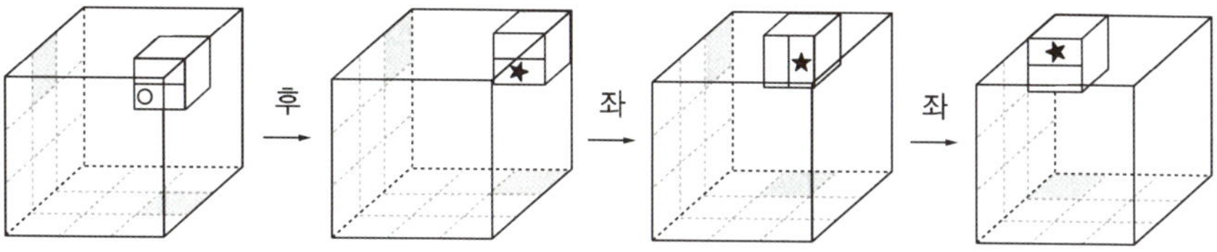

02

정답 ⑤

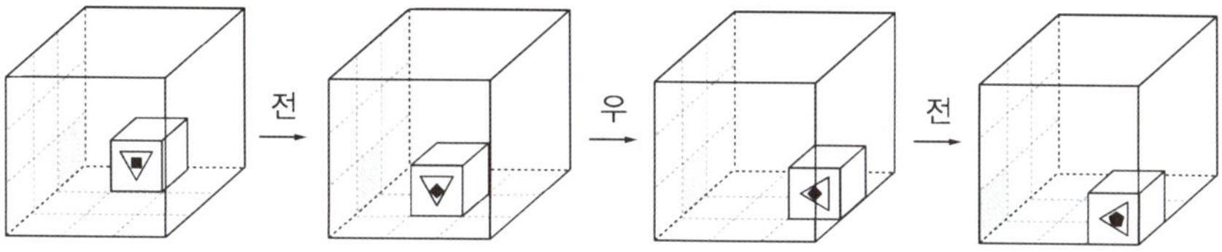

03

정답 ④

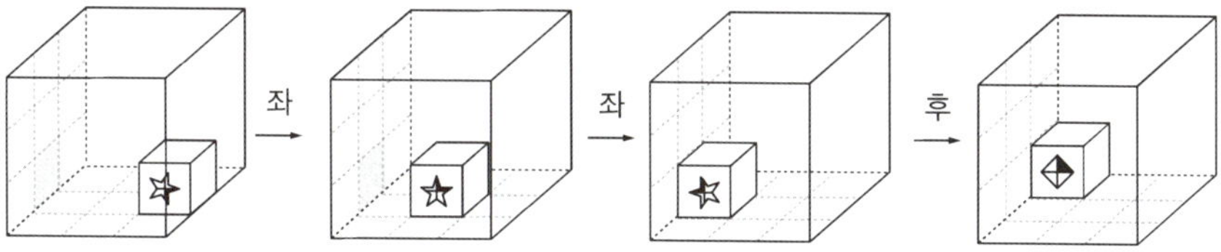

04

정답 ⑤

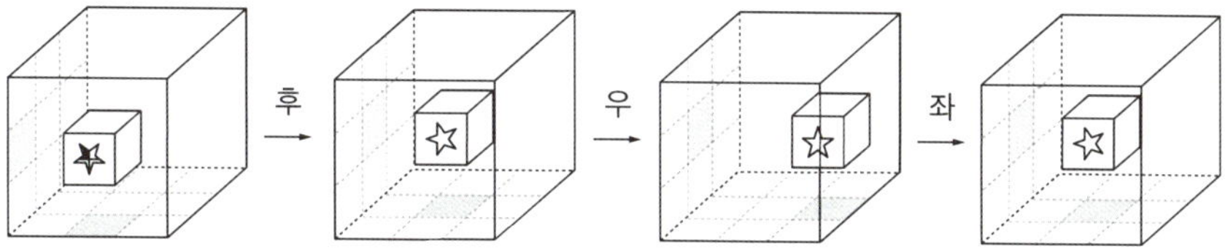

05

정답 ④

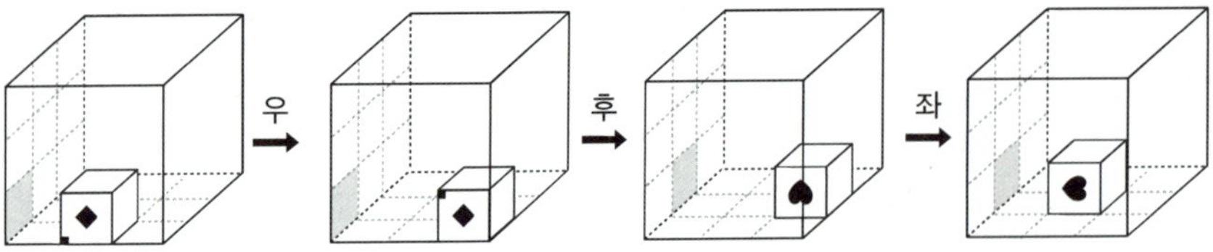

06

정답 ①

Ⓐ

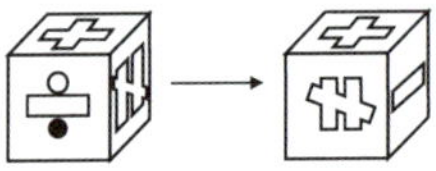

왼쪽 1칸

Ⓑ

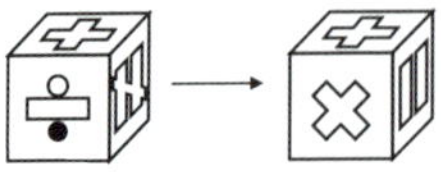

오른쪽 2칸

Ⓒ

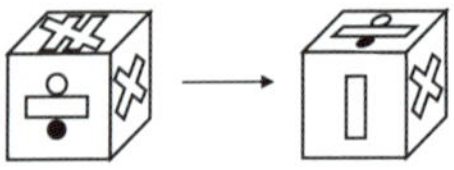

뒤 1칸

07

정답 ⑤

Ⓐ

앞 2칸

Ⓑ

왼쪽 1칸

Ⓒ

오른쪽 1칸

08

정답 ④

Ⓐ

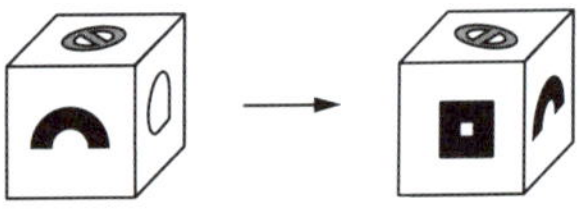

오른쪽 1칸

Ⓑ

왼쪽 1칸

Ⓒ

뒤 2칸

09

정답 ③

Ⓐ

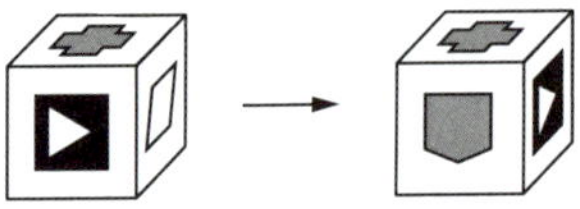

오른쪽 1칸

Ⓑ

뒤 1칸, 오른쪽 1칸

Ⓒ

앞 1칸

10

정답 ④

ㄱ 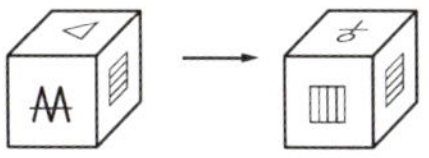

위로 2칸

ㄴ 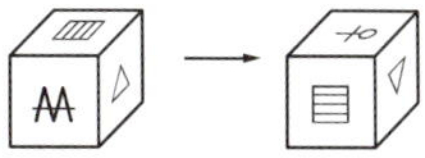

아래로 2칸

ㄷ 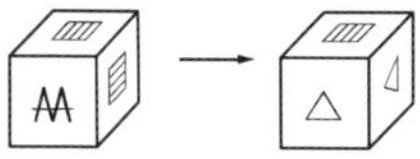

오른쪽 2칸

11

정답 ③

ㄱ 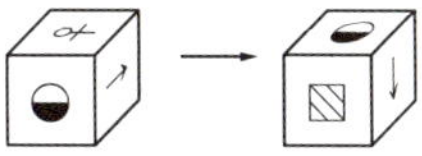

위로 1칸

ㄴ 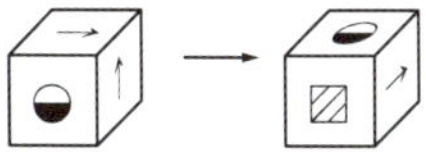

아래로 1칸

ㄷ 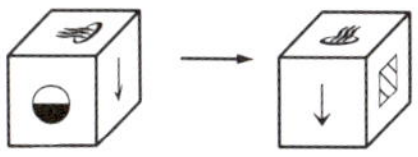

왼쪽 1칸

12

정답 ②

ㄱ 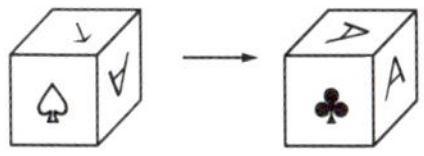

위로 2칸

ㄴ 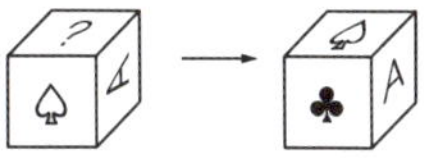

위로 1칸

ㄷ 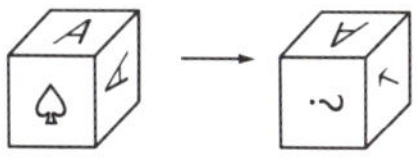

오른쪽 2칸

13

정답 ①

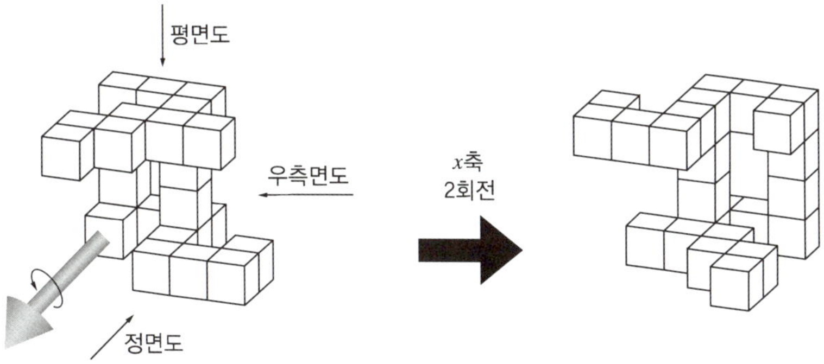

14

정답 ③

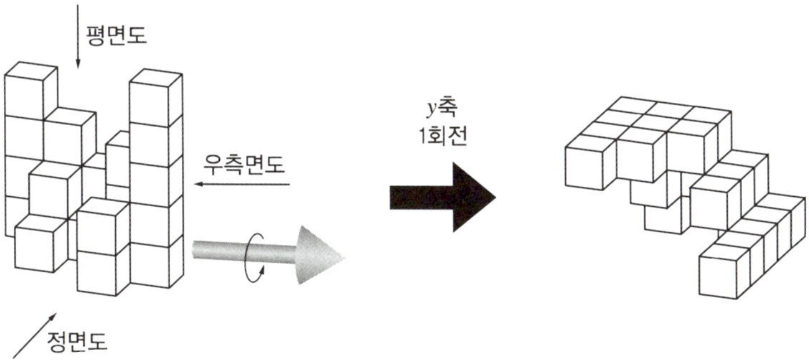

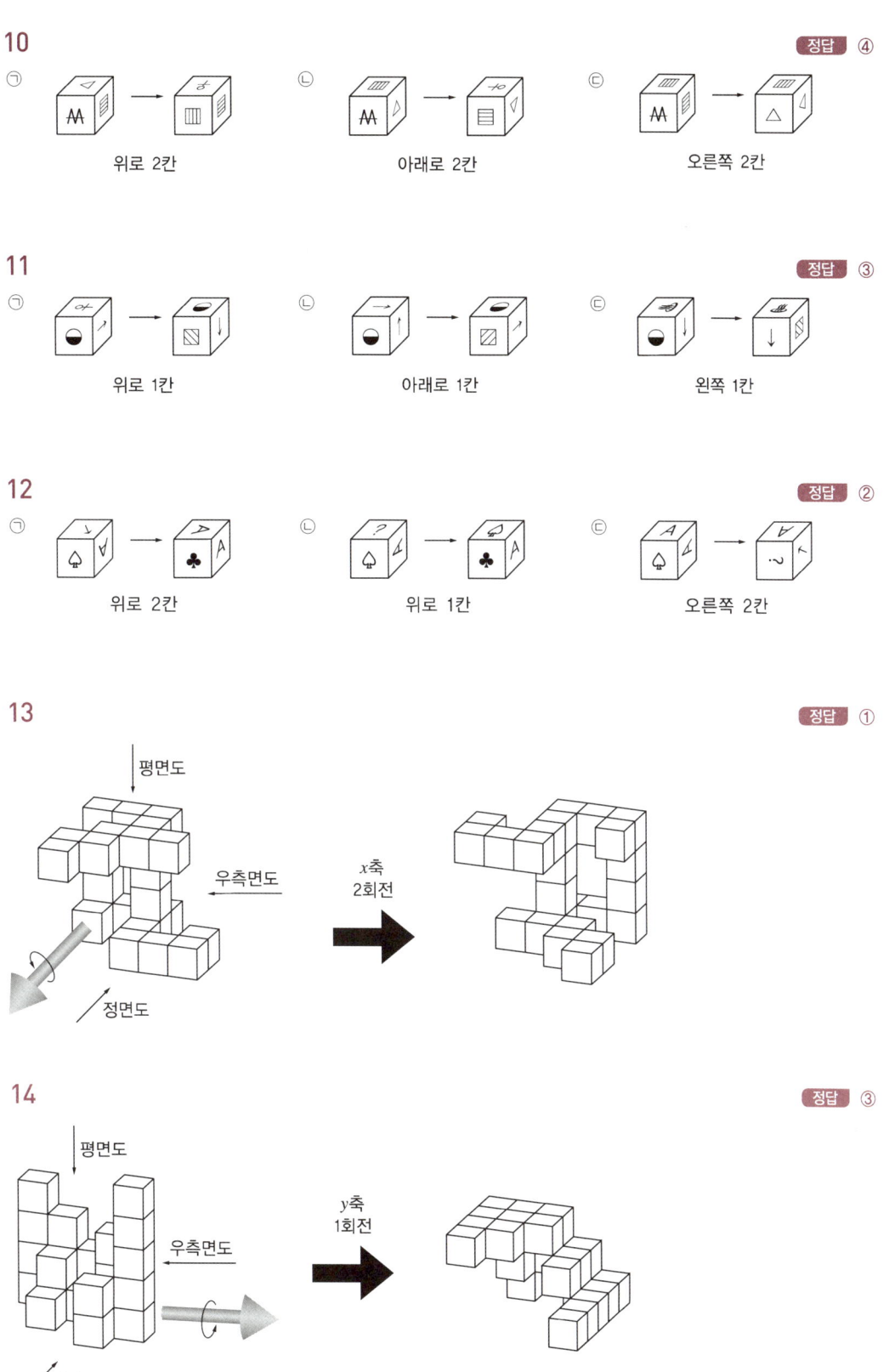

15

정답 ⑤

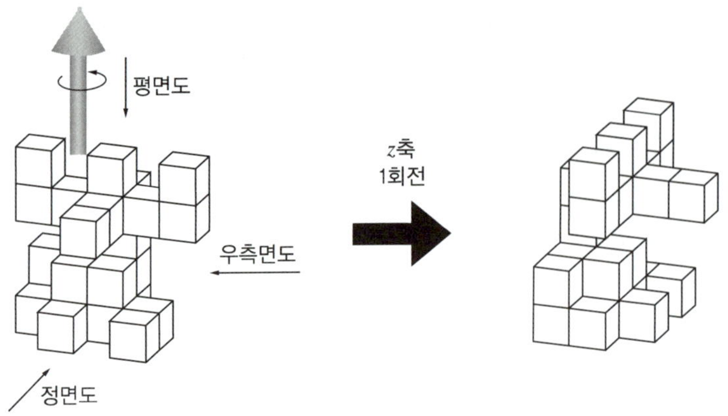

16

정답 ①

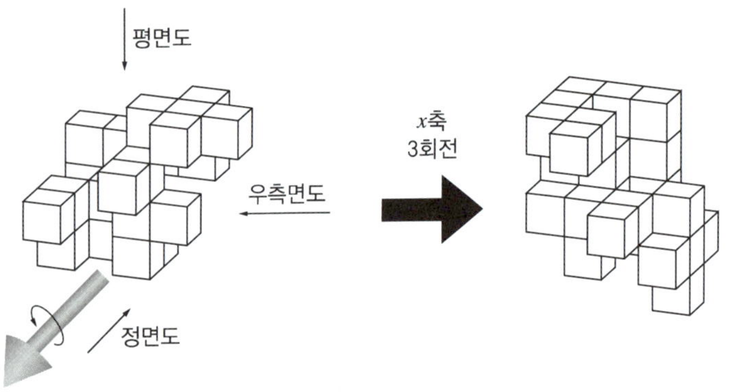

17

정답 ②

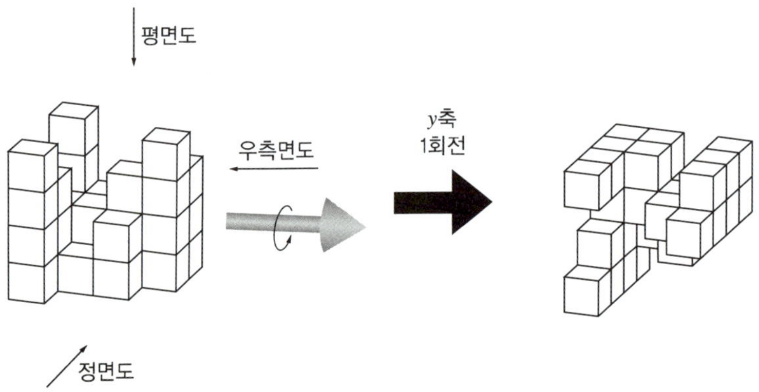

18

정답 ⑤

오답분석

①
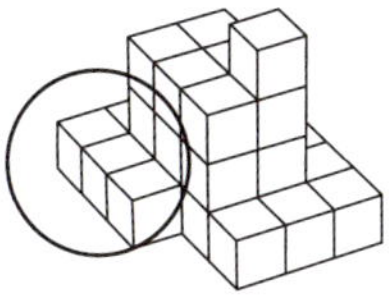

②
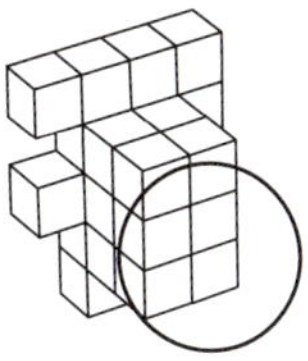

③
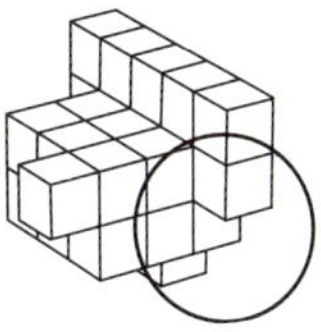

④
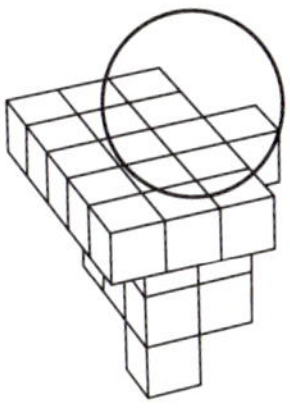

19

정답 ④

오답분석

①
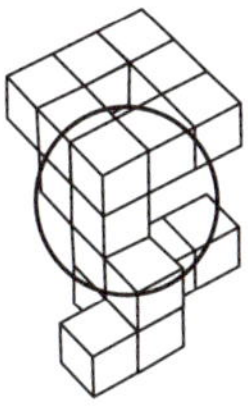

②
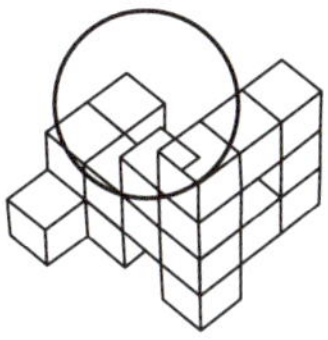

③
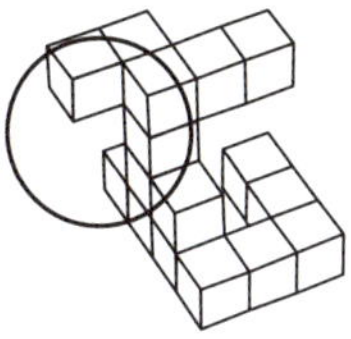

⑤
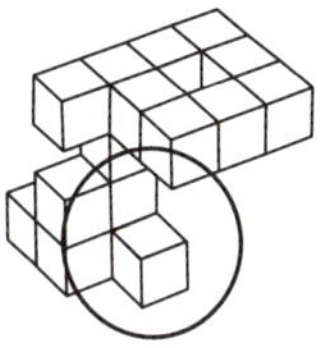

20

정답 ①

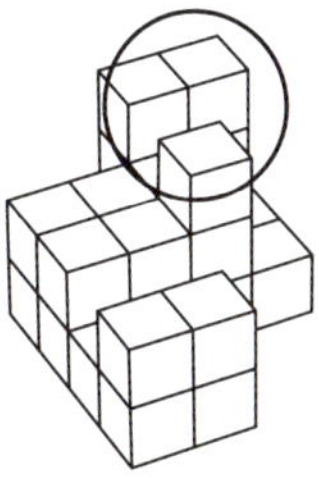

PART 4

06 도식이해

01	02	03	04	05	06	07	08	09	10
⑤	④	②	⑤	①	④	②	④	③	④
11	12	13	14	15					
①	①	②	①	⑤					

01

정답 ⑤

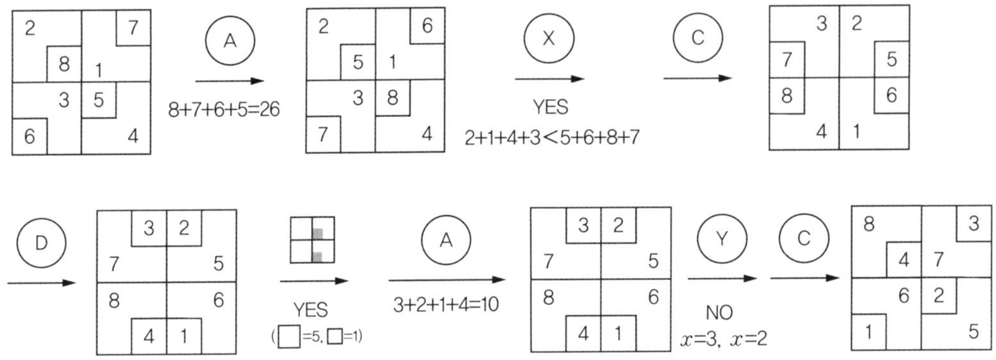

02

정답 ④

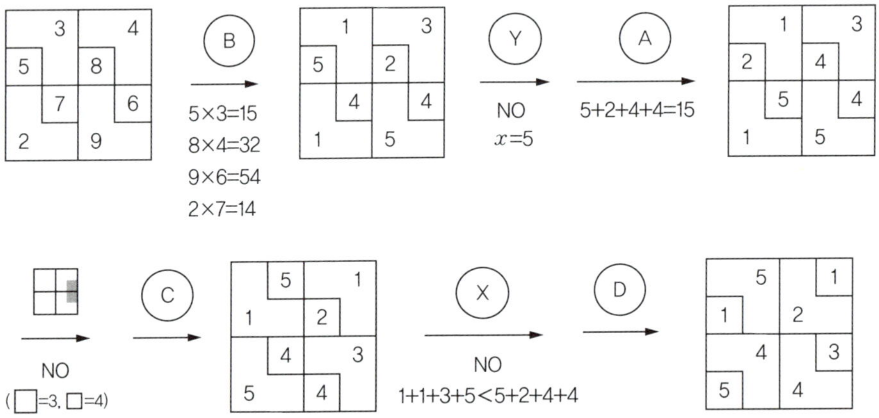

03

정답 ②

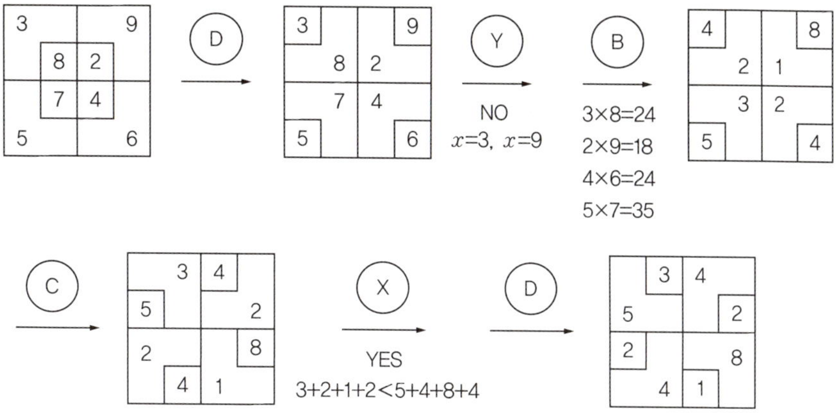

04

정답 ⑤

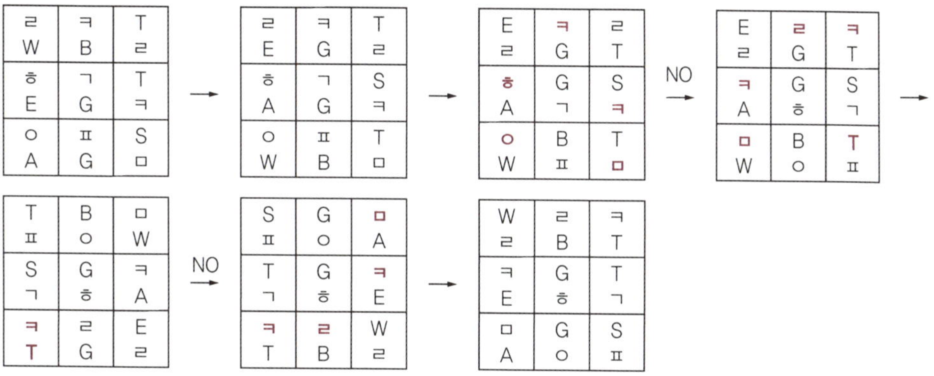

05

정답 ①

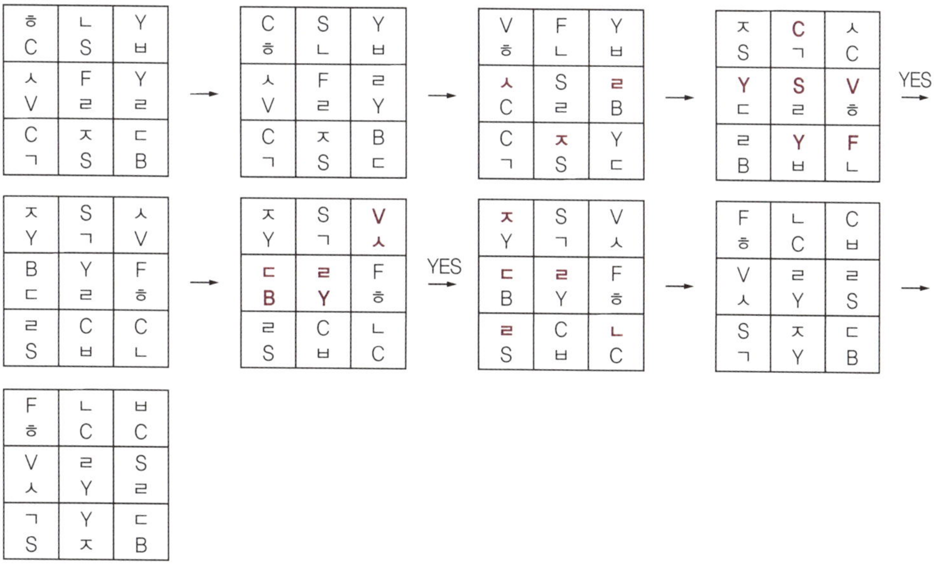

06

정답 ④

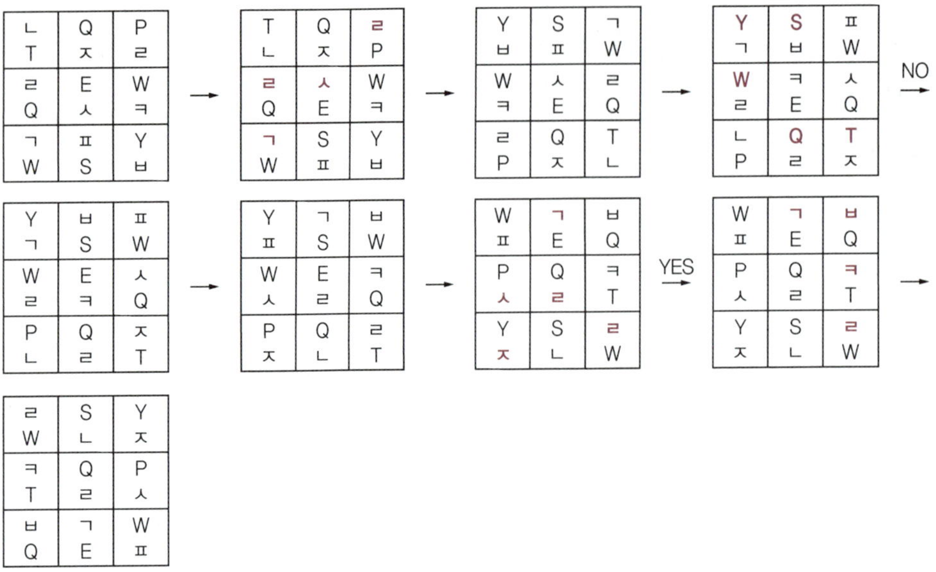

07

정답 ②

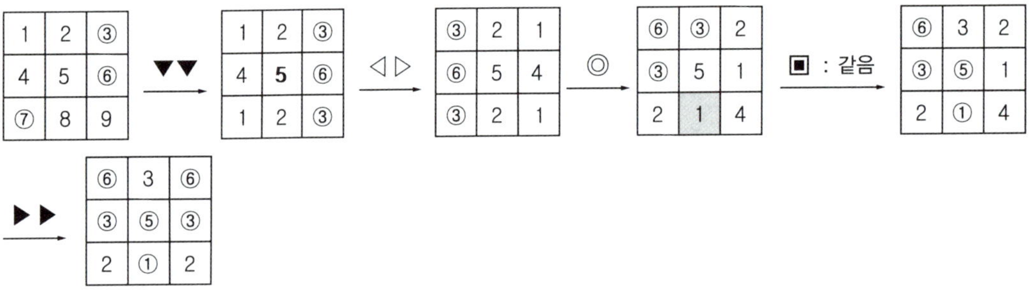

08

정답 ④

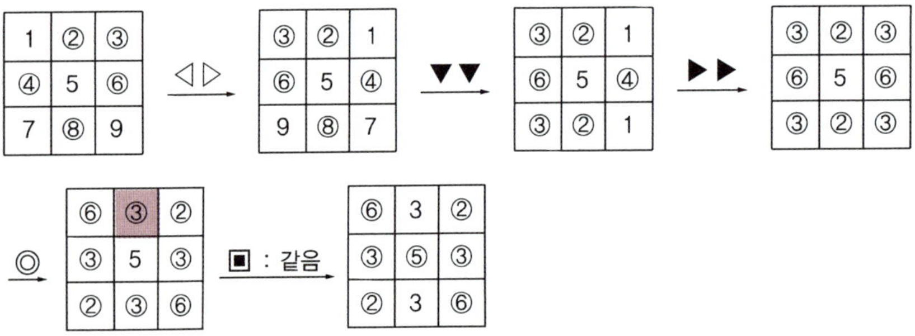

09

정답 ③

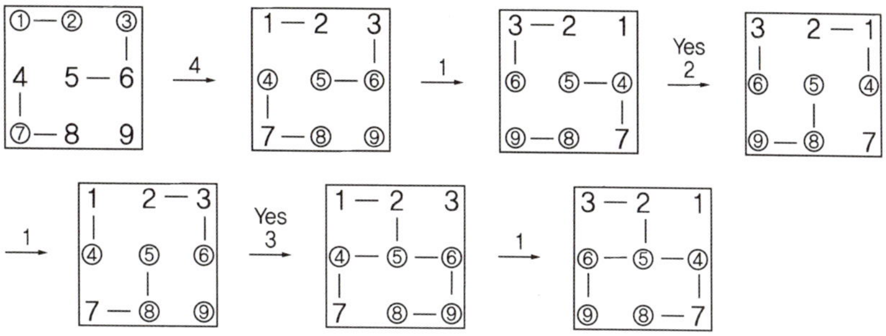

10

정답 ④

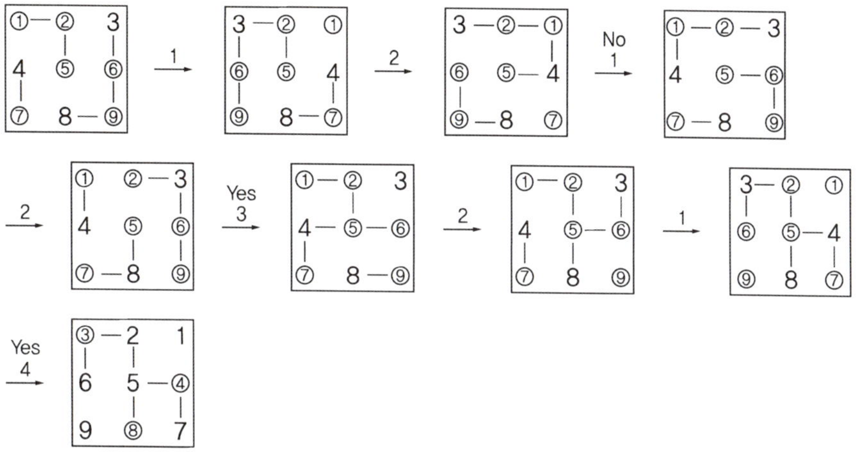

11

정답 ①

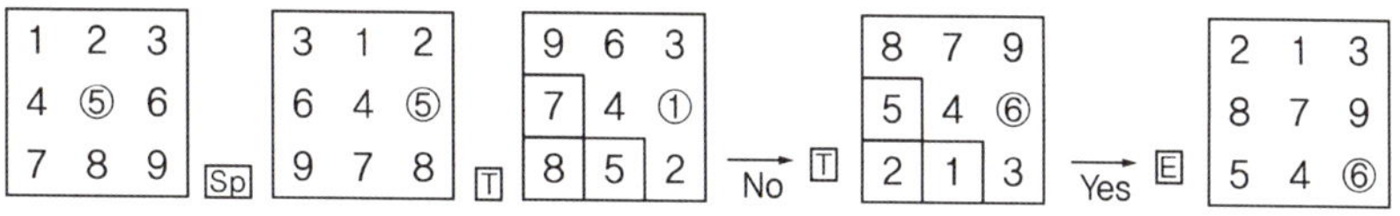

12

정답 ①

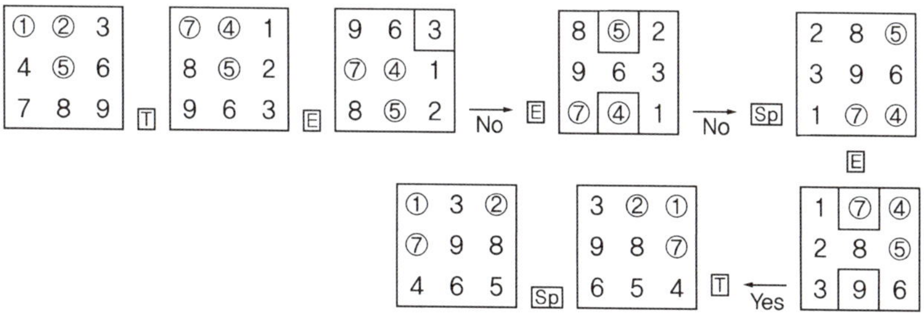

PART 4

13

정답 ②

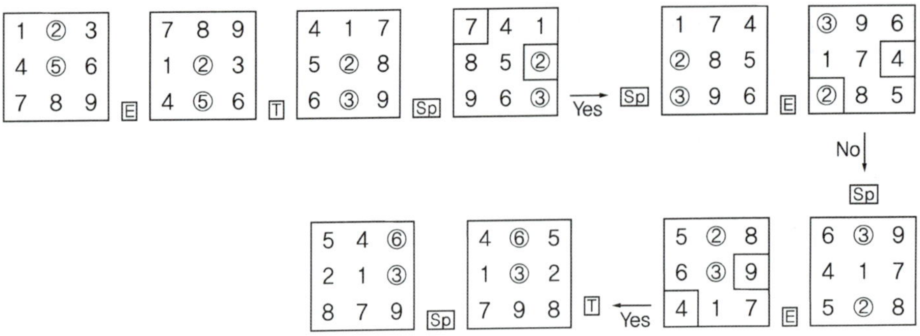

14

정답 ①

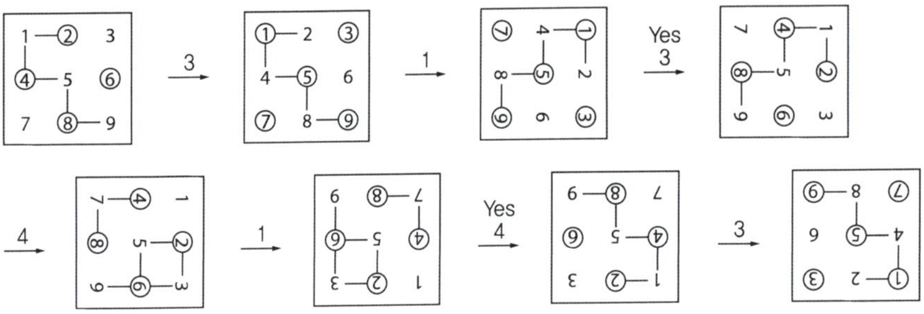

15

정답 ⑤

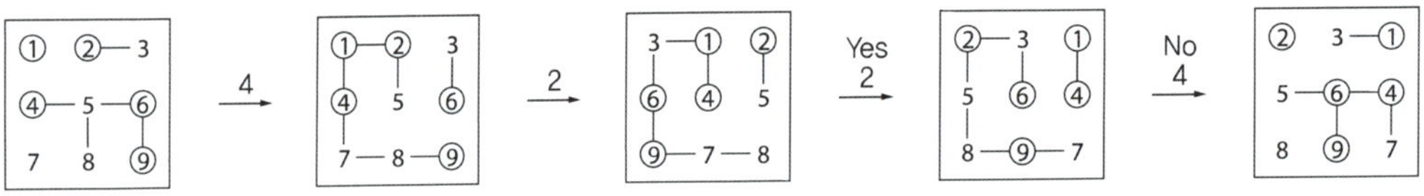

제2회 최종점검 모의고사

01 언어이해

01	02	03	04	05	06	07	08	09	10
③	③	③	⑤	⑤	④	②	②	④	④
11	12	13	14	15	16	17	18	19	20
③	②	②	②	④	②	③	②	③	②

01

정답 ③

제시문은 가격을 결정하는 요인과 이를 통해 일반적으로 할 수 있는 예상을 언급하며 거품 현상이란 구체적으로 무엇인지를 설명하는 글이다. 그러므로 (가) 수요와 공급에 의해 결정되는 가격 – (마) 상품의 가격에 대한 일반적인 예상–(다) 현실적인 가격 결정 요인 – (나) 이로 인해 예상치 못하게 나타나는 거품 현상 – (라) 거품 현상에 대한 구체적인 설명 순으로 나열하는 것이 적절하다. (가) – (마) – (다) – (나) – (라) 순이므로 4번째에 올 문단은 (나)이고 5번째에 올 문단은 (라)이다.

02

정답 ③

도덕 실재론에 대한 설명인 (나)와 정서주의에 대한 (다) 중 전환 기능의 접속어 '한편'이 (다)에 포함되어 있으므로 (나)의 도덕 실재론에 대한 설명이 더 앞에 위치한다. 다음으로, 환언 기능의 접속어 '즉'으로 시작하며 도덕적 진리를 과학적 명제처럼 판단하는 도덕 실재론에 대한 부연설명을 하고 있는 (라)가 온 후, (다)에서 앞의 도덕 실재론과 다른 정서주의의 특징을 설명하고, (다)에 대한 부연설명인 (가)가 이어진다. 따라서 (나) – (라) – (다) – (가) 순으로 나열하는 것이 적절하다.

03

정답 ③

첫 번째 문단의 마지막 문장이 '그렇다고 남의 향락을 위하여 스스로 고난의 길을 일부러 걷는 것이 학자는 아니다.'이므로, 이어질 내용으로 가장 적절한 것은 (나)이다. 그 다음으로 (가) 상아탑이 제 구실을 못함 – (다) 진리탐구라는 학문의 목적 – (마) 학문 악용의 폐단 – (라) 학문에 대한 의문 제기로 연결되어야 마지막 문단과의 연결이 자연스럽다.

04

정답 ⑤

조사 '–로써'는 '~을 가지고', '~으로 인하여'라는 의미이고, '–로서'는 '지위', '신분' 등의 의미이다. 따라서 '도모함으로써'가 올바른 표현이므로 수정하지 않는다.

05

정답 ⑤

재산이 많은 사람은 약간의 세율 변동에도 큰 영향을 받는다. 그러므로 '영향이 크기 때문에'로 수정해야 한다.

06

정답 ④

제시된 개요는 우리나라의 민주주의가 아직 미흡한 점이 많음을 서론에서 지적한 후에, '본론 1'에서 그 미흡한 점을 구체적으로 제시하고, '본론 2'에서 민본주의를 바탕으로 해결책을 모색하고 있다. 따라서 결론에는 '본론 1'과 '본론 2'의 내용을 포괄하면서 서론에서 제기한 화제를 다뤄야 하고, 글의 제목 또한 중심 생각의 내용을 포괄하면서 결론의 내용을 압축적으로 보여주어야 하기에 ④가 가장 적절하다.

07

정답 ②

빈칸 앞뒤의 문장이 인과관계로 연결되어 있으므로 빈칸에는 앞 문장에 대한 부연 설명이 들어가야 한다. 두 번째 문단에서 새로운 것, 체험하지 않은 것, 낯선 것은 위험, 불안정, 걱정, 공포감을 유발한다고 하였고, 빈칸 앞 문장의 '특별한 유형의 원인만을 써서 설명을 만들어내는 것'은 이러한 느낌을 제거하기 위한 행동이다. 따라서 빈칸에 들어갈 문장으로는 ②가 가장 적절하다.

08 정답 ②

빈칸 다음의 내용을 요약하여 정리하면 다음과 같다.

- 얼굴을 맞대고 하는 접촉이 매체를 통한 접촉보다 결정적인 영향력을 미친다.
- 새 어형이 전파되는 것은 매체보다 사람과의 직접적인 접촉에 의해서라는 것이 더 일반적인 견해이다.
- 매체보다 자주 접촉하는 사람들을 통해 언어 변화가 진전된다는 사실은 언어 변화의 여러 면을 바로 이해하는 한 핵심적인 내용이라 해도 좋을 것이다.

위 내용을 종합해 보면 '접촉의 형식도 언어 변화에 영향을 미치는 요소'임을 도출할 수 있으며, 이는 글을 이끄는 첫 문장으로 빈칸에 적절하다.

09 정답 ④

제시문을 통해 언어는 시대를 넘어 문명을 전수하는 역할을 함을 알 수 있다. 언어를 통해 전해진 선진들의 훌륭한 문화유산이나 정신 자산은 당대의 문화나 정신을 살찌우는 밑거름이 되는 것이다. 이러한 언어가 없었다면 인류 사회는 앞선 시대와 단절되어 더 이상의 발전을 기대할 수 없었을 것이다. 이는 문명의 발달이 언어를 매개로 이루어져 왔음을 의미한다.

10 정답 ④

담수 동물은 육상 동물과 같이 몸 밖으로 수분을 내보내고 있지만, 육상 동물의 경우에는 수분 유지를 위한 것이 아니므로 수분 유지는 공통점이 아니다.

11 정답 ③

마지막 문단의 '지금껏 연구는 주로 쥐를 중심으로 이루어졌지만'이라고 한 문장에서 인간 실험이 행해지지 않았다는 것을 확인할 수 있다.

12 정답 ②

제시문은 검무의 정의와 기원, 검무의 변천 과정과 구성, 검무의 문화적 가치를 역사적 흐름에 따라 설명하고 있다. 따라서 ②가 표제와 부제로 가장 적절하다.

13 정답 ②

몸을 중심으로 인간의 존재를 규명하여, 행위하는 몸의 사회적 의미를 분석하고자 했다는 점에서 푸코와 메를로퐁티는 공통점을 갖는다. 하지만 푸코는 인간의 몸이 정치 · 사회적 권력에서 요구하는 행동 양식을 따르고 있다고 본 반면, 메를로퐁티는 인간의 몸이 우리를 둘러싼 환경인 세계에 주체적으로 적응한다고 보았다. 따라서 제시문은 몸을 중심으로 인간의 존재를 규명하고자 한 푸코와 메를로퐁티의 견해를 공통점과 차이점을 중심으로 소개하고 있다.

14 정답 ②

필자가 우려하고 있는 것은 외환 위기라는 표면적인 이유 때문에 무조건 외제 상품을 배척하는 행위이다. 즉, 문제의 본질을 잘못 이해하여 임기응변식의 대응을 하는 것에 문제를 제기하는 것이다. 이럴 때 쓸 수 있는 관용적 표현은 '언 발에 오줌 누기'이다.

오답분석

① 다른 사람의 본이 되지 않는 사소한 언행도 자신의 지식과 인격을 수양하는 데에 도움이 됨
③ 성미가 몹시 급함
④ 일이 이미 잘못된 뒤에는 손을 써도 소용이 없음
⑤ 위급한 상황에 처해도 정신만 바로 차리면 위기를 벗어날 수 있음

15 정답 ④

(가)는 한(恨)이 긍정적인 측면을 내포하고 있음을 설명하고 있으나, 부정적인 측면을 지양할 것을 강조하고 있지는 않으며, (나) 역시 해학 전통을 계승하자는 내용은 아니다.

16 정답 ②

『일리아스』는 객관적 서술 태도와는 거리가 멀다고 할 수 있다.

17 정답 ③

제시문은 유추에 의한 단어 형성에 대해서만 설명한 글이다.

오답분석

① 첫 번째 문단에서 확인할 수 있다.
② 세 번째 문단에서 확인할 수 있다.
④ 마지막 문단에서 확인할 수 있다.
⑤ 두 번째 문단에서 확인할 수 있다.

18 정답 ②

수요 탄력성이 완전 비탄력적인 상품은 가격이 내리면 지출액이 감소하며, 수요 탄력성이 완전 탄력적인 상품은 가격이 내리면 지출액이 많이 늘어난다고 설명하고 있다. 그러므로 소비자의 지출액을 줄이려면 수요 탄력성이 낮은 생필품의 가격은 낮추고, 수요 탄력성이 높은 사치품은 가격을 높여야 한다고 추론할 수 있다.

19 정답 ③

'예술가가 무엇인가를 선택하는 정신적인 행위와 작업이 예술의 본질'이라는 내용과 잭슨 폴록 작품에 대한 설명을 통해 퐁피두 미술관이 전통적인 예술작품을 선호할 것이라고 추론하기는 어렵다.

오답분석

①·④·⑤ 마르셀 뒤샹과 잭슨 폴록의 작품 성격을 통해 추론할 수 있다.
② 마르셀 뒤샹과 잭슨 폴록의 작품 표현 방식이 서로 다르듯이 그 밖에 표현 방식이 다양한 다른 작가들의 작품도 있을 것으로 추론할 수 있다. 그리고 이를 통해 퐁피두 미술관을 찾는 사람들의 목적 역시 다양할 것이라는 결론을 도출할 수 있다.

20 정답 ②

제시문은 박람회의 여러 가지 목적 중 다양성을 통한 주최 국가의 '이데올로기적 통일성'을 표현하려는 의도를 설명하고 있다.

㉠ 첫 번째 문단에서는 경제적 효과, 두 번째 문단에서는 사회적 효과, 즉 다양성을 통한 '이데올로기적 통일성'을 표현하려 한다고 했으므로 일치하는 내용이다.
㉡ 다양성을 통해 '이데올로기적 통일성'을 표현하여 정치적 무기로 사용한다고 했으므로 합당한 추론이다.
㉢ 마지막 문단에서 당시의 '사회적 인식'을 기초로 해서 당시의 기득권 사회가 이를 그들의 합법적인 위치의 정당성과 권력을 위해 진행하고 있는 투쟁에서 의식적으로 조작된 정치적 무기로써 조직, 설립, 통제를 위한 수단으로 사용하고 있다는 점에서 일치하는 내용이다.

PART 4

02 논리판단

01	02	03	04	05	06	07	08	09	10
⑤	③	③	④	④	③	①	②	③	④
11	12	13	14	15					
②	③	④	①	④					

01

정답 ⑤

제시된 명제를 다음과 같이 정리할 수 있다.

- A : 연차를 쓸 수 있다.
- B : 제주도 여행을 한다.
- C : 회를 좋아한다.
- D : 배낚시를 한다.
- E : 다른 계획이 있다.

제시된 명제들을 간단히 나타내면, A → B, D → C, E → ~D, ~E → A이다. 두 번째 명제를 제외한 후 연립하면 D → ~E → A → B가 되므로 D → B가 성립한다. 따라서 그 대우 명제인 '제주도 여행을 하지 않으면 배낚시를 하지 않는다.'가 항상 참이다.

02

정답 ③

제시된 명제와 대우 명제는 다음과 같다.

명제	대우 명제
마케팅 팀 ○ → 기획 ○	기획 × → 마케팅 팀 ×
마케팅 팀 × → 영업 ×	영업 ○ → 마케팅 팀 ○
기획 × → 소통 ×	소통 ○ → 기획 ○

이를 정리하면 다음과 같다.

- 영업 ○ → 마케팅 팀 ○ → 기획 ○
- 기획 × → 마케팅 팀 × → 영업 ×

영업 역량을 가진 사원은 마케팅 팀이고, 마케팅 팀인 사원은 기획 역량이 있다. 따라서 '영업 역량을 가진 사원은 기획 역량이 있다.'는 참이다.

오답분석

① 마케팅 팀 사원의 영업 역량 유무는 주어진 명제만으로는 알 수 없다.

② 소통 역량이 있는 사원이 마케팅 팀인지의 여부는 주어진 명제만으로는 알 수 없다.

④ 기획 역량이 있는 사원이 소통 역량을 가지고 있는지의 여부는 주어진 명제만으로는 알 수 없다.

⑤ 영업 역량이 없으면 소통 역량이 없는지의 여부는 주어진 명제만으로는 알 수 없다.

03

정답 ③

비가 오면 큰아들의 장사가 잘 돼서 좋고, 비가 오지 않으면 작은아들의 장사가 잘 돼서 좋다. 비가 오거나 오지 않거나 반드시 둘 중의 하나이므로, '항상 좋다.'라는 내용이 빈칸에 들어가야 한다.

04

정답 ④

첫 번째 조건에 따르면 중국에는 총 2명이 출장을 갈 수 있고, 각각 여름 혹은 겨울에 간다. 또한 세 번째 ~ 다섯 번째 조건에 의해 중국에 갈 수 있는 직원은 C대리와 E사원인데, 한 사람이 여름에 가면 한 사람이 겨울에 가게 된다. 따라서 항상 참인 것은 '영업팀 C대리가 여름에 중국으로 출장을 가면, 디자인팀 E사원은 겨울에 출장을 간다.'이다.

05

정답 ④

오답분석

① 주어진 조건으로 을은 4, 5, 7번에 앉을 수 있으나 을이 4번에 앉을지 5, 7번에 앉을지는 정확히 알 수 없다.

② 갑과 병은 이웃해 앉지 않으므로 1번에 앉을 수 없다.

③ 주어진 조건으로 을과 정이 나란히 앉게 될지 정확히 알 수 없다.

⑤ 정이 7번에 앉으면 을은 5번에 앉는다. 그러므로 을과 정 사이에는 2명이 앉을 수 없다.

06

정답 ③

첫 번째 조건에 따라 주거복지기획부가 반드시 참석해야 하므로 네 번째 조건의 대우에 의해 산업경제사업부는 참석하지 않는다. 다섯 번째 조건에 따라 두 경우로 나타내면 다음과 같다.

i) 노사협력부가 참석하는 경우 : 세 번째 조건의 대우에 따라 인재관리부는 참석하지 않으며, 다섯 번째 조건에 따라 공유재산관리부도 불참하고, 공유재산개발부는 참석할 수도 있고 참석하지 않을 수도 있다. 즉, 주거복지기획부, 노사협력부, 공유재산개발부가 주간 회의에 참석할 수 있다.

ii) 공유재산관리부가 참석하는 경우 : 두 번째 조건에 따라 공유재산개발부도 참석하며, 다섯 번째 조건에 따라 노사협력부는 참석하지 않고, 인재관리부는 참석할 수도 있고 참석하지 않을 수도 있다. 즉, 주거복지기획부, 공유재산관리부, 공유재산개발부, 인재관리부가 주간 회의에 참석할 수 있다.

따라서 이번 주 주간 회의에 참석할 부서의 최대 수는 4개이다.

07

정답 ①

각각의 조건을 정리하여 실적을 비교해 보면 다음과 같다.

A>B, D>C, F>E>A, E>B>D

∴ F>E>A>B>D>C

08

정답 ②

㉠~㉦을 이용하여 표를 그리면 다음과 같다.

구분	월	화	수	목	금
서울	일본		미국		중국
수원	미국	미국			
인천	중국			미국	
대전	한국				미국

㉥에 따라 한국은 화, 수요일에는 인천에서 연습을 한다. 그러면 목요일에는 서울, 금요일에는 수원에서 연습을 한다. ㉠, ㉡, ㉣을 이용하여 표를 완성하면 다음과 같다.

구분	월	화	수	목	금
서울	일본	일본	미국	한국	중국
수원	미국	미국	일본	중국	한국
인천	중국	한국	한국	미국	일본
대전	한국	중국	중국	일본	미국

따라서 수요일 대전에서는 중국이 연습한다.

09

정답 ③

i) ㉠, ㉡, ㉣, ㉤, ㉥, ㉥에 의해 E, F, G가 3층, C, D, I는 2층, A, B, H는 1층임을 알 수 있다.

ii) ㉣에 의해 2층이 '빈방 – C – D – I' 또는 'I – 빈방 – C – D'임을 알 수 있다.

iii) ㉡, ㉢에 의해 1층이 'B – A – 빈방 – H' 또는 'H – B – A – 빈방'임을 알 수 있다.

iv) ㉤, ㉦에 의해 3층이 'G – 빈방 – E – F' 또는 'G – 빈방 – F – E'임을 알 수 있다.

10

정답 ④

E가 수요일에 봉사를 간다면 C는 월요일에 가고, A는 화요일에 가게 되며, B와 D는 평일에만 봉사를 가므로 토요일에 봉사를 가는 사람은 없다.

오답분석

① B가 화요일에 봉사를 간다면 A는 월요일에 봉사를 가고, C는 수요일 또는 금요일에 봉사를 가므로 토요일에 봉사를 가는 사람은 없다.

② D가 금요일에 봉사를 간다면 C는 수요일과 목요일에 봉사를 갈 수 없으므로 월요일이나 화요일에 봉사를 가게 된다. 따라서 다섯 명은 모두 평일에 봉사를 가게 된다.

③ D가 A보다 빨리 봉사를 가면 D는 월요일, A는 화요일에 봉사를 가므로 C는 수요일이나 금요일에 봉사를 가게 된다. C가 수요일에 봉사를 가면 E는 금요일에 봉사를 가게 되므로 B는 금요일에 봉사를 가지 않는다.

⑤ C가 A보다 빨리 봉사를 간다면 D는 목요일이나 금요일에 봉사를 간다.

11

정답 ②

D는 A, B, C와 같은 요일에 면접을 보지 않으므로 월요일 또는 수요일에 면접을 본다. 또한 A는 B, C와 같은 요일에 면접을 보지 않으므로 월요일 또는 수요일에 면접을 본다. 따라서 B와 C는 화요일에 면접을 본다.

12

정답 ③

A가 4명 중 가장 먼저 면접을 본다면 월요일에 면접을 보게 되며, B와 C는 화요일, D는 수요일에 면접을 본다.

13

정답 ④

D가 'C의 말은 거짓'이라고 말하고 있으므로 C와 D 중 1명은 반드시 거짓을 말하고 있다. 즉, C의 말이 거짓일 경우 D의 말은 참이 되며, D의 말이 참일 경우 C의 말은 거짓이 된다.

i) D의 말이 거짓일 경우

C와 B의 말이 참이므로 A와 D가 모두 1등이 되므로 모순이다.

ii) C의 말이 거짓일 경우

A는 1등 당첨자가 되지 않으며, 나머지 진술에 따라 D가 1등 당첨자가 된다.

따라서 C가 거짓을 말하고 있으며, 1등 당첨자는 D이다.

14

정답 ①

두 사람은 나쁜 사람이므로 서로 진술이 엇갈리는 A와 E를 먼저 살펴보아야 한다. A를 착한 사람이라고 가정하면 'A(진실) – B(거짓) – D(거짓) – C(거짓) – E(거짓)'으로 나쁜 사람이 4명이 되므로 모순이다. 즉, A는 나쁜 사람이고, B와 C는 서로 대우이므로 두 사람은 착한 사람이다(두 사람이 나쁜 사람이라면 나쁜 사람은 A, B, C 3명이 된다). 따라서 B, C, E가 착한 사람이고, A, D가 나쁜 사람이다.

15

정답 ④

A의 진술 중 'D가 두 번째이다.'를 참이라고 가정하면 D, E의 진술 중 'E가 네 번째이다.'가 거짓이 되어 A가 가장 많이 나오고, D가 두 번째가 된다. 그러면 B의 진술이 모두 거짓이되므로 모순이다. 그러므로 A의 진술 중 '내가 세 번째이다.'가 참이며, A가 세 번째이므로 C의 진술 중 'B가 제일 적게 나왔다.'가 참이고, D의 진술 중 'E가 네 번째이다.'가 참이다. 또한 B의 진술 중 'C가 두 번째로 많이 나왔다.'가 참이다. 따라서 요금이 많이 나온 순으로 나열하면 D – C – A – E – B이다.

03 자료해석

01	02	03	04	05	06	07	08	09	10
③	②	⑤	③	⑤	②	④	②	④	⑤
11	12	13	14	15	16	17	18	19	20
③	④	⑤	①	③	④	①	④	②	①

01

정답 ③

운수회사별로 버스 승객 수의 감소 인원과 1분기 승객의 20%를 계산하면 다음과 같다.

구분	버스	승객 수			
		2025년 1분기	2025년 2분기	감소 인원	1분기 승객의 20%
A운수회사	K3615	120	103	17	24
	C3707	80	75	5	16
	C3708	120	100	20	24
B운수회사	B5605	100	90	10	20
	J7756	90	87	3	18
C운수회사	L3757	130	100	30	26
	L3759	85	75	10	17
	L3765	70	60	10	14
D운수회사	O1335	60	40	20	12
	O2338	75	70	5	15

감소 인원이 1분기 승객의 20%보다 큰 버스는 L3757, O1335이고 각각 C운수회사, D운수회사가 운영하는 버스이다.
따라서 보조금을 받을 수 있는 운수회사는 2개이다.

02

정답 ②

모바일워크의 공공 부분은 (재작년 취업인구수)+(작년 취업인구수)=(올해 취업인구수)의 규칙을 보인다.
따라서 빈칸에 들어갈 숫자는 15+24=39이다.

03

정답 ⑤

ⓛ 서울을 제외한 4개 시의 취업자 수의 합 1,670+1,226+1,523+735=5,154천 명으로 서울의 취업자 수인 5,080천 명보다 많다.

ⓔ 5개 시의 상위 5위 안에 해당하는 산업의 종류 : 소매업(자동차 제외), 음식점 및 주점업, 교육 서비스업, 도매 및 상품중개업, 사업지원 서비스업, 보건업, 육상운송 및 파이프라인 운송업, 전문직별 공사업
따라서 5개 시의 상위 5위 안에 해당하는 산업의 종류는 총 8개이다.

오답분석

ⓖ 5개 시의 산업 중 인천시의 상위 3개의 분야는 소매업(자동차 제외), 음식점 및 주점업, 사업지원 서비스업으로 교육 서비스업은 해당하지 않는다.

ⓒ (서울의 1위 산업과 5위 산업의 비율의 차)=(소매업 9.8%)−(사업지원 서비스업 4.8%)=5%p
(부산의 1위 산업과 5위 산업의 비율의 차)=(음식점 및 주점업 9.8%)−(보건업 5.1%)=4.7%p
(대구의 1위 산업과 5위 산업의 비율의 차)=(소매업 10.2%)−(육상운송 및 파이프라인 운송업 4.4%)=5.8%p
(인천의 1위 산업과 5위 산업의 비율의 차)=(소매업 9.1%)−(육상운송 및 파이프라인 운송업 5.5%)=3.6%p
(광주의 1위 산업과 5위 산업의 비율의 차)=(소매업 10%)−(육상운송 및 파이프라인 운송업 4.9%)=5.1%p
따라서 각 시의 1위 산업과 5위 산업 비율의 차가 4.5%p 이상인 지역은 서울, 부산, 대구, 광주뿐이다.

04

정답 ③

사업지원 서비스업이 상위 5대 산업에 해당하는 도시는 서울과 인천이다.
서울의 취업자 수는 5,080,000명이며, 사업지원 서비스업은 그중 4.8%를 차지하므로 사업지원 서비스업 취업자 수는 5,080,000×0.048=243,840명이다.
인천의 취업자 수는 1,523,000명이며, 사업지원 서비스업은 그중 6.2%를 차지하므로 사업지원 서비스업 취업자 수는 1,523,000×0.062=94,426명이다.
따라서 서울과 인천의 사업지원 서비스업 종사자는 243,840+94,426=338,266명이다.

05

정답 ⑤

2023년 1분기만의 지표를 가지고 남은 3분기 동안 일어날 일을 예측할 수 없다.

오답분석

① 표 1을 보면 쉽게 확인할 수 있다.
② 표 1 · 표 2를 보면 쉽게 확인할 수 있다.
③ 손해율이 낮다는 것은 보험 상품이 그만큼 안정적이라는 반증이므로 손해율이 가장 낮은 H해상의 안정성이 제일 높다고 볼 수 있다.
④ 업체들 모두 각각의 강점을 가지고 있기 때문에 향후 순위는 예측하기 힘든 상황이다.

06

정답 ②

• 소희 : 전체 경쟁력 점수는 E국이 D국보다 1점 높다. 이때 E국과 D국의 총합을 각각 계산하는 것보다 D국을 기준으로 E국의 편차를 부문별로 계산하여 판단하는 것이 좋다. 변속감 −1점, 내구성 −2점, 소음 −4점, 경량화 +10점, 연비 −2점, 따라서 총합은 E국이 +1점이다.
• 지훈 : C국을 제외하고 국가 간 차이가 가장 큰 부문은 경량화 21점, 가장 작은 부문은 연비 9점이다.
• 재상 : 내구성이 가장 높은 국가는 B국, 경량화가 가장 낮은 국가는 D국이다.

07

정답 ④

트럭 · 버스의 비율은 미국 · 캐나다 · 호주가 약 20%이며, 유럽 국가들은 모두 10% 전후이다. 따라서 승용차가 차지하는 비율이 높다.

오답분석

① 자동차 보유 대수에서 승용차가 차지하는 비율이 가장 높은 것은 트럭 · 버스의 비율이 가장 낮다는 것이다. 프랑스의 총수는 독일과 거의 같지만, 트럭 · 버스의 보유 대수는 독일의 거의 2배가 되고 있다. 따라서 프랑스의 트럭 · 버스의 비율은 독일보다 높으므로 승용차의 비율은 낮다.
② 호주의 트럭 · 버스의 비율이 10% 미만인지를 판단하면 된다. 총수는 5,577천 대로 그 10%는 557.7천 대이다. 따라서 트럭 · 버스의 수 1,071천 대는 10% 이상이기 때문에 승용차의 비율은 90% 미만이 된다.
③ 프랑스의 승용차와 트럭 · 버스의 비율은 15,100 : 2,334로 약 6 : 1이다.
⑤ 자동차의 수만으로는 매연가스 배출량을 판단할 수 없다.

08

정답 ②

부산지역의 이용률이 가장 높은 시설은 가정 어린이집이고, 이는 서울이나 대구지역보다 높다.

09

정답 ④

㉠ 2021~2023년의 일본, 대만 및 기타 국적 임직원 수의 합을 구하면 다음과 같다.

- 2021년 : 1,615+1,333+97=3,045명
- 2022년 : 2,353+1,585+115=4,053명
- 2023년 : 2,749+2,032+153=4,934명

따라서 2021~2023년의 일본, 대만 및 기타 국적 임직원 수의 합은 중국 국적 임직원 수보다 많다.

㉢ 국적별 2022년과 2023년의 전년 대비 임직원 수의 증감폭을 구하면 다음과 같다.

- 2021년 대비 2022년의 임직원 수의 증감폭
  - 한국 : 10,197−9,566=631명
  - 중국 : 3,748−2,636=1,112명
  - 일본 : 2,353−1,615=738명
  - 대만 : 1,585−1,333=252명
  - 기타 : 115−97=18명
- 2022년 대비 2023년의 임직원 수의 증감폭
  - 한국 : 9,070−10,197=−1,127명
  - 중국 : 4,853−3,748=1,105명
  - 일본 : 2,749−2,353=396명
  - 대만 : 2,032−1,585=447명
  - 기타 : 153−115=38명

따라서 2022년과 2023년에 전년 대비 임직원 수가 가장 많이 증가한 국적은 중국이다.

㉣ 연령대별 2022년 대비 2023년의 증감률을 구하면 다음과 같다.

- 20대 이하 : $\frac{10,947-8,933}{8,933}\times 100 ≒ 22.55\%$
- 30대 : $\frac{6,210-7,113}{7,113}\times 100 ≒ -12.70\%$
- 40대 이상 : $\frac{1,700-1,952}{1,952}\times 100 ≒ -12.91\%$

따라서 2022년 대비 2023년 임직원 수의 감소율이 가장 큰 연령대는 40대 이상이다.

오답분석

㉡ 연도별 전체 임직원 수를 구하면 다음과 같다.

- 2021년 : 8,914+5,181+1,152=15,247명
- 2022년 : 8,933+7,113+1,952=17,998명
- 2023년 : 10,947+6,210+1,700=18,857명

연도별 전체 임직원 중 20대 이하 임직원이 차지하는 비율을 구하면 다음과 같다.

- 2021년 : $\frac{8,914}{15,247}\times 100 ≒ 58.5\%$
- 2022년 : $\frac{8,933}{17,998}\times 100 ≒ 49.6\%$
- 2023년 : $\frac{10,947}{18,857}\times 100 ≒ 58.1\%$

따라서 2022년의 경우 전체 임직원 중 20대 이하 임직원이 차지하는 비율은 50% 미만이다.

10

정답 ⑤

D는 현재 4,100만 원을 받을 수 있지만 10년을 더 근무하면 8,300만 원을 받을 수 있다.

오답분석

① A의 일시불연금 지급액은 4,150만 원, D는 4,100만 원이다.
② A가 받는 월별연금 지급액은 50만 원으로 최종평균 보수월액의 80%인 80만 원보다 적다.
③ 월별연금 지급액 100개월 치를 더하면 5,000만 원이지만 일시불연금 지급액은 4,150만 원으로 더 낮다.
④ C의 월별연금 지급액은 84만 원이지만 B는 80만 원이다. 하지만 초과규정 때문에 C도 80만 원을 받는다.

11

정답 ③

레스토랑별 이용 금액에 해당 통신사의 할인 금액을 적용하면 다음과 같다.

- A레스토랑+Y통신사 할인 : 143,000−(143,000×0.15)=121,550원
- B레스토랑+Y통신사 할인 : 165,000−(165,000×0.2)=132,000원
- C레스토랑+X통신사 VIP 할인: 164,000−(164,000×0.3)=114,800원
- D레스토랑+Y통신사 VIP 할인 : 154,000−(154,000×0.2)=123,200원
- E레스토랑+Z통신사 할인 : 162,000−(162,000×0.2)=129,600원

따라서 가장 비용이 저렴한 경우는 C레스토랑을 이용하고 X통신사의 VIP 할인을 받은 ③이다.

12

정답 ④

㉡ 내륜결함과 외륜결함의 인식률을 구하면 다음과 같다.

- 내륜결함의 인식률 : $\frac{90}{116}$%
- 외륜결함의 인식률 : $\frac{92}{133}$%

이를 통해 내륜결함과 외륜결함의 오류율을 구하면 다음과 같다.

- 내륜결함의 오류율 : $1-\frac{90}{116}=\frac{26}{116}≒0.22\%$
- 외륜결함의 오류율 : $1-\frac{92}{133}=\frac{41}{133}≒0.31\%$

따라서 내륜결함의 오류율은 외륜결함의 오류율보다 낮다.

㉣ 실제 결함원인이 정렬불량결함인 베어링 중에서, 추정 결함원인이 불균형결함인 베어링은 5개이고, 추정 결함원인이 불결함인 베어링은 16개이므로 옳은 설명이다.

오답분석

㉠ • 결함이 있는 베어링의 개수 : 610개
• 추정 결함원인과 실제 결함원인이 동일한 베어링의 개수 : 87+90+92+75+78=422개

따라서 전체인식률은 $\frac{422}{610}≒0.69$로 0.8% 미만이다.

㉢ • 불균형결함의 인식률 : $\frac{87}{115}≒0.76\%$
• 외륜결함의 인식률 : $\frac{92}{133}≒0.69\%$

따라서 불균형결함 인식률은 외륜결함의 인식률보다 높다.

13

정답 ⑤

$\frac{3,466.0-3,355.8}{3,355.8}\times 100 \fallingdotseq 3.28\%$

14

정답 ①

기타를 제외하고 2024년의 김치 수출액이 세 번째로 많은 국가는 홍콩이고, 홍콩의 2023년 대비 2024년 수출액의 증감률을 구하면 $\frac{4,285-4,543}{4,543}\times 100 \fallingdotseq -5.68\%$이다.

15

정답 ③

연도별로 발굴 작업 비용을 계산하면 다음과 같다.

- 2022년 : $(21\times 120,000)+(10\times 30,000)+(13\times 200,000)=5,420,000$원
- 2023년 : $(23\times 120,000)+(4\times 30,000)+(18\times 200,000)=6,480,000$원
- 2024년 : $(19\times 120,000)+(12\times 30,000)+(7\times 200,000)=4,040,000$원

따라서 발굴 작업 비용이 가장 많이 든 해는 2023년이며, 비용은 648만 원이다.

16

정답 ④

1970년 전체 재배면적을 A라 하면, 2010년 전체 재배면적은 1.25A이다.

- 1970년 과실류 재배면적 : 0.018A
- 2010년 과실류 재배면적 : $0.086\times 1.25A=0.1075A$

따라서 재배면적은 $\frac{0.1075A-0.018A}{0.018A}\times 100 \fallingdotseq 500\%$ 증가했다.

17

정답 ①

〈가로〉

1. 취사구호세트의 비축기준이 두 번째로 높은 지역은 경상남도이고, 경상남도의 전체 비축량 대비 응급구호세트의 비축량이 차지하는 비율을 구하면 $\frac{6,091}{9,956}\times 100 \fallingdotseq 61\%$이다.

   또한, 전체 비축량이 가장 낮은 지역은 제주도이고, 제주도의 전체 비축기준량 대비 취사구호세트의 비축기준량이 차지하는 비율은 $\frac{93}{312}\times 100 \fallingdotseq 30\%$이다.

   $\therefore\ 61\times 30=1,830$

			2
1	8	3	0
5		8	7
5		4	
6		5	

〈세로〉

2. • 경상북도와 경상남도의 취사구호세트 비축량의 평균 : $\frac{1,997+3,865}{2}=2,931$세트

   • 충청북도와 충청남도의 취사구호세트 비축량의 평균 : $\frac{1,499+1,250}{2}\fallingdotseq 1,375$세트

   $\therefore\ 2,931-1,375=1,556$

3. 응급구호세트의 비축량이 네 번째로 높은 지역은 전라남도이고, 전라남도의 전체 구호물자 비축량과 비축기준량의 차이는 $7,014-3,169=3,845$세트이다.

4. 전라북도의 전체 비축기준 대비 전체 비축량의 비율 : $\frac{3,444}{1,666}\times 100 \fallingdotseq 207\%$

따라서 빈칸의 수를 모두 더하면 $2+1+8+3+0+5+8+7+5+4+6+5=54$이다.

18

정답 ④

〈가로〉

1. 남성 결핵 신고 신환자 수가 가장 작은 해는 2023년이고, 2023년 전체 결핵 신고 신환자 수에서 40~49세 결핵 신고 신환자 수가 차지하는 비중은 $\frac{4,028}{30,892}\times100 \fallingdotseq 13\%$이다. 또한, 2023년 전체 결핵 신고 신환자 수에서 70~79세 결핵 신고 신환자 수가 차지하는 비중은 $\frac{5,459}{30,892}\times100 \fallingdotseq 18\%$이다.
   $\therefore$ 13×18=234

2. • 19세 이하의 2022년 대비 2023년 결핵 신고 신환자 수의 감소율 : $\frac{1,181-882}{1,181}\times100 \fallingdotseq 25\%$
   • 80세 이상의 2022년 대비 2023년 결핵 신고 신환자 수의 증가율 : $\frac{4,693-4,133}{4,133}\times100 \fallingdotseq 14\%$
   $\therefore$ 25×14=350

3. • 2021년 대비 2022년 여성 결핵 신고 신환자의 감소폭 : 14,895−13,486=1,409명
   • 2022년 대비 2023년 남성 결핵 신고 신환자의 감소폭 : 18,695−17,865=830명
   $\therefore$ 1,409+830=2,239명

		4	
2	3	4	
3	5	0	
2	2	3	9

〈세로〉

4. 2022년 결핵 신고 신환자 중 네 번째로 많은 연령대는 60~69세이고, 60~69세의 2023년 결핵 신고 신환자 수는 4,403명이다.

따라서 빈칸의 수를 모두 더하면 4+2+3+4+3+5+0+2+2+3+9=37이다.

19

정답 ②

〈가로〉

1. • 전기적 요인으로 인한 화재 건수의 11월 대비 12월의 증가율 : $\frac{688-604}{604}\times100 \fallingdotseq 14\%$
   • 교통사고로 인한 화재 건수의 11월 대비 12월의 증가율 : $\frac{59-41}{41}\times100 \fallingdotseq 44\%$
   $\therefore$ 14×44=616

2. 전기적 요인으로 인한 화재가 가장 적게 발생한 달은 10월이고, 10월의 가스누출사고로 인한 화재 건수는 11건이다. 또한, 부주의로 인한 화재가 가장 많이 발생한 달은 3월이고, 3월의 기계적 요인으로 인한 화재 건수는 431건이다.
   $\therefore$ 11×431=4,741

	6	1	6
1			2
4	7	4	1
5			0
9			

〈세로〉

3. $\frac{1,102+1,656+1,398+1,238+1,581+1,781}{6} \fallingdotseq 1,459$

4. • 2023년 기계적 요인으로 인한 월별 화재 건수의 최댓값과 최솟값의 차 : 598−328=270
   • 2023년 화학적 요인으로 인한 월별 화재 건수의 최댓값과 최솟값의 차 : 61−38=23
   $\therefore$ 270×23=6,210

따라서 빈칸을 모두 더하면 6+1+6+1+2+4+7+4+1+5+0+9=46이다.

20

정답 ①

〈가로〉

1. 1~12월 중 적혈구 농축액의 최대량은 38,645유니트(7월)이고, 최소량은 16,543유니트(12월)이므로 38,645−16,543=22,102

1			6	7
3			7	0
2	2	1	0	2
8			9	0

〈세로〉

2. • 1월 신선동결혈장의 양 : 78,777유니트
   • 12월 신선동결혈장의 양 : 65,497유니트
   ∴ (78,777−65,497)÷10=13,280÷10=1,328
3. $\frac{6,785+6,813+6,529}{3}=6,709$
4. • 혈소판 성분제제의 1월 대비 2월의 감소량 : 1,011−921=90
   • 혈소판 성분제제의 11월 대비 12월의 증가량 : 975−897=78
   ∴ 90×78=7,020

따라서 (ⓐ+ⓑ)×(㉠+㉡)=(8+2)×(9+7)=10×16=160이다.

04 정보추론

01	02	03	04	05	06	07	08	09	10
⑤	④	④	③	③	⑤	③	③	②	⑤
11	12	13	14	15	16	17	18	19	20
④	③	③	①	②	③	①	②	③	③

01

정답 ⑤

2022년도 전체 인구수를 100명으로 가정했을 때, 같은 해 문화예술을 관람한 비율은 60.8%이므로 $100\times 60.8 \fallingdotseq 60.8$명이다. 60.8명 중 그해 미술관 관람률은 10.2%이므로 $60.8\times 0.102=6.2\fallingdotseq 6$명이다.

오답분석

① 문화예술 관람률은 52.4% → 54.5% → 60.8% → 64.5%로 꾸준히 증가하고 있다.

② 60세 이상 문화예술 관람률의 2018년 대비 2024년의 증가율은 $\frac{28.9-13.4}{13.4}\times 100 \fallingdotseq 115.7\%$이므로 100% 이상 증가했다.

③ 문화예술 관람률에서 남자보다는 여자가 관람률이 높으며, 40세 이상보다 30대 이하의 관람률이 높다.

④ 문화예술 관람률이 접근성과 관련이 있다면 조사기간 동안 가장 접근성이 떨어지는 것은 관람률이 가장 낮은 무용이다.

02

정답 ④

초 · 중 · 고등학교 전체 학생 수는 점점 감소하고, 전체 다문화가정 학생 수는 점점 증가하고 있으므로 초 · 중 · 고등학교 전체 학생 수 대비 전체 다문화가정 학생 수의 비율은 계속 증가하고 있다.

오답분석

① · ② 초 · 중 · 고등학교 전체 학생 수를 통해 알 수 있다.

③ $82{,}536-9{,}389=73{,}147$

⑤ $8{,}388\div 340 \fallingdotseq 24.7$

03

정답 ④

전체 고용인원의 절반은 $16{,}178\div 2=8{,}089$명이다. 태양광에너지 분야에 고용된 인원은 8,698명이므로 전체 고용인원의 절반 이상을 차지한다.

오답분석

① 폐기물에너지 분야의 기업체 수가 가장 많다.

② 전체 매출액 대비 전체 투자액의 비율은 $\frac{7{,}966}{113{,}076}\times 100 \fallingdotseq 7.04\%$로 7.5% 미만이다.

③ 전체 수출액 중 바이오에너지 분야의 수출액이 차지하는 비율은 $\frac{506}{40{,}743}\times 100 \fallingdotseq 1.24\%$로 1% 이상이다.

⑤ 전체 매출액 중 풍력에너지 분야의 매출액이 차지하는 비율은 $\frac{14{,}571}{113{,}076}\times 100 \fallingdotseq 12.89\%$이므로 15% 미만이다.

04

정답 ③

연도별 시행기업당 참여직원 수를 구하면 다음과 같다.

- 2020년 : $3{,}197\div 2{,}079 \fallingdotseq 1.54$명
- 2021년 : $5{,}517\div 2{,}802 \fallingdotseq 1.97$명
- 2022년 : $10{,}869\div 5{,}764 \fallingdotseq 1.89$명
- 2023년 : $21{,}530\div 7{,}686 \fallingdotseq 2.80$명

따라서 시행기업당 참여직원 수가 가장 많은 해는 2023년이다.

05

정답 ③

2021년 대비 2023년에 증가한 A~G지역의 대상포진 환자 수는 다음과 같다.

- A지역 : 51,012−46,081=4,931명
- B지역 : 50,087−48,371=1,716명
- C지역 : 44,501−44,301=200명
- D지역 : 46,208−42,081=4,127명
- E지역 : 50,046−45,301=4,745명
- F지역 : 50,016−48,701=1,315명
- G지역 : 51,932−49,043=2,889명

따라서 2021년 대비 2023년에 대상포진 환자 수가 가장 많이 증가한 지역은 A지역이다.

오답분석

① 2022년 대상포진 환자 수가 가장 많은 지역은 A지역이다.
② 2023년 C지역의 대상포진 환자 수는 전년 대비 감소하였다.
④ 2022년 F지역의 대상포진 환자 수는 전년 대비 49,132−48,701=431명 증가하였다.
⑤ 2023년 대상포진 환자 수가 가장 많은 지역은 51,932명인 G지역이고, 가장 적은 지역은 44,501명인 C지역으로, 51,932−44,501=7,431명 차이가 난다.

06

정답 ⑤

2019~2023년의 국가공무원 중 여성의 비율과 지방자치단체공무원 중 여성의 비율의 차를 구하면 다음과 같다.

- 2019년 : 47−30=17%p
- 2020년 : 48.1−30.7=17.4%p
- 2021년 : 48.1−31.3=16.8%p
- 2022년 : 49−32.6=16.4%p
- 2023년 : 49.4−33.7=15.7%p

즉, 비율의 차는 2020년에 증가했다가 2021년 이후에 계속 감소함을 알 수 있다.

07

정답 ③

㉠ 추석연휴 전날과 평소 주말 하루 평균 사고 건수 · 부상자 수의 차이를 구하면 다음과 같다.

- 사고 건수 차이 : 822.0−581.7=240.3
- 부상자 수 차이 : 1,178.0−957.3=220.7

평소 주말 하루 평균 사망자 수에서 30% 증가한 값은 12.9×1.3=16.77이므로, 추석연휴 전날 사망자 수인 17.3명은 그보다 많다.

㉢ 추석연휴 하루 평균 졸음운전사고의 수는 7.8건으로 평소 주말 하루 평균 졸음운전사고 수인 8.2건보다 적다. 추석연휴 하루 평균 졸음운전사고의 부상자와 사망자의 수는 각각 21.1명, 0.6명으로 평소 주말 하루 평균 졸음운전사고의 부상자와 사망자 수인 17.1명, 0.3명보다 많다.

㉤ 어린이사고의 추석연휴와 평소 주말 하루 평균 사고 건수 · 부상자 수 · 사망자 수의 차이를 구하면 다음과 같다.

- 사고 건수 : 45.4−39.4=6.0건
- 부상자 수 : 59.4−51.3=8.1명
- 사망자 수 : 0.4−0.3=0.1명

오답분석

㉡ 추석 당일과 추석 전날의 교통사고 건당 부상자 수와 교통사고 건당 사망자 수를 구하면 다음과 같다.

- 교통사고 건당 부상자 수
  - 추석 당일 : 1,013.3÷448.0≒2.26명
  - 추석 전날 : 865.0÷505.3≒1.71명

• 교통사고 건당 사망자 수
 －추석 당일 : 10.0÷448.0≒0.02명
 －추석 전날 : 15.3÷505.3≒0.03명
 즉, 교통사고 건당 부상자 수는 추석 당일이 추석 전날보다 많지만 교통사고 건당 사망자 수는 추석 당일이 추석 전날보다 적다.

㉣ 사망자 증가율 : $\frac{0.6-0.3}{0.3}\times100=100\%$

부상자 증가율 : $\frac{21.1-17.1}{17.1}\times100\fallingdotseq23.4\%$

따라서 사망자의 증가율은 부상자의 증가율의 10배 미만이다.

08

정답 ③

가장 적게 보냈던 2023년의 1인당 우편 이용 물량은 약 96통이므로 365÷96＝3.8이다. 즉, 3.8일에 1통은 보냈다는 뜻이므로, 4일에 한 통 이상은 보냈다.

오답분석

① 증가와 감소를 반복하므로 증가 추세에 있다고 말하기 어렵다.
② 2015년에 1인당 우편 이용 물량이 가장 많았던 것은 맞으나, 가장 적었던 해는 2023년이다.
④ 접수 우편 물량은 2022년과 2023년 사이에 증가하였다.
⑤ 접수 우편 물량이 가장 많은 해는 2015년으로 약 5,500백만 통이고, 가장 적은 해는 2018년으로 약 4,750백만 통이다. 따라서 그 차이는 약 750백만 통이다.

09

정답 ②

오답분석

• 지호 : 교원 1인당 원아 수는 $\frac{(\text{원아 수})}{(\text{교원 수})}$로, 원아 수 대비 교원 수가 늘어나기 때문이다.
• 미송 : 표를 통해서는 알 수 없다.

10

정답 ⑤

2021년을 기점으로 볼 때, 2019년 노동생산성 지수는 일본이 96.52, 독일이 96.39로 일본이 약간 앞서 있다.

오답분석

① 우리나라의 지수를 보면 2019년부터 2023년까지 소폭이라도 계속 상승세를 타고 있으며, 중국의 2019년 대비 2023년의 지수를 보면 다른 나라에 비해 급상승세를 보이고 있음을 알 수 있다.
② 일본과 독일은 2021년 지수를 기준으로 계속 감소하고 있음을 알 수 있다.
③ 우리나라는 44,103에서 48,627로 4,524포인트가 증가했다.
④ 2020년 가장 크게 변한 나라는 중국으로 9.24포인트가 상승했고, 가장 적게 변한 나라는 미국으로 0.78포인트가 상승했다. 따라서 그 차이는 8.46포인트이다.

11

정답 ④

특수학교뿐 아니라 초등학교와 고등학교도 정규직 영양사보다 비정규직 영양사가 더 적다.

오답분석

① 급식인력은 4개의 학교 중 초등학교가 34,184명으로 가장 많다.

② 영양사 정규직 비율은 중학교가 43.87$(=\frac{626}{1427}\times100)$%, 특수학교가 94.69$(=\frac{107}{113}\times100)$%로, 특수학교가 중학교보다 2배 이상 높다.

③ 중학교 정규직 영양사는 626명이고 고등학교 비정규직 영양사는 603명이므로, 중학교 정규직 영양사가 고등학교 비정규직 영양사보다 626－603＝23명 더 많다.

⑤ 초등학교, 중학교, 고등학교의 영양사와 조리사는 천 단위의 수인 데 반해 조리보조원은 만 단위이고 특수학교도 조리보조원이 211명으로 가장 많으므로, 조리보조원이 차지하는 비율이 가장 높다는 것을 알 수 있다.

12

정답 ③

오답분석

① 자료보다 2020년 컴퓨터 수치가 낮다.

② 자료보다 2020년 스마트폰 수치가 높다.

④ 자료보다 2023년 스마트폰 수치가 높다.

⑤ 자료보다 2023년 스마트패드 수치가 높다.

13

정답 ③

오답분석

① 미국 국적 외국인의 소유면적이 외국인의 국내토지 소유면적의 50%인 11,357.5천m^2 이상이므로 잘못되었다.

②·⑤ 기타지역을 제외하고 토지 소유면적이 넓은 것부터 미국, 유럽, 일본, 중국 순서이므로 부합하지 않다.

④ ①과 마찬가지로 미국 국적 외국인의 소유면적이 옳지 않으며, 유럽보다 일본의 수치가 높으므로 보고서의 내용과 부합하지 않는다.

14

정답 ①

오답분석

② 2021년 연구 인력의 평균 연령 수치는 41.2세이다.

③ 2022년 지원 인력의 평균 연령 수치는 47.1세이다.

④ 범주가 바뀌었다.

⑤ 범주가 바뀌었으며, 일부 수치도 옳지 않다.

15

정답 ②

제시된 자료와 각 그래프를 비교해보면 ②가 자료의 수치를 정확히 반영하였다.

16

정답 ③

2030년 전국 노년부양비는 $\frac{24.1}{64.7}$≒0.37이다.

17

정답 ①

2010년에 전남의 노인인구비는 21.3%로 초고령사회에 처음 진입했다.

18

정답 ②

KBS의 2023년 사업수익은 1,382억 원이고, 이를 점유율인 6.5%로 나누면 1,382÷6.5≒213이므로 1%당 수익률은 약 213억 원이다. 따라서 0.1%당 수익률은 약 21.3억 원이다.

19

정답 ③

- 2024년 남성 흡연율 : 2020년 대비 2021년 남성 흡연율의 감소폭을 구하면 43.7−42.1=1.6%p이므로, 2024년 남성의 흡연율은 39.3−1.6=37.7%이다.
- 2024년 30~39세의 흡연율 : 2023년 30~39세의 흡연율을 x%라 하면

  $\frac{x-27.7}{27.7}\times 100=8\% \rightarrow x=\frac{8}{100}\times 27.7+27.7 \fallingdotseq 29.9\%$
- 2024년 40~49세의 흡연율 : $\frac{26.9+29.2}{2} \fallingdotseq 28.1\%$

20

정답 ③

- 두 번째 조건
  장애인 고용률이 가장 낮은 기관은 A이다.
  따라서 A는 서부청이다.
- 첫 번째 · 세 번째 조건
  제시된 조건에 따라 고용의무인원의 순서를 정리하면
  (서부청)<(동부청)<(남부청)
  (북부청)<(남부청)
  즉, 고용의무인원이 가장 많은 기관은 남부청이다.
  따라서 C는 남부청이다.
- 네 번째 조건
  B와 D 중 남동청보다 장애인 고용인원이 많으면서, 장애인 고용률은 낮은 기관은 B이다.
  따라서 B는 동부청이고, D는 북부청이다.

05 공간지각

01	02	03	04	05	06	07	08	09	10
②	④	④	③	①	①	④	⑤	②	①
11	**12**	**13**	**14**	**15**	**16**	**17**	**18**	**19**	**20**
④	⑤	②	③	⑤	⑤	⑤	④	①	④

01

정답 ②

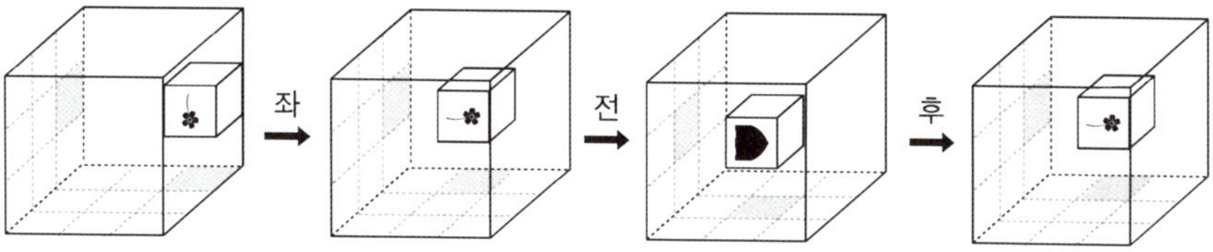

02

정답 ④

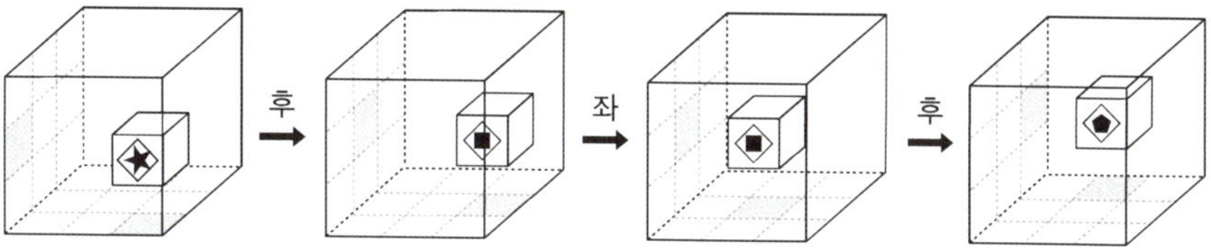

03

정답 ④

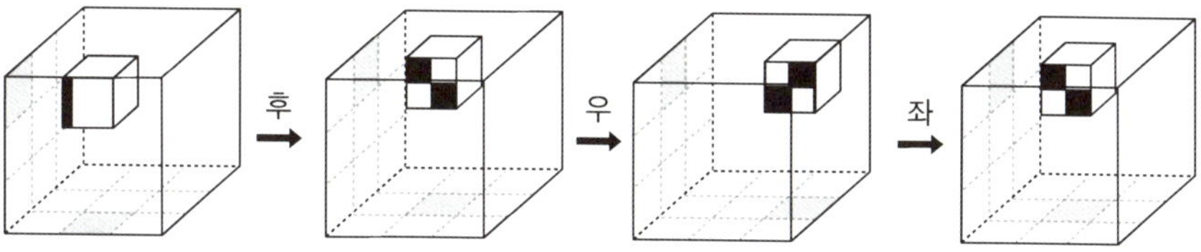

04

정답 ③

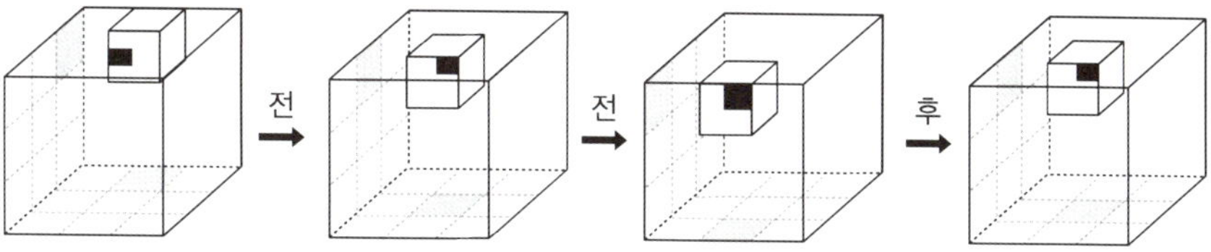

05

정답 ①

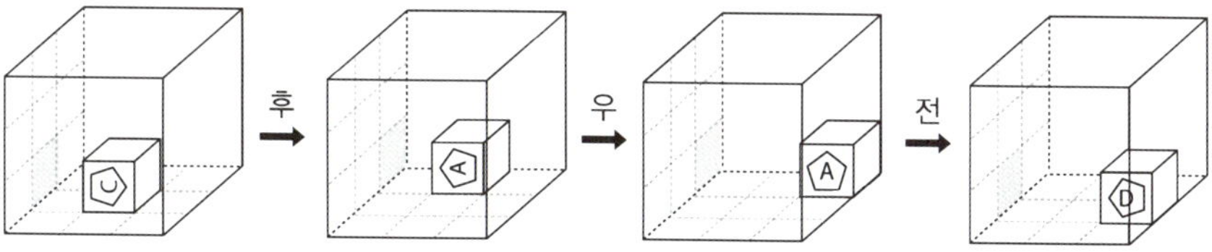

06

정답 ①

Ⓐ

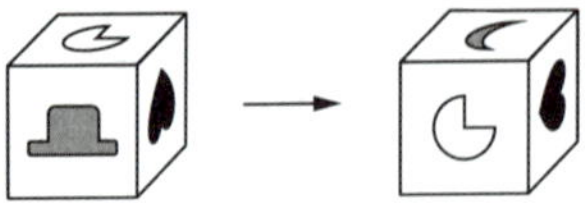

앞 1칸

Ⓑ

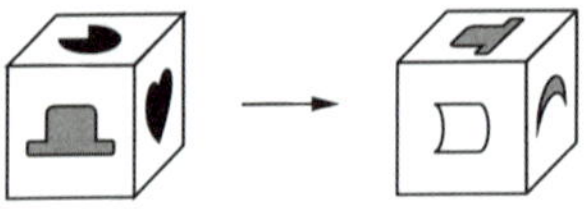

뒤 1칸, 오른쪽 1칸

Ⓒ

왼쪽 1칸

07

정답 ④

Ⓐ

왼쪽 2칸

Ⓑ

뒤 1칸, 오른쪽 1칸

Ⓒ

뒤 2칸

08

정답 ⑤

Ⓐ

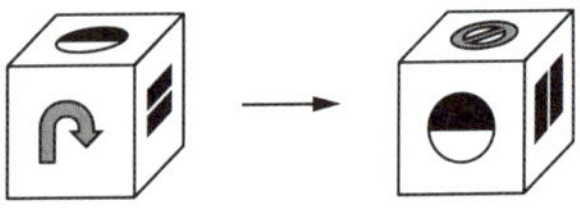

앞 1칸

Ⓑ

오른쪽 2칸

Ⓒ

왼쪽 1칸

09

정답 ②

Ⓐ

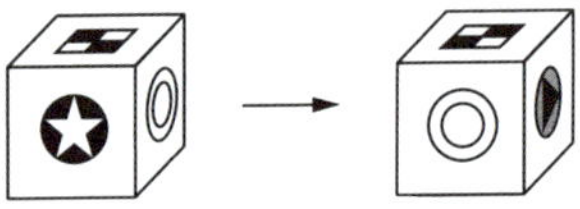

왼쪽 1칸

Ⓑ

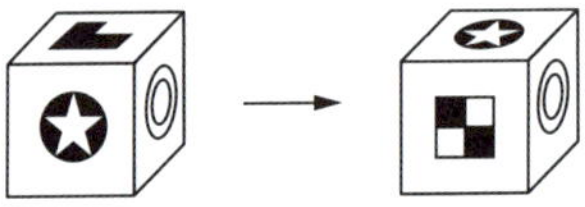

뒤 1칸

Ⓒ

오른쪽 1칸

10

정답 ①

㉠

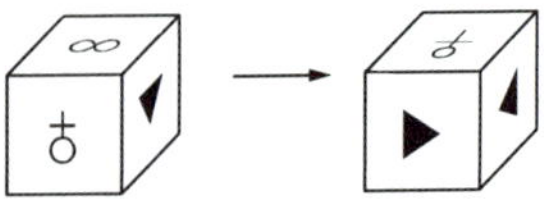

뒤 1칸

㉡

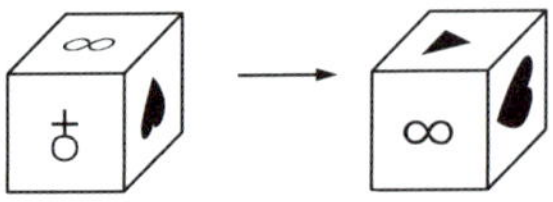

앞 1칸

㉢

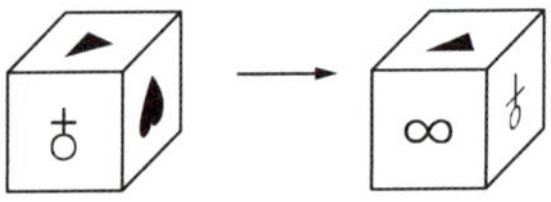

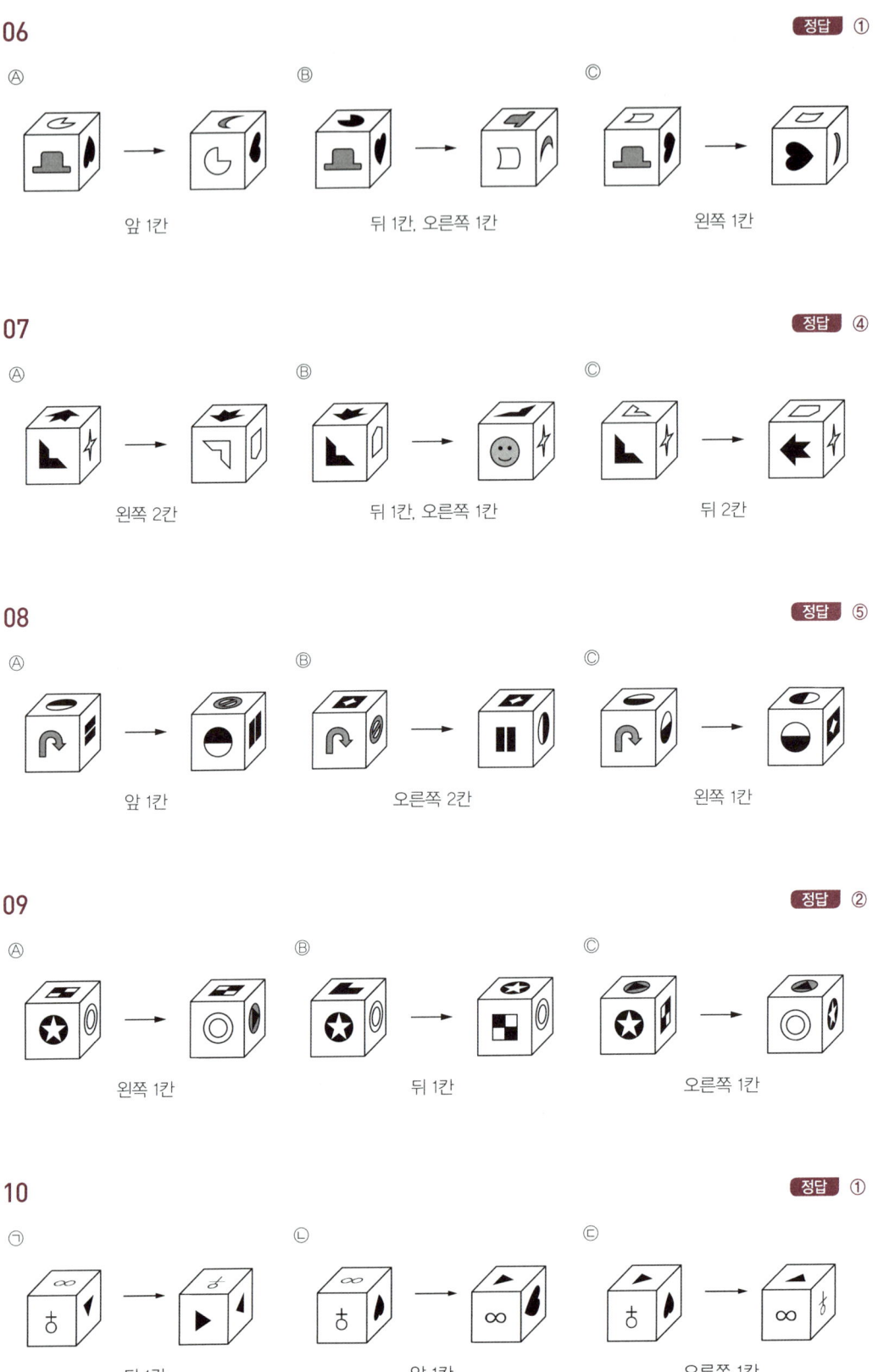

오른쪽 1칸

11

정답 ④

㉠

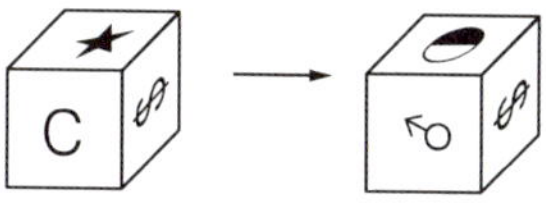

뒤 2칸

㉡

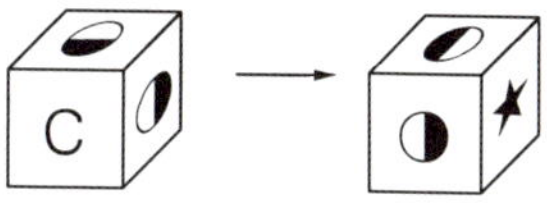

오른쪽 3칸

㉢

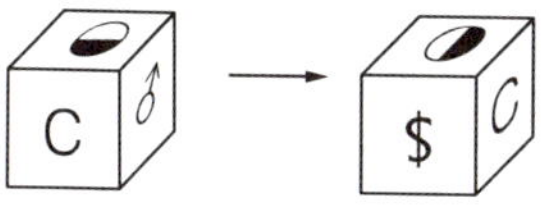

오른쪽 1칸

12

정답 ⑤

㉠

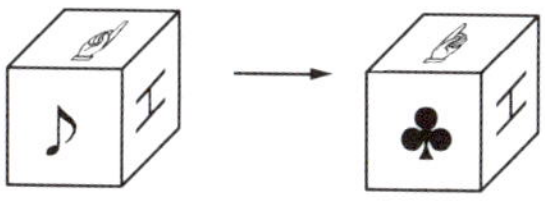

뒤 2칸

㉡

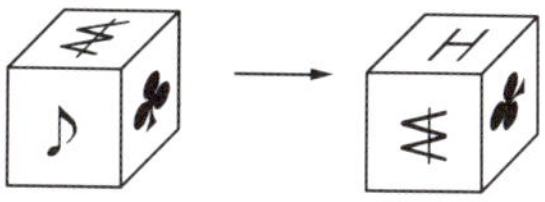

앞 1칸

㉢

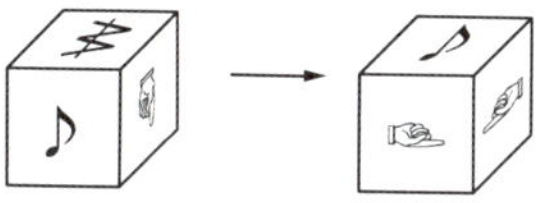

앞 3칸

13

정답 ②

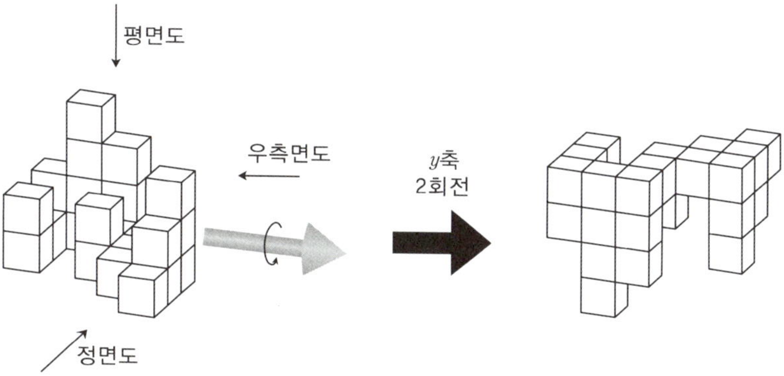

14

정답 ③

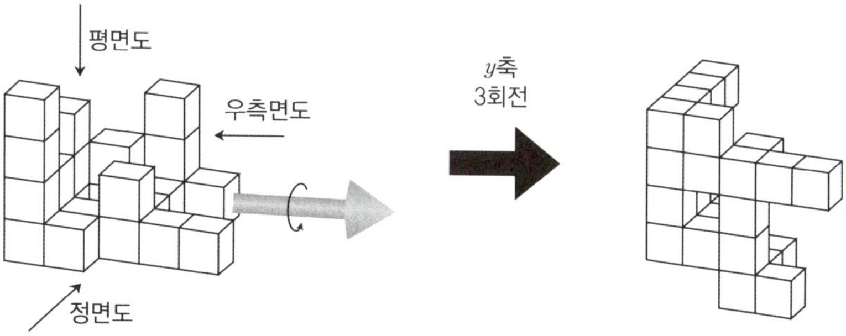

15

정답 ⑤

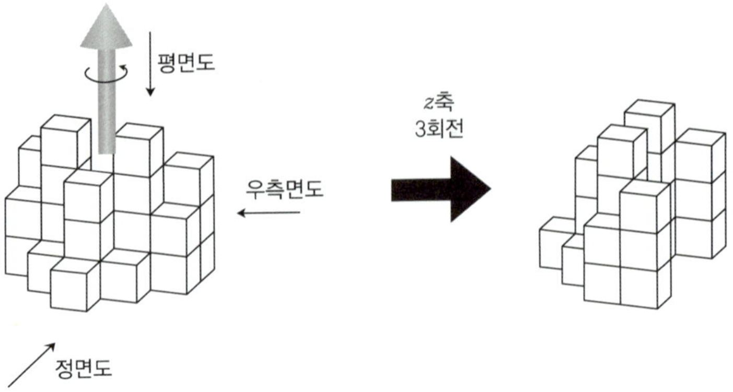

16

정답 ⑤

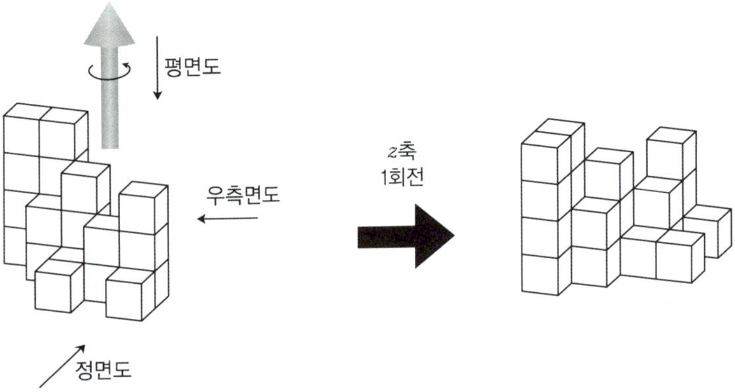

17

정답 ⑤

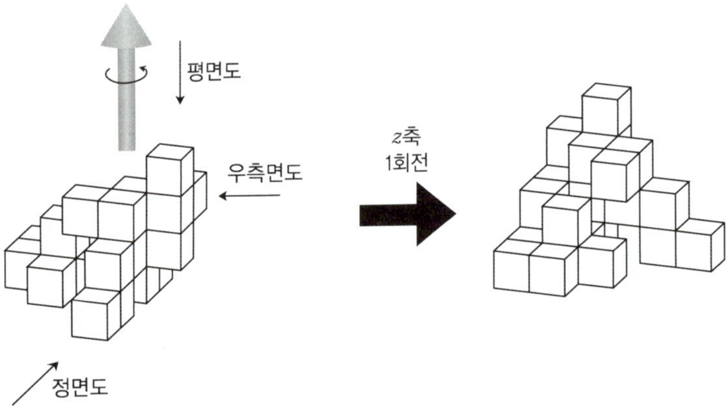

18

정답 ④

오답분석

①

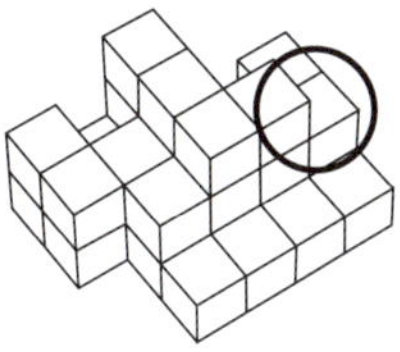

②

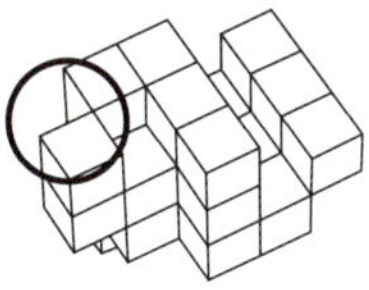

③

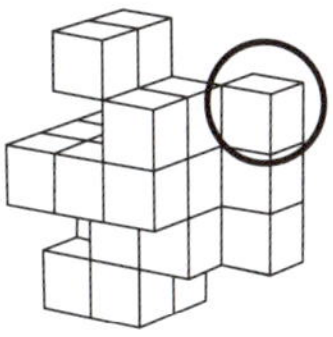

⑤

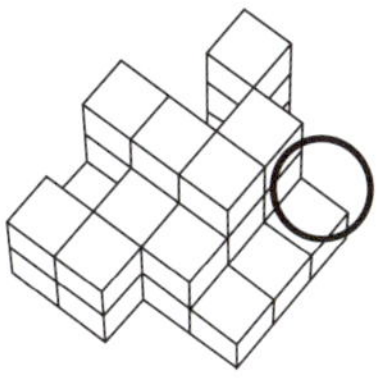

19

정답 ①

오답분석

②

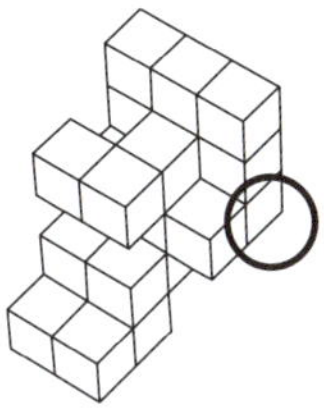

③

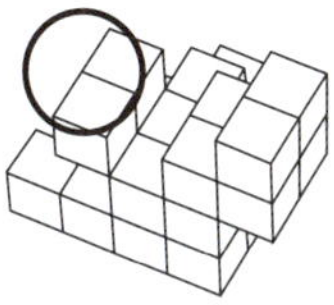

④

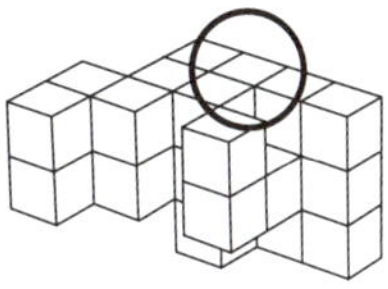

⑤

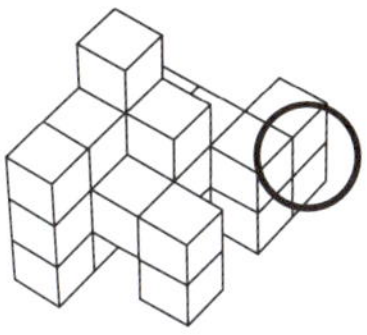

20

정답 ④

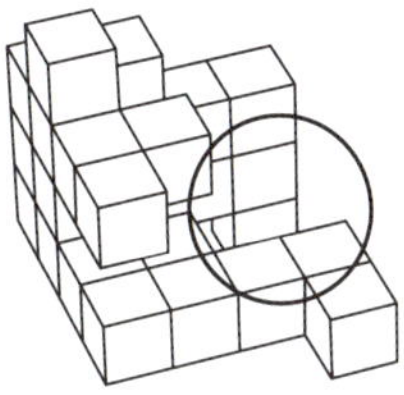

PART 4

06 도식이해

01	02	03	04	05	06	07	08	09	10
④	①	①	③	④	⑤	②	②	⑤	③
11	**12**	**13**	**14**	**15**					
⑤	③	①	③	①					

01

정답 ④

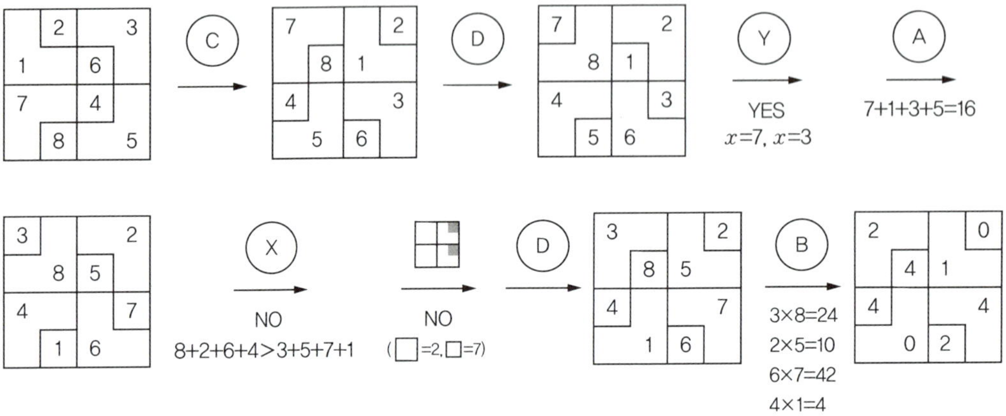

02

정답 ①

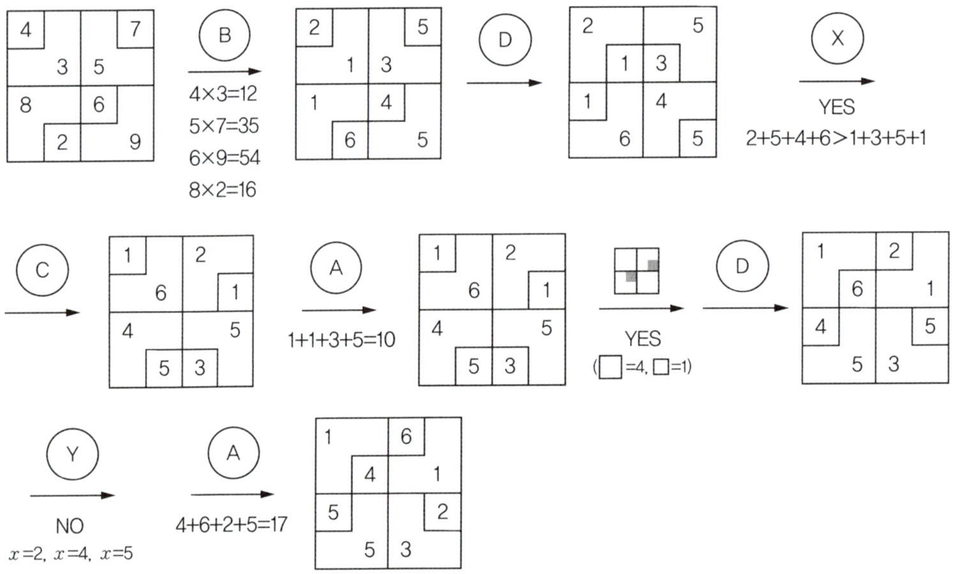

03

정답 ①

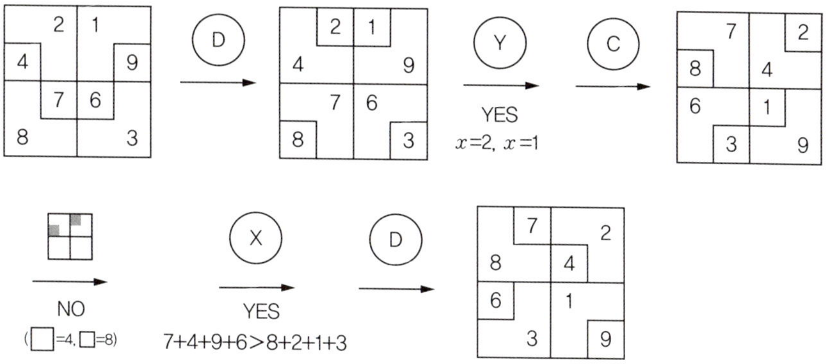

04

정답 ③

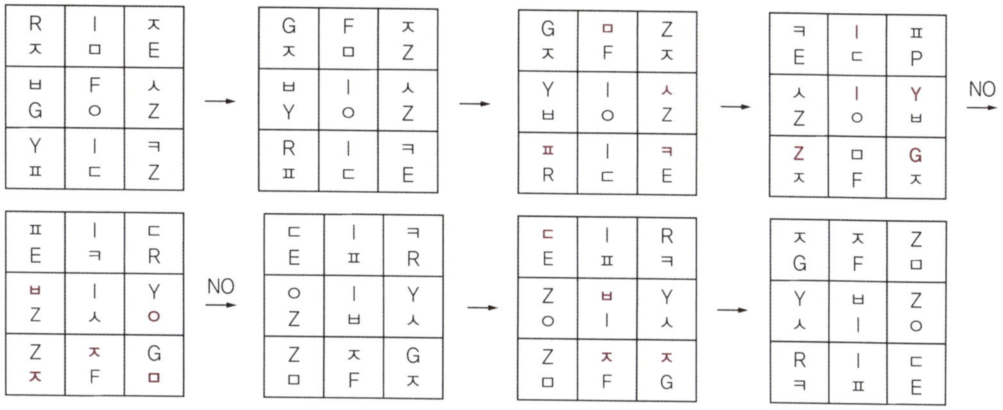

05

정답 ④

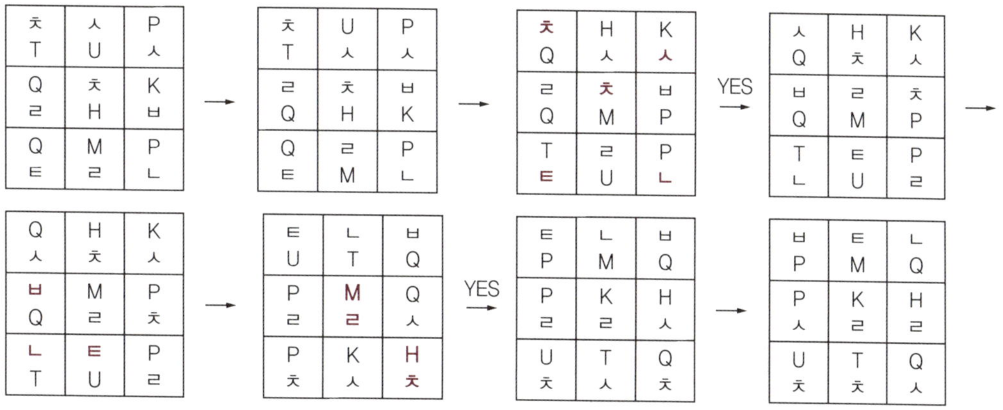

PART 4

06

정답 ⑤

N ㅂ	X ㅍ	ㄴ M
ㄹ Y	ㄷ S	T ㄹ
ㄱ V	W ㄱ	S ㅎ

→

S ㅎ	W ㄱ	ㄱ V
T ㄹ	ㄷ S	ㄹ Y
ㄴ M	X ㅍ	N ㅂ

→

S ㄱ	W ㅎ	ㄱ V
T ㄹ	ㄹ S	ㄷ Y
ㅂ M	X ㄴ	N ㅍ

→

N ㅍ	X ㄴ	ㅂ M
ㄷ Y	ㄹ S	T ㄹ
ㄱ V	W ㅎ	S ㄱ

YES →

N ㅂ	X ㅍ	ㄴ M
ㄹ Y	ㄷ S	T ㄹ
ㄱ V	W ㄱ	S ㅎ

YES →

Y ㅂ	S ㅍ	ㄴ T
ㄹ V	ㄷ W	S ㄹ
ㄱ N	X ㄱ	M ㅎ

07

정답 ②

1	2	③
④	5	6
7	⑧	9

▶▶ →

1	2	1
④	5	④
7	⑧	7

◎ →

④	1	2
7	5	1
⑧	7	④

▼▼ →

④	1	2
7	5	1
④	1	2

◁▷ →

2	1	④
1	5	7
2	1	④

▣ : 다름 →

2	1	④
①	⑤	⑦
2	1	④

◉ : 다름 →

2	1	④
2	1	④
①	⑤	⑦

08

정답 ②

1	2	③
④	5	6
7	⑧	9

▶▶ →

1	2	1
④	5	④
7	⑧	7

▼▼ →

1	2	1
④	5	④
1	2	1

▣ : 같음 →

①	2	1
4	5	④
①	2	1

◎ →

4	①	2
①	5	1
2	1	④

◁▷ →

2	①	4
1	5	①
④	1	2

◉ : 같음 →

4	2	①
①	1	5
2	④	1

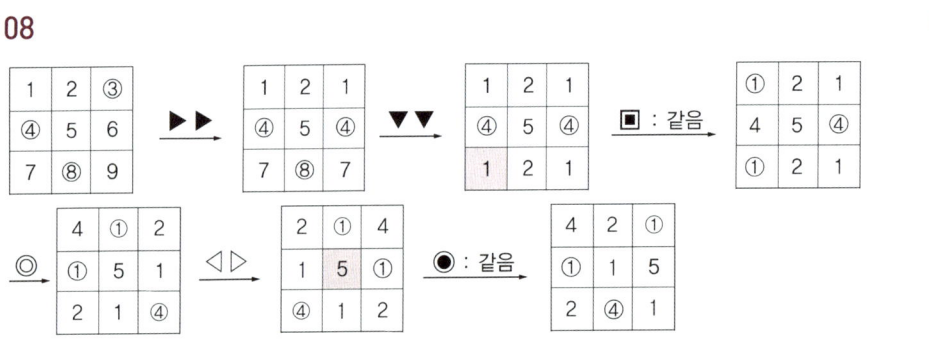

09

정답 ⑤

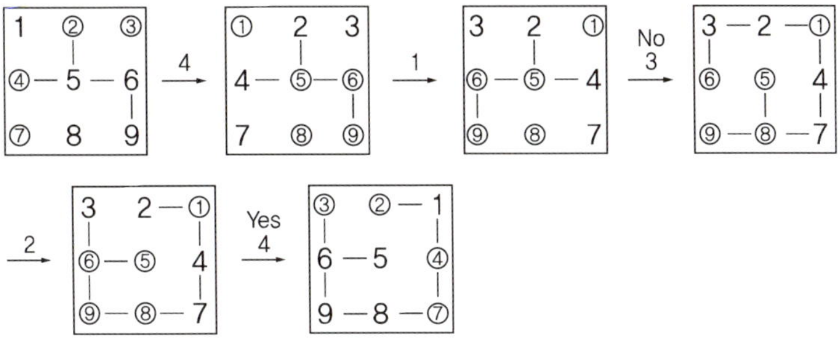

10

정답 ③

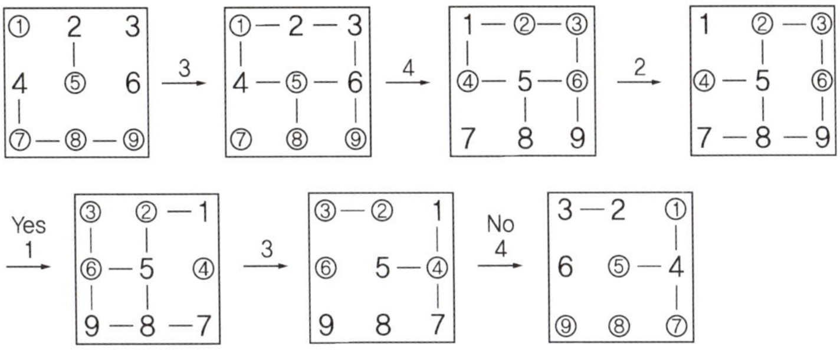

11

정답 ⑤

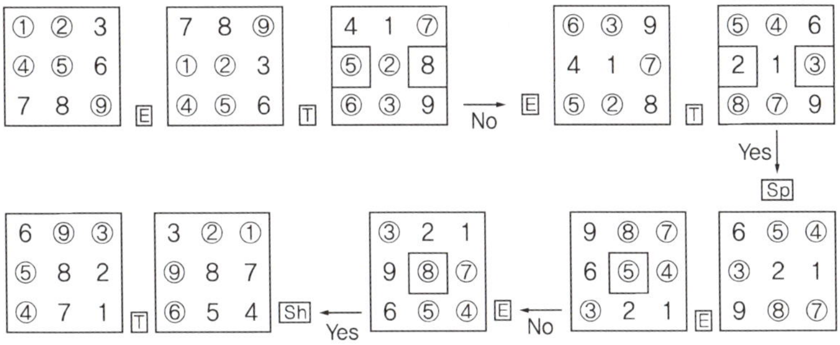

12

정답 ③

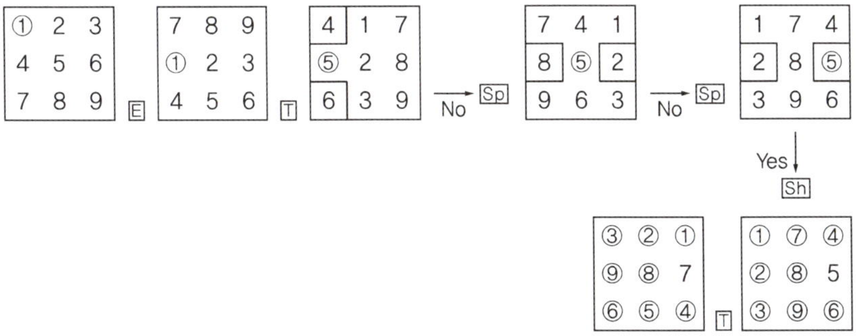

PART 4

13

정답 ①

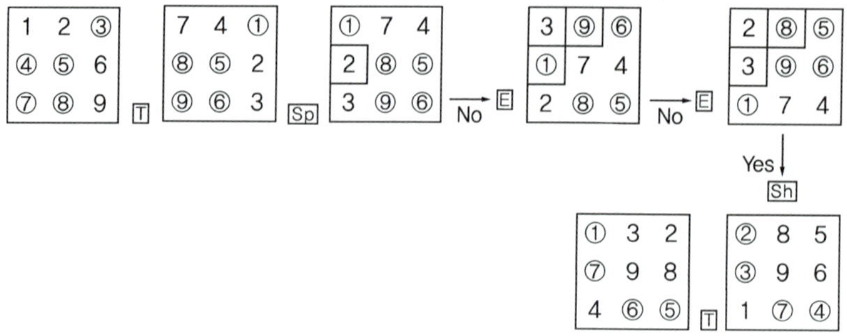

14

정답 ③

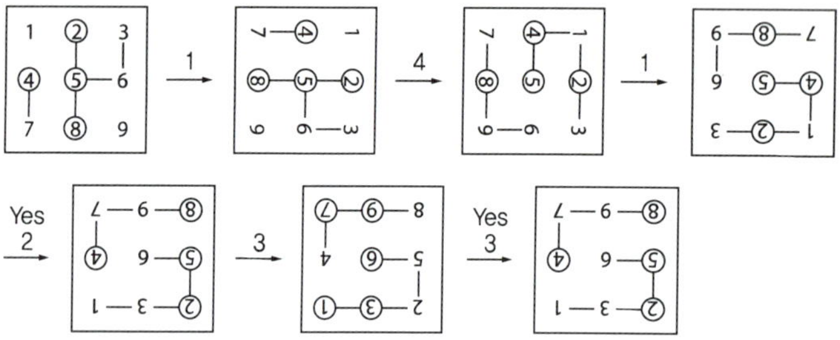

15

정답 ①

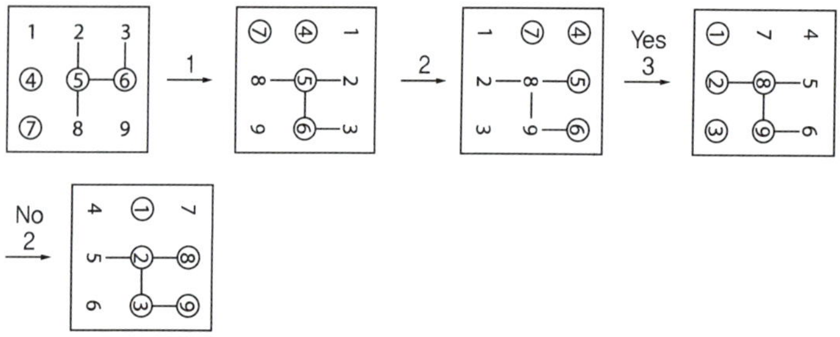

※ 절취선을 따라 분리하여 실제 시험과 같이 사용하면 더욱 효과적입니다.

현대자동차그룹 HMAT 인적성검사 답안지

컴퓨터용 사인펜만 사용

성명	(한글)	계열
	(한자)	
【필적 감정용 기재란】 (예시)본인은 위 응시자와 동일인임을 확인함		인문계 ②
		이공계 ①
책형	형	Ⓐ Ⓑ

응시직렬			응시번호						주민등록번호												
①	①	①		①	①	①	①	①		①	①	①	①	①	①	①	①	①	①	①	①
②	②	②		②	②	②	②	②		②		②	②	②	②	②	②	②	②	②	②
③	③	③		③	③	③	③	③		③		③	③	③	③	③	③	③	③	③	③
	④	④		④	④	④	④	④		④		④		④	④	④	④	④	④	④	④
	⑤	⑤		⑤	⑤	⑤	⑤	⑤		⑤		⑤		⑤	⑤		⑤	⑤	⑤	⑤	⑤
	⑥	⑥	⑥	⑥	⑥	⑥	⑥	⑥		⑥		⑥		⑥	⑥		⑥	⑥	⑥	⑥	⑥
	⑦	⑦	⑦	⑦	⑦	⑦	⑦	⑦	⑦	⑦		⑦		⑦	⑦		⑦	⑦	⑦	⑦	⑦
	⑧	⑧	⑧	⑧	⑧	⑧	⑧	⑧	⑧	⑧		⑧		⑧	⑧		⑧	⑧	⑧	⑧	⑧
	⑨	⑨	⑨	⑨	⑨	⑨	⑨	⑨	⑨	⑨		⑨		⑨	⑨		⑨	⑨	⑨	⑨	⑨
	⓪	⓪	⓪	⓪	⓪	⓪	⓪	⓪	⓪	⓪	⓪	⓪	⓪	⓪	⓪	⓪	⓪	⓪	⓪	⓪	⓪

※ 시험관리관 기재란 (응시자는 기재하지 말것)	
응시번호	
문제책형	형
시험관리관 성명	

시험관리관 印

[이 답안지는 마킹연습용 모의 답안지이므로 실제 답안지와 차이가 있습니다]

※절취선을 따라 분리하여 실제 시험과 같이 사용하면 더욱 효과적입니다.

현대자동차그룹 HMAT 인적성검사 답안지

언어이해		논리판단		자료해석		정보추론		공간지각		도식이해	
문번	정답	문번	정답	문번	정답	문번	정답	문번	정답	문번	정답
1	① ② ③ ④ ⑤	1	① ② ③ ④ ⑤	1	① ② ③ ④ ⑤	1	① ② ③ ④ ⑤	1	① ② ③ ④ ⑤	1	① ② ③ ④ ⑤
2	① ② ③ ④ ⑤	2	① ② ③ ④ ⑤	2	① ② ③ ④ ⑤	2	① ② ③ ④ ⑤	2	① ② ③ ④ ⑤	2	① ② ③ ④ ⑤
3	① ② ③ ④ ⑤	3	① ② ③ ④ ⑤	3	① ② ③ ④ ⑤	3	① ② ③ ④ ⑤	3	① ② ③ ④ ⑤	3	① ② ③ ④ ⑤
4	① ② ③ ④ ⑤	4	① ② ③ ④ ⑤	4	① ② ③ ④ ⑤	4	① ② ③ ④ ⑤	4	① ② ③ ④ ⑤	4	① ② ③ ④ ⑤
5	① ② ③ ④ ⑤	5	① ② ③ ④ ⑤	5	① ② ③ ④ ⑤	5	① ② ③ ④ ⑤	5	① ② ③ ④ ⑤	5	① ② ③ ④ ⑤
6	① ② ③ ④ ⑤	6	① ② ③ ④ ⑤	6	① ② ③ ④ ⑤	6	① ② ③ ④ ⑤	6	① ② ③ ④ ⑤	6	① ② ③ ④ ⑤
7	① ② ③ ④ ⑤	7	① ② ③ ④ ⑤	7	① ② ③ ④ ⑤	7	① ② ③ ④ ⑤	7	① ② ③ ④ ⑤	7	① ② ③ ④ ⑤
8	① ② ③ ④ ⑤	8	① ② ③ ④ ⑤	8	① ② ③ ④ ⑤	8	① ② ③ ④ ⑤	8	① ② ③ ④ ⑤	8	① ② ③ ④ ⑤
9	① ② ③ ④ ⑤	9	① ② ③ ④ ⑤	9	① ② ③ ④ ⑤	9	① ② ③ ④ ⑤	9	① ② ③ ④ ⑤	9	① ② ③ ④ ⑤
10	① ② ③ ④ ⑤	10	① ② ③ ④ ⑤	10	① ② ③ ④ ⑤	10	① ② ③ ④ ⑤	10	① ② ③ ④ ⑤	10	① ② ③ ④ ⑤
11	① ② ③ ④ ⑤	11	① ② ③ ④ ⑤	11	① ② ③ ④ ⑤	11	① ② ③ ④ ⑤	11	① ② ③ ④ ⑤	11	① ② ③ ④ ⑤
12	① ② ③ ④ ⑤	12	① ② ③ ④ ⑤	12	① ② ③ ④ ⑤	12	① ② ③ ④ ⑤	12	① ② ③ ④ ⑤	12	① ② ③ ④ ⑤
13	① ② ③ ④ ⑤	13	① ② ③ ④ ⑤	13	① ② ③ ④ ⑤	13	① ② ③ ④ ⑤	13	① ② ③ ④ ⑤	13	① ② ③ ④ ⑤
14	① ② ③ ④ ⑤	14	① ② ③ ④ ⑤	14	① ② ③ ④ ⑤	14	① ② ③ ④ ⑤	14	① ② ③ ④ ⑤	14	① ② ③ ④ ⑤
15	① ② ③ ④ ⑤	15	① ② ③ ④ ⑤	15	① ② ③ ④ ⑤	15	① ② ③ ④ ⑤	15	① ② ③ ④ ⑤	15	① ② ③ ④ ⑤
16	① ② ③ ④ ⑤			16	① ② ③ ④ ⑤	16	① ② ③ ④ ⑤	16	① ② ③ ④ ⑤		
17	① ② ③ ④ ⑤			17	① ② ③ ④ ⑤	17	① ② ③ ④ ⑤	17	① ② ③ ④ ⑤		
18	① ② ③ ④ ⑤			18	① ② ③ ④ ⑤	18	① ② ③ ④ ⑤	18	① ② ③ ④ ⑤		
19	① ② ③ ④ ⑤			19	① ② ③ ④ ⑤	19	① ② ③ ④ ⑤	19	① ② ③ ④ ⑤		
20	① ② ③ ④ ⑤			20	① ② ③ ④ ⑤	20	① ② ③ ④ ⑤	20	① ② ③ ④ ⑤		

※ 절취선을 따라 분리하여 실제 시험과 같이 사용하면 더욱 효과적입니다.

현대자동차그룹 HMAT 인적성검사 답안지

컴퓨터용 사인펜만 사용

성명		계열
성	(한글)	
명	(한자)	
【필적 감정용 기재란】 (예시)본인은 위 응시자와 동일인임을 확인함		인문계 ②
		이공계 ①

책형	형	Ⓐ Ⓑ

응시직렬			응시번호						주 민 등 록 번 호												
①	①	①		①	①	①	①	①		①	①	①	①	①	①	①	①	①	①	①	①
②	②	②		②	②	②	②	②		②		②	②	②	②	②	②	②	②	②	②
③	③	③		③	③	③	③	③		③		③	③	③	③	③	③	③	③	③	③
	④	④		④	④	④	④	④		④		④		④	④	④	④	④	④	④	④
	⑤	⑤		⑤	⑤	⑤	⑤	⑤		⑤		⑤		⑤	⑤		⑤	⑤	⑤	⑤	⑤
	⑥	⑥	⑥	⑥	⑥	⑥	⑥	⑥		⑥		⑥		⑥	⑥		⑥	⑥	⑥	⑥	⑥
	⑦	⑦	⑦	⑦	⑦	⑦	⑦	⑦	⑦	⑦		⑦		⑦	⑦		⑦	⑦	⑦	⑦	⑦
	⑧	⑧	⑧	⑧	⑧	⑧	⑧	⑧	⑧	⑧		⑧		⑧	⑧		⑧	⑧	⑧	⑧	⑧
	⑨	⑨	⑨	⑨	⑨	⑨	⑨	⑨	⑨	⑨		⑨		⑨	⑨		⑨	⑨	⑨	⑨	⑨
	⓪	⓪	⓪	⓪	⓪	⓪	⓪	⓪	⓪	⓪	⓪	⓪	⓪	⓪	⓪	⓪	⓪	⓪	⓪	⓪	⓪

※ 시험관리관 기재란 (응시자는 기재하지 말것)	
응시 번호	
문제 책형	형
시험 관리관 성명	

시험관리관
印

[이 답안지는 마킹연습용 모의 답안지이므로 실제 답안지와 차이가 있습니다]

※절취선을 따라 분리하여 실제 시험과 같이 사용하면 더욱 효과적입니다.

현대자동차그룹 HMAT 인적성검사 답안지

언어이해		논리판단		자료해석		정보추론		공간지각		도식이해	
문번	정답	문번	정답	문번	정답	문번	정답	문번	정답	문번	정답
1	① ② ③ ④ ⑤	1	① ② ③ ④ ⑤	1	① ② ③ ④ ⑤	1	① ② ③ ④ ⑤	1	① ② ③ ④ ⑤	1	① ② ③ ④ ⑤
2	① ② ③ ④ ⑤	2	① ② ③ ④ ⑤	2	① ② ③ ④ ⑤	2	① ② ③ ④ ⑤	2	① ② ③ ④ ⑤	2	① ② ③ ④ ⑤
3	① ② ③ ④ ⑤	3	① ② ③ ④ ⑤	3	① ② ③ ④ ⑤	3	① ② ③ ④ ⑤	3	① ② ③ ④ ⑤	3	① ② ③ ④ ⑤
4	① ② ③ ④ ⑤	4	① ② ③ ④ ⑤	4	① ② ③ ④ ⑤	4	① ② ③ ④ ⑤	4	① ② ③ ④ ⑤	4	① ② ③ ④ ⑤
5	① ② ③ ④ ⑤	5	① ② ③ ④ ⑤	5	① ② ③ ④ ⑤	5	① ② ③ ④ ⑤	5	① ② ③ ④ ⑤	5	① ② ③ ④ ⑤
6	① ② ③ ④ ⑤	6	① ② ③ ④ ⑤	6	① ② ③ ④ ⑤	6	① ② ③ ④ ⑤	6	① ② ③ ④ ⑤	6	① ② ③ ④ ⑤
7	① ② ③ ④ ⑤	7	① ② ③ ④ ⑤	7	① ② ③ ④ ⑤	7	① ② ③ ④ ⑤	7	① ② ③ ④ ⑤	7	① ② ③ ④ ⑤
8	① ② ③ ④ ⑤	8	① ② ③ ④ ⑤	8	① ② ③ ④ ⑤	8	① ② ③ ④ ⑤	8	① ② ③ ④ ⑤	8	① ② ③ ④ ⑤
9	① ② ③ ④ ⑤	9	① ② ③ ④ ⑤	9	① ② ③ ④ ⑤	9	① ② ③ ④ ⑤	9	① ② ③ ④ ⑤	9	① ② ③ ④ ⑤
10	① ② ③ ④ ⑤	10	① ② ③ ④ ⑤	10	① ② ③ ④ ⑤	10	① ② ③ ④ ⑤	10	① ② ③ ④ ⑤	10	① ② ③ ④ ⑤
11	① ② ③ ④ ⑤	11	① ② ③ ④ ⑤	11	① ② ③ ④ ⑤	11	① ② ③ ④ ⑤	11	① ② ③ ④ ⑤	11	① ② ③ ④ ⑤
12	① ② ③ ④ ⑤	12	① ② ③ ④ ⑤	12	① ② ③ ④ ⑤	12	① ② ③ ④ ⑤	12	① ② ③ ④ ⑤	12	① ② ③ ④ ⑤
13	① ② ③ ④ ⑤	13	① ② ③ ④ ⑤	13	① ② ③ ④ ⑤	13	① ② ③ ④ ⑤	13	① ② ③ ④ ⑤	13	① ② ③ ④ ⑤
14	① ② ③ ④ ⑤	14	① ② ③ ④ ⑤	14	① ② ③ ④ ⑤	14	① ② ③ ④ ⑤	14	① ② ③ ④ ⑤	14	① ② ③ ④ ⑤
15	① ② ③ ④ ⑤	15	① ② ③ ④ ⑤	15	① ② ③ ④ ⑤	15	① ② ③ ④ ⑤	15	① ② ③ ④ ⑤	15	① ② ③ ④ ⑤
16	① ② ③ ④ ⑤			16	① ② ③ ④ ⑤	16	① ② ③ ④ ⑤	16	① ② ③ ④ ⑤		
17	① ② ③ ④ ⑤			17	① ② ③ ④ ⑤	17	① ② ③ ④ ⑤	17	① ② ③ ④ ⑤		
18	① ② ③ ④ ⑤			18	① ② ③ ④ ⑤	18	① ② ③ ④ ⑤	18	① ② ③ ④ ⑤		
19	① ② ③ ④ ⑤			19	① ② ③ ④ ⑤	19	① ② ③ ④ ⑤	19	① ② ③ ④ ⑤		
20	① ② ③ ④ ⑤			20	① ② ③ ④ ⑤	20	① ② ③ ④ ⑤	20	① ② ③ ④ ⑤		

2026 최신판 시대에듀 HMAT 현대자동차그룹 인적성검사 통합기본서

개정10판1쇄 발행	2025년 09월 10일 (인쇄 2025년 08월 14일)
초 판 발 행	2019년 10월 10일 (인쇄 2019년 09월 17일)
발 행 인	박영일
책 임 편 집	이해욱
저 자	SDC(Sidae Data Center)
편 집 진 행	안희선 · 고지현
표지디자인	현수빈
편집디자인	양혜련 · 장성복
발 행 처	(주)시대고시기획
출 판 등 록	제10-1521호
주 소	서울시 마포구 큰우물로 75 [도화동 538 성지 B/D] 9F
전 화	1600-3600
홈 페 이 지	www.sdedu.co.kr
I S B N	979-11-383-9830-5 (13320)
정 가	27,000원

HMAT

현대자동차그룹

인적성검사

통합기본서

최신 출제경향 전면 반영

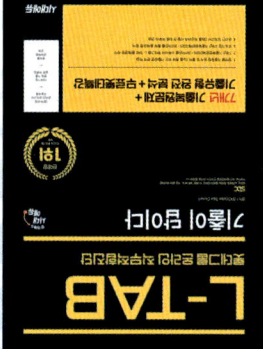

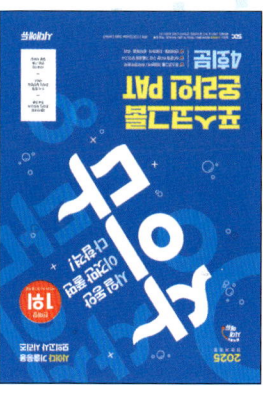

NEXT STEP
시대에듀가 합격을 준비하는
당신에게 제안합니다.
성공의 기회
시대에듀를 잡으십시오.
시대에듀
기회란 포착되어 활용되기 전에는 기회인지조차 알 수 없는 것이다.
– 마크 트웨인 –